Kristina Engelhard

Das Einfache und die Materie

Kantstudien

Ergänzungshefte

im Auftrage der Kant-Gesellschaft
herausgegeben von
Gerhard Funke, Manfred Baum, Bernd Dörflinger
und Thomas M. Seebohm

148

Walter de Gruyter · Berlin · New York

Kristina Engelhard

Das Einfache und die Materie

Untersuchungen zu Kants Antinomie der Teilung

Walter de Gruyter · Berlin · New York

∞ Gedruckt auf säurefreiem Papier,
das die US-ANSI-Norm über Haltbarkeit erfüllt.

ISBN 3-11-018462-1

Bibliografische Information Der Deutschen Bibliothek

Die Deutsche Bibliothek verzeichnet diese Publikation in der Deutschen Nationalbibliografie; detaillierte bibliografische Daten sind im Internet über <http://dnb.ddb.de> abrufbar.

Printed in Germany
Einbandentwurf: Christopher Schneider, Berlin
Druck und buchbinderische Verarbeitung: Hubert & Co., Göttingen

für Dietmar

Vorwort

Die vorliegende Arbeit wurde im Wintersemester 2002/2003 von der Philosophischen Fakultät der Universität zu Köln als Dissertation angenommen und im Rahmen der Disputation am 15.1.2003 verteidigt. Zur Veröffentlichung wurde sie stilistisch überarbeitet; neueste Forschungsliteratur wurde noch berücksichtigt.

Mein herzlicher Dank gilt zunächst Klaus Düsing, der als Erstgutachter diese Dissertation mit intensiven Diskussionen, kritischen Einwänden und Spürsinn – nicht zuletzt auch mit großer Geduld – begleitet hat. Seiner Förderung während des Studiums und der Dissertationszeit verdanke ich sehr viel. Auch dem Zweitgutachter Klaus-Erich Kaehler gilt mein Dank, insbesondere für instruktive Gespräche über die Leibnizsche Monadologie. Besonders bedanken möchte ich mich aber auch bei Manfred Baum für die freundliche Aufnahme in seinen Kant-Lesekreis. Die vorliegende Arbeit ist von seinen Anregungen nicht unmaßgeblich geprägt. Wichtige Gedanken und Hinweise habe ich auch aus Gesprächen mit Peter Mittelstaedt und Brigitte Falkenburg gezogen.

Entscheidende Unterstützung erhielt ich durch Dietmar Heidemann, der mir nicht nur in zahllosen Gesprächen über meine Arbeit zur Klarheit verhalf, sondern mir auch während der vielfältigen Schwierigkeiten in der Genese einer Dissertation zur Seite stand. Ermutigung gab mir insbesondere auch meine Mutter Hanne Engelhard. Ein besonderer Dank gilt auch meinen Korrekturlesern: meinem Vater Günter Engelhard, Dirk Fonfara, Tobias Schlicht und Christian Blum sowie Woldai Wagner für zwei Graphiken.

Für die Aufnahme der Dissertation in die Reihe *Kantstudien Ergänzungshefte* möchte ich mich auch bei den Herausgebern Manfred Baum, Bernd Dörflinger und Thomas Seebohm bedanken. Gefördert wurde die Dissertation durch ein Graduiertenstipendium des Landes Nordrhein-Westfalen. Die Drucklegung des Bandes wurde ermöglicht durch die Johanna und Fritz Buch Gedächtnis-Stiftung, Hamburg.

Köln, im Mai 2005 — Kristina Engelhard

Inhalt

Vorwort VII
Einleitung 1
1. Problemexposition 1
2. Forschungsstand 9
3. Methode und These 15
I. Kosmologie und Vernunftantinomie 19
1. Kosmologie als metaphysisches Problem 22
1.1. Die metaphysische Deduktion der Ideen 23
1.2. Die Welt-Idee in der *Transzendentalen Dialektik* 45
1.3. Kosmologie als *metaphysica specialis* in der Schulphilosophie 55
2. Die Dialektik des Weltbegriffs in der zweiten kosmologischen Idee 66
2.1. Die Systematik der Weltbegriffe 70
2.2. Qualität und Teilung: Die zweite kosmologische Idee 82
2.3. Der Materiebegriff in der *Kritik der reinen Vernunft* 98
2.4. Thesis und Antithesis der zweiten Antinomie: Zwei notwendige Vernunftannahmen 111
2.5. Das Teil-Ganzes-Verhältnis in der zweiten Antinomie: Die Reihe des Gleichartigen und das Einfache 115
3. Die Antithetik der reinen Vernunft 120
3.1. Kants Begriffe von ‚Antinomie' und ‚Antithetik' 121
3.2. Wahrheit und Schein in Kants Antinomienlehre. Antinomie und Dialektik 127
3.3. Die skeptische Methode und der Skeptizismus in den Antinomien 136
II. Die zweite Antinomie 143
1. Ausgangsbedingungen des „freien Wettstreits der Behauptungen" 145
1.1. Die formale Konstruktion der Antinomie 145
1.2. Der „Champion" der Kosmologie: Der apagogische Beweis 148
1.3. Die Formulierungen von Thesis und Antithesis der zweiten Antinomie 152
1.4. Der Kampf zwischen Dogmatismus und Empirismus 157
2. Die Thesis und ihr Beweisgang 158
2.1. Die Argumentationsstruktur 160
2.2. Zusammengesetzte Substanz, Raum und das Einfache in der Thesis 168
2.3. „Dialektischer Grundsatz der Monadologie" oder der „transzendentalen Atomistik"? 178
2.3.1. Atomistik und Korpuskularphilosophie 180
2.3.2. Leibniz' Monadologie 185
2.3.3. Physische Monadologie 192
3. Die Antithesis und ihr Beweisgang 202
3.1. Die Argumentationsstruktur 204
3.2. Raum und Teilbarkeit der Materie: Der erste Teilbeweis der Antithesis 205

3.3. Materie als *phaenomenon* 219
3.4. Die Antithesis als Position des empirischen Idealismus: Der zweite Teilbeweis der Antithesis 222
4. Die Antinomie der Teilung und das Ich 234
4.1. Atom, Seele, Monade? Der Geltungsbereich der zweiten Antinomie 237
4.2. Die zwei Argumente der Thesis im „Epilog" der Antithesisanmerkung und ihre Widerlegung 244
4.2.1. Kants Konzeption des Selbstbewußtseins 245
4.2.2. Der zweite Paralogismus, erster Teil (A 351-A 356) 254
4.2.3. Die zwei Argumente der „Epilog-Thesis" 259
4.2.3.1. Das erste Argument 260
4.2.3.2. Das zweite Argument 262
4.3. Kants Kritik an reduktionistischen Begründungen von Ich und Materie: Der zweite Paralogismus, zweiter Teil (A 356-A 361) 269
5. Die zweite Antinomie in Kants Entwicklung der kritischen Philosophie (1769-1781) 275
III. Kants Auflösung der Antinomie der Materieteilung 303
1. Argumentation und Ausgangsprobleme der Auflösung 303
2. Die formal-semantische Auflösung der Teilungsantinomie 308
2.1. Die Widerlegung des transzendentalen Realismus als indirekter Beweis des transzendentalen Idealismus 309
2.2. Der dialektische Vernunftschluß der Kosmologie 319
2.3. Transzendentaler Realismus, dialektische Opposition und Bivalenzprinzip 321
2.4. Die formale Auflösung in bedeutungstheoretischer Perspektive 335
3. Die inhaltliche Auflösung der zweiten kosmologischen Idee 336
3.1. Der Argumentationsgang der Auflösung 337
3.2. Thesis und Antithesis und der Widerspruch im aktual Unendlichen 342
3.3. Die mengentheoretische Umdeutung bei Bayle, Euler und Hume 348
3.4. Unendlichkeit und Materieteilung in *De mundi sensibilis* 351
3.5. Potentielle Unendlichkeit und transzendentale Wende: Aristoteles – Leibniz – Locke – Kant 352
3.6. Potentielle Unendlichkeit, Substanz und kritischer Erscheinungsbegriff 369
3.7. Die Teilbarkeit des Organischen 378
4. Die regulative Funktion der zweiten kosmologischen Idee 385
4.1. Die „dekomponierende Synthesis" der Materie 387
4.2. Die regulative Funktion der Idee der Teilung 395
4.2.1. Die regulative Funktion der Vernunftideen 398
4.2.2. Die regulative Funktion der zweiten kosmologischen Idee 410
4.3. Kants Lehre von der Teilbarkeit der Materie in den *Metaphysischen Anfangsgründen der Naturwissenschaft* und im *Opus postumum* 414
IV. Schlußbetrachtung: Einfaches, Substanz und Materie in der kritischen Philosophie 427
Literaturverzeichnis 433
Personenregister 449
Sachregister 453

Einleitung

1. Problemexposition

Besteht die Materie aus einfachen, unteilbaren Teilen oder ist sie unendlich teilbar und sind alle ihre Teile zusammengesetzt? Dies ist das systematische Problem der zweiten Antinomie in Kants *Kritik der reinen Vernunft* (B 462-471).[1] Für Kant hat dies Problem im wesentlichen vier Aspekte: Zum einen ist es eine naturphilosophische Frage nach den Bausteinen der Materie, die sich dem natürlichen Nachdenken über die Grundeigenschaften der Natur aufdringt. Sie ist keineswegs beliebig, denn sie ist verknüpft mit der Frage, inwiefern wir berechtigt sind, materielle Gegenstände für wirklich oder real zu halten. Ausgangspunkt der Überlegung ist das Faktum, daß materielle Gegenstände teilbar sind und insofern jeweils Ganzheiten bestehend aus Teilen darstellen. Dabei betrachten wir ein aus Teilen bestehendes Ganzes für gewöhnlich als konstituiert durch seine Teile; das Ganze ist wirklich oder real, insofern seine Teile wirklich oder real sind. So ist das Ganze eines Haufens Steine deshalb real, weil die einzelnen Steine real sind, die Steine sind real, weil die chemischen Moleküle real sind u.s.f. Diese Vorstellung führt zu der Annahme, daß es letzte Grundbausteine des Realen geben müsse, aus denen alles zusammengesetzt ist und in die es wieder zerfallen kann, die selbst jedoch nicht zusammengesetzt, also einfach sind und nicht weiter zerfallen können. Die Atomistik ist wohl die bekannteste Variante solcher Theorien, die diesem Grundmodell folgen, das man ‚Konstitutionsmodell der Materie' nennen kann. Doch gibt es in der Teilbarkeit des Realen überhaupt eine angebbare Grenze? Schließlich ist es durchaus vorstellbar, daß jedes noch so kleine Teilchen der Materie, zu dem die Forschung gelangt, doch weiter teilbar ist. Wenn es solches Einfaches aber nicht gibt, dann muß wohl angenommen werden, daß die zusammengesetzten realen Dinge in der Welt unbegrenzt teiltbar sind. Doch in diesem Falle muß die Vorstellung aufgegeben werden, daß die Realität des Ganzen sich konstituierenden Teilen verdankt, aus denen es besteht, und es muß vielmehr angenommen werden, daß ein vorgängiges Ganzes seine Realität garantiert. In diesem Falle stellen wir uns die Materie als ein Kontinuum vor. Wie aber läßt sich der Realitätsstatus der Materie sichern, wenn sie unendlich geteilt ist; besteht sie dann nicht aus Nichts? Das Teilungspro-

---

[1] Kritik der reinen Vernunft. Hrsg. v. J. Timmermann. Hamburg 1998 (erste Auflage 1781: A; zweite Auflage 1787: B). Die *Kritik der reinen Vernunft* wird nach der zweiten Auflage zitiert. Dabei wird Kants Zeichensetzung aus der Akademie-Ausgabe teils beibehalten, wenn dies sinnvoll erscheint. Alle anderen Werke Kants werden nach der Akademie-Ausgabe zitiert: Gesammelte Werke. Hrsg. v. der (Königlichen) Preußischen (später Deutschen) Akademie der Wissenschaften. Berlin 1900 ff. (abgek.: AA).

blem erweist sich aus dieser Perspektive als eng verbunden mit dem Problem der Materierealität.

Für Kant ist die Teilungsfrage aber in einem noch allgemeineren Sinne mit dem Realismusproblem verbunden – dies ist der zweite, erkenntnistheoretisch-ontologische Aspekt. Das Teilungsproblem des Realen faßt Kant in der *Kritik der reinen Vernunft* als eine Antinomie, d.h. als einen Widerspruch zweier gleich gut beweisbarer Urteile, als Gegensatz einer Thesis und einer Antithesis. Die Thesis behauptet, daß die zusammengesetzten Substanzen in der Welt aus dem Einfachen bestehen; die ihr opponierte Antithesis dagegen statuiert, daß die zusammengesetzten Dinge in der Welt nicht aus dem Einfachen bestehen und daß solches Einfache nicht in der Welt existiere (B 462 f.). Dieser Gegensatz scheint auf den ersten Blick ohne Alternative zu sein. Für Kant zeigt er jedoch an, daß beide Annahmen auf einer Prämisse beruhen, die einen Widerspruch einschließt und daher nicht sinnvoll vertreten werden kann. Diese Prämisse ist die Kernthese des transzendentalen Realismus. Die zweite Antinomie ist damit Teil der Widerlegung des transzendentalen Realismus. Kant glaubt, daß sich damit indirekt auch die Richtigkeit seiner Theorie des transzendentalen Idealismus und empirischen Realismus zeigen lasse, weil sie dem transzendentalen Realismus kontradiktorisch entgegengesetzt sei. Der transzendentale Realismus geht davon aus, daß den Gegenständen der Sinnenwelt unabhängig von unserem Erkenntnisvermögen alle Eigenschaften immer schon zukommen. Danach ist die Materie unabhängig von uns zusammengesetzt aus allen ihren Bestandteilen und damit besteht sie unabhängig von uns letztlich entweder aus dem Einfachen oder aber nicht. Der transzendentale Realismus muß daher annehmen, daß entweder die Thesis oder aber die Antithesis wahr ist.

Doch dies kann, wie Kant zeigt, nicht der Fall sein, denn die Frage nach der Teilbarkeit der Materie bezieht sich in ihrer Grundsätzlichkeit nicht auf etwas Objektives in der empirischen Natur, sondern ist ein Problem aus der reinen, aber menschlich-endlichen Vernunft, für das sich auch eine Antwort aus dieser reinen Vernunft finden lassen muß. Dies ist der dritte, systematisch wichtigste, erkenntnistheoretisch-transzendentalphilosophische Aspekt der zweiten Antinomie. Weil die Frage nach der Teilbarkeit der Materie ihren Ursprung in der menschlichen Vernunft selbst hat, wie Kant in aufwendigen Deduktionen zeigt, ist sie einerseits empirisch nicht entscheidbar, weil sie gar keine empirische Frage ist. Denn in der Erfahrung können uns die letzten unhintergehbaren Gründe der Erscheinungswelt selbst nicht gegeben werden. Wir dürfen sie aber auch nicht als zwar an sich entschieden, für uns aber als unentscheidbar betrachten, denn nach Kant ist es die Vernunft selbst, aus der die Vorstellungen des Einfachen und des unendlich Geteilten hervorgehen. Vielmehr muß eine positive Lehre aus diesem Dilemma hervorgehen, dies ist die Lehre von der kritischen Phänomenalität der Sinnenwelt.

Andererseits aber zeigt sich in der Vernunftgegründetheit des Problems in einem viel grundsätzlicheren Sinne als im ersten Aspekt, daß die Teilungsfrage nicht beliebig ist, denn sie entspringt einer allgemeinen Form der Begründung und Erklärung der Sinnenwelt aus reiner Vernunft. Sie beruht auf einer Idee, die Kant zufolge ein Regulativ der empirischen Forschung ist – dies ist der vierte Aspekt des Teilungsproblems, der mit dem ersten sehr eng verflochten ist. Nach unserem von den Naturwissenschaften geprägten Weltbild sind wir geneigt, das Teilungsproblem als eine rein empirische Frage zu betrachten. Nach dem Stand der gegenwärtigen Physik, die mit diesem Problem befaßt ist, müßte man sagen, daß das Konstitutionsmodell der Materie, wonach sie aus ihren Teilen zusammengesetzt ist – etwa wie im Kalottenmodell der Chemie –, antiquiert ist, zeigt doch das sog. Standardmodell der Quantentheorie, daß die Bestandteile der Materie in einem dynamischen Wechselverhältnis, nicht aber unabhängig davon Dasein haben. Dennoch ist auch heute kaum anzunehmen, daß die Physik langfristig einen Stand erreichen wird, an dem die Forschergemeinschaft einhellig die Meinung vertritt, man sei auf die kleinsten, nicht auf andere weiter zurückführbare Elementarteilchen gestoßen oder aber solche könne es unmöglich geben. Vielmehr folgt sie nach wie vor der Vorstellung, daß möglicherweise die bekannten Elementarteilchen andere kleinere Strukturen enthalten, oder aus ihnen sogar in irgendeiner Weise hervorgehen. Kants Behandlung des Teilungsproblems beschäftigt sich letztlich auch mit der Frage, weshalb wir solche Forschungen für im höchsten Maße wichtig halten, was uns in ihnen vorantreibt und weshalb wir in unserer Suche zwar keine endgültigen Antworten erhalten, aber doch erfolgreiche Fortschritte erzielen. Kants Teilungsantinomie hat damit wissenschaftstheoretische Relevanz. Die vorliegende Arbeit unternimmt den Versuch, all diese Aspekte der zweiten Antinomie in ihrem systematischen und historischen Zusammenhang darzustellen.

Die Frage, ob das Reale aus dem Einfachen bestehe oder unendlich teilbar sei, darf wohl als eine der ältesten philosophischen Probleme überhaupt bezeichnet werden. Sie stellt sich schon den Vorsokratikern, die das Einfache in den Grundelementen des Kosmos, in den Atomen oder einem schlechthin Einfachen zu finden glauben. Platon entwickelt eine Theorie, wonach die Materie durch unterschiedliche geometrische Formen, die sich letztlich auf das Dreieck zurückführen lassen, konstituiert wird.[2] Für Aristoteles dagegen ist die Materie, *hyle*, das schlechthin Formlose, daher ist sie an sich ein Kontinuum. Die Teilungsfrage ist ein beherrschendes Thema in der Philosophie der frühen Neuzeit seit Descartes und führt zur Ausprägung der Monadologie bei Leibniz und der neueren Atomistik durch Gassendi, die bis weit ins 19. Jahrhundert Chemie und Physik bestimmte. Aber auch die gegenwärtige Physik muß sich diesem Problem stellen; sie geht in ihrem sogenannten „Standardmodell" von der Vereinbarkeit zweier Beschreibungsweisen für die konstitutiven Bestandteile der Materie aus: der Welle, einem Kontinuum, und dem Teilchen. Beide Beschreibungen können sich auf dasselbe Objekt beziehen, was sich nicht widerspricht, wenn man davon ausgeht, daß diese Beschreibungen Modellcharakter besitzen und nicht unmittelbar die Realität abbilden.[3] Gleichwohl glauben viele Physiker, das Kantische Anti-

---

2 Platon: Timaios. St. 52-57.

3 Vgl. Weizsäcker, K. F. von: Zum Weltbild der Physik. Stuttgart 1970, S. 105. Weizsäcker sieht Kants Auflösung der zweiten Antinomie als äquivalent zur gegenwärtigen Einschät-

nomienproblem sei in der Quantenphysik irrelevant: Heisenberg zufolge hat die moderne Physik das Konstitutionsmodell der Materie aufgegeben, da sich im subatomaren Bereich Phänomene zeigen, die nicht mehr durch es beschrieben werden können.[4] So zeigt es sich, daß bei Spaltungsexperimenten diese Teile nicht in die sie konstituierenden Teile zerfallen, sondern daß das ursprüngliche Teilchen transformiert wird in mehrere neue Teilchen. Diese haben zumeist nur eine sehr kurze Lebensdauer, da sie sehr schnell wieder mit anderen Formen von Materie oder Energie interagieren und so neue Teilchen bilden. Man wird also nicht annehmen können, ein Proton sei zusammengesetzt oder bestehe aus Quarks, vielmehr muß man annehmen, daß in bestimmten Experimenten aus einem Proton mehrere Quarks von unterschiedlicher Art hervorgehen.

Sogar für die sprachanalytische Philosophie ist das Teilungsproblem des Realen eine Herausforderung an das alltägliche Realitätsverständnis. Wittgenstein etwa reflektiert das Verhältnis von Einfachem und Zusammengesetztem in den *Philosophischen Untersuchungen* mit dem Hinweis auf die Relationalität aller sprachlichen Beziehungen:

> „Aber welches sind die einfachen Bestandteile, aus denen sich die Realität zusammensetzt? – Was sind die einfachen Bestandteile eines Sessels? – Die Stücke Holz, aus denen er zusammengefügt ist? Oder die Moleküle, oder die Atome? – „Einfach“ heißt nicht zusammengesetzt. Und da kommt es darauf an: in welchen Sinne >zusammengesetzt<? Es hat gar keinen Sinn von den >einfachen Bestandteilen des Sessels schlechtweg< zu reden.“[5]

Doch was soll es bedeuten, die konstitutiven Bestandteile des Realen als lediglich relativ zur Sprache zu denken? Seit den Anfängen der europäischen Philosophie sind die möglichen positiven Antworten auf die Frage nach der Teilbarkeit des Realen bereits als paradox erkannt worden; man denke nur an die Paradoxien des Zenon und des Parmenides, so wie sie durch Platon und Aristoteles dargestellt werden. Als die Paradoxie des Ganzen und der Teile wird das Problem besonders signifikant von Sextus Empiricus zusammengefaßt:

---

zung des Realitätsstatus physikalischer Theorien an: „Teilchen- und Wellenbild widersprechen einander dann, wenn man die beobachteten Erscheinungen als Eigenschaften an sich seiender Teilchen oder Wellen deutet. Der Widerspruch verschwindet, wenn man die anschaulichen Begriffe von Teilchen und Wellen konsequent nur auf Erscheinungen anwendet. [...] Nicht einmal objektive physikalische Existenz, [...] darf man dem „Atom an sich“ zusprechen. Bis hierher läßt sich Kants Gedankengang wörtlich übertragen.“ (vgl. auch S. 44 f.).

4 Vgl. Heisenberg, W.: Der Begriff der kleinsten Teilchen in der Entwicklung der Naturwissenschaft. In: Gesammelte Werke Bd. C.III, S. 395-404; ders.: Was ist ein Elementarteilchen? In: Gesammelte Werke Bd. C.III, S. 507-513. Aufschlußreich allerdings ist, daß Heisenberg aufgrund dieser Annahme 1976 die These aufstellt, daß die Quarkhypothese sicherlich falsch sei, da sie ihm zufolge in gewisser Weise von einem Konstitutionsmodell ausgeht; doch gilt sie bereits seit längerem als experimentell gut bestätigt.

5 Wittgenstein, L.: Philosophische Untersuchungen, § 47. Schriften Bd. 1. Frankfurt/M. 1969, S. 312.

„Aber auch das Ganze und der Teil werden mit ausgeschaltet. Denn das Ganze scheint durch Zusammenkommen und Hinzufügung der Teile zu entstehen und durch Fortnahme eines oder einiger Teile aufzuhören, Ganzes zu sein. Ferner, wenn es ein Ganzes gibt, dann ist das Ganze entweder verschieden von seinen Teilen oder seine Teile selbst. Etwas Verschiedenes von seinen Teilen nun scheint das Ganze nicht zu sein. Denn wenn die Teile aufgehoben werden, bleibt zweifellos nichts übrig, [...]. Wenn das Ganze aber die Teile selbst ist, dann ist das Ganze nur ein Wort, [...] und hat keine eigene Existenz. [...] Also gibt es kein Ganzes. Aber auch keine Teile. Wenn es nämlich Teile gibt, dann sind sie entweder Teile vom Ganzen oder voneinander oder jeder von sich selbst. Weder aber vom Ganzen, da es gar nichts ist außer den Teilen und außerdem die Teile dann Teile von sich selbst sein müßten, weil jeder der Teile ja das Ganze ausfüllen soll; noch voneinander, [...]. Wenn also die angeblichen Teile weder Teile des Ganzen sind noch von sich selbst noch voneinander, dann sind sie von gar nichts Teile, und wenn sie von gar nichts Teile sind, dann sind sie auch keine Teile; [...].“[6]

Die Annahme der Kontinuität des Realen, die eine theoretische Lösungsmöglichkeit dieser Aporie darstellt, ist für den Raum selbst und geometrische Körper philosophisch nicht problematisch; doch bei allem Realen ist diese Möglichkeit nicht unmittelbar gegeben, denn das zusammengesetzte Reale kann schließlich nur insofern real sein, als seine Teile real sind. Die Annahme der Kontinuität erlaubt aber nur die Annahme möglicher Teile. Und also führt die Aporie, sofern sie nicht im Sinne einer ihrer beiden einander widersprechenden Annahmen entscheidbar sein sollte, zur Bezweiflung der Realität des zusammengesetzten Realen überhaupt. Doch bietet sich eine weitere Möglichkeit, die Aporie zu lösen, die Sextus auch vertraut ist und die im Hinblick auf Kants Lösung der zweiten Antinomie besonders bedeutsam ist. Folgende „Verschnaufpause“, so Sextus, verschaffen sich die Dogmatiker von den Anstrengungen der Aporie; sie behaupten:

„[...] daß das äußere Zugrundeliegende und Wahrgenommene weder ein Ganzes noch ein Teil, wir aber die sind, die von jenem das Ganze und den Teil dazu prädizieren. Denn das Ganze gehört zum Relativen. [...] Das äussere zugrundeliegende Wahrgenommene ist weder ein Ganzes noch ein Teil, sondern eine Sache, von der wir unsere eigene verknüpfende Erinnerung dazu prädizieren.“[7]

Die Aporie besteht also zunächst nur, wenn man von der Realität des Realen selbst ausgeht, sie läßt sich scheinbar aufheben, wenn man dem entgegen die Annahme der Realität des Realen aufgibt und die Idealität des zusammengesetzten Realen annimmt. Doch nach Sextus ist auch das keine Ausflucht, denn der Begriff, in dem das Ganze und der Teil eines Realen nun gedacht werden, unterliegt derselben Aporie: im Denken wiederholt sich nach Sextus die Aporie der Teil-Ganzes-Relation lediglich. Die

---

6 Vgl. Sextus Empiricus: Grundriß der pyrrhonischen Skepsis. Eingel. u. übers. v. M. Hossenfelder. Frankfurt/M. ³1999, S. 251 f.

7 Vgl. Sextus Empiricus: Gegen die Dogmatiker (Adversus mathematmaticos). Übers. v. H. Flückiger. Sankt Augustin 1998, S. 211 (Texte zur Philosophie Bd. 10).

skeptische Position zu dieser Frage ist dann allein die der Urteilsenthaltung: ob es einfache Teile gibt oder alles ins Unendliche teilbar ist, darüber läßt sich nichts aussagen.

Das Teilungsproblem hat also folgende Lösungsmöglichkeiten aufzubieten. *Erstens* drei dogmatische Lösungen: a) Die Annahme einfacher, konstitutiver Teile des Realen, b) die Annahme der unendlichen Teilbarkeit, d.h. der Kontinuität des Realen und die Annahme der Realität des Ganzen gegenüber den Teilen, sowie c) die Annahme der Irrealität des Zusammengesetzten und die Begründung des Realen im Intellektuellen. Demgegenüber steht *zweitens* die skeptische Position, die von der Unentscheidbarkeit der Frage ausgeht. Eine letzte, *dritte* Möglichkeit ist, weder anzunehmen, die Materie bestehe aus dem Einfachen, noch daß sie als ein Ganzes real sei, noch daß sie bloßer Schein von an sich Intellektuellem sei, noch daß man nicht wissen könne, ob eine der drei Alternativen wahr sei. Es ist vielmehr anzunehmen, daß die Frage selbst eine Voraussetzung macht, die unzureichend begründet ist, nämlich die Annahme, daß der Materie eine von uns unabhängige Existenz und Bestimmtheit zukomme oder daß sie in etwas an sich Seiendem gründe, das eine von uns unabhängige Existenz und Bestimmtheit habe. Diese Annahme ergibt sich aus der Voraussetzung, daß man eine Lehre vom Seienden als solchen als erste, grundlegende Wissenschaft errichten könne. Demgegenüber ist es möglich, und hierin besteht die Kantische Auflösung der zweiten Antinomie, das Problem der Teilung selbst auf die Struktur der Leistungen denkender Subjektivität zurückzuführen, und also zu zeigen, daß die Bestimmungen des Seienden sich bestimmten Formen dieser Leistungen verdanken und nicht unabhängig von ihnen gelten.

Das Teilungsproblem des Realen ist aber für Kant nicht nur für das Gebiet der Kosmologie relevant; es hat indirekt auch Einfluß auf die rationale Psychologie und dies in zweierlei Hinsicht: *Erstens*, wenn die Antinomie insgesamt zeigt, daß dogmatische Erklärungen der Realität der Materie scheitern, dann ist u.a. auch der Materialismus, der Geistiges auf Materielles zurückführt, eine unhaltbare Position. *Zweitens* sind auch dualistische Theorien von Geist und Materie unhaltbar, die von einer Einwirkung der Seele auf den Körper ausgehen, denn sie müssen voraussetzen, daß die Seele oder der Geist einen Sitz im Körper hat. Wenn sich nun die Thesis der zweiten Antinomie als falsch erweist, so gibt es für die Seele im Körper auch keinen sie aufnehmenden Teil der Materie, denn dieser müßte wie jene unteilbar sein.

In der langen Tradition dieses Problems mag man einen Beleg für Kants These sehen, daß die Antinomie der Teilung eines der vier „natürliche[n] und unvermeidliche[n] Probleme[ ] der Vernunft" auf dem Gebiet der Kosmologie sei (B 490). Das Teilungsproblem ist zwar auflösbar, aber dennoch unvermeidlich, so Kant, weil es sich aus der Struktur unseres Erkenntnisvermögens selbst ergibt. Kant hat daher nicht nur die Auflösung der zweiten Antinomie durch ihre Zurückführung auf die Möglichkeitsbedingungen der Erkenntnis herbeigeführt, sondern ebenso eine Herleitung des Problems aus den Grundbegriffen der reinen Vernunft entwickelt.

Kant bezeichnet die Dogmatiker auf dem Felde der Kosmologie, zu dem die Teilungsproblematik gehört, als „transzendentale Realisten". Unter dem transzendentalen Realismus versteht er eine Position, die „äußere Erscheinungen (wenn man ihre

Wirklichkeit einräumt) als Dinge an sich selbst vor[stellt], die unabhängig von uns und unserer Sinnlichkeit existieren, also auch nach reinen Verstandesbegriffen außer uns wären." (A 369). Die zweite Antinomie gilt ihm dabei als Widerlegung des transzendentalen Realismus und zugleich als indirekter Beweis des transzendentalen Idealismus.

Kant schreibt es des öfteren den Antinomien und besonders den beiden ersten, „mathematischen Antinomien" zu, ihn zur kritischen Wende geführt zu haben (etwa in einem Brief an Garve vom 21.9.1798; AA XII, 257 ff.). Wie groß die Bedeutung des Teilungsproblems für Kant tatsächlich ist, zeigt bereits die Anzahl der Werke, in denen er es, außer in der *Kritik der reinen Vernunft*, behandelt.[8] In einem Brief an Marcus Herz vom 26.5.1789 schreibt er, daß insbesondere die Antinomien zeigen, daß der menschliche Verstand nicht graduell von einem möglichen göttlichen Verstand unterschieden sei, sondern prinzipiell.[9] Diese Bemerkung zielt deutlich auf Theorien, welche den intuitiven, intellektuell anschauenden Verstand als das paradigmatische Erkenntnisvermögen konzipieren; für Kant ist dies insbesondere Leibniz' Metaphysik. Ihr gelinge es nicht, eine klare Unterscheidung zwischen den Prinzipien des Denkens und den Grundbedingungen des Anschauens zu bestimmen, und daher gerate sie zuletzt in die Antinomie der Teilung; denn betrachtet man Thesis und Antithesis als allein nach Vernunftprinzipien beurteilbar, dann muß man auch die Gleichwertigkeit ihrer Behauptungen annehmen; sieht man aber reine Vernunftgrundsätze als prinzipiell verschieden von den Grundbedingungen der Anschauung an, dann kann man annehmen, die Materie bestehe nach reiner Vernunft gedacht aus dem Einfachen, gemäß den Anschauungsbedingungen aber sei sie unendlich teilbar. Beides ist aber nur dann vereinbar, wenn die Gegenstände der Erfahrung lediglich als Erscheinungen gelten können.

Es ist bekannt, daß Kant den Aufbau der *Kritik der reinen Vernunft* in groben Umrissen von den klassischen Schulmetaphysiken übernommen hat und daß die *Transzendentale Analytik* darin den systematischen Ort der Ontologie als *metaphysica generalis* einnimmt. In neueren Forschungen, die an ältere, traditionell ausgerichtete Kant-Interpretationen anknüpfen, wie diejenigen Wundts und Heimsoeths, ist daher der Versuch unternommen worden, Kants Transzendentalphilosophie ontologisch auszudeuten.[10] Doch die mathematischen Antinomien zeigen, daß Kant die Ontologie

---

8 Monadologia Physica. AA I, 477-482; Über die Deutlichkeit der Grundsätze. AA II, 286 f.; Träume eines Geistersehers. AA II, 319-328; De mundi sensibilis, § 1. AA II, 387-392; Metaphysik-Pölitz. Reprint der Ausgabe von 1821. Darmstadt 1964, S. 51 f.; 92-97, 104 f.; Prolegomena, § 51-53. AA IV, 338-343; Metaphysische Anfangsgründe der Naturwissenschaft. AA IV, 503-508, 541 ff.; Über eine Entdeckung. AA VIII, 198-225; Kritik der Urteilskraft, § 66. AA V, 376 f.; Welche Fortschritte. AA XX, 288-292; Opus postumum. AA XXI, 218 f.; 246; AA XXII, 207; 239; 269; 579; usw.

9 Vgl. Brief an Marcus Herz vom 26.5.1789; AA XI, 54.

10 Vgl. beispielsweise Sans, G.: Ist Kants Ontologie naturalistisch? Die *Analogien der Erfahrung* in der *Kritik der reinen Vernunft*. Stuttgart 2000 (Münchener philosophische Studien NF Bd.

als erste Wissenschaft aufgibt und durch die Transzendentalphilosophie ersetzt, u.a. weil das ontologische Denken in seiner Anwendung auf die Erfahrung zu Antinomien führt.[11] Die ontologische Annahme, daß der Materie ein an sich selbst bestimmtes Sein zukomme, macht in Kants Deutung die Antinomie der Teilung unauflösbar. Denn wenn sie an sich selbst bestimmt wäre, dann müßte sie notwendig entweder aus Einfachem bestehen oder aber nicht bestehen. Ein Drittes ist nicht möglich. Gibt es aber, wie von Kant beansprucht, gleich gute Beweise für beides, so besteht eine echte Antinomie. Wir können nach Kant keine widerspruchsfreie Begründung des Realitätsstatus der Materie geben, weil beide einander widersprechenden Bestimmungen notwendig aus Prinzipien unserer Vernunft folgen. Der Herleitung der Antinomie kommt also für den Nachweis der Unhaltbarkeit ontologischer Prinzipien in der

---

17). In der neueren Philosophie ist eine Tendenz der Rückkehr zu traditionellen, metaphysischen und auch ontologischen Konzeptionen zu bemerken. Hierbei ist es zunächst einmal nützlich, zu bestimmen, was unter Ontologie zu verstehen ist. Insbesondere die angloamerikanische Philosophie hat gegenüber der kontinentalen, traditionellen Philosophie einen anderen Begriff von Ontologie entwickelt, so daß es in der Literatur häufig zu Unklarheiten kommt. So spricht beispielsweise Quine von Ontologie, wenn er sich die Frage danach stellt: „what there is" (vgl. On what there is. In: Ders.: From a Logical Point of View. Cambridge / London 1980, S. 1-19). Auf diese Bedeutung von Ontologie geht die Redeweise in der analytischen Philosophie zurück, zu fragen, was eine jeweilige Philosophie für eine Ontologie vertrete; gemeint ist: welche Art von Gegenständen sie als existierend annimmt. Ontologie ist hier eine Theorie, zumeist eine sprachanalytische, epistemologische oder auch wissenschaftstheoretische Theorie, die Kriterien dafür formuliert, daß etwas als existierend gelten kann oder soll. Das Existierende wird zumal als die Menge der existierenden Dinge verstanden. Ontologie ist demnach in dieser Tradition eine Theorie, die nach verbindlichen Kriterien für Existenzaussagen für die Angabe derjenigen Menge oder Klasse von Gegenständen sucht, die als existierend gelten soll; dabei ist sie nicht notwendig apriorisch, zumeist wird der Apriorismus sogar abgestritten. Im Unterschied dazu sind die traditionellen Ontologien apriorische Theorien vom Sein des Seienden, oder Lehren vom Seienden als solchen, d.h. von den Grundbestimmungen des Seienden. Es geht hierbei also primär nicht um Kriterien dafür, Gegenständen Existenz zu- oder abzusprechen, sondern um diejenigen Bestimmungen, die einem Seienden zukommen, sofern es ist. Diese Bestimmungen sind gemäß dieser Tradition dem reinen Denken und nur ihm zugänglich. Die klassische Ontologie ist somit ausgezeichnet durch die sog. logisch-ontologische Äquivalenz: Sie muß davon ausgehen, daß die begrifflichen Bestimmungen, die sie entwickelt, die Dinge in ihrem Sein auszeichnen. Als solche ist Ontologie erste Wissenschaft. Die Transzendentalphilosophie löst die logisch-ontologische Äquivalenz auf und begründet die Bestimmungen der Gegenstände überhaupt in der transzendentalen Subjektivität. Dies ist die kritische Wende Kants (vgl. Düsing, K.: Selbstbewußtseinsmodelle. Moderne Kritiken und systematische Entwürfe zur konkreten Subjektivität. München 1997, S. 66 u. FN).

11 In seinem Werk äußert sich Kant selten einmal deutlich zum Verhältnis von Ontologie und Transzendentalphilosophie; die ausführlichsten Darlegungen finden sich in der Metaphysik-Volckmann (AA XXVIII, 360 f.; 363; 390 f.: Kant betont hier wiederholt, Transzendentalphilosophie sei Selbsterkenntnis des Vernunftvermögens und müsse aller Metaphysik vorausgehen, während Ontologie „Betrachtung der Gegenstände durch unsre Vernunft" ist (S. 360).

Kosmologie große Bedeutung zu.[12] Wenn ontologische Begründungen des Realen nicht möglich sind, dann muß es eine Erklärung ihrer Realität geben können, die auf sie verzichtet. Kant hat versucht, eine solche Begründung zu geben.

2. Forschungsstand

Anhand eines typisierenden Überblickes sollen Probleme, Themengebiete und Grundpositionen der Forschung zur zweiten Antinomie im einzelnen, aber auch zur Antinomienproblematik allgemein – da die zweite Antinomie nur vor ihrem Hintergrund sinnvoll analysiert werden kann – benannt werden.

Die zweite Antinomie ist in der Forschung bisher weniger eingehend untersucht worden als die anderen drei Antinomien. Es liegen lediglich drei Monographien zum Thema vor: Heinz Heimsoeth *Atom, Seele, Monade*, Karl Vogel *Kant und die Paradoxien der Vielheit* sowie Frank Höselbarth *Raum und Körper in der zweiten Antinomie der „Kritik der reinen Vernunft" Kants.*[13] Alle drei Arbeiten befassen sich ausführlich mit der Frage, wie sich die Position Leibniz' zum Teilungsproblem der zweiten Antinomie bei Kant verhält. Heimsoeth legt den Schwerpunkt in seiner wohl als Standardwerk geltenden Untersuchung, auch in seinem Kommentarwerk *Transzendentale Dialektik* sowie in anderen bedeutenden Arbeiten, auf die Ausleuchtung der gesamten historischen Dimensionen der Teilungsproblematik sowie der Antinomienlehre. Insbesondere in der Leibnizschen Monadologie und ihrer Rezeption in der Schulphilosophie sieht er die historische Vorlage für die Kantische Fassung des Problems; welche Bedeutung Leibniz selbst dabei zukommt, wird jedoch nicht völlig klar. Die beiden weiteren Monographien sind ebenfalls historisch orientiert; sie gehen insbesondere der Frage

---

12 Vgl.: Prolegomena. AA IV, 340: „Man kann in der Metaphysik auf mancherlei Weise herumpfuschen, ohne eben zu besorgen, daß man auf Unwahrheit werde betreten werden. Denn wenn man sich nur nicht selbst widerspricht, welches in synthetischen, obgleich gänzlich erdichteten Sätzen gar wohl möglich ist: so können wir in allen solchen Fällen, wo die Begriffe, die wir verknüpfen, bloße Ideen sind, die gar nicht (ihrem ganzen Inhalte nach) in der Erfahrung gegeben werden können, niemals durch Erfahrung widerlegt werden. Denn wie wollten wir es durch Erfahrung ausmachen: [...] ob Materie ins Unendliche theilbar sei, oder aus einfachen Theilen bestehe? [...] Der einzige mögliche Fall, da die Vernunft ihre geheime Dialektik, die sie fälschlich für Dogmatik ausgiebt, wider ihren Willen offenbarte, wäre der, wenn sie auf einen allgemein zugestandnen Grundsatz eine Behauptung gründete und aus einem andern, eben so beglaubigten mit der größten Richtigkeit der Schlußart gerade das Gegentheil folgerte."

13 Heimsoeth, H.: Atom, Seele, Monade. Historische Ursprünge und Hintergründe von Kants Antinomie der Teilung. In: Abhandlungen der Geistes- und Sozialwissenschaftlichen Klasse. Jg. 1960, Nr. 3. Hrsg. v. d. Akademie der Wissenschaften und der Literatur in Mainz. Wiesbaden 1960, S. 259-398; Vogel, K.: Kant und die Paradoxien der Vielheit. Frankfurt/M. ^{2}1986; Höselbarth, F.: Raum und Körper in der zweiten Antinomie der *Kritik der reinen Vernunft* Kants. Frankfurt/M. 1983.

nach, welche historischen Positionen Thesis und Antithesis der zweiten Antinomie jeweils zuzuordnen sind. Beide Abhandlungen sind auf einzelne Aspekte des Themas eingeschränkt. An der Arbeit von Vogel ist der Nachweis hervorzuheben, daß Leonhard Euler eine wichtige Rolle in der kritischen Diskussion der Monadologie für Kant zukommt; dabei bleibt der Bezug zu Kant aber eher vage; seine These lautet, daß die zweite Antinomie bei Kant letztlich auf einem Mißverständnis der Leibnizschen und auch der Wolffschen Monadologie beruhe, das sich bereits bei Euler finde. Die Monographie von Höselbarth nimmt diese historische Spur auf, aber unter dem systematischen Gesichtspunkt des Kantischen Unternehmens der „Arithmetisierung der Mathematik". Höselbarth weist Vogels Kritik an Kant zurück und vertritt demgegenüber die These, daß die Thesis der zweiten Antinomie durchaus die Leibnizsche Position wiedergebe, während die Antithesis Lehren von Euler und Lambert aufnehme. Positiv an dieser Arbeit hervorzuheben ist die philosophische Perspektive, die in Ansätzen die systematische Bedeutung der Antinomie aufzeigt und zugleich einen Hinweis auf den Beweisgrund der Auflösung der Antinomie gibt: Kants Unternehmen einer „Arithmetisierung der Geometrie". Doch weder gelingt es Höselbarth, die Kantische Lösung in ihrer ganzen Dimension transparent zu machen, nämlich die Begründung der Arithmetisierung in den Synthesisleistungen der transzendentalen Subjektivität, noch sind seine historischen Zuordnungen zu Thesis und Antithesis unproblematisch.

Die zweite Antinomie ist in der jüngsten Vergangenheit stärker ins Bewußtsein der Forschung zurückgekehrt.[14] Gegenüber ihrer neueren Deutung in *Kants Kosmologie* vertritt Falkenburg in ihrem Aufsatz *Kants zweite Antinomie und die Physik* die These, Kant vermische in seinen Beweisen eigene und metaphysische Lehren. Malzkorn erläutert die Beweise für Thesis und Antithesis mit Hilfe von Kants vorkritischer Lehre der *Monadologia Physica*. Seiner Meinung nach scheitert der kritische Kant daran, die Vereinbarkeit von Einfachheit und unendlicher Teilbarkeit, die Kant dort gelehrt hat, nun in der Antinomie zu widerlegen. Grier verteidigt Kants Beweisführung gegen diverse Kritiker; insbesondere weist sie darauf hin, daß die Thesis ein rein rationales, d.h. metaphysisches Argument vorbringt. Dies bedeutet, daß der Gegenstandsbereich, auf den sich die Antithesis bezieht, kleiner ist als der der Thesis – die Antithesis beziehe sich lediglich auf die Dinge im Raum, die Thesis dagegen auf zusammengesetzte Substanzen überhaupt – aber eine Antinomie bestehe gleichwohl, wenn auch nur für die Dinge im Raum. Radner analysiert die zweite Antinomie vor dem Hintergrund der Substanzmetaphysik der Schulphilosophie; er sieht ihre Beweiskraft als auf sie eingeschränkt an, weil sie nur Positionen treffen kann, die eine relationale Raum-

---

14 Vgl. Falkenburg, B.: Kants zweite Antinomie und die Physik. In: Kant-Studien 86 (1995), S. 4-25; Malzkorn, W.: Kant über die Teilbarkeit der Materie. In: Kant-Studien 89 (1998), S. 385-409; Grier, M.: Transcendental Illusion and Transcendental Realism in Kant's second Antinomy. In: British Journal for the History of Philosophy 6,1 (1998), S. 47-70; Radner, M.: Unlocking the second Antinomy. Kant and Wolff. In: Journal of the History of Philosophy 36 (1998), S. 413-441.

konzeption annehmen. Daher werde auch nicht jede Form von transzendentalem Realismus durch sie widerlegt. Kants Auflösung der Antinomie wird hierbei nicht näher betrachtet.

Die Rezeption der Antinomien hat bereits eine sehr lange Geschichte. Im Zentrum der älteren Arbeiten zum Thema steht die entwicklungsgeschichtliche Bedeutung der Antinomien überhaupt für die kritische Philosophie – dieser Aspekt stellt eine *erste* Interpretationsrichtung zu den Antinomien dar –; insbesondere Erdmann, Adickes, Siegel, Feist und Reich sind hier zu nennen.[15] Dieser Aspekt beschäftigt die Forschung seit einiger Zeit erneut; hervorzuheben sind hier Arbeiten von Hinske, Kreimendahl und neuerlich Falkenburg.[16] Die neuere Forschung ist gegenüber den älteren Deutungen zu der Ansicht gelangt, daß die Antinomien und die mit ihnen verbundenen Probleme Kant zwar sehr eingehend beschäftigt haben, daß es aber weniger unmittelbar die Antinomie der reinen Vernunft selbst war, die Kant zur kritischen Wende veranlaßt hat, vielmehr werden andere Faktoren als im engeren Sinne ausschlaggebend benannt.

Eine *zweite* Interpretationsrichtung ist philosophiehistorisch ausgerichtet. Sie untersucht die historische Einbindung des Kantischen Denkens und der antinomischen Positionen und fahndet nach anderen Quellen, als diejenigen, die Heimsoeth ausmacht.[17] Al-Azm versucht nachzuweisen, daß die Antinomien insgesamt den Briefwechsel zwischen Leibniz und Clarke wiedergeben. Seiner Ansicht nach steht die Thesis der zweiten Antinomie für die Newtonsche Atomistik, während die Antithesis Leibniz' Position der unendlichen Teilbarkeit der phänomenalen Materie vorführt. Eine völlig andere Quelle für die Thesis hat Jacquette ausgemacht. Ihm zufolge bezieht sich die Thesis auf Humes Theorie der Indivisibilien.

Eine *dritte* Gruppe interpretiert die Antinomien eher Kant-immanent und auf die Theorie des transzendentalen Idealismus bezogen; im wesentlichen gilt der Konsi-

---

15 Erdmann, B.: Die Entwicklungsperioden von Kants theoretischer Philosophie. In: Reflexionen Kants zur kritischen Philosophie. Hrsg. v. B. Erdmann. Leipzig 1882/84 (Neudruck: hrsg. v. N. Hinske. Stuttgart-Bad Cannstatt 1992), S. 265-312; Adickes, E.: Die bewegenden Kräfte in Kants philosophischer Entwicklung und die beiden Pole seines Systems. In: Kant-Studien 1 (1897), S. 9-59, 161-196, 352-415; Feist, H.: Der Antinomiengedanke bei Kant und seine Entwicklung in den vorkritischen Schriften. Borna-Leipzig 1932; Reich, K.: Einleitung zu: Kant, I.: Über die Form und die Prinzipien der Sinnen- und Geisteswelt. Hamburg 1958, S. VII-XVI.

16 Hinske, N.: Kants Begriff der Antinomie und die Etappen seiner Ausarbeitung. In: Kant-Studien 56 (1965), S. 485-496; Kreimendahl, L.: Der Durchbruch von 1769. Köln 1990; Falkenburg, B.: Kants Kosmologie. Frankfurt/M. 2000 (Philosophische Abhandlungen Bd. 77), S. 135-175.

17 Al-Azm, S.: The Origins of Kant's Arguments in the Antinomies. Oxford 1972; Jacquette, D.: Kant's second Antinomy and Hume's Theory of extensionless Indivisibles. In: Kant-Studien 84 (1993), S. 38-50.

stenz des Kantischen Ansatzes das Augenmerk.[18] Insbesondere geht es um das Problem, wo die Nahtstelle zwischen transzendentalem Idealismus und transzendentalem Realismus im Argumentationsgang verläuft, welche Elemente Teile der kritischen Lehre sind und welche Teile die kritisierte metaphysische Lehre auszeichnen. Diese Arbeiten bieten zumeist auch eine Analyse der Antinomienherleitung. Schmuckers kommentierende Analyse der Antinomien dient dem Beleg der These, daß bereits die Herleitung der vier kosmologischen Ideen auf vorkritischer Lehre beruhe; daher könne der dialektische Schein, den sie hervorrufen, durch den transzendentalen Idealismus gänzlich aufgelöst werden. Baumanns meint, daß Kant die metaphysischen Beweise von Thesis und Antithesis der zweiten Antinomie mit kritischen Lehrmeinungen verbunden habe und sieht Kants Beweisanspruch damit als gefährdet an. Schmauke ist der Auffassung, die Beweise dürften unproblematisch Lehrbestandteile des transzendentalen Idealismus aufnehmen, ja er glaubt sogar, die Thesis der zweiten Antinomie operiere mit dem kritischen Substanzbegriff. Die nur ansatzweise belegte These seiner Arbeit ist, daß die Antinomien ein positiver Bestandteil der kritischen Lehre sind. Wike vergleicht die Antinomien aller drei Kritiken, um den Zusammenhang von theoretischer und praktischer Vernunft bei Kant zu untersuchen. Dabei sieht sie in der theoretischen Vernunft die Grundlage der praktischen; auch die mathematischen Antinomien werden eher unter praktischer Perspektive betrachtet. Kreimendahls Darstellung der beiden ersten Antinomien ist überblickhaft; er sieht in den Beweisen der zweiten Antinomie ebenfalls fehlerhafte Einflüsse kritischen Denkens.

Eine *vierte* Gruppe geht der Wirkungsgeschichte der Kantischen Antinomien im Deutschen Idealismus nach, insbesondere Hegels Ausbildung der Dialektik ist nicht unwesentlich durch die Kantische Antinomienlehre geprägt.[19] Hierbei geht es weniger um die einzelnen kosmologischen Inhalte, als vielmehr um die skeptische Methode, die Kant in diesem Systemteil zur Anwendung bringt und wie sie durch Hegel teils aufgenommen, teils umgedeutet wird.

---

[18] Schmucker, J.: Das Weltproblem in Kants *Kritik der reinen Vernunft*. Kommentar und Strukturanalyse des ersten Buches und des zweiten Hauptstückes des zweiten Buches der transzendentalen Dialektik. Bonn 1990; Wike, V. S.: Kant's Antinomies of Reason. Their Origin and their Resolution. Washington 1982; Schmauke, S.: „Wohlthätigste Verirrung". Kants kosmologische Antinomien. Würzburg 2002; Baumanns, P.: Kants mathematische Antinomien. In: Allgemeine Zeitschrift für Philosophie 12 (1987), S. 23-40; Kreimendahl, L.: Die Antinomie der reinen Vernunft. 1. und 2. Abschnitt. In: Klassiker auslegen: Kritik der reinen Vernunft. Hrsg. v. G. Mohr und M. Willaschek. Berlin 1998, S. 413-446.

[19] Neben anderen sind insbesondere zu nennen: Düsing, K.: Antinomie und Dialektik. Endlichkeit und Unendlichkeit in Hegels Auseinandersetzung mit Kants Antinomienlehre. In: Das Endliche und das Unendliche in Hegels Denken. Hrsg.v. F. Menegoni und L. Illetterati. Stuttgart 2004, S. 35-57; Gueroult, M.: Hegels Urteil über die Antithetik der reinen Vernunft. In: Seminar: Dialektik in der Philosophie Hegels. Hrsg. v. R.-P. Horstmann. Frankfurt/M. 1978, S. 261-291; Sedgwick, S.: Hegel on Kant's Antinomies and Distinction between General and Transcendental Logic. In: Monist 73,3 (1991), S. 403-420.

Die *fünfte* Gruppe von Interpretationen der Antinomien ist systematisch ausgerichtet. Hier lassen sich drei Untergruppen unterscheiden: Die Kant-kritischste Diskussion findet sich in einer ersten Untergruppe; die Antinomien werden hier im wesentlichen in ihrer systematischen Funktion interpretiert, Widerlegung des transzendentalen Realismus und Beweis des transzendentalen Idealismus zu sein.[20] Einige dieser Arbeiten legen aufgrund dieses Ansatzes besonderen Wert auf die logische Korrektheit der Beweise von Thesis und Antithesis. Allisons Untersuchung mit positiver Bewertung der Beweisabsicht Kants darf hier als klassisch gelten. Guyer dagegen hält Kants Widerlegung des transzendentalen Realismus für gescheitert. Seiner Meinung nach kann Kant aus der Antinomie nur schließen, daß die Voraussetzung des transzendentalen Realismus unentscheidbar ist, nicht daß sie falsch ist, wie Kant behaupte. Auch Malzkorn meint, daß Kant letztlich keine zwingende Widerlegung hat erbringen können, da die Antinomienlehre insgesamt nicht rein metaphysisch, sondern teils transzendental argumentiert. Anhand einer intensiven formalen Beweisanalyse glaubt er, Kant unterschiedliche Beweisfehler nachweisen zu können. Van Cleve findet die Beweise ebenfalls mangelhaft, aber er verwendet die Antinomie und ihre Auflösung produktiv, um Kants Erscheinungsbegriff aufzuklären. Seine These diesbezüglich ist, daß die Auflösung zeigt, Kant vertrete einen „analytischen Phänomenalismus", d.h. eine Erscheinungslehre, derzufolge wahre Urteile über materielle Dinge notwendig äquivalent sind mit Urteilen allein über unsere Wahrnehmungen. Posy vereinnahmt die mathematischen Antinomien in sprachanalytischer Absicht. Auch er hält die Beweise von Thesis und Antithesis für ungenügend, um den transzendentalen Realismus zu widerlegen. Prinzipiell hält er aber an Kants Beweisabsicht fest und deutet die Argumente „linguistisch" um. Die Auflösung der Antinomie besteht ihmzufolge darin, daß Thesis und Antithesis unterschiedliche „logische Rollen" in verschiedenen Begründungssystemen spielen.

Die zweite Untergruppe ist am Sachproblem orientiert und befaßt sich besonders mit der Auflösung der Antinomie.[21] Die beiden älteren Arbeiten von Wundt und Geissler bewerten Kants Auflösung der Antinomie vor dem Hintergrund der damaligen Entwicklungen in der Mathematik. Sie sehen im Begriff des Unendlichen die zen-

---

[20] Allison, H. E.: Kant's Refutation of Realism. In: Dialectica 30 (1976), S. 223-252; ders.: Kant's Transcendental Idealism. An Interpretation and Defense. New Haven / London 1983, S. 35-61; Guyer, P.: Kant and the Claims of Knowledge. Cambridge 1987, S. 385-415; Van Cleve, J.: Problems from Kant. Oxford / New York 1999, S. 62-72; Posy, C.: Dancing to the Antinomy. A Proposal for Transcendental Idealism. In: American Philosophical Quarterly 20/1 (1983), S. 81-94; Malzkorn, W.: Kants Kosmologie-Kritik. Eine formale Analyse der Antinomienlehre. Berlin / New York 1999 (Kantstudien Ergänzungshefte 134).

[21] Wundt, W.: Kants kosmologische Antinomien und das Problem der Unendlichkeit. In: Philosophische Studien. Hrsg. v. W. Wundt. Leipzig 1885. Bd. 2, S. 495-538; Geissler, K.: Kants Antinomien und das Wesen des Unendlichen. In: Kant-Studien 15 (1910), S. 194-232.

trale Problematik der Antinomie. Kants Lösung, die sie in einem Nachweis der Unmöglichkeit des aktual Unendlichen ausmachen, erscheint Wundt aufgrund der Cantorschen Entdeckung der Möglichkeit des aktual Unendlichen als unhaltbar, und die ganze Antinomie insgesamt als auf einer veralteten Naturphilosophie beruhend.[22] Geissler dagegen verteidigt, wenn auch mit dürftigen Mitteln, Kants philosophisches Anliegen insbesondere im Hinblick auf die Auflösung der Freiheitsantinomie.

Eine dritte Untergruppe ist wissenschaftstheoretisch orientiert.[23] Diese neueren Untersuchungen sind wesentlich differenzierter als die älteren der zweiten Untergruppe. Ziel dieser Arbeiten ist, die mathematischen Antinomien mit erkenntnistheoretisch-wissenschaftstheoretischen Problemen zu vergleichen, die sich aus den Erkenntnissen der gegenwärtigen Physik ergeben: Mittelstaedt/Strohmeyer zeigen insbesondere am Beispiel der ersten Antinomie eindrucksvoll auf, daß die Antinomienproblematik eine systematische Relevanz für Kants eigene Lehre hat, und daß bedeutende Grundstrukturen der Problematik, insbesondere Kants Auflösung der Antinomien mit Hilfe der Erscheinung-Ding-an-sich-Unterscheidung, nach wie vor in der Physik relevant sind; allerdings wird die Lehre von der regulativen Funktion der Ideen nicht in die Betrachtung einbezogen. Diese Lücke schließt Krausser, allerdings eher abstrakt und ohne dabei auf die Antinomien und ihre Sachprobleme selbst einzugehen. Eher allgemein, ohne spezifisch wissenschaftstheoretische Erörterungen arbeitet Grier in ihrem zu Recht vielbeachteten Buch die wissenschaftstheoretische Bedeutung der Kantischen Ideen-Lehre heraus. Ihre These, daß die Ideen als systembildend für wissenschaftliche Erkenntnis notwendig seien und daß zwischen den Illusionen, die sie erzeugen, und den Irrtümern, zu denen diese Illusionen Anlaß geben, unterschieden werden müsse, soll hier bestätigt, aber spezifischer ausgeführt werden. Das neben Grier wichtigste Buch zum größeren Zusammenhang der Antinomienproblematik ist die Untersuchung von Falkenburg *Kants Kosmologie*. In dieser Abhandlung wird das systematische Problem der Antinomien in einen breiten methodologischen, entwicklungsgeschichtlichen und wissenschaftstheoretischen Zusammenhang gestellt sowie seine Wirkungsgeschichte im Neukantianismus untersucht. Die Auflösung der Antinomien wird dabei jedoch nicht *en detail* betrachtet, auch bleibt die Bedeutung von Kants neuer Theorie des Denkens für die Antinomienauflösung unklar; sie erst erlaubt es Kant, so eine These der vorliegenden Arbeit, den Begriff der poten-

---

22 Cantor allerdings kritisiert Wundts Interpretation und glaubt sich mißverstanden, obwohl auch er Kants Auflösung aufgrund seiner eigenen Theorie als widerlegt betrachtet (Über die verschiedenen Standpunkte in bezug auf das aktual Unendliche. In: Ders.: Gesammelte Abhandlungen mathematischen und philosophischen Inhalts. Hrsg. v. E. Zermelo. Berlin 1932, S. 375; Mitteilungen zur Lehre vom Transfiniten. In: Ebd. S. 391 f.).

23 Mittelstaedt, P. / Strohmeyer, I.: Die kosmologischen Antinomien in der *Kritik der reinen Vernunft* und die moderne physikalische Kosmologie. In: Kant-Studien 81 (1990), S. 145-169; Krausser, P.: On the Antinomies and the Appendix to the Dialectic in Kant's Critique and Philosophy of Science. In: Synthese 77 (1988), S. 375-401; Grier, M.: Kant's Doctrine of Transcendental Illusion. Cambridge 2001; Falkenburg, B.: Kants Kosmologie.

tiellen Unendlichkeit von Realem sinnvoll zu erklären und den spezifisch kritischen Erscheinungsbegriff auszubilden, was für die Auflösung der zweiten Antinomie entscheidend ist.

3. Methode und These

Im Zentrum der Kant-Forschung zur theoretischen Philosophie steht nach wie vor die *Transzendentale Analytik* der *Kritik der reinen Vernunft*. Die *Transzendentale Dialektik* wird demgegenüber weniger intensiv analysiert. Insbesondere Kants Äußerungen zur Dialektik, daß sie nur negativen Nutzen habe (B 88, B 731 f.), geben Anlaß zu der Meinung, daß mit der *Transzendentalen Analytik* alle fundamentalen Bestandteile der Erkenntnislehre Kants – mit der Theorie der Anschauungsformen, der Kategorienlehre, dem Schematismus und den Grundsätzen – abgeschlossen wäre; dies wird insbesondere für den Bereich der Erfahrungserkenntnis angenommen. Die erste Kant-immanente These der vorliegenden Arbeit, die für ihren Aufbau insgesamt ausschlaggebend ist, besagt, daß die Kantische Erkenntnistheorie unvollständig interpretiert wird, wenn die Lehre der transzendentalen Ideen außer acht gelassen wird. Positiv formuliert: Die Lehre der kosmologischen Ideen hat wesentliche Bedeutung für die Möglichkeit von Erkenntnis, dann nämlich, wenn man objektive Erkenntnis nicht bloß als verhältnismäßig statische Gewinnung von Erfahrungsurteilen begreift, sondern als dynamischen Forschungsprozeß, als Aneignung völlig neuartigen Wissens, als „Erfahrung" im vollgültigen Sinne des Wortes. Denn erst die Ideen ermöglichen einen prospektiven Ausgriff auf bisher unbekannte Dimensionen der Natur.

Die strukturelle Dreiteilung des Antinomienhauptstückes der *Kritik der reinen Vernunft* in Herleitung, Darstellung und Auflösung der Antinomien, bestimmt den Aufbau dieser Untersuchung in drei Großkapitel. Die beiden die Antinomiendarstellung umrahmenden Teile beinhalten Kants positive, transzendentalphilosophische Ideenkonzeption, auf die es dieser Interpretation wesentlich ankommt, weshalb sie auch eingehender untersucht werden sollen. Keine der bisherigen Arbeiten zum Antinomienthema hat es versucht, die kritische Herleitung der transzendentalen Ideen mit der Lehre der regulativen Funktion der Vernunftideen im Ausgang von den Antinomien mit einer einzelnen kosmologischen Idee in einen unmittelbaren Sachzusammenhang zu bringen. Die leitende Generalthese der vorliegenden Arbeit lautet, daß Kants Diktum, die Antinomie sei letztlich lediglich ein transzendentaler Schein, sie sei gleichwohl aber unvermeidlich, Konsequenz seiner Vernunftkonzeption ist: Wenngleich die transzendentalen Ideen keine objektkonstituierende Bedeutung haben wie die Kategorien, wohl aber für den Gewinn neuen Wissens notwendig sind, dann ist auch die Antinomie zwar kritisch beherrschbar, d.h. sie kann als scheinhaft aufgedeckt werden, sie ist aber nicht gänzlich eliminierbar. Denn die kosmologischen Ideen werden notwendig in antinomischen Urteilen gedacht. Als Beleg für diese These wird das Wiederauftreten zweier an Thesis und Antithesis der zweiten Antinomie anknüpfender Lehrsätze in den *Metaphysischen Anfangsgründen der Naturwissenschaft* angeführt sowie auf Fortführungen im *Opus postumum* verwiesen. Diese These kann daher auch nur anhand eines einzelnen Sachthemas deutlich gemacht werden; besonders geeignet hierfür ist das Teilungsproblem des Realen oder der Materie, weil es im Kantischen Werk große Kontinuität und Bedeutung hat.[24]

Im ersten Kapitel wird daher die Herleitung der zweiten kosmologischen Idee, die ‚Idee der absoluten Totalität der Teilung eines gegebenen Ganzen in der Erscheinung', detailliert zu interpretieren sein; insbesondere die konkrete Herleitung der zweiten kosmologischen Idee aus der Kategoriengruppe der Qualität ist bisher kaum untersucht worden. Hier zeigt sich, daß Kant diese Idee vor dem Hintergrund einer eigenen kritischen Lehre des Realen bestimmt. Sein Akzent liegt in der Folge auf dem Realen im Raum, der Materie also; das Reale in der Zeit wird nur vage angedeutet. Es wird hierbei auch historisch belegt, daß das Antinomienproblem ein Problem des Verhältnisses von Vernunft und Erfahrung ist. In der Schulphilosophie, insbesondere bei Wolff, der die Kosmologie als Disziplin der *metaphysica specialis* entwickelt hat, führt es dazu, daß Übergangsdisziplinen von der rationalen Kosmologie zur Physik eingeführt werden müssen, um den deduktiven Zusammenhang zwischen reiner Vernunftwissenschaft und den empirischen Wissenschaften zu gewährleisten. Die Begriffe ‚Totalität' und ‚Reihe', die für die Antinomien der Kosmologie bei Kant zentral sind, werden von Baumgarten als die beiden Grundbestimmungen der Welt miteinander in Verbindung gebracht.

Im zweiten Kapitel ist die Antinomie der Teilung selbst Gegenstand der Untersuchung. Neben der notwendigen Analyse der Argumentationen wird am Beweisgang insbesondere der Antithesis gezeigt, daß es Kant in der zweiten Antinomie vor allem auf die Spezifikation des Verhältnisses von Raum und Materie ankommt. Keineswegs selbstverständlich ist, daß die Eigenschaften der Materie und ihrer Elemente durchgängig mit den Eigenschaften des Raumes parallel sind. Trotz der Raumargumente in der *Transzendentalen Ästhetik*, die u.a. auch zeigen sollen, daß alles, was im Raum gegeben wird, Erscheinung ist, muß in der zweiten Antinomie gegen den transzendentalen Realismus eigens gezeigt werden, daß das Reale nicht Erscheinung von etwas sein kann, das den Raumeigenschaften nicht unterliegt, weil es den Erscheinungen im

---

24 Diese These, die sog. „Unvermeidlichkeitsthese", gewinnt in der allerjüngsten Vergangenheit an Zustimmung. Sie besagt, daß der transzendentale Schein durch die Vernunftkritik zwar unschädlich gemacht, aber das Illusionäre der Ideen wie bei optischen Täuschungen nicht ausgeschaltet werden kann, und mißt den Ideen eine erkenntnistheoretisch unverzichtbare Funktion zu. Zu nennen sind insbesondere die Studien von Grier (Kant's Doctrine of Transcendental Illusion, S. 4-8) und Allison (Kant's Transcendental Idealism. New Haven / London 2004, S. XVII f.; 322-332). Allisons vollständige Überarbeitung seiner wohl als klassisch geltenden Interpretation der *Kritik der reinen Vernunft* in der zweiten Auflage ist durch eben diese These, die er dezidiert von Grier aufgreift, maßgeblich motiviert, wie er selbst betont. Beide stellen diese These allgemein auf, ohne zu untersuchen, ob und wie sie sich auf die einzelnen Ideen sinnvoll beziehen läßt. Diese Aufgabe hat sich diese Arbeit vorgenommen.

Raum zugrundeliegt; eine solche Lehre hatte Kant in der *Monadologia Physica* selbst entwickelt. In diesem Zusammenhang wird die These gegen andere Forschungsmeinungen vertreten, daß es Kant durchaus gelingt, seine Theorie physischer Monaden zu widerlegen. Bisher in der Forschung weniger beachtet ist der zweite Beweisteil der Antithesis; diesbezüglich wird die These vertreten, daß der zweite Antithesisteil die Position des empirischen Idealismus vertritt, die Kant im vierten Paralogismus der ersten Auflage der *Kritik der reinen Vernunft* explizit kritisiert; der empirische Idealismus ist für Kant eine Konsequenz des transzendentalen Realismus.

Im Anschluß an diese auf die Paralogismen verweisende Interpretation wird die Verbindung zwischen der zweiten Antinomie und dem zweiten Paralogismus der reinen Seelenlehre untersucht. Hier geht es um den Leib-Seele-Dualismus in zwei Hinsichten. *Erstens* haben die zweite Antinomie und ihr Resultat indirekt Auswirkungen auf diese Thematik: Wenn es, wie Kant im Ausgang von der Antinomie der Materieteilung zeigt, nicht möglich ist, Materie selbst als ein Zugrundeliegendes zu bestimmen, dann entbehren materialistische Reduktionismen des Geistes jeder sicheren Grundlage. Auch können, zumindest Kant zufolge, bestimmte dualistische Annahmen nicht verteidigt werden, die von einer kausalen Einwirkung der Seele auf den Körper ausgehen, wenn sich die Annahme des Einfachen in der Materie als unhaltbar erweist; denn angenommen die Seele besteht nicht aus Teilen, sondern ist einfach, und angenommen sie wirkt auf den Körper ein, so muß es einen Ort im Körper geben, an dem sie ihre Wirksamkeit entfaltet, der folglich auch unteilbar sein muß. Kann es das Einfache in der Materie jedoch nicht geben, so ist auch diese Theorie kausaler Einwirkung unhaltbar. *Zweitens* besteht zwischen erster und zweiter Antinomie ein Unterschied, der erklärungsbedürftig ist: Wird in der ersten Antinomie nach den äußeren Grenzen der Welt dem Raume *und* der Zeit nach gefragt, so fehlt die Zeit in der zweiten Antinomie. Das Reale in der Zeit ist das zeitliche, empirisch bestimmte Bewußtsein. Die These hier besagt, daß für Kant eine mögliche Antinomie zwischen der Annahme der Einfachheit des Ich im Bewußtsein gegenüber der quasi-empiristischen Annahme der unendlichen Zerstreutheit der Bewußtseinserlebnisse und dem Fehlen eines Einfachen in denselben keine Notwendigkeit aus Vernunftprinzipien hat und also in der zweiten Antinomie deshalb lediglich erwähnt wird (B 471). Es läßt sich für eine Antithesis, d.h. die Ablehnung des Einfachen im Bewußtseinsstrom, kein hinreichend guter Beweis führen, der einer Thesis, d.h. der Annahme eines einfachen Ich, äquivalent wäre. Also besteht hinsichtlich des Realen in der Zeit keine echte Antinomie. Dieses Thema ist bisher noch nicht eingehend untersucht worden. Die Theorie der Subjektivität bei Kant, die hier auch kurz zu skizzieren ist, soll zur Auflösung der zweiten Antinomie überleiten, denn es ist schließlich die Lehre von der Spontaneität des endlichen Verstandes als einer sukzessiven Synthesis, mit der Kant die Teilungsantinomie zu lösen glaubt, die unlösbar mit dem kritischen Erscheinungsbegriff verbunden ist.

Das dritte Kapitel behandelt Kants Auflösung der Teilungsantinomie sowie die Konsequenzen, die aus ihr folgen. Die kritische, subjektive Wende in der Lösung des Teilungsproblems bringt Kant des öfteren dadurch zum Ausdruck, daß die Teile eines realen Ganzen erst durch die sukzessive Synthesis gegeben werden und nicht vorgängig an sich existieren. Diese scheinbar paradoxe Lösung sowie ihre Konsequenzen für Kants Theorie der Materie gilt es hier zu explizieren. Die Ergebnisse der Kant-Interpretation werden in diesem Teil mit wissenschaftstheoretischen Entwicklungen in Verbindung gebracht und es wird gezeigt, daß die Ideenkonzeption interessante Perspektiven für die Wissenschaftstheorie enthält, daß sie zugleich aber auch zur Theorie der Subjektivität gehört. In diesem Teil wird sich die volle systematische Bedeutung der Herleitung der zweiten kosmologischen Idee für Kants Transzendentalphilosophie erschließen.

I. Kosmologie und Vernunftantinomie

Die Vorstellung, daß die Welt oder der Kosmos primär kein Gegenstand der Physik ist, sondern von einer Wissenschaft behandelt wird, die sich traditionell als diejenige definiert, die über die Physik hinausgeht, also von der Metaphysik, ist dem heutigen Denken fremd geworden. Als ‚Kosmologie' wird heute diejenige Disziplin der Physik bezeichnet, welche aufgrund von Experiment, Beobachtung und Meßdaten in Astronomie und Atomphysik Theorien und Modelle des Weltganzen entwirft.[1] Sie versucht hauptsächlich, Fragen nach den räumlichen und zeitlichen Grenzen des materieerfüllten Raumes, der Struktur der Materie sowie nach der Evolution des Universums zu beantworten. Die Fragen, welche die heutige Kosmologie zu lösen versucht, sind dieselben, die vormals von der Metaphysik gestellt und beantwortet wurden, aber die Methoden zu ihrer Beantwortung haben sich geändert. Wie kann es überhaupt möglich sein, so fragen wir heute, eine sinnlich erfahrbare Welt durch Metaphysik zu erkennen, da diese wesentlich nicht durch Erfahrung Erkenntnis gewinnt, sondern durch reines Denken? Es stellt sich für die metaphysische Kosmologie also das Problem der Adäquatheit von Erkenntnismethode und Art des Erkenntnisgegenstandes. Die metaphysische Erkenntnismethode wird ihrem Gegenstand überhaupt nur dann adäquat sein können, wenn der in Frage stehende Gegenstand wesentlich selbst durch Gedankenbestimmungen ausgezeichnet ist. Die metaphysische Kosmologie geht von einer logisch-ontologischen Äquivalenz aus: Sie nimmt an, daß der Kosmos denselben Prinzipien untersteht, die das Erkenntnissubjekt als allgemeinste logische Prinzipien denkt.[2] Insofern hält sie die rein rationale Erkenntnis der Grundstrukturen der Welt für möglich. Kant zeigt nun in den Antinomien, daß von dieser Äquivalenz nicht ausgegangen werden kann. Aber er meint auch, daß das Weltganze kein der Erfahrung zugänglicher Gegenstand sei. An die naturwissenschaftliche Kosmologie richtet sich daher die Frage, ob ihre Erkenntnismethode dem Gegenstand adäquat sein kann. Kant stimmt damit einerseits der Metaphysik darin zu, daß der Begriff des Weltganzen ein metaphysischer Begriff ist; dabei zeigt er jedoch, daß der Gegenstand eines solchen Begriffs nicht außerhalb der Vernunft angetroffen werden kann. Mit der gegenwärtigen Kosmologie stimmt er darin überein, daß der Begriff des Weltganzen nur sinnvoll ist, wenn er auf die Erfahrung bezogen wird; gegen sie meint er jedoch, daß das Weltganze prinzipiell in keiner Erfahrung gegeben werden könne.

---

1 Torretti, R.: Kosmologie als Zweig der Physik. In: Moderne Naturphilosophie. Hrsg. v. B. Kanitscheider. Würzburg 1984, S. 183-200.

2 Die historischen Positionen gehen zumeist von einer durch ein göttliches Prinzip eingerichteten Äquivalenz des Logischen und des Wirklichen aus.

Kant entwickelt in der *Kritik der reinen Vernunft* den Begriff ‚Welt' aus apriorischen Funktionen des Erkenntnisvermögens. Die Welt ist nach Kant „Inbegriff aller Erscheinungen" oder „die absolute Totalität des Inbegriffs existierender Dinge" (B 447). Sie ist ein reiner Begriff der Vernunft, d.h. Idee. Sie bildet bei Kant gemeinsam mit Seele und Gott eine Trias drei notwendiger Vernunftideen, die ihm zufolge dem Vermögen Schlüsse zu bilden zugrundeliegen. Aus der Weltidee gehen, wie im Folgenden zu sehen sein wird, weitere spezifische „Weltbegriffe" und Ideen hervor, deren Funktion es ist, die Welt zu bestimmen; dies sind die kosmologischen Ideen. Zu ihnen zählt die zweite kosmologische Idee, die Kant nicht mit einem Begriff, sondern durch folgenden komplexen Ausdruck bezeichnet: „Die absolute Vollständigkeit der **Teilung** eines gegebenen Ganzen in der Erscheinung" (B 443).[3] Die Idee der Teilung läßt nun zwei unterschiedliche Vorstellungen als ihre spezifischen Bestimmungen zu: die Vorstellung einfacher Substanzen in der Welt als Grenze der Teilung, wie sie von der Thesis der zweiten Antinomie als existierend behauptet werden, und die Vorstellung einer unendlich eingeteilten Materie im Weltraum, die von der Antithesis angenommen wird.

Der von Kant selbst hervorgehobene Doppelcharakter der *Kritik der reinen Vernunft*, der darin besteht, im negativen Sinne Kritik der Metaphysik und im positiven Sinne Grundlegung der Transzendentalphilosophie zu sein (A 13), spiegelt sich auch in der Zweiteilung der *Transzendentalen Elementarlehre*: Während die *Transzendentale Ästhetik* und *Analytik* die Begriffe der Ontologie oder *metaphysica generalis* transzendentalphilosophisch zu einer Form der Erkenntnistheorie umdeuten, werden in der *Transzendentalen Dialektik* die Disziplinen der *metaphysica specialis* kritisiert und durch die kritische Philosophie korrigiert. Dennoch hat Kant den Aufbau der *Kritik der reinen Vernunft* an die Schulmetaphysik angelehnt. So sind die *Paralogismen der reinen Vernunft* der rationalen Psychologie, die *Antinomien der reinen Vernunft* der rationalen Kosmologie und das *Ideal der reinen Vernunft* der rationalen Theologie zugeordnet. Im Unterschied zu den beiden anderen Disziplinen der *metaphysica specialis*, der rationalen Psychologie sowie der rationalen Theologie, die Kant in der *Transzendentalen Dialektik* auf ihre fehlerhaften Grundlagen hinterfragt, ergeben sich ausschließlich in der Kosmologie „unvermeidliche Widersprüche der Vernunft mit sich selbst" (B 24), d.h. Antinomien:[4]

---

3 Der Einfachheit halber werde ich im Folgenden meist von der ‚Idee der Teilung' oder der ‚Teilungsidee' sprechen, genauso wie von der ‚zweiten Antinomie', der ‚Teilungsantinomie' oder der ‚Antinomie der Teilung'.

4 B 702: „Nun ist nicht das Mindeste, was uns hindert, diese Ideen [sc. die transzendentalen Ideen] auch als objektiv und hypostatisch anzunehmen, außer allein die kosmologische, wo die Vernunft auf eine Antinomie stößt, wenn sie solche zu Stande bringen will (die psychologische und theologische enthalten dergleichen gar nicht)." Vgl. auch B 433 f. Es ist nicht zu vermuten, daß Kant in seiner *Transzendentalen Dialektik* eine systematische Widerlegung historischer Positionen hat liefern wollen. Es war ihm sicher bekannt, daß nicht nur in der Kosmologie widersprechende Lehrmeinungen vertreten worden sind, sondern zumindest auch in der Psychologie. So ist etwa bezüglich des ersten Paralogismus der rationalen Psy-

Weil sich die Widersprüche der Kosmologie *a priori* aus der Struktur des Erkenntnisvermögens ergeben, sind sie zwar nicht logisch, doch aber subjektiv notwendig. Die Herleitung der Antinomien ist Kants Nachweis, daß die Antinomien der reinen Vernunft auf dem Felde der Kosmologie zwar aufgelöst werden können, daß sie aber dennoch notwendig bestehen, weil sie der Vernunft immanent sind; diesen Zustand der reinen Vernunft nennt Kant den „transzendentalen Schein".[5]

Aber die Antinomien sind nicht nur eine Kritik der reinen Vernunft und insofern ein systematischer Bestandteil der *Transzendentalen Logik*, sie stellen vielmehr auch Kants Kritik an der metaphysischen Kosmologie dar. Sie sind mithin Kritik systematischer Ansätze, aber auch historischer Positionen. Kants Kosmologie-Kritik in den vier Antinomien ist insbesondere orientiert an der Kosmologie, die Christian Wolff als erster zu einer Disziplin der *metaphysica specialis* systematisiert. Der metaphysische Begriff der Welt, der von Wolff und anderen Schulphilosophen in Aufnahme Leibnizscher, aber auch anderer Lehren detailliert ausgearbeitet wird, fließt ein in wesentliche Grundbestimmungen des Weltbegriffs bei Kant.[6]

Kants Auseinandersetzung mit der Kosmologie in der *Kritik der reinen Vernunft* ist in drei Abschnitte gegliedert: Der erste Abschnitt besteht in der Deduktion des Weltbegriffs, der vier kosmologischen Ideen sowie der vier kosmologischen Antinomien aus den Funktionsweisen des reinen Vernunftvermögens. Hier will Kant zeigen, daß

---

chologie ‚die Seele ist Substanz' die Antithese von Locke und Hume vertreten worden: ‚die Seele ist keine Substanz', wenn auch bei Locke nicht explizit, sondern eher im Rahmen seiner allgemeinen Kritik am metaphysischen Substanzbegriff; auch für Hume stellt sich letztlich die Frage nach der Substanz als unverständlich heraus (vgl. Locke, J.: An Essay Concerning Human Understanding. Hrsg. v. P. H. Nidditch. Oxford [8]1991, S. 295-318. Hume, D.: A Treatise of Human Nature. Hrsg. v. L. A. Selby-Bigge. Oxford 1955, S. 250). Dagegen haben zu Kants Zeit und auch vorher nur wenige, auch eher randständige Denker die Antithese zum Lehrsatz der Theologie ‚Gott existiert notwendig', nämlich ‚Gott existiert nicht notwendig', vertreten. Selbst das *enfant terrible* dieser Zeit, La Mettrie, dem Atheismus vorgeworfen wurde, wagte nicht, diese These aufzustellen. Vielmehr weist er den Vorwurf des Atheismus zurück: „Ce n'est pas que je révoque en doute l'existence d'un Etre suprême; il me semble au contraire que le plus grand degré de Probabilité est pour elle: [...]" (L'homme machine. Hrsg. u. übersetzt v. C. Becker. Hamburg 1990, S. 84). Auch Spinoza, der weit über seine eigene Zeit hinaus als Atheist galt – auch für Kant –, hat niemals die These vertreten, Gott existiere nicht.

5 Es ist dieser Aspekt der Kantischen Antinomien, der wirkungsgeschichtlich außerordentlich bedeutsam ist: Hegels Entwicklung der Dialektik geht neben Platons Dialektik nicht unwesentlich auf die Antinomien zurück. In den *Vorlesungen über die Geschichte der Philosophie* schreibt er: „Die Notwendigkeit dieser Widersprüche ist die interessante Seite, die Kant zum Bewußtsein gebracht hat. Man stellt sich nach der gemeinen Metaphysik vor, eins müsse gelten und das andere widerlegt werden; die Notwendigkeit aber, daß solche Widersprüche stattfinden, ist gerade das Interessante." (Theorie-Werkausgabe. Hrsg. v. E. Moldenhauer und K. M. Michel. Frankfurt/M. 1970 ff.: TWA 20, 358).

6 Dabei ist immer zu berücksichtigen, daß Kant in beiden Auflagen der *Kritik der reinen Vernunft* betont, er beabsichtige nicht, eine „Kritik der Bücher und Systeme" durchzuführen, sondern eine Kritik des Vernunftvermögens selbst (A XII und B 27).

die Welt ein reiner Vernunftbegriff ist, der eine spezifische, unentbehrliche Funktion unseres Erkenntnisvermögens erfüllt. Er macht deutlich, daß die hypostasierte Vorstellung dieser Funktionsweise ebenso notwendig ist und als ‚Idee' der Welt notwendigerweise vier Antinomien nach sich zieht. Der zweite Abschnitt besteht in der Darstellung dieser vier Antinomien, d.h. ihrer Thesen und Antithesen sowie ihrer Beweise. Der dritte Teil umfaßt die Auflösung der Antinomien und die Umdeutung der kosmologischen Ideen zu Regulativen der Erkenntnis. In den beiden äußeren, die Antinomie umrahmenden Teilen ist die positive Lehre Kants von der erkenntnisrelevanten Funktion der kosmologischen Ideen zu finden. Die Untersuchungen des ersten Großkapitels wenden sich also zuerst dem ersten Abschnitt der Kantischen Kosmologie-Kritik zu. Hierbei wird eine Interpretation der Ideen- und Antinomienherleitung zu zeigen haben, aufgrund welcher Funktionsweisen des Erkenntnisvermögens es zur Antinomie der Teilung kommt und worauf sich Kants Anspruch der Notwendigkeit dieser Widersprüche gründet. Dazu wird zunächst in einem ersten Teil die Genesis der Weltidee bei Kant interpretiert und die historischen Vorgaben des Problems der Kosmologie in der Schulphilosophie dargestellt. Im zweiten Teil soll dann die transzendentale Notwendigkeit der Teilungsantinomie untersucht werden. Hier ist die Leitfrage: Welche Strukturen von Erkenntnis sind dafür verantwortlich, daß Kant glaubt behaupten zu können, daß das Problem der „absoluten Vollständigkeit der **Teilung** eines gegebenen Ganzen in der Erscheinung" sich notwendig aus reiner Vernunft ergibt (B 443)? Der dritte Teil wendet sich der Methodik der Antinomien zu.

1. Kosmologie als metaphysisches Problem

In der *Transzendentalen Dialektik* hat Kant wohl als erster eine deduktive Systematik der Metaphysik und mit ihr der Kosmologie entworfen, jedoch auf einer Grundlage, die von der historischen Metaphysik entschieden abweicht. Danach gibt es vier Grundfragen der Kosmologie: die Frage nach den Grenzen von Makrokosmos und Mikrokosmos, die Frage nach der Vereinbarkeit von Natur und Freiheit sowie die Frage nach einem notwendigen Welturheber. Damit wird auch in Kants Augen der Anspruch der Metaphysik auf ihre apriorische Erkenntnismethode bezüglich dieser Begriffe gerechtfertigt. Kant legt also zuerst eine Interpretation und Rechtfertigung von Metaphysik vor, dann aber wird sie einer Kritik unterzogen. Gleichwohl ist diese Kritik verbunden mit der These, die Grundbegriffe der Metaphysik und der Kosmologie seien „notwendige Vernunftbegriffe" (B 383). Diese Notwendigkeitsthese besagt, daß die Ideen notwendige Begriffe für den Vernunftgebrauch, d.h. für das begründende Schließen sind. Sie läßt sich aber nur verteidigen, wenn die metaphysische Deduktion der Ideen gelingt, d.h. ihre Rechtfertigung als apriorische Begriffe, da sich die transzendentale Deduktion als nur bedingt erfolgreich erweisen wird, d.h. die Rechtfertigung ihrer objektiven Gültigkeit. Ohne die Notwendigkeitsthese läßt sich aber der regulative Vernunftgebrauch von Ideen kaum rechtfertigen, daher kommt der metaphysischen Ideendeduktion eine nicht geringe Bedeutung zu. Die Herleitung der Ideen kann – obwohl von Kant selbst nicht so bezeichnet – als metaphysische Deduktion angesehen werden, da sie den apriorischen Ursprung der Ideen durch eine Übereinstimmung mit den formallogischen Schlußformen zu rechtfertigen sucht (vgl. B 159). Kant hat wohl deshalb die metaphysische Deduktion der Ideen, anders als die der Kategorien, ausführlich dargelegt, wenngleich wenig stringent: So finden sich einzelne Versatzstücke in unterschiedlichen Kapiteln der Einleitung sowie des ersten Buches der *Transzendentalen Dialektik*.[7]

1.1. Die metaphysische Deduktion der Ideen

Nach Kants Vernunftanalyse ist der Begriff ‚Welt' kein empirischer Begriff; ‚Welt' ist ein reiner Vernunftbegriff und Idee. Als reiner Vernunftbegriff ist die Welt ein ursprünglicher Begriff, der Regel einer Synthesis ist; als Idee ist die Welt ein Vorstellungsinhalt. Als reiner Vernunftbegriff läßt sich die regelnde Einheit der Synthesisfunktion der Vernunft begreifen, als Idee das „Analogon des Schemas", das es erlaubt, diese Funktion auszuführen. Ideen sind, wie sie Kant im Ausgang der *Transzendentalen Dialektik* bestimmt, „Analoga von Schemata" (B 693 ff.).[8] Bloß Analoga von Schemata sind sie, weil sie anders als Kategorien keine objektive Gültigkeit haben, da ihrem Vorstellungsgehalt kein Gegenstand entsprechen kann, somit lassen sie sich auf keinen möglichen Gegenstand unmittelbar beziehen. Die transzendentale Deduktion der Ideen scheitert also.[9] Ein Schema der Ideen zu konzipieren, ist nicht möglich, weil die ihnen entsprechenden Gegenstände sich auch nicht in der reinen Anschauung von Raum und Zeit darstellen lassen. Gleichwohl kann und muß die Synthesisfunktion, die sie als reine Vernunftbegriffe regeln, ausgeführt werden können, da sonst jedes begründende Schließen unmöglich wäre; dies ist das systematische Problem der Kantischen Ideenlehre. Kant unterscheidet die Termini ‚reiner Vernunftbegriff' und ‚Idee' nicht klar voneinander, obwohl die metaphysische Deduktion der Ideen eine Differenzierung durchaus zuläßt. Kants Lehre von der regulativen Funktion der Ideen und im besonderen auch der kosmologischen Ideen, die das positive Resultat der Antinomienauflösung ist, knüpft an die Bestimmungen der Ideen, die in der metaphysischen Deduktion gewonnen werden, wieder an.[10] Hierbei stellt sich die

---

7 In der Forschung ist die Ideenherleitung bisher nur in einzelnen Abhandlungen und wenig intensiv interpretiert worden (einen Überblick über die Forschung gibt Natterer, P.: Systematischer Kommentar zur *Kritik der reinen Vernunft*. Berlin / New York 2003 (Kantstudien Ergänzungshefte 141), S. 471-479).

8 Vgl. Kap. III.4.2.

9 Kant wird ihnen dennoch in einer nachgeschobenen Deduktion als Regulative der Erfahrung quasi-Objektivität zuerkennen (vgl. Kap. III.4.).

10 Zur Verknüpfung von Ideenherleitung und regulativer Funktion der Ideen vgl. Malter, R.: Der Ursprung der Metaphysik in der reinen Vernunft. Systematische Überlegungen zu

Frage, ob beide Bestimmungen der Welt – Synthesisfunktion und Vorstellungsgehalt – voneinander zu trennen sind oder ob die Synthesisfunktion nur qua Vorstellungsgehalt erfüllt werden kann. Der Grund, weshalb Kant beide Termini äquivalent verwendet,[11] ist, daß sich im Endeffekt zeigt: der reine Vernunftbegriff kann seine Funktion nur als Idee erfüllen. So wie die Kategorien nur als Schemata ihre Funktion der Synthesis von Anschauungsmannigfaltigem erfüllen können, so können reine Vernunftbegriffe ihre Funktion der Synthesis in Schlüssen nur als Ideen erfüllen.

Hinsichtlich der Leitfrage der *Kritik der reinen Vernunft*, ob Metaphysik als Wissenschaft möglich ist, hat die Deduktion der reinen Verstandesbegriffe bereits in ihrem ersten Beweisschritt nach der zweiten Auflage eine negative Antwort geben müssen: Kategorien haben objektive Gültigkeit nur in Beziehung auf sinnliche Anschauung überhaupt. Dies bedeutet, reine Erkenntnis aus Begriffen *a priori* ist durch Kategorien nicht möglich. Wenn also die Erkenntnisrestriktion des Verstandes metaphysische Erkenntnis ausschließt, so bleibt noch die Vernunft als Mittel der Metaphysik. Kant unterscheidet Vernunft und Verstand durch die traditionelle Einteilung der formalen Logik in drei Bereiche: Begriffs-, Urteils- und Schlußlehre. Diesen drei unterschiedlichen Bereichen entsprechen in der Vermögenslehre der Erkenntnis unterschiedliche Erkenntnisvermögen. Während der Verstand das Begriffsvermögen und zugleich das Vermögen zu urteilen ist, ist die Vernunft das Vermögen zu schließen.[12] Die verblei-

---

Kants Ideenlehre. In: 200 Jahre *Kritik der reinen Vernunft*. Hrsg. v. J. Kopper und W. Marx. Hildesheim 1981, S. 169-210. Kants ausführliche metaphysische Deduktion der Ideen ist in der Forschung bei weitem nicht so detailliert gewürdigt worden wie die Kategoriendeduktion, die ihr – wie zu zeigen sein wird – teils analog ist. Dies ist um so erstaunlicher, als Kants Vernachlässigung der Durchführung einer metaphysischen Deduktion der Kategorien in der Forschung beklagt wird.

11 In B 378 gibt Kant die Definition von ‚reiner Vernunftbegriff': Er ist ein Begriff, der *a priori* der Vernunft entspringt; er ist darüber hinaus auch ein Begriff, der eine spezifische Form von Synthesis bezeichnet. In B 383 findet sich schließlich die Definition von ‚transzendentale Idee': „nothwendige[r] Vernunftbegriff, dem kein kongruierender Gegenstand in den Sinnen gegeben werden kann."

12 Begriffs- und Urteilsvermögen fallen in eins, weil nach Kant Begriffe nur als Prädikate in Urteilen überhaupt Bedeutung haben. Welche Geltung die Unterscheidung der Vermögen hat, die bekanntlich Hegel in seiner Interpretation der *Transzendentalen Dialektik* zu besonderem Spott veranlaßte, läßt sich im Folgenden nur am Rande klären (Hegel, G.W.F.: Vorlesungen über die Geschichte der Philosophie. TWA 20, 351). Einerseits ist Kants Theorie des Erkenntnisvermögens sicher nicht als Theorie des empirischen Erkenntnissubjekts aufzufassen. D.h. die unterschiedlichen Vermögen sind nicht als reale Seelenteile eines „Seelensackes" aufzufassen, vielmehr ist die Unterscheidung funktional, d.h. Kant bezeichnet die unterschiedlichen Funktionen des einen Erkenntnisvermögens als Vermögen. Die unterschiedlichen Vermögen stehen überdies bei Kant durchaus in einem notwendigen Zusammenhang und sind nicht, wie Hegel meint, empirisch, psychologisch und bloß zufällig. Dies liegt wohl daran, daß Hegel die Ableitung der transzendentalen Ideen aus den Vernunftschlüssen für empirisch hält: „Die Art, wie er zu diesen Arten [sc; des Unbedingten] kommt, ist nun wieder aus der Erfahrung, der formalen Logik, nach welcher es verschiedene Arten des Vernunftschlusses gibt." (S. 353). Eine ähnlich psychologistische Deutung

bende Möglichkeit, Metaphysik als Wissenschaft zu begründen, besteht also darin, daß die Vernunft als das Erkenntnisvermögen der Metaphysik betrachtet wird. Dazu muß sie folgende Bedingungen erfüllen (B 362): *Erstens* muß sie ein selbständiges Vermögen sein, das nicht vom Verstand, der ja notwendig auf Anschauung bezogen ist, abhängt. *Zweitens* muß sie über originäre reine Begriffe verfügen, *drittens* über transzendentale Grundsätze, welche den Gebrauch dieser Begriffe regeln und *viertens* muß sie sich vermittels dieser auf Gegenstände beziehen können, um synthetische Erkenntnis *a priori* zu ermöglichen. Zeigt es sich aber, daß die Vernunft unselbständig ist, so kann sie als lediglich „subalternes Vermögen" gelten (ebd.).[13]

Um die Analogie von Kategorie und reinem Vernunftbegriff deutlich zu machen und die transzendentalen Ideen schließlich in den Kontext des Erkenntnisvermögens einordnen zu können, wird es zunächst nötig sein, eine kurze Darstellung der Kantischen Kategorienlehre zu geben – ohne sich auf die zahlreichen Probleme dieses Teiles der *Kritik der reinen Vernunft* im einzelnen einzulassen – und, bevor die Herleitung selbst dargestellt wird, auf einige Probleme der Analogie der Verfahren hinzuweisen. Kant faßt seine neue Theorie des Denkens nicht unwesentlich in die Begrifflichkeit der mathematischen Funktionentheorie, d.h. insbesondere den Begriff der Funktion selbst, aber auch die Begriffe ‚Regel' und ‚Exponent' stammen aus der Mathematik.[14] Die logische Funktion des Verstandes ist das Urteilen. Die bloß logische Funktion zu urteilen bringt aber keine gehaltvolle Erkenntnis hervor, da sie *per definitionem* von allem Inhalt der Urteile abstrahiert. Begriffe in Urteilen müssen sich aber auf Gegenstände beziehen, wenn sie überhaupt als semantische Gebilde verstanden werden sollen (B 94). In der Analytik des Verstandes zeigt Kant, daß das Urteilen wesentlich einerseits in der Synthesis von Begriffen besteht, andererseits durch die Synthesis des Anschauungsmannigfaltigen Bedeutung, d.h. Gegenstandsbezug erhält. Hierbei steht für Kant außer Zweifel, daß die Verbundenheit von Vorstellungen in einer Erkennt-

---

Kants wird auch in Teilen der analytischen Kant-Interpretation vertreten, so von Strawson (The Bounds of Sense. London 1966, S. 16; S. 32) und Kitcher (Kant's Transcendental Psychology. Oxford / New York 1990, S. 3 ff.).

13 Prolegomena. AA IV, 328 f.: „Die Unterscheidung der Ideen, d.i. der reinen Vernunftbegriffe, von den Kategorien oder reinen Verstandesbegriffen, als Erkenntnissen von ganz verschiedener Art, Ursprung und Gebrauch, ist ein so wichtiges Stück zur Grundlegung einer Wissenschaft, welche das System aller dieser Erkenntnisse *a priori* enthalten soll, daß ohne eine solche Absonderung Metaphysik schlechterdings unmöglich oder höchstens ein regelloser, stümperhafter Versuch ist, ohne Kenntniß der Materialien, womit man sich beschäftigt, und ihrer Tauglichkeit zu dieser oder jener Absicht ein Kartengebäude zusammenzuflicken."

14 Dies hat P. Schulthess eindrucksvoll belegt und ausgeführt: Relation und Funktion. Eine systematische und entwicklungsgeschichtliche Untersuchung zur theoretischen Philosophie Kants. Berlin, New York 1981 (Kantstudien Ergänzungshefte 113). Er weist nach, daß Kant dabei auf die Begrifflichkeit Kästners zurückgeht, die sich von unserer heutigen etwas unterscheidet. Dies ist insbesondere für die transzendentalen Ideen relevant, da die Funktionentheorie Kästners über stetige Reihen eingeführt wird.

nis sich nicht dem erkannten, beurteilten Gegenstand selbst verdankt, also nicht rezeptiv in der Anschauung auftritt, sondern durch die Spontaneität des Verstandes erst erzeugt wird.[15] Rein logisch betrachtet weisen Urteile bestimmte Formen auf, die sich in allgemeiner Weise als ‚Alle S sind P', ‚S ist nicht P' oder ‚p oder q' darstellen lassen. Kant systematisiert die formallogischen Urteilsformen in einer Tafel, die er als Systematik der „Funktion des Denkens" im Urteil (B 95) auffaßt; sie gibt die „Funktionen der Einheit in Urteilen" an (B 94). Aus ihr leitet Kant – wohl unzureichend begründet – eine Tafel reiner Verstandesbegriffe ab, welchen die Funktion zukommen soll, der Synthesis des Anschauungsmannigfaltigen in einer bestimmten Form Einheit zu geben. Für diese Herleitung von Kategorien aus Urteilsformen ist Kants Annahme der Identität der Handlungsart der Synthesis sowohl in Urteilen als auch im Anschauungsmannigfaltigen fundamental (B 104 f.). Demnach muß eine Tafel logischer Funktionen (B 105), d.h. der Handlungsweisen in der Synthesis, angenommen werden, die einerseits die Einheit der begrifflichen Vorstellungen im Urteil zustandebringt und andererseits das Anschauungsmannigfaltige gesetzmäßig verbindet, so daß die Vorstellung eines Objekts möglich ist.[16] Durch die Doppelfunktion der Kategorien wer-

---

15 Die Begründung dieser Annahme läßt sich der *Transzendentalen Ästhetik* entnehmen. Anschauungen sind nach Kant Vorstellungen eines Einzelnen. Die reinen Anschauungsformen Raum und Zeit sind dabei das Individuierungskriterium. Die Raum- und Zeitstellen bieten eine Ordnung des Außereinander, die es erlaubt, Gegenstände in dieser Ordnung durch die Zuordnung zu Stellen in Raum und Zeit zu individuieren. Bereits diese Identifikation des individuierten Gegenstandes über unterschiedliche Zeitpunkte hinweg erfordert die Synthesis der unterschiedenen Zeitmomente nach kategorialen Regeln, welche durch die Anschauung selbst nicht möglich ist (vgl. Engelhard, K.: Zeitmodi und Naturzeit in Kants *Kritik der reinen Vernunft*. In: Kant und die Berliner Aufklärung. Akten des IX. Internationalen Kant-Kongresses. Hrsg. v. V. Gerhardt, R.-P. Horstmann und R. Schumacher. Berlin / New York 2001, Bd. 2, S. 146-157). Damit muß Kant nicht die Existenz realer Relationen leugnen, beispielsweise die Gravitationsbeziehung zweier Körper, vielmehr geht die These vom Vorstellungsmannigfaltigen aus und besagt, daß die Notwendigkeit der Verbindung dieses Anschauungsmannigfaltigen zustande kommt durch Kategorien.

16 Ein wohl noch ungelöstes Problem der metaphysischen Kategorien-, aber auch der Ideendeduktion ist das Verhältnis von formaler und transzendentaler Logik. Die Identität der Handlungsweise, die Kant als entscheidendes Argument zur Ableitung der Kategorien als transzendentallogische Begriffe aus der formallogischen Urteilstafel vorbringt, steht in einer gewissen Spannung zu Interpretationen, die eine im nichtkantischen Sinne deduktive Nachordnung der Verstandesbegriffe gegenüber den Urteilsformen annehmen und also meinen, Kant spreche der formalen Logik einen Vorrang vor der Philosophie zu. Gleichwohl steht auch fest, daß für Kant eine generische Deduktion der formalen Logik, wie sie u.a. vom deutschen Idealismus gefordert wurde, keinen Sinn macht, sondern daß er sie als eine vollendete Wissenschaft voraussetzt. Vgl. dazu Wolff, M.: Die Vollständigkeit der Kantischen Urteilstafel. Mit einem Essay über Freges Begriffsschrift. Frankfurt/M. 1995. Wolff bringt überzeugende Argumente dafür vor, die von Kant vorgelegte Tafel der logischen Funktionen in Urteilen nicht als Tafel bloß logischer Urteilsformen zu verstehen (S. 19-32, bes. 28 f.). In der Ideendeduktion jedoch ist dieses Verhältnis aufgrund Kants ausführlicher Darstellung zumindest entzerrt.

den Urteile auf Gegenstände der Anschauung bezogen. Die Kategorie enthält eine Regel der Synthesis, die vorschreibt, in welcher Weise das Anschauungsmannigfaltige zu verbinden sei (B 122). Dasjenige, was anordnet, in welcher Weise die Synthesishandlung im Anschauungsmannigfaltigen auszuführen ist, ist die Kategorie. Das Urteil wie auch das kategorial verbundene Anschauungsmannigfaltige beruht auf Synthesis. Die Bedingung dafür, Synthesis überhaupt als Verbindung eines Mannigfaltigen in einer Einheit denken zu können, ist die ursprünglich synthetische Einheit der Apperzeption. Logisch gesehen ist die Kategorie der Exponent einer Funktion, d.h. eine bestimmte Regel, welche die Einheit der Begriffe in einem Urteil hervorbringt. Transzendental gesehen ist sie aber zugleich die Funktion der Einheit von Vorstellungen in der Anschauung, d.h. sie ist eine Regel, nach der Vorstellungen einander gesetzmäßig zugeordnet werden. Die Kategorien sind Funktionen zu Urteilen (B 143), insofern sie das Anschauungsmannigfaltige den Urteilsformen entsprechend bestimmen und damit den Begriffen im Urteil dasjenige zuweisen, was Kant den „transzendentalen Inhalt" nennt, das reine Anschauungsmannigfaltige (B 77; B 105). Insofern können sie zugleich als Begriffe Bestimmungen des Gegenstandes überhaupt sein (B 128).

Wenn der Verstand das Vermögen der Einheit im Urteilen ist und die transzendentale Apperzeption die Einheit des Objekts dadurch gewährleistet, daß sie Einheitsgrund der kategorialen Synthesis ist, insofern alle Vorstellungen, die dem „Ich denke" zugeschrieben werden, in ihr vereinigt sind, so muß man fragen, wie das Erkenntnisvermögen die vielfältigen Erkenntnisobjekte untereinander in einen objektiven Zusammenhang bringt, denn der Verstand ist nur in der Lage, jeweils einzelne Urteile zu generieren. Der Objektbezug der Urteile wird garantiert durch die ursprünglich synthetische Einheit der Apperzeption. Was aber garantiert den sinnvollen Zusammenhang der Erkenntnisse in Urteilen untereinander? Das Vermögen, dem Kant die Funktion der Einheit des Verstandes zuschreibt, ist die Vernunft; sie ist formallogisch das Vermögen der Schlüsse (B 169), d.h. sie enthält Regeln des formal richtigen Schließens. In Schlüssen wird der notwendige Zusammenhang von Urteilen gedacht.

Die reinen Vernunftbegriffe sollen, wie sich besonders nach Kants Auflösung des dialektischen Scheins der transzendentalen Ideen zeigen wird, als Regulative die Einheit der Erkenntnis in einem System gewährleisten. Im Architektonikkapitel der *Kritik der reinen Vernunft* erläutert Kant den Systembegriff, in welchem auch die Differenz von reinem Verstandesbegriff und Idee deutlicher hervortritt als zuvor (B 860 f.). Das System ist „die Einheit der mannigfaltigen Erkenntnisse unter einer Idee". Diese Einheit von mannigfaltigen Erkenntnissen, wie sie durch eine Idee begriffen wird, ist der reine Vernunftbegriff. Der „szientifische Vernunftbegriff" enthalte Zweck und Form des Ganzen der Erkenntnisse. Die systematische Einheit der Vernunft ist synthetisch, daher muß es Regeln dieser Synthesis geben. An das Vernunftvermögen richtet Kant nun die gleiche Frage wie an das Urteilsvermögen, den Verstand: Gibt es in der Vernunft Begriffe *a priori*, die der Synthesis im Schließen eine Regel vorschreiben, und die es ihr ermöglichen, sich so auf Objekte zu beziehen, daß sie sie *a priori* erkennt? Analog zur Herleitung der reinen Verstandesbegriffe aus der Urteilstafel will Kant aus der formallogischen Tafel der Vernunftschlüsse reine Vernunftbegriffe als deren Einheitsgründe ableiten.[17]

Für die Ableitung der reinen Vernunftbegriffe gelten dieselben Bedingungen wie für die Ableitung der Kategorien, die Kant im sog. Leitfadenkapitel der *Transzendentalen Analytik* erläutert (B 91 f.):[18] Die reinen Vernunftbegriffe müssen nach einem Prinzip vollzählig abgeleitet werden. Auch soll ihr systematischer Zusammenhang untereinander ermittelt werden (B 396). Es treten hierbei auch dieselben theoretischen Probleme im Verhältnis von formaler und transzendentaler Logik auf wie in der metaphysischen Deduktion der Kategorien. Eine Bedingung, die Kant am Anfang der *Transzendentalen Analytik* an die Grundbegriffe des reinen Verstandes stellt, ist, daß die gesuchten reinen Verstandesbegriffe nicht abgeleitet oder aus anderen Begriffen zusammengesetzt sein dürfen, da sie Elementarbegriffe sein sollen (B 89). Diese Bedingung erfüllen, so Kants Meinung, die reinen Begriffe der Vernunft nicht. Sie sind, wie er den ersten Herleitungsschritt resümiert, „nicht bloß reflektierte, sondern geschlossene Begriffe" (B 366). Bei der vorläufigen Klärung der Frage, in welcher Weise reine Vernunftbegriffe objektive Gültigkeit beanspruchen können, stößt die Analogie zwischen Ideen und Kategorien also bereits an eine Grenze. Die objektive Gültigkeit der Ideen kann nach diesem ersten Ergebnis nur darin bestehen, daß sie „richtig geschlossene Begriffe" sind (*conceptus ratiocinati*). Sollten sie jedoch eine bloß subjektive Geltung haben, so sind sie „vernünftelnde Begriffe" (*conceptus ratiocinantes*) und durch einen Schein des Schließens erschlichen (B 368).[19] Damit letzterer Fall eintritt, müßte

---

17 Vgl. auch B 356; B 362; B 377; B 386. Auf die Parallelität der Methode der Kategorien- und der Ideenherleitung weist Kant auch in den *Prolegomena* hin (AA IV, 330). Die transzendentalen Ideen werden hier nur kurz hergeleitet, so daß nicht klar wird, weshalb sie überhaupt notwendige Begriffe der Vernunft sind und wie sie die ihnen zugesprochene Funktion der Einheitsgewährleistung der Erkenntnis erfüllen können. Anders als in der *Kritik der reinen Vernunft* werden sie in den *Prolegomena* nicht über den Begriff des Unbedingten hergeleitet, sondern direkt aus der Schlußtafel, indem der Begriff der Vollständigkeit uneingeführt verwendet wird. Die Herleitung in den *Prolegomena* ist aufgrund der abbreviativen Form wenig überzeugend. Die *Kritik der reinen Vernunft* verfährt diesbezüglich wesentlich stringenter.

18 Kant läßt für die beiden Teile der *Transzendentalen Logik* mit ihren zentralen Begriffsgruppen, Kategorien und Ideen, Platon und Aristoteles Pate stehen (vgl. B 105; B 370).

19 M. Bondeli vertritt die Auffassung, Kant habe in der *Kritik der reinen Vernunft* keine Begründung für die Notwendigkeit der Ideen, d.h. für die systematische Einheit der Erkenntnis, und das bedeutet für ihre objektive Gültigkeit, geben können; dies sei nur in Verbindung mit der praktischen Philosophie möglich (Zu Kants Behauptung der Unentbehrlichkeit der Vernunftideen. In: Kant-Studien 87 (1996), S.166-183, S. 182 f.). Bondeli arbeitet drei Varianten für die Bedeutung der Objektivität von Ideen heraus. Jedoch wird hierbei jeweils ein Sinn von Objektivität unterstellt, welchem die Kategorien gerecht werden können, Ideen aber allein *per definitionem* nicht. Entscheidend für diesen Punkt ist die Frage nach dem Gegenstand der Ideen, für welchen Bondeli ebenfalls drei mögliche Kandidaten unterscheidet: ein in der Idee konstruierter Gegenstand, ein gegenständliches Schema der

bei der Herleitung der Ideen ein formaler oder ein transzendental-logischer Fehler nachweisbar sein. Daß die transzendentale Deduktion der reinen Vernunftbegriffe unvollständig bleiben muß, zeigt erst die Durchführung. Kant resümiert die Ableitung der reinen Vernunftbegriffe im Kapitel *System der transzendentalen Ideen*:

> „Von diesen transzendentalen Ideen ist eigentlich keine objektive Deduktion möglich, so wie wir sie von den Kategorien liefern konnten. Denn in der Tat haben sie keine Beziehung auf irgend ein Objekt, was ihnen kongruent gegeben werden könnte, eben darum, weil sie nur Ideen sind. Aber eine subjektive Ableitung derselben aus der Natur unserer Vernunft konnten wir unternehmen; und die ist im gegenwärtigen Hauptstücke auch geleistet worden." (B 393)

Es ist hierbei bemerkenswert, daß Kant die metaphysische Deduktion der Ideen als „subjektive Ableitung aus der Natur unserer Vernunft" bezeichnet. Eine transzendentale Deduktion soll nach Kant den Nachweis der Rechtmäßigkeit des Objektivitätsanspruches reiner Begriffe führen (B 117). In der Vorrede zur ersten Auflage der *Kritik der reinen Vernunft* unterscheidet Kant innerhalb der transzendentalen Deduktion eine objektive von einer subjektiven Deduktion, ohne den Unterschied zu erläutern oder ihn in der Deduktion selbst auch nur kenntlich zu machen (A XVII).[20] Sinnvoll wäre eine Unterscheidung zweier Perspektiven, welche sich durchgängig in der transzendentalen Deduktion unterscheiden lassen: eine Perspektive, welche auf die objektkonstituierende Funktion der Kategorien gerichtet ist, als objektive Deduktion, und eine Perspektive, von welcher aus die Struktur und die Leistungen des Erkenntnissubjekts als Bedingungen von Erkenntnis betrachtet werden, als subjektive Deduktion. In den Deduktionen der ersten und der zweiten Auflage sind beide Elemente ineinander verzahnt und nicht unterschieden. Es ist gerade das Kennzeichen der Kategoriendeduktion, die Objektivität der reinen Verstandesbegriffe dadurch zu beweisen, daß Kategorien als subjektive Erkenntnisbedingungen allererst Objekte *a priori* als solche konstituieren. In diesem Sinne könnte das obige Zitat besagen, daß die Ideen sich in

---

höchsten Idee, gemeint ist wohl das transzendentale Ideal, oder bloß die systematische Einheit der Erfahrungsgegenstände. Kant entscheide sich, so Bondeli, unbegründet für die dritte Variante (S. 179). Ob man den Begriff des Schemas bezüglich der Ideen im gleichen Sinne verwenden darf wie in der *Analytik*, wird in der Folge zu sehen sein, wenn es um den spezifischen Sinn des Ideebegriffs geht. Bondeli vertritt die These, daß die Ideen letztlich nur Bedeutung für die praktische Philosophie haben, für die theoretische jedoch keine.

20 Als die Textbasis der objektiven Deduktion der Kategorien gibt Kant zwei Seiten an (A 92 f.), die in dem Kapitel *Übergang zur transzendentalen Deduktion der Kategorien* zu finden sind. Dabei weist er darauf hin, daß diese die zentrale Beweisabsicht darstelle. Verblüffenderweise ist also nach Kants Meinung derjenige Abschnitt der transzendentalen Deduktion, der den größten Raum in der ersten Auflage einnimmt, für die Beweisabsicht weniger bedeutsam. In der Deduktion selbst scheint dies jedoch genau umgekehrt zu sein: Hier ist deutlich, daß die von Kant in der Einleitung als subjektive Deduktion bezeichnete Rechtfertigung der Kategorien die entscheidende ist. Die Unterscheidung von subjektiver und objektiver Deduktion wird an dieser Stelle nicht wieder aufgenommen und von Kant in der völlig neu ausgearbeiteten Kategoriendeduktion der zweiten Auflage ganz fallengelassen.

einer subjektiven Deduktion als reine Begriffe der Vernunft rechtfertigen lassen, denen, wie sich schließlich zeigt, eine notwendige regulative Funktion für Erkenntnis zukommt, daß aber negativ gesehen ihre Objektivität, nämlich ihre unmittelbare Bezogenheit auf Gegenstände einer Erkenntnis, nicht erwiesen werden kann. In diesem Sinne, so Kant im *Anhang zur Transzendentalen Dialektik*, wird in der Ableitung der reinen Vernunftbegriffe gezeigt, daß eine transzendentale Deduktion der Ideen als Rechtfertigung eines Objektivitätsanspruches nicht unmittelbar möglich ist, die Grundsätze aus Ideen aber gleichwohl „eine objektive aber unbestimmte Gültigkeit haben" (B 691). Diese Deduktion nennt Kant einige Seiten später „transzendental" (B 699).[21] Die „subjektive Ableitung" der reinen Vernunftbegriffe ist also als eine unvollständige transzendentale Deduktion zu interpretieren; unvollständig, weil ihre Objektivität nicht in gleicher Weise zu rechtfertigen ist wie die der Kategorien.

Die Herleitung der reinen Vernunftbegriffe sei im Folgenden rekonstruiert. Die Ableitung der transzendentalen Ideen – Seele, Welt, Gott – läßt sich in sechs Schritte einteilen, die bei Kant nicht in dieser Weise klar voneinander abgehoben werden; sie seien zunächst benannt und im Folgenden erläutert. Das Deduktionsverfahren der Ideen soll, wie Kant selbst hervorhebt, zunächst analog zu demjenigen der reinen Verstandesbegriffe erfolgen (B 355 f.).[22] Kant unterscheidet das logische Vernunftvermögen, das Vermögen zu schließen, vom transzendentalen, das über reine Begriffe *a priori* verfügt. Die Aufgabe der Herleitung der reinen Vernunftbegriffe ist, einen „höhere[n] Begriff von dieser Erkenntnisquelle" aufzufinden, der der gemeinsame

---

21 Vgl. Kap. III.4.2. Vgl. Zocher, R.: Zu Kants transzendentaler Deduktion der Ideen der reinen Vernunft. In: Zeitschrift für philosophische Forschung 12 (1958), S. 43-58; S. 44-47. Zocher untersucht nicht die metaphysische, sondern nur die transzendentale Deduktion der Ideen im Anschluß an Kants Metaphysikkritik (vgl. Kap. III.4.2.).

22 Die Erörterung der einzelnen Ableitungsschritte wird zeigen, inwieweit die von Kant behauptete Analogie zwischen Verstandesbegriffen und Vernunftbegriffen besteht. Kant verwendet den Begriff der Analogie hier nicht vage als unbestimmte Ähnlichkeit, sondern in einem bestimmten Sinne (vgl. Pieper, A.: Kant und die Methode der Analogie. In: Kant in der Diskussion der Moderne. Hrsg. v. G. Schönrich und Y. Kato. Frankfurt/M. 1996, S. 92-112). In den *Prolegomena* soll ‚Analogie' „die vollkommene Ähnlichkeit zweier Verhältnisse zwischen ganz unähnlichen Dingen" bedeuten (AA IV, 357). Die Analogie in der Philosophie kann, wie Kant in der *Kritik der reinen Vernunft* erklärt, bei drei gegebenen Gliedern zweier Proportionen das zweite Verhältnis zu erkennen geben und eine Regel zur Auffindung des vierten Gliedes verschaffen (B 222). Die Analogie zwischen reinen Verstandesbegriffen und reinen Vernunftbegriffen besteht also genaugenommen zwischen dem Verhältnis von Urteilstafel und Kategorientafel und dem Verhältnis zwischen der Tafel der Schlüsse und der Tafel der reinen Vernunftbegriffe. Die Analogie erlaubt es, das Verhältnis von Einheitsfunktionen der Schlüsse und reinen Vernunftbegriffen ohne erneute Untersuchung aufzustellen und das gesuchte vierte Glied der beiden Proportionen, die reinen Vernunftbegriffe, auf dieselbe Weise aufzusuchen wie die Kategorien. Das Analogieverfahren kann in einer metaphysischen Erörterung als erkenntnistheoretisch unbedenklich gelten, da die Rechtfertigung des Objektivitätsanspruchs der erschlossenen Begriffe unabhängig davon in der transzendentalen Deduktion zu leisten ist.

Ursprung des logischen und des transzendentalen Vernunftvermögens ist (B 355 f.). Das Deduktionsverfahren hat dementsprechend zwei Hauptteile: Zunächst wird im logischen Gebrauch der Vernunft die Struktur des Schlusses dargelegt. Im zweiten Teil werden die Bedingungen der Möglichkeit dieser Struktur ausfindig gemacht, die Grundlage reiner Begriffe im transzendentalen Gebrauch der Vernunft sind. In der metaphysischen Deduktion der reinen Vernunftbegriffe setzt Kant in einem *ersten* Herleitungsschritt bei der allgemeinen Form des Schlusses als Konklusion aus zwei Prämissen an; aus dieser Struktur ergibt sich der Begriff des Unbedingten (B 359-364; B 378 f.). In einem *zweiten* Schritt zeigt Kant, daß sich aus der transzendentalen Struktur des Vernunftschlusses Kettenschlüsse ergeben (B 364; B 387-389). Im *dritten* Schritt formuliert Kant die „logische Maxime der reinen Vernunft", die dieser iterativen Struktur zugrundeliegen muß (B 364). Diese beiden Elemente, der Begriff des Unbedingten und die Maxime der reinen Vernunft, machen den „höheren Begriff" der Vernunft aus. Hier wird auch der Prosyllogismus als diejenige Schlußform entwickelt, die sich aus der logischen Vernunftmaxime ergibt. In einem *vierten* Schritt wird daraus das „Prinzip der reinen Vernunft" hergeleitet (B 364 f.). Im *fünften* Schritt wird aus der Tafel der drei Vernunftschlußarten die Tafel der drei reinen Vernunftbegriffe deduziert (B 377-391) und im *sechsten* aus diesen wiederum die drei transzendentalen Ideen Seele, Welt und Gott (B 391-396).

Kant gibt die Grundstruktur des Gedankenganges der Herleitung in den *Prolegomena* kurz und präzise wieder:

> „Da ich den Ursprung der Kategorien in den vier logischen Functionen aller Urtheile des Verstandes gefunden hatte, so war es ganz natürlich, den Ursprung der Ideen in den drei Functionen der Vernunftschlüsse zu suchen; denn wenn einmal solche reine Vernunftbegriffe (transscendentale Ideen) gegeben sind, so könnten sie, wenn man sie nicht etwa für angeboren halten will, wohl nirgends anders als in derselben Vernunfthandlung angetroffen werden, welche, so fern sie blos die Form betrifft, das Logische der Vernunftschlüsse, so fern sie aber die Verstandesurtheile in Ansehung einer oder der andern Form *a priori* als bestimmt vorstellt, transscendentale Begriffe der reinen Vernunft ausmacht." (AA IV, 330)

Auch bei der Herleitung der Ideen geht Kant also von der Identität der Handlungsweise der Vernunftsynthesis einerseits in der logischen Form der Schlüsse und andererseits in der Synthesis des transzendentalen Inhaltes, der in den Schlüssen gedacht wird, aus.[23] Dieser Inhalt sind die Verstandesurteile; daher müssen auch die drei unterschiedlichen Schlußformen, die an die logische Form der einzelnen Urteile gebunden sind, beachtet werden, d.h. kategorische, hypothetische und disjunktive Vernunftschlüsse.

---

[23] Vgl. Malzkorn, W.: Kants Kosmologie-Kritik. S. 25; 47 f. Malzkorn weist auf die Parallelität der Argumente für die metaphysische Deduktion der Kategorien (B 104 f.) und der Ideen (B 392 f.) hin.

Wenn die Vernunft das Vermögen der Schlüsse ist, so muß ein allgemeines Prinzip der reinen Vernunft aus der allgemeinen logischen Form der Schlüsse abgeleitet werden können, äquivalent zum Begriff der Verbindung überhaupt im Verstandesgebrauch. Wie in *Transzendentaler Ästhetik* und *Analytik* (B 87) wendet Kant das Isolationsverfahren auf die Vernunft an, d.h. es soll von allen Inhalten der Schlüsse abgesehen werden. Auf diese Weise gelangt Kant in seinem *ersten* Herleitungsschritt in B 379 zum Begriff des Unbedingten. Der Begriff des Unbedingten darf nicht als Negation des Begriffs des Bedingten betrachtet werden, denn dann wäre er ein abgeleiteter Begriff und seinem Inhalt nach leer. Das Unbedingte muß vielmehr seinem Bedeutungsgehalt nach als Totalität aller Bedingung aufgefaßt werden. Das Unbedingte wird von Kant auch selbst als Idee bezeichnet (B 392), ja als „die eigentliche transzendentale Idee" (B 445 Anm.). Hierbei ist es wichtig, die Herleitung des Unbedingten von seiner Applikation auf die Kettenschlüsse zu unterscheiden und sie als unterschiedliche Herleitungsschritte zu begreifen. Denn wäre das Unbedingte erst in der allgemeinsten Prämisse der Kettenschlüsse gegeben, dann müßte die gesamte Reihe der Prosyllogismen durchlaufen werden, um zu ihm zu gelangen; nach Kant bedient sich aber die Vernunft immer schon dieser Vorstellung. Kant faßt das Unbedingte als eine Synthesisregel auf. Dadurch ist auch gewährleistet, daß es in seinem transzendentalen Gebrauch als Idee, d.h. als etwas aufgefaßt wird, das aufgrund seiner absoluten Bestimmtheit nicht lediglich allgemein ist, wie ein allgemeinstes oberstes Prinzip, sondern ein Allgemeines (*universalitas*) im Besonderen, als konkrete Totalität (*universitas*). Dies soll im Folgenden deutlich gemacht werden.

Kant stellt seine Schlußlehre, wie auch seine Urteilslehre, in der *Kritik der reinen Vernunft* nur in groben Zügen dar. Da er die Logik für eine abgeschlossene, d.h. eine vollendete Disziplin hält (vgl. B 76 f.) und seine formale Logik besonders in der Schlußlehre im wesentlichen von den zeitgenössischen Schullogiken übernimmt,[24] läßt er es in der Einleitung und im ersten Buch der *Transzendentalen Dialektik* bei einer kurzen Rekapitulation bewenden. Ausführlicher expliziert Kant die Schlußlehre in seinen Logik-Vorlesungen.[25] Der Vernunftschluß besteht nach der allgemein gängigen und in Kants Zeit gelehrten Schlußlehre aus drei Urteilen, zwei Prämissen und ihrer Schlußfolgerung, d.h. der Konklusion. Der Obersatz der Prämissen (*maior*) ist eine allgemeine Regel. Der Untersatz (*minor*) stellt die besondere Bedingung in einem kategorischen Urteil dar, die der Regel subsumiert wird.[26] Für die Ideenlehre relevant

---

24 Sämtliche Elemente der Kantischen Schlußlehre sind beispielsweise bereits bei Georg Friedrich Meier zu finden (Auszug aus der Vernunftlehre. Halle 1752; abgedruckt in: AA XVI). Die Urteilstafel ist dagegen eine völlig neue Systematik Kants. Zur Entwicklungsgeschichte der Kantischen Urteilstafel vgl. Tonelli, G.: Die Voraussetzung zur Kantischen Urteilstafel in der Logik des 18. Jahrhunderts. In: Kritik und Metaphysik. Heinz Heimsoeth zum achzigsten Geburtstag. Hrsg. v. F. Kaulbach und J. Ritter. Berlin 1966, S. 134-158.

25 Logik-Jäsche. AA IX, 114 ff.; Logik-Blomberg. AA XXIV/I, 284.

26 So beispielsweise auch Meier, dessen *Vernunftlehre* Kant als Grundlage seiner Logik-Vorlesungen diente. Hier unterscheidet Meier ordentliche und außerordentliche Vernunft-

sind, wie später etwas näher auszuführen ist, die drei Schlußformen: kategorische, hypothetische und disjunktive Schlußform. Dasjenige, was die Verbindung beider Prämissen im Schlußurteil ermöglicht, ist die Identität eines Begriffes in beiden Prämissen; in einem kategorischen Vernunftschluß ist dies der Mittelbegriff, bei den anderen beiden Schlußformen ist es der nach dem *modus ponens* oder *tollens* gesetzte oder aufgehobene Begriff des Untersatzes. Schluß im eigentlichen Sinne ist, wie Kant in der *Logik-Jäsche* referiert, die Konklusion, also ein Urteil: „Die Verbindung desjenigen, was unter der Bedingung subsumiert worden, mit der Assertion der Regel, ist der Schluß."[27] Die Konklusion des Schlusses ist der Schluß selbst, d.h. in der Konklusion sind die Prämissen enthalten und zu einer Einheit verbunden. Daher ist die Konklusion, wie Kant meint, die Form des Schlusses, die Prämissen sind die Materie (ebd.). Die Verbindung von Ober- und Untersatz, d.h. die Synthesis, findet in der Konklusion statt; sie genügt anderen Regeln als den Kategorien, also muß es eine spezifische Art Regel geben, die in einem Vernunftbegriff gedacht wird.

Kant expliziert den entscheidenden Gedankengang der metaphysischen Deduktion der reinen Vernunftbegriffe zu Beginn des Kapitels *Von den transzendentalen Ideen*. Durch die Bestimmung der drei im Vernunftschluß verbundenen Urteile gemäß ihres Status, d.h. gemäß ihrer Quantität, ergibt sich für Kant folgendes Bild: In der Konklusion wird das Prädikat der allgemeinen Regel mit dem Subjekt der besonderen Bedingung verbunden. Dies bedeutet: Die Konklusion genügt der Kategorie der Allheit, indem in ihr das Besondere im Allgemeinen erkannt wird:

> „Demnach restringieren wir in der Konklusion eines Vernunftschlusses ein Prädikat auf einen gewissen Gegenstand, nachdem wir es vorher in dem Obersatz in seinem ganzen Umfange unter einer gewissen Bedingung gedacht haben. Diese vollendete Größe des Umfanges in Beziehung auf eine solche Bedingung heißt die Allgemeinheit (Universalitas). Dieser entspricht in der Synthesis der Anschauungen die Allheit (Universitas) oder Totalität der Bedingungen. Also ist der transzendentale Vernunftbegriff kein anderer, als der von der Totalität der Bedingungen zu einem gegebenen Bedingten." (B 378 f.)[28]

---

schlüsse (AA XVI, 719). Diese Schlußart wird in den Logiken des 18. Jh. auch als „vermittelt" bezeichnet, weil die Konklusion vermittels der besonderen Bedingung, des Untersatzes, aus der Regel, dem Obersatz, gezogen wird. Dagegen folgt die Konklusion in unvermittelten Schlüssen, von Kant als „Verstandesschlüsse" bezeichnet, ohne besondere Bedingung aus der Prämisse. Gemeint sind die durch die Umformungsregeln der klassischen Logik gewonnenen Urteile.

27 Logik-Jäsche. AA IX, 121. Vgl. auch R 3202; AA XVI, 710. Zur formalen Schlußlehre Kants vgl. Reisinger, M.: Schlußlogik und Metaphysik bei Kant. Diss. Köln 1988.

28 Das „Dieser" im zweiten Satz bezieht sich nach dieser Lesart auf „Beziehung". Ein Schluß ist das bestimmte Verhältnis der Prämissenurteile zueinander; insofern stellt sie selbst eine Relation von Urteilen auf. Kant begründet die Einteilung der Schlüsse nach den Relationsarten durch die drei Weisen, Einheit des Bewußtseins in mannigfaltigen Erkenntnissen zu erlangen. Es gibt daher kategorische, hypothetische und disjunktive Vernunftschlüsse. (Vgl. Logik-Jäsche. AA IX, 122). Dies ist die allgemeine Form der Schlüsse. Es ist kein bestimm-

Indem in der Konklusion die beiden Prämissen als Bedingungen der Konklusion verbunden sind, sind sie zu einer Ganzheit zusammengefaßt, die das Allgemeine im Besonderen als Einzelnes enthält. Der transzendentale Vernunftbegriff, oder besser die Idee, bezeichnet die Vorstellung eines Gegenstandes, in dem die Synthesis der Anschauungen der Vernunftfunktion entspricht, also die Vorstellung eines an sich unbedingten Gegenstandes; dieser ist die *universitas*. Dies bedeutet, daß die Bedingungen in der Konklusion als Totalität – für Kant ein äquivalenter Begriff zu ‚Ganzheit' – gefaßt werden. Die Vernunft führt also in einer ihr eigenen Synthesishandlung, welche darin besteht, ein Schlußurteil aus gegebenen Urteilen, die sie somit als Prämissen verwendet, nach Regeln zu bilden, die Totalität der Bedingungen herbei. Wenn diese Struktur allgemein verstanden wird, dann bedeutet die Konklusion des Vernunftschlusses überhaupt die Totalität der Bedingungen überhaupt, die „unbedingte synthetische Einheit aller Bedingungen überhaupt" (B 391). Die Konklusion als Totalität der Bedingungen überhaupt verstanden aber ist das Unbedingte als Vernunftbegriff. Der entscheidende Punkt dieses Gedankenganges ist, daß die logische Form des Vernunftschlusses primär auf die synthetische Einheit der logischen Bedingungen gerichtet ist. Nur wenn es einen unabhängig gültigen formalen Gebrauch von reinen Vernunftbegriffen im Schließen gibt, kann es möglich sein, daß Ideen unabhängig von ihrer metaphysischen Bedeutung, d.h. als Namen für Entitäten, als bloße Synthesisfunktionen einen Sinn haben.[29]

Die eigentümliche Synthesisweise der Vernunft hat also als allgemeines Prinzip, die Totalität der Bedingungen herbeizuführen; dabei ist das Unbedingte der sie leitende Begriff.[30] Das Unbedingte ist demnach also die allgemeine Regel der Vernunftsynthesis, welche der Konklusion im Schluß als leitender Einheitsbegriff zugrunde

---

ter Schluß gemeint. Daß diese allgemeine Herleitung der transzendentalen Ideen eine gewisse Affinität zur Weltidee hat – dies wird sich in der strukturellen Ähnlichkeit zur Herleitung der Weltidee selbst und ihrer *modi* zeigen –, sieht man in *De mundi sensibilis*, dort versteht Kant unter *universitas* die unbedingte Ganzheit aller Teile, die das Weltganze ausmachen (AA II, 391). *Universalitas* ist demgegenüber die logisch-analytische Einheit des Begriffs. Zum Verhältnis von *universalitas* und *universitas* vgl. auch B 600 Anm.

29 Daß bei dieser Ableitung bereits Kategorien im Spiele sind und damit die Isolierbarkeit der Vernunft zweifelhaft erscheint, wird an dieser Stelle von Kant noch nicht gegen die Möglichkeit von Metaphysik vorgebracht. Denn hier werden die Kategorien zunächst nur als reine Verstandesbegriffe in ihrer Funktion als Regeln der Synthesis, d.h. nicht restringiert auf mögliche Erfahrung, zur Anwendung gebracht (B 428).

30 Vgl. B 446 Anm.: „Das absolute Ganze der Reihe von Bedingungen zu einem gegebenen Bedingten ist jederzeit unbedingt, weil außer ihr keine Bedingungen mehr sind, in Ansehung deren es bedingt sein könnte. Allein dieses absolute Ganze einer solchen Reihe ist nur eine Idee, oder vielmehr ein problematischer Begriff, dessen Möglichkeit untersucht werden muß, und zwar in Beziehung auf die Art, wie das Unbedingte als die eigentliche transzendentale Idee, worauf es ankommt, darin enthalten sein mag."

liegt wie der Begriff der qualitativen Einheit im Urteil. Es ist die Funktion der Einheit im Schließen wie die der Synthesis im Urteilen.

Für das weitere Schicksal der reinen Vernunftbegriffe bestimmend ist der Begriff der Reihe, den Kant an dieser Stelle an das Unbedingte bindet. Dieser *zweite* Herleitungsschritt geht erneut von der logischen Form des Schlusses aus (B 386 ff.). Wie bereits ausgeführt wurde, ist der Schluß dadurch bestimmt, ein relationales Gefüge von Urteilen zu sein. Hierbei ist die allgemeine logische Form des Schlusses als hypothetisch bestimmt: Wenn x und y (Prämissen), dann z (Konklusion).[31] Der Schluß bildet demgemäß eine Reihe von Bedingungen (B 388).[32] Die Totalität der Bedingungen, welche in der Konklusion gemäß dem reinen Vernunftbegriff des Unbedingten gegeben ist, wird durch eine spezifische Synthesis der Vernunft erreicht, die eine Reihe bildet. Erstaunlich ist allerdings, daß Kant den Schluß hier noch nicht von der Konklusion aufwärts zu den Prämissen gerichtet, auffaßt, sondern abwärts von den Prämissen zur Konklusion. Dies wird sich mit dem Herleitungsschritt, der die Kettenschlüsse als der Vernunft immanente Struktur aufzeigt, ändern.

In der *Kritik der reinen Vernunft* leitet Kant den Kettenschluß aus der allgemeinen Form des Vernunftschlusses ab.[33] An dieser Stelle ist die Verbindung der ersten beiden Argumentationsschritte entscheidend, was Kant jedoch nicht deutlich macht: Jede Reihe ist dadurch ausgezeichnet, daß ihre Glieder nach einer Regel verbunden sind, welche in einer mathematischen Funktion durch den Exponenten angegeben wird. Der Exponent ist die allgemeine Bestimmung eines Verhältnisses.[34] In einer Re-

---

31 Dies läßt sich so darstellen: $(p \wedge q) \rightarrow r$ (p : Obersatz; q : Untersatz; r : Konklusion).

32 Dies steht nicht im Widerspruch dazu, daß Kant später die transzendentalen Ideen von drei Vernunftschlußarten ableitet, welche von allen drei Relationskategorien stammen, wie Schmucker glaubt (Das Weltproblem. S. 63). In der Differenzierung der Vernunftschlüsse in drei Arten werden die Formen der verwendeten Urteile mit in Betracht gezogen. An dieser Stelle geht es jedoch um die Relation der Urteile untereinander, ungeachtet der Form der Urteile, die als Prämissen gesetzt werden. Dies bedeutet, daß die hier gezeigte Ableitung der reinen Vernunftbegriffe sich von der Ableitung der Weltidee unterscheidet.

33 Die allgemeine Bestimmung des Schlusses als eine Reihe kommt in den Logiken Kants nicht vor. Hier soll erst der Kettenschluß eine Reihe bilden (vgl. Logik-Jäsche. AA IX, 134). Doch dies ist nicht weiter erstaunlich, da erst die transzendentale Logik diese Struktur des Schlusses offenbaren kann, indem sie auf die Synthesishandlung im Schließen aufmerksam macht.

34 Schulthess gibt für den Exponenten folgendes Beispiel (Relation und Funktion. S. 247 f.): In der stetigen Reihe $a_{n+1} = a_n + \ldots$. In dieser Reihe ist n + 1 der Exponent, d.h. die Regel, wie man von einem gegebenen Vorderglied das Hinterglied erhält. Bei Kästner ist der Exponent die „Zahl, womit das Vorderglied eines Verhältnisses zu multiplizieren ist, um das Hinterglied zu erhalten. Der Exponent ist damit die Regel der Verbindung mehrerer Glieder. Er ist die Bestimmung einer Relation, die es ermöglicht, jedem gegebenen Wert (Argument), der in die Funktion eingesetzt wird, den der Funktion entsprechenden Wert, den Funktionswert, zuzuordnen. Vgl. zum Begriff der Funktion, des Exponenten und dem Reihenbegriff die Ausführungen von P. Schulthess (Relation und Funktion. S. 247 ff; 307 ff.). Schulthess klärt hier das Verhältnis von Exponent und Regel, welches von Kant

flexion aus den 1790er Jahren bezieht er die mathematische Begrifflichkeit, mit deren Hilfe er den Zusammenhang von logischem und transzendentalem Gebrauch des Verstandes aufzuklären versucht, auch auf den Schluß:

> „Eine Regel ist eine assertion unter einer allgemeinen Bedingung. Das Verhältnis der Bedingung zur assertion, wie nemlich diese unter iener steht, ist der exponent der Regel. Die Erkenntnis, daß die Bedingung (irgendwo) statt finde, ist die subsumtion. Die Verbindung desienigen, was (unter der Bedingung) subsumirt worden, mit der assertion der Regel ist der Schlus." (R 3202, AA XVI, 710).[35]

Unter Hinzuziehung des vorigen Argumentationsschrittes wird hieraus deutlich, daß nur das Unbedingte, der „Titel aller reinen Vernunftbegriffe" (B 380), als dieser Exponent angesehen werden kann, denn er ist die Synthesisregel oder der Begriff, der das Verhältnis der Bedingungen bestimmt; denn, wie oben ausgeführt, das Unbedingte ist die leitende Einheit in der Funktion des Schließens. Die allgemeine transzendental-logische Form des Schlusses hat das Unbedingte als Exponent seiner Funktion. Der Schluß ist die Synthesis einer Reihe, welche ihren Ausdruck in der Konklusion findet. Die Regel, nach welcher die Reihe gebildet wird, ist durch den Exponenten bestimmt, d.h. durch das Unbedingte. Diese Handlung ist mit der Synthesishandlung in der Konklusion als Urteil identisch.

Von der allgemeinen Form des Schlusses und der darin enthaltenen spezifischen Synthesisweise der Vernunft leitet Kant im zweiten Argumentationsschritt die Reihe der Kettenschlüsse her.[36] Da die Anwendung der Synthesishandlung natürlicherweise keiner Beschränkung unterliegt, bildet die Vernunft aus gegebenen Urteilen nicht nur einzelne Schlüsse, sondern verbindet auch diese wiederum zu zusammengesetzten Schlüssen, zu Kettenschlüssen. Der Exponent der Vernunfthandlung, das rein logisch verstandene Unbedingte als Totalität der Bedingungen, ist zunächst indifferent ge-

---

auch differenziert zur Darstellung der Vernunftfunktion eingesetzt wird. W. Malzkorn appliziert völlig zurecht die dortigen Ausführungen auf die Schlußlehre Kants (Kants Kosmologie-Kritik. S. 67 f.) Er interpretiert allerdings den Obersatz des Vernunftschlusses als Exponenten des Schlusses (vgl. S. 68). Zu dieser Zuordnung wird er wohl durch Kants Bestimmung der *maior* als „allgemeine Regel" verleitet, indem der Exponent die Regel der Reihe darstellen soll. Mit dieser Bestimmung der *maior* ist aber das Verhältnis beider gegebenen Prämissen zueinander gemeint. Der Exponent des Schlusses, allgemein verstanden, ist – wie gezeigt wird – der reine Vernunftbegriff, das Unbedingte und die transzendentalen Ideen. Vgl. auch Reich, K.: Die Vollständigkeit der Kantischen Urteilstafel. Hamburg [3]1986, S. 63 ff., auch 39 ff.

35 Nahezu die identische Formulierung findet sich in der *Logik-Jäsche* (AA IX, 121).

36 Vgl. B 387: „Nun läßt sich eine jede Reihe, deren Exponent (des kategorischen oder hypothetischen Urteils) gegeben ist, fortsetzen; mithin führt ebendieselbe Vernunfthandlung zur *ratiocinatio polysyllogistica*, welches eine Reihe von Schlüssen ist, die entweder auf der Seite der Bedingungen (*per prosyllogismos*) oder des Bedingten (*per episyllogismos*) in unbestimmte Weiten fortgesetzt werden kann."

genüber den aufsteigenden und absteigenden Kettenschlüssen.[37] Die Vernunft verwendet den reinen Vernunftbegriff des Unbedingten nicht nur als logische Einheitsfunktion, um zwei gegebene Urteile zu synthetisieren und damit die Totalität der Bedingungen im Schluß herbeizuführen, sondern sie konzipiert die Vorstellung eines Etwas, das keiner weiteren Bedingung seines Bestimmtseins oder seiner Existenz bedarf. Dies bedeutet, daß die Vernunft die Totalität der Bedingungen überhaupt konzipiert. Diese Totalität kann aber nur auf seiten der Bedingungen als gegeben gedacht werden (B 388). Die Vernunft setzt also jedes gegebene Urteil als eine Totalität aller seiner Bedingungen, indem sie es als auf einer Reihe von Prämissen beruhend denkt, die es als Ganzes vollständig begründen. Damit bildet sie Prosyllogismen. Der logischen Form des Prosyllogismus entspricht transzendnetalphilosophisch die Erklärung des Gegebenen durch seine Gründe. Das Unbedingte wird somit zu einem Vorstellungsgehalt, welcher nicht nur gegebene Urteile zu synthetisieren erlaubt, sondern zu einer Vorstellung, die das Erkenntnisvermögen veranlaßt, nach einer selbst unbedingten Bedingung des Bedingten zu fragen.[38] Auf diese Weise schließt die Vernunft auf der Seite der Prämissen auf die übergeordneten Prämissen, welche ihrerseits wiederum als Bedingtes gesetzt und unter eine Bedingung subsumiert werden. Die Vernunft generiert so auf seiten der Bedingungen jeweils Obersätze, so daß Prosyllogismen entstehen.[39]

Das Unbedingte erfüllt nach Kant für das Erkenntnisvermögen also eine zweifache Aufgabe. *Erstens* ist es der Exponent in der Funktion des Schlusses und ermöglicht die Einheit der Synthesis in der Konklusion des Schlusses. Dies macht seinen Charakter als reiner Vernunftbegriff aus. Seinem transzendentalen Vorstellungsgehalt nach ist es in dieser Bedeutung die absolute Totalität der Bedingungen.[40] *Zweitens* ist

---

37 Polysyllogismen, die von einer Konklusion aufwärts zu Prämissen gebildet werden, sind regressiv und heißen „Prosyllogismus"; Polysyllogismen, die von Prämissen ausgehend zu Konklusionen schließen sind progressiv und heißen „Episyllogismen".

38 Dieser Zusammenhang wird in der Einleitung zur *Transzendentalen Dialektik* nicht deutlich; dort scheint es so, als ob die Regel der Synthesis von Prosyllogismen die primäre Handlung der Vernunft sei. Eine solche Konstruktion müßte den Begriff des Unbedingten jedoch einfach voraussetzen und könnte den Grundlegungscharakter der reinen Vernunftbegriffe somit nicht plausibel machen. Das Unbedingte muß daher zuerst als reiner Vernunftbegriff aufgewiesen werden.

39 $K = P_1 - P_2 \dots\dots\dots P_n - P_{n+1}$ (K: Konklusio, P: Prämisse). Vgl. auch Malzkorn, W.: Kants Kosmologie-Kritik. S. 32. Schmucker vertritt die These, daß die Herleitung der Ideen aus der allgemeinen Schlußform nicht auf letzte, allgemeinste Begriffe, sondern auf letzte Schlüsse hätte führen müssen (Das Weltproblem. S.61). Hiergegen ist bereits jetzt einzuwenden, daß die reinen Vernunftbegriffe zunächst kein letztes oder erstes sind, sondern Synthesisfunktionen, die dem Schluß zugrundeliegen, und daß die Ideenherleitung darauf aufbaut. Aufgrund dieser These muß auch Schmuckers Ansicht abgewiesen werden, daß die Herleitung der Ideen bereits unter der Voraussetzung des transzendentalen Realismus geschieht (Das Weltproblem. S. 65 ff.).

40 Zu Kants Verwendung von ‚absolut' vgl. B 380 ff.

das Unbedingte ausgehend von der ersten Bestimmung Grund der Bildung von Prosyllogismen. Bei dieser Rolle des Unbedingten tritt es bereits im Gewande einer Idee auf, d.h. der Vorstellung einer Entität, die durch keine weitere Bedingung bestimmt ist. Dies macht seinen Charakter als transzendentale Idee aus. Diese beiden Rollen des Unbedingten werden in der Herleitung der vier Antinomien aus der Weltidee wieder von Kant herangezogen. Das Unbedingte gilt zwar selbst als Idee (B 515), an entscheidenden Stellen allerdings unterscheidet Kant das Unbedingte von den Ideen und bezeichnet es als „gemeinschaftliche[n] Titel aller Vernunftbegriffe" (B 380).

Es ist nun im *dritten* Herleitungsschritt zu klären, in welcher Weise das Unbedingte als Vernunftbegriff verwendet wird. Die Vernunft gewährleistet durch den Begriff des Unbedingten in seinen beiden Funktionen die Einheit des Verstandes, indem sie Urteile diesem Begriff gemäß synthetisiert und so einen systematischen Zusammenhang von Erkenntnissen zustande bringt. Das Unbedingte als Regel der Synthesis von Urteilen drückt sich in seiner transzendentalen Begriffsbedeutung in einer logischen Maxime aus:

> „[...] zu dem bedingten Erkenntnisse des Verstandes das Unbedingte zu finden, womit die Einheit desselben vollendet wird." (B 364)

Dieser Satz wird von Kant als Maxime bestimmt, weil er zunächst bloß subjektiv gilt und bloß praktische Bedeutung für die Synthesishandlungen des Erkenntnissubjekts besitzt. Logisch ist er deshalb, weil in ihm noch keine inhaltlichen Bestimmungen geregelt werden, sondern nur eine Handlungsanweisung für die formalen Erkenntnisbedingungen des erkennenden Subjekts gegeben wird.[41] Eine Maxime ist eine Handlungsanweisung, die nicht objektiv gebietet; sie fordert also: Immer dann, wenn ein Bedingtes in der Erkenntnis gegeben ist, so soll der Verstand deren Bedingung aufsuchen, um in einem Schluß eine Totalität von Bedingungen herzustellen. Das Unbedingte ist hier noch bloß formal auf die Prämissen bezogen, es ist ein relativ Unbedingtes, d.h. es wird noch nicht als Idee gedacht, sondern als Totalität der je gegebenen Prämissen. Der Verstand ist bei der Erfüllung der Maxime das ausführende Organ, das immer neue Bedingungen in Form von Urteilen synthetisiert; die Vernunft ist das Organ, das die Handlungsanweisung an den Verstand erteilt gemäß dem Exponenten der Vernunftfunktion, dem Unbedingten. Formal betrachtet erfüllt der Verstand die Maxime der Vernunft dadurch, daß er eine Kette von Urteilen bildet, die gemäß den Schlußregeln, welche die Vernunft ihm vorgibt, verbunden werden.[42]

---

[41] Kant möchte mit dem Zusatz „logisch" diese erkenntnistheoretische Maxime der reinen Vernunft von den praktischen Maximen unterscheiden. Beiden gemeinsam ist die bloß subjektive Gültigkeit (vgl. Kritik der praktischen Vernunft. AA V, 19). „Praktische Gesetze, so fern sie zugleich subjektive Gründe der Handlungen, d.i. subjektive Grundsätze, werden, heißen Maximen." (B 840).

[42] Die Maxime der reinen Vernunft im logischen Sinne hat Kant bereits in § 12 der metaphysischen Deduktion der Kategorien angesprochen (B 113 ff.). Hier kritisiert er, daß der Begriff der Vollkommenheit – unter den Transzendentalien *unum*, *verum*, *bonum* – bei den Me-

Die Maxime gilt distributiv für jede einzelne bedingte Verstandeserkenntnis; jede einzelne Erkenntnis wird gemäß der Maxime in der Einheit eines Schlusses gedacht, wodurch in Verhältnis zu den Bedingungen eine jeweils vollendete Einheit und Unbedingtheit zustandekommt. Dadurch, daß sie selbst zu bedingten Erkenntnissen führt, auf die sie dann erneut angewendet werden soll, ergeben sich Kettenschlüsse nach Seiten der Bedingungen, d.h. Prosyllogismen.

Der für die metaphysische Wendung der Vernunft verantwortliche Herleitungsschritt ist der *vierte*, die Transformation der Maxime in das „Prinzip der reinen Vernunft". Zum Prinzip der reinen Vernunft wird die Maxime dadurch, daß die Vernunft die Maxime ihrer Synthesis auf die Gegenstände der Erkenntnis anwendet, sie also unmittelbar für objektiv hält. In dieser Form lautet das Prinzip der reinen Vernunft:

> „[...] wenn das Bedingte gegeben ist, so sei auch die ganze Reihe einander untergeordneter Bedingungen, die mithin selbst unbedingt ist, gegeben (d.i. in dem Gegenstande und seiner Verknüpfung enthalten)." (B 364)[43]

Die Forderung der Maxime, ein relativ Unbedingtes der Erkenntnis durch Aufsuchung von Bedingungen herzustellen, ist im Prinzip der reinen Vernunft zu einer Aussage über die Gegebenheit eines absolut Unbedingten geworden.[44] Die Maxime fordert allein in bezug auf die Erkenntnis etwas, das gemäß dem Prinzip als Gegenstand an sich existiert. Anders als die Maxime, die ein erkenntnistheoretischer Grundsatz ist und lediglich distributiv gilt, ist das Prinzip der reinen Vernunft ein metaphysisch-ontologischer Grundsatz und gilt kollektiv, es faßt die Bedingungsreihe nun als eine kollektive Ganzheit, die dadurch ein Unbedingtes überhaupt ausmacht. Dieser Grundsatz der reinen Vernunft ist dasjenige, was Kant einen „transzendenten Grundsatz" nennt (B 352), d.h. ein Prinzip, das gebietet, die Grenzen möglicher Erfahrung zu überschreiten.

---

taphysikern bisher fälschlicherweise als Prädikat der Dinge verstanden worden sei, wohingegen er richtigerweise als Erfordernis und Kriterium der Erkenntnis angesehen werden solle. Vollkommenheit sei das Erfordernis, die Vielheit der Erkenntnisse auf die Einheit des Begriffs zurückzuführen und diese sei die qualitative Vollständigkeit oder Totalität.

43 Allison sieht das Prinzip der reinen Vernunft als ein Äquivalent zum Satz des zureichenden Grundes an (The Kant-Eberhard Controvercy. Baltimore 1973, S. 95 f., 112-116; ders.: Kant's Transcendental Idealism. An Interpretation and Defense. New Haven / London 1983, S. 36). Dies ist ein eigenes Thema.

44 In seiner Untersuchung des Zusammenhanges zwischen der Maxime der reinen Vernunft und dem Prinzip der reinen Vernunft vertritt Malzkorn die Auffassung, die Maxime der reinen Vernunft als subjektiver Grundsatz setze die Gültigkeit des Prinzips voraus (Kants Kosmologie-Kritik. S. 55). Wäre dies in einem starken Sinne der Fall, so wäre die kritische Restriktion der Vernunft letztlich nicht möglich; in einem schwächeren Sinne jedoch, wenn das Prinzip als Regulativ begriffen wird, ist der These zuzustimmen, wie die folgenden Untersuchungen zeigen werden.

Für den Status der Ideen ist es entscheidend, daß Kant diesen Grundsatz nicht als Mißbrauch der Kategorien, d.h. als Mißachtung ihrer Restriktion auf die Bedingungen möglicher Erfahrung, ansieht, sondern daß er versichert, seine Genesis rein aus der Synthesisweise der Vernunft gewährleiste seine Originarität als irreduzibles Prinzip des Erkenntnisvermögens. Er ist ein wirklicher Grundsatz, der es „uns zumute[t], alle jene Grenzpfähle niederzureißen und sich einen ganz neuen Boden, der überall keine Demarkation erkennt, anzumaßen“ (ebd.).

In der Auflösung der kosmologischen Antinomien restituiert Kant die Maxime der reinen Vernunft gegen das Postulat als „logisches Postulat der Vernunft“.[45] Das logische Postulat der reinen Vernunft drückt die kritische Restriktion der Vernunft aus; in ihm wird die Auffindung des Unbedingten und die Vollendung der Einheit des Verstandes lediglich zur Aufgabe gestellt. Dieser Satz ist analytisch, weil nach Kants Auffassung im Begriff des Bedingten sein Bedingtsein durch andere Bedingung liegt. Die absolute Totalität der Bedingungen, welche den Begriff des Unbedingten ausmacht, macht das Prinzip der reinen Vernunft zu einem synthetischen Satz, denn das Unbedingte liegt außerhalb des Begriffs des Bedingten (vgl. B 364 f.). In seiner Formulierung des logischen Postulats ersetzt Kant daher den Begriff des Unbedingten durch ‚alle Bedingungen‘.

Die Maxime der reinen Vernunft ist nur auf die Ökonomie der Erkenntnisse im Erkenntnisvermögen ausgerichtet und nicht eine Bedingung der Möglichkeit von Erkenntnis. Sie ermöglicht die Auffindung allgemeiner Grundsätze in der Erkenntnis, indem sie Urteile auf allgemeinere Urteile als deren Bedingung zurückführt. Sie bezieht sich damit zwar auf Gegenstände der Erkenntnis, indem sie mögliche Erkenntnisgegenstände in diesen allgemeinen Prinzipien entwirft, aber sie hat keine gegenstandskonstituierende Funktion, die den Grundsätzen des reinen Verstandes analog wäre. Die Maxime der reinen Vernunft hat damit für sich bloß subjektive Gültigkeit (B 362). Das Prinzip der reinen Vernunft setzt die Maxime als objektiv und entwirft zugleich über die Maxime hinausgehend die Vorstellung eines absolut Unbedingten.

Kant gewinnt die Idee der Welt im *fünften* und *sechsten* Herleitungsschritt der transzendentalen Ideen nun nicht einfach dadurch, daß er das Prinzip der reinen Vernunft auf einen transzendentalen Inhalt, das ‚Objekt als Erscheinung‘, anwendet.[46] Nach der Gewinnung des reinen Vernunftbegriffs des Unbedingten und dem Prinzip der reinen Vernunft folgt die eigentliche Ableitung der transzendentalen Ideen in zwei weiteren Schritten. Im *fünften* Schritt in dem Kapitel *Von transzendentalen Ideen*

45 „[...] wenn das Bedingte gegeben ist, [so ist] uns eben dadurch ein Regressus in der Reihe aller Bedingungen zu demselben aufgegeben [...]“ (B 526).

46 Auf diese Weise würde der Schluß auf die Welt lauten: Wenn ein Bedingtes der empirischen Synthesis gegeben ist, so ist auch die absolute Totalität der Bedingungen der empirischen Synthesis gegeben, d.h. die Welt. Nun ist ein Bedingtes als Erscheinung gegeben. Also ist die Welt gegeben.

setzt Kant wieder bei der formalen Schlußlehre an (B 379). Hier wird die „Tafel der Schlußformen" aufgestellt, die drei Schlußformen enthält. Nach der traditionellen Schlußlehre werden die Vernunftschlüsse in kategorische, hypothetische und disjunktive Schlüsse eingeteilt.[47] Diesen drei Schlußformen sollen drei reine Funktionen der Vernunftsynthesis entsprechen. Das bisher Gewonnene, der reine Vernunftbegriff des Unbedingten und das Prinzip der reinen Vernunft, wird im *sechsten* Schritt auf einen Inhalt bezogen. Da die Vernunft aus sich selbst keinen Inhalt zu ihren Schlüssen hat, bezieht sie diesen aus dem Verstand. Dabei wird den drei reinen formalen Vernunftbegriffen ein transzendentaler Inhalt zugewiesen, indem sie auf die Glieder der Erkenntnisrelation überhaupt bezogen werden, wie sie sich in der *Transzendentalen Analytik* ergeben hatte: Subjekt und Objekt, letzteres einmal als Erscheinung und einmal als Objekt überhaupt genommen. Kants Gedanke bei dieser Konstruktion ist erneut die Ableitung eines transzendentalen Grundes aus einer logischen Form. Dies ist nun im einzelnen zu zeigen.

Der Gedankengang der Herleitung sieht zunächst ganz überzeugend aus, jedoch erheben sich hier, wie auch bei der eigentlichen Urteilslehre, einige Fragen, wenn man nach der konkreten Form dieser Schlüsse sucht. Vergleicht man die formale Vernunftschlußlehre, die Kant in der *Kritik der reinen Vernunft* entworfen hat, mit der Lehre der Vernunftschlüsse in seinen Logikvorlesungen, so zeigt sich, daß einige der Vernunftschlußarten, die es nach der Schlußlehre geben soll, eigentlich keinen richtigen Vernunftschluß darstellen. Dies gilt insbesondere für den hypothetischen Vernunftschluß, aus dem Kant die Welt-Idee ableitet. Zudem werden die Polysyllogismen, die in der Transzendentalphilosophie auf die transzendentalen Ideen führen, in den Logiken formal als „Schlüsse der Urteilskraft" bestimmt.[48] Man wird sich also fragen müssen, aufgrund welcher Eigenschaft Kant sie in der Vernunftkritik dem Vernunftvermögen zuordnet.

Nach Kants Schlußlehre in der *Logik-Jäsche* gibt es drei Schlußarten, die den drei Denkvermögen Verstand, Urteilskraft und Vernunft zugeordnet sind.[49] Die Verstandesschlüsse sind dabei unmittelbare Schlüsse; Vernunftschlüsse und Schlüsse der Ur-

---

[47] Diese Einteilung in kategorische, hypothetische und disjunktive Vernunftschlüsse ist nicht erst von Kant in die Logik eingeführt worden, Kant hat sie u.a. von Meier übernommen (Meier, G. F.: Auszug aus der Vernunftlehre. AA XVI, 704 ff.).

[48] Polysyllogismen sind nach Kants Logikvorlesungen Schlüsse der Urteilskraft. Schlüsse der Urteilskraft schließen entweder durch Induktion oder Analogie, d.h. vom Besonderen aufs Allgemeine (Induktion) oder vom Besonderen aufs koordinierte Besondere (Analogie) (Logik-Jäsche. AA IX, 131 ff.). Auf diese Differenzierung geht Kant in der *Transzendentalen Dialektik* nicht ein.

[49] In der *Logik-Philippi* ordnet Kant den hypothetischen und den disjunktiven Vernunftschluß den außerordentlichen Schlüsse zu, da sie nicht durch einen Mittelbegriff schließen und also in der Konklusion kein dem Inhalt nach neues Urteil gewonnen wird (Logik-Philippi. AA XXIV/I, 469 ff. Vgl. auch Logik-Jäsche. AA IX, 114 ff. Logik-Blomberg. AA XXIV/I, 280 ff.).

teilskraft hingegen sind vermittelte Schlüsse. Der unmittelbare Schluß leitet die Konsequenz ohne ein vermittelndes Urteil ab, während beim vermittelten Schluß ein vermittelndes Urteil nötig ist. Der unmittelbare Schluß besteht aus zwei, der vermittelte aus drei Urteilen. Dies bedeutet, daß es sich bei den Verstandesschlüssen um gar keine eigentlichen Schlüsse handelt; sie sind die klassischen Umformungsregeln der Syllogistik (AA IX, 115). In einem Verstandesschluß werde, so Kant, bloß die Form des Urteils verändert, nicht seine Materie. Es wird also in der Konklusion nur Junktor und Quantor verändert, während Subjekt und Prädikat identisch bleiben. Beim eigentlichen Schluß jedoch wird durch den Schluß ein inhaltlich neues Urteil gebildet, dadurch ein Beweis geführt und Erkenntnis gewonnen. Subjekt und Prädikat treten in der Konklusion vermittels des Mittelbegriffs in einer anderen Verbindung auf als in den Prämissen. Der Schluß in eigentlicher Bedeutung muß daher ein vermittelter Schluß sein. Für hypothetische und disjunktive Vernunftschlüsse gilt nach der klassischen Schlußlehre, daß sie keinen Mittelbegriff haben und also keinen eigentlichen Schluß ausmachen. Die vermittelten Schlüsse werden von Kant in Vernunftschlüsse und Schlüsse der Urteilskraft eingeteilt. Wie in der *Kritik der reinen Vernunft* teilt er die Vernunftschlüsse nach den Urteilsformen der Relation ein. Zu den Vernunftschlüssen zählt Kant die Syllogismen im engeren Sinne (kategorische Vernunftschlüsse), die Schlüsse nach dem *modus ponens* und nach dem *modus tollens*, deren Obersatz ein hypothetischer Satz und deren Untersatz ein kategorisches Urteil ist (hypothetische Vernunftschlüsse), sowie die Schlüsse nach dem *modus ponendo tollens* und nach dem *modus tollendo ponens*, deren Obersatz in einem disjunktiven Urteil und Untersatz in einem kategorischen Urteil besteht (disjunktive Vernunftschlüsse), obwohl sie über keinen Mittelbegriff verfügen.[50] Im Hinblick auf die transzendentale Logik aber, die auf die Funktion der Vernunft im Schließen bezogen ist, müssen sie anders bewertet werden:

> „Viele Logiker halten nur die kategorischen Vernunftschlüsse für ordentliche, die übrigen hingegen für außerordentliche. Allein dieses ist grundlos und falsch. Denn alle drei dieser Arten sind Producte gleich richtiger, aber von einander gleich wesentlich verschiedener Functionen der Vernunft."[51]

Diese drei Schlußformen sind gleichermaßen Vernunftschlüsse, da ihnen jeweils dieselbe Vernunftfunktion zugrundeliegt. An dieser Stelle wird wieder deutlich, wie wichtig für Kant der Gedanke der Synthesisfunktion ist. Der hypothetische und der disjunktive Vernunftschluß sind trotz der formallogischen Einwände für Kant Schlüsse der Vernunft, weil sie Modifikationen der einen vernunftspezifischen Synthesisfunktion sind, nämlich die Synthesis unterschiedlicher Urteile in einer Reihe unter dem reinen Vernunftbegriff des Unbedingten nach drei unterschiedlichen Regeln.

---

50 Logik-Philippi. AA XXIV/I, 476.

51 Logik-Jäsche. AA IX, 122.

Das Unbedingte wird in der Ideenherleitung von Kant direkt in Verhältnis zu den drei Relationskategorien gesetzt, so ergeben sich die drei reinen Funktionsbegriffe der Vernunft:

> „So viel Arten des Verhältnisses es nun gibt, die der Verstand vermittelst der Kategorien sich vorstellt, so vielerlei reine Vernunftbegriffe wird es auch geben; und es wird also **erstlich** ein Unbedingtes der kategorischen Synthesis in einem Subjekt, **zweitens** der hypothetischen Synthesis der Glieder einer Reihe, **drittens** der disjunktiven Synthesis der Teile in einem System zu suchen sein." (B 379)

Die Beziehung des Unbedingten auf die drei Relationskategorien evoziert drei Begriffe, die die Funktion im Schließen bestimmen; werden sie nun gemäß der Maxime der reinen Vernunft als logische Objekte verstanden, dann ergeben sich drei Unbedingte, die man als die reinen Vernunftbegriffe bezeichnen kann: *erstens* ein logisches Subjekt, welches selbst nicht als Prädikat auftreten kann,[52] *zweitens* diejenige Bedingung in einer Reihe, die nichts weiter voraussetzt, und *drittens* das Aggregat der Glieder der Einteilung in einem System, zu welchem nichts weiter erforderlich ist (B 379).

Erst nach einem weiteren *sechsten* – dem sicher problemreichsten – Schritt, im *System der transzendentalen Ideen*, gewinnt Kant die drei Ideen Seele, Welt, Gott in ihrer spezifisch metaphysischen Bedeutung (B 390 ff.). Er setzt dazu die oben dargestellten formalen Bestimmungen der reinen Vernunftbegriffe in Verhältnis zu den Relata der allgemeinen, dreigliedrigen Erkenntnisrelation, wie sie sich nach seiner Unterscheidung von Erscheinung und Ding an sich darstellt: zum denkenden Subjekt und zum zu erkennenden Objekt, erstens als Erscheinung und zweitens als Gegenstand des Denkens überhaupt. Kant begründet diesen Schritt nicht weiter, sondern bemerkt nur, dies sei „das Allgemeine aller Beziehung, die unsere Vorstellungen haben können" (ebd.). Der Gedanke ist hierbei wohl dieser: Da die Vernunft den Verstand insgesamt auf das Unbedingte hin reflektiert, richtet sie sich auf dessen grundlegende Struktur als Erkenntnisvermögen.[53] Dabei interpretiert sie die Relata der Erkenntnisrelation metaphysisch-ontologisch als Entitäten. In der Zusammenfassung des Paralogismenkapitels nach der ersten Auflage kommt Kant auf diesen Gedanken nochmals zurück. Die drei Ideen beziehen sich auf „das Allgemeine der Bedingungen des Denkens" und zwar auf:

---

[52] An dieser Kantischen Bestimmung eines ersten Subjekts ist deutlich das Fortwirken der Aristotelischen Substanzlehre zu erkennen, deren oberstes Kriterium für die Substanz sowohl in der *Kategorienschrift* wie in der *Metaphysik* ist, ein Hypokeimenon, Subjekt, zu sein, welches nicht als Kategoroumenon, Prädikat, in einem Logos auftreten kann.

[53] Zum Gesamtkomplex der *Transzendentalen Dialektik* ist R 5553 (1778 –1783) von besonderer Bedeutung (AA XVIII, 221-229). Dort bemerkt Kant zu diesem Herleitungsschritt: „Die transscendentale Idee kan nichts als die Erkenntniskräfte zum obiect haben oder Vorstellungen überhaupt in Beziehung auf sie." In der ohnehin spärlichen Literatur zur Ideenherleitung wird dieser Schritt kaum einmal zu erklären versucht.

„1. Die Synthesis der Bedingungen eines Gedankens überhaupt.
2. Die Synthesis der Bedingungen des empirischen Denkens.
3. Die Synthesis der Bedingungen des reinen Denkens." (A 396 f.)

Bis zum fünften Schritt ist die Herleitung der transzendentalen Ideen ohne eine entscheidende Replik auf Kategorien ausgekommen.[54] Die Isolierbarkeit der Vernunft, eine der Ausgangsbedingungen für die Möglichkeit metaphysischer Erkenntnis, erscheint bis zu diesem Punkt als möglich. Doch im fünften Schritt bezieht sich die Vernunft bereits auf die Verstandessynthesen in den Urteilen der einzelnen Schlußformen. Damit ergibt sich die unbedingte Einheit des denkenden Subjekts als Idee der Seele, die unbedingte Einheit der Reihe der Bedingungen der Erscheinung als Idee der Welt und die unbedingte Einheit der Bedingungen aller Gegenstände des Denkens überhaupt als Idee eines realsten Wesens, also Gott. Die Idee der Seele wird also vermittelt aus der Kategorie der Substanz abgeleitet, die Idee der Welt aus der Kategorie der Kausalität und die Idee Gottes aus der Kategorie der Wechselwirkung. Die Seele ist demnach die Vorstellung eines unbedingt gegebenen denkenden Wesens, das Träger seiner Eigenschaften ist, aber nicht selbst Eigenschaft eines anderen Wesens sein kann, d.h. sie ist eine erste Substanz im Aristotelischen Sinne. Die Welt ist die Vorstellung der unbedingt gegebenen Gesamtheit aller Erscheinungen, die untereinander durch lückenlose Kausalverhältnisse bestimmt sind, oder der „Inbegriff aller Erscheinungen" (B 447).[55] Gott ist schließlich die Vorstellung eines unbedingt gegebenen Wesens, das alle positiven Bestimmtheiten, d.h. alle Vorstellungsinhalte in sich enthält. Dennoch sind die drei obersten transzendentalen Ideen Seele, Welt und Gott nicht einfach nur unrestringierte Kategorien (vgl. B 436). Der entfesselte, unkritische Gebrauch von Kategorien findet erst statt, wenn die Ideen als Gegenstände

---

[54] Die Rolle der Kategorien bei der Ableitung der transzendentalen Ideen ist in der Forschung ein viel diskutiertes Thema, da von ihr die Eigenständigkeit der Vernunft und der Status der Ideen als reiner Vernunftbegriffe abhängt. Kants schwankende und unklare Darstellung dieses wichtigen Teiles der *Transzendentalen Dialektik* gibt hier leider für nahezu jede Deutung Belege. So unterscheidet Schmucker zwei Ableitungen der Ideen (Das Weltproblem. S. 64 f.). Während in der ersten Ableitung die logischen Schlußformen und die Kategorien zu Ideen führen, soll eine zweite Ableitung allein aus den „drei Bereichen des Gegebenen" – gemeint ist die transzendentale Apperzeption, das Objekt als Erscheinung und das Objekt als Gegenstand überhaupt – die drei Ideen entwickeln. Effertz hingegen interpretiert die beiden Ableitungsteile als sich ergänzend; durch sie würde Form und Inhalt der Ideen bestimmt (Kants Metaphysik: Welt und Freiheit. Zur Transformation des Systems der Ideen in der Kritik der Urteilskraft. Freiburg/Breisgau / München 1994 (Symposion 99). Diss. 1991). Jedoch zeigt Effertz nicht deutlich, welche Zuordnung er hierbei trifft. Effertz unterscheidet einzelne Schritte der Ableitung der Ideen, jedoch ohne diese deutlich zu benennen.

[55] Vgl. R 5552; AA XVIII, 221: „In der Natur aber, d.i. in Raum und Zeit, kann nichts Unbedingtes Angetroffen werden, und doch verlangt die Vernunft dasselbe als die Totalität der Bedingungen, weil sie das object selbst machen will. – Daher in der Cosmologie, wo die Natur als das Ganze aller Gegenstände der Sinne betrachtet wird, antinomie angetroffen wird;".

gemäß den Kategorien bestimmt werden also in den Paralogismen und den Antinomien. Damit ist die Herleitung der transzendentalen Ideen abgeschlossen.

Kants Benennung der drei reinen Vernunftbegriffe Seele, Welt und Gott als Ideen ist durchaus schwankend. Er bezeichnet sie im *System der transzendentalen Ideen* nicht nur als transzendentale Ideen, sondern auch als „Klassen von Ideen" (B 391) und „Titel aller transzendentalen Ideen" (B 392); dabei ist das Unbedingte der „gemeinschaftliche[] Titel aller Vernunftbegriffe" (B 380). In gleicher Weise bestimmt Kant die Begriffe Quantität , Qualität, Relation und Modalität: sie sind Titel oder Klassen der Kategorien (B 110 f.). Gemeint ist wohl, daß diese drei Ideen jeweils durch „*modi* der reinen Vernunftbegriffe" bestimmt werden, welche in einer Tafel unter den Begriffen der drei Ideen angeordnet werden können. So ist also die zweite kosmologische Idee ein Modus der Weltidee.[56]

1.2. Die Welt-Idee in der *Transzendentalen Dialektik*

Nachdem Kants Ableitungsverfahren reiner Vernunftbegriffe dargestellt wurde, soll nun der Charakter der Welt als Idee bestimmt werden. Es gilt, Sinn und Bedeutung von Ideen bei Kant zu bestimmen. Insbesondere die Bedeutung von Ideen, d.h. im Fregeschen Sinne der Gegenstand auf den sie referieren, stellt ein Problem dar. Für die Idee wesentlich ist nach Kant ihre Transzendenz; doch bei der Weltidee ergibt sich hier eine Besonderheit, die es zu erörtern gilt, weil sie zur Antinomie, zum „Widerstreit der einen Vernunft mit sich selbst" führt. Für die Einschätzung des Bezugsrahmens der zweiten Antinomie wesentlich ist hierbei das Verhältnis der Weltidee zur Erfahrung.[57] Zunächst aber sei der Kantische Ideenbegriff erläutert.

Das Ergebnis der Ableitung der Idee ‚Welt' ist, daß sie nicht als empirischer Begriff aufgefaßt werden kann, sondern daß sie ein notwendiger reiner Vernunftbegriff ist, welchen Kant aufgrund seiner Eigenschaften Idee nennt.[58] Die Idee ist nach

---

56 Am Ende des Kapitels deutet Kant eine „Verwandtschaft" der drei Ideen an und vertagt die Klärung dieser Frage auf die weitere Durchführung (B 394 f.). Diese Idee eines Metaschlusses hat Kant erst wieder im *Opus postumum* wieder aufgegriffen.

57 Die regulative Funktion der Ideen für Erkenntnis wird von Kant teilweise bereits im ersten Buch der *Transzendentalen Dialektik* angesprochen, doch die volle Bedeutung dieser Funktion ergibt sich erst nach der Auflösung der Antinomien durch den transzendentalen Idealismus und soll deshalb auch erst in Kap. III erörtert werden.

58 In einer Anmerkung zur dritten Analogie der Erfahrung weist Kant darauf hin (B 265 Anm.), daß die Annahme der Einheit des Weltganzen auch durch eine verfehlte, metaphysische Folgerung aus dem Grundsatz der Wechselwirkung zustande kommen kann. Diese verfehlte empirische Deduktion der Idee begeht der metaphysische Kosmologe, wie in den mathematischen Antinomien zu zeigen ist: Er mißversteht die Welt als das Naturganze, von welchem unsere Sinnenwelt ein Ausschnitt ist. Dieses Mißverständnis hat seinen Grund im Weltbegriff selbst. Es braucht nach dem vorigen Kapitel nur angemerkt zu werden, daß Kants Ableitung der Weltidee in der *Transzendentalen Dialektik* einen anderen Weg

Kants Systematik der Vorstellungsarten eine solche Vorstellung, welche nur aus reinen Begriffen, Notionen, besteht (B 377). Solche Vorstellungen nennt Kant nicht nur reine, sondern transzendente Vorstellungen.[59] ‚Transzendent' ist der Gegenbegriff zu ‚immanent'; Kant bezieht ihn stets auf Erfahrung, gemeint ist also ‚die Erfahrung übersteigend'.[60] Der „objektive Gebrauch der reinen Vernunftbegriffe" erzeugt also Vorstellungen, die Ideen, welche jede mögliche Erfahrung zu transzendieren gebieten. Ideen sind somit transzendente, zugleich aber auch transzendentale Begriffe, weil sie bezogen sind auf die Bedingungen der Möglichkeit der Erfahrung. Zwar sind sie nicht konstitutiv für Objekte, aber als Regulative sind sie, wie zu zeigen sein wird, für die Erfahrungserkenntnis von unverzichtbarer Bedeutung.[61]

In seiner Wiederaufnahme des Ideenbegriffs von Platon hebt Kant die Transzendenz als wesentliches Merkmal der Idee hervor.[62] Ideen, so interpretiert Kant Platon

---

einschlägt, als die Kategorie der Wechselwirkung ins Unbedingte zu erweitern. In *De mundi sensibilis* bestimmt Kant den Begriff der Welt jedoch noch ähnlich wie Christian Wolff (AA II, 387 ff.). Hier ist die Welt insgesamt eine zusammengesetzte Substanz.

59 B 383 f.; vgl. auch B 352 f.; B 365. W. Malzkorn gelangt zu einer negativen Einschätzung der Kantischen Ableitung der transzendentalen Ideen, wohl deshalb weil in seiner Rekonstruktion der Ableitung der spezifische Ideencharakter verlorengeht (Kants Kosmologie-Kritik). Kant konzipiert die Welt, den „Inbegriff aller Erscheinungen", primär nicht als metaerfahrungswissenschaftlichen Begriff. Die regulative Funktion der Weltidee für Erfahrungserkenntnis läßt sich erst im Ausgang von der Auflösung der Antinomien der Weltidee zuweisen. Kant macht des öfteren darauf aufmerksam und rechnet sich die Begründung selbst als Verdienst zu, daß ein fundamentaler Unterschied zwischen Verstandesbegriffen und Vernunftbegriffen besteht, nämlich hinsichtlich ihrer Beziehung auf Erfahrung und ihrer Funktion im Erkenntnisvermögen. Genau dies ist der Sinn der Einführung des Begriffs ‚Idee'. Nach Malzkorns Rekonstruktion der Ideenableitung gewinnt man aber den Eindruck, als bestünde kein wesentlicher Unterschied zwischen reinen Vernunftbegriffen und empirischen Begriffen. In diesem Zusammenhang wirft Malzkorn Kant vor, er vermische disjunkte Bereiche, nämlich den der Welt als eines Vernunftbegriffs mit dem der Welt als eines Objekts eines Vernunftbegriffs (S. 77; vgl. auch S. 71 f.; 83; 86 f.) Hier scheint mir die Bestimmung der Welt als einer Idee nicht genügend analysiert zu sein. Denn das Objekt des reinen Vernunftbegriffes ‚Welt' ist, gleichwohl es sich um die absolute Totalität aller Objekte als Erscheinungen handelt, ein Noumenon und dies sogar dem Anspruch der Metaphysik nach.

60 Schulthess zeigt, daß Kants Begriff der Transzendenz wesentlich durch die Mathematik seiner Zeit motiviert und beeinflußt ist, von der Theorie der transzendenten Funktionen (Relation und Funktion. S. 308 ff.).

61 Kategorien sind demgegenüber zwar transzendentale Begriffe, aber keine transzendenten Begriffe, indem sie Bestimmungen von Gegenständen überhaupt sind und damit einen erfahrungsimmanenten Gebrauch haben, der ihre objektive Gültigkeit gewährleistet.

62 Während Platons Ideenbegriff in der *Transzendentalen Dialektik* im Zentrum steht, ist in der *Transzendentalen Analytik* der Begriff der Kategorie von Aristoteles zentral. Doch eine Zuordnung dieser beiden antiken Denker zu den beiden Teilen der *Kritik der reinen Vernunft* ist nicht völlig stringent von Kant befolgt, läßt sich doch auch eine deutliche Parallele der Ideendeduktion zur Aristotelischen „Dreiprinzipienlehre" feststellen, wie sie v.a. durch die Scholastik kanonisiert wurde. Aristoteles nennt in der *Metaphysik* ‚Prinzip' dasjenige, wel-

in der Meinung, diesen besser zu verstehen, als er sich selbst verstanden habe,[63] seien Begriffe, welche nicht nur die Erfahrung übersteigen, sondern ausschließlich der Vernunft entstammen. Ideen seien bei Platon, so Kant, „Urbilder der Dinge selbst, und nicht bloß Schlüssel zu möglichen Erfahrungen wie Kategorien" (B 370). Die Idee sei bei Platon „Grund der Möglichkeit ihres Gegenstandes". Entscheidendes Merkmal der Platonischen Ideenkonzeption ist für Kant also die logisch-ontologische Äquivalenz, die Platon in Anspruch nimmt, indem die Ideen das durch den Geist zu schauenden eigentliche Sein der Dinge sind und, wie im Sonnengleichnis der *Politeia* deutlich wird, auch Seinsgrund der Dinge. Kant hebt hervor, Platon habe bemerkt,

> „[...] daß unsere Erkenntniskraft ein weit höheres Bedürfnis fühle, als bloß Erscheinungen nach synthetischer Einheit buchstabieren, um sie als Erfahrung lesen zu können, und daß unsere Vernunft natürlicher Weise sich zu Erkenntnissen aufschwinge, die viel weiter gehen, als daß irgend ein Gegenstand, den Erfahrung geben kann, jemals mit ihnen kongruieren könne, die aber nichtsdestoweniger ihre Realität haben und keinesweges bloße Hirngespinste sind." (B 371)

---

ches ein Erstes (*arché*) in Beziehung auf das Sein, die Entstehung und die Erkenntnis ist (Metaphysik. Hrsg. v. H. Seidl. Hamburg ^{3}1989, S. 178 (1013 a 17-19)). Diese drei Begriffe werden in der Scholastik durch die drei Termini *ratio essendi*, *ratio fiendi* und *ratio cognoscendi* übersetzt. Aristoteles behandelt die Prinzipien formal in seiner Lehre vom Beweis, der zweiten Analytik. Hier bestimmt er sie als unvermittelte Prämissen, d.h. solche, die keine weiteren Prämissen vor sich haben (Zweite Analytik: Lehre vom Beweis (Organon IV). 72a7-9. Hrsg. u. übers. v. E. Rolfes. Hamburg 1955, S. 4). Diese Einteilung zeigt eine deutliche Parallele zu Kants Ableitung der Ideen aus dem Prinzip der reinen Vernunft: in formaler Hinsicht indem er die Funktion der Vernunft darin sieht, einen Rückgang auf unbedingte Prämissen zu motivieren, und in metaphysischer Hinsicht durch die Zuordnung zu drei allgemeinen Prinzipien der Erkenntnis: Man könnte die *ratio cognoscendi* mit der Seele, die *ratio fiendi* mit der Welt und die *ratio essendi* mit dem transzendentalen Ideal parallelisieren.

63 Vgl. B 370. Einen Überblick über Platons Einfluß auf Kants Entwicklung des transzendentalen Idealismus gibt Heimsoeth (Kant und Plato. In: Kant-Studien 56 (1965), S. 349-372). Die Frage, inwieweit Kant mit Primärtexten von Platon vertraut war, scheint nicht eindeutig zu klären zu sein (vgl. Kant und Plato. S. 349; S. 369 u. Anm. 62). Sicher ist jedoch, daß seine Platon-Interpretation deutlich durch eine deistisch-neuplatonistische Deutung geprägt ist. Die Edition der Werke Platons war in den 80er und 90er Jahren des 18. Jh. noch sehr lückenhaft. Was Heimsoeth nicht erwähnt, ist, daß Kant in seiner ersten Streitschrift gegen Schlosser 1796 auf die Briefe Platons hinweist, damit wohl in ironischer Weise auf dessen Übersetzung anspielend (Von einem neuerdings erhobenen vornehmen Ton. AA VIII, 398; gemeint ist wohl Schlossers Übersetzung (Königsberg 1795)). Kant nennt auch die Darstellung der Ideenlehre in Bruckers Philosophiegeschichte B 372. Heimsoeth vermutet, sie sei die Hauptquelle von Kants Platonkenntnissen (S. 368). Plausibel ist diese Annahme, da Kants Platonbild deutlich neuplatonische Züge trägt, wie sie sich auch in Bruckers Platondarstellung finden. Insbesondere Kants Meinung, Platon habe eine mystische Ideenschau gelehrt, mag darauf zurückzuführen sein. Allerdings kritisiert Kant Bruckers Urteil über die Ideenlehre Platons (B 372).

In seiner positiven Bewertung Platons bezieht sich Kant v.a. auf die praktische Dimension der Ideenlehre. Im Bereich sinnlicher Erkenntnis verweist Kant auf den Begriff der Zweckmäßigkeit in der Natur, der als Idee zur Erkenntnis dient.[64] Jedoch kritisiert Kant Platon für seine „mystische Deduktion" der mathematischen und spekulativen Begriffe (B 371 Anm.). Leite man, so Kant, die Ideen aber von der Erfahrung ab, so werden sie zu „zweideutigen Undingen", die zu keiner Regel brauchbar seien.[65] Er unterscheidet in der *Metaphysik-Pölitz* recht genau Platons Konzeption der Ideen von natürlichen Wesen, als ewige Muster der Dinge, von der Substanzontologie, die Platon von der „eclectischen Secte" untergeschoben worden sei.[66] Der größtenteils positiven Bewertung Platons im Kapitel *Von den Ideen überhaupt* der *Kritik der reinen Vernunft* und in der *Metaphysik-Pölitz* steht eine eher zwiespältige Einschätzung der Ideenlehre allgemein gegenüber.[67]

In seiner Einteilung der Vorstellungsarten hebt Kant den eigentümlichen Vorstellungscharakter der Ideen hervor; hier zeigen sich die Ideen als Begriffe aus Notionen (B 376 f.). Notionen sind reine Begriffe oder Begriffe *a priori*, die allein dem Verstand entstammen, gemeint sind also im wesentlichen die Kategorien sowie die von ihnen ableitbaren Prädikabilien. Ideen sind reine Begriffe, die nicht nur ihrem Ursprung

---

64 Vgl. Kritik der Urteilskraft. AA V, 363. Vgl. zu Kants Ideenbegriff in der *Kritik der Urteilskraft* Düsing, K.: Ästhetische Einbildungskraft und intuitiver Verstand. Kants Lehre und Hegels spekulativ-idealistische Umdeutung. In: Hegel-Studien 21 (1986), S. 87-128; S. 105 ff.).

65 Dies ist der erwähnte Fehler einer empirischen Deduktion der Ideen.

66 Vgl. Metaphysik-Pölitz. S. 79 f.; S. 115 f.; S. 308 f.

67 Wenn Kant in der *Transzendentalen Dialektik* reine Vernunfterkenntnis darstellt, wählt er oft eine Sprache, welche diese Zwiespältigkeit auch metaphorisch faßt. In diesem Zusammenhang gebraucht Kant meist die Metapher des Fliegens. So macht er bereits in der Einleitung zur zweiten Auflage der *Kritik der reinen Vernunft* Platon den Vorwurf, er habe versucht, auf den Flügeln seiner Ideen im leeren Raum zu fliegen. Da die Ideen im leeren Raum der reinen Vernunft jedoch keinen Widerstand fänden, sei er nicht von der Stelle gekommen (B 9). Interessanterweise erscheinen die Ideen an dieser Stelle als das Bewegungsmittel zur Erreichung eines Ziels und nicht als der Fluchtpunkt der Bewegung – eine Metapher, die Kant im Anhang zur *Transzendentalen Dialektik* gebraucht (B 672). Die Restriktion der Kategorien auf die Bedingungen der Sinnlichkeit stellt Kant in den Zusammenhängen der Metaphysik zumindest rhetorisch in ein negatives Licht: als eine äußerliche Einschränkung des Erkenntnisdrangs. Dabei bleibt unklar, ob Kant mit dieser negativen Bewertung der Erkenntnisrestriktion die Position des Metaphysikers vorführt oder das Ergebnis der *Analytik* neu bewertet. Insbesondere die Begründung des Sittlichen durch Erfahrung wird von Kant kritisiert. Reine Erfahrungswissenschaft erscheint hier als unmündiges Befolgen vorgegebener Gesetze. Der Blick des Erfahrungswissenschaftlers bleibt am Erdboden haften, während das Erkenntnisbedürfnis sich von ihm zu lösen wünscht (B 352 f.). Während eine bloß empirische Erkenntnis nur eine „kopeiliche[] Betrachtung des Physischen" erlaubt, ermöglicht die Idee die „architektonische Verknüpfung" der Weltordnung nach Zwecken (B 375). Doch die Befreiung aus den Schranken der Erfahrung erscheint auch in einem negativen Licht: sie wird als widerrechtlicher Umsturz, als Anmaßung, d.h. eigenmächtige Mißachtung rechtmäßiger Ansprüche dargestellt.

nach unabhängig von Erfahrung sind, sondern solche reine Begriffe, die keine unmittelbare, Beziehung auf Anschauung haben und sich nur vermittelt durch Kategorien auf Erfahrung beziehen können.[68] Daher ist die Widerlegung der Geltungsansprüche der Kosmologie gar nicht durch Erfahrung möglich, wie Kant in der *Antithetik der reinen Vernunft* hervorhebt (B 453). Also haben die Ideen, und in besonderer Weise die Weltidee, in ihrer eigentlichen Bedeutung gar keine Beziehung zur Erfahrung. Auf diese Weise sind Ideen Begriffe, die Noumena oder Dinge an sich bezeichnen.

Doch der Begriff der Transzendenz geht nicht in der noumenalen Bedeutung der Ideen auf, denn der reale Gebrauch von Vernunftbegriffen, wie ihn die Metaphysik macht, versteht Ideen nicht bloß als nur denkbare Gegenstände, sondern als Namen von existierenden Objekten, die aber nicht durch Sinnlichkeit gegeben werden können. Dies ist der Anknüpfungspunkt zu den platonischen Ideen, wie Kant sie versteht, als „Urbilder der Dinge selbst" (B 370). Die Idee ‚Welt' ist das Urbild, das den Gegenstand selbst möglich macht. Nun versteht der Metaphysiker diesen Gedanken unter Voraussetzung der logisch-ontologischen Äquivalenz, daß nämlich die Welt als existierender Gegenstand nach der Idee eingerichtet ist, so daß Idee und Gegenstand in einem Abbildungsverhältnis zueinander stehen, ja sogar in einem gewissen Ursache-Wirkungsverhältnis, wobei die Idee Ursache des Gegenstandes ist.[69] Doch die transzendentalen Ideen sind, wie Kant gezeigt hat, für uns nicht Gedanken eines urbildlichen Verstandes, an dem wir vielleicht partizipieren, sondern notwendige Produkte unserer eigenen, menschlichen Vernunft.[70] Somit ist es keineswegs gewährleistet, daß diesen Ideen auch ein Gegenstand entspreche, bzw. entsprechen könne. Ideen machen den Gegenstand nur als gedachten Gegenstand möglich. Das Objekt

---

68 Wie im vorigen Kapitel gesehen, spielen die Kategorien nur in der Ableitung der transzendentalen Ideen eine gewisse Rolle, d.h. nur im objektiven Gebrauch, wenn die reinen Vernunftbegriffe als Objekte vorgestellt werden. Das Unbedingte und die reinen Vernunftbegriffe implizieren dagegen keine Kategorien.

69 Kant bringt in anderen Zusammenhängen dieses Verhältnis deutlicher zum Ausdruck, indem er die griechischen Termini Archetyp und Ectyp verwendet (Kritik der Urteilskraft, § 51. AA V, 322). Die Vorstellung eines *intellectus archetypus*, der als ein produktiver Verstand, indem er Ideen als Urbilder denkt, die Gegenstände in ihrer Existenz als Abbilder hervorbringt, ist bei Kant letztlich eine regulative Vorstellung, die uns die Zweckmäßigkeit unseres Erkenntnisvermögens begreiflich machen soll (vgl. Kritik der Urteilskraft, § 77. AA V, 408).

70 „Man kann sagen, der Gegenstand einer bloßen transzendentalen Idee sei etwas, wovon man keinen Begriff hat, obgleich diese Idee ganz notwendig in der Vernunft nach ihren ursprünglichen Gesetzen erzeugt worden. Denn in der Tat ist auch von einem Gegenstande, der der Forderung der Vernunft adäquat sein soll, kein Verstandesbegriff möglich, d.i. ein solcher, welcher in einer möglichen Erfahrung gezeigt und anschaulich gemacht werden kann. Besser würde man sich doch und mit weniger Gefahr des Mißverständnisses ausdrücken, wenn man sagte: daß wir vom Objekt, welches einer Idee korrespondiert, keine Kenntnis, obzwar einen problematischen Begriff haben können." (B 396 f.).

der Idee ist insofern ein problematischer Begriff.[71] Bei der Weltidee steht jedoch nicht nur die objektive Realität in Frage, sondern sogar ihre Möglichkeit, denn zunächst führt sie in widersprüchliche Bestimmungen, in die Antinomien. Der formale Grund für die Antinomien der Weltidee ist, daß sie als einzige Idee den Reihenbegriff, der in der Herleitung aller Ideen beteiligt ist, in ihrer Semantik beibehält und daß dadurch eine Zweideutigkeit des Unbedingten auftritt, wie später zu zeigen ist.

Im Unterschied zum Vernunftbegriff, der bloß gedacht wird, ist die adäquate Vorstellungsart der Idee die Anschauung; und da der Gegenstand einer Idee nicht in der sinnlichen Anschauung gegeben werden kann, muß diese Anschauung letztlich intellektuell sein. Da wir nun aber nicht zur intellektuellen Anschauung in der Lage sind, letztlich aber trotzdem über Ideen verfügen, ja sogar ihr Quell in uns liegt, so muß der Begriff der Idee auch einen anderen Sinn gewinnen können.[72] Diesen Sinn benennt Kant besonders deutlich in einer Reflexion:

> „Alle Begriffe der Synthesis erfordern ein Drittes: entweder die mogliche Erfahrung oder die Idee. In Ansehung der transscendentalen Idee können sie nicht obiective Gültigkeit haben, aber doch als nothwendige Probleme oder Fragen deducirt werden." (R 5553; AA XVIII, 224).[73]

Die Deduktion der Ideen rechtfertigt also ihre regulative Funktion, die in Kap. III.4. untersucht wird. In der *Schlußanmerkung zur ganzen Antinomie der reinen Vernunft* weist Kant darauf hin, daß die Ideen in unterschiedlichem Maße transzendent seien; hier heißt es sogar, erst das transzendentale Ideal überschreite die Grenzen aller möglichen Erfahrung und sei ein transzendenter Begriff, demgegenüber die kosmologischen Ideen bloß transzendental seien (B 593). Hiermit verweist er darauf, daß die Weltidee aus der Beziehung des Unbedingten auf die Vorstellung der Objekte als Erscheinungen hervorgeht, d.h. sich auf den *mundus phaenomenon* bezieht, sie bezeichnet die Totalität der Bedingungen der Sinnenwelt, während das transzendentale Ideal den *mundus intelligibilis* zum Inhalt hat, die Gegenstände des Denkens überhaupt.[74] Der metaphysische Weltbegriff, der als Gegenstand der Kosmologie fungiert, ist seiner Transzendenz nach schon in seiner Grundkonzeption zweideutig. Die Zweideutigkeit läßt sich zunächst mit dem Problem seiner Zuordnung zu einem der beiden Begriffe: *mundus sensibilis* und *mundus intelligibilis* umreißen. In der *Kritik der reinen Vernunft* be-

---

71 Unter problematischen Begriffen versteht Kant mögliche Begriffe: „Ich nenne einen Begriff problematisch, der keinen Widerspruch enthält, der auch als eine Begrenzung gegebener Begriffe mit andern Erkenntnissen zusammenhängt, dessen objektive Realität aber auf keine Weise erkannt werden kann." (B 310).

72 Dies soll im Folgenden in Beziehung auf die Welt und die zweite kosmologische Idee deutlicher gemacht werden (vgl. Metaphysik-Pölitz. S. 308 ff.).

73 1775 bemerkt Kant zur Idee: „Die Idee ist ein begrif, dem der empirische zwar als einem principio gemäß, aber ins unendliche annähernd, niemals adaequat seyn kann." (R 4784; AA XVII, 727).

74 Auf diesen Unterschied möchte Kant in der Anmerkung zur Antithesis der ersten Antinomie B 460 und B 462 hinweisen.

mängelt Kant die unreflektierte Umdeutung des historisch stark geprägten Begriffspaars. Er hält es für falsch, sie nur als Hinsichtenunterscheidung auf die Welt als Inbegriff der Erscheinungen zu beziehen, so daß unter *mundus intelligibilis* die gesetzmäßige Verfaßtheit der Natur verstanden werde, wonach Newtons „Weltsystem" eine Theorie der intelligiblen Welt wäre; dies sei eine grobe Vereinfachung des Problems der Beziehung beider Begriffe. Kant verändert sein Verständnis der Unterscheidung von *mundus sensibilis* und *mundus intelligibilis* mit der kritischen Wende. Während er noch in der Dissertation von 1770 die kosmologische Welt in der Metaphysik mit dem *mundus intelligibilis* identifiziert,[75] spricht Kant von *mundus intelligibilis* seit der *Kritik der reinen Vernunft* nur noch als Welt der Intelligenzen, als „Geisterwelt" oder als „Verstandeswelt"[76], in welcher alle Veränderung nach dem Prinzip der Kausalität aus Freiheit erfolgt; daher identifiziert Kant den *mundus intelligibilis* mit der „moralischen Welt" (B 836 ff.). In der Anmerkung zur Antithesis der ersten Antinomie bezieht Kant die Problematik dieses Begriffspaares auf die Kosmologie (B 461). Die Antinomie der reinen Vernunft ergebe sich daraus, daß der hier kritisierte transzendentale Realismus keinen prinzipiellen Unterschied mache zwischen Sinnenwelt und intelligibler Welt. Indem er von einer allgemeinen Ontologie ausgeht, von Prinzipien des Seienden als solchen, denen alles Seiende notwendig untersteht, muß die Welt sowohl ontologisch bestimmbar sein, als *mundus intelligibilis*, als auch phänomenal, als *mundus sensibilis*. Die Welt ist aber, wie Kant in den mathematischen Antinomien indirekt zu erweisen sucht, nichts als *mundus phaenomenon*; der *mundus intelligibilis* sei nur „der allgemeine Begriff einer Welt überhaupt, in welchem man von allen Bedingungen der Anschauung derselben abstrahiert" (ebd.); doch von diesem sei Erkenntnis aufgrund der Erkenntnisrestriktion unmöglich.[77]

Am Anfang des Kapitels *System der kosmologischen Ideen* vertritt Kant die Auffassung, die Vernunft erzeuge keine Begriffe, sondern befreie nur die Verstandesbegriffe von der „unvermeidlichen Einschränkung einer möglichen Erfahrung" (B 435). Hieraus müßte man entnehmen, daß es also gar keine reinen Vernunftbegriffe, also Ideen gibt. Dies würde natürlich bedeuten, daß die Vernunft nicht als eigenständiges Vermögen gelten kann und eine reine Erkenntnis aus diesem Vermögen unmöglich ist. In

---

[75] Vgl. De mundi sensibilis. AA II, 406 ff. (§ 16 ff.).

[76] Vgl. Grundlegung zur Metaphysik der Sitten. AA IV, 453.

[77] Die terminologische Fixierung der Konzeption findet sich bei Platon noch nicht in dieser Weise, ist aber gleichwohl aus seiner Ideenlehre zu entnehmen. Daß der Kosmos lediglich Weltraum sei, ist eine neuzeitliche Einengung der alten Begriffssphäre, die ‚Kosmos' ganz allgemein als ein Geordnetes begreift; insbesondere in Platons Begriff des *kosmos noetos*, der Ordnung des rein Denkbaren, der Ideen, wird dies deutlich. Für Platon bilden die ewig und daher wahrhaft seienden Ideen aufgrund ihrer dialektischen Beziehungen untereinander einen *kosmos*, eine Ordnung, die nur durch den *nous* erkannt werden kann. Die einzelnen Ideen beziehen sich vermittels „Teilhabe" (*methexis*) aufeinander und bilden auf diese Weise eine gestufte Ordnung. Dem *kosmos noetos* ist das vergängliche, veränderliche, durch die Sinne erkennbare Seiende gegenübergestellt, das in einem *kosmos aisthetos* geordnet ist.

den *Prolegomena* hingegen relativiert Kant nur den Ideenstatus der kosmologischen Ideen.[78]

Man wird also festhalten müssen, daß Kant hinsichtlich der Weltidee unterschiedliche, ja sogar widersprüchliche Aussagen bezüglich ihrer Transzendenz, und das bedeutet ihres Ideencharakters, macht. Dennoch läßt sich vielleicht folgende Konzeption hinter Kants Aussagen ausmachen: Seinem Ursprung nach ist die Weltidee ein reiner Vernunftbegriff, dem insofern Transzendenz zukommt, als er seiner epistemologischen Genese nach nicht aus der Erfahrung stammt und seinem Inhalt nach nicht in der Erfahrung dargestellt oder, wie Kant sagt, „in der Erfahrung exponiert" werden kann. Er bleibt jedoch hinsichtlich seiner Semantik ‚Inbegriff der Objekte als Erscheinung' immanent, d.h. innerhalb der Sphäre der Erfahrung. In den *Prolegomena* spricht Kant deshalb auch von der Weltidee in der kosmologischen Antinomie als „Verstandeswelt" (AA IV, 354). Dies bedeutet, die Idee ‚Welt' ist eine Vorstellung, die nicht in der Erfahrung begründet ist; der Gegenstand ‚Welt' aber, den die Idee denotieren soll, soll zumindest in einem Ausschnitt mit unserer Erfahrungswelt identisch sein. Die dilemmatische Struktur des Weltbegriffs faßt Kant in einer Reflexion, datiert auf 1776-1778, in die treffende Bezeichnung „*conceptus hybridus*".[79] Die Weltidee scheint aufgrund ihrer systematischen Stellung eine hybride Vorstellung zu sein, ohne eine unmittelbare *contraditio in adiecto* einzuschließen; sie vereinigt Momente gegensätzlichen Ursprungs in sich: Sie ist in einer Hinsicht transzendent, in einer anderen jedoch immanent, d.h. empirisch.[80] Weltidee und Naturbegriff sind nicht klar durch die

---

78 Prolegomena, § 50: „Ich nenne diese Idee deswegen kosmologisch, weil sie ihr Object jederzeit nur in der Sinnenwelt nimmt, auch keine andere als die, deren Gegenstand ein Object der Sinne ist, braucht, mithin so fern einheimisch und nicht transscendent, folglich bis dahin noch keine Idee ist: dahingegen, die Seele sich als eine einfache Substanz denken, schon so viel heißt, als sich einen Gegenstand denken (das Einfache), dergleichen den Sinnen gar nicht vorgestellt werden können. Demungeachtet erweitert doch die kosmologische Idee die Verknüpfung des Bedingten mit seiner Bedingung (diese mag mathematisch oder dynamisch sein) so sehr, daß Erfahrung ihr niemals gleichkommen kann, und ist also in Ansehung dieses Punkts immer eine Idee, deren Gegenstand niemals adäquat in irgend einer Erfahrung gegeben werden kann." (AA IV, 338).

79 R 5544; AA XVIII, 214. Auch Falkenburg sieht in der Weltidee einen Widerspruch (Kants Kosmologie. S. 185-192).

80 Noch 1791 hebt Kant in seinem Brief an Jacob Sigismund Beck die kosmologischen Ideen aus den übrigen heraus, wenn er bemerkt: „[...] Ideen, unter welchen die cosmologische etwas den unmöglichen Wurzeln ähnliches zeigen, [...]." In einer Anmerkung erläutert er diese Aussage: „Wenn nach dem Grundsatze: in der Reihe der Erscheinungen ist alles bedingt ich doch zum unbedingten und dem obersten Grunde des Ganzen der Reihe strebe so ist es als ob ich √ -2 suchte." (AA XI, 290). Dieses Beispiel ist deshalb aufschlußreich, weil Kant hiermit nicht meint, daß die Zahl irrational oder transzendent sei und insofern eine unendliche Folge von Zahlen impliziert, die endlichen Wesen zu berechnen unmöglich ist, sondern, sie ist überhaupt unmöglich: Zwar ist die Zahl ‚√ -2' ein sinnvoller mathematischer Ausdruck, aber es gibt keine Funktion, die diesen Ausdruck darstellen kann, da n^2 zu keinem negativen Ergebnis führen kann. √ -2 ist also eine Funktionsvorschrift, die unmög-

Unterscheidung ‚dogmatisch-kritisch' voneinander unterschieden.[81] Welt ist im Unterschied zur Natur eine mathematische Totalität, während Natur ein dynamisches Ganzes ist, das auf dem Begriff des Gesetzes beruht (B 446 f.). Unter Natur ist also im engeren, kritischen Sinne die durchgängige Gesetzmäßigkeit der Erscheinungen zu verstehen; Kant knüpft damit an den griechischen Terminus *kosmos* an (A 125).[82]

Nachdem Kant an unterschiedlichen Stellen darauf hingewiesen hat, daß nur durch die Weltidee eine Antithetik der reinen Vernunft entsteht, nicht jedoch durch die Ideen von Seele und Gott, findet sich eine Erklärung für diese Besonderheit erst in der *Disziplin der reinen Vernunft*. Kant legt dar, daß ein solches Mißverständnis, wie es bei der Weltidee auftritt, daß nämlich Etwas, das seiner Natur nach Erscheinung sei, als Ding an sich aufgefaßt wird, nicht möglich ist bei den Ideen von Seele und Gott, denn:

---

lich ausgeführt werden kann. Lambert hatte Kant 1770 in einem Brief auf diese Eigenschaft negativer Wurzeln hingewiesen (AA X, 109 f.). Schulthess interpretiert die Weltidee als Begriff, dessen Extension die „leere Klasse" ist (Relation und Funktion. S. 321). Auch Effertz weist auf die „Sonderstellung des Weltbegriffs" in Kants Metaphysik-Kritik hin (Kants Metaphysik. S. 36 ff.). Nach seiner Interpretation beruht sie auf der Verknüpfung von Verstandeserkenntnis und Vernunftprinzip, welche nur im Weltbegriff das hypothetische Erschließen des Unbedingten, ausgehend von der bedingten Verstandeserkenntnis, sei: „Was demnach den Weltbegriff unter den transzendentalen Ideen heraushebt, ist dies, daß er in sich einen Übergang denken läßt, den Übergang vom Gedachten des Verstandes zum Unbedingten, zu den Prinzipien." (S. 39) Tendenziell ist dieser Analyse zuzustimmen, weist sie doch auf die zwei Elemente in der Weltidee hin, welche zur Antithetik der reinen Vernunft führt. Jedoch scheint die Interpretation des Verhältnisses dieser zwei Elemente (Verstandes- und Vernunftprinzip) zu schwach: der Ausdruck ‚Übergang' setzt wohl voraus, daß etwas Gleichartiges verbunden wird. Dies scheint aber der Kantischen Auffassung des Unterschiedes von Verstand und Vernunft gänzlich entgegen, denn Kant wird nicht müde, auf die Andersartigkeit der Vernunftbegriffe hinzuweisen. P. Baumanns erklärt die Sonderstellung des Weltbegriffs, d.h. die Antithetik der reinen Vernunft in der Weltidee, durch die Möglichkeit, die Subjekt-Objekt-Differenz zu vermischen oder partiell aufzuheben (Kants mathematische Antinomien. In: Allgemeine Zeitschrift für Philosophie 12 (1987), S. 23-40, S. 24). Diese Interpretation deutet voraus auf die Auflösung der Antinomien, in der die Subreption, d.h. der Verwechslung subjektiver mit objektiven Begriffen, von Kant als Ursache der metaphysischen Mißverständnisse benannt wird. Allerdings gilt dieser Vorwurf allen Ideen und zeichnet nicht, wie Baumanns meint, die Weltidee besonders unter den anderen beiden aus. Es ist also nicht die Vermischung der Subjekt-Objekt-Differenz, sondern allenfalls eine Vermischung von Ideenkonzept und empirischen Begriffen für die Antithetik verantwortlich.

81 Kant bestimmt die Welt als „Inbegriff aller Erscheinungen" (B 391; B 447; B 534) oder als „absolute[] Totalität des Inbegriffs existierender Dinge" (B 447). Natur wird von Kant stellenweise identisch definiert: Natur sei „der Inbegriff aller Erscheinungen", der „Inbegriff gegebener Gegenstände" (B 873), „Inbegriff aller Gegenstände der Sinne", „Inbegriff der Gegenstände der Erfahrung" (B XIX).

82 Zum Weltbegriff bei Kant, seine unterschiedlichen Bedeutungen und den vorkritischen Weltbegriff, vgl. auch Düsing, K.: Die Teleologie in Kants Weltbegriff. Bonn [2]1986. S. 24-37.

> „[...] der Gegenstand der Frage ist hier von allem Fremdartigen, das seiner Natur widerspricht, frei, und der Verstand hat es nur mit Sachen an sich selbst und nicht mit Erscheinungen zu tun." (B 769).[83]

Das Fremdartige, das der Natur der Weltidee widerspricht, sind die Erscheinungen, deren Totalität die Welt ausmachen soll.[84] Der Widerspruch, von dem Kant hier spricht, besteht zwischen der Form der Idee – ein reiner Vernunftbegriff zu sein, dessen Gegenstand ein Noumenon sein muß – und dem Inhalt der Idee, nämlich die Vorstellung des Inbegriffs aller Erscheinungen zu sein; damit ist der Gegenstand des Weltbegriffs ein *phaenomenon*; hierin besteht das Fremdartige im Hinblick auf den Ideencharakter.[85] So betont Kant im *System der kosmologischen Ideen* und noch in der Schlußanmerkung zur Auflösung der mathematischen Ideen, bei ihnen werde der Art nach nicht über den Bereich des Sinnlichen hinausgegangen (B 447 f., B 556 ff.). Da diese Ungleichartigkeit von Form und Inhalt der Idee, wie sich später zeigt, nicht notwendig die dynamischen Ideen der Kosmologie betrifft, ist es Kant möglich, bei ihnen Thesis und Antithesis als zugleich wahr gelten zu lassen, und die Antinomie durch eine Unterscheidung von Geltungsbereichen zu entschärfen. Dies ist bei den mathematischen Ideen der Kosmologie nicht möglich, denn hier ist die unversöhnliche Andersartigkeit zwischen Idee und Sinnlichkeit nicht aufzuheben und beide Sätze, Thesis und Antithesis, erweisen sich als falsch.[86]

---

83 Wenn hinsichtlich dieser beiden Ideen widersprechende dogmatische Behauptungen aufgestellt werden, so sei der Widerspruch in diesem Felde immer ein echter, unauflösbarer Widerspruch, wie Kant bemerkt. Jedoch lassen sich nach Kants Meinung für die Behauptung des Atheismus ‚es ist kein höchstes Wesen' und die Behauptung ‚die Seele ist nicht immaterielle Einheit und kann von der Vergänglichkeit nicht ausgenommen werden' keine auch nur scheinbaren Beweise führen.

84 In einer Reflexion zwischen 1772-1775 bemerkt Kant: „Die welt ist das absolute ganze möglicher erfahrung. Wir können uns ein absolutes Weltganze ganz wohl denken, nur nicht im Raum und Zeit. Das absolutganze in der erscheinung ist ein Wiederspruch." (R 4525; AA XVII, 582).Vgl. auch R 6424; AA XVII, 711 f.

85 Auf diese Herausgehobenheit der kosmologischen Antinomien verweist Kant auch noch in der *Kritik der praktischen Vernunft* zu Anfang der Dialektik der reinen praktischen Vernunft: „[...] so entspringt ein unvermeidlicher Schein aus der Anwendung dieser Vernunftidee der Totalität der Bedingungen (mithin des Unbedingten) auf Erscheinungen, als wären sie Sachen an sich selbst (denn dafür werden sie in Ermangelung einer warnenden Kritik jederzeit gehalten), der aber niemals als trüglich bemerkt werden würde, wenn er sich nicht durch einen Widerstreit der Vernunft mit sich selbst in der Anwendung ihres Grundsatzes, das Unbedingte zu allem Bedingten vorauszusetzen, auf Erscheinungen selbst verriethe. [...] so daß die Antinomie der reinen Vernunft, die in ihrer Dialektik offenbar wird, in der That die wohlthätigste Verirrung ist, in die die menschliche Vernunft je hat gerathen können, indem sie uns zuletzt antreibt, den Schlüssel zu suchen, aus diesem Labyrinthe herauszukommen, [..]." (AA V, 107).

86 In den *Prolegomena* spricht Kant die in der *Kritik der reinen Vernunft* eher verdeckte Ursache der Antinomien deutlicher aus: „Nun liegt den zwei ersteren Antinomien, die ich mathematische nenne, weil sie sich mit der Hinzusetzung oder Theilung des Gleichartigen beschäftigen, ein solcher widersprechender Begriff zum Grunde; und daraus erkläre ich, wie

Mit seiner *Transzendentalen Analytik* hat Kant zwar die Restriktion der Kategorien auf Erfahrung erwiesen, doch die Grundbegriffe der *metaphysica specialis* sind damit noch nicht kritisiert. Wenn Kant in der Ableitung der Ideen zeigt, daß Seele, Welt und Gott in keiner möglichen Erfahrung gegeben werden können, so ist dies eine Bestimmung jener Begriffe, die der Metaphysiker gerade einfordert. Damit bestätigt Kant durch seine Ableitung der Begriffe Seele, Welt und Gott als transzendentale Ideen zunächst den Anspruch der Metaphysik auf die apriorische Geltung ihrer Erkenntnisse (B 383 f.). Mit dem Hinweis, die Welt sei kein empirischer Begriff und könne nicht erfahren werden, ist der Kosmologe also keineswegs widerlegt. Die Prüfung der metaphysischen Wissensansprüche kann also nur darin bestehen, zu zeigen, daß die Erkenntnis der Welt durch synthetische Urteile *a priori* nicht konsistent sein kann oder daß sie notwendig auf Kategorien angewiesen ist, womit deren Restriktion auf die Erfahrung und deren Bedingungen sich auch auf die Ideen auswirkt.

1.3. Kosmologie als *metaphysica specialis* in der Schulphilosophie

Die folgende Untersuchung widmet sich den historischen Konzepten des Weltbegriffs, die für Kants Behandlung dieser Thematik bestimmend sind, diejenigen der Schulphilosophie. Hierbei wird deutlich werden, daß sich die metaphysische Disziplin ‚Kosmologie' von Anfang an in dem Spannungsfeld zwischen Ontologie und Physik bewegt, welches die von Kant diagnostizierte Widersprüchlichkeit im Weltbegriff evoziert. Dabei wird das Verhältnis der Kosmologie zur Naturphilosophie und Physik einerseits sowie zur Ontologie andererseits zu bestimmen sein.

Grundlegend für Kants Verständnis der metaphysischen Kosmologie ist ohne Zweifel Christian Wolff, der den Begriff *Cosmologia* einführt und die Kosmologie zuerst ausdrücklich als Teildisziplin in die Metaphysik aufnimmt.[87] Die Bedeutung Wolffs für Kants Verständnis von Kosmologie soll nun in Grundzügen aufgezeigt werden, da sie für die Interpretation der zweiten Antinomie insgesamt wichtig ist. Wolffs Kosmologie ist auch deshalb exemplarisch heranzuziehen, weil sie die differenzierteste Kosmologie der Schulphilosophie ist, sowohl was die inhaltlichen Deduktionen als auch was die methodische Durchdringung des Themas anbelangt. Die fol-

---

es zugehe, daß Thesis sowohl als Antithesis bei beiden falsch sind." (AA IV, 341). Dieser sich widersprechende Begriff ist der von der Welt.

87 In den Metaphysik-Werken der Schulphilosophie gibt es unterschiedliche Abfolgen der drei Teilgebiete der *metaphysica specialis* aufgrund unterschiedlicher Argumente ihrer Begründungsfunktion. Es ist offensichtlich, daß Kants Aufbau der *Kritik der reinen Vernunft* an diese Systematiken angelehnt ist, jedoch mit keiner im einzelnen übereinstimmt, auch nicht mit der *Metaphysica* Baumgartens, die Kant bekanntlich als Vorlage zu seinen Metaphysikvorlesungen diente. Die *Metaphysik-Pölitz* folgt im wesentlichen der Einteilung Baumgartens, selbst in der Abfolge der Unterkapitel.

genden Ausführungen werden belegen, daß Kants Interpretation des Begriffs ‚Welt' als Idee bis in Einzelheiten terminologisch und methodisch bei Wolff vorgeprägt ist und daß die Wolffsche Konzeption von Kosmologie direkt auf das Antinomienproblem im Welt-Begriff führt.

Wolff, dem Kant in der Vorrede zur *Kritik der reinen Vernunft* das zweifelhafte Verdienst zuspricht, der größte unter allen dogmatischen Philosophen zu sein (B XXXVI), versucht durch seine umfassende Systematisierung der Metaphysik ein Problem zu lösen, das im 16. Jahrhundert durch die Systematisierungsbemühungen entstand, welche die Frage nach der ersten Philosophie erneut aufwirft.[88] Das Problem ist die Frage nach der Priorität eines der grundlegenden Seienden, die von Kant als die drei transzendentalen Ideen bezeichnet werden: Seele, Welt, Gott. Wolff löst das Prioritätsproblem, indem er allen dreien die Ontologie als Disziplin voranstellt, welche deren Prinzipien zu erweisen hat, indem sie von Seiendem überhaupt handelt; sie fungiert nun als *metaphysica generalis*, während die drei besonderen Seienden in der *metaphysica specialis* behandelt werden. Den Terminus ‚*mundus*' oder ‚Welt' sieht Wolff also nur in einem Teilgebiet der Metaphysik behandelt, nämlich in demjenigen, das er als erster ‚Kosmologie' nennt und zu einer Disziplin der *metaphysica specialis* erklärt. Die gesamte Schulphilosophie ist ihm in dieser Zuordnung des Weltbegriffs gefolgt. Dies ist nicht selbstverständlich, da *kosmos* ursprünglich die Seinsordnung schlechthin bedeutet.

Für die Problematik, in welche die reine Vernunft nach Kant gerät, wenn sie die Welt zu bestimmen versucht, sind Wolffs unterschiedliche Versuche relevant, das Verhältnis der Kosmologie zur Ontologie einerseits und zur Physik andererseits zu bestimmen. Reflexionen Wolffs auf diese Einteilungs- und Grundlegungsthematik finden sich in den *Prolegomena* zur *Cosmologia generalis* und dem *Discursus praeliminaris de philosophia in genere*,[89] der seiner lateinischen Logik vorangestellt ist. Wolff unterscheidet die Kosmologie von den anderen Disziplinen der Metaphysik. Es kommt bei Wolff scheinbar zu zwei unterschiedlichen Konzeptionen von Kosmologie: Im *Discursus praeliminaris* ist die Kosmologie bloß ein Teil der Physik, welche unmittelbar eine der drei Disziplinen der Philosophie ist, während umgekehrt in der drei Jahre später

---

88 Vgl. Vollrath, E.: Die Gliederung der Metaphysik in eine Metaphysica generalis und eine Metaphysica specialis. In: Zeitschrift für philosophische Forschung 16 (1962), S. 258-284. Vollrath zeigt, daß Wolffs Systematisierung der Metaphysik wesentlich durch Descartes' Substanzendualismus beeinflußt ist. Indem nämlich ausgedehnte und denkende Substanz unabhängig voneinander existieren und gleichermaßen Substanzcharakter haben, wird die Prioritätsproblematik in Gang gebracht. Vgl. auch Rompe, E. M.: Die Trennung von Ontologie und Metaphysik. Der Ablösungsprozeß und seine Motivierung bei Benedictus Pererius und anderen Denkern des 16. und 17. Jh. Bonn 1968.

89 Wolff, Chr.: Cosmologia generalis. Frankfurt / Leipzig ^{2}1737 (Nachdruck: Gesammelte Werke II. Abt. Bd. 4. Hrsg. v. J. École. Hildesheim 1964); ders.: Philosophia Rationalis sive Logica Methodo Scientifica. Frankfurt / Leipzig ^{3}1740 (1728) (Nachdruck: Gesammelte Werke II. Abt. Bd. 4. Hrsg. v. J. École. Hildesheim 1964).

erschienenen *Cosmologia generalis* die Physik ein Teilbereich der allgemeinen Kosmologie ist.[90]

Im § 35 des *Discursus praeliminaris* ist es nicht die Welt, die als eines der drei fundamentalen Seienden als disziplinbildend eingestuft wird, sondern es sind die Körper oder die materiellen Dinge (*corpora seu res materiales*). Entsprechend wird nicht etwa die Kosmologie als einer der drei Teilbereiche der Philosophie ausgewiesen, sondern die Physik. Kosmologie ist, wie Wolff in § 77 ausführt, demnach derjenige Teil der Physik, der von der Totalität der Körper handelt, welche die Welt bildet. Wolff trennt innerhalb der Kosmologie nochmals denjenigen Teil ab, der von der Bewegung der Himmelskörper handelt und von Kepler *Physica coelestis* genannt werde. Dennoch definiert er in § 78 die Kosmologie als diejenige Wissenschaft, von der sowohl die Physik als auch die Psychologie und die natürliche Theologie ihre Prinzipien nähmen. Wolff mißt ihr also eine gegenüber der Physik ontologisch grundlegendere Bedeutung zu, jedoch bleibt die Physik unmittelbarer Teil der Philosophie. In der Metaphysik dagegen, die Wolff anscheinend von der Philosophie unterscheidet, ist demgegenüber die Kosmologie einer der drei wesentlichen Teilbereiche der *metaphysica specialis*, ja sogar der fundamentalste (§ 99). Das Verhältnis der Kosmologie zur Ontologie bestimmt Wolff in § 97 des *Discursus praeliminaris.* Die Kosmologie setze, so Wolff, die Ontologie voraus, indem nämlich die Begriffe der Ontologie zu Prinzipien der Kosmologie werden. Beispielsweise werden in der Ontologie die Begriffe von Raum und Zeit, von Kontinuum, Ordnung (*ordo*), Vollkommenheit und Kraft expliziert, welche in der Kosmologie zur Voraussetzung der Bestimmung von Ausdehnung und gleichmäßiger Erstrecktheit der Körper sowie von aktiven und passiven Kräften der Körper, der Ordnung der Natur und der Vollkommenheit des Universums werden. Zusammenfassend läßt sich sagen, daß die Kosmologie die Bestimmungen der Ontologie auf spezifisch kosmologische Begriffe bezieht und in eine durch die Ontologie vorgegebene Ordnung bringt, so daß sich eine spezielle Metaphysik, die der physischen Welt, ergibt. Durch den geordneten Zusammenhang (*ordo*) der ontologischen Begriffe von Körper, Teil und Ganzem, Raum, Zeit und Materie wird der Begriff einer Welt überhaupt expliziert.

In § 94 ff. bestimmt Wolff das Verhältnis der Physik zu Ontologie und Kosmologie. Aus den §§ 107 f. geht dabei hervor, daß er innerhalb der Physik nochmals unterscheidet zwischen einer dogmatischen und einer experimentellen Physik. Unter der

---

90 In der sog. *Deutschen Metaphysik*, in der auch die Kosmologie abgehandelt wird, finden sich keine methodischen Überlegungen. Vielmehr wendet Wolff hier unreflektiert eine sehr problematische Methode an, welche die Welt im Ausgang von Wahrnehmung zu bestimmen versucht, was im Zusammenhang einer Metaphysik doch erläuterungsbedürftig wäre. Vollrath weist darauf hin, ohne im einzelnen auf die Problematik einzugehen, daß Wolffs Kosmologie als Verbindung von Metaphysik und Physik konzipiert ist, wodurch sie eine „zweideutige Stellung" einnimmt (Die Gliederung der Metaphysik. S. 279). In dieser von Wolff ausgehenden Zweideutigkeit sieht Vollrath den Ausgangspunkt für die Kantische Antinomienlehre.

experimentellen Physik ist die empirisch naturwissenschaftliche Physik zu verstehen, während die dogmatische Physik die Einzelanwendung der Kosmologie darstellt, indem sie der experimentellen Physik Prinzipien aus der allgemeinen Kosmologie liefert.[91] Die experimentelle Physik setzt die dogmatische Physik voraus, unter der man wohl diejenige Physik zu verstehen hat, auf die sich die Kosmologie unmittelbar bezieht. Während die Physik, gemeint ist wohl die dogmatische Physik, einzelne Begriffe erklärt, wie Körper, Kraft, Bewegung usw., entwickelt die Kosmologie die allgemeinen Begriffe aus der Ontologie. Die metaphysische Kosmologie scheint also eine Physik vor der Physik zu sein. Da im *Discursus praeliminaris* nur Einteilungsfragen erörtert werden, ist eine konkretere Erläuterung des Verhältnisses dieser Disziplinen und eine Bestimmung des Welt-Begriffs selbst nicht zu finden; dies ist Aufgabe der Kosmologie.

Das Problem des Zusammenhanges von Metaphysik und Physik bei Wolff entstammt bereits der Cartesischen Konzeption. Diese Übergangsproblematik verdankt sich dem rationalistischen Ansatz, der der Erfahrung keine eigenständige erkenntnisrelevante Rolle zuerkennt und daher deduktiv zum Bereich der Erfahrung durch Spezifikation fortschreiten muß. Ihre Zwischenstellung zwischen Ontologie und Physik verdankt die Kosmologie dem Bestreben Wolffs, den Leibnizschen Phänomenalismus realistisch umzudeuten. Die realistische Umdeutung der Leibnizschen Monadologie führt bei Wolff dazu, in gewisser Weise den Substanzendualismus zwar nicht offen, dennoch aber verdeckt und in völlig veränderter Gestalt zu restituieren.[92] Leibniz' Monadologie ordnet alle Substanzen paradigmatisch auf das Selbstbewußtsein hin, indem sie alle wesentlich durch ihre Perzeptionen ausgezeichnet sind. Er nimmt dabei eine graduelle Abstufung der Deutlichkeit der Perzeptionen einer Substanz an; aus dieser Konzeption ergibt sich ein Monismus in der Annahme lediglich eines Typs von Substanzen, nämlich lediglich perzipierende Substanzen. Die Körperwelt ist nur die Erscheinungsweise der perzipierenden Substanzen aus einem beschränkten, endlichen Blickwinkel, ihr kommt keine Eigenständigkeit zu; sie ist phänomenal im Sinne von scheinhaft, wenngleich der Schein wohlgegründet ist. Aus diesem „idealistischen Ansatz" ergeben sich nun zahlreiche Schwierigkeiten, die Leibniz nicht zureichend hat lösen können. Wolff reagiert auf diese Problematik, indem er der phänomenalen

---

91 Es sei hier nur am Rande bemerkt, daß Kants kritisches Großprojekt, durch die *Metaphysischen Anfangsgründe der Naturwissenschaft* einen Übergang von den transzendentalen Grundsätzen der *Kritik der reinen Vernunft* zur empirischen Naturwissenschaft, der Physik, zu bewerkstelligen, ergänzt durch das *Opus postumum*, sich mit demselben Problem, die apriorischen mit den empirischen Naturgesetzen in einen Zusammenhang zu bringen, befaßt.

92 Vgl. zur Problematik bei Leibniz von der Verfasserin: Rationalistischer Monismus und Leibniz' Theorie der Materie. In: Aufklärungen. Festschrift für Klaus Düsing zum 60. Geburtstag. Hrsg. v. K. Engelhard. Berlin 2002, S. 39-62. Wolffs Theorie der physischen Monadologie wird ausführlicher in Kap. II.2.3. dargelegt (vgl. Poser, H.: Zum Begriff der Monade bei Leibniz und Wolff. In: Akten des II. Internationalen Leibniz-Kongresses. Wiesbaden 1975 (Studia Leibnitiana Suppl. XIV), Bd. III, S. 383-395).

Körperwelt einen realen Grund gibt und die Theorie der physischen Monaden entwickelt, der *atomi naturae*. Diesen Naturatomen kommt es nun wesentlich zu, letzte Elemente der Körper zu sein und damit deren Realität zu gewährleisten. Die Körper sind demnach nicht nur Erscheinung von selbst immateriellen, unkörperlichen Monaden, sondern die Körper und die Materie bestehen realiter aus unteilbaren letzten Elementen. Wolff geht also verdeckt von zweierlei Arten Substanzen aus: Mit Leibniz nimmt er Monaden an, deren wesentliche Bestimmungen Perzeptionen sind. Daneben aber setzt er, anders als Leibniz, Naturatome an, die zwar selbst unausgedehnt sind, jedoch mit Ausdehnung und Undurchdringlichkeit des Körpers in einem realen Zusammenhang stehen. Damit unterscheidet sich sein „Substanzendualismus" aber auch grundsätzlich von dem Cartesischen, der neben dem Denken Ausdehnung als irreduzibles Prinzip und deshalb als Substanz auffaßt, nicht aber monadologisch in unteilbaren Elementen verortet. Somit ist zwar bei Wolff die spezifische Problematik eines Idealismus umgangen, der der physischen Welt, die der Erfahrung zugänglich ist, nur eine scheinhafte Existenz zuspricht, doch stellt sich ein epistemologisches und methodisches Problem ein, das mit einem Substanzendualismus Cartesischer Prägung einhergeht: Wie ist Erkenntnis der physischen Welt möglich und welcher Zusammenhang besteht zwischen reinem Denken und Erfahrung?

In seinen *Regulae ad directionem ingenii* unternimmt Descartes den Versuch, eine Methodik der Wissenschaft zu entwickeln, welche von unzweifelhaften Prinzipien der Erkenntnis ausgeht. Descartes entwirft eine Methode, in welcher Begriffsanalyse und synthetisch-deduktives Verfahren mit einem phänomenanalytischen, experimentellen Verfahren verbunden wird.[93] Dabei sollen durch Begriffsanalyse die Grundbegriffe der Wissenschaft *a priori* geklärt werden, um synthetisch-deduktiv daraus Grundsätze und Hypothesen zu gewinnen, welche experimentell zu bestätigen sind.[94] Das strukturelle Problem für Descartes besteht darin, wie eine Theorie der Natur nicht durch ein induktives Verfahren rein empirisch, sondern durch die analytische Methode aus reinem Denken gewonnen werden kann. Da nach Descartes die sinnliche Erfahrung selbst kein zweifelsfreies Prinzip zur Gewährleistung wahrer Erkenntnis bereitstellt, müssen die Prinzipien des Wissens im reinen Denken selbst gefunden werden. Die Wissenschaft muß in diesen Prinzipien gründen. Daraus ergibt sich die Schwierigkeit, Denken und sinnliche Erfahrung aufeinander beziehen zu müssen, obwohl sie hete-

---

93 Diese Methode findet sich im wesentlichen in *Regula VI* dargestellt (Regulae ad Directionem Ingenii. Hrsg. v. H. Springmeyer, L. Gäbe und H. G. Zekl. Hamburg 1973, S. 381 ff.) Im Hinblick auf die zweite Antinomie ist an dieser Stelle die Forderung nach dem Rückgang der Analyse zum absolut Einfachen bemerkenswert.

94 B. Falkenburg weist unter Aufnahme der Untersuchungen Engfers darauf hin, daß Descartes durchaus nicht eine einseitig rationalistische Methodik der Naturerkenntnis vertritt, sondern eine Kombination aus den zwei methodischen Prinzipien (Kants Kosmologie. S. 67 ff.). Vgl. Engfer, H.-J.: Philosophie als Analysis. Studien zur Entwicklung philosophischer Analysiskonzeptionen unter dem Einfluß mathematischer Methodenmodelle im 17. und frühen 18. Jahrhundert. Stuttgart-Bad Cannstadt 1982.

rogenen Ursprungs sind. Descartes löst dieses Problem derart, daß er die wesentlichen Bestimmtheiten des Ausgedehnten als rational verfaßt ansieht, was er in den *Meditationen* durch das sog. Wachsbeispiel zu belegen versucht: Was das Wachs wesentlich ist, erfassen wir durch den Geist, nicht durch die Sinne.[95] Dieses Problem versucht die Schulphilosophie im Gefolge Wolffs zu lösen, indem sie zwischen diese beiden Bereiche, Metaphysik und Physik, einen metaphysischen Weltbegriff einfügt, der das Verbindungsglied darstellen soll zwischen der sinnlich erfahrbaren Welt und der Welt des Seienden als solchen.

Im Einleitungskapitel *Prolegomena* zur *Cosmologia generalis* bestimmt Wolff Prinzip, Gegenstand, Beweisart, Grenzen und Zweck der Kosmologie, nachdem er nach schulphilosophischer Methode zuerst definiert, was unter Kosmologie zu verstehen sei: die Wissenschaft der Welt oder des Universums überhaupt, insofern sie zusammengesetzt und veränderlich sei.[96] Eine für die metaphysische Kosmologie entscheidende Bestimmung ist die Allgemeinheit, in der die Welt in der Kosmologie betrachtet wird: Die in der Kosmologie verhandelte Welt ist der Gattungsbegriff einer Welt überhaupt. Die Kosmologie soll nach Wolff wie im *Discursus praeliminaris* aus der Ontologie abgeleitet werden, indem nämlich die Theorie des Seienden überhaupt, welche auch eine Theorie der Zusammensetzung des Seienden enthält, auf die Begriffe der Kosmologie angewendet wird, welche ebenso aus den Prinzipien der Ontologie abzuleiten sind (§ 2). Entsprechend besteht die Beweisart der Kosmologie in der Deduktion von Lehrsätzen aus der Ontologie, wie Wolff in § 3 des *Discursus* darlegt.

Bezüglich der Welt soll die Kosmologie zwei Probleme lösen: Wie geht die Welt aus einfachen Substanzen hervor (§ 7) und wie können die Prinzipien der Veränderung materieller Dinge erklärt werden (§ 8)? Bezüglich der Theologie kann sie einen Beweisgrund der Existenz Gottes liefern (§ 6); bezüglich der Ontologie soll sie darüber hinaus die Richtigkeit der ontologischen Prinzipien erweisen (§ 9). Auf der anderen Seite muß die Kosmologie als allgemeine Welterkenntnis in ein Verhältnis zur Physik gestellt werden. Wolff versucht das Problem dieser zweiseitigen Beziehung dadurch zu lösen, daß er die Physik in die Kosmologie integriert und zwei Unterdisziplinen an ihr unterscheidet: die *cosmologia scientifica*, welche eine Theorie der Welt aus den Prinzipien der Ontologie ableitet, und die *cosmologia experimentalis*, welche die *a priori* aufgefundenen Erkenntnisse durch Beobachtung bestätigt. Im § 5 unternimmt Wolff den Versuch, das Verhältnis dieser beiden Teilbereiche der Kosmologie näher zu bestimmen und die Konsequenzen für die Methode der Kosmologie aufzuzeigen. Gemäß Wolffs Interpretation der Ontologie als erster Philosophie setzt die experimentelle Kosmologie die „szientifische" Kosmologie voraus (§5). Die Kosmologie

---

95 Descartes, R.: Meditationes de Prima Philosophia. In: Œuvres de Descartes. Hrsg. v. C. Adam und P. Tannery, Paris 1964, Bd. 7: AT VII, 31.

96 Wolff, Chr.: Cosmologia generalis. S. 1.: „Cosmologia generalis est scientia mundi seu universi in genere, quatenus scilicet ens idque compositum atque modificabile est."

verhalte sich, so Wolff, zur Physik, wie die Ontologie zur Philosophie allgemein (§1). Dadurch, daß die Bestimmungen der Welt in der szientifischen Kosmologie aus der Ontologie abgeleitet werden, kommt ihren Erkenntnissen apriorische Gültigkeit zu, jedoch sind sie bloß Bestimmungen möglicher Welten überhaupt, weshalb durch eine experimentelle Bestätigung die Gültigkeit des Anspruchs auf die Wahrheit ihrer Erkenntnisse evident gemacht werde.[97] Problematisch wird hierbei nun die Bestimmung des Verhältnisses von Beobachtung und Deduktion im Erkenntnisgewinn der Kosmologie. Die Beobachtung muß durch Prinzipien geleitet sein, da die Erkenntnis sonst unendlich viele Hypothesen aufstellen und niemals an das Ziel sicherer Erkenntnis gelangen würde. Das Wissen, so Wolff, sei am besten beraten, wenn beide Wissenschaften, die szientifische Kosmologie und die experimentelle Kosmologie, verbunden würden, welches er selbst nun unternehmen will (§ 4). Welche Funktion aber kann die experimentelle Kosmologie für die allgemeine Kosmologie haben, wenn die Wahrheit ihrer Erkenntnisse hinreichend durch die Ableitung aus der Ontologie gewährleistet ist? Wolff sieht dieses Problem nicht.

Insgesamt betrachtet läßt sich das Verhältnis von Kosmologie und Physik bei Wolff wohl so rekonstruieren: In der Ontologie werden die allgemeinsten Prinzipien des Seienden begründet, die in der Kosmologie auf dasjenige Seiende angewendet werden, das den Begriff einer Welt im allgemeinen konstituiert – im wesentlichen ‚Körper', ‚Verbindung', ‚Veränderung' –, um damit die phänomenalen Eigenschaften des Kosmos wie Ausdehnung und Bewegung zu erklären. Die allgemeine Kosmologie begründet dabei die allgemeinen Prinzipien einer Welt überhaupt, die das Fundament der Bestimmungen aller möglichen Welten darstellen. Von allen möglichen Welten stellt unsere sinnlich erfahrbare Welt nur eine unter diesen dar. Dies bedeutet, daß durch die experimentelle Kosmologie spezielle Naturgesetze induktiv gewonnen werden können, die in der einen wirklichen, aber als diese einzelne bloß kontingenten Welt gelten. Gezeigt werden soll, daß die einzelnen kontingenten Gesetze mit den allgemeinen Gesetzen kompatibel sind. Die metaphysische Kosmologie bestimmt, wie eine Welt überhaupt beschaffen sein muß, beispielsweise, daß die Welt Teile hat, deren Zusammenhang in bestimmter Weise gewährleistet sein muß, nämlich nach Grund-Folge-Beziehungen oder nach Raum und Zeit. Diese metaphysische Bestimmung der Welt soll nun im Hinblick auf das Teilungsproblem bei Wolff näher untersucht werden.

Der Titel des ersten Teiles der *Cosmologia generalis* enthält bereits einen ersten Hinweis auf Wolffs Kosmologie-Konzeption: *De notione mundi seu universi*. Wie im *Discursus praeliminaris* wird die Welt in der Kosmologie also als Allgemeinheit, nämlich als Be-

---

97 „Nobis enim propositum est per universam philosophiam dogmata a priori stabilita, notiones praesertim fundamentales, unde eruuntur cetera, a posteriori confirmare, ut clarius appareat illorum cum veritate consensus, nec quisquam sibi metuat, ne forsan ex principiis minus recte stabilitis inferantur, quae a veritate abhorrent, cum in tractatione scientifica error facile serpat." (ebd. § 4).

griff behandelt. Wolff beginnt seine Bestimmung des Welt-Begriffs nicht mit einer Definition des Welt-Begriffes selbst, sondern mit seiner Herleitung. Im ersten Kapitel des ersten Teiles der *Cosmologia generalis*, das betitelt ist: *De rerum nexu & quomodo inde resultet universum*, setzt Wolff die Bedeutung des Begriffs Welt als *kosmos* oder *ordo* voraus und bestimmt nun in den §§ 10 bis 58, welcherart die Dinge miteinander verbunden sein können. Hierbei ist der Begriff *nexus* ein spezifisch kosmologischer Begriff, der sich aus dem ontologischen Begriff der *relatio* ableitet und im Unterschied zu den in der Ontologie verhandelten ontologischen Relationen den realen Zusammenhang meint, also dem Raum, der Zeit und der Kausalität nach (Ontologia, § 856).

Zunächst zeigt Wolff unter Berufung auf die Grundsätze der Ontologie, daß nur endliche Dinge in einem realen Zusammenhang stehen können. In § 48 der *Cosmologia generalis* definiert er den Begriff der Welt:[98] Die Welt ist die Reihe des begrenzten Seienden, welches primär durch die Zeitrelationen, Zugleichsein und Sukzession, verknüpft ist. Die Bestimmung der Welt als Raum-Zeit-System wird aus diesen Bestimmungen abgeleitet. Demnach sind die Dinge der Welt dem Raume und der Zeit nach verbunden („quoad spatium“ (§ 56), „quoad tempus“ (§ 57)). Von dieser nominal definierten Welt unterscheidet Wolff die existierende, beobachtbare Welt.[99] Die Welt der allgemeinen Kosmologie verhält sich zur beobachtbaren Welt nach der Art-Gattung-Relation, wie Wolff ausführt. Die in der metaphysischen Kosmologie verhandelte Welt ist also nach Wolff der abstrakte Gattungsbegriff einer Welt überhaupt, unter welchen die beobachtbare Welt als Gegenstand fällt, die durch die experimentelle Kosmologie (*Cosmologia generalis: Cosmologia experimentalis*), die experimentelle und dogmatische Physik sowie die *Cosmologia coelestis* (*Discursus praeliminaris*) erkannt wird. Der Begriff ‚abstrakt‘ ist an dieser Stelle von Wolff wohl als Gegenbegriff zu ‚konkret‘ zu verstehen, also in diesem Zusammenhang als ‚abgeleitet‘ von der Ontologie.[100]

---

[98] „Series entium finitorum tam simultaneorum, quam successivorum inter se connexorum dicitur *Mundus*, sive etiam *Universum*.“ Vgl. Wolff, Chr.: Vernünfftige Gedanken von Gott, der Welt und der Seele des Menschen auch allen Dingen überhaupt (Deutsche Metaphysik), § 544. Halle [11]1751 (Gesammelte Werke I. Abt., Bd. 2. Hrsg. v. J. École, H.W. Arndt, Ch. A. Corr, J.E. Hofmann und M. Thomann. Hildesheim / Zürich / New York 1983) (Erste Aufl.: Halle 1720). Im Hinblick auf Kant ist an dieser Definition der Begriff der Reihe aufschlußreich, mit dem die Welt bestimmt wird. Denn die Weltidee wird bei Kant aus dem hypothetischen Vernunftschluß hergeleitet, der zur Folge hat, daß sich in allen vier Weltideen die Vorstellung iterierender Reihen ergibt.

[99] Wolff, Chr.: Cosmologia generalis, § 49: „Mundum hunc, qui existit, Mundum adspectabilem appellabimus.“ (S. 45).

[100] Vgl. auch Wolff, Chr.: Deutsche Metaphysik, § 541. S. 329 f. In einem viel vageren Sinne bestimmt J. Locke das Universum als eine kollektive Vorstellung, in der ein vielfältig Verschiedenes willkürlich zu einer substantiellen Einheit verbunden sei im Interesse der Vernunft, leichter über etwas nachdenken zu können. Die abstrakte Einheit der Weltvorstellung ist hier aber eine empirisch abstrakte Vorstellung im Unterschied zu der Art abstraktem Begriff, wie ihn Wolff konzipiert: „For there are no things so remote, nor so contrary,

Im zweiten Kapitel des ersten Teiles der *Cosmologia generalis* wird ausgehend von der Nominaldefinition der Welt (§ 48) dann das Wesen der Welt (*essentia mundi*) bestimmt. Es besteht für Wolff in der Art und Weise, wie die Bestandteile der Welt nicht durch etwas außerhalb ihrer selbst, sondern aus sich selbst verknüpft sind (§ 59).[101] Die Welt ist daher ein *ens compositum* (§ 60 ff.) und zugleich ein *ens unum*. Wolffs Beweis aus der Ontologie fällt an dieser Stelle besonders unbefriedigend aus: Die Wesenheiten der Dinge verhalten sich, so Wolff, wie die natürlichen Zahlen (*numeri integri rationales seu vulgares*). So wie alle natürlichen Zahlen als eine Summe von Einsen aufzufassen sind, also aus Einheiten bestehen, so sei es das Wesen der Dinge, aus Einheiten zu bestehen; das Wesen aller Dinge ist also die Einsheit. Das zweite Attribut der Welt ist ‚*totum*'. Die Welt ist die Totalität ihrer Teile, der zugleich und sukzessive existierenden einzelnen Seienden (§ 61). Der Totalitätsbegriff wird an dieser Stelle kaum näher erläutert. Das Argument basiert auf dem ersten Attribut der Welt, der Einheit: Wenn Eines gleich einem Vielen sei, sei es ein Ganzes; nun besteht die Welt aus vielen Teilen und ist eines, also ist sie ein Ganzes.

Prägend für Kants Bild von der Kosmologie der Schulphilosophie ist sicherlich Alexander Gottlieb Baumgarten, dessen *Metaphysica* Kant bekanntlich seiner Präzision wegen schätzte und als Lehrbuch für seine Metaphysik-Vorlesungen verwendete. Im wesentlichen stellt Baumgartens Kosmologie-Teil in seiner *Metaphysica* eine sehr verkürzte und durch andere Lehren ergänzte Zusammenfassung derjenigen Wolffs dar. Dies gilt im übrigen ebenso für andere Kosmologien in Metaphysiken der Schulphilosophie, beispielsweise von Reusch, Baumeister und Gottsched. Obwohl Baumgartens Kosmologie-Teil in seiner stark verkürzten Form gegenüber Wolffs *Cosmologia generalis* entschieden ungenauer und v.a. methodisch schwächer ist, kommt ihm für Kants Kosmologie-Kritik in der Antinomienlehre entscheidende Bedeutung zu, denn Baumgarten ändert einige Bestimmungen Wolffs deutlich ab, die in Kants Lehre von der Welt-Idee wiederkehren.

Die methodische Schwäche der Baumgartenschen Kosmologie zeigt sich in den nur drei Sätze umfassenden *Prolegomena*, die in aller Kürze definitorisch das Verhältnis der Kosmologie zur Metaphysik einerseits – gemeint ist wohl die allgemeine Metaphysik, also die Ontologie – und zur Physik andererseits festlegt. Die Ontologie entwickelt die Prinzipien der Kosmologie, die wiederum die Prinzipien der Physik liefert. Hierbei wird die Physik jedoch gleichrangig neben Psychologie, Theologie und praktischer Philosophie genannt. Das Problem des Verhältnisses dieser drei Disziplinen wird von Baumgarten nicht thematisiert. Baumgarten definiert die Welt im ersten Paragraphen des Teiles *Cosmologia* in verkürzter Form:

---

which the mind cannot, by this art of composition, bring into one idea; as is visible in that signified by the name universe." (An Essay Concerning Human Understanding. Book II, chap. 24, § 3).

101 Vgl. auch Wolff, Chr.: Deutsche Metaphysik, § 552. S. 334.

> „Mundus (cf. 91, 403, 434, universum, pan) est series (multitudo, totum) actualium finitorum, quae non est pars alterius.“ [102]

Er verzichtet leider darauf, diese Definition näher zu erläutern, sondern reiht ohne methodische Vorüberlegungen einige der wesentlichen Bestimmungen des Weltbegriffs, wie sie sich bei Wolff finden, aneinander. Wesentlich für Kant ist aber seine Ergänzung der Weltdefinition Wolffs – der sich primär auf den Begriff der Reihe konzentrierte – durch die Bestimmung des Totum: Die Welt ist ein Ganzes aller Reihen, das selbst nicht mehr Teil eines anderen ist. Damit nimmt er in die Weltdefinition die *perfectio mundi* auf in der Form einer Totalitätsaussage. Bei Baumgarten gewinnen aufgrund dieses mengentheoretischen Elements in der Definition die quantitativen Bestimmungen im Begriff der Welt gegenüber Wolff an Bedeutung; dies zeigt sich v.a. in Baumgartens Lehre von der *Perfectio universi*, dem seit Wolff kanonischen dritten Teil der Kosmologie. Baumgarten bestimmt die Vollkommenheit der Welt in Anlehnung an Leibniz' *principium optimum*:

> „Mundus perfectissimus est, in quo plurimarum partium maximae, et maximarum plurimae partes in mundo compossibiles tantum ad unum consentiunt, quantum in mundo fieri potest. Hinc mundus perfectissimus habet perfectionem maxime compositam. cuique mundo non nisi simplex convenit perfectio, non est perfectissimus, [...].“[103]

Daß diese Welt die beste ist, zeigt Baumgarten erst in den folgenden Paragraphen. Ausgangspunkt des Beweises ist die Totalität der Welt, die hier als *perfectio* erscheint, denn Vollkommenheit wird zunächst als größte Menge kompossibler Teile bestimmt, die zu einer Einheit verbunden sein können, also als Vollständigkeit. Erst hier erläutert Baumgarten, was er in der Definition unter „mundus (...), quae non est pars alterius“ versteht, nämlich das Maximum, also die größte Menge. Diese Bestimmung wird Kant in seiner Auflösung der beiden mathematischen Antinomien gegen den metaphysischen Weltbegriff wenden. Im Zusammenhang seiner Lehre von der *Perfectio universi* wird die Welt von Baumgarten zwar nicht im Text, jedoch in der *Synopsis* als *idea* bestimmt (AA XVII, 20); es bleibt jedoch unbestimmt, weshalb.

Christian August Crusius gibt seine Definition der Welt im § 350 seiner Abhandlung *Entwurf der nothwendigen Vernunft-Wahrheiten* von 1745, welche die Welt wesentlich durch die Teil-Ganzes-Relation bestimmt:

> „[...] eine Welt heißt eine solche reale Verknüpfung endlicher Dinge, welche nicht selbst wiederum ein Theil von einer andern ist, zu welcher sie vermittelst einer realen Verknüpfung gehöre. Oder: eine Welt ist ein solches Systema von endlichen und realiter verknüpften Dingen, welches nicht selbst wiederum in einem andern Systemate als ein Theil enthalten ist. Der Begriff muß reduplicatiue angenommen werden. Nemlich

---

102 Baumgarten, A. G.: Metaphysica, § 354. Magdeburg [4]1757. In: AA XVII, 103. Es sei hier darauf hingewiesen, daß Baumgarten als griechischen Terminus für *mundus* nicht etwa *kosmos* annimmt, sondern *pan*.

103 Baumgarten, A. G.: Metaphysica, § 436 (AA XVII, 117).

wiefern, und wie lange ein Systema von Geschöpfen nicht als ein Theil an ein anderes verbunden ist: so macht es eine besondere Welt aus." [104]

Crusius definiert die Welt dezidiert nicht als System aller Systeme, weil er die Unterscheidung von *mundus sensibilis* und *mundus intelligibilis* aufrechterhält und damit den Geltungsbereich der Definition der Welt auf endliche Dinge einschränkt. Aber die Welt ist das Totum aller endlichen Dinge. Crusius' Definition der Welt unterscheidet sich von der Wolffs: Sie ist zunächst allgemeiner, indem sie den mengentheoretischen Begriff des Systems endlicher Dinge, das selbst nicht Teil eines anderen Systems ist, als Welt annimmt. Sie ist andererseits jedoch auch konkreter, indem nämlich die Totalität der Welt in dieser Definition bestimmt und als für den Weltbegriff primär eingeführt wird. Wolff hingegen setzt den Reihenbegriff als primär an, aus dem er erst die Relationen der Dinge bestimmt, als zugleich und sukzessiv existierend. Die Totalität der Welt wird, wie dargestellt, aus der Einheit der Welt abgeleitet, ohne daß die impliziten Bestimmungen ausgeführt werden. Wie Wolff unterscheidet Crusius die metaphysische Kosmologie deutlich von der Physik. Sein Verständnis der Kosmologie als „Lehre von dem nothwendigen Wesen einer Welt, und was daraus *a priori* begriffen werden kann", so der Untertitel seines Kosmologie-Teils im *Entwurf der nothwendigen Vernunft-Wahrheiten*, weicht dennoch konzeptionell von der Wolffs ab. So ist er der Auffassung, der allgemeine Begriff einer Welt überhaupt werde durch Abstraktion von dieser beobachtbaren Welt gewonnen (§ 349). Er räumt zwar ein, daß durch dieses Verfahren nicht gewährleistet sei, daß der Begriff der Welt vollständig bestimmt werde, doch eine unvollkommene, partielle Erkenntnis des Welt-Wesens reiche aus, solange diese partiellen Erkenntnisse notwendig gültig seien (§ 348). Es ist offensichtlich, daß diese Konzeption nicht kohärent ist, denn wie sollen induktiv aus einer kontingenten Welt notwendige Bestimmungen einer Welt überhaupt abgeleitet werden, und wie soll die Kosmologie dann metaphysische Grundlegung der Physik sein, wenn ihre Erkenntnisse dieser entstammen; schließlich bleibt das Verhältnis zur Ontologie unbestimmt.

Dieser zwischen Ontologie und Physik angesiedelte Bereich der Kosmologie ist der Ursprung des Problems, das sich für Kant stellt: Wie ist reine Vernunfterkenntnis von etwas möglich, das der sinnlichen Erfahrung zugeordnet werden muß, dessen Prinzipien jedoch ohne Beteiligung der Erfahrung gewonnen werden sollen? Auch die konstitutiven Bestandteile der Materie gehören diesem Zwischenbereich an. Kant übernimmt die von Wolff ausgehende Begrifflichkeit der Kosmologie in seiner Herleitung der Weltidee und der vier speziellen kosmologischen Ideen: Die Weltidee bei Kant ist wesentlich durch den Begriff der Reihe ausgezeichnet und andererseits durch den v.a. von Baumgarten und Crusius akzentuierten Begriff des absoluten Ganzen. Noch entscheidender aber als einzelne terminologische Übereinstimmungen ist Kants

---

104 Crusius, Chr. A.: Entwurf der nothwendigen Vernunft-Wahrheiten, § 350. 1745 (Neudruck: Die philosophischen Hauptwerke. Hrsg. v. G. Tonelli. Hildesheim 1964 ff.). Zu Crusius' Kritik an Leibniz' und Wolffs Monadologie vgl. auch Kap. II.2.3.

Aufnahme der Problematik, die dieser speziellen Metaphysik aufgrund ihrer Zwischenstellung zwischen reinem Denken und Erfahrung, zwischen Ontologie und Physik eignet. Wie die Analyse der Beweise für Thesis und Antithesis zeigen wird, führt eben sie zur zweiten Antinomie: Die Thesis beweist aus ontologischen Prinzipien das Einfache als konstitutive Teile der Materie, die Antithesis, v.a. ihr zweiter Teil, beweist aus Erfahrungsprinzipien das Gegenteil. Beide Beweise sind aufgrund der Zwischenstellung der Kosmologie gültig, so daß ein und derselbe Gegenstand auf gegensätzliche Weise bestimmt wird, weil er einander ausschließenden Prinzipien untersteht: ontologischen Prinzipien und empirisch-physikalischen Prinzipien. Kants eigenes Projekt einer metaphysischen Begründung der Physik ist sicherlich vor dem Hintergrund dieser Wolffschen Kosmologie zu sehen. Es wird im weiteren Verlauf der Untersuchungen zur Teilungsantinomie die Frage zu stellen sein, welchen Status Kants eigene apriorische Grundlegung der Physik, die er in den *Metaphysischen Anfangsgründen der Naturwissenschaft* und im *Opus postumum* dargelegt hat, nach der Vernunftkritik haben kann, ohne hinter die Kritik an der metaphysischen Kosmologie zurückzufallen.

2. Die Dialektik des Weltbegriffs in der zweiten kosmologischen Idee

Die mathematischen Antinomien sind systematisch betrachtet der Ort, an dem die von Kant angekündigte Widerlegung des transzendentalen Realismus stattfindet, denn nur sie gelangen zu einem negativen Ergebnis: Sowohl Thesis als auch Antithesis sind falsch, die Antinomie ist unauflöslich, sofern nicht der transzendentale Realismus aufgegeben wird – so Kants Anspruch. Der transzendentale Realismus ist diejenige metaphysische Theorie, die die Erscheinungen der Sinnenwelt für Dinge an sich hält (B 519), d.h. genauer: die meint, den Erscheinungen der Sinnenwelt lägen realiter Dinge an sich zugrunde.[105] Der transzendentale Realist geht also davon aus, daß dem *mundus sensibilis* notwendig ein an sich seiender Kosmos zugrundeliegt, der rein rational erkennbar und zugleich notwendig mit dem Sensiblen verbunden ist; er wird damit selbst zu einer Art *mundus intelligibilis.* Soll nun dieser Begriff einer metaphysischen Welt als dialektisch, als scheinhaft erwiesen werden dadurch, daß der „Skandal der Metaphysik" (B XXXIV) an ihm bloßgestellt wird, d.h. das Bestehen eines unauflöslichen Streits um widersprüchliche Lehrmeinungen, so gelten für den Widerspruch zwischen diesen Lehrmeinungen bestimmte Bedingungen. Eine Minimalbedingung ist, daß gezeigt werden kann, der Widerspruch der Lehrmeinungen ist nicht durch den transzendentalen Realismus selbst auflösbar. Doch was geschieht mit dem transzendentalen Realismus nach seiner Widerlegung? Hier ergibt sich ein Problem: Wenn Kants Herleitung zunächst der drei transzendentalen Ideen, der speziellen kosmologischen Ideen und schließlich der vier Antinomien eine transzendentale

[105] Eingehender dargestellt wird die Position des transzendentalen Realismus in Kap. III.2.1.

Untersuchung der Vernunft in ihren „natürlichen" Anlagen ist, dann ist auch der transzendentale Realismus eine Position, die aus diesen natürlichen Anlagen erwächst. Unter dieser Bedingung ergibt sich also die Frage, ob der transzendentale Realismus durch seine Widerlegung überhaupt eliminierbar ist.

Hinsichtlich der Auflösbarkeit des Widerspruchs zwischen Thesis und Antithesis der mathematischen Antinomien werden in der Forschung daher unterschiedliche Meinungen vertreten, die sich grob gesehen in ein Spektrum ordnen lassen, das von einer „schwachen Deutung" des Widerspruchs in der Antinomie bis zu einer „starken Deutung" reicht. Gemäß der „schwachen Deutung" ist der Widerspruch zwischen Thesis und Antithesis der zwei mathematischen Antinomien lediglich Schein und wird durch den transzendentalen Idealismus gänzlich unwirksam.[106] Er erweist sich als ein bloßes Blendwerk, das durch eine zwar natürliche, jedoch falsche, aber korrigierbare Verwendung von Begriffen und Regeln des Verstandes und der Vernunft entsteht. Nach dieser Deutung ist entweder die gesamte Herleitung oder nur ein Teil dem transzendentalen Realismus verpflichtet. Sie geht davon aus, daß *erstens* die transzendental-realistische Deutung des Weltbegriffs ganz aufgegeben werden kann und *zweitens*, daß die transzendental-idealistische Umdeutung der metaphysischen Termini ‚Welt' und ‚Materie' ohne wesentlichen Bedeutungsverlust möglich ist. Die schwache Deutung führt zu einer Interpretation, nach der im Ausgang von der Vernunftkritik der Weltidee eine positive Bedeutung als regulatives Prinzip der Naturerkenntnis zu-

---

[106] Die „schwache Deutung" ist die gängige Forschungsmeinung. Allison meint, unter transzendental-idealistischer Prämisse komme dem Weltbegriff ein hybrider Status zwischen objektiver, empirischer Gültigkeit und Absolutheitsanspruch zu (Kant's Refutation of Realism. In: Dialectica 30 (1976), S. 223-252, S. 244). Allison steht für die schwache Deutung, nach ihm zeigen die mathematischen Antinomien, daß die kosmologische Idee, der Begriff einer physischen Welt als existierendes Ganzes, implizit inkohärent ist (S. 239; die gleiche Ansicht vertritt er auch in der ersten Auflage seines Buches *Kant's Transcendental Idealism* (S. 56-59)). Doch hat er in der zweiten Auflage diese Ansicht aufgegeben und vertritt nun dezidiert die starke Deutung. Falkenburg spricht dem Weltbegriff einen „Zwitterstatus" zu, da er halb Vernunftidee als Begriff aus Notionen, halb Begriff mit empirischer Bedeutung sei (Kants Kosmologie. S. 203). Wie Allison interpretiert auch Falkenburg Kants Position so, daß die sich aus diesem Zwitterstatus ergebende „typentheoretische Verwechslung" ein vermeidbarer „epistemischer Irrtum" sei, der sich dadurch beheben läßt, daß der Erkenntnisanspruch auf die absoluten mathematischen Eigenschaften des Universums aufgegeben wird. Diese Interpretation vertritt insofern die „schwache Deutung", als sie davon ausgeht, daß die Weltidee zugunsten des kritischen Naturbegriffs für die Erkenntnis fallen gelassen werden kann. Auch Zöller votiert für die schwache Deutung (Theoretische Gegenstandsbeziehung bei Kant. Berlin / New York 1984, S. 257-271 (Kantstudien Ergänzungshefte 117)). Der transzendentale Schein ergebe sich allein aus dem Mißbrauch der Ideen, durch kritische Restriktion lassen sie sich zu Regulativen der Erfahrungserkenntnis umdeuten. Es soll im Rahmen der Darstellung der Kantischen Lehre von den Vernunftbegriffen als regulative Ideen gezeigt werden, daß dies nicht möglich ist, sondern daß den Ideen als solchen erkenntnisrelevante Funktion zukommt; damit sollen aber nicht metaphysische Spekulationen über die Natur gerechtfertigt werden.

gewiesen werden kann, daß also die Weltidee selbst als ein unter transzendentalphilosophischer Restriktion sinnvolles Konzept erhalten bleibt und zugleich die transzendental-realistische Konzeption völlig aufhebbar ist. Die Ideen haben dieser Deutung zufolge in ihrer regulativen Funktion keinerlei metaphysische Bedeutung mehr. Es gibt also eine letztlich richtige, transzendental-idealistische, lediglich subjektive, regulative Bedeutung der Ideen und eine falsche, transzendental-realistische, objektive, konstitutive Bedeutung der kosmologischen Ideen. Die Antinomien führen zur Eliminierung des zweiten Konzepts. Der transzendentale Realismus ist nach dieser Deutung eine gegenüber der Vernunftanalyse externe Position, eine falsche Deutung des Vernunftmaterials. Der Vorteil dieser Interpretation liegt zunächst darin, daß sie es ermöglicht, die Weltidee als notwendig für eine Funktion des Erkenntnisvermögens, zu bewahren. Nach der „schwachen Deutung" kann die Vernunft als ein eigenständiges und in sich widerspruchsfreies Vermögen, dessen Begriffe, die Ideen, als regulative Prinzipien ein System des Wissens ermöglichen, angesehen werden. Darüber hinaus schreibt sie Kant die Ansicht zu, daß eine völlig metaphysikfreie Naturwissenschaft möglich ist. Ihr Nachteil ist allerdings, daß sie in der Herleitung der kosmologischen Ideen eine Grenze finden muß, an welcher der transzendentale Realismus einsetzt. Denn ihr zufolge dürfte es in transzendental-idealistischer Perspektive auf die Vernunft eigentlich gar nicht zu Antinomien kommen, sondern die Entstehung von Antinomien muß auf die externe Einwirkung des transzendentalen Realismus zurückgeführt werden. Dies erweist sich jedoch als äußerst schwierig. Zudem steht sie im Widerspruch zu einigen Aussagen Kants zu Beginn des Antinomienkapitels. Warum sollte die Antithetik der reinen Vernunft „unvermeidlich" sein, wenn der transzendental-realistische Weltbegriff völlig aufhebbar ist?

Die „starke Deutung" hingegen stützt sich auf Kants Aussagen, der Widerspruch der Vernunft in der Antinomie sei „natürlich und unvermeidlich".[107] Ein dialektischer Lehrsatz und sein Gegensatz zeichnet sich, so Kant in der *Antithetik der reinen Vernunft*, dadurch aus, daß er nicht etwa ein willkürlicher, schlicht falscher Satz ist, dessen Schein durch einen Mißbrauch oder Unwissenheit entsteht, sondern „der selbst, wenn man nicht mehr durch ihn hintergangen wird, noch immer täuscht, obschon nicht betrügt, und also zwar unschädlich gemacht, aber niemals vertilgt werden kann." (B 449 f.). Gemäß der „starken Deutung" werden die Antinomien zwar durch den transzendentalen Idealismus aufgelöst, doch ist die Welt als Idee aus reiner Vernunft selbst ein selbstwidersprüchliches oder hybrides Konzept. Eine solche Deutung kann sich auch auf die Auflösung der mathematischen Antinomien berufen, in welcher

---

107 Vgl. B 354; Prolegomena. AA IV, 328. Vgl. auch Prolegomena, § 51: „Diese nicht etwa beliebig erdachte, sondern in der Natur der menschlichen Vernunft gegründete, mithin unvermeidliche und niemals ein Ende nehmende Antinomie [...]." (AA IV, 339). Die „starke Deutung" wird eher selten dezidiert vertreten. In neuerer Zeit hat Grier eine allgemeine Form dieser Deutung ausgearbeitet (Kant's Doctrine of Transcendental Illusion. S. 10 f.). Ihr angeschlossen hat sich Allison, was zu einer starken Umarbeitung seines Buches *Kant's Transcendental Idealism* geführt hat (2004, S. XVII f.; 322-332).

Kant die Antinomie darauf zurückführt, daß Thesis und Antithesis ein unstimmiger Begriff zugrundeliegt (B 531 f.). Die kritische Aufhebung des transzendentalen Scheins besteht dieser Deutung zufolge darin, daß die metaphysische Bedeutung der Ideen zwar erhalten bleiben muß, daß dieser Gedankeninhalt aber unter den Index einer lediglich fiktionalen Geltung mit regulativer Funktion gestellt wird. Um diesen spezifischen Status der Ideen als nicht objektiv gültig, aber als auch nicht rein subjektiv zu bestimmen, führt Kant den Status der regulativen Funktion ein. Nach dieser Deutung ist die kosmologische Antinomie deshalb unumgänglich, weil die Vernunft als das Vermögen der Prinzipien und Systeme (B 673) in der Naturwissenschaft mit der Idee der Welt operieren muß, um die Einheit der Natur überhaupt konzipieren zu können. Demnach wäre auch der transzendentale Realismus insbesondere in den empirischen Wissenschaften unvermeidbar.[108] Die ontologische Prämisse des transzendentalen Realismus ist dennoch aus philosophischer Sicht in der transzendentalen Reflexion eine Scheinkonstruktion, die notwendig zu theoretischen Problemen führt, wenn sie unmittelbar als wahr angenommen wird. Nach dieser Interpretationsrichtung, die hier vertreten wird, spielt die Weltidee und mit ihr die spezielleren kosmologischen Ideen eine notwendige erkenntnisrelevante Rolle, die jedoch philosophisch reguliert werden muß, damit es nicht erneut zu einem skeptischen Indifferentismus, einer erkenntnistheoretischen Unentschiedenheit bezüglich der Möglichkeit objektiven Wissens kommt.[109] Der transzendentale Realismus ist an sich eine metaphysische Position, die sich dennoch letztlich als eine notwendige Voraussetzung aller systemorientierten Erfahrungswissenschaften erweist. Nach dieser Deutung müssen die Erfahrungswissenschaften annehmen, daß ihren Beobachtungen erfahrungsunabhängige Entitäten entsprechen. Auf diese Weise kann zwar der dialektische Schein der kosmologischen Ideen aufgelöst, nicht aber aufgehoben werden. Es ist die Aufgabe der kritischen Reflexion, auf die transzendentale Differenz zwischen der bloß konzipierten Idee eines unbedingten Gegenstandes der Natur und den bedingten Erscheinungen in der Erfahrung hinzuweisen, um den Dogmatismus abzuwehren.[110] Die Kosmologie ist notwendig ein echtes Problem, kein Scheinproblem. Und zwar deshalb, so die starke Deutung, weil die Vernunft selbst, sofern sie die Welt ihrer Definition gemäß als absolute Totalität aller Erscheinungen zu bestimmen sucht, in die kosmologische Antinomie gerät. Der Vorteil dieser Deutung besteht darin, daß sie das Problem der metaphysischen Kosmologie ernst nimmt und erklärt, weshalb Kant den spezifischen Status des Regulativs entwirft.

Für die nun folgende Untersuchung bedeutet dies, daß der Frage nachzugehen ist, ob sich die Antinomie nun aus dem natürlichen Vernunftgebrauch ergibt, oder ob sie aus einem Mißbrauch der Vernunft erwächst. Die obigen Deutungsalternativen be-

---

108 Vgl. Kap. III.4.3.

109 Kant spricht in der Vorrede zur ersten Auflage vom „Indifferentism", der sich aufgrund der Streitigkeiten in der Metaphysik ihr gegenüber eingestellt habe (A X).

110 Vgl. B 449 f.; B 354 f.

treffen insofern auch das Verhältnis des kritischen Materiebegriffs zur Weltidee, weil die Materie Ausgangspunkt der zweiten Antinomie ist, da sie das Bedingte ist, zu welchem die Vernunft das Unbedingte aufzufinden gezwungen ist: Wenn der Begriff der Materieteilung, d.h. ihrer Struktur, systematisch von der Weltidee abhängig ist, dann steht der Gebrauch des Materiebegriffs notwendig im Kontext des Unbedingten. Anders ausgedrückt: Wenn es sich zeigt, daß die Materie notwendig auch durch Vernunft bestimmt ist, dann hat dies nach Kant auch Konsequenzen für die Physik, da sie dann, zumindest methodisch, nicht ohne metaphysische Annahmen auskommt. Ist aber die Herleitung der kosmologischen Idee der Materieteilung aus der Weltidee nicht plausibel zu machen, dann wäre es möglich, die Antinomien nicht nur aufzulösen, sondern auch unwirksam zu machen. Im ersten Teil dieses Kapitels sollen Systematik und Herleitung der Antinomien, speziell der zweiten Antinomie hierüber Aufschluß geben. Das daran anschließende Kapitel erörtert das Problem der Geltung des Widerspruchs in der Antinomienlehre in formaler Hinsicht.

2.1. Die Systematik der Weltbegriffe

Kants Kritik der metaphysischen Kosmologie setzt nicht am metaphysischen Weltbegriff selbst an, sondern bei vier kosmologischen Ideen oder „Weltbegriffen", die er im *System der kosmologischen Ideen* herleitet und in einer Tafel anordnet (B 435-448). Diese Herleitung ist ausgesprochen problemreich. Nicht nur das Verfahren selbst, auch das Verhältnis der kosmologischen Ideen zur Weltidee sowie ihre Funktion für das Vernunftvermögen wird von Kant höchst komplex konzipiert. Kant führt die Herleitung durch, ohne dem Leser Einblick in ihr Prinzip zu gewähren. Am Anfang der Herleitung steht der reine Vernunftbegriff ‚Welt',[111] das „Unbedingte [...] der hypothetischen Synthesis der Glieder einer Reihe" (B 379) und die Weltidee: „die absolute Einheit der Reihe der Bedingungen der Erscheinung" (B 391). Ein Endprodukt der Herleitung spezieller kosmologischer Ideen ist die zweite kosmologische Idee; Kant formuliert sie so: „Die absolute Vollständigkeit der **Teilung** eines gegebenen Ganzen in der Erscheinung" (B 443). Es mag eine gewisse unmittelbare Evidenz bestehen für den sachlichen Zusammenhang zwischen diesen beiden Ideen, der Welt und der „Idee der Totalität der Teilung eines gegebenen Ganzen in der Anschauung", wie Kant die zweite kosmologische Idee auch nennt (B 551). So scheint es unmittelbar klar zu sein, daß den realen Bestandteilen der Welt ein konstitutiver Status zukommt, insofern die Realität der Teile eines Zusammengesetzten die Realität des

---

[111] Es ist bereits darauf hingewiesen worden, daß es für diese reine Synthesisregel der Vernunft keinen Begriff gibt, der vom metaphysischen, transzendenten Gebrauch unabhängig wäre. Die regelnde Einheit dieser Synthesis ist eben die Vorstellung der Welt, d.h. die Weltidee. Dieser Zusammenhang wird, wie im Folgenden zu zeigen ist, eben die Unvermeidlichkeit der Antinomie der reinen Vernunft ausmachen.

Ganzen gewährleistet. Doch es bleibt zunächst unklar, wie Kant den Anspruch rechtfertigen kann, es handele sich bei der Teilungsfrage um ein notwendiges Problem der reinen Vernunft, schließlich ist die Teil-Ganzes-Relation seit den späten 1770er Jahren nicht mehr Bestandteil der Kategorientafel und auch als Prädikabil wird sie nicht genannt.[112]

Die Herleitung der speziellen kosmologischen Ideen folgt, wie die vier Paralogismen in der ersten Auflage der *Kritik der reinen Vernunft*, der Kategorientafel. Festzustellen ist zunächst, daß der Kategoriengebrauch wesentlich komplexer gedacht ist als in den Paralogismen. Dort werden keine besonderen untergeordneten Ideen eigens abgeleitet, sondern metaphysische Behauptungen durch einen unschematisierten Kategoriengebrauch unmittelbar auf die transzendentale Idee der Seele bezogen, beispielsweise: „die Seele ist ihrer Qualität nach einfach" (B 402). In der Kosmologie ist die Welt selbst nicht unmittelbar Gegenstand metaphysischer Behauptungen, sondern es werden zunächst vier kosmologische Einzelideen von Kant entwickelt, auf welche sich die metaphysischen Aussagen und ihre Beweise beziehen. Dabei zeigt sich, daß diese Aussagen notwendig in antinomischen Paaren auftreten. Aus dieser mehrstufigen Konstruktion ergibt es sich, daß die Kategorienverwendung bei den Antinomien vielschichtig ist.

Zunächst wird in einem ersten Herleitungsschritt durch die Kategorie das Subjekt der jeweiligen Vernunfturteile bestimmt. Für die zweite kosmologische Idee bedeutet das: Die absolute Totalität der Erscheinungen wird nach den Kategoriengruppen bestimmt, d.h. die zweite kosmologische Idee nach der zweiten Kategoriengruppe: die Welt ist ihrer Qualität nach die Gesamtheit des Realen im Raum (B 440). Anders als in der ersten Antinomie und ohne Erläuterung dieser Differenz thematisiert Kant in der zweiten Antinomie nur das Reale im Raum und nicht auch das Reale in der Zeit.[113] Das Subjekt der zweiten Gruppe vernünftelnder Behauptungen ist damit die

---

[112] Noch 1769 meint Kant, die Weltidee selbst entstamme der Teil-Ganzes-Relation: „Die idee der Welt ist nicht willkürlich. Denn gleichwie ich einen Theil endlich denken muß, der kein Gantzes weiter ist, so muß ich ein Ganzes denken, was kein Theil ist." (R 4085; AA XVII, 408 f.). In einer Reflexion von 1772 nennt Kant drei *„respectus reales"*, die offensichtlich eine Vorform der drei Relationskategorien sind. Diese sind die Grund-Folge-Relation, die Teil-Ganzes-Relation und die Substanz-Akzidens-Relation (R 4493; AA XVII, 571 f.; vgl. auch R 3063; AA XVI, 636, wo Kant Urteilsformen mit den Kategorien in Zusammenhang bringt). In der wichtigen Reflexion 4762 von 1775-1778 erscheint die Teil-Ganzes-Relation nur noch als Zusatz zur Kategorie *„commercium"*, was Kant mit Wechselwirkung übersetzt (AA XVII, 719). Auf diese Vorformen macht auch aufmerksam Düsing (Spontane, diskursive Synthesis. Kants neue Theorie des Denkens in der kritischen Philosophie. In: Aufklärung und Kritik. Festschrift für M. Baum zum 65. Geburtstag. Berlin / New York 2004, S. 83-107).

[113] B 440. In Kap. II.4.1. soll dafür argumentiert werden, daß eine systematische Beschäftigung mit dem Thema des Realen in der Zeit aus bestimmten Gründen in den Antinomien nicht erfolgt, dafür aber in den Paralogismen. Erwähnt wird die Zeit im Zusammenhang der zweiten Antinomie allein in der Preisschrift *Welche Fortschritte* (AA XX, 289).

Materie, denn sie wird von Kant als das Reale im Raum bestimmt; sie wird von der Vernunft nun als ein Bedingtes eingestuft, welches in einem Unbedingten notwendig gründet. Andererseits aber sind die kosmologischen Ideen auch analog zu den Kategorien Funktionen der Einheit einer Synthesis. Die Synthesisfunktion der zweiten kosmologischen Idee ist – obwohl der Begriff diesem Faktum zu widersprechen scheint – die Teilung, derjenige Begriff, den Kant in der Tafel der kosmologischen Ideen hervorhebt (B 443). Diese beiden Begriffe, Materie und Teilung, sind der Gegenstand der Problematik der zweiten Antinomie. Doch wie gelangt Kant zu ihnen? Zunächst wird also das allgemeine Prinzip der Herleitung der kosmologischen Ideen darzulegen sein, um darauf die Deduktion der zweiten kosmologischen Idee, die Idee der vollständigen Teilung der Materie, darzustellen. In diesem Zusammenhang wird die systematische Verknüpfung der Kantischen Ideen mit den Elementen des Verstandes, die in der *Transzendentalen Analytik* dargelegt werden, aufgezeigt. Auf diese Weise kann die grundlegende Begrifflichkeit der zweiten Antinomie aufgewiesen und zum anderen der Kern des Problems der zweiten Antinomie in den Blick genommen werden.

Die Herleitung der kosmologischen Ideen im *System der kosmologischen Ideen* ist ein weniger umstrittener Teil der *Transzendentalen Dialektik*, denn die meisten Interpreten übergehen sie schlichtweg,[114] oder sind sich darin einig, daß er zu den weniger überzeugenden Systempartien der *Kritik der reinen Vernunft* zählt.[115] Ihre systematische Bedeutung wird nur selten thematisiert.[116] Sie ist dennoch von großer Wichtigkeit, denn

---

[114] Baumanns beispielsweise erwähnt die Herleitung erst gar nicht (Kants Philosophie der Erkenntnis. Durchgehender Kommentar zu den Hauptkapiteln der *Kritik der reinen Vernunft*. Würzburg 1997).

[115] Heimsoeth widmet in seinem Kommentar der Herleitung durchaus Aufmerksamkeit, spricht aber, da er mehr auf die Sachfrage zielt, eher vage von einem Entsprechen oder Zuordnen der jeweiligen kosmologischen Ideen zur Kategorientafel; die systematische Bedeutung dieses Teiles bleibt dabei dunkel (Transzendentale Dialektik. Berlin / New York 1967. Bd. 2, S. 203-214). Smith paraphrasiert einige Passagen des *Systems der kosmologischen Ideen* und findet diverse Inkonsistenzen zur Herleitung der Weltidee im *System der transzendentalen Ideen* (Commentary to Kant's *Critique of Pure Reason*. Atlantic Highlands, NJ ^{4}1996, S. 478-480). Malzkorn schließt sich diesem Urteil an und fügt nach seiner Analyse des Kantischen Verfahrens, welche die einzelnen Schritte zwar differenziert nachzeichnet (Kants Kosmologie-Kritik. S. 77-87), jedoch gar nicht erst nach seinem Sinn fragt, abschließend an, es sei „künstlich und forciert", es dränge sich der Eindruck auf, die Deduktion der kosmologischen Ideen sei der „mißglückte Versuch [...], unabhängig von dieser Deduktion ausgewählte Probleme in die Vernunftsystematik einzuordnen (S. 86 f.). Vernichtend ist Bennetts Kritik an der Herleitung: Für ihn beruht sie schlicht auf einer falschen Theorie der Vernunft und der Versuch, die Vierzahl der Antinomien zu begründen, sei schwach (Kant's Dialectic. Cambridge 1974, S. 114 f.).

[116] Falkenburg faßt die Herleitung in zwei Sätzen zusammen (Kants Kosmologie. S. 186). Die Antinomie ergibt sich ihr zufolge aus der Prädikation einer Reihe empirischer Bedingungen von einem Unbedingten als Satzsubjekt. Dabei bemerkt sie völlig zutreffend – aber ledig-

die Kantische Vernunftkonzeption in ihrer Funktion, Erfahrungserkenntnis zu bewerten, läßt sich nicht anders erreichen als durch das Verständnis des Zusammenhangs von Weltidee, kosmologischen Ideen und Kategorien. Kant stellt einerseits eine transzendentale Analyse der apriorischen Erkenntnisbedingungen des Vernunftvermögens an; das System der kosmologischen Ideen ist damit ein positives Lehrstück seiner Transzendentalphilosophie. Andererseits aber wird ein Bereich des Erkenntnissubjekts ausgeleuchtet, der keine unmittelbar konstitutive Bedeutung für Erkenntnis hat, sondern vielmehr in seinem objektiven Gebrauch Scheinwissen produziert.

Es ist für Kant selbstverständlich, daß eine unmittelbare Kritik des Weltbegriffs aufgrund seiner Genese nicht möglich ist: Seine Deduktion hat zwar gezeigt, daß die Anwendung von Kategorien zu seiner Bestimmung in Urteilen unter Voraussetzung der Gültigkeit des Ergebnisses der Kategoriendeduktion, nämlich der Restriktion ihres Gebrauchs auf die Bedingungen möglicher Erfahrung, nicht möglich ist; da Kant jedoch eine immanente Kritik der metaphysischen Kosmologie durchführen will, darf er sich dieser Voraussetzung zunächst nicht bedienen.[117] Es ist also nötig, an den kosmologischen Urteilen über die Welt unmittelbar zu zeigen, daß die Verwendung von Kategorien zur Bestimmung der Idee zu einem spezifischen Problem führt, das unter der ontologischen Grundvoraussetzung der metaphysischen Kosmologie, dem transzendentalen Realismus, nicht lösbar ist: nämlich das notwendige Auftreten von Antinomien. Kant handelt also nicht bloß nach dem Gebot der Höflichkeit, wenn er die metaphysische Kosmologie mit ihren altehrwürdigen, seit der Antike in ungebrochener Tradition behandelten Themen, wie die Frage nach der Teilbarkeit der Materie, zu Worte kommen läßt, und nicht unmittelbar die Weltidee selbst angreift.[118]

Kants Anspruch auf Vollständigkeit und Systematik der kosmologischen Ideen ist nicht geringer als in anderen Abschnitten der *Kritik der reinen Vernunft*: Aufgrund ihrer systematischen Stellung kann es nach Kants Meinung nicht mehr als vier kosmologische Ideen geben (B 442). Mit seiner Tafel der kosmologischen Ideen und den sich daraus entspinnenden Widersprüchen meint Kant nun, den Grundriß einer vollständigen Systematik der kosmologischen Erkenntnis vorzulegen. Alle weiteren Urteile, die in der Kosmologie gebildet werden können, müssen diesen Topoi untergeordnet werden können. Durch die Kategorisierung der transzendentalen Ideen gibt Kant zugleich eine systematische Einteilung der Gegenstände der Kosmologie, die die Schul-

---

lich am Rande und ohne Erläuterung –, daß die Antinomien aus den reinen Verstandesgrundsätzen hergeleitet werden.

117 Es sei hier nur daran erinnert, daß Kant Begriffe ohnehin als nicht wahrheitsrelevant ansieht. Begriffe haben nur Sinn und Bedeutung als mögliche Prädikate in Urteilen, und nur Urteile können wahr bzw. falsch sein (B 92 f.). Erst der Gebrauch eines Begriffs im Urteil läßt eine Kritik zu.

118 „Durch Erklärung des Scheins läßt man überdies auch dem Irrenden eine Art von Billigkeit widerfahren. Denn es wird niemand zugeben, daß er ohne irgend einen Schein der Wahrheit geirrt habe, der vielleicht auch einen Scharfsinnigern hätte täuschen können, weil es hierbei auf subjective Gründe ankommt." (Logik-Jäsche. AA IX, 54).

philosophie nicht hatte leisten können. Die Antinomien beziehen sich diesem Anspruch nach auf die allgemeinsten oder obersten Erkenntnisse der Kosmologie. Diese Topologie zu beachten, ist für die Beurteilung des Thesis- und Antithesisbeweises der zweiten Antinomie von größter Bedeutung, denn, so sei hier vorausweisend bemerkt, die Topologie der zweiten Antinomie erlaubt es nicht, ihren Geltungsbereich über die phänomenale Welt hinaus auszudehnen, weshalb Kant die Thesis in nur eingeschränkter Weise als „dialektischen Grundsatz der Monadologie" verstanden wissen will, wie er in der *Anmerkung zur Thesis* hervorhebt (B 468 f.).[119]

Mit dieser Topologie hat Kant die Streitfragen der Antinomien nicht etwa neutralisiert, indem er eine eigene, vom transzendentalen Realisten nicht geteilte Vorentscheidung über die Ausgangsbedingungen trifft; sie werden *de facto* verschärft, denn damit ist die Gleichheit des Bezugspunktes der Positionen von Thesis und Antithesis der mathematischen Antinomien gewährleistet und eine Auflösung durch Unterscheidung des Bezugsrahmens ausgeschlossen. Es geht also in der zweiten Antinomie sowohl der Thesis als auch der Antithesis um die Teilung des Realen im Raum. Die Antinomie läßt sich also nicht im Leibnizschen Sinne auflösen, so wie Kant selbst die dritte und vierte Antinomie durch eine Hinsichtenunterscheidung löst: daß nämlich sowohl die Thesis – in der Sphäre der intelligiblen Welt –, als auch die Antithesis – in der Sphäre der phänomenalen Welt – in Geltung bleiben können.

Auf das Verhältnis der Kategorien zur Weltidee und zu den vier kosmologischen Ideen geht Kant nicht explizit ein. Der Doppelcharakter der Weltidee, einerseits als reiner Vernunftbegriff Gegenstand reinen Denkens zu sein, andererseits als Idee dem Vorstellungsgehalt nach der bis zur Totalität vervollständigte Gegenstand der Erfahrung zu sein, führt dazu, daß das Verhältnis der Weltbegriffe zu den Kategorien besonders komplex ist. Erstens ist sie ein reiner Vernunftbegriff, der Synthesen hypothetischer Schlüsse regelt. Dies ist der reine Vernunftbegriff ‚Welt'. Zweitens wird die Weltidee ihrem Bedeutungsgehalt nach als Gegenstand vorgestellt, der selbst als Objekt durch kategoriale Synthesis erst ermöglicht wird. Und drittens ist die Welt diejenige Idee, die Erscheinungen zum Inhalt hat – in ihrer Totalität – und damit Gegenstände, die den Bedingungen kategorialer Synthesis unterliegen. Anders als die Idee

---

119 Dies wird noch eingehender zu untersuchen sein. Hier sei nur vorausblickend folgendes angemerkt: Der Systematik wegen muß die Thesis der zweiten Antinomie unteilbare und also immaterielle Elemente annehmen, die mit dem Zusammengesetzten in bestimmter Hinsicht dennoch gleichartig sind und nur als deren Elemente gedacht werden können. Das Einfache, welches die Thesis als das Unbedingte, die Realität der Materie Konstituierende, behauptet, ist unteilbar und als solches unausgedehnt und unkörperlich; dennoch muß es als Endpunkt der Teilungsreihe denkbar sein; d.h. in einem linearen Zusammenhang mit dem Ausgedehnten stehen. Aus diesem Grund muß Kants Kritik an der Leibnizschen Monadenlehre an systematisch anderer Stelle als in der zweiten Antinomie erfolgen. Denn nach Kants Interpretation sind Leibniz' Monaden nur Teil der intelligiblen Welt, um welche es bei den mathematischen Antinomien *per definitionem* nicht gehen kann, und nicht wesentlich Element eines Zusammengesetzten. Die Thesis behauptet also die von Wolff in die Monadologie eingefügten physischen Monaden oder Naturatome.

der Seele wird die Welt daher nicht allein durch unschematisierte Kategorien gedacht, sondern zugleich als unter den Bedingungen der Sinnlichkeit stehend, d.h. Raum und Zeit, und unter den Bedingungen des reinen Verstandes. Dies bedeutet, daß die Welt, wenn sie als Gegenstand vorgestellt wird, nicht durch den reinen Verstandesbegriff gedacht, sondern als ein spezifisches Objekt der Erfahrung vorgestellt und also durch schematisierte Kategorien bestimmt wird. Als solche Objektvorstellung ist die Welt letztlich Idee. Insofern gelten für sie die Grundsätze des reinen Verstandes. Diese drei Aspekte der Weltidee gilt es in der Herleitung der kosmologischen Ideen zu differenzieren: die Welt als reiner Vernunftbegriff und Synthesisfunktion, als metaphysische Idee des Vorstellungsvermögens und als Gegenstand, der dieser Idee korrespondiert, dessen Existenz problematisch ist.

Diese Aspekte zeigen sich auch in Kants Bestimmung des Verhältnisses der Weltidee zu den kosmologischen Ideen. In der Ableitung der transzendentalen Ideen im ersten Buch der *Transzendentalen Dialektik* bestimmt es Kant als begriffliches Verhältnis im Rahmen der Definitionslehre. Dort bezeichnet er die drei Ideen Seele, Welt und Gott als „Titel" oder „Klassen" aller transzendentalen Ideen. Unter ihnen wiederum stünden „modi der reinen Vernunftbegriffe" (B 391). Faßt man „*modus*" als ‚Art' auf, so könnte man die kosmologischen Ideen als einzelne Arten der Erfüllung der Definition der Welt ansehen:[120] Die Weltidee ist definiert als „die absolute Einheit der Reihe der Bedingungen der Erscheinung"; dies ist der Sinngehalt des Begriffs „Welt". Der Sinn eines Begriffs drückt sich in seiner Nominaldefinition aus. Doch reicht die Nominaldefinition nicht aus, um die Möglichkeit des Begriffs zu erweisen und damit seine Bedeutung. Dazu bedarf es der Analyse der in der Definition enthaltenen Bestimmungen. Die kosmologischen Ideen sind somit Arten, die Definition des Weltbegriffs durch Kategorien näher zu bestimmen.[121] Die Wesensbestimmung der Welt ist, die absolute Totalität aller Erscheinungen zu sein. Also sind die Modi, d.h. die vier kosmologischen Ideen, Arten von Totalitäten des Erscheinungsgegebenen. Die Modi der reinen Vernunftbegriffe laufen, so Kant, am Faden der Kategorien fort,

---

120 Kant verwendet den Begriff ‚*modus*' in zweierlei Weise: des öfteren wird er synonym mit ‚Art' gebraucht; an anderen Stellen wird der Begriff ‚modus' als Terminus der Prädikaten- und Merkmalslehre verwendet (vgl. Über eine Entdeckung. AA VIII, 228; Logik-Blomberg. AA XXIV/I, 113 f.; Logik-Jäsche. AA IX, 61). Hier bezeichnet er diejenigen Prädikate oder Merkmale, die einem Subjekt oder Gegenstand außerwesentlich sind, diesem also nicht notwendig zukommen und in synthetischen Urteilen zugesprochen werden müssen, im Gegensatz zu wesentlichen, welche dem Subjekt notwendig zukommen und entweder analytisch oder synthetisch *a priori* zugesprochen werden. Dennoch sind ‚*modi*' innere Merkmale, die dem Gegenstand selbst zukommen; demgegenüber sind ‚*relationes*' Merkmale, die ihm nur in Verhältnis zu anderen Gegenständen zugesprochen werden können. Das Verhältnis von Weltidee und kosmologischen Ideen ist jedoch nicht in dieser Weise von Kant intendiert, da die Antinomien sonst nicht die Kernthemen der Kosmologie betreffen würden.

121 In den Paralogismen bezeichnet Kant die vier psychologischen Ideen als Attribute (B 402 Anm.; A 399).

weil die Vernunft sich nicht unmittelbar auf Gegenstände bezieht, sondern auf die Verstandesbegriffe von Gegenständen, also auf die Kategorien (B 392). Da die Kategorien zunächst Bestimmungen eines Gegenstandes überhaupt sind, bestimmen sie auch die Vorstellung der Ideen als Objekte. Und so wird die Welt als Gegenstand durch die jeweiligen Kategorien als bestimmtes Objekt gedacht. Das Kapitel *System der kosmologischen Ideen* soll nun eine Systematik derjenigen möglichen Prädikate erstellen, die der ‚Welt' zugeschrieben werden können; so beispielsweise in der zweiten kosmologischen Idee: die Welt ist ihrer Qualität nach das Reale im Raum. Die kosmologischen Einzelideen sind demnach bezogen auf besondere Reihen von Bedingungen der Erscheinungen. Der Ausdruck „Modi der reinen Vernunftbegriffe" meint also, daß es sich um jeweils besondere Reihen der Bedingungen der Erscheinung handelt, die als unbedingt gesetzt werden.

Auf den prädikativen Sinn der kosmologischen Ideen weist Kants Eingangsüberlegung des *Systems der kosmologischen Ideen* hin. In diesem Abschnitt zeigt Kant in Form zweier Bemerkungen die Art und Weise auf (B 435-438), in der die Kategorien auf die Weltidee zu beziehen sind; beide Bemerkungen weisen Parallelen zum ersten Buch der *Transzendentalen Dialektik* auf (B 355). Doch zeigen sich deutliche Differenzen in der Bestimmung der reinen Vernunftbegriffe dort zur Bestimmung transzendentaler Ideen hier, die scheinbar unvereinbar sind. Die erste Bemerkung im *System der kosmologischen Ideen* bezieht sich auf den Ursprung der kosmologischen Ideen; demnach erzeuge die Vernunft eigentlich gar keinen Begriff, sondern sie befreie allenfalls den Verstandesbegriff von den Einschränkungen möglicher Erfahrung (B 435). Im ersten Buch der *Transzendentalen Dialektik* hatte Kant, wie gezeigt, großen Wert auf die Selbständigkeit des Vernunftvermögens gelegt, die sich darin zeigt, daß sie selbst Ursprung einer reinen Vernunftsynthesis ist. Sollte es sich zeigen, daß die Vernunftbegriffe nicht allein der Vernunft entspringen, sondern vom Verstand abhängen, so kann sie nur als subalternes Vermögen betrachtet werden. Die Beiläufigkeit der Bemerkung hat hier wohl folgenden Grund: Kants Aussage, die Vernunft erzeuge eigentlich gar keinen Begriff, weist nicht darauf hin, daß transzendentale Vernunftbegriffe nicht reine Begriffe der Vernunft sind, sondern erinnert an die Zuteilung der Erkenntnisfunktionen an die unterschiedlichen Vermögen: Verstand, Urteilskraft und Vernunft (B 169). Demnach ist Verstand das Vermögen, das Begriffe bildet, Urteilskraft das Vermögen, Urteile zu fällen und Vernunft das Vermögen der Schlüsse. Die Vernunft erfüllt also nicht die Funktion, Begriffe zu erzeugen, denn das Vermögen der Begriffsbildung ist der Verstand. Kants Aussage, die Vernunft erzeuge eigentlich keine Begriffe, besagt also nur, daß die Vernunft selbst kein Vermögen der Begriffsbildung ist. Sie ist gleichwohl ein Vermögen, das spezifische Synthesisfunktionen ausführt, deren Regeln sich in Begriffen *a priori* ausdrücken, nämlich in den reinen Vernunftbegriffen. Diese Synthesisfunktionen unter einem Begriff zu denken, vermag nur der Verstand. In diesem Sinne ist die Vernunft „Ursprung gewisser Begriffe" (B 355). Sie verfügt über Funktionen von Synthesis. Die Begriffe aber, welche die Einheit dieser Synthesen regeln, müssen vom Verstand gebildet werden. Dies ist schließlich auch der Grund, weshalb die reine Vernunftsynthesis notwendig dialektisch wird, denn der Verstand faßt das von ihm Begriffene notwendig durch die Kategorien als Objekt auf.

Der trügerische konstitutive Sinn der reinen Vernunftbegriffe ergibt sich daraus, daß das Erkenntnisvermögen in seinen Beweisen sich einer Synthesisart bedient, die ihrem Prinzip nach reiner Vernunftbegriff ist, jedoch in seiner Anwendung auf den Verstand als ein Objekt gedacht werden muß. Die Vernunft bezieht sich aber nicht unmittelbar auf Gegenstände, wie Kant seit Ende der 1770er Jahre meint, denn Verstand und Vernunft sind bei uns nicht intuitiv und wir haben daher keine intellektuelle Anschauung, die uns die Ideen allein als Vorstellungen eines Objekts geben könnte. Die Vernunft muß Kategorien verwenden, wenn sie die reinen Vernunftbegriffe als Gegenstände auffaßt und zu bestimmen sucht. Jedes Zuschreiben von Prädikaten erfolgt im Urteil, indem ein Begriff vom Subjekt ausgesagt wird, also durch den Verstand. Die funktionale Rolle der Vernunft im Erkenntnisvermögen erlaubt der Vernunft keinen unmittelbaren Gegenstandsbezug (B 363). Es kann also von der Vernunft schon ihrer formalen Zuordnung wegen nichts anderes erwartet werden, als daß sie sich auf Kategorien zu beziehen hat, wenn ihre spezifische Synthesisform in einen Begriff gefaßt und der ihm korrespondierende Gegenstand im Urteil bestimmt werden soll. Dieses Vorgehen stellt das Ergebnis der metaphysischen Erörterung der Ideendeduktion nicht in Frage. Um was es im *System der kosmologischen Ideen* geht, ist die Bestimmung der Weltidee als Gegenstand der Vorstellung und d.h. als Idee; dazu bezieht sich die Vernunft auf den Verstand und die Bestimmungen der Gegenstände überhaupt. Genau diesen Umstand betont Kant an der zu Beginn dieses Kapitels zitierten Stelle B 392. Seine Äußerung, transzendentale Ideen seien eigentlich nichts als bis zum Unbedingten erweiterte Kategorien, bezeichnet also nur die Gegenstandsbestimmung des reinen Vernunftbegriffs ‚Welt' als Idee durch ihre *modi*; d.h. sie bezieht sich auf die kosmologischen Ideen und nicht auf die drei transzendentalen Ideen Seele, Welt und Gott.[122] Dies zeigt die Explikation der ersten Bemerkung: Zwar befreit die Vernunft den reinen Verstandesbegriff von seiner Einschränkung auf das Empirische, er bleibt „doch aber in Verknüpfung mit demselben" (B 435 f.).

Die Vernunftsynthesis bezieht sich in der systematischen Verknüpfung des Verstandesdenkens indirekt auf gegebene Erscheinungen. Die Kategorien werden also in der Kosmologie nicht als *termini ontologici* allein verwendet, d.h. als reine unschematisierte Begriffe, vielmehr erzwingt der Inhalt der Vorstellung ‚Welt', das Objekt in

---

122 Aus dem hier Dargelegten geht also hervor, daß die ersten Abschnitte des *Systems der kosmologischen Ideen* keineswegs als Wiederholung der Ideendeduktion des ersten Buches der *Transzendentalen Dialektik* aufzufassen sind und die hier getroffenen Aussagen also auch nicht unmittelbar auf diesen Systemteil zurückbezogen werden können. Die von Smith (Commentary to Kant's *Critique of Pure Reason*. S. 478 f.), Schmucker (Das Weltproblem. S. 93-97) und Malzkorn (Kants Kosmologie-Kritik. S. 78 f.) diagnostizierten Unverträglichkeiten zum ersten Buch ergeben sich nur, wenn man annimmt, Kant bezöge sich mit dem sicherlich problematischen Satz: „Also werden erstlich die transzendentalen Ideen eigentlich nichts, als bis zum Unbedingten erweiterte Kategorien sein, [...]" (B 436) auf alle Ideen.

Raum und Zeit vorzustellen und ihn also vermittels schematisierter Kategorien zu denken. Da die kosmologischen Ideen als Modi und einzelne Erfüllungen der Weltdefinition gelten, ist der Ausgangspunkt der Herleitung der Weltbegriffe oder Weltattribute die Weltidee. Sie liefert die Erklärung für Kants Verfahren. Die Welt ist definiert als:

> „absolute Totalität der Reihe der Bedingungen zu einer gegebenen Erscheinung überhaupt." (B 398)

Für die kategoriale Bestimmung der Welt ergibt sich daraus dreierlei: Die Kategorien werden auf Erscheinungen bezogen, die Verbindung der Erscheinungen muß eine Synthesisreihe von dem Bedingten zu den Bedingungen ergeben können und die Reihe wird durch die Maxime der Vernunft insgesamt als unbedingt gesetzt.

Weil der Bedeutungsgehalt der Vorstellung ‚Welt' die Totalität der Erscheinungen ist, werden Kategorien nicht allein als reine Verstandesbegriffe zur Bestimmung des Gegenstandes ‚Welt' zur Anwendung gebracht, sondern sie können in ihrem objektiven Gebrauch, dessen Regeln die Grundsätze des reinen Verstandes sind, verwendet werden (B 200), gemäß dem Vernunftprinzip aber bis zum Unbedingten gesteigert.[123] Dies wird zu Beginn der Darlegung der kosmologischen Ideen in bezug auf die erste kosmologische Idee deutlich, welche der Kategoriengruppe der Quantität zugeordnet ist:

---

[123] Der von der Forschung häufig vorgebrachte Vorwurf der „Einschleusung" spezifisch kritischer Termini in die Antinomienlehre entzündet sich auch an dieser Stelle, und zwar an Kants Verwendung des Terminus „Erscheinung". Der Erscheinungsbegriff steht dieser Kritik zufolge im Widerspruch zu der systematischen Umgebung, welche nach Kants eigenem Anspruch, so die Kritiker, unter der Voraussetzung des transzendentalen Realismus stehen sollte (Vgl. Malzkorn, W.: Kants Kosmologie-Kritik. S. 87). Die folgenden Ausführungen werden zeigen, daß die Kritik in dieser Form nicht berechtigt ist. Es sei hier nur vorausblickend die Zielrichtung benannt: Erstens handelt es sich in den Ableitungsteilen der *Transzendentalen Dialektik* durchaus um theorieinterne Bestandteile, denn Kant unternimmt hier den Versuch, die Notwendigkeit des metaphysischen Scheins aus der Natur des Vernunftvermögens selbst aufzuweisen. Zweitens impliziert Kants Verwendung des Erscheinungsbegriffs in diesen Teilen der *Dialektik* nicht unbedingt den kritischen Erscheinungsbegriff, wie er in der *Transzendentalen Ästhetik* entwickelt wird, vielmehr ist er mit einem metaphysischen Erscheinungsbegriff kompatibel, beispielsweise dem Leibnizschen *phaenomenon bene fundatum*, dem wohlfundierten Sinnenschein, als welchen Leibniz die Körperwelt bestimmt. Aber natürlich operiert auch der Empirismus mit dem Erscheinungsbegriff. Es handelt sich wohl im ersten Teil der *Transzendentalen Dialektik* nicht um den spezifisch kritischen Erscheinungsbegriff, der sich durch die kritische Raum-Zeit-Lehre und die daraus resultierende Unterscheidung von Erscheinung und Ding an sich ergibt, sondern um einen unspezifischen Erscheinungsbegriff, der noch keine Entscheidung für eines der drei Konzepte, das rationalistische, das empiristische oder das kritische getroffen hat (vgl. dazu von der Verf.: Erscheinung bei Leibniz und Kant. In: Aufklärung durch Kritik. Festschrift für M. Baum zum 65. Geburtstag. Hrsg. v. D. Hüning, K. Michel und A. Thomas. Berlin 2004, S. 157-188).

„Um nun nach der Tafel der Kategorien die Tafel der Ideen einzurichten, so nehmen wir zuerst die zwei ursprünglichen quanta aller unserer Anschauung, Zeit und Raum." (B 438)

Dieser Herleitungsschritt der vier speziellen kosmologischen Ideen läßt sich wohl nur so rekonstruieren, daß der objektive Gebrauch der Kategorien, welcher von allen transzendentalen Ideen allein bei der Weltidee möglich und gefordert ist, an ihr zwei Momente auszeichnet: hinsichtlich der kategorialen Synthesis eine spezifische Synthesisweise und hinsichtlich des synthetisierten Gegenstandes ein spezifisches Objekt. Im oben zitierten Beispiel der ersten kosmologischen Idee ist die spezifische Synthesisweise diejenige nach den Kategorien der Quantität, die „Zusammensetzung" oder die „Addition" der Teile zu einem Ganzen. Hinsichtlich des Gegenstandes wird das „reine Bild aller Größen" vor dem äußeren und dem inneren Sinn, also Raum und Zeit, verwendet (B 182). Die Regel, nach der diese Synthesis sich zu vollziehen hat, ist das Prinzip der Axiome der Anschauung, nach welcher sie extensive Größen sindAus diesem Grunde erläutert Kant auch nicht, auf welche einzelne Kategorie der Qualität er die zweite kosmologische Idee bezieht, vielmehr werden wie im Grundsatz der Antizipationen der Wahrnehmung alle drei Kategorien verwendet.[124] Die mathematisch-kosmologischen Ideen betreffen also die Bestimmung der Welt nach ihrer extensiven und intensiven Größe. Ausgehend von den Gegenständen der Erfahrung wird unter der Anleitung des Vernunftprinzips nach den unbedingten Grenzen der Erfahrungswelt gefragt, nach den absoluten Grenzen ihrer Extension in Raum und Zeit, wie nach der absoluten Grenze ihrer intensiven Größe. Kant weist auf diese Bedingung der kosmologischen Ideen in der ersten Anmerkung im Anschluß an die Tafel der vier kosmologischen Ideen hin:

„Zuerst ist hiebei anzumerken: daß die Idee der absoluten Totalität nichts anderes als die Exposition der Erscheinungen betreffe, mithin nicht den reinen Verstandesbegriff von einem Ganzen der Dinge überhaupt. Es werden hier also Erscheinungen als gegeben betrachtet, und die Vernunft fordert die absolute Vollständigkeit der Bedingungen ihrer Möglichkeit, so fern diese eine Reihe ausmachen, mithin eine schlechthin (d.i. in aller Absicht) vollständige Synthesis, wodurch die Erscheinung nach Verstandesgesetzen exponiert werden könne." (B 443)

Mit dem Ausdruck „Exposition der Erscheinungen" stellt Kant die Funktionsweise der Kategorien als Regeln der Einheit in der Synthesis des Anschauungsmannigfaltigen dar (B 303). Die Exposition der Erscheinung bezeichnet die Bestimmung des Anschauungsmannigfaltigen dadurch, daß nach Kategorien Bedeutungsgehalte des Urteils, d.h. das Anschauungsmannigfaltige, in die objektiven Anschauungsformen gesetzt oder exponiert werden. Kategorien sind Funktionen der Einheit in Urteilen, weil sie es vermittels Schemata ermöglichen, Anschauungen auf Begriffe zu beziehen, also eine Zuordnung des Ungleichartigen, Anschauung und Begriff, erlauben.

---

124 Vgl. folgendes Kapitel.

Die zweite Bedingung neben derjenigen, daß die Welt Totalität der *Erscheinungen* ist, ergibt sich aus der Bestimmung der Welt, die absolute Totalität der *Reihe* ihrer Bedingungen zu sein. Dies ist Gegenstand der zweiten Bemerkung des ersten Abschnittes des *Systems der kosmologischen Ideen* (B 436 ff.). Es können demnach nur diejenigen Kategorien verwendet werden, deren Synthesis eine Reihe subordinierter Bedingungen bildet. Kant schränkt diese Bedingung wie in der allgemeinen Ideendeduktion des ersten Buches der *Transzendentalen Dialektik* und mit demselben Argument auch hier auf die regressive Synthesis ein: Alle kosmologischen Ideen bilden demnach die absolute Totalität der regressiven Synthesis in den Antezedenzien der Reihe der Erscheinungen. Nur die regressive Synthesis sei ein „notwendiges Problem der reinen Vernunft" (B 438), denn das Gegebensein einer Erscheinung wird durch die Angabe von Gründen, nicht durch die Angabe der Folgen erklärt. Der Begriff des Weltganzen impliziert zwar nach Kant auch die progressiven Reihen des Bedingten, aber die Folgen einer beliebig gegebenen Erscheinung sind nicht notwendig, um das Gegebensein dieser Erscheinung zu erklären; dies ist es, worauf die Vernunft in Kants Ansatz von Rationalität vornehmlich ausgerichtet ist. Die reine Vernunftsynthesis erzeugt Beweise; deren Zweck wird, wie gesehen, nach dem Kausalitätsprinzip gedacht. In einem Beweis ist die Bedingung analytisch im Bedingten mitgedacht (B 526). Dieser Verstandesgedanke wird von der Vernunft derart aufgefaßt, daß nun jede Bedingung wiederum als bedingt gesetzt wird, weil sie auf ein Unbedingtes zielt. Kant bezieht diesen notwendigen Vernunftgedanken nun auf das Gegebene der Erscheinung in Raum und Zeit (B 437). In der Weltidee werden die Erscheinungen, das Bedingte, als in Unbedingtem begründet gedacht. In der Bestimmung der Natur geht es der Vernunft um die „vollständige Begreiflichkeit dessen, was in der Erscheinung gegeben ist" (B 438), also um eine durchgängige Naturerklärung.

Daß sich die Ableitung der vier speziellen kosmologischen Ideen von der ihr vorausgehenden Ableitung der drei transzendentalen Ideen Seele, Welt und Gott unterscheidet, zeigt sich spätestens an dieser Stelle. Der Unterschied besteht darin, daß die drei transzendentalen Ideen aus der allgemeinen logischen Form des Vernunftschlusses hervorgehen sollen, während die kosmologischen Ideen kategoriale Bestimmungen der Weltidee sind und ihrerseits Reihen bilden. Hier müssen also die Kategorien selbst, oder genauer ihre Schemata, d.h. „die Vorstellung [...] von einem allgemeinen Verfahren der Einbildungskraft, einem Begriff sein Bild zu verschaffen" (B 179), unter Anwendung des Vernunftprinzips die Möglichkeit einer subordinierten Reihe ergeben, deren Abgeschlossenheit in einem Unbedingten, in einer Idee, als gegeben vorgestellt wird. Bei der zweiten kosmologischen Idee ist es die anschauliche Vorstellung eines zusammengesetzten Ganzen, das aus immer weiter teilbaren Teilen besteht, und die Vorstellung des Verfahrens, durch Teilung zu immer weiteren Teilen zu gelangen. Die Möglichkeit, eine solche regressive Synthesis bis zu der geforderten Abgeschlossenheit auszuführen, geht nicht in die Konstruktion des Begriffes der jeweiligen „Unbedingtheiten" ein. Die subordinierte Reihe wird nicht erzeugt bis zum geforderten Unbedingten, sie wird als gegeben vorausgesetzt. Welchen Status die

Reihe, die sukzessive Synthesis und das Unbedingte letztlich in den kosmologischen Ideen haben, spricht Kant deutlicher in der Preisschrift *Welche Fortschritte* aus:

> „Die Vernunft aber verlangt, das Unbedingte, und mit ihm die Totalität aller Bedingungen, zu erkennen, denn sonst hört sie nicht auf zu fragen, gerade als ob noch nichts geantwortet wäre. Nun würde dieses für sich allein die Vernunft noch nicht irre machen; denn wie oft wird nicht nach dem Warum in der Naturlehre vergeblich gefragt, und doch die Entschuldigung mit seiner Unwissenheit gültig gefunden, weil sie doch wenigstens besser ist als Irrthum. Aber die Vernunft wird dadurch an sich selbst irre, daß sie, durch die sichersten Grundsätze geleitet, das Unbedingte auf einer Seite gefunden zu haben glaubt, und doch nach anderweitigen, eben so sichern Principien, sich selbst dahin bringt, zugleich zu glauben, daß es auf der entgegengesetzten Seite gesucht werden müsse. Diese Antinomie der Vernunft setzt sie nicht allein in einen Zweifel des Mißtrauens gegen die eine sowohl als die andre dieser ihrer Behauptungen, welches doch noch die Hoffnung eines so oder anders entscheidenden Urtheiles übrig läßt, sondern in eine Verzweiflung der Vernunft an sich selbst, allen Anspruch auf Gewißheit aufzugeben, welches man den Zustand des dogmatischen Scepticismus nennen kann." (AA XX, 327 f.)

Das Problem der kosmologischen Ideen ist für die Vernunft nicht, daß sie die regressive Synthesis, die ihr qua Vernunftmaxime aufgegeben ist, nicht zu einem Abschluß führen kann, also daß sie in einen unendlichen Regreß gerät, oder daß sie sie vorzeitig an einem Punkt für beendet hält, ohne einen allen skeptischen Einwürfen trotzenden Beweis führen zu können, sondern daß sie sie als abgeschlossen setzt, weil sie das Unbedingte als gegeben voraussetzen muß. Dies allein würde noch nicht das Problem der Vernunft offenbaren; erst dadurch daß sie zugleich zwei einander widersprechenden Behauptungen zuzustimmen gezwungen ist, zeigt sich die Antithetik der Vernunft, ihre „geheime Dialektik", d.h. ihr Schein. Wenn die Vernunft an der Gültigkeit des Satzes vom Widerspruch festhält, muß sie an sich selbst verzweifeln oder – und dies ist Kants Lösungsstrategie des Antinomienproblems – die Voraussetzung, die die Antinomie alternativlos erscheinen läßt, aufgeben.

Hinsichtlich einer der beiden Bestimmungen der Weltidee, nämlich diejenige Idee zu sein, welche auf Erscheinung überhaupt bezogen ist, müssen die Bedingungen von Erscheinungen, sowohl der Form des Denkens als des Anschauens nach, auch Ausgangspunkt der Bestimmung der Weltidee sein. Hinsichtlich der anderen Bestimmung der Weltidee, die absolute Totalität der Reihe der Bedingungen der Erscheinungen überhaupt zu sein, wird auf die kategoriale Synthesis unmittelbar das Vernunftprinzip angewendet (B 436; vgl. B 364). Ausgangspunkt der Herleitung der speziellen kosmologischen Ideen ist also die Weltidee und das Vernunftprinzip. Die Kategorien werden dadurch zur kosmologischen Idee, daß die Vernunft nach ihrem Prinzip das Objekt der Erfahrung überhaupt, wie es Kant *a priori* durch die Grundsätze des reinen Verstandes bestimmt, als Totalität setzt.

2.2. Qualität und Teilung: Die zweite kosmologische Idee

Anders als in der ersten Antinomie werden in der zweiten Raum und Zeit nicht eigens und gesondert voneinander behandelt. Zudem hat der Raum einen deutlichen Vorrang vor der Zeit, so wird zwar die zweite kosmologische Idee unabhängig von Raum und Zeit formuliert, insofern in ihr das Teilungsproblem allgemein auf das ‚gegebene Ganze in der Erscheinung' bezogen ist (B 443), aber die Erläuterung hatte die Einschränkung auf den Raum bereits vorweggenommen: „Zweitens, so ist die Realität im Raume, d.i. die Materie, [...]" (B 440). Die Realität, die sich nur in der Zeit findet, das empirische Selbstbewußtsein, wird nicht erwähnt und in der Antinomie selbst auch nur am Rande, in einem Epilog zur Antithesisanmerkung, thematisiert. Für diese Entscheidung Kants sind wohl systematische Gründe anzunehmen.[125]

Wie im vorigen Kapitel deutlich gemacht wurde, ist für die kosmologischen Ideen entscheidend, daß die Welt nicht bloß durch die Kategorie als reiner Verstandesbegriff gedacht wird, sondern daß sie aufgrund ihres spezifischen Charakters als durch die Schemata der Kategorien vorstellbar gelten muß. Der Qualität nach ist die Welt die Totalität des Realen im Raum und in der Zeit, also die Gesamtheit der Materie und aller Ereignisse überhaupt. Wie aber folgt daraus die Notwendigkeit des Gedankens ihrer Teilung? Die folgende Untersuchung versucht, ein klareres Verständnis dafür zu erarbeiten, weshalb Kant die Antinomie der Teilung aus der Kategoriengruppe der Qualität ableitet und sie für „unvermeidlich" hält. Die Herleitung der zweiten kosmologischen Idee bedient sich dabei – wie zu zeigen ist – legitimerweise der transzendentalen Grundsätze, denn die kosmologischen Ideen zählen wie die transzendentalen Ideen Seele, Welt und Gott durchaus zum positiven Theorienbestand des transzendentalen Idealismus; wie diese sind sie reine Vernunftbegriffe.

In der *Logik-Blomberg* nennt Kant die Teilbarkeit ein Attribut des Körpers, sie ist eine zureichende Folge aus dessen essentiellem Merkmal „Ausdehnung".[126] Nach dieser Bestimmung wäre es naheliegend, davon auszugehen, daß die Teilung des Realen ein Gedanke ist, der sich primär der Räumlichkeit der Materie verdankt: Wie die erste Antinomie nach dem extensiven Maximum der Welt fragt, d.h. ob die Welt dem Raum und der Zeit nach unendlich oder endlich sei, so fragt die zweite Antinomie – so könnte man annehmen – nach dem extensiven Minimum, also danach ob es der Extension nach ein kleinstes Ausgedehntes gibt oder nicht. In diesem Falle rechtfertigte nur das Subjekt der zweiten kosmologischen Idee ‚das Reale im Raum', daß Kant sie der Kategoriengruppe der Qualität zuschreibt, denn der Teilungsbegriff be-

---

[125] Vgl. Kapitel II.4.

[126] Logik-Blomberg. AA XXIV, 113. Der Satz ‚Alle Körper sind teilbar' dient Kant des öfteren zur Demonstration unterschiedlicher Formen analytischer Sätze, im Gegensatz zu ‚Alle Körper sind ausgedehnt'. Die Teilbarkeit ist ein wesentliches Merkmal der Ausdehnung und wird dem Körper also vermittels des Begriffs der Ausdehnung analytisch zugesprochen (vgl. Über eine Entdeckung. AA VIII, 229).

zöge sich in diesem Falle auf die Quantität. Gegen diese Deutung spricht nun aber zweierlei: Zunächst das Faktum, daß Kant sie der Qualitätskategorie zuschreibt, insbesondere aber, daß er eigens begründet, wie sich aus der Teil-Ganzes-Relation der Raumteile unter Zugrundelegung des Vernunftprinzips notwendig die Vorstellung des extensiven Maximums ergibt. Mit gleicher Notwendigkeit kann sich dann aber unter Zugrundelegung derselben Grundvorstellung schwerlich die entgegengesetzte Vorstellung des Minimums ergeben. Kant gibt für die Zuordnung zur Kategoriengruppe der Qualität im Text leider keine hinreichende Erklärung. Dies hat der Forschung dazu Anlaß gegeben, die Systematik der kosmologischen Ideen insgesamt und besonders die der zweiten kosmologischen Idee als einen bloß äußerlichen Systemzwang, der keine sachliche Begründung hat, zu bewerten.[127] Der systematische Zusammenhang läßt sich jedoch – so soll in diesem Kapitel gezeigt werden – sinnvoll rekonstruieren, wenn man die Terminologie der zweiten kosmologischen Idee genauer untersucht.

Die Herleitung der Idee der Teilung der Materie geht im *System der kosmologischen Ideen* in zwei Schritten vor. Sie ist methodisch der Ableitung der drei transzendentalen Ideen im ersten Buch der *Transzendentalen Dialektik* analog: Zunächst geht Kant von den apriorischen Bestimmungen aller Gegenstände als Erscheinungen aus, d.h. von den transzendentalen Grundsätzen, die jeweils in ihrer allein objektbezogenen Bedeutung genommen werden. In einem ersten Schritt (B 438-442) wird also der jeweilige reine Verstandesgrundsatz zugrunde gelegt und darin Bedingung und Bedingtes aufgezeigt.[128] Damit wird das Element der Bedingung isoliert, das Grundlage für die regressive Synthesis ist. Die darin aufgefundene Bedingung wird dann im zweiten Schritt dem Prinzip der reinen Vernunft folgend als Totalität und somit als unbedingt gesetzt (B 443-B 445).

Erst in der *Kritischen Entscheidung des kosmologischen Streits der Vernunft mit sich selbst* erfahren wir, daß den kosmologischen Ideen ein reiner Vernunftschluß zugrunde liege, von dem Kant aber nur den Obersatz und einen allgemeinen aus der Weltidee hergeleiteten Untersatz nennt (B 525 ff.). Er bezieht sich mit dieser Enthüllung wohl auf die Ideenherleitung; dort ist ein solcher Vernunftschluß auf die einzelnen Ideen aber nicht explizit zu finden. Den Vernunftschluß auf die zweite kosmologische Idee

---

127 Vgl. Smith, N. K.: A Commentary to Kant's Critique of Pure Reason. S. 479; Bennett, J.: Kant's Dialectic. S. 114 f.; Allison, H.: Kant's Transcendental Idealism (1983). S. 37; Malzkorn, W.: Kants Kosmologie-Kritik. S. 86 f.

128 Bei der ersten Antinomie ist dieser Zusammenhang von Kant in der *Kritik der reinen Vernunft* benannt. Nach dem ersten Grundsatz ist die Welt als Erscheinung eine extensive Größe, die absolute Totalität der extensiven Größe. Daher geht es in der ersten Antinomie um „die zwei ursprünglichen quanta aller unserer Anschauung, Zeit und Raum" (B 438). Bei der Zeit wird der gegebene Zeitteil als durch die vorausgegangene Zeitreihe notwendig bedingt betrachtet; beim Raum ist das Bedingte der jeweils gegebene Raumteil, der durch seine ihn umgebenden Raumteile, in denen er – wie Kant bereits im dritten Raumargument der zweiten Auflage zeigt – notwendig als bedingt vorgestellt werden muß.

kann man wohl aber in folgender Weise rekonstruieren, indem man Kants Erklärung der zweiten kosmologischen Idee im *System* als Untersatz verwendet:

> Obersatz (Prinzip der reinen Vernunft):
> „[...] wenn das Bedingte gegeben ist, so ist auch die ganze Summe der Bedingungen, mithin das schlechthin Unbedingte gegeben, wodurch jenes allein möglich war." (B 436)[129]
>
> Untersatz:
> Nun „ist die Realität im Raume, d.i. die Materie, ein Bedingtes, dessen innere Bedingungen seine Teile und die Teile der Teile die entfernten Bedingungen sind [...]" (B 440).
>
> Konklusion:
> Folglich ist ein schlechthin Unbedingtes an Teilen in der Materie gegeben.

Die Konklusion dieses hypothetischen, kosmologischen Vernunftschlusses entspricht nicht wörtlich der zweiten kosmologischen Idee, sondern ist die ontologisch-kosmologische Interpretation dieser Idee, welche zur Antinomie führt: Während der Vernunftschluß seinem Inhalt nach nur den Schluß auf das Unbedingte als Gegenstand zuläßt, ein Unbedingtes an **Teilen,** besagt die zweite kosmologische Idee, daß die **Teilung** in einem gegebenen Ganzen vollständig sei. Doch beide Behauptungen bedingen sich wechselseitig: Die eine bezieht sich auf die Relata der Teil-Ganzes-Beziehung, die andere auf die Relation, die Eingeteiltheit. Doch woraus ergibt sich der Untersatz dieses Vernunftschlusses als ein Gedanke aus reiner Vernunft? Es muß gefragt werden, welche Begründung Kant für seine Behauptung anführen könnte, daß es einen vernunftgemäßen notwendigen Zusammenhang zwischen der Realität im Raum und der Vorstellung, daß diese durch ihre Teile bedingt oder konstituiert sei, gebe. D.h. was ist der Rechtfertigungsgrund dafür, das Konstitutionsmodell der Materie anzunehmen?

Kant ordnet die zweite kosmologische Idee, die Idee der Teilbarkeit der Materie, der Kategoriengruppe der Qualität zu. In seiner Tafel der vier kosmologischen Ideen lautet sie:

> „Die absolute Vollständigkeit der **Teilung** eines gegebenen Ganzen in der Erscheinung" (B 443).

Die Zuordnung der Teilungsproblematik der Materie zur Qualitätskategorie ist nicht auf die *Kritik der reinen Vernunft* beschränkt. Kants Lehrsatz von der unendlichen Teilbarkeit der Materie in den *Metaphysischen Anfangsgründen der Naturwissenschaft*, der auch

---

[129] Es wird hier eine andere Formulierung des Obersatzes präsentiert als in B 525, da sie präziser ist.

eine Anmerkung zur zweiten Antinomie enthält, ist in demjenigen Teil zu finden, den Kant den Qualitätskategorien zuordnet: in der Dynamik.[130]

Im zweiten Paralogismus der ersten Auflage der *Kritik der reinen Vernunft* wird die Einfachheit im Urteil „Die Seele ist ihrer Qualität nach einfach" (B 402) ebenso der Qualität zugeordnet, weil die Seele als qualitative Einheit aufgefaßt werden muß, d.h. als eine Einheit, die auf einer gewissen qualitativen Identität beruht. In einer Anmerkung zum zweiten *Paralogismus* weist Kant auf die begriffliche Übereinstimmung zur Thesis der zweiten Antinomie hin.[131] Qualitative Einheit ist nach Kant die Einheit des Begriffs, insofern ein numerisch mannigfaltig Verschiedenes im Begriff in eine Einheit gefaßt ist. Sie wird von Kant auch als eine solche Einheit bestimmt, die Grund eines vielfältig Verschiedenen ist und dieses Viele entweder in oder unter sich begreift. In § 15 der transzendentalen Deduktion der Kategorien bestimmt Kant selbst die ursprünglich-synthetische Einheit der Apperzeption als eine solche qualitative Einheit (B 131), die er zuvor in § 12 als logisch-begriffliche Einheit bestimmt hatte.[132] Doch die Thesis der zweiten Antinomie behauptet zunächst kein qualitativ Einfaches wie der zweite Paralogismus. Kant versteht im wesentlichen die diskursive Allgemeinheit des Begriffs als qualitative Einheit. Das absolut Einfache, welches die Thesis behauptet, ist demgegenüber aber ein Teil, der selbst keine weiteren Teile enthält, also kein Ganzes, sondern Teil einer zusammengesetzten Substanz ist. Die Tatsache, daß es sowohl in der Thesis der zweiten Antinomie als auch im zweiten Paralogismus um das Einfache geht, kann also nicht zur Sacherklärung der Zuordnung der Qualität zum Teilungsproblem hier verwendet werden.

Die zweite kosmologische Idee wird, wie alle anderen kosmologischen Ideen auch, von Kant nicht mit einem Begriff bezeichnet, wie beispielsweise die drei Vernunftideen Seele, Welt und Gott. Vielmehr sind sie komplexe Ausdrücke, bei denen Kant einen Begriff im Drucksatz besonders hervorhebt: Es sind diejenigen Begriffe, die sich allein in den Ausdrücken der vier Ideen unterscheiden. Die Terme ‚absolute Vollständigkeit' und ‚gegebenes Ganzes' verdanken sich der Ausübung des Prinzips

---

130 AA IV, 473 ff.; AA IV, 503.

131 „Wie das Einfache hier wiederum der Kategorie der Realität entspreche, kann ich jetzt noch nicht zeigen, sondern wird im Folgenden Hauptstücke bei Gelegenheit eines andern Vernunftgebrauchs ebendesselben Begriffs gewiesen." (A 404 Anm.). Heimsoeth bezieht diese Textstelle insgesamt auf die zweite kosmologische Idee und meint, allein die Realitätskategorie begründe Thesis und Antithesis (Transzendentale Dialektik. Zweiter Teil. S. 207). Auch Allison (Kant's Transcendental Idealism (1983). S. 37) und Schmucker (Das Weltproblem. S. 98 f.) gehen von dieser Zuordnung aus. In diesem Falle wird jedoch Kants Verwendung der Begriffe ‚Negation' und ‚Nichts', die im Zusammenhang dieser Idee vorkommen, nicht erklärbar. Heimsoeth sieht sie als „Alternative" zum Einfachen, ohne daß geklärt wäre, inwiefern sowohl Realität als auch Negation hier zu Reihen führen. Schmukker sieht es sogar als eine Schwäche der Ableitung der kosmologischen Ideen insgesamt an, daß Kant sie nicht aus den Kategorien selbst ableitet.

132 Auf die subjektivitätstheoretische Problematik der qualitativen Einheit des logischen Ich wird in Kap. II.4. näher eingegangen.

der reinen Vernunft, während der Ausdruck „in der Erscheinung" den Anwendungsbereich angibt, nämlich die Welt als *mundus sensibilis*. Kant ordnet also wohl in besonderer Weise den Begriff der Teilung der Kategoriengruppe der Qualität zu.[133] Kant hat – wie bereits dargelegt – anders als bei den beiden dynamischen Antinomien bei den beiden mathematischen keine einzelne Kategorie als Grundlage der Idee explizit ausgewiesen (B441 f.). In der Herleitung der vier kosmologischen Ideen bezieht Kant die Kategorie der Realität nicht nur auf das Einfache, sondern auf das sinnlich Gegebene im Raum, die Materie:

> „Zweitens, so ist die Realität im Raume, d.i. die Materie, ein Bedingtes, dessen innere Bedingungen seine Teile und die Teile der Teile die entfernten Bedingungen sind, so daß hier eine regressive Synthesis stattfindet, deren absolute Totalität die Vernunft fordert, welche nicht anders als durch eine vollendete Teilung, dadurch die Realität der Materie entweder in Nichts oder doch in das, was nicht mehr Materie ist, nämlich das Einfache, verschwindet, stattfinden kann. Folglich ist hier auch eine Reihe von Bedingungen und ein Fortschritt zum Unbedingten." (B 440)

Hierbei bleibt der systematische Zusammenhang von Realität und Teilung jedoch noch völlig unklar. Klarheit über diesen Zusammenhang ist nur zu erreichen, wenn man die zweite kosmologische Idee auf die Antizipationen der Wahrnehmung bezieht und hier auf die Theorie der intensiven Größe eingeht, die von Kant nicht nur dort in den Sachzusammenhang von Atomistik und Antiatomistik gestellt wird.

Daß Kant die Herleitung der kosmologischen Ideen nicht ausgehend von den Kategorien selbst, sondern von den Schemata und den Grundsätzen konzipiert, zeigt die später entstandene Darstellung der zweiten Antinomie in der Preisschrift *Welches sind die wirklichen Fortschritte, die die Metaphysik seit Leibnitzens und Wolffs Zeiten in Deutschland gemacht hat* von 1791. Hier wird die zweite Antinomie, die dem zweiten, der Kritik vorausgehenden Stadium der Metaphysik zugeordnet wird, explizit auf die intensive Größe bezogen und damit der Sinn der Zuteilung der zweiten kosmologischen Ideen zur Qualität deutlich:

> „II. In Ansehung der intensiven Größe, d. i. des Grades, in welchem diese [sc. die Welt] den Raum oder die Zeit erfüllet, zeigt sich folgende Antinomie. a) Satz: Die körperlichen Dinge im Raum bestehen aus einfachen Theilen; denn, setzet das Gegentheil, so würden die Theile zwar Substanzen sein, wenn aber alle ihre Zusammensetzung als eine bloße Relation aufgehoben würde: so würde nichts als der bloße Raum, als das bloße Subject aller Relationen, übrig bleiben. Die Körper würden also nicht aus Sub-

[133] In einer Reflexion der frühen 1780er Jahre stellt Kant eine Analogie zwischen den mathematischen Grundoperationen und den Kategorien her, auf die Kants Anwendung des Funktionsbegriffs auf die Kategorien zurückgeht: Unter dem Titel *Der Categorien Ähnlichkeit mit species Arithmetices*: „ 2. der qualitaet durch subtraction der Theile vom Ganzen (das gegeben ist), [...]." (R 5652; AA XVIII, 303; vgl. auch R 5651; ebd.). Hier bleibt der Zusammenhang zwischen Qualität und Teilung jedoch rein formal und bloß analogisch.

stanzen bestehen, welches der Voraussetzung widerspricht. — b) Gegensatz: Die Körper bestehen nicht aus einfachen Theilen." [134]

Kant schreibt dem Realen im Raum, der Materie, wesentlich zu, einen Grad der Raumerfüllung zu besitzen.[135] Nach Kant ist der Grad an etwas eine intensive Größe (B 207 ff.).[136] Hintergrund der Zuordnung der zweiten kosmologischen Idee zum *Prinzip der Antizipationen der Wahrnehmung* ist also die Bestimmung der Materie als intensive Größe, und zwar insofern als ihre wesentlichen Bestimmungen als Objekt der reinen Naturwissenschaft, nämlich Kraft und Masse, intensive Größen und nicht primär extensive Größen sind.

Nimmt man nun die zweite kosmologische Idee als eine Ableitung aus dem Schema der Qualität und dem Grundsatz der *Antizipationen der Wahrnehmung*, so wird allererst deutlich, inwiefern aus transzendentaler Perspektive die zweite Antinomie ein originär metaphysisches Thema ist, das gleichwohl auf Erfahrung bezogen ist, denn die Grundsätze sind synthetische Urteile *a priori* über die konstitutiven Bedingungen möglicher Erfahrung.[137] Die metaphysische Interpretation des zweiten Grundsatzes

---

[134] AA XX, 289 (im Folgenden zitiert als: Welche Fortschritte) Daher wird man die Anspielung Kants auf die Antinomien in der Vorrede zu den *Metaphysischen Anfangsgründen der Naturwissenschaft* wohl auch auf die zweite Antinomie beziehen können: Eine Metaphysik der Natur sei dann nicht durchführbar, heißt es hier, wenn die reinen Vernunftbegriffe nicht auf die Anschauung bezogen werden. Und so erklärt Kant: „Daher die bekannten Streitigkeiten, wenigstens die Dunkelheit in den Fragen über die Möglichkeit eines Widerstreits der Realitäten, die der intensiven Größe u.a. m.,[...]" (AA IV, 478). Bemerkenswert ist, daß Kant hier anders als in der *Kritik der reinen Vernunft* die Zeit ausdrücklich berücksichtigt. Im weiteren Verlauf der Darlegungen soll die zweifache Bedeutung der Zeit für die zweite Antinomie, die ihr trotzdem implizit zukommt, näher erörtert werden. Sie betrifft einerseits den Gegenstandsbereich der Antinomie, die Seele als Gegenstand des inneren Sinnes, dessen Form die Zeit ist, und sie betrifft andererseits die Vernunftsynthesis, die Kant in der Auflösung einsetzt.

[135] Auch Baumgarten bestimmt die Quantität der Qualität als Grad: „Quantitas qualitatis est Gradus (quantitas virtutis)." (Metaphysica, § 246. AA XVII, 80).

[136] Die Geschichte des Begriffs der intensiven Größe ist äußerst dunkel. Er geht aus von Aristoteles' Kategorienlehre in der *Metaphysik* (1020 a 7 ff.), derzufolge es bei einigen Qualitäten, z.B. dem Weißen, ein Mehr oder Weniger gebe; daraus ist im Mittelalter die Lehre der Intensio entwickelt worden (vgl. dazu Meier, A.: Zwei Grundprobleme der scholastischen Naturphilosophie. Das Problem der intensiven Größe. Die Impetustheorie. Rom 1951). Der Begriff der intensiven Größe findet sich in der Schulphilosophie bei Wolff (Ontologia, § 759), aber auch bei Baumgarten (Metaphysica, § 247) und auch der vorkritische Kant verwendet diesen Begriff in seiner Schrift *Gedanken von der wahren Schätzung der lebendigen Kräfte* (§ 117; AA I, 141 ff.).

[137] Mit dem Problem der Herleitung der kosmologischen Antinomien hat sich B. Falkenburg nicht im einzelnen beschäftigt, aber auch sie bezieht die kosmologischen Ideen und die Antinomie auf die Verstandesgrundsätze (Kants Kosmologie. S. 186 f.). Ein Ansatz, die Herleitung der zweiten kosmologischen Idee zu rekonstruieren, ist bei Patt zu finden; er ist jedoch sehr unspezifisch (Transzendentaler Idealismus. Kants Lehre von der Subjektivität der Anschauung in der Dissertation von 1770 und in der *Kritik der reinen Vernunft*. Berlin /

führt zu reinen Erkenntnissen *a priori*, die ihrem Inhalt nach auf empirische Erkenntnis bezogen sind, weil sie Gegenstände betreffen, die als Objekte einer möglichen Erfahrung gedacht werden müssen. Kant stellt die Verbindung des zweiten Grundsatzes zur Materietheorie, mit Atomistik und Antiatomistik, her.[138]

Das *Prinzip der Antizipationen der Wahrnehmung* lautet:

> „In allen Erscheinungen hat die Empfindung, und das Reale, welches ihr an dem Gegenstande entspricht, (*realitas phaenomenon*) eine intensive Größe, d.i. einen Grad" (A 166).[139]

Handelt der Grundsatz vordergründig von der subjektiven Qualitätenempfindung, der jeweils immer ein bestimmter Grad eignen müsse, wie eine Lichtwahrnehmung, die jeweils einen Grad an Helligkeit hat, so zielt er letztlich darauf, die Objektivität der Wahrnehmung von Qualitäten als Bestimmung *a priori* von Erscheinungen als Gegenständen zu zeigen.[140] Intensive Größe wird den äußeren Erscheinungen zuge-

---

New York 1987 (Kantstudien Ergänzungshefte 120), S. 269 f.). Ganz allgemein im Zusammenhang der Antithesis der zweiten Antinomie, gestützt auf neukantianische Ansätze zur Erklärung der Kontinuität bei Cohen und Natorp, bezieht auch Höselbarth die Problematik des Einfachen und des unendlich Teilbaren auf die intensive Größe (Raum und Körper in der zweiten Antinomie. S. 86-99). Als Grundgedanke der Herleitung der zweiten kosmologischen Idee wird dieses Thema nicht erkannt, auch wird die Kantische Intention nicht klar.

138 Atomistik und Antiatomistik werden nicht nur im zweiten Grundsatz, sondern auch in einer Reflexion mit der Lehre von der intensiven Größe in Zusammenhang gebracht: „Eine iede Große hat eine Qvalitaet, d.i. die continuitaet. Eine iede Qvalitaet hat eine Größe, d.i. die Intensitaet (Grad). [...] Die [Grenzen] Schranken der intensiven Größe, z.E. Gewicht, sind darum noch nicht die Grenzen der extensiven (oder wenn letztere gleich, sind erstere auch gleich), sondern diese kan ins unendliche Wachsen. Wieder die atomen und das Leere." (R 5636; AA XVIII, 268). Daß der Terminus ‚Atomistik' für Kant in der zweiten Antinomie ein eigenes Problem darstellt, soll in Kap. II.2.3. erörtert werden.

139 Diese Formulierung der ersten Auflage hat Kant später signifikant geändert, wohl deshalb, weil sie zu dem Mißverständnis Anlaß gibt, dem die Vernunft – wie zu zeigen sein wird – unterliegt, daß das Reale ein der Wahrnehmung korrespondierendes Gegebenes sei, das an sich existiert und an sich selbst eine intensive Größe ist. In der zweiten Auflage lautet der Grundsatz: „In allen Erscheinungen hat das Reale, was ein Gegenstand der Empfindung ist, intensive Größe, d.i. einen Grad." (B 207). Das Referenzwerk zu den Kategorien der Qualität bei Kant und zu den Antizipationen der Wahrnehmung ist noch immer A. Maier: Kants Qualitätskategorien. Berlin 1930 (Kantstudien Ergänzungshefte 65).

140 Diese objektive Seite der Antizipationen der Wahrnehmung zeigt auch eine Reflexion Kants zu Baumgartens *Metaphysica* auf: „Zur anticipation der Erscheinung gehöret mit, daß die intensive Große der materie ins unendliche bis zum leeren Raume abnehmen könne." (R 4775; AA XVII, 724). H. Cohen hat in seiner systematisch wie historisch interessanten Studie über die Infinitesimalmethode Kant kritisiert (Das Prinzip der Infinitesimalmethode und seine Geschichte. Werke Bd. 5. Hrsg. v. Hermann-Cohen-Archiv. Hildesheim / Zürich / New York [4]1984). Er sieht im zweiten Grundsatz einen bloßen Psychologismus: Kant hätte es nicht um die intensive Größe des Wahrnehmungserlebnisses, sondern um die intensive Größe des Objekts der Erfahrung gehen sollen (S. 105-113). Dies ist aber m.E.

schrieben und dies sogar notwendig, sofern sie überhaupt Wahrnehmungsgegenstände sind. Der Grundsatz der Qualität besagt, *erstens* daß jedes Objekt der Erfahrung, insofern es als real, d.h. als ein Gegenstand mit Sachbestimmtheit (*realitas*), konzipiert wird, als intensive Größe vorgestellt werden muß, und *zweitens* daß für dessen Größenbestimmung ein bestimmtes Verfahren anzuwenden ist. Unter intensiver Größe versteht Kant diejenige Größe, die als Einheit apprehendiert wird, d.h. bei der die Einheit des Ganzen den Teilen vorausgeht (B 210). Die Vielheit werde, so Kant, bei intensiven Größen dadurch vorgestellt, daß der gegebene Grad reduziert wird bis zum Verschwinden der gegebenen Größe. Gemeint ist: Zu der Vorstellung der Vielheit kommt es bei diesen Größen erst durch die Größenbestimmung, für die ein bestimmtes, noch zu erörterndes Verfahren *a priori* festgelegt ist. Als Beispiele intensiver Größen nennt Kant in den Antizipationen in subjektiver Hinsicht Farbe und Geschmack, speziell eine rote Farbwahrnehmung, in objektiver Hinsicht eine erleuchtete Fläche.[141]

Aus dem Grundsatz folgert Kant einen Plenismus, d.h. die Lehre, daß der reale, empirische Raum nicht leer sein kann, d.h. vollständig von Realem erfüllt sein muß.[142] Das Reale im Raum, die Materie, macht den Raum, der ursprünglich reine Anschauungsform ist, überhaupt erst zu einem empirischen, wahrnehmbaren Raum. Der Raum muß vollständig von Realem erfüllt sein, da er selbst nicht wahrnehmbar ist (B 214). Gäbe es nämlich ein Vakuum, so könnte es als ein solches gar nicht wahrgenommen werden. Ein solcher leerer Raum wäre ein Nichts. Die reale Raumerfüllung ist dasjenige, was traditionell als Undurchdringlichkeit bezeichnet wird, sie gilt als wesentliches Merkmal der Materie. Mit ‚Undurchdringlichkeit' ist eigentlich das Maximum des Grades an Realität im Raum bezeichnet. Genauer bezeichnet ist sie die

---

bei Kant gar nicht der Fall. An Cohens Untersuchung ist entscheidend, daß er die Verbindung der intensiven Größe zur Infinitesimalmethode herstellt, die er in der Vorgeschichte dieses Begriffs aufzeigt, und die bei Kant in der Tat unklar bleibt.

141 In einer Reflexion zwischen 1771 und 1775 zählt Kant unterschiedliche intensive Größen auf: „Die Größe eines Grundes ist intensiv oder Grad. Der Anfang eines Grades (Minimum) heißt moment. (Große des Gewichts und Grad der Schwere. Grad der Ausdehnung, des Lichts und der Warme. Moment der Erwärmung.) (Grad der realität. Erzeugung einer realitaet aus 0, d.i. moment der Erzeugung.)" (R 4411; AA XVII, 536). Dieses naturphilosophische Verständnis der intensiven Größe geht bei Kant bereits auf seine Erstlingsschrift *Gedanken von der wahren Schätzung der lebendigen Kräfte* von 1747 zurück, dort bestimmt er die „Intensio" als Bestrebung eines Körpers, seine Bewegung beizubehalten, d.h. seine Trägheit (AA I, 141 ff.).

142 Diese These, auf die noch näher einzugehen sein wird, teilt Kant mit Leibniz, der beispielsweise im Briefwechsel mit Clarke diese These vehement verteidigt (In: Briefe von besonderem philosophischem Interesse. Philosophische Schriften. Bd. V/2. Hrsg. v. W. Wiater. Darmstadt 1989, S. 388 ff.) Die bisher weniger gebräuchliche, aber nützliche Bezeichnung ‚Plenismus' für diese Annahme übernehme ich von Carrier (Kraft und Wirklichkeit. Kants späte Theorie der Materie. In: Übergang. Untersuchungen zum Spätwerk Immanuel Kants. Frankfurt/M. 1991, S. 208-230, S. 209).

Dichte der Materie, d.h. Masse in Relation zum Raumvolumen, die unterschiedliche Grade haben kann, d.h. sie kann unterschiedliche Aggregatzustände annehmen oder auch in unterschiedlichem Grade fest, flüssig oder gasförmig sein. Diese intensive Größe gilt es ihrerseits zu erklären. In den Antizipationen gibt Kant zunächst das Beispiel einer Fehlinterpretation der intensiven Größe. Er macht hier eine Anmerkung zu einer spezifischen Korpuskulartheorie der Materie (B 215). Kritisiert wird ein atomistisches Modell zur Erklärung der Dichte der Materie. Die Materietheorie, die Kant hier gewissen „Naturlehrern" oder „mathematischen und mechanischen Naturforschern" zuschreibt, behauptet, daß der empirisch festzustellende Unterschied im spezifischen Gewicht unterschiedlicher Stoffe daher rühre,[143] daß Atome von gleicher Qualität in unterschiedlicher Menge im Volumen vorhanden sind.[144] Eine höhere Dichte eines Stoffes ergibt sich entsprechend aufgrund kleinerer Zwischenräume zwischen den Materiepartikeln, folglich eine größere Anzahl derselben; eine geringere Dichte durch größere Zwischenräume und eine geringe Anzahl Materiepartikel. Diese Vorstellung erzwingt die Annahme des leeren Raumes zwischen den Atomen.[145] Diese Erklärung des Unterschieds der spezifischen Gewichte der Elemente ist Kant zufolge metaphysisch, auch wenn die Naturforscher dies zu vermeiden suchen, und sie ist keineswegs notwendig. Gemeint sind die Voraussetzungen *erstens*, daß die Grundbestandteile der Materie Atome von gleicher Art seien und *zweitens*, daß sich zwischen diesen Atomen leerer Raum befinde.[146]

---

143 Das chemische Element wurde von Lavoisier 1789 zuerst definiert als nicht weiter chemisch analysierbarer Stoff. Lavoisier stellte eine Tafel von dreiundzwanzig Elementen auf. Der Kant-Schüler und Chemiker Jeremias Benjamin Richter formulierte 1791 das Gesetz der Konstanz der Äquivalentgewichte, das es ermöglicht, das spezifische Gewicht zu ermitteln, das ein Element in Verbindung mit einem anderen haben kann (vgl. Mason, S.: Geschichte der Naturwissenschaft in der Entwicklung ihrer Denkweisen. Hrsg. u. übers. v. B. Sticker u. K. M. Meyer-Abich. Stuttgart 1961, S. 530 f.).

144 Als unterschiedliche spezifische Dichte der Stoffe wird hier Kants Begriff „Unterschied der Quantität der Materie von verschiedener Art unter gleichem Volumen" verstanden. Die Atomistik nimmt dabei an, daß die unterschiedliche Dichte der Stoffe bei gleichem Volumen daher rührt, daß das Volumen an leerem Raum bei den Stoffen unterschiedlich sei. Vgl. auch Kap. I.2.3. Den Zusammenhang des Problems der Materiedichte mit der zweiten Antinomie verdeutlicht auch R 5119; AA XVIII, 97.

145 In den *Metaphysischen Anfangsgründen der Naturwissenschaft* geht Kant etwas klarer auf diese Theorie ein (AA IV, 533). Dies war die zu Kants Zeit gängige Materietheorie; vertreten wurde eine solche Theorie beispielsweise auch von Newton in den *Opticks*, obwohl er auch den Äther hypothetisch annahm (Opera quae exstant omnia. 5 Bde. London 1779-1785. Bd. 4, S. 251 f.; S. 223 ff. (Neudruck: Hrsg. v. S. Horsley. Stuttgart-Bad Cannstatt 1964). Vgl. dazu Lasswitz, K.: Geschichte der Atomistik vom Mittelalter bis Newton. 2 Bde. Hamburg / Leipzig 1890 (Neudruck: Darmstadt 1963). Bd. 2, S. 555-571 (vgl. Kap. II.2.3.1.).

146 Bereits Boyle, von dem Kant eine Werkausgabe besaß, hatte darauf hingewiesen, daß die Reduktion aller chemischen Stoffe auf Atome gleicher Beschaffenheit problematisch ist (Mason, S.: Geschichte der Naturwissenschaft. S. 532; Warda, A.: Immanuel Kants Bücher.

Als eine transzendentale Alternative zu dieser Voraussetzung stellt Kant seine Theorie der kontinuierlichen Materieerfüllung des Raumes dar, wie man sie u.a. in den *Metaphysischen Anfangsgründen der Naturwissenschaft* ausgeführt findet. Demnach besteht Materie in der kontinuierlichen und intensiven Erfüllung des Raumes, so daß einerseits kein Raumpunkt nicht materieerfüllt ist (Plenismus), und andererseits die unterschiedliche Masse der Stoffe dadurch erklärt wird, daß die Intensität der raumerfüllenden Kraft, welche Materie ausmacht, unterschiedliche Grade annehmen kann. Hinter diesem Gedanken steht Kants Theorie der Materie, die er in den *Metaphysischen Anfangsgründen der Naturwissenschaft* und im *Opus postumum* expliziert hat. In den *Metaphysischen Anfangsgründen der Naturwissenschaft* reduziert er die Materie auf unterschiedliche Formen von Kraft und Bewegung im Raum.[147] Die wesentlichen Prädikate der Materie, Undurchdringlichkeit und Masse, werden als Kräfte interpretiert. Die repulsive Kraft, welche das Eindringen anderer Körper verhindert, macht die Dichte bis hin zur Undurchdringlichkeit aus.[148] Kraft ist nach Kant eine intensive Größe, welche Grade hat; sie kann den Raum in unterschiedlichem Maße erfüllen. Für die zweite kosmologische Idee entscheidend ist diese Interpretation der Räumlichkeit von Materie: Materie erfüllt einen Raum durch Kraft, welche ihre Raumerfüllung in gradueller Stufung bis zur Undurchdringlichkeit ausmacht. Danach ist es für die Vorstellung von Materie nicht notwendig, eine Art von Träger anzunehmen, der Kraft besitzt; sie ist nichts anderes als Kraft. Gleichwohl müssen wir sie unter der Kategorie der Substanz denken. In der *Kritik der reinen Vernunft* bietet Kant seine Materietheorie zunächst lediglich als eine alternative Erklärung für den Fall an, „wenn die Naturerklärung hierzu irgend eine Hypothese notwendig machen sollte“ (B 216).[149]

Der Gedanke der Teilung selbst beruht auf dem zweiten Element der Antizipationen der Wahrnehmung, der Lehre von der objektiven Bestimmung intensiver

Berlin 1922, S. 33). Gleichwohl beschreibt das bis heute gängige Periodensystem der Elemente den Unterschied der Elemente aufgrund eines atomistischen Modells.

147 Vgl. Metaphysische Anfangsgründe der Naturwissenschaft. AA IV, 480. Materie wird hier definiert als „das Bewegliche im Raum“.

148 Diese „dynamische Erklärung des Begriffs der Materie“ gibt Kant im ersten Lehrsatz der Dynamik in den *Metaphysischen Anfangsgründen der Naturwissenschaft.* Die Aggregatzustände, gasförmig, flüssig, fest, plasmaförmig, sind wohl nach Kant als unterschiedliche Intensitätsgrade der Materierealität aufzufassen (vgl. Metaphysische Anfangsgründe der Naturwissenschaft. AA IV, 525).

149 Da diese Passage bereits in der ersten Auflage vorhanden ist, ließe sich die Zurückhaltung im Geltungsanspruch dieser Theorie darauf zurückführen, daß sie noch nicht ausgeführt war; sie ist jedoch unverändert in die zweite Auflage übernommen worden, was zunächst für die Geltung der Materietheorie der *Metaphysischen Anfangsgründe der Naturwissenschaft* bedeutet, daß die transzendentalphilosophische Kritik sie nur als eine Grundlage für die Hypothesenbildung empirischer Theorien gelten läßt; dies wird noch eingehend zu erörtern sein.

Größen, dies bedeutet für Kant ihre Quantifizierung.[150] Jede Realität ist objektiv, d.h. Bestimmung eines Objektes, insofern sie ein bestimmtes Quantum und also quantifizierbar ist.[151] Die mögliche, ja notwenige Quantifizierung intensiver Größen ist bereits von Wolff konzipiert worden, der nur in klar definierte Begriffe faßt, was bereits von Leibniz ausgeführt worden war.[152] Die Objektivität der intensiven Größe zeichnet Kant so aus:

> „Nun nenne ich diejenige Größe, die nur als Einheit apprehendiert wird, und in welcher die Vielheit nur durch Annäherung zur Negation = 0 vorgestellt werden kann, die intensive Größe." (B 210)

Die Größenbestimmung intensiver Größen ist nur vermittels aller drei Qualitätskategorien möglich, wie Kant im Schematismus der Qualitätskategorien aufzeigt:

> „Daher ist ein Verhältnis und Zusammenhang, oder vielmehr ein Übergang von Realität zur Negation, welcher jede Realität als ein Quantum vorstellig macht, und das Schema einer Realität als der Quantität von Etwas, sofern es die Zeit erfüllt, ist eben diese kontinuierliche und gleichförmige Erzeugung derselben in der Zeit, indem man von der Empfindung, die einen gewissen Grad hat, in der Zeit bis zum Verschwinden derselben hinabgeht, oder von der Negation zu der Größe derselben allmählich aufsteigt." (B 182 f.)

Kant verbindet in diesem Grundsatz ohne Erklärung Quantitätskategorien mit den Kategorien der Qualität. Vordergründig scheint der Grundsatz der Qualität nur eine subjektive Bedeutung zu haben und zu besagen, daß Wahrnehmung ohne jeglichen Grad an Intensität, d.h. ohne irgendeine Realität, nicht vorstellbar ist. So wie Vorstellung überhaupt immer nur als Vorstellung von etwas zu denken ist, so kann auch Wahrnehmung nur als Wahrnehmung von etwas vorgestellt werden.[153] Dies läßt sich

---

150 In R 5590 schreibt Kant: „Alle intensive Größe muß doch zuletzt auf extensive gebracht werden." (AA XVIII, 242).

151 Vgl. auch Prolegomena, § 24: „[...] weswegen der Verstand sogar Empfindungen, welche die eigentliche Qualität der empirischen Vorstellungen (Erscheinungen) ausmachen, anticipiren kann vermittelst des Grundsatzes, daß sie alle insgesammt, mithin das Reale aller Erscheinung Grade habe, welches die zweite Anwendung der Mathematik (*mathesis intensorum*) auf Naturwissenschaft ist." (AA IV, 306).

152 Vgl. Wolff, Chr.: Ontologia, § 754 ff. Wolffs Bestimmung des Grades als Quantität der Qualität hat Baumgarten wörtlich in seine *Metaphysica* übernommen (§ 246 ff.). Anders aber als für Wolff setzt nach Kant die Quantifizierung die sukzessive Synthesis voraus. Da Sukzession eine Zeitbestimmung ist, werden die Kategorien der Qualität somit schematisiert.

153 Diese subjektive Seite der intensiven Größe findet sich auch vor Kant: J. H. Lambert geht bei seiner Bestimmung der intensiven Größe ebenso zunächst von der Stärke der Empfindung aus, deren Ursache er dann in den Gegenständen, genauer in der Kraft, die sie auf uns ausüben, auffindet (Anlage zur Architectonic oder Theorie des Ersten und des Einfachen [...]. Riga 1771 (Nachdruck hrsg. v. H.-W. Arndt. Hildesheim 1965), §§ 689 f., § 696, § 730, Bd. 2, S. 313). Lambert gebraucht wie Kant das Beispiel des Lichtes für die intensive Größe, neben dem sonst gebräuchlicheren der Masse. Die Intensität einer Lichtempfindung hat demnach ihre objektive Seite in der Kraft der Lichtstrahlung, die von uns wahr-

a priori von der Wahrnehmung ausmachen; die bestimmte Qualität einer Wahrnehmung kann dagegen lediglich *a posteriori* durch die Erfahrung gegeben werden. Tatsächlich aber bestimmen die *Antizipationen der Wahrnehmung*, daß ein Anschauungsmannigfaltiges durch die Kategorien der Qualität nur zur Einheit eines Objekts verbunden werden kann, wenn es als prinzipiell quantifizierbare Größe eines Objekts vorgestellt wird. Kant geht es auch in den *Antizipationen der Wahrnehmung* vornehmlich darum zu zeigen, wie es möglich ist, Mathematik auf empirische Gegenstände anzuwenden.[154]

Für die Quantifizierung des Realen gilt, das ist das entscheidende, aufgrund der Beschaffenheiten des Erfahrungssubjekts ein bestimmtes Verfahren.[155] Die intensive Größe eines Erfahrungsobjekts wird quantitativ nach der Kategorie der Allheit als eine Einheit vorgestellt, da sie kein Aggregat ist. In ihr kann gleichwohl eine potentielle Vielheit vorgestellt werden, insofern als der Grad der Wahrnehmung variabel ist. Die Größe einer Wahrnehmung wird daher als Differentialwert vorgestellt, dessen Grenzwerte die Negation, d.h. das Nichtbestehen einer Wahrnehmung, und die jeweils bestimmte Größe der Wahrnehmung bilden, also als ein Intervall zwischen 0 und einer Größe x. Wie die Vorstellung der Teilung auf die Qualitätskategorien bezogen ist, legt Kant in einer Reflexion von ca. 1766-1771 in dieser Weise dar:

> „Die synthesis der realität besteht blos in der absonderung von der einigen Großten durch negationen, weil negationen realitaet voraus setzen; folglich ist darin der unterschied des zusammengesetzten und einfachen."[156]

Das Intervall muß als einteilbar betrachtet werden, wenn die Größe von x bestimmt werden soll. Negationen, die Realität voraussetzen, sind Limitationen. Es müssen also zunächst Teile durch Begrenzung (Limitation) erzeugt werden, um sie dann diskursiv durchlaufen zu können, so daß die Intensität durch die Zeit bestimmt werden kann,

---

genommen wird, abhängig vom Abstand des Gegenstandes von uns, dem Winkel, in dem das Licht in unser Auge fällt und von den Farbeigenschaften des Gegenstandes.

154 Dieselbe Auffassung vertritt Longuenesse bezüglich des zweiten Grundsatzes (Kant and the Capacity to Judge: Sensibility and Discursivity in the Transcendental Analytic of the *Critique of pure Reason*. Princeton 1998, S. 319).

155 Diese Bestimmung der intensiven Größe geht deutlich aus der Schulphilosophie hervor; vgl. Wolff, Chr.: Ontologia, § 759: „Quoniam gradum concipimus tanquam compositum ex aliis minoribus veluti partibus, atque gradus ideo intenditur, quia fit major, consequenter plures istiusmodi partes imaginariae veluti superaccedunt; quod magnitudo improprie dicitur, id proprio nomine intensitas appellatur: ut adeo *Intensitas* sive *Intensio* sit quasi graduum multitudo, quemadmodum magnitudo partium multitudo." In §§ 756 f. hatte Wolff die Mathematisierbarkeit und Meßbarkeit der Qulaitäten bestimmt: „Qualitatis metiri licet, seu qualitates omnes sunt mensurabilis." Die Meßbarkeit verdankt sich der Teilbarkeit des Grades, die bereits in § 750 festgestellt wurde: „Gradus unus concipi potest tanquam compositus ex aliis minoribus veluti partibus." Auch bei Wolff wird die Vielheit im Grad also nur behelfsweise vorgestellt. Zum Zusammenhang der Antizipationen mit Wolffs Auffassung von intensiver Größe vgl. Longuenesse: Kant and the Capacity to Judge. S. 312.

156 R 3901; AA XVII, 333 f.

die erforderlich ist, um die Teile zu durchlaufen.[157] Kant spricht daher vom „kontinuierliche[n] Zusammenhang möglicher Realitäten" „zwischen Realität und Negation" (B 211). Die Größenbestimmung intensiver Größen ist nach Kant eine Konstruktion in der Anschauung, die dem Gegebenen anzunähern ist.[158] Kant spricht wohl daher von der „Größenerzeugung" (B 208). Die objektive Bestimmung der Realität in der Erscheinung ist nur möglich durch ihre Quantifizierung. Zwar ist die intensive Größe kein synthetisches Ganzes aus Einheiten, d.h. ein Aggregat, sondern ein Ganzes, dessen Größe durch Limitation zu bestimmen ist, dennoch muß sie als extensive dargestellt werden.[159]

Das Reale im Raum, das sich wie bereits gesehen phänomenal als Dichte der Materie zeigt, wird also als intensive Größe derart gedacht, daß der materielle Körper seinem Grad an Raumerfüllung nach als einteilbar gedacht wird. Die Bedingungen der mathematischen Konstruktion intensiver Größen haben zur Folge, daß die Quantifizierung dieser Größen durch Teilung geschieht. Diese Quantifizierung kann nun wiederum nur durch eine Übertragung der intensiven auf die extensive Größe, d.h. der Masse auf das Raumvolumen gedacht werden, so daß die intensive Größe eines

---

157 Longuenesse macht auch darauf aufmerksam, daß Kants Bezug auf die Zeit in den Antizipationen sicherlich auf Newtons Interpretation der Infinitesimalrechnung als Fluxionenrechnung zurückgeht (Kant and the Capacity to Judge. S. 316 f.). Kant selbst spricht in den *Antizipationen* schließlich von „fließenden Größen" (B 211 f.). Vgl. zu Newtons Fluxionenrechnung auch H. Cohen: Das Prinzip der Infinitesmalmethode. S. 79-87. Kants Wortwahl in den *Antizipationen* trägt deutliche Züge von Newtons kurzer Ausführung in den *Principia* (II sect. II, § 10). Newton spricht wie Kant von der „Erzeugung" dieser Größen aus einem „Moment" . Der Zeitbezug der Größenbestimmung soll hier nicht näher dargestellt werden; da er für die Auflösung der zweiten Antinomie entscheidend ist, wird er in Kap. III.3.5. interpretiert.

158 Es kann an dieser Stelle nicht ausführlich auf Kants Theorie mathematischer Größenbestimmung eingegangen werden, dies wäre eine eigene lohnende Aufgabe. Vgl. hierzu Böhme, G.: Quantifizierung als Kategorie der Gegenstandskonstitution. Zur Rekonstruktion der Kantischen Erkenntnistheorie. In: Kant-Studien 70 (1979), S. 1-16; ders.: Über Kants Unterscheidung von extensiven und intensiven Größen. In: Kant-Studien 65 (1974), S. 239-258. Böhme macht darauf aufmerksam, daß es in den Antizipationen der Wahrnehmung darum geht, daß die Qualität der Wahrnehmung *a priori* bestimmt ist, quantifiziert werden zu können. Das Verfahren der Quantifizierung der Qualität wird durch das Schema der Realität angegeben. Das Verfahren bestehe zum Teil in der Projektion des Empfindungsgrades auf die Zeitextension.

159 Vgl. auch R 5580: „Doch ist das qvantum der absoluten position oder realitaet (g Empfindung) darin von anderen qvantis unterschieden, daß ienes in nichts verschwindet, diese aber doch eine positive Grenze, obzwar keinen theil übrig lassen. [...] Die Erzeugung der realitaet hat ein Moment, des qvanti extensivi ein (g qvasi) element: differentiale. (Jenes ist wie die Linie anzusehen, die in einer Zeit [mit Beschleu] eine flache beschreibt.) Wie ein verschiedenes Moment verschiedene Grade der Geschwindigkeit erzeugt, so verschiedenheit des Eindruks verschiedenen Grad der Empfindung. intellectual ist aber eine realitaet nicht [ans] als Menge verschiedener anzusehen, ist aber mit dem Nichts in continuirlichem Zusammenhange; Theilung der Theile." (AA XVIII, 239).

Materiequantums an Teile des Raumes gebunden wird, diese Größe ist folglich die Dichte. Die einteilende Konstruktion der intensiven Größe des Realen im Raum wird so zur Einteilung der materieerfüllten Raumgröße. Die Teile eines Quantums Materie können damit als konstitutiv für die Realität des Ganzen gedacht werden. Wird diese Konstruktion nicht als solche durchschaut, so ergibt sich dabei die Vorstellung eines bereits immer schon eingeteilten Aggregats von Materieteilen. Die „transzendentale Teilung", die Kant schließlich in der Auflösung der zweiten Antinomie gegen die metaphysische Teilungslehre stellt, ist eine gedankliche Teilung, die nicht den Gegenstand an sich selbst als geteilt betrachtet, sondern die Teilung auf die Bedingungen der Gegenstandskonstitution bezieht und sie als subjektive Bedingung unserer Größenkonstruktion annimmt (B 555). Die mathematische Antinomie der Qualität ergibt sich also aus den Prinzipien der quantifizierenden mathematischen Bestimmung des Anschauungsmannigfaltigen als Realität im Raum, wenn es unter der Prämisse gedacht wird, ein absolut Gegebenes zu sein.

In einer Reflexion der Jahre 1778/1779 findet sich der für die zweite Antinomie entscheidende Punkt des Teilungsproblems, der zur Antinomie führt.[160] Rein als Quantum betrachtet kommt es keiner Größe zu, in der Dekomposition absolut erste Teile zu haben; ist aber eine Größe ein Reales, so gilt, daß es eine „positive Grenze" der Dekomposition geben muß, da sonst die Realität selbst aufgehoben wäre. Daher muß das Reale als Quantum notwendig Moment sein, d.h. eine Größe haben, die nur zu einem Minimum verringert, nicht aber aufgehoben werden kann.[161] Der Umstand, daß bei der intensiven Größe die Realität absolut gesetzt wird – d.h. als Moment des Anschauungsgegenstandes nicht aufgehoben werden kann, ohne den Gegenstand selbst aufzuheben – ist das Moment, welches unter den Bedingungen des transzendentalen Realismus die „natürliche Illusion" hervorruft, daß es letzte konstitutive Elemente der Materie geben müsse, daß das Einfache existieren müsse oder aber daß die Materie unendlich eingeteilt ist (B 354).

Es sind die Bedingungen der mathematischen Konstruktion des Realen in der Anschauung, die für das Entstehen der zweiten Antinomie verantwortlich sind und durch die sie auch auflösbar ist, wenn das Reale nicht als transzendental real, sondern ideal angesehen wird:

> „Denn der wiederstreit betrift die zusammensetzung und theilung einer Anschauung, die [jederzeit] nothwendig in Raum und Zeit Geschehen muß, weil [...] diese selbst den Begrif derselben als Größe moglich machen. [...] Jene Antinomien betreffen die innere Moglichkeit der Erscheinungen selbst (als quanta);" (ca. 1785-1789, R 5962; AA XVIII, 402)

---

[160] R 5582; AA XVIII, 239.

[161] Kant spricht hier wie auch in der oben zitierten Reflexion immer von der „Erzeugung der Realität"; gemeint ist die Konstruktion der intensiven Größe in der Anschauung, dem gegebenen Anschauungsgehalt entsprechend. Dieser Gedanke ist in der Auflösung der Antinomie von Bedeutung.

Den Bedingungen der mathematischen Konstruktion gemäß muß das Reale in der Anschauung als gegebene Totalität betrachtet werden, deren Realgehalt durch Einteilung zu bestimmen ist. Die Einteilung ist eine Konstruktion zur Bestimmung des Realgehaltes. Als Erscheinungen sind Objekte diesem Verfahren gemäß bestimmt.

Die nicht restringierte Vernunft faßt dagegen die gegebene Anschauungstotalität nicht als ein solches konstituiertes Objekt auf, sondern als eine absolute Totalität. Die Größe wird dabei anders als durch den transzendentalen Idealismus nicht als Konstruktion in der Erscheinung aufgefaßt, sondern unmittelbar auf das Reale im Raum selbst, die Materie an sich bezogen. Daher sind die Teile der Materie die Bedingungen ihrer Realität selbst; Materie wird dann als zusammengesetzte Substanz im metaphysischen Sinne betrachtet. Durch die Vernunft wird das gegebene Anschauungsmannigfaltige auf ein Objekt bezogen derart, daß dieses Objekt als Größe an sich selbst gedacht wird.[162]

Kant unterscheidet verschiedene Arten von Teilung. Die Art der Teilung der Materie in der zweiten Antinomie bestimmt er als „division“[163] aber auch „decomposition“.[164] ‚Division‘ bezeichnet wohl die mathematische Größenbestimmung, ‚Dekomposition‘ die gedankliche reale Teilung einer zusammengesetzten Substanz. Die zweite Antinomie betrifft dabei sowohl die quantitative als auch die qualitative Teilung der Materie. Die Teilung eines organischen oder, wie Kant in der Auflösung der zweiten Antinomie sagt, „gegliederten (organisierten) Ganzen“ (B 554) ist qualitative Teilung,

---

162 In einer Reflexion, die von Adickes auf 1785-1788 datiert wird, geht Kant auf den Gesamtzusammenhang des Problems der zweiten Antinomie ein, wobei der Zusammenhang von intensiver Größe und potentieller Teilung hergestellt wird: „Das ein Wesen als Einheit der substantz existiren und dennoch in eine Vielheit derselben aufgeloset werden könne, involvirt keinen widerspruch. Denn es ist nicht nothwendig[keit], daß Vielheit der Subiecte schon vorher gewesen seyn müsse und mithin daß die Substantz schon vor der Auflösung als Zusammengesetzt müsse gedacht werden, d.i. als enthaltend diejenige vielheit der Subiecte als Theile, die durch die Auflösung in ihm moglich seyn. Denn ist diese Auflosung blos die Wirkung des aussereinander-setzen desjenigen, was vorher in Einem inhaerirte, so wird die Inhärentz in eine Subsistentz und das accidentz in ein absolut subiect verwandelt. Dies geschieht immer bey der Auflösung des Grades. Hier haben wir von dem Subiect niemals den Begrif der Vielheit, weil es innerlich und nicht sein [in] äußeres Verhaltnis (extensiv) der größe nach betrachtet wird. Gleichwohl kan die intensive Größe immer als potentiale Vielheit der subiecte angesehen werden, die geschieden werden kann; denn anstatt das alle Krafte dem Grade nach aufhören (wodurch denn auch das Gantze Subiect aufhören würde), so können [alle] diese Grade (g aller Kräfte) und mit ihnen auch der Begrif eines Subiects, dem sie inhäriren (denn dieses ist im einen von dem im andern garnicht unterschieden), von einander abgesondert existiren. Es könte die Wiederstehende Kraft eines Korpers abnehmen, indem davon Grade gantz verlohren gingen oder auch indem das, was ihm abginge, (g ohne daß ein Theil, der ausser dem andern ist, weggenommen würde, sondern ein jeder, obzwar mit vermindertem, Grade bliebe.) als besonderes Subiect existirte.“ (R 5650; AA XVIII, 299 f.).

163 R 4760; AA XVII, 711.

164 Ebd.; R 4759; AA XVII, 709.

da sie ungleichartige Teile voneinander absondert, wie beispielsweise bei der chemischen Analyse, die auf Elementarstoffe ausgerichtet ist.[165] Die quantitative Teilung teilt Gleichartiges entweder in numerisch oder der Größe nach unterschiedene Teile. Um das Problem der zweiten Antinomie weiter begrifflich zu klären, ist es hilfreich, Kants Klassifizierung unterschiedlicher Teilungsarten zu betrachten, die am ausführlichsten in der *Metaphysik-Pölitz* und in einer Reflexion zu Baumgartens *Metaphysica* entwickelt ist:[166] Kant unterscheidet grundlegend zwischen „division" und „Theilung". Die Division unterscheidet die quantitative von der qualitativen Teilung, wobei in beiden wiederum eine mittelbare und unmittelbare Teilung unterschieden werden können.

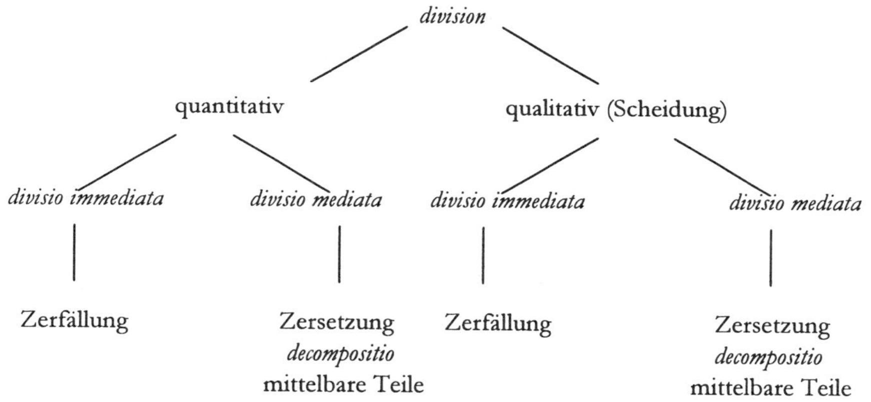

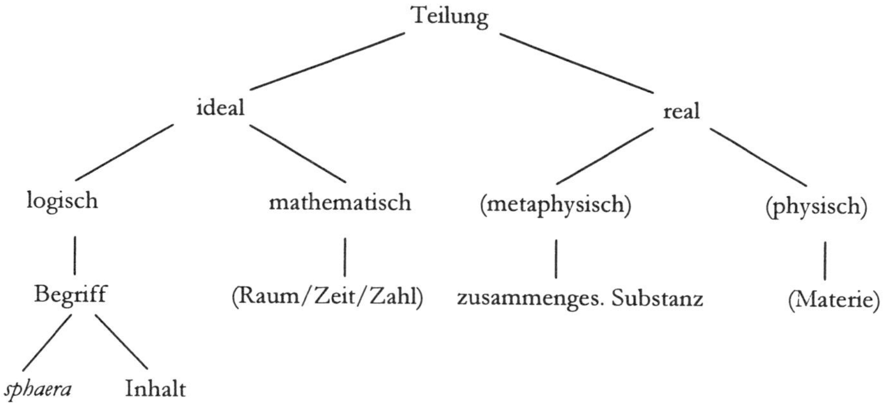

---

[165] Vgl. R 5581; AA XVIII, 239; R 3791; XVII, 293 f.
[166] Metaphysik-Pölitz. S. 63; R 5889; AA XVIII, 376.

Mit dem Oberbegriff „Theilung" unterscheidet Kant ideale und reale Teilung. Dabei könne die ideale Teilung logisch oder mathematisch sein. Die logische Teilung bezieht sich auf Begriffe bezüglich ihres Umfangs oder Inhalts; die reale Teilung bezieht sich dagegen auf zusammengesetzte Substanzen. Das Verhältnis beider Einteilungen von ‚Teilung' und ‚*division*' bestimmt Kant nicht, aber es handelt sich wohl um eine jeweils andere Hinsicht, die sich nur durch die Unterscheidung ‚real/ideal' und ‚quantitativ/qualitativ' differenziert.

Es wird sich zeigen, daß Thesis und Antithesis eine andere Art der Teilung von Materie in Anschlag bringen: Die Thesis wird die Teilung der Materie als reale Teilung verstehen, die Antithesis dagegen wird sie in ihrem ersten Beweis als ideal-mathematische des erfüllten Raumes ansehen. Die weitere Herleitung der Antinomie wird die Ursache dieses Unterschiedes offenbaren, den beide Positionen in ihren Argumenten aber auch selbst implizit begründen. Die Antinomie ist gleichwohl aber nicht durch eine Hinsichtenunterscheidung zu lösen, also indem die mathematische Teilung als unbegrenzt und zugleich die reale als begrenzt angenommen wird. Denn beide Bestimmungen, Realität und Ausdehnung, erweisen sich als untrennbar.

Die Antinomie der Teilung hat sich nach dieser Herleitungsrekonstruktion als kein ausschließlich philosophisches Problem erwiesen, das auf die rein metaphysische Kosmologie eingeschränkt ist, vielmehr ist sie ein Problem des theoretischen Denkens über die Erfahrungswelt überhaupt. Die Frage, ob die Materie unendlich geteilt ist oder aus einfachen Teilen besteht, ist nicht *per se* an ein explizit metaphysisches Weltkonzept gebunden, sondern ergibt sich bereits aus den Bedingungen unserer Erfahrung selbst, insbesondere den Bedingungen der Quantifizierung von Qualitäten, allerdings nur insofern, als diese Bedingungen „natürlich", d.h. nicht kritisch restringiert interpretiert werden.[167] Es dürfte hiermit deutlich geworden sein, daß der Hintergrund der Vorstellung Kants vom notwendigen Zusammenhang der Qualitätskategorien mit der absoluten Vollständigkeit der Teilung in den angeführten metaphysischen, naturphilosophischen Theorien und mathematischen Erwägungen zu sehen ist. Es wird noch zu zeigen sein, daß Kant in der Auflösung der zweiten Antinomie erneut an diese Hintergründe der Herleitung ansetzen wird.

2.3. Der Materiebegriff in der *Kritik der reinen Vernunft*

Mit der Herleitung der zweiten kosmologischen Idee hat sich die „natürliche" Illusion des transzendentalen Realismus bezüglich des absoluten Gegebenseins eines Realen eingestellt, dadurch, daß der Verstand unter der Leitung der Vernunft die Quantifizierungsbedingungen des Anschauungsmannigfaltigen auf das Objekt als Ding an sich

---

167 ‚Natürlich' bezieht sich auf die Kantische Bestimmung der Metaphysik als Naturanlage der Vernunft (B XXXI).

überträgt, das aufgrund seiner Gegebenheit in der passiven, bloß rezeptiven Anschauung als Totalität gesetzt wird. Da die zweite kosmologische Idee, die Idee der vollständigen Teilung des Realen im Raum, gleichwohl ein konstitutiver Teil der Vernunft als Erkenntnisvermögen ist, insofern sie aus der „natürlichen" Verfaßtheit der Vernunft entspringt, muß die Bestimmung der Materie in der Idee in bestimmter Weise mit der kritischen Materielehre Kants vereinbar sein oder zumindest mit ihr in engem Zusammenhang stehen. Mit den beiden Begriffen ‚Teilbarkeit' und ‚Materie' ist das Sachproblem der zweiten kosmologischen Antinomie terminologisch benannt. Mit dem Begriff ‚Materie' ist der Gegenstand der zweiten Antinomie bezeichnet. Es ist daher notwendig, Kants höchst komplexe Verwendung des Materiebegriffs in der *Kritik der reinen Vernunft* zu untersuchen, um den Gegenstand des metaphysischen Streits in der zweiten Antinomie zunächst aus der Perspektive des transzendentalen Idealismus zu betrachten. Es wird sich zeigen, daß die Teilungseigenschaften der Materie davon abhängig sind, welchen ontologischen Status man der Materie zuspricht.

Kant verwendet den Begriff ‚Materie' in zwei Hauptbedeutungen: Zu unterscheiden sind bei Kant ‚Materie' als Reflexionsbegriff – die logische Materie –, von ‚Materie' als physischem Stoff.[168] In einigen Verwendungen vermischen sich diese beiden Bedeutungen, daher ist die Bedeutung des Terminus an vielen Stellen schillernd. So bestimmt Kant die Materie als das Gegebene im äußeren Sinn, als das Korrespondierende der Wahrnehmung, als das Beharrliche in der Erscheinung, als die Substanz oder Realität in der Erscheinung.[169]

---

[168] Historisch geprägt hat die Materie-Form-Unterscheidung natürlich Aristoteles mit seiner Konzeption von *hyle* und *eidos*. Dabei ist bei Aristoteles die *hyle* kein Reflexionsbegriff, sondern der formlose unbestimmte Stoff. Kant führt in der *Metaphysik-Pölitz* die daraus insbesondere von Thomas von Aquin entwickelte Unterscheidung von *materia ex qua*, *materia circa quam* und *materia in qua* an (S. 76 f.). Unter *materia ex qua* hat man dasjenige zu verstehen, woraus etwas besteht. Sie entspricht in ungefähr dem Materiebegriff als physischer Stoff. *Materia circa quam* ist das zu Bestimmende, der Gegenstand im weitesten Sinne; also dasjenige, was in ungefähr der Materie als Reflexionsbegriff bei Kant entspricht. Sie ist in etwa mit der Aristotelischen *hyle noete* vergleichbar. *Materia in qua* dagegen ist das Subjekt. Vgl. auch Baumgarten: Metaphysica, § 344; AA XVII, 101.

[169] B 18. Im Schematismuskapitel gibt Kant die wohl sehr schwierige und mißverständliche Bestimmung von Materie, sie sei dasjenige, was an den Gegenständen als Erscheinungen der Empfindung entspreche: „die transzendentale Materie aller Gegenstände als Dinge an sich (die Sachheit, Realität)" (B 182). In der *Amphibolie der Reflexionsbegriffe* bringt Kant diese Definition: „Substanz, die im Raum erscheint, und die wir Materie nennen, [...]." In der *Architektonik der reinen Vernunft* erläutert er den „bloßen Begriff der Materie" als „undurchdringliche leblose Ausdehnung" (B 876) oder an späterer Stelle im Antinomienkapitel: Materie sei die „Erscheinung im Raum" (B 515). Zusammenfassend läßt sich sagen, analytisch kommt es der Materie zu, Erfüllung des Raumes zu sein, und das bedeutet: Realität im Raum zu sein, nämlich eine sachliche Bestimmtheit im Raum, die empirisch durch eine bestimmte Empfindung gegeben werden kann. Dies kann als der „transzendentale Materiebegriff" angesehen werden (vgl. B 182), der noch nicht Kraft und Undurchdringlichkeit impliziert.

Systematisch hervorgehoben wird der Begriff der Materie von Kant in der *Kritik der reinen Vernunft* nur in der *Amphibolie der Reflexionsbegriffe*, einem Anhang zum *Phaenomena und Noumena*-Kapitel (B 316 ff.). Allein diese Stellung verursacht für die Bestimmung des Materiebegriffs in der *Kritik der reinen Vernunft* zahlreiche Schwierigkeiten, die mit der sehr problemreichen Konzeption dieses Kapitels zusammenhängen.[170] ‚Materie' ist in systematischer Bedeutung der Gegenbegriff zu ‚Form' und wird synonym gebraucht zu dem Begriffspaar ‚Bestimmbares' und ‚Bestimmung'; die Materie ist als Reflexionsbegriff das Bestimmbare. Reflexionsbegriffe zeigen korrelative Verhältnisse an, Kant nennt sie daher auch „Vergleichungsbegriffe", die sich gleichermaßen auf alle Vorstellungen beziehen lassen und sie rein logisch in Verhältnis setzen. Doch ihre Bedeutung differiert, je nachdem, welcher Erkenntnisquelle, Sinnlichkeit oder Verstand, eine Vorstellung zuzuweisen ist. Daher ist nach Kant vor Gebrauch der Reflexionsbegriffe eine transzendentale Reflexion notwendig, um den Vorstellungen ihren transzendentalen Ort zuzuweisen.[171] Die beiden transzendentalen Orte sind Sinnlichkeit und Verstand.[172] Die transzendentale Reflexion ist das „Bewußtsein des Verhältnisses gegebener Vorstellungen zu unseren verschiedenen Erkenntnisquellen" (B 316). Durch sie werden Vorstellungen untereinander verglichen und zueinander in Verhältnis gesetzt. Also bezeichnet das Begriffspaar ‚Materie und Form' ein Verhältnis von Vorstellungen zueinander, das rein logisch und nicht objektiv ist. Materie und Form sind also nicht Begriffe, die ein Objekt selbst bestimmen, sondern eine bloße Relationsbestimmung für Vorstellungen der Sinnlichkeit oder des Verstandes. Ohne die transzendentale Reflexion, die Kant nicht näher erläutert, führt

---

170 Einen Überblick über die systematischen Probleme und die Forschungsdebatte gibt R. Malter: Reflexionsbegriffe. Gedanken zu einer schwierigen Begriffsgattung und zu einem unausgeführten Lehrstück der Kritik der reinen Vernunft. In: Philosophia Naturalis 19 (1982), S. 125-150.

171 Die historische Dimension dieses Begriffspaares liegt v.a. in der Metaphysik. Auch bei dieser Gegenüberstellung dürfte Aristoteles terminologisches Vorbild für Kant gewesen sein, mit seiner metaphysischen Grundunterscheidung von *hyle* und *morphe* vgl.: Metaphysik. 1029 a. Nach Aristoteles ist *hyle*, Materie, dasjenige, das an sich selbst unbestimmt und an sich selbst unbestimmbar ist, das gleichwohl ein Ding zu einem konkreten Etwas macht. Bestimmtheit kommt einem Ding nur durch die Form, *morphe*, zu; ‚Materie' bezeichnet etwas, das durch die Form Bestimmtheit erhält und somit bestimmbar ist (Metaphysik. 1042 a. Vgl. Happ, H.: Hyle. Studien zum aristotelischen Materiebegriff. Berlin 1971). Diese metaphysische Bedeutung des Begriffspaars liegt Kants Reflexionsbegriffen Materie und Form zugrunde. Daß Kant die Theorie der Reflexion und auch teilweise die Reflexionsbegriffe aus den Logiken seiner Zeit beziehen konnte, darauf verweist R. Malter (Reflexionsbegriffe. S. 134 Anm. 20).

172 Kant unterscheidet die transzendentale Topik von der logischen Topik. Als logische Topik sieht er die Aristotelische Topik an. Sie ließe sich, so Kant, als Teil der Rhetorik mißbrauchen (B 324). Die Unterscheidung von Materie und Form im logischen Sinne führt Kant in der *Kritik der Urteilskraft* im Kapitel über die reflektierende Urteilskraft auf die „aristotelische Schule" zurück, diese habe die Gattung als Materie, den spezifischen Unterschied als Form angesehen (AA XX, 215 Anm.).

der Gebrauch der Reflexionsbegriffe zu vielfältigen Fehlern in der Zuordnung, wie Kant am Beispiel der Leibnizschen Philosophie glaubt zeigen zu können.[173]

Die grundlegende Bestimmung der Materie als Reflexionsbegriff ist, das Bestimmbare zu sein im Unterschied zur Bestimmung. Demgemäß zählt Kant unterschiedliche Verwendungsweisen des Begriffs ‚Materie' auf, wodurch das Bestimmbare an etwas angezeigt werden soll. Die „logische Materie" sei „ehedem" in der Definitionslehre als das Allgemeine, die Form als der spezifische Unterschied angesehen worden. In der Urteilslehre sind Begriffe die logische Materie, die Junktoren und Quantoren im Urteil machen dagegen die Form aus. In der Ontologie seien die *essentialia* die Materie; die Verknüpfungsart der Merkmale im Ding sei die Form (B 322).[174] Kant betont sogar, daß dieses Begriffspaar die grundlegendste Bedeutung für das reflektierende Denken habe. Der Begriff ‚Materie' ist in der *Kritik der reinen Vernunft* am häufigsten in dieser reflexiven Verwendungsweise zu finden, beispielsweise in § 1 der Elementarlehre, wo die Unterscheidung von Materie und Form der Sinnlichkeit eine tragende Rolle spielt (B 34). Die „Formen der Erscheinung" sind Raum und Zeit. Die „Materie der Erscheinung" ist Empfindung. Auch in den *Antizipationen der Wahrnehmung* und den *Postulaten des empirischen Denkens* ist die „Materie der Erfahrung" Empfindung (B 209; B 270). Dieser reflexive Gebrauch von ‚Materie' meint zunächst nur das Bestimmbare an der Erfahrung, nicht das Objekt der Erfahrung oder etwa solches, das Grund von Erfahrung und Affektion wäre, sondern den selbst unbestimmten Sinneseindruck, also etwas, das das Erkenntnissubjekt sich selbst zuschreibt. Zudem ist die „Materie der Empfindung" gerade von der Form des Raumes isolierbar und nicht die „Realität im Raum", als welche sie in der zweiten kosmologischen Idee bestimmt wird.[175]

---

173 Es kann beispielsweise in einem Schluß das *sophisma figurae dictionis* vermieden werden, indem die fehlerhafte Verwendung eines Begriffs als Mittelbegriff aufgedeckt wird, wenn er in den Prämissen des Schlusses verschiedenen transzendentalen Topoi zuzuordnen ist und also in unterschiedlicher Bedeutung oder Hinsicht gebraucht wird. Die Mißachtung der transzendentalen Topik rührt von der Amphibolie, und diese von der Mehrdeutigkeit der Reflexionsbegriffe her; eine Verwechslung der Bedeutungen ergibt sich aus dem reinen Gebrauch der Vernunft, wenn sie Vorstellungen der Sinnlichkeit mit Gegenständen des reinen Denkens verwechselt und in Beziehung setzt. Zu dieser Topik sollen Regeln dienen, die Kant jedoch nicht ausdrücklich formuliert.

174 Eine differenzierte Übersicht über die unterschiedlichen Verwendungsweisen von ‚Materie' und ‚Form' im Amphibolienkapitel gibt P. Reuter: Kants Theorie der Reflexionsbegriffe. Eine Untersuchung zum Amphibolienkapitel der *Kritik der reinen Vernunft*. Würzburg 1989, S. 161-169. Seine Differenzierungen beziehen sich auf dasjenige, was hier als ‚reflexive Verwendungsweise' bezeichnet wurde.

175 Wie Kant das Verhältnis von Reflexionsbegriffen und Kategorien konzipiert, läßt sich einer Reflexion in ungefähr entnehmen (R 5554; AA XVIII, 229; ca. 1779 bis 1783). Die Reflexionsbegriffe sind demnach von den Kategorien abhängig. ‚Materie' bedeutet im logischen Gebrauch soviel wie das Bestimmte oder die Substanz, im empirischen Gebrauch das Bestimmbare oder das *substantiale*. Demnach besteht die Amphibolie des Materiebegriffs darin, ‚Materie' im empirischen Gebrauch für ein Bestimmtes zu halten, im Sinne eines voll-

Diesem reflexiven Gebrauch stehen bei Kant unterschiedliche andere Bestimmungen von ‚Materie' gegenüber, die bezogen sind auf die gegenständliche Bedeutung von ‚Materie' als physischer Stoff. Sie ist der Gegenstand der zweiten Antinomie. Für Kants Verständnis von ‚Materie' in gegenständlicher Bedeutung ist die Frage grundlegend, ob ‚Materie' ein empirischer oder ein reiner Begriff ist.[176] Es soll hier gezeigt werden, daß Kant sowohl einen empirischen als auch einen reinen Begriff der Materie konzipiert. Wäre ‚Materie' ein lediglich empirischer Begriff, so würde das metaphysische Problem der Teilung der Materie aus Sicht des transzendentalen Idealismus zu einem bloßen Scheinproblem, das sich aus einem Irrtum in der Genese des Materiebegriffs ergäbe. Die Frage, ob die Materie aus dem Einfachen bestehe oder nicht, ließe sich allein durch empirische Forschung beantworten. Doch dies ist nach Kant nicht der Fall.

Die Konzeption der Materie als reiner Begriff wird an einigen Theoremen der *Kritik der reinen Vernunft* deutlich. In der Einleitung zur zweiten Auflage der *Kritik der reinen Vernunft* führt Kant als Beleg für die Wirklichkeit synthetischer Urteile *a priori* Prinzipien der Naturwissenschaft an (B 17 f.). Sein Beispiel ist der Satz von der Erhaltung der Quantität der Materie und der Energieerhaltungssatz. Diese Sätze seien, so meint Kant, synthetische Urteile *a priori*, denn der Begriff der Materie enthalte analytisch nur, daß sie die „Gegenwart im Raume durch die Erfüllung desselben" sei. Die Beharrlichkeit der Materie könne ihr dagegen *a priori* synthetisch zugesprochen werden. Daß Materie hier nicht als rein empirischer Begriff von Kant angesehen wird, ist deshalb klar, weil es zwar analytische Urteile über empirische Begriffe gibt, aber keine synthetischen Urteile *a priori*.[177] Synthetische Urteile über empirische Begriffe können

---

ständig Bestimmten. Hegels Kritik, Kant habe die Reflexionsbegriffe völlig unsystematisch der *Analytik* angehängt und die Reflexionsbegriffe seien als die eigentlich grundlegenden Kategorien anzusehen, ist also nur teilweise berechtigt (vgl. Hegel, G. W. F.: Wissenschaft der Logik. TWA 6, 255 f.).

176 In der Forschung gibt es zu diesem Problem keine Einigkeit.

177 Vgl. Cramer, K.: Nicht-reine synthetische Urteile a priori. Ein Problem der Transzendentalphilosophie Immanuel Kants. Heidelberg 1985 (Heidelberger Forschungen 25), S. 129-161. Cramer macht darauf aufmerksam, daß der Begriff der Materie bei Kant kein empirischer Allgemeinbegriff ist, sondern daß er mit dem transzendentalen Begriff ‚Gegenstand der äußeren Sinne' koextensiv ist; daher seien die Urteile der *Metaphysischen Anfangsgründe der Naturwissenschaft* synthetisch und dabei weder rein noch empirisch, sondern in Cramers Terminologie nicht-rein (S. 146 f.). Cramer unterscheidet dabei ansatzweise unterschiedliche Bedeutungsfelder von ‚Materie' bei Kant. Anders als in der hier vertretenen Interpretation meint Cramer, daß der Begriff der Undurchdringlichkeit die Lehre der bewegenden Kräfte voraussetze (S. 144 FN). Die primäre Bestimmung der Materie ist, so die hier vertretene Interpretation, das Reale im Raum zu sein. Bereits aus dieser Bestimmung ergibt sich die Vorstellung eines Grades an intensiver Raumerfüllung, d.h. Dichte. Der Begriff der Kraft dient zunächst der Erklärung des Kausalzusammenhanges zwischen Materie und Erkenntnisvermögen; ohne von Kant als transzendental real statuiert zu werden: „Die Grundbestimmung eines Etwas, das ein Gegenstand äußerer Sinne sein soll, mußte Bewegung sein; denn dadurch allein können diese Sinne afficirt werden. Auf diese führt auch der

nur Erfahrungsurteile sein. Die analytische Bestimmung der Materie ist also, daß sie die „Gegenwart im Raume durch die Erfüllung desselben" ist. Das synthetische Merkmal *a priori* der Materie ist die Beharrlichkeit und Unveränderlichkeit ihrer Quantität. Demnach ist die Materie als Substanz zu bestimmen. Hieraus wird deutlich, daß Kant die Frage nach der Struktur der Materie auch nach der kritischen Wende für ein unvermeidliches metaphysisches Problem halten kann, wie die *Metaphysischen Anfangsgründe der Naturwissenschaft* belegen. Die Schwierigkeiten, die mit dem Materiebegriff verbunden sind, setzen sich insbesondere im *Opus postumum* fort, in welchem ihm eine wesentlich bedeutendere Rolle zukommt als in der *Kritik der reinen Vernunft*.[178] Die Lehre vom reinen Begriff der Materie als das Beharrliche in der Erscheinung entfaltet Kant in der *Kritik der reinen Vernunft* in seiner *Widerlegung des Idealismus*. Den empirischen Begriff der Materie nennt er in den *Prolegomena*; er enthält die Eigenschaften: Bewegung, Undurchdringlichkeit und Trägheit (AA IV, 294). Als empirischer Begriff ist die Materie Gegenstand der *Metaphysischen Anfangsgründe der Naturwissenschaft*.[179] Hier wird sie als „das Bewegliche im Raum" zugrundegelegt, wobei der Begriff der Bewegung nach Kant nur empirisch als möglich erkannt werden kann (AA IV, 480). Auf der Basis dieses empirischen Begriffs der Materie sind jedoch nach Kant die Erkenntnisse der *Metaphysischen Anfangsgründe der Naturwissenschaft a priori* beweisbar: So ist eine reine Bewegungslehre möglich.

Zunächst sei also das analytische Merkmal der Materie interpretiert, die Raumerfüllung. Kant verwendet in der zweiten Antinomie und ihrer Auflösung scheinbar undifferenziert die Begriffe ‚Materie' und ‚Körper'. In der Auflösung der zweiten Antinomie erläutert er den Beweis der Antithesis der zweiten Antinomie, indem er von der Teilbarkeit des Körpers spricht (B 552 f.). Bei genauerer Analyse des Kontextes

---

Verstand alle übrige Prädicate der Materie, die zu ihrer Natur gehören, zurück, [...]" (Metaphysische Anfangsgründe der Naturwissenschaft. AA IV, 476).

178 Eine Beurteilung des Verhältnisses der Materielehre in der *Kritik der reinen Vernunft* und im *Opus postumum* muß zunächst dem kritischen Materieverständnis der *Kritik der reinen Vernunft* und der *Metaphysischen Anfangsgründe der Naturwissenschaft* Rechnung tragen. Die sehr hintergründige Forschungsdebatte zur Bedeutung des *Opus postumum*, seinem Verhältnis zur kritischen Philosophie und seinem philosophischen Wert überhaupt braucht daher zunächst nicht beachtet zu werden; vgl. dazu Tuschling, B.: Übergang: Von der Revision zur Revolutionierung und Selbstaufhebung des Systems des transzendentalen Idealismus in Kants *Opus postumum*. In: Architektonik und System in der Philosophie Kants. Hrsg. v. H. F. Fulda und J. Stolzenberg. Hamburg 2001, S. 128-170; Edwards, J.: Substance, Force, and the Possibility of Knowledge. Berkeley / Los Angeles / London 2000, S. 112-166; Mathieu, V.: Kants *Opus postumum*. Frankfurt/M. 1989.

179 Vgl. auch Plaass, P.: Kants Theorie der Naturwissenschaft. Eine Untersuchung zur Vorrede von Kants „Metaphysischen Anfangsgründen der Naturwissenschaft". Göttingen 1965, S. 75 f. Daß die Materie in den *Metaphysischen Anfangsgründen der Naturwissenschaft* als das Bewegliche im Raume bestimmt wird, zeichnet den Materiebegriff dort als bereits mit empirischen Bedingungen fortbestimmt aus, was die *Metaphysischen Anfangsgründe der Naturwissenschaft* auch zu einer metaphysischen Grundlegungstheorie der Physik werden läßt.

zeigt sich, daß Kants Verwendung keineswegs undifferenziert ist, vielmehr spielt er mit dieser Hinsichtenunterscheidung. In der Tradition werden die Begriffe ‚Materie' und ‚Körper' deutlich voneinander unterschieden.[180] Für Kants Grundverständnis beider Begriffe sind dabei die Konzeptionen Descartes' und Leibniz' relevant. Descartes versteht unter ‚Körper' primär den geometrischen Körper, die begrenzte Ausdehnung, aber auch den physikalischen Körper. Dem Ausgedehnten kommt nach Descartes Substantialität zu, da es für sich existieren kann. Descartes' Begriff des Körpers wird von Leibniz scharf kritisiert. Nach Leibniz ist der Körper als bloß geometrische Ausdehnung nicht Substanz, er ist abhängig von der Materie. Leibniz versteht unter ‚Materie' allgemein das passive Moment endlicher Substanzen, d.h. ihre Begrenztheit.[181] Diese Materie ist nicht ausgedehnt und da sie eine innere Bestimmung der Substanz ist, ist sie wie diese unteilbar; in Leibniz' Begriff der Monade kommt die Einheit von substantieller Form und Materie noch klarer zum Ausdruck. Der Aristotelischen Terminologie folgend bestimmt Leibniz diese Materie als „erste Materie"; im Unterschied dazu ist die „zweite Materie" das träge, passive Moment des physischen Körpers, der als das phänomenale Verhältnis einer Vielheit endlicher Substanzen verstanden wird. Ausdehnung kommt nur diesem physischen Körper zu. Sie selbst ist ohne Materie nach Leibniz nur in Abstraktion denkbar und daher ontologisch sekundär gegenüber physischen Körpern. Der materielle Körper ist ein aktual Unendliches, während der geometrische Körper nur potentiell unendlich ist, da er lediglich abstrakte Ausdehnung ist. Ein Körper ist also, insofern er abstrakt geometrisch betrachtet wird, unendlich einteilbar, insofern er aber als materiell betrachtet wird, eine unendlich eingeteilte Größe.

Kant bestimmt, beiden Traditionssträngen folgend, ‚Materie' in Leibniz' Sinne als das Reale im Raum und ‚Körper' im Sinne Descartes' als primär geometrische Ausdehnung. Demnach spricht er, wenn es um die mathematischen Eigenschaften der Materie geht, auch einfach von ‚Körper', bei dem dann vom Realgehalt der Materie im engeren Sinne abgesehen wird; wenn aber insbesondere die Realität relevant ist, spricht er von Materie. Materie ist wesentlich nicht einfach, sondern ein Zusammengesetztes. Dies ist Grundlage beider Behauptungen der zweiten Antinomie. Beide Positionen beziehen ihre Frage nach dem Grad der Teilbarkeit auf die „zusammengesetzte Substanz" (Thesis) oder das „zusammengesetzte Ding" (Antithesis) (B 462 f.). Der Begriff ‚Materie' erscheint dagegen in der zweiten Antinomie selbst nur noch in der Anmerkung zur Antithesis (B 467 ff.) und in der Auflösung (B 551 ff.).

Die Materie ist ihrem analytischen Merkmal nach das Reale im Raum. Sie ist der Inbegriff dessen, was uns im äußeren Sinn empirisch gegeben werden kann. Ebenso-

---

180 Diese Begriffsdifferenz ist Kant selbstverständlich bekannt, was man R 5833 entnehmen kann (AA XVIII, 366).

181 Auf die Einzelheiten der sehr differenzierten Theorie der Materie bei Leibniz kann in diesem Zusammenhang nicht eingegangen werden. Vgl. hierzu von der Verf.: Rationalistischer Monismus und Leibniz' Theorie der Materie. S. 39-62.

wohl ist sie aber auch Bedingung für die Realität des transzendental-idealen Raumes, wie Kant u.a. in der dritten Analogie behauptet.[182] In der ersten Analogie ist die Materie ein Beispiel, wenngleich das zentrale, für die Anwendung der Substanzkategorie; ihr wird als Akzidens Bewegung zugeschrieben (B 228, 230 f.).[183] Sie ist *substantia phaenomenon*, weil sie ein relativ Beharrliches gegenüber ihrem Akzidens, der Bewegung, ist, die als ihre Eigenschaft wechseln kann. In der *Anmerkung zur Amphibolie der Reflexionsbegriffe* geht Kant noch näher auf seine kritische Lehre von der Substantialität der Materie ein (B 332 f.).[184] Die kritische Restriktion des Substanzbegriffs führt es mit sich, daß die Materie als Substanz in der Erscheinung begriffen werden muß. Auf eine solche Substanz dürfen wir aber nicht die Reflexionsbegriffe des Inneren und Äußeren anwenden, indem wir annehmen, daß einer Substanz innere Bestimmungen zukommen, wobei wir die äußeren Bestimmungen durch Erfahrung erkennen können, die inneren jedoch nicht. Wir erkennen die Materie nicht als solche als Substanz, sondern nur mittelbar durch ihre Wirkung, nämlich durch die Kräfte, die sie ausübt.

---

182 B 260 f. Auch in einer Reflexion, von Adickes auf 1776-1778 datiert, schreibt Kant der Materie bereits diejenige Rolle zu, die sie zu einem Begriff *a priori* macht (R 4850; AA XVIII, 8): „Das, was den Raum zum Gegenstande äußerer Sinne macht, ist die Materie. Das, was die Zeit zum Gegenstande des inneren Sinnes macht, ist die Empfindung und mit Bewußtseyn verbundene Wahrnehmung."

183 Viele Interpreten der *Kritik der reinen Vernunft* halten Kants Nennung der Materie in den Grundsätzen, insbesondere in der ersten Analogie der Erfahrung, für verfehlt. Zumeist wird die erste Analogie als eine Aufnahme des Newtonschen Masseerhaltungssatzes interpretiert, der im transzendentalphilosophischen Rahmen keine Grundlage habe, da er sicher nicht als ein Erkenntnisprinzip *a priori* gelten könne und sich darüber hinaus als naturwissenschaftlich ungültig erwiesen habe. Smith hält die Einführung der Materie in der ersten Analogie für falsch, weil dadurch ein empirisch begründetes Gesetz generalisiert werde (Commentary to Kant's Critique of Pure Reason. S. 361). Hierbei wird übersehen, daß Kant die Materie nur als ein Beispiel anführt. Undifferenziert ist auch Friedmans Interpretation des Materiebegriffs in Kants kritischer Philosophie, wenn er die erste Analogie als Materieerhaltungssatz interpretiert und Materie in diesem Zusammenhang im selben Sinne versteht wie in den *Metaphysischen Anfangsgründen der Naturwissenschaft* oder im *Opus postumum* (Kant and the exact Sciences. Cambridge/Mass. / London 1992, S. 38). Für Baumanns gehört die Materie nicht zum Inhalt der ersten Analogie der Erfahrung, denn der „Grundsatz schreibt nur *in abstracto* vor, das Physische überhaupt, ein extensiv ubiquitäres Etwas zu denken." (Kants Philosophie der Erkenntnis. S. 620). Kant scheint diese abstrakte Bestimmung des Etwas im Raum aber nun als Materie zu verstehen. Daß wir die Substanz in der Erscheinung als Materie vorstellen, ist für Kant ein transzendentaler Satz, der die Bedingungen möglicher Erfahrungserkenntnis betrifft. Das Problem des Zusammenhangs von Materie als Reflexionsbegriff und Materie im naturphilosophischen Sinne wird von Falkenburg gesehen (Die Form der Materie. S. 44). Allerdings versteht sie Materie in der *Transzendentalen Ästhetik* bereits in der nicht-reflexiven Weise als den empirisch gegebenen Gegenstand, als das der Empfindung Korrespondierende; als solcher ist sie dort wohl aber nicht gemeint, da es hier nur um die reflexive Unterscheidung von Materie und Form geht.

184 Thematisiert wird die Materie an dieser Stelle nicht als Reflexionsbegriff, sondern es geht Kant um die Reflexionsbegriffe des Inneren und Äußeren in ihrer, aus Kants Sicht, unheilvollen Amphibolie bei Leibniz.

Dasjenige, was auf unser Sinnesvermögen unmittelbar oder mittelbar einwirkt, ist etwas, das wir in kausalen Relationen denken müssen, nämlich als Ursache unserer Wahrnehmung; diese Ursache fassen wir als eine Kraft auf, die auf uns einwirkt.[185] Nun müssen wir aber als Träger einer solchen Kraft die Substanz denken. Handelt es sich um eine äußere Wahrnehmung, so denken wir als Träger dieser auf uns einwirkenden Kräfte die Materie. Die Materie als Substanz erfahren wir also nicht unmittelbar, sondern nur die Kräfte, die im Raum wirksam sind (B 321). Doch was liegt diesen Kräften selbst zugrunde, wie ist die Substanz an sich selbst bestimmt? Dies ist die metaphysische Frage, um die es in der zweiten Antinomie geht. Kants Restriktion des Substanzbegriffs löst nun aber die Substanzontologie in dem Sinne auf, als es nach ihr noch nicht einmal mehr sinnvoll ist, nach dem Inneren dieser Substanz zu fragen:

> „Die Materie ist *substantia phaenomenon*. Was ihr innerlich zukomme, suche ich in allen Teilen des Raumes, den sie einnimmt, und in allen Wirkungen, die sie ausübt, und die freilich nur immer Erscheinungen äußerer Sinne sein können. Ich habe also zwar nichts Schlechthin-, sondern lauter Komparativ-Innerliches, das selber wiederum aus äußeren Verhältnissen besteht. Allein, das schlechthin, dem reinen Verstande nach, Innerliche der Materie ist auch eine bloße Grille; denn diese ist überall kein Gegenstand für den reinen Verstand, das transzendentale Objekt aber, welches der Grund dieser Erscheinung sein mag, die wir Materie nennen, ist ein bloßes Etwas, wovon wir nicht einmal verstehen würden, was es sei, wenn es uns auch jemand sagen könnte." (B 333)

Nach Kants kritischer Substanzlehre unterliegen wir der Amphibolie der Reflexionsbegriffe, wenn wir korrelativ zu den äußeren Bestimmungen der Materie, den Kräften im Raum, unerkennbare innere Bestimmungen der Materie annehmen. Vielmehr ist die Materie eine Substanz, die völlig in Relationalität aufgeht: „Dagegen sind die innern Bestimmungen einer *substantia phaenomenon* im Raume nichts als Verhältnisse und sie selbst ganz und gar ein Inbegriff von lauter Relationen." (B 321). In einer Reflexion von ca. 1790-1795 geht Kant soweit zu sagen, Materie selbst sei „ein bloßer Inbegriff von relationen [...], welcher nicht wegfallen kan, ohne daß alle andere relationen auch wegfallen, mithin alle Mögliche äußere Erfahrung."[186] In der *Metaphysik-Pölitz* heißt es, von der Materie könne nur „*per analogiam*" gesagt werden, sie sei Substanz.[187]

---

185 Kraft ist ein Prädikabil der Kausalität und bedeutet die Kausalität einer Substanz (vgl. B 108; B 676).

186 R 6403; AA XVIII, 706. In der gegenwärtigen Naturphilosophie wird besonders diese Komponente der Kantischen Materietheorie diskutiert. Vor dem Hintergrund gegenwärtiger Debatten der Wissenschaftstheorie, die Materie durch extrinsische Eigenschaften bestimmt annimmt, wird dieser Gedanke Kants aufgegriffen. Vgl. Langton, R.: Kantian Humility. Our Ignorance of Things in Themselves. Oxford 1998, S. 64-67; S. 74. Langton löst dabei Kants Aussagen zur Materie aus dem transzendentalen Rahmen und legt dabei ein empirisches Verständnis des Dinges an sich zugrunde. Dabei behandelt sie Materie bei Kant unkritisch als in Substanzen gegründet und unterstellt Kant so einen Leibnizschen Substanzbegriff (S. 64 f.).

187 „Materie ist auch keine Substanz, sondern nur ein Phänomenon der Substanz. Das Bleibende in der Erscheinung, was dem Mannichfaltigen im Körper zum Grunde liegt nennen

Der Grundsatz der Substantialität ist eine Analogie, eine „Regel [...], nach welcher aus Wahrnehmungen Einheit der Erfahrung [...] entspringen soll" (B 222). Dieser Grundsatz sei daher bloß regulativ, nicht konstitutiv; er ist gleichwohl Bedingung der Möglichkeit von Erfahrung, anders als die regulativen Ideen. Die Annahme der Materie als das Korrespondierende der Erscheinungen ist demzufolge eine Setzung des reinen Denkens.[188]

Weiter ausgeführt hat Kant dieses Theorem in der *Widerlegung des Idealismus*, in der gezeigt wird, daß die Materie nicht nur Substanz ist, sondern eine solche Substanz, deren Existenz notwendig vorausgesetzt werden muß. Materie muß *a priori* als existierend vorausgesetzt werden und als schlechthin beharrliches Substrat aller Zeitbestimmung gedacht werden, wenn ich mich selbst als existierend erkennen können soll:[189]

> „Nicht allein, daß wir alle Zeitbestimmung nur durch den Wechsel in äußeren Verhältnissen (die Bewegung) in Beziehung auf das Beharrliche im Raume (z.B. Sonnenbewegung in Ansehung der Gegenstände der Erde,) vornehmen können, so haben wir so gar nichts Beharrliches, was wir dem Begriffe einer Substanz als Anschauung unterlegen könnten, als bloß die Materie, und selbst diese Beharrlichkeit wird nicht aus äußerer Erfahrung geschöpft, sondern *a priori* als notwendige Bedingung aller Zeitbestimmung, mithin auch als Bestimmung des inneren Sinnes in Ansehung unseres eigenen Daseins durch die Existenz äußerer Dinge vorausgesetzt." (B 277 f.)

Die Voraussetzung der Materieexistenz gilt also nur als Bedingung der Erkenntnis der Ich-Existenz. Unabhängig davon existiert die Materie nicht notwendig, wie Kant meint, vielmehr ist ihre Wirklichkeit ein bloß empirisches Faktum (B 645 f.). Grundlage der Lehre von der notwendigen Existenzvoraussetzung der Materie ist die erste Analogie der Erfahrung (B 224 ff.) und die Theorie der objektiven Zeit.[190] Die objek-

---

wir Substanz. Weil wir nun in den Körpern Substanzen finden, die wir nur *per analogiam* Substanzen nennen; so können wir nicht schließen, daß die Materie aus einfachen Theilen bestehe, weil sie nicht als Substanz, sondern nur als Phänomenon betrachtet wird. Ich erkenne keine andere Substanz und habe auch keinen andern Begriff von der Substanz, als durch die Anschauung. Also können in der Materie keine metaphysischen Elemente angenommen werden, sondern physische, die vergleichungsweise Elemente heißen, weil sie nicht mehr können getheilt werden." (Metaphysik-Pölitz, S. 104 f.).

188 Diese Lehre kulminiert bei Kant in der Bestimmung, Materie sei eine „gewisse Vorstellungsart" (A 385) (vgl. Kap. III.4.4.).

189 Vgl. zum Folgenden Heidemann, D. H.: Kant und das Problem des metaphysischen Idealismus. Berlin / New York 1998 (Kantstudien Ergänzungshefte 131), S. 116- 174, bes. S. 166-174. Die speziellen Probleme des Kontextes der Idealismus-Widerlegung können hier außer Betracht gelassen werden.

190 Vgl. hierzu Düsing, K.: Objektive und subjektive Zeit. Untersuchungen zu Kants Zeittheorie und zu ihrer modernen kritischen Rezeption. In: Kant-Studien 71 (1980), S. 1-34; sowie Gloy, K.: Studien zur theoretischen Philosophie Kants. Würzburg 1990, S. 42-81; und von der Verf.: Zeitmodi und Naturzeit in Kants *Kritik der reinen Vernunft*. In: Kant und die Berliner Aufklärung. Akten des IX. Internationalen Kant-Kongresses. Hrsg. v. V. Gerhardt, R.-P. Horstmann und R. Schumacher. Berlin / New York 2001, Bd. 2, S. 146-157.

tive Zeitbestimmung erfordert ein Beharrliches, das als Maßstab der Zeitmessung fungiert, um Wechsel überhaupt erkennen zu können. Die Zeit selbst ist die stets identische Form aller Zeitinhalte, weshalb Kant ihr als primären Modus die Beharrlichkeit zuordnet, obwohl sie wesentlich durch das Verfließen ihrer Inhalte ausgezeichnet ist. Als solche stets identische Form ist sie Grundlage aller speziellen Zeitbestimmungen. Da die Zeit nun aber selbst als bloße Form der Anschauung nicht wahrgenommen werden kann, müssen wir zur objektiven Zeitbestimmung *a priori* einen ihr entsprechenden Zeitinhalt, etwas schlechthin Beharrliches konzipieren, das Gegenstand unserer empirischen Bestimmungen sein kann. Um Zeitabschnitte oder -punkte voneinander objektiv unterscheiden zu können, muß daher etwas Reales in der Zeit gedacht werden, das beharrlich ist. Da nun alle Zeitteile nur als Teil einer „einigen" Zeit denkbar sind, müssen sie zueinander in einer eindeutigen Beziehung stehen, die nur vorstellbar ist, wenn eine einheitliche Anordnungsgrundlage der Zeitteile angenommen wird. Diese Grundlage der Zeitbestimmung muß als beharrlich gedacht werden, obwohl eine beharrliche Vorstellung im inneren Sinn nicht gegeben sein kann. D.h. ein Beharrliches schlechthin wird notwendig *a priori* vorausgesetzt, unabhängig davon, ob es empirisch gegeben ist oder nicht.[191] Dieses Beharrliche ist die Materie. *A priori* muß also nach Kant angenommen werden, daß etwas Beharrliches in der äußeren Erscheinung, Materie, existiert, da andernfalls objektive Zeitbestimmung überhaupt unmöglich wäre. Die Beharrlichkeit wird der Materie dabei synthetisch *a priori* zugesprochen (B 17 f.). Die Beharrlichkeit der Materie wird dabei so gedacht, daß jegliche Veränderung in der Natur, insbesondere das Entstehen und Vergehen von physischen Körpern, nur Umformung einer zugrundeliegenden, selbst unvergänglichen Materie sind. Materie muß *a priori* als *substantia phaenomenon* vorausgesetzt werden und ist die Bedingung der Möglichkeit der objektiven Zeitbestimmung und folglich der Erkenntnis der Ich-Existenz.

Damit ist die Bestimmung von Materie als der *substantia phaenomenon* eine kategoriengeleitete Zuschreibung: Das sinnlich Gegebene der äußeren Anschauung muß hinsichtlich seiner Beharrlichkeit als Substanz bestimmt werden; es ist aber nicht an sich selbst Substanz im Sinne eines *ens per se*. Durch reine Vernunft geleitet wird Materie nicht nur als Substanz gedacht, sondern weil Materie intensive, teilbare Größe ist, wird sie als eingeteilte, d.h. als eine zusammengesetzte Substanz vorgestellt. Der Begriff der zusammengesetzten Substanz wird traditionell so verstanden, daß das Zusammengesetzte ein aus Substanzen bestehendes Ganzes ist; die Substantialität des

---

191 Vgl. auch B XLI Anm.: „[...] die Vorstellung von etwas Beharrlichem im Dasein ist nicht einerlei mit der beharrlichen Vorstellung; denn diese kann sehr wandelbar und wechselnd sein, wie alle unsere und selbst die Vorstellungen der Materie, und bezieht sich doch auf etwas Beharrliches, welches also ein von allen meinen Vorstellungen unterschiedenes und äußeres Ding sein muß, dessen Existenz in der Bestimmung meines eigenen Daseins notwendig mit eingeschlossen wird, und mit derselben nur eine einzige Erfahrung ausmacht, die nicht einmal innerlich stattfinden würde, wenn sie nicht (zum Teil) zugleich äußerlich wäre."

Ganzen wird durch die substantiellen Teile garantiert.[192] Dies ist die metaphysische Bestimmung der Materie. Kant löst den Materiebegriff von der metaphysischen Substanzontologie, behält gleichwohl deren Bestimmungen bei und deutet sie kritisch um. Daß diese Loslösung nicht nur denkbar, sondern notwendig ist, das zeigt Kant anhand der zweiten Antinomie, denn die Annahme der Gegebenheit der Materie als einer zusammengesetzten Substanz mit absolutem Seinsstatus ist der Grund des Widerspruchs zwischen den beiden Behauptungen von Thesis und Antithesis. Die Antinomie beruht auf einem klassisch ontologischen Substanzverständnis, wonach die Substanz dasjenige Seiende ist, das selbständig existiert sowie Subjekt aller Prädikate ist.[193] Auf das Problem, wie die Loslösung der Materietheorie von der Substanzontologie im einzelnen durchzuführen ist, hat Kant versucht in den *Metaphysischen Anfangsgründen der Naturwissenschaft* und im *Opus postumum* Antworten zu geben. Nach der *Transzendentalen Dialektik* faßt die metaphysische Vernunft die Notwendigkeit, Materie als existierend vorauszusetzen, in der Weise auf, als existiere die Materie nicht nur unabhängig von uns, vielmehr müsse sie auch unabhängig von uns ein vollständig Bestimmtes sein, das bedeutet auch: alle ihre Teile und deren Relationen bestehen unabhängig davon, ob wir sie erkennen oder nicht. Dies ist die Annahme des transzendentalen Realismus, der sich „äußere Erscheinungen [...] als Dinge an sich [vorstellt], die unabhängig von uns und unserer Sinnlichkeit existieren, also auch nach reinen Verstandesbegriffen außer uns wären" (A 369).[194]

Vor diesem Hintergrund wird klarer, wie der Zusammenhang von reflexivem und gegenständlichem Sinn von ‚Materie' bei Kant zu begreifen ist; im Schematismuskapitel spricht Kant im Schema der Qualität von der „transzendentalen Materie" (B 182). Die „transzendentale Materie aller Gegenstände, als Dinge an sich (Sachheit, Realität)" ist im Gegensatz zur Zeit als Form der Erscheinungen das, was an den Erscheinungen der Empfindung entspreche. Die transzendentale Materie ist nicht *sensatio*, sondern das, was dem Gegenstand der Wahrnehmung, dem Bestimmbaren selbst, an Realitäten zukommen soll, ähnlich den Lockeschen primären Qualitäten. Die transzendentale Materie ist also die objektive Bestimmtheit des Gegenstandes überhaupt seiner Realität nach. In diesem Begriff von ‚Materie' sind ihre Bestimmung, das Reale an der Erscheinung, das Korrespondierende der Empfindung und das Bestimmbare im Unterschied zur Bestimmung zu sein, ineinandergeschoben. Die Differenz einerseits und die Beziehung andererseits des reflexiven und des gegenständlichen Ge-

---

192 Die Relation der Zusammensetzung der Substanzen bezeichnet Kant in der *Metaphysik-Pölitz* und kritisch umgedeutet in der dritten Analogie der *Kritik der reinen Vernunft* in schulphilosophischer Terminologie mit „Kommerzium" (vgl. hierzu Kap. II.2.2.).

193 Zu dieser Voraussetzung der zweiten Antinomie vgl. Kap. II.2.2.

194 Weitere Bestimmungen des transzendentalen Realismus finden sich in A 371. Kants Aussage hier, der transzendentale Realismus gehe in den empirischen Idealismus über, wird auch in den Beweisen von Thesis und Antithesis der zweiten Antinomie wirksam, hier insbesondere im zweiten Antithesisbeweis (vgl. Kap. II.3.5.). Vgl. auch B 518 f., B 571.

brauchs des Materiebegriffs wird in der Forschung meist übersehen; sie ist aber von großer Wichtigkeit für die Tiefenschärfe des Kantischen Materieverständnisses.

Die Untersuchung des Materiebegriffs hat zu zwei wesentlichen apriorischen Bestimmungen der Materie in Kants transzendentalem Idealismus geführt: *Erstens* ist Materie in reflexiver Bedeutung *realitas phaenomenon* im kritischen Sinne; bezogen auf die gegenständliche Bedeutung von ‚Materie' ist dies die intensive Raumerfüllung, d.h. ihr analytisches Merkmal; *zweitens* muß sie als das Bestimmbare und Beharrliche in der äußeren Anschauung *a priori* im Schema der Substanz vorgestellt werden; als solche ist sie *substantia phaenomenon*, dies ist ihr synthetisches Merkmal *a priori*. Wird dieses Substrat ontologisch interpretiert als *ens per se*, so ist sie Noumenon. Wie in der Darstellung der Antinomienbeweise im Folgenden deutlich wird, interpretiert die Thesis der zweiten Antinomie Materie in metaphysischer Weise primär als *substantia phaenomenon*, indem sie nämlich wesentlich mit der Unzerstörbarkeit der Substanz argumentiert, während die Antithesis Materie primär als *realitas phaenomenon* versteht, indem sie in ihrem ersten Teil den Raum als Argument verwendet. Beide Positionen machen die ontologische Unterstellung, Materie sei ein absolut existierendes Ganzes oder bestehe aus absolut existierendem Einfachem.[195]

In der zweiten Antinomie geht es nicht nur um einen Streit zwischen zwei unterschiedlichen Auffassungen bezüglich der Struktur der Materie unter Voraussetzung ihrer absoluten Realität, sondern zugleich auch um ihren Realitätsstatus überhaupt. Kant zieht in der ersten Auflage der *Kritik der reinen Vernunft* im vierten Paralogismus diese Verbindungslinie zwischen der *Widerlegung des Idealismus* und dem Antinomien-Buch:

> „Der dogmatische Idealist würde derjenige sein, der das Dasein der Materie leugnet, der skeptische, der sie bezweifelt, weil er sie vor unerweislich hält. Der erstere kann es nur darum sein, weil er in der Möglichkeit einer Materie überhaupt Widersprüche zu finden glaubt und mit diesem haben wir es jetzt noch nicht zu tun. Der folgende Abschnitt von dialektischen Schlüssen, der die Vernunft in ihrem inneren Streite in Ansehung der Begriffe von der Möglichkeit dessen, was in den Zusammenhang der Erfahrung gehört, vorstellt, wird auch dieser Schwierigkeit abhelfen." (A 377)

Mit dieser Dimension kommt noch ein weiterer, dritter Standpunkt zur ohnehin komplexen Struktur der Antinomienproblematik hinzu: Der Umstand, daß der transzendentale Realismus zu einer unlösbaren Antinomie im Materiebegriff führt, kann auch der dogmatische Idealist für seine Zwecke nutzen, die Existenz der Außenwelt zu bestreiten.[196] Für Kants Nachweis des transzendentalen Idealismus bedeutet dies,

---

195 Die kritische Materietheorie Kants soll im Zusammenhang der Auflösung der Teilungsantinomie weitergehend untersucht werden (vgl. Kap. III.3. und III.4.).

196 Vgl. Kap. III.2.1. Kants Anspielung auf Berkeleys Kritik am Begriff der Materie, die besagt, er sei in sich widersprüchlich, wird man wohl als eine Vorausweisung auf die zweite Antinomie verstehen können, da sie eben diese Widersprüchlichkeit nachweist, die bei Berkeley gleichwohl anders bestimmt wird als bei Kant.

daß der dogmatische Idealismus widerlegt werden muß und daß zum Problem des ontologischen Status der Materie eine alternative Position entwickelt werden muß.

2.4. Thesis und Antithesis der zweiten Antinomie: Zwei notwendige Vernunftannahmen

Die zweite Antinomie besteht nach Kant im Widerspruch zweier Urteile bezüglich der zusammengesetzten Substanzen in der Welt. Es soll in diesem Kapitel die Herleitung dieser beiden Urteile sowie Probleme ihrer Formulierung interpretiert werden. Wie kommt es also zum Widerspruch der Urteile aus reiner Vernunft bezüglich der zweiten kosmologischen Idee, also zu den Urteilen: ‚die zusammengesetzte Substanz in der Welt besteht aus einfachen Teilen' und ‚sie besteht nicht aus einfachen Teilen'? In seiner Herleitung der vier kosmologischen Ideen zeigt Kant allgemein, warum und wie sich der „Zustand der Antinomie der reinen Vernunft" (B 398) einstellt (B 445). Verantwortlich für die Antinomie ist eine Zweideutigkeit im Begriff des Unbedingten, wenn er auf Bedingungsreihen bezogen wird. In einer Bedingungsreihe kann nämlich sowohl das erste Glied der Reihe als auch die gesamte Reihe als unbedingt betrachtet werden. Eine Bedingung, der kein weiteres Glied der Bedingungsreihe als seine Bedingung vorausgeht, ist unbedingt, wie auch die gesamte Totalität der Glieder unbedingt ist, wenn es kein außerhalb seiner existierendes Glied der Bedingungsreihe als seine Bedingung gibt. Eine solche unbedingte Totalität nennt Kant auch absolut. Diese Zweideutigkeit im Begriff des Unbedingten kommt nur in der Kosmologie zum tragen, weil allein sie Bedingungsreihen als solche betrachtet. Die Vernunft faßt die Natur insgesamt als ein Bedingungsgefüge auf, dem sie unterstellen muß, über unbedingte Bedingungen zu verfügen. Die erste Position, die ein erstes Glied der Bedingungsreihe als unbedingt setzt, impliziert Kant zufolge die Begrenztheit der Reihe durch das erste Element. Die zweite Position, die die Unbedingtheit der absoluten Totalität des Bedingten annimmt, impliziert die Unbegrenztheit der Bedingungsreihe insgesamt. Unbegrenzt ist sie bezüglich der inneren Elemente: Da alle Elemente der absoluten Totalität des Bedingten jeweils Bedingtes sind, ist die interne Struktur der Bedingungsreihen, die des unendlichen Regresses der Bedingungen:[197]

$$P\ 1: \qquad B_1 \longleftarrow\!\!-\!\!-\!\!-\!\!-\!\!-\!\!-\!\!-\!\!-\!\!-\!\!-\!\!-\!\!-\!\!-\!\!-\!\!-\!\!-\!\!- B_{n \to 1}$$

[197] „Das absolute Ganze der Reihe von Bedingungen zu einem gegebenen Bedingten ist jederzeit unbedingt, weil außer ihr keine Bedingungen mehr sind, in Ansehung deren es bedingt sein könnte. Allein dieses absolute Ganze einer solchen Reihe ist nur eine Idee, oder vielmehr ein problematischer Begriff, dessen Möglichkeit untersucht werden muß und zwar in Beziehung auf die Art, wie das Unbedingte als die eigentliche transzendentale Idee, worauf es ankommt, darin enthalten sein mag." (B 445 Anm.).

P 2: $B_{n\to\infty} \longleftarrow B_n$ [198]

Bei der zweiten kosmologischen Idee wirkt sich diese Zweideutigkeit in folgender Weise aus:[199] Entweder die Teile des Realen im Raum sind die Bedingungen des Ganzen, dann nimmt die Vernunft in der regressiven Reihe der Teilungen ein erstes Element des Realen als eine unbedingte Bedingung an. Die Reihe ist insofern begrenzt durch erste konstitutive Elemente der Materie, die unteilbar, daher unzusammengesetzt und also einfach sind. Oder aber das Ganze der Reihe ist das Unbedingte, welches die Teile ermöglicht, dabei ist die Reihe der Teilungen unbegrenzt, weil jeder Teil wiederum bedingt ist, denn er ist kein absolutes Ganzes. Die erste Position wird von der Thesis der zweiten Antinomie vertreten; doch inwiefern wird die zweite Position von der Antithesis vertreten?

Ohne daß Kant in der zweiten Antinomie diese Begriffe explizit nennt, führen die Gesetze der Vernunft bei der Bestimmung des realen Rauminhalts auf die Dichotomie „Kontinuum – Diskretum". Erst in der Auflösung der Antinomie verwendet er sie zur Erläuterung und Kritik der Positionen (B 555). Demnach nimmt die Antithesis die Kontinuität der Materie an, die Thesis die Diskretheit einfacher Teile. Kant unterstellt der Antithesis in der Auflösung allerdings, daß sie in der Interpretation des Kontinuums ontologische Voraussetzungen mache, die es ihr nicht erlauben, die Kontinuität der Materie adäquat zu fassen: Da sie nämlich unter der Voraussetzung des transzendentalen Realismus von der absoluten Gegebenheit der Materie und all ihrer Teile ausgeht, interpretiert sie das Kontinuum als eine aktuale Unendlichkeit von Teilen.[200] An diesem Punkt setzt Kants Widerlegung der Antithesis in der Auflösung der zweiten Antinomie an.[201] In der Ausübung ihrer „Naturanlage" gelangt die

---

198 P: Position; B: Bedingung; ← : regressive Bedingungsreihe.

199 „Dieses Unbedingte kann man sich nun gedenken, entweder als bloß in der ganzen Reihe bestehend, in der also alle Glieder ohne Ausnahme bedingt und nur das Ganze derselben schlechthin unbedingt wäre, und dann heißt der Regressus unendlich; oder das absolut Unbedingte ist nur ein Teil der Reihe, dem die übrigen Glieder derselben untergeordnet sind, der selbst aber unter keiner anderen Bedingung steht. In dem ersteren Falle ist die Reihe *a parte priori* ohne Grenzen (ohne Anfang), d.i. unendlich, und gleichwohl ganz gegeben, der Regressus in ihr aber ist niemals vollendet und kann nur potentialiter unendlich genannt werden. Im zweiten Falle gibt es ein Erstes der Reihe, welches in Ansehung [...] der Teile eines in seinen Grenzen gegebenen Ganzen das Einfache, [...] heißt." (B 445 f.).

200 Man könnte zwischen der Antithesis der zweiten Antinomie und der Antithesis der ersten Antinomie eine Verbindung ziehen: Demnach könnte die Totalität der Reihenglieder der Materieteile so zu verstehen sein, als nehme sie einen unendlich großen materieerfüllten Kosmos an. Dies ist aber sicherlich nicht der Fall, vielmehr soll jedes gegebene Materiequantum als eine Totalität der Bedingungen angesehen werden.

201 Kant weist bereits hier darauf hin, daß der transzendentale Realismus durchaus die erkenntnisskeptische Option hat, den Regreß der Reihe, d.h. die Reihe, die das erkennende Subjekt absolviert, für potentiell unendlich zu halten, gleichwohl aber aus rationalen Gründen von einem absoluten Gegebensein der Totalität aller Teile auszugehen – diese Feinheit deckt Kant v.a. im zweiten Teilbeweis der Antithesis auf.

reine Vernunft also zu zwei positiven Lehrmeinungen, die sich nicht unmittelbar logisch, sondern anschaulich ausschließen, sie sind „realiter opposita“:[202] Die Materie besteht entweder aus diskreten, einfachen Teilen, oder aber sie ist ein Kontinuum.

Kant formuliert die zwei Positionen in der zweiten Antinomie jedoch als Widerspruch, als Thesis und Antithesis, von denen er annimmt, daß sie unter der Voraussetzung des transzendentalen Realismus einen unversöhnlichen logischen Gegensatz bilden. Dazu faßt er die Antithesis als negative Aussage, so daß die Kontinuitätsannahme nicht selbst in Erscheinung tritt:

> „Thesis: Eine jede zusammengesetzte Substanz in der Welt besteht aus einfachen Teilen, und es existieret überall nichts als das Einfache, oder das, was aus diesem zusammengesetzt ist.“ (B 462)

> „Antithesis: Kein zusammengesetztes Ding in der Welt besteht aus einfachen Teilen, und es existiert überall nichts Einfaches in derselben.“ (B 463)

Als Aussagen betrachtet sind Thesis und Antithesis der zweiten Antinomie assertorische Urteile, welche aus zwei Teilbehauptungen bestehen. Der erste Teilsatz macht eine assertorische Aussage über zusammengesetzte Substanzen, der zweite ist eine Existenzaussage, wobei die Thesis jeweils positive Urteile aufstellt, die Antithesis negative.

Es stellt sich zunächst die Frage, wie aus der zweiten Position, die eine positive Lehrmeinung vertritt – die Position der Unendlichkeit des Teilungsregresses und der Kontinuität der Materie –, ein negatives Urteil bezüglich der ersten Position, der Position der Endlichkeit, formuliert werden kann. Die Antithesis der zweiten Antinomie behauptet lediglich zwei negative Urteile und macht zumindest explizit keine positive Aussage über die Beschaffenheit der Materie.[203] Wie man zu dieser negativen Aussage gelangen soll, verrät Kant nicht; vielmehr würde sich die positive Lehre von der Kontinuität der Materie als Gegenthese zur Thesis nahelegen. Aus der Kontinuitätsthese ergibt sich natürlich die Antithesis, die einfache Teile negiert, denn ein Kontinuum ist ein solches Ganzes, das weder aus Teilen zusammengesetzt ist, noch in einfache Teile zerlegt werden kann.[204] Die Behauptung der Kontinuität impliziert also die Negation des Einfachen.

Kant macht im Abschnitt *Antithetik der reinen Vernunft* wie auch andernorts die Vorgabe, beide Seiten verträten dogmatische Positionen:

> „Wenn Thetik ein jeder Inbegriff dogmatischer Lehren ist, so verstehe ich unter Antithetik nicht dogmatische Behauptungen des Gegenteils, sondern den Widerstreit der dem Scheine nach dogmatischen Erkenntnisse (*thesin cum antithesi*), ohne daß man einer vor der andern einen vorzüglichen Anspruch auf Beifall beilegt.“ (B 448)

---

202 Vgl. R 6337; AA XVIII, 657.

203 Daß negative Aussagen gleichwohl Behauptungen sind, meint auch Tugendhat (vgl. Vorlesungen zur Einführung in die sprachanalytische Philosophie. Frankfurt/M., S. 65-69).

204 Vgl. Metaphysik-Pölitz. S. 51.

Kants Dogmatismusvorwurf an die Antithesis besagt zunächst nur, daß sie eine Position des dogmatischen Skeptizismus bezüglich des Einfachen vertritt, indem sie die Nichtexistenz des Einfachen dogmatisch behauptet, ohne eine eigene positive Lehre zu vertreten. Im Abschnitt *Vom Interesse der reinen Vernunft bei diesem ihrem Widerstreite* scheint Kant den Dogmatismus der Antithesis in ihrer bloßen Negativität zu sehen:

> „So aber, wenn der Empirismus in Ansehung der Ideen (wie es mehrenteils geschieht) selbst dogmatisch wird und dasjenige dreist verneinet, was über der Sphäre seiner anschauenden Erkenntnisse ist, so fällt er selbst in den Fehler der Unbescheidenheit, der hier um desto tadelbarer ist, weil dadurch dem praktischen Interesse der Vernunft ein unersetzlicher Nachteil verursachet wird." (B 499)

Der Dogmatismus der Antithesis, die Kant als einen Empirismus betrachtet, scheint demnach nur in der assertorischen Satzform begründet zu liegen, die einen Wahrheitsanspruch anzeigt. Er bestünde demnach nur darin, daß die Antithesis zu wissen behauptet, das Einfache existiere nicht. Demgegenüber bestünde Kants kritische Position in einem Agnostizismus, der es für nicht erkennbar erklärte, ob das Einfache existiere oder nicht. Doch die Antithesis geht darüber hinaus. Sie vertritt implizit eine positive Lehre. Bereits in ihren negativen Argumenten gegen den Dogmatismus der Thesis macht die Antithesis von positiven Lehrmeinungen Gebrauch, die sie selbst als inhaltlich dogmatische Position zeigen. Gleichwohl könnten die Argumente im Antithesisbeweis bloß skeptische Gegenargumente sein, die nicht eine eigene Position darstellen, sondern nur zur Widerlegung der Thesis eingesetzt werden. Daß der Dogmatismus aber wesentlich in seinen positiven Lehrmeinungen bezüglich der Materiebeschaffenheit gesehen werden muß, macht die Auflösung der zweiten Antinomie deutlich. Der Dogmatismus der Antithesis besteht letztlich also weniger in der dogmatischen Verneinung der Thesisposition als vielmehr in seiner Annahme, mit dieser Verneinung etwas über die Verfaßtheit des Realen ausgesagt zu haben, die sich auch in den Voraussetzungen, die er in seinen Beweisen verwendet, widerspiegelt. Der Dogmatismus der Antithesis macht dort von der Kontinuitätsthese Gebrauch. Dies wird in der Analyse des Antithesisbeweises zu untersuchen sein (Kap. II.3.). Das zweite schwerwiegende Problem in der Formulierung von Thesis und Antithesis nach dem Dogmatismusproblem der Antithesis betrifft die Quantität der Urteile von Thesis und Antithesis. Von ihr hängt nach der traditionellen Urteilslehre die Art des Widerspruches ab, der zwischen Thesis und Antithesis besteht, d.h. ob er kontradiktorisch oder bloß konträr ist (Kap. II.1.3.). Ein drittes Problem stellt sich bezüglich der Existenzaussagen von Thesis und Antithesis. Es erhebt sich die Frage, ob die Existenzaussagen nur die in den ersten assertorischen Teilsätzen implizierte Existenzbehauptung explizieren, wie vielfach in der Forschung angenommen,[205] oder ob der zweite Teilsatz anderes oder mehr aussagt als der erste (Kap. II.2.).

---

[205] Vgl. Falkenburg, B.: Kants Kosmologie. S. 213; Malzkorn, W.: Kants Kosmologie-Kritik. S. 170 ff.

2.5. Das Teil-Ganzes-Verhältnis in der zweiten Antinomie: Die Reihe des Gleichartigen und das Einfache

Die Teilbarkeit der Materie ist in der Kantischen Systematik reiner Vernunfterkenntnisse der Kosmologie ein metaphysisch-mathematisches Problem. Die Teile-Ganzes-Beziehung tritt in der zweiten wie auch in der ersten Antinomie in Form von Bedingungsreihen auf, für die gilt, daß ihre Glieder – Bedingung und Bedingtes, Teil und Ganzes – untereinander homogen seien. Dies gilt für die Reihen des dynamisch Geordneten in der dritten und vierten Antinomie Kant zufolge nicht notwendig. Der Charakter derjenigen Reihe, die zur Vorstellung des Einfachen oder der unendlich eingeteilten Materie führen soll, ist der einer Reihe, in welcher ein räumlich ausgedehnter materieller Körper aus Teilen besteht, die jeweils Bedingung des Zusammengesetzten sind. Bei der zweiten Antinomie stellt sich diesbezüglich die Frage, ob die Homogenität insbesondere auch für das Einfache gilt, welches die Thesis annimmt, d.h. ob es materieartig ist oder nicht. Denn hieraus ergeben sich Bestimmungen, die dem Einfachen zugeschrieben werden müssen, die letztlich darüber entscheiden, ob das Einfache auch als Seele oder Geist aufzufassen ist.[206] Kant hat sich dazu nicht klar ausgesprochen. Es ist weiterhin die Frage zu stellen, ob Kant in der zweiten Antinomie davon ausgeht, daß das Teil-Ganzes-Verhältnis auch ein kleiner-größer-Verhältnis ist. Denn für quantitative Verhältnisse gilt, daß alle Elemente gleichartig sind.[207] Sind also die Teile jeweils ihrer Ausdehnung nach kleiner als das Ganze und demzufolge das Einfache ein Kleinstes oder ein Minimum? So betrachtet behauptete die Thesis ein Kleinstes und die Antithesis negierte, daß es ein solches Kleinstes geben könne.

Erst im Anschluß an die Auflösung der mathematischen Antinomien erläutert Kant die Art der Reihe, die den beiden mathematischen Antinomien zugrunde liegt, und führt hier den Begriff der „Gleichartigkeit" der Elemente ein.[208] Im Gegensatz

---

206 Zu dieser Auffassung kann man gelangen, wenn man Kants Dichotomie aus den Paralogismen vor Augen hat: Die Materie ist wesentlich zusammengesetzt, das Einfache ist unteilbar und folglich nicht zusammengesetzt. Daher muß das Einfache das Oppositum der Materie sein, d.h. Geist (vgl. A 356).

207 Dies ist dem Schema der Quantität und dem Prinzip der Axiome der Anschauung zu entnehmen (B 182; B 201 ff.), gleichfalls der *Metaphysik-Pölitz* (S. 50 f.). Homogenität ist keine Kant-spezifische Bestimmung von Quantität, vgl. z.B. Wolffs Definition der Größe (Ontologia, § 348. S. 273 f.).

208 Vgl. B 556; B 558 f.; B 588. An dieser Stelle macht Kant auch darauf aufmerksam, daß aufgrund der Eigenschaft der regressiven Reihe, die den mathematischen Antinomien zugrunde liegt, eine Auflösung des Widerspruchs zwischen den Behauptungen von Thesis und Antithesis durch eine Hinsichtenunterscheidung unmöglich ist. Auch in den *Prolegomena* § 53 weist Kant auf die Eigenschaft der Gleichartigkeit der Reihenteile in den mathematischen Antinomien hin: „Die mathematische Verknüpfung nämlich setzt notwendig Gleichartigkeit des Verknüpften (im Begriffe der Größe) voraus, die dynamische erfordert dieses keineswegs. Wenn es auf die Größe des Ausgedehnten ankommt, so müssen alle Teile un-

zu den dynamischen Antinomien, bei denen Bedingung und Bedingtes als ungleichartig gedacht werden könnten, sei dies bei den mathematischen nicht der Fall. Bei ihnen müssen Bedingung und Bedingtes in bezug auf die für die Reihe wesentlichen Bestimmungen gleichartig sein. Dies bedeutet auch für das Einfache, welches die Thesis statuiert, daß es nach einer unbestimmt langen Reihe gedanklicher Teilungsschritte ein Element der Reihe ist, obwohl es nicht weiter teilbar ist.[209] Gilt dies nun aber auch für das Einfache? Das Einfache, um das es in der zweiten Antinomie geht, muß als Bedingung des Zusammengesetzten gedacht werden können, so daß eine Reihe von Teilungsschritten zu ihm führt.[210] In diesem Sinne muß es Element des Zusammengesetzten sein, wie Kant in der Anmerkung zur Thesis meint:

> „Ich rede übrigens hier nur von dem Einfachen, so fern es notwendig im Zusammengesetzten gegeben ist, indem dieses darin als in seine Bestandteile aufgelöset werden kann. Die eigentliche Bedeutung des Wortes Monas (nach Leibnizens Gebrauch) sollte wohl nur auf das Einfache gehen, welches unmittelbar als einfache Substanz gegeben ist (z.B. im Selbstbewußtsein) und nicht als Element des Zusammengesetzten, welches man besser den Atomus nennen könnte. Und da ich nur in Ansehung des Zusammengesetzten die einfachen Substanzen als deren Elemente beweisen will, so könnte ich die These der zweiten Antinomie die transzendentale Atomistik nennen." (B 468 f.)

Das von der Thesis angenommene Unteilbare soll also wesentlich Element des Zusammengesetzten sein, so daß es, sofern es gegeben ist, notwendig das Zusammengesetzte ergibt. Es soll nicht ein solches Einfaches sein, bei dem die Mannigfaltigkeit solcher Einfachheiten nicht zugleich als Aggregat gegeben ist. Dies, so meint Kant hier, sei in Leibniz' Monadologie der Fall. Hier wird jedoch nicht von der Gleichartigkeit von Einfachem und Zusammengesetztem gesprochen.

---

ter sich und mit dem Ganzen gleichartig sein; dagegen in der Verknüpfung der Ursache und Wirkung kann zwar auch Gleichartigkeit angetroffen werden, aber sie ist nicht nothwendig; denn der Begriff der Causalität (vermittelst dessen durch Etwas etwas ganz davon Verschiedenes gesetzt wird) erfordert sie wenigstens nicht." (AA IV, 343). Vgl. auch AA IV, 341. Auch in der Preisschrift *Welche Fortschritte* wird auf die Gleichartigkeit der Teile in Teilung und Zusammensetzung der mathematisch kosmologischen Ideen verwiesen (AA XX, 288; AA XX, 327).

209 Teilungen können sowohl an gleichartigen wie ungleichartigen Teilen ausgeführt werden: Die Teilung in gleichartige Teile ist quantitative Teilung, d.h. die Teile unterscheiden sich nur numerisch, ihrer Stelle in Raum oder Zeit oder ihrer Größe nach. Die Teilung in ungleichartige Teile ist qualitative Teilung, d.h. die Teilung erfolgt hinsichtlich der qualitativen Bestimmungen der Teile (vgl. Metaphysik-Pölitz. S. 63). Gleichwohl betrachtet Kant die Verbindung von Teilen extensiver und intensiver Größen insgesamt als Zusammensetzung Gleichartiger (B 201 Anm.)

210 Das Teil-Ganzes-Verhältnis wird von Kant unter der Kategorie der Wechselwirkung genannt (B 111 f.). Als eine der drei Relationsarten erscheint ‚Teil-Ganzes' neben ‚Grund-Folge' und ‚Substanz-Akzidens' auch in R 4493; AA XVII, 571. Wechselwirkung ist ein dynamisches Verhältnis, welches eine wechselseitige Kausalrelation der Teile meint; insofern spielt diese Kategorie hier zunächst keine Rolle.

In formallogisch reformulierenden Interpretationen wird statt von Elementen oder Teilen von „echten Teilen“ oder „proper parts“ gesprochen.[211] In der Mengenlehre spricht man von „echten Teilmengen“, wenn eine Menge A ungleich einer Menge B ist und zwischen A und B eine Relation besteht, so daß A Teilmenge von B ist $(A \neq B) \wedge (A \subset B)$. Für die gesuchten ersten Elemente der Materie gilt eine weitere, wesentliche Bedingung: Es gibt keine weiteren Teile, die ihre Elemente sind und aus denen sie also zusammengesetzt sind $(\exists x\ (Ex) \rightarrow \neg\exists y\ (y \in x)$. Worauf es in der zweiten Antinomie allerdings ankommt, was aber nicht durch den Begriff „echter Teil“ angezeigt ist, ist die Homogenität des Einfachen als letztem Element der Materie mit der Materie als dem Zusammengesetzten. Das Einfache, welches die Thesis der zweiten Antinomie statuiert, muß als ein „echter Teil“ der Materie vorstellbar sein, weil es als Resultat einer Teilungsreihe denkbar sein muß.

Auch in einer Reflexion aus den Jahren 1778-1783 wird die Gleichartigkeit in den mathematischen Antinomien von Kant erwogen:

> „Die Unendlichkeit oder Endlichkeit der Zusammensetzung oder theilung müssen beyderseits in der sinnenwelt angenommen werden. Dennoch sind diese Ideen von der absoluten totalitaet zum Begriffe der sachen an sich selbst gehorig; also sind sie alle beyde falsch. Dagegen der Begrif der Naturnothwendigkeit und der Freyheit: davon ist der erste zur Sinnenwelt, der zweyte zur intelligiblen gehorig [...]“[212]

Die Gleichartigkeit besteht Kant zufolge darin, daß sowohl Thesis als auch Antithesis nur von der Sinnenwelt sprechen. Das Einfache, um das es der Thesis nur gehen kann, muß in der Sinnenwelt existieren. Dies bedeutet, in der Teilungsreihe ist das

---

211 Falkenburg, B.: Kants Kosmologie. S. 228; Wood, A. W.: Kant's Dialectic. In: Canadian Journal of Philosophy 5 (1975), S. 595-614; S. 610. Husserl hat mit seiner Systematik der Teil-Ganzes-Beziehung in den *Logischen Untersuchungen* die Disziplin der Mereologie begründet (Logische Untersuchungen. Zweiter Band. I. Teil. Hrsg. v. E. Ströker. Hamburg 1984, S. 272-300). Hier unterscheidet er die Begriffe ‚Stück‘, ‚Moment‘, ‚physischer Teil‘, ‚abstrakter Teil‘, ‚extensiver Teil‘. Für Husserl führt die Teilung eines „physischen Ganzen“ nicht zu einfachen Teilen, weil eben jene Homogenität der Teile bestehe (S. 276).

212 R 5608; AA XVIII, 250. In der Reflexion 5817 wird die Falschheit beider Behauptungen in den mathematischen Antinomien auf die Selbigkeit der Bedingungen der beiden Urteile zurückgeführt (AA XVIII, 362). Dabei sei in den mathematischen Antinomien der Gegensatz zwischen Thesis und Antithesis quantitativ, bei den dynamischen dagegen qualitativ. Gemeint ist wohl die Immanenz der Thesen der mathematischen Antinomien im *mundus sensibilis* und die Divergenz der Behauptungen der dynamischen zwischen *mundus sensibilis* und *intelligibilis*. Auf die Gleichartigkeit aller Elemente der Reihe in den mathematischen Antinomien verweist Kant auch in einer weiteren Reflexion: „Die mathematische Antinomien gehen auf das Wesen der Erscheinungen, die dynamische auf Natur. Die erste auf Erscheinungen blos durch Raum und Zeit, die zweyte durch realgründe bestimmt.“ (R 5412; AA XVIII, 175).

Einfache das erste Glied der Reihe, das gleichwohl selbst zur Reihe gehört; es ist nicht ein solches begrenzendes Element, das selbst nicht Teil der Reihe ist.[213]

In anderen Hinsichten besteht jedoch zwischen Einfachem und Zusammengesetztem Heterogenität. Das Einfache unterscheidet sich von den zusammengesetzten Teilen der Teilbarkeit nach, denn gerade das Merkmal der Unteilbarkeit zeichnet es als das verlangte erste Glied der Reihe aus: als diejenige Bedingung, die selbst nicht wiederum bedingt ist. Es kann insofern auch unausgedehnt sein. Der Begriff des Einfachen bedeutet in Kants Verständnis eine nicht-quantitative Einheit:

> „Die Allheit (totalitas) ist das Größte, nicht die Unendlichkeit. Die [abs] Einheit (als homogener Theil einer Größe) ist so fern das Kleinste und die absolute Einheit das schlechthin Kleinste. Das Einfache hat gar keine Größe, ist auch kein homogener Theil eines quantum." [214]

Das Einfache in strenger Bedeutung ist eine Einheit in Negation zu Größe; die Einheit als homogener Teil der Größe ist eine bloß relative Einheit oder das Minimum der Größe. Auch die Formulierung der zwei gegensätzlichen Behauptungen der Teilungsantinomie im *System der kosmologischen Ideen* scheint von der Ungleichartigkeit des Einfachen und des Zusammengesetzten auszugehen (B 440). Eine Teilung, welche die Realität der Materie in Nichts auflöst, ist diejenige, von welcher die Antithesis der zweiten Antinomie ausgeht; die Teilung, welche die Materie in dasjenige auflöst, „was nicht mehr Materie ist, nämlich das Einfache", wird von der Thesis behauptet.[215] Nach der Formulierung an dieser Stelle könnte man also annehmen, daß die Reihe der gleichartigen Elemente an dem unbedingten ersten Glied oder der unbedingten Totalität der Reihe selbst ihre Grenze hat.[216] Das Einfache ist nach metaphysischer Auffassung nicht mehr Materie, da diese wesentlich zusammengesetzt ist. Das Einfache ist also, insofern es nicht zusammengesetzt ist, selbst nicht Materie; jedoch soll es mit Materie in einer anderen Hinsicht gleichartig sein, nämlich insofern es real und im

---

213 Mit den symbolischen Mitteln der Mathematik könnte man diesen Sachverhalt so ausdrükken: Die Thesis nimmt an: [E, Z] und nicht:] E, Z] (E = Einfaches, Z = Zusammengesetztes).

214 R 5838, AA XVIII, 366. Dies ist Kants gängige Bestimmung des Begriffs des Einfachen, wie auch die Reflexion zum Paragraphen „Monas" in Baumgartens *Metaphysica* zeigt (vgl. R 5309, AA XVIII, 150). Demnach ist das Korrelat der Größe die Einheit, das Oppositum der Größe jedoch das Einfache oder die absolute Einheit, wie es hier heißt.

215 Es ist bemerkenswert, daß Kant für die Antithesis die Formulierung wählt, sie löse die Realität der Materie in Nichts auf. Diese Bemerkung wird sich bei genauerer Analyse der Argumentation des Antithesisbeweises als bedeutsam erweisen, denn es wird sich zeigen, daß die Antithesis, zumindest im zweiten Beweisschritt, in der Tat eine metaphysisch-idealistische Position vertritt, welche die Realität der Materie letztlich negieren muß, obwohl sie von ihrer Realität augenscheinlich ausgeht. Vgl. Kap. II.3.5.

216 Auch in diesem Sinne argumentiert Kant in einer Reflexion zwischen 1772-1778, in welcher er die Annahme von einfachen Wesen als Teilen der Sinnenwelt ablehnt und das Einfache lediglich im Intelligiblen zuläßt: „Einfache Wesen haben keinen Ort in der Welt." (R 4534, AA XVII, 585).

Raume ist. Demnach ist das Einfache, wie es von der Thesis angenommen wird, eine Realität im Raum, die gleichwohl nicht teilbar ist, insofern sie nicht zusammengesetzt ist. Es ist insofern nicht materieartig. Hintergrund der These, welche die Thesis vertritt, ist die Theorie des physischen Punktes. Ähnliche Eigenschaften wie das von der Thesis behauptete Einfache weist der geometrische Punkt auf. Der Punkt ist das Unteilbare im Raum;[217] ihm ist eine eindeutig bestimmte Stelle im Raum zuschreibbar, er selbst jedoch nimmt *per definitionem* keinen Raum ein. Der Punkt ist jedoch kein Minimum, da er nicht durch Teilung gegeben werden kann. Nach der Theorie physischer Punkte gilt dies für diese nicht. Das Einfache, welches die Thesis behauptet, soll durch Teilungen gegeben werden können; es kann daher als physischer Punkt begriffen werden. Insofern wäre das Einfache auch ein Kleinstes. In der Anmerkung zur Antithesis der zweiten Antinomie erläutert Kant ein Gegenargument der „Monadisten" gegen die Position der Antithesis und zugleich deren Theorie des „physischen Punktes":

> „Wenn man ihnen [sc. den Monadisten] Gehör gibt, so müßte man außer dem mathematischen Punkte, der einfach, aber kein Teil, sondern bloß die Grenze eines Raums ist, sich noch physische Punkte denken, die zwar auch einfach sind, aber den Vorzug haben, als Teile des Raums durch ihre bloße Aggregation denselben zu erfüllen." (B 467)

In der *Kritik der reinen Vernunft* spricht Kant beim Einfachen zwar nicht von einem Kleinsten; in der *Metaphysik-Pölitz* allerdings wird das Teilungsproblem als Frage nach einem Kleinsten gedeutet.[218] In der Theorie physischer Punkte ist die Gleichartigkeit von Materieteilen mit den einfachen Elementen der Materie gewahrt, und man wird diese Theorie physischer Punkte als diejenige anzunehmen haben, die von der Thesis vertreten wird. In seiner Streitschrift gegen Eberhard *Über eine Entdeckung* belustigt sich Kant über die gegenteilige Annahme einer Heterogenität des Einfachen in der Teilungsreihe, die er Eberhard zuschreibt. Denn daraus folgt, daß man einen kontinuierlichen Übergang vom Sinnlichen zum Übersinnlichen annehmen muß, was widersinnig sei.[219]

In diesem Sinne besteht also eine partielle Homogenität zwischen den von der Thesis behaupteten ersten Elementen und dem Zusammengesetzten.[220] Kant hält diese Lehre des physischen Punktes, der zwar keinen Raum einnimmt und somit einfach und unteilbar, aber dennoch Teil des Raumes ist, in der *Kritik der reinen Vernunft* für unvereinbar mit der „Evidenz der Mathematik" (B 467). Doch dies ist nicht unmit-

---

217 So auch Euklids erste Definition des ersten Buches der *Elementa*: „Ein Punkt ist, was keine Teile hat, [...]" (Euklid: Die Elemente. Buch I-XIII. Nach Heibergs Text aus dem Griech. übers. u. hrsg. v. C. Thaer. Darmstadt [8]1991). Die Definition des Punktes gibt nur ein negatives Merkmal als allein wesentlich an.

218 Metaphysik-Pölitz. S. 52 f., 96 ff.

219 Über eine Entdeckung. AA VIII, 207-225.

220 Die unterschiedlichen Konzeptionen von Einfachheit werden in Kap. II.2.3. dargestellt.

telbar der Grund für das Scheitern dieser Position, vielmehr muß die zusätzliche Annahme begründet werden, weshalb die mathematischen Raumeigenschaften vollständig die Materie erfassen, d.h. diese nicht unabhängig von jenen bestimmt sein kann.

3. Die Antithetik der reinen Vernunft

Das folgende Kapitel soll die formalen Rahmenbedingungen des Verfahrens klären, das Kant im Antinomienkapitel verwendet, um die Metaphysik ihrer Scheinhaftigkeit zu überführen. Mit der Rekonstruktion der transzendentalen Herleitung der zweiten Antinomie im vorigen Kapitel konnte die Problemexplikation in inhaltlicher Hinsicht entwickelt werden; dabei wurde klar, inwiefern Kant von der Naturgegebenheit von Metaphysik und Dialektik sprechen kann:[221] Daß und wie es in der natürlichen Ausübung unserer Erkenntnisfähigkeit zu antinomischen Urteilen kommt, muß durch die transzendentale Untersuchung dieses Vermögens rekonstruierbar sein. In diesem Kapitel soll nun der formale Problemhorizont der Kantischen Antinomienlehre untersucht werden: Zunächst werden die Zentralbegriffe der Antinomienlehre, ‚Antinomie' und ‚Antithetik', analysiert, um darauf das Problem von Wahrheit und Schein der kosmologischen Erkenntnis zu differenzieren. Kants formales Mittel zur Bloßstellung des transzendentalen Scheins ist die skeptische Methode, die in einem dritten Teilkapitel untersucht wird.

Gerade die formale Seite der Antinomienproblematik in der *Kritik der reinen Vernunft* hat das Interesse der Forschung auf sich gezogen, nicht zuletzt wegen ihrer Komplexität auf mehreren Ebenen; so haben sich gerade die neueren Arbeiten zur Antinomienlehre diesem Aspekt in besonderer Weise zugewandt.[222] Hier scheint ein Interpretationsansatz die folgende These aufzustellen: Besonders in den Antinomien soll sich zeigen, daß Kants scheinbare Unterordnung der transzendentalen unter die formale Logik auch theorieintern nicht universell haltbar ist, da sich in den Antinomien zeige, daß eine rein formal-logische Entscheidung der Frage, ob Prädikate in analytischer oder in einer anderen Opposition zueinander stehen, nur zu treffen ist unter Rückgriff auf die Gegenstände, auf die sie sich beziehen; diese These vertritt Michael Wolff gegen Gerold Prauss.[223] Die Auflösung der Antinomien mit Hilfe einer

---

221 Vgl. B XXXI; B 354; B 449.

222 Vgl. Falkenburg, B.: Kants zweite Antinomie und die Physik. In: Kant-Studien 86 (1995), S. 4-25; dies.: Kants Kosmologie. S. 213-249. Malzkorn, W.: Kant über die Teilbarkeit der Materie. In: Kant-Studien 89 (1998), S. 385-409; ders.: Kants Kosmologie-Kritik. S. 121-244; S. 317-328; Strohbach, N.: Qualifizierte Negation als Schlüssel zum Verständnis der Auflösung der ersten Antinomie in Kants *Kritik der reinen Vernunft*. In: Kant und die Berliner Aufklärung. Akten des IX. Internationalen Kant-Kongresses. Hrsg. v. V. Gerhardt, R.-P. Horstmann und R. Schumacher. Berlin / New York 2001, Bd. 5, S. 94-105.

223 Prauss, G.: Zum Wahrheitsproblem bei Kant. In: Kant-Studien 60 (1969), S. 166-182; Wolff, M.: Der Begriff des Widerspruchs in der „Kritik der reinen Vernunft". Zum Ver-

Umdeutung der Begriffe, nämlich des Weltbegriffs, zeige, so Wolff, die Grenze der Möglichkeit des Widerspruchsprinzips als Grundprinzip der formalen Logik.[224]

3.1. Kants Begriffe von ‚Antinomie' und ‚Antithetik'

Der zentrale Terminus in der Dialektik der Kosmologie ist der Begriff ‚Antinomie'. Unter ‚Antinomie' versteht man heute einen beweisbaren Widerspruch; d.h. zwei kontradiktorische Sätze, die sich beide durch korrekte Beweise rechtfertigen lassen.[225] Im Unterschied dazu ist das Dilemma ein Paar konträrer oder kontradiktorischer Aussagen, die beide falsch oder sogar unmöglich sind. Kant wird zeigen, daß die zweite Antinomie aus kritischer Perspektive ein Dilemma ist.[226] Demgegenüber sind Paradoxa lediglich der gewöhnlichen Meinung zuwiderlaufende Behauptungen, die keinen echten Widerspruch bedeuten müssen.[227]

Antinomien haben in allen drei Kritiken ihre spezifische Stelle. Sie sind ein dialektisches Kennzeichen der theoretischen und praktischen Vernunft sowie der ästhetischen und teleologischen Urteilskraft; Kant entwickelt sie nicht nur in der *Kritik der*

---

hältnis von formaler und transzendentaler Logik. In: Probleme der Kritik der reinen Vernunft. Kant-Tagung Marburg 1981. Hrsg. v. B. Tuschling. Berlin / New York 1984, S. 178-202. Der Hinweis auf dieses Problem der Kant-Interpretation steht der sonst verbreiteten Deutung gegenüber, Kant habe die transzendentale der formalen Logik ohne Einschränkung und ohne ein internes Problem vorgeordnet. Ein Problem ergibt sich dieser Deutungsrichtung zufolge erst mit der idealistischen Kant-Kritik, welche Kant eine fehlende Begründung der formalen Logik vorwirft.

224 Vgl. Wolff, M.: Der Begriff des Widerspruchs in der „Kritik der reinen Vernunft". S 192. Seine These lautet: „Mit demselben Recht, mit welchem Kant sagt, daß die transzendentale Logik in den Antinomien der reinen Vernunft dialektisch wird, darf man sagen, daß die formale Logik im selben Kontext zur Scheinlogik wird. Sie *muß* hier glauben, Widersprüche zu erkennen, wo in Wirklichkeit gar keine sind, und wo Widersprüche sind, kann sie sie nicht erkennen." (S. 193).

225 Vgl. Kutschera, F. v.: Artikel ‚Antinomie' in: Historisches Wörterbuch der Philosophie. Bd. 1, Sp. 396-405, Sp. 396.

226 Vgl. Metaphysische Anfangsgründe der Naturwissenschaft. AA IV, 506.

227 Wie erwähnt, bezieht Kant die Antinomien tatsächlich auf die Paradoxien des Zenon. Diese kannte er wohl durch den Artikel „Zeno" in Pierre Bayles *Dictionnaire historique et critique* (Historisches und kritisches Wörterbuch. Übers. v. Chr. Gottsched. Bd. 4, S. 545-557 (Nachdruck: Hildesheim / New York 1978). Der *Dictionnaire* war Kant jedenfalls bekannt, er erwähnt den Kepler-Artikel 1764 in AA II, 208. Zenos Lehrsätze zur Unmöglichkeit von Bewegung oder Veränderung sind Paradoxien und keine Antinomien, weil sie keine widersprüchlichen Theoreme aufstellen, sondern lediglich kontraintuitive Behauptungen aufstellen, wie beispielsweise, daß es keine Vielheit gibt oder daß es Bewegung nicht wirklich gibt. Wie die Antinomienbeweise bei Kant argumentiert Zenon für diese paradoxen Sätze zumeist indirekt.

reinen Vernunft, sondern auch in den anderen beiden Kritiken.[228] In der *Kritik der reinen Vernunft* ergibt sich allein in der Kosmologie – wie bereits ausgeführt – aus reinem Denken eine „Antinomie der reinen Vernunft“. Kant verwendet diesen Terminus in unterschiedlichen Bedeutungen. Diese gilt es zunächst zu differenzieren. Es wird dabei zu untersuchen sein, ob Kant eine Wertigkeit dieser unterschiedlichen Bedeutungen annimmt und also eine bestimmte Bedeutung als primär ansieht. Vom Begriff der Antinomie ist der Begriff der Antithetik zu unterscheiden. Der Begriff ‚Antithetik‘ ist der skeptischen Methode zugeordnet und meint die Methode der Entgegensetzung widersprechender Thesen zum Zwecke der Aufhebung ihres Geltungsanspruchs. Sie bezieht sich, wie Kant betont, nicht auf die Einzelaussagen der widersprechenden Urteile, sondern auf den Gesamtkomplex aus Thesis und Antithesis. ‚Antithetik‘ ist der Komplementärbegriff zu ‚Thetik‘ und bezeichnet also im weiteren Sinne die Urteilsenthaltung als Konsequenz einer Antinomie. ‚Antithetik‘ ist somit Kants Begriff für die skeptische *diaphonie*, die *isosthenie* und die *epoché* gleichermaßen, d.h. Entgegensetzung eines widersprechenden Urteils gegen eine dogmatische Setzung, die Feststellung der Gleichwertigkeit beider Behauptungen sowie die daraus folgende Urteilsenthaltung. Kant deutet die Antithetik jedoch transzendental positiv in einen propädeutischen Teil der kritischen Methode um: Sie ist Ursachenforschung für die Gründe der antinomischen Verstrickung des Vernunftvermögens in seine eigenen Prinzipien, sie ist somit Vernunftanalytik (B 448).

Demgegenüber bezieht sich ‚Antinomie‘ – ein Begriff, den Kant der juristischen und theologischen Terminologie entnimmt –[229] direkt auf den Widerspruch zweier

---

228 Kritik der praktischen Vernunft. AA V, 113 ff. Diese Antinomie besagt: „die Begierde nach Glückseligkeit [ist] die Bewegursache zu Maximen der Tugend“ und: „die Maxime der Tugend muß die wirkende Ursache der Glückseligkeit sein“. Sie ist wie die zweite Antinomie letztlich ein Dilemma, denn von beiden Thesen behauptet Kant, sie seien unmöglich. Kritik der Urteilskraft, § 56 f. AA V, 338 ff.; § 69 ff. AA V, 358 ff. Es gibt sowohl eine Antinomie der ästhetischen als auch der teleologischen Urteilskraft. Die Antinomie der ästhetischen Urteilskraft besteht zwischen der Annahme, das Geschmacksurteil gründe sich auf Begriffe, und seiner Negation; die Antinomie der teleologischen Urteilskraft besteht zwischen der Annahme, bloß mechanische Ursachen aller Naturprozesse seien möglich, und der Annahme, daß auch Finalursachen möglich seien. Eine Gesamtdarstellung aller Antinomien bei Kant hat V. Wike vorgelegt (Kant’s Antinomies of Reason).

229 Ausführliche Studien zur Herkunft des Begriffs bei Kant hat Hinske durchgeführt. Ihm zufolge ist Kant der erste, der ‚Antinomie‘ in die philosophische Terminologie aufnimmt (Artikel: Antinomie. In: Historisches Wörterbuch der Philosophie. Bd. 1, Sp. 393. Basel 1971). Hinske zeigt darüber hinaus, daß Kant den Begriff ‚Antinomie‘ und ‚Antithetik‘ aus der Theologie übernahm; auch das Druckbild der Antinomien, der Paralleldruck von Thesis und Antithesis, hat ihm zufolge theologische Schriften zum Vorbild (Kants Begriff der Antithetik und seine Herkunft aus der protestantischen Kontroverstheologie des 17. und 18. Jahrhunderts. In: Archiv für Begriffsgeschichte XVI (1972), S. 48-59). Falkenburg zeigt, daß Kant den Begriff ‚Antithetik‘ seit 1771, ‚Antinomie‘ sogar erst 1773-1775 verwendet (Kants Kosmologie. S. 141).

Aussagen.[230] Jedoch verwendet er den Begriff ‚Antinomie' keineswegs einheitlich. Es lassen sich wohl zunächst zwei Bedeutungen unterscheiden: eine formallogische und eine transzendentallogische. Die formallogische Bedeutung von ‚Antinomie' bezieht sich allein auf den beweisbaren Widerspruch zwischen zwei Urteilen mit gleichem Subjekt und Prädikat. In dieser Bedeutung kann bei den kosmologischen Widersprüchen von Antinomien im Plural gesprochen werden.[231] Die transzendentallogische Bedeutung von ‚Antinomie' ist dagegen auf die Bedingungen der Möglichkeit des Widerspruchs gerichtet und versteht den Widerspruch als aus der Struktur des Erkenntnisvermögens Vernunft selbst entspringend. In dieser Bedeutung wird ‚Antinomie' im Singular verwendet.[232] Bei der transzendentalen Bedeutung lassen sich nochmals zwei Aspekte unterscheiden. Der erste Aspekt ist derjenige, der der Etymologie des Wortes entspricht: Antinomie ist demnach der Widerspruch zwischen Gesetzen oder Maximen. Diese kann man auch die nomologische Bedeutung von ‚Antinomie' nennen. In der anderen Bedeutung wird der Widerspruch der Gesetze auf den Ursprung oder das Vermögen dieser Gesetze bezogen, auf die reine Vernunft selbst. In dieser Hinsicht meint ‚Antinomie' die antinomische Verfaßtheit der Vernunft selbst: „Den Zustand der Vernunft bei diesen dialektischen Schlüssen werde ich die Antinomie der reinen Vernunft nennen." (B 398). Plastischer schildert Kant diesen durch die Antinomie bewirkten Zustand der reinen Vernunft auch als „Zwiespalt" und als „Zerrüttungen" (B 434).[233]

Hinsichtlich der nomologischen Bedeutung von ‚Antinomie' ist nun nach der Art der Gesetze und des Widerspruchs zwischen den Gesetzen zu fragen. Der Widerspruch kann nun *erstens* zwischen zwei verschiedenen Gesetzen bestehen, die Entgegengesetztes gebieten oder verbieten, oder aber *zweitens* zwischen zwei gleichermaßen gültigen, aber einander widersprechenden Auslegungen nur eines Gesetzes. Angesichts der Antinomie der reinen Vernunft muß also gefragt werden, ob der Wider-

---

230 Tatsächlich ist Kants Gebrauch beider Termini nicht völlig trennscharf, vielmehr verwendet er ‚Antithetik' gelegentlich anstatt ‚Antinomie' (B 433; B 768).

231 Hinske hat auf die diesem Unterschied des Numerus zugrundeliegende Bedeutungsdifferenz hingewiesen (Kants Begriff der Antinomie und die Etappen seiner Ausarbeitung. In: Kant-Studien 56 (1965), S. 485-496).

232 Diese Bedeutung von ‚Antinomie' hat Kant zumindest 1771 bereits entwickelt: „Daher kommt der Wiederspruch der Grundsätze, wenn man nach der regel der Vernunft in ansehung des Gebrauchs in der Welt urtheilt und nachher in abstracto von aller solcher Beziehung Urtheilen will." (R 4375; AA XVII, 525). Vgl. Kap. II.5.

233 Hinske hat diese drei Bedeutungen von Antinomie unterschieden: Die erste ist der Widerspruch zwischen Gesetzen – in dieser Bedeutung verwendet Kant ‚Antinomie' auch in der *Kritik der Urteilskraft* und in der *Kritik der praktischen Vernunft*; die zweite entspricht der logischen Bedeutung, und die dritte ist der Zustand des Widerspruchs der reinen Vernunft (Kants Begriff der Antinomie. S. 488-490). Für Hinske ist diese transzendentallogische Bedeutung von Antinomie die grundlegende, die logische dagegen sei abgeleitet; die Urteile ergeben sich schließlich erst aufgrund der Anwendung der Grundsätze von Verstand und Vernunft.

spruch auf unterschiedliche Grundsätze, deren gleichberechtigte Anwendung zu entgegengesetzten Annahmen führt, zurückgeführt werden muß, oder ob er einem einzelnen Prinzip immanent ist. Dies hat unterschiedliche Auswirkungen auf die Auflösbarkeit der kosmologischen Antinomien. Im ersten Fall ließe sich die Antinomie dadurch vermeiden, daß die beiden Gesetze unterschiedlichen Anwendungsbereichen zugeordnet werden. Hier, in der *Transzendentalen Dialektik*, ist es jedoch fraglich, ob dies möglich ist, denn dazu müßte eine Hinsichtenunterscheidung am Gegenstand der Antinomie gerechtfertigt werden können. Der Grad der Teilbarkeit läßt sich nicht unterschiedlichen Hinsichten der Materie zuordnen, d.h. einerseits ihrer Ausdehnung nach, andererseits ihrer Realität nach; dies verbietet sich aufgrund der spezifischen Homogenität der Materieteile. Diesen Ausweg hatte Kant gerade in der *Monadologia Physica* eingeschlagen, nun aber hält er ihn nicht mehr für gangbar. Im zweiten Falle jedoch wäre die Lage noch ernster, denn im Falle eines immanenten Widerspruchs eines Gesetzes, eines Prinzips der reinen Vernunft oder des Verstandes, ließe sich die Antinomie in keiner Weise aufheben, denn es handelt sich bei den Grundsätzen der reinen Vernunft nicht um Axiome, wie in der Mathematik – d.h. um gesetzte Annahmen, die zum Zwecke der Widerspruchsfreiheit eines Kalküls modifiziert werden könnten –, sondern um notwendige Bedingungen der Möglichkeit von Erkenntnis überhaupt. Der Widerspruch in einem ihrer Prinzipien würde zwangsläufig zur Folge haben, daß es bei der Ausübung dieses Vermögens unabänderlich zu widersprüchlichen Folgerungen kommen muß, und da diese für Erkenntnis notwendig sind, schließlich daß der Widerspruch nicht vermieden werden kann. Die Frage, welche der beiden Varianten vorliegt, betrifft also die Beurteilung des „Wirkungsgrades" der kosmologischen Antinomien. Diesbezüglich werden in der Forschung, wie bereits ausgeführt, sehr unterschiedliche Interpretationen favorisiert.[234]

Kants knappe Herleitung der Antinomie selbst hat zu dieser Frage keine Auskunft gegeben, denn er hatte die beiden Thesen zunächst rein formal als gleichberechtigte Alternativen aufgezeigt, eine Reihe homogener Teile als unbedingt zu setzen: einerseits die Annahme erster unbedingter Teile und andererseits die Annahme der Totalität aller Teile als unbedingt (B 445 f.). Nach dieser Herleitung scheint es so zu sein, daß das Gesetz der Vernunft einander widersprechende Interpretationen zuläßt. Darauf weist auch Kants Darstellung der Antithetik der Vernunft in B 452 hin; demnach besteht die Antinomie der Vernunft in einem „Mangelhaften und nicht genau Bestimmten in ihren Gesetzen" (B 452). Dieses Mangelhafte besteht für Kant darin, daß die Anwendungsweise der Prinzipien entweder als konstitutiv oder bloß als regulativ

[234] Vgl. Kap. I.2. Die „starke Deutung" des Widerspruches, die ihn für unvermeidbar und in bestimmtem Sinne unauflösbar hält, würde wohl die zweite Bedeutung des nomologischen Widerspruchs als gegeben annehmen; die „schwache Deutung", die von der Vermeidbarkeit und Auflösbarkeit ausgeht, wird dagegen den ersten Fall als zutreffend ansehen. Eine mittlere Position, die die Antinomie als zwar auflösbar, dennoch aber als unvermeidbar ansieht, wird auch eine Variante des ersten Falles als gegeben annehmen.

nicht *a priori* festgelegt ist, sondern erst durch transzendentale Deduktionen zu bestimmen ist.

Der Widerspruch scheint also dem Grundsatz der reinen Vernunft[235] selbst immanent zu sein. Die Antinomie ist lediglich in der Kosmologie zu finden; der Widerspruch im Vernunftgrundsatz tritt nur dann auf, wenn sein Ansatzpunkt die Gegenstände der Erfahrung sind. In den Reflexionen stellt Kant daher auch die Antinomie vergröbernd als Widerstreit zwischen zwei Folgerungen aus dem Prinzip der reinen Vernunft in Anwendung auf die Erfahrungswelt unter Abstraktion von den transzendentalen Erkenntnisbedingungen dar.[236] Als Widerstreit zwischen unterschiedlichen Prinzipien bezeichnet Kant die Antinomie der reinen Vernunft andernorts. In R 4759 sieht er den Widerstreit der Gesetze zwischen Grundsätzen, die aus den Prinzipien der Einheit der Vernunft hergeleitet sind, und Prinzipien der Bestimmung der Erscheinungen (AA XVII, 708). Demnach bezieht sich der Begriff ‚Antinomie' auf einen Widerstreit zwischen Vernunft- und Verstandesprinzipien. Nach unserer Darstellung der Herleitung der zweiten Antinomie bedeutet dies, daß ‚Antinomie' im Falle der zweiten Antinomie den Widerstreit zwischen dem Prinzip der Weltidee und dem Grundsatz der Antizipationen der Wahrnehmung bedeutet. In R 4757 führt Kant als „Grund der Antithetik oder der scheinbaren Antinomie der reinen Vernunft" die unterschiedliche Natur der Grundsätze von Verstand und Vernunft an: „Jene [sc. die immanenten Grundsätze des empirischen Verstandesgebrauchs] sind principien der exposition der Erscheinungen, diese [sc. die transzendenten Grundsätze des reinen Verstandesgebrauchs] der spontaneitaet der reinen Vernunft." (AA XVII, 704). Nun folgt aber nicht die eine Seite der kosmologischen Antinomie dem einen, die andere aber dem anderen Prinzip, also die Thesis dem Prinzip der Vernunft, die Antithesis dem des Verstandes; denn beide Seiten stehen unter der Bedingung der Vernunft, die Erfahrungswelt in ihrer Totalität als unbedingt anzusehen. Die Antinomie beider Thesen entsteht aus der Anwendung des Vernunftprinzips auf die Grundsätze des Verstandes unter der Voraussetzung seiner konstitutiven Bedeutung für die Objekte der Erfahrung. Beide Seiten, Thesis wie Antithesis, stellen also unbedingte Totalitäten vor. Hierbei genügt allerdings die eine Seite eher dem einen Grundsatz, die andere eher dem anderen. So entspricht die Thesis der zweiten Antinomie eher dem Grundsatz der reinen Vernunft, insofern als sie die Antithesis mit rein ontologischen Argumenten widerlegt; die Antithesis widerlegt die Thesis insbesondere durch Argumente, die Bedingungen der Erfahrung in Anschlag bringen.

Die Antinomie der reinen Vernunft betrifft also den Vernunftgrundsatz selbst, insofern er auf Gegenstände der Erfahrung angewendet wird, d.h. er ist ein immanenter Widerspruch im Prinzip der reinen Vernunft, der sich dann zeigt, wenn er auf die

---

[235] „[...] wenn das Bedingte gegeben ist, so sei auch die ganze Reihe einander untergeordneter Bedingungen, die mithin selbst unbedingt ist, gegeben (d.i. in dem Gegenstande und seiner Verknüpfung enthalten)" (B 364).

[236] R 4375; AA XVII, 525. Vgl. Kap. II.5.

Idee der Welt bezogen wird; dies bedeutet spezifisch für die zweite Antinomie: auf die Realität im Raum.[237] Kants Lösung der Antinomie wird darin bestehen, dem Vernunftprinzip insgesamt eine lediglich subjektive Geltung und damit eine bloß regulative Funktion zuzubilligen im Unterschied zu der konstitutiven Geltung der Verstandesgrundsätze. Offensichtlich ist also diejenige nomologische Bedeutung von ‚Antinomie' für Kant primär, die den Grund des Widerspruchs zwischen Thesis und Antithesis in der Unterbestimmtheit des reinen Vernunftprinzips annimmt. ‚Antinomie' in logischer Bedeutung als begründbarer Widerspruch zwischen zwei Urteilen, Thesis und Antithesis, ist demgegenüber aus transzendentaler Perspektive sekundär.

Gegenwärtig versteht man unter ‚Antinomie' zumeist semantische und syntaktische Antinomien in Logik und Mathematik. Semantische Antinomien sind solche, die sich auf semantische Begriffe – wie beispielsweise ‚wahr-falsch'– beziehen, prominentes Beispiel ist die Antinomie des Lügners; syntaktische Antinomien sind solche, die sich auf syntaktische Begriffe beziehen – wie beispielsweise ‚enthalten sein in' – ein berühmtes Beispiel ist die Russellsche Antinomie der Menge aller Mengen, die sich nicht selbst als Element enthält. Beide Arten von Antinomie zeichnen sich dadurch aus, daß sie aufgrund der Selbstanwendung eines Satzes entstehen. Kann man die zweite kosmologische Antinomie formal als einen Typ der syntaktischen Antinomie betrachten? Dies ist in gewisser Weise naheliegend, denn schließlich könnte man sie auf den syntaktischen Begriff ‚Teil von' zurückführen. Wie im Folgenden jedoch zu sehen sein wird, geht es Kant in der zweiten Antinomie nicht primär um den syntaktischen Begriff ‚Teil von'; zwar führt er die Antinomie der Teilung in seiner Auflösung auf ein mengentheoretisches Problem zurück,[238] aber die Ursache der Antinomie wird in der ontologischen Voraussetzung des transzendentalen Realismus selbst verortet; daher ist eine formale Auflösung dieser Antinomie nicht ausreichend.[239]

---

237 Anders die Einschätzung Malzkorns; für ihn ist die Antinomie ein Widerstreit zwischen den Gesetzen des Verstandes und der Vernunft (Kants Kosmologie-Kritik. S. 94). Dabei wird aber nicht näher spezifiziert, wie dieser Widerstreit strukturiert ist.

238 Vgl. Kap. III.3.2.

239 Eine Analogie zu den syntaktischen Antinomien der Mengenlehre wird sich in Kants Uminterpretation der Antithesis- und der Thesisposition in der Auflösung der zweiten Antinomie dennoch zeigen: Kant legt in der Auflösung der zweiten Antinomie einen Dogmatismus des aktual Unendlichen bloß (B 551 ff.), den beide Positionen in ihren Beweisen nicht erklärtermaßen lehren, da sie nur die Existenz bzw. Nichtexistenz des Einfachen zu beweisen suchen. Unter Voraussetzung des transzendentalen Realismus kann jedoch die sich aus diesem Unendlichkeitsbegriff ergebende Antinomie nicht gelöst werden, wie zu zeigen sein wird. Vgl. dazu Falkenburg, B.: Kants Kosmologie. S. 205 f. Auch Falkenburg schätzt die kosmologischen Antinomien Kants als von logischen Antinomien verschieden ein. Es bestehe allenfalls eine Analogie, aber keine Parallele.

3.2. Wahrheit und Schein in Kants Antinomienlehre
Antinomie und Dialektik

Die Antinomie der Teilung ist ein Abschnitt der *Transzendentalen Dialektik*. Kants Einteilung der *Transzendentalen Logik* in Analytik und Dialektik folgt der aristotelischen Tradition, wohl in betonter Opposition zur Schulphilosophie, für welche besonders der Begriff ‚Dialektik' ein Kennzeichen des bekämpften Aristotelismus ist.[240] Die Einteilung der *Kritik der reinen Vernunft* stellt also insgesamt eine Überlagerung der schulphilosophischen Einteilung der Metaphysik in Ontologie, Psychologie, Kosmologie und Theologie mit aristotelischer Logik dar. In der *Logik-Jäsche* weist Kant auf Aristoteles als Urheber dieser Einteilung hin.[241] Zusätzlich überlagert Kant diese Struktur mit der Einteilung der Logik in eine Begriffs-, Urteils- und Schlußlehre und ordnet die Schlußlehre in der transzendentalen Logik insgesamt der Dialektik zu, mit dieser Zuteilung weicht er von den Logik-Werken vor ihm ab. In seinen Logik-Vorlesungen dagegen ist die Schlußlehre Teil der Analytik. Auch in der *Kritik der reinen Vernunft* betont Kant, daß die Schlußlehre als Teil der formalen Logik durchaus in einer Analytik abgehandelt werden könne (B 169 f.). In der transzendentalen Logik hingegen könne sie nicht zur Analytik gezählt werden.

Völlig neuartig allerdings ist Kants Bestimmung der Dialektik als „Logik des Scheins". Für Kant ist das Unterscheidungskriterium der beiden Disziplinen der Logik, Analytik und Dialektik, diejenige von wahr und falsch: Analytik ist die Disziplin der Logik, welche die Regeln des richtigen Verstandesgebrauchs darlegt; Dialektik dagegen ist die Logik nicht des bloß Falschen, sondern – viel problematischer – sie ist die „Logik des Scheins", also desjenigen Falschen, das wahr erscheint, aber nicht wahr ist. Wie Kant in der Einleitung zur *Transzendentalen Logik* das Problem einer Definition der Wahrheit im Hinblick auf die Analytik diskutiert (B 82), so eröffnet er die Einleitung zur *Transzendentalen Dialektik* mit einer Erörterung über den logischen und den transzendentalen Schein (B 349 ff.). Hier hebt Kant sein spezifisches Verständnis von ‚Dialektik' in bewußter Abgrenzung gegen andere Dialektikbegriffe der Tradition ab: Dialektik sei nicht die „Lehre der Wahrscheinlichkeit", denn diese sei ja Wahrheit, wenngleich auch eine nur unzureichend begründbare.[242] Kant schließt damit explizit

---

240 Darauf weist Tonelli hin (Der historische Ursprung der kantischen Termini ‚Analytik' und ‚Dialektik'. In: Archiv für Begriffsgeschichte 7 (1962), S. 120-139). Tonelli zeichnet hier sehr materialreich unterschiedliche Dialektikbegriffe in den Logik-Werken seit der Antike bis zu Kant nach.

241 Logik-Jäsche. AA IX, 20. In seine Logik-Vorlesungen jedoch übernimmt er diese Einteilung nicht.

242 Es sei hier nur am Rande bemerkt, daß Kant selbst, auch wenn er die Lehre der Wahrscheinlichkeit als zur Analytik gehörig bezeichnet, sie dennoch nicht in der *Kritik der reinen Vernunft* ausgeführt hat. Dies ist besonders von wissenschaftstheoretischer Seite bemängelt worden, denn trotz vieler Anknüpfungspunkte zwischen Kant und der modernen Naturwissenschaft liegt gerade darin ein Problem, daß beispielsweise die moderne Physik im we-

den Dialektik-Begriff eines Zweiges der Logik aus, den Darjes vertritt; ihm zufolge ist ‚*Dialectica*' „scientia inveniendi veritates probabiliter".[243] Vielmehr sei Dialektik die „Logik des Scheins". Schein sei „Verleitung" zum Irrtum. In diesem Zusammenhang macht Kant darauf aufmerksam, daß „Schein" und „Erscheinung" ebenfalls zu differenzieren seien. Erscheinung sei der Gegenstand im Hinblick auf seine Bedingtheit durch die Sinnlichkeit. Der Sinnengegenstand selbst kann nicht täuschen, denn eine Anschauung sei weder wahr noch falsch; täuschungsanfällig ist nur das Urteil über sie. Wahrheit und Irrtum kann nur dem Urteil zukommen. In einer Reflexion aus der unmittelbaren Entstehungszeit der *Kritik der reinen Vernunft* unterscheidet er zwei Dialektiktypen: die sophistische Dialektik – sie ist die Kunst des Scheins – und die philosophische Dialektik – sie ist die Wissenschaft von der Auflösung des Scheins.[244] Die philosophische Dialektik hat zwei Teile: einen „propaedeutischen Theil", der das Kriterium der Wahrheit enthalte, und einen skeptischen, der die „Quellen des Scheins" anzeige und die Wahrheit gegen diesen sichere.

Kant unterscheidet vier Arten von Schein, den logischen, den empirischen, den dialektischen und transzendentalen Schein.[245] Unter logischem Schein versteht Kant denjenigen, der in der „Nachahmung der Vernunftform" besteht, wie sie in Trugschlüssen stattfindet (B 353 ff.). Diese Art des Scheins stellt sich bei einem „Mangel der Achtsamkeit auf die logische Regel" ein und läßt sich durch Aufzeigen des Fehlers völlig beseitigen. Den empirischen Schein erläutert Kant mit der optischen Täuschung. Bei ihr wird die Urteilskraft zu falschen Urteilen verleitet aufgrund bestimmter optischer Phänomene, wie daß ein Stab, der halb ins Wasser getaucht ist, gebrochen erscheint, wenn man ihn aber aus dem Wasser zieht, gerade ist. Der Fehler liegt hierbei auch nicht bei der Sinnlichkeit selbst, sondern im Urteilen über solche Anschauungen. Hierbei ist das Problem nicht, daß subjektive Erlebnisse fälschlich, wie

---

sentlichen mit dem Begriff der Wahrscheinlichkeit operieren muß, während Kants Logik-Verständnis doch im wesentlichen auf das assertorische Urteil zentriert ist, welches eine probabilistische Logik nicht zuläßt, wobei die Wahrscheinlichkeit ein Teil der Erkenntnislehre ist (Logik-Jäsche. AA IX, 81 ff.). Vgl. dazu Brittan, G.: Kant and the Quantum Theory. In: Kant and Contemporary Epistemology. Hrsg. v. P. Parrini. Dordrecht 1994, S. 131-155.

243 Vgl. Tonelli, G.: Der historische Ursprung der kantischen Termini ‚Analytik' und ‚Dialektik'. Tonelli meint, daß Kant mit Darjes' Philosophie gut vertraut war (Ebd. S. 139). Kant nennt ihn in AA I, 390, 398 Anm. Aus den zahlreichen Belegen, die Tonelli für die unterschiedlichen Dialektik-Begriffe vor Kant vorführt, läßt sich entnehmen, daß diese Bedeutung von Dialektik als Wahrscheinlichkeitslehre auf das Dialektik-Verständnis Aristoteles' zurückreicht und in Deutschland vor Darjes z.B. von Stahl vertreten wurde.

244 R 4952; AA XVIII, 39.

245 Zum transzendentalen Schein vgl. auch Grier, M: Kant's Doctrine of Transcendental Illusion. S. 102-130. Grier meint, man könnte zwei Quellen des transzendentalen Scheins annehmen, eine fehlerhafte Interaktion von Sinnlichkeit und Verstand sowie reine Vernunft selbst. Ihrer Meinung nach kommt jedoch allein reine Vernunft als Ursache des Scheins in Frage.

Wahnvorstellungen oder Träume, für objektiv gehalten werden, sondern daß ein objektives Phänomen, wie die optischen Gesetze der Lichtbrechung selbst Ursache des Scheins sind, und daß das Urteil nicht in jeder Hinsicht falsch ist. Ein solcher Schein kann, selbst wenn er als solcher durchschaut ist, nicht vermieden werden: auch ein Physiker sieht den Stab im Wasser als gebrochen, selbst wenn er genaue Kenntnis des optischen Phänomens besitzt. Dem Phänomen insgesamt kommt zudem durchaus Objektivität zu, einerseits, weil der Gegenstand, der Stab, wirklich ist, und weil das Urteil über den gebrochenen Stab unter Berücksichtigung des optischen Phänomens ein wissenschaftlich erforschbares Faktum ist. Für Kant ist diese Art des Scheins dem transzendentalen Schein analog. Der transzendentale Schein ist diejenige Art von Schein, die sich durch die Erkenntnisfunktionen der reinen Vernunft einstellt. Er zeichnet den veritativen Sinn der metaphysischen Erkenntnisse in der *Transzendentalen Dialektik* aus. Der transzendentale Schein täuscht Wahrheit vor, weil es für ihn einen transzendentalen Grund gibt, weil er wie der empirische Schein nicht beseitigt werden kann, selbst wenn man seine Unwahrheit erkannt hat, und weil er unter Berücksichtigung seiner Ursachen durchaus etwas Objektives an sich hat. Dem transzendentalen Schein kommt also partiell Falschheit, partiell jedoch auch Wahrheit zu. Kant unterscheidet ihn nicht klar vom dialektischen Schein, letzterer ist allenfalls eher mit einer negativen Konnotation verbunden. Der dialektische Schein ist eine nichtdurchschaute Illusion, so daß es zu Fehlurteilen kommt. Diesen Schein nennt Kant auch „natürlichen Schein“ oder „natürliche Illusion“.[246]

Die strittigen Urteile und Beweise in der *Transzendentalen Dialektik*, somit auch die Urteile über die Existenz oder Nichtexistenz einfacher Teile der Materie, sind also nicht in jeder Hinsicht und schlichtweg falsch, sondern lediglich teilweise, so daß sie einen Anschein von Wahrheit erwecken können. Dadurch besteht für die Interpretation der Antinomien, d.h. der Thesen und ihrer Beweise, die eigentümliche Situation, daß nicht einfach die formale Korrektheit oder die Angemessenheit der Argumente beurteilt werden kann, da Kant gerade die Falschheit des scheinbar Erwiesenen zu zeigen beabsichtigt. Die Thesen wie ihre Beweise erscheinen in einer bestimmten Hinsicht als wahr, sind aber Kant zufolge in einer anderen Hinsicht falsch. Für Urteile, die in einer Hinsicht wahr erscheinen, in einer anderen jedoch falsch sind, kann unmöglich Wahrheit beansprucht werden.

Auf die Partialität der Falschheit im Schein weist Kant in der *Logik-Jäsche* hin. Seiner Ansicht nach muß jedes Urteil partiale Wahrheit haben; dies ist eine Folge der Kantischen Urteilslehre, welche das Urteilen als Handlung nach notwendigen Regeln des Verstandes ansieht. Die Verstandesregeln sind Bedingungen der Möglichkeit des Urteilens überhaupt:

---

[246] A 396; B 354; B 449. Vgl. R 4930: „Der Schein aus mangel des Urtheils ist der Anschein (der erste Schein): apparentia. Der Schein, der dem Urtheil wiederstreitet und ihm nicht weicht, ist der Natürliche Schein: species. Solcherley Art ist der transscendentale Schein. Man wird ihn niemals vertilgen.“ (AA XVIII, 31 f.).

> „Aller Irrthum, in welchen der menschliche Verstand gerathen kann, ist aber nur partial, und in jedem irrigen Urtheile muß immer etwas Wahres liegen. Denn ein totaler Irrthum wäre ein gänzlicher Widerstreit wider die Gesetze des Verstandes und der Vernunft. Wie könnte er, als solcher, auf irgend eine Weise aus dem Verstande kommen, und, sofern er doch ein Urtheil ist, für ein Product des Verstandes gehalten werden!“[247]

Wenn die Regeln des Verstandes also unhintergehbare Bedingungen der Möglichkeit des Urteilens sind, dann kann Falschheit nicht in der Mißachtung oder in der Fehlbefolgung dieser Regeln bestehen. Ein Verstoß gegen die Regeln des Urteilens ist unmöglich. Auf diese Weise stellt sich das traditionsreiche Problem, wie Irrtum, Schein, Falschheit überhaupt möglich sind.[248] Kant bedient sich zur Erklärung der Möglichkeit des Irrtums seiner Lehre der beiden Erkenntnisstämme, Sinnlichkeit und Verstand. Da nun, wie Kant in der *Logik-Jäsche* klarmacht, Irrtum weder aus der Sinnlichkeit allein herrühren kann – denn diese ist überhaupt nicht wahrheits- oder irrtumsfähig – noch aus dem Verstand allein – denn dieser kann nur seinen unbedingt notwendigen und damit objektiv gültigen Regeln folgen –, so muß der Irrtum auf eine verfehlte Interaktion dieser beiden Erkenntnisvermögen zurückgeführt werden.[249] Diese Art des Irrtums oder des Scheins wird von Kant als „Subreption“ angesehen, eine Verwechslung von subjektiven Erkenntnisgründen mit objektiven Erkenntnisbedingungen. Es ist die Aufgabe des Verstandes, diesen Fehler durch Unterscheidung subjektiver und objektiver Urteilsgründe aufzudecken und zu vermeiden. Ein solcher Irrtum entsteht durch einen Mangel an Aufmerksamkeit.[250] Der Subreptionsvorwurf ist auch in der *Transzendentalen Dialektik* der *Kritik der reinen Vernunft* in Form des Vorwurfs der „transzendentalen Subreption“ in allen drei Abteilungen der Dialektik von großer Bedeutung.[251] Die transzendentale Subreption besteht nun nicht in der

---

247 Logik-Jäsche. AA IX, 54. Auch in Logikreflexionen vertritt Kant diese Auffassung (z.B. R 2250, AAXVI, 286).

248 Das Problem der metaphysischen Möglichkeit des Unwahren ist auch Leitthema von Platons *Sophistes*, in welchem Platon seine Ideendialektik entfaltet (vgl. Düsing, K.: Ontologie bei Plato und Hegel. In: Hegel-Studien 15 (1980), 95-150; Düsing, K.: Dialektikmodelle. Platons „Sophistes“ sowie Hegels und Heideggers Umdeutungen. In: Das Problem der Dialektik. Hrsg. v. D. Wandschneider. Bonn 1997, S. 4-18). Wie sehr sich Kants und Platons Verständnis von Dialektik, aber auch von den Ideen, unterscheiden, kann an dieser Stelle nicht untersucht werden, jedoch soll erwähnt werden, daß Platon – worin Hegel ihm folgt – Dialektik als eine Methode zur Explikation einer reinen Ontologie betrachtet, während eine solche nach Kant eben nicht als positiver Wissensbestand möglich ist.

249 Logik-Jäsche. AA IX, 53 f. In Buch Θ der *Metaphysik* weist auch Aristoteles auf die Unmöglichkeit des Irrtums in bestimmten Bereichen des Wissens hin. In der Metaphysik könne ein falsches Urteil nur darauf beruhen, daß gar nicht gedacht wird. Dies ist dann einfach Unwissenheit; gemeint ist wohl eine sinnlose Wortverbindung (1051 b).

250 Vgl. Metaphysik-Pölitz. S. 147. Das *vitium subreptionis* als Betrug der Sinne, *fallacium sensuum*, findet sich auch bei Baumgarten (Metaphysica, § 545 ff. AA XV, 15).

251 Bezüglich der Psychologie: A 389, A 402; hinsichtlich der Kosmologie: B 537; bezüglich der Theologie: B 610 f., B 647.

Verwechslung sinnlicher Erkenntnisgründe mit objektiven, sondern in der Fehlinterpretation von regulativen Prinzipien als konstitutive Erkenntnisbedingungen. Diese Subreption ergibt sich, wenn der Grundsatz der reinen Vernunft nicht als Maxime, sondern als Prinzip, als ontologischer Grundsatz verstanden wird.

In der Einleitung zur *Transzendentalen Logik* unterscheidet Kant den richtigen, bloß formalen Gebrauch der Logik von einem falschen Gebrauch logischer Prinzipien als Organon (B 83 ff.). Die allgemeine oder auch formale Logik ist nach Kant die „Wissenschaft der Verstandesregeln überhaupt" (B 76), d.h. derjenigen Regeln, nach denen der Verstand denkt. Dabei ist es das wesentliche Kennzeichen dieser Wissenschaft, von den je besonderen Inhalten des Denkens zu abstrahieren; sie behandelt somit nur die formalen Bedingungen der Wahrheit und der Falschheit des Denkens, ist dabei aber eine lediglich abstrakte Wissenschaft. Da Kant im wesentlichen Denken und Urteilen identifiziert, behandelt die Logik die Regeln für die formale Richtigkeit oder Falschheit der Urteile und ihrer Beziehungen zueinander. Sie berücksichtigt also nicht die Semantik der Begriffe. Aufgabe der Logik ist es demnach, allgemeine, aber bloß formale Gesetze der Wahrheit von Aussagen aufzustellen. Seinem Gedankengang folgend kann die formale oder allgemeine Logik jedoch nur negative Kriterien der Wahrheit aufstellen, da sie eben von allem Inhalt der Aussagen abstrahiert; in diesem Sinne kann die allgemeine Logik nur ein „Kanon zur Beurteilung" sein; die Wahrheitskriterien, die sie aufstellt, gelten zwar notwendig, sie sind aber nicht hinreichend, um die Wahrheit oder Falschheit eines Urteils festzustellen. Wahrheit im positiven Sinne beruht nämlich gerade auf der Übereinstimmung einer Aussage mit dem Gegenstand, auf den sie sich bezieht; dann jedenfalls, wenn man wie Kant zumindest als Basis eine Korrespondenztheorie der Wahrheit vertritt (B 82 ff.).[252] Positive Wahrheitskriterien müssen sich also auf den Inhalt von Urteilen beziehen, und nur sie allein können hinreichend dafür sein, Wahrheit auszusagen.

Dialektik als Gegenbegriff zur allgemeinen oder formalen Logik bedeutet den Gebrauch der formalen Logik als ein „Organon zur wirklichen Hervorbringung wenigstens zum Blendwerk von objektiven Behauptungen" (B 85). In dieser Bedeutung ist Dialektik eine „Logik des Scheins". Dialektik ist demnach der Mißbrauch bloß formaler Prinzipien zu objektiver, gegenstandsbezogener Erkenntnis. Der Schein, den sie erzeugt, rührt daher, daß sie sich der Regeln der formalen Logik bedient, indem sie die Regeln einerseits befolgt, andererseits jedoch ausschließlich vermittels ihrer über Gegenstände urteilt, ohne positive Kriterien der Wahrheit zur Hilfe zu nehmen. Die Dialektik verwendet also bloß notwendige Wahrheitsbedingungen als hinreichende. Auf diese Weise ist Dialektik nach Kant die Kunst, falsche Aussagen wahr er-

---

[252] Inwiefern Kant nun ausschließlich die Korrespondenztheorie der Wahrheit zugrundelegt, oder ob er in seiner ausgeführten Lehre des transzendentalen Idealismus letztlich nicht auch eine kohärentistische Wahrheitstheorie vertritt, braucht hier nicht untersucht zu werden (vgl. dazu aber Kap. III.4.3.).

scheinen zu lassen. Die Täuschung der Dialektik ist in dieser Bedeutung zumeist ein absichtlicher Betrug.

Als „logische Dialektik" bezeichnet Kant auch die Lehre von den Trugschlüssen. Logische Dialektik scheint somit diejenige Logik zu sein, die Verstöße gegen die Regeln der formalen Logik aufzeigt: Sie ist die Lehre von der Vermeidung des logischen Scheins. In der Einleitung zur *Transzendentalen Dialektik* differenziert er logische und transzendentale Dialektik:

> „Wir haben es hier nicht mit einer logischen Dialektik zu tun, welche von allem Inhalte der Erkenntnis abstrahiert und lediglich den falschen Schein in der Form der Vernunftschlüsse aufdeckt, sondern mit einer transzendentalen, welche völlig *a priori* den Ursprung gewisser Erkenntnisse aus reiner Vernunft und geschlossener Begriffe, deren Gegenstand empirisch gar nicht gegeben werden kann, die also gänzlich außer dem Vermögen des reinen Verstandes liegen, enthalten soll." (B 390)

In Kants Logik zeigt sich jedoch, daß der Schein in der logischen Dialektik weniger rein formaler Art ist als vielmehr semantischer. Der logische Schein besteht darin, wie man in der *Logik-Jäsche* erkennen kann, daß in Schlüssen beispielsweise der Mittelbegriff in der *major propositio* in anderer Bedeutung verwendet wird als in der *minor propositio*; dies ist der Trugschluß des *sophisma figurae dictionis*.[253] Die Bedeutung der Begriffe ist also für das *sophisma figurae dictionis* verantwortlich; es kann daher beim dialektischen Schein nicht von formaler Falschheit im engeren Sinne gesprochen werden: Dem logischen Fehler liegt eine semantische Vieldeutigkeit des Mittelbegriffs zugrunde, wie Kant zu zeigen beansprucht. Das *sophisma figurae dictionis* spielt in der Antinomienauflösung, aber auch in den Paralogismen eine entscheidende Rolle.[254] Der Paralogismus ist ein formal falscher Vernunftschluß, die formale Falschheit des transzendentalen Paralogismus hat einen transzendentalen Grund (B 399). Die Antinomie ist demgegenüber ein „Widerstreit der Gesetze" (B 434). In der Auflösung der Antinomien stellt sich aber heraus, daß der dialektische Schein auch in den Antinomien auf einem *sophisma figurae dictionis* beruhen soll, also auch auf einem Paralogismus. Dieser Paralogismus ist ein hypothetischer Paralogismus (B 528), d.h. eine Äquivokation desjenigen Begriffs, der im Untersatz im *modus ponens* gesetzt wird.[255]

---

[253] Logik-Jäsche. AA IX, 135 Anm.

[254] Vgl. Kap. III.2.3.

[255] Vgl. Logik-Jäsche. AA IX, 134 f. Hypothetisch ist der Paralogismus aufgrund Kants Zuordnung des kosmologischen Vernunftschlusses zum hypothetischen Schluß. In der *Logik-Jäsche* ist „Trugschluß" die Gattungsbezeichnung der formal falschen Schlüsse, während das Sophisma und der Paralogismus sich hinsichtlich des Getäuschten unterscheiden: Der Paralogismus ist ein unabsichtlicher Fehlschluß, mit welchem man sich selbst hintergeht; das Sophisma ist eine absichtliche Täuschung anderer. Der Grund der Falschheit des transzendentalen Paralogismus in der *Kritik der reinen Vernunft* wird in der Auflösung der Paralogismen genauso als *sophisma figurae dictionis* bestimmt wie in den Antinomien, obwohl die Vernunft sich dabei selbst betrügt (B 411; A 402). Die Unterscheidung innerhalb des Trugschlusses in der *Logik-Jäsche* spielt in der *Kritik der reinen Vernunft* also keine Rolle. Auf diese Begründung des Scheins der zweiten Antinomie wird im Folgenden noch ausführlich ein-

Auffallend an Kants unterschiedlichen Bestimmungen von Dialektik ist, daß er sie uneinheitlich teilweise negativ bestimmt als „Logik des Scheins“, welche lehrt, das Falsche als wahr erscheinen zu lassen (B 86). Andererseits ist Dialektik positiv die „Kritik des dialektischen Scheins“, welche Trugschlüsse erkennbar und deren Gründe einsehbar macht und damit letztlich eine Lehre der reinen Vernunft ermöglicht. Dialektik ist dann eine positive Wissenschaft, wenn sie eine Untersuchung des reinen Vernunftgebrauchs ist, d.h. wenn sie zu einer „Kritik des dialektischen Scheins“ umgedeutet wird (B 88). In dieser Bestimmung nimmt Kant den Terminus ‚Dialektik‘ in der *Kritik der reinen Vernunft* auf. Eine Dialektik in ihrer rein positiven Bedeutung als Lehre des reinen Vernunftvermögens hat Kant in der *Kritik der reinen Vernunft* nicht klar abgehoben ausgeführt, dennoch hat er mit der Analyse der reinen Vernunftbegriffe und deren Reduktion auf ihre regulative Funktion für Erkenntnis eine andere Bedeutung von Dialektik nahegelegt, die ebenfalls Vorläufer in der Geschichte der Logik hat.[256] Die positive wie die negative Bedeutung von Dialektik findet Kant auch in der Geschichte der Dialektik vor. In der *Logik-Jäsche* zeichnet er eine Verfallsgeschichte der Dialektik von ihrer positiven zu ihrer negativen Bedeutung nach:

> „Die Dialektik bedeutete anfangs die Kunst des reinen Verstandesgebrauchs in Ansehung abstracter, von aller Sinnlichkeit abgesonderter Begriffe. Daher die vielen Lobeserhebungen dieser Kunst bei den Alten. In der Folge, als diejenigen Philosophen, welche gänzlich das Zeugniß der Sinne verwarfen, bei dieser Behauptung nothwendig auf viele Subtilitäten verfallen mußten, artete Dialektik in die Kunst aus, jeden Satz zu behaupten und zu bestreiten. Und so ward sie eine bloße Übung für die Sophisten, die über alles raisonniren wollten und sich darauf legten, dem Scheine den Anstrich des Wahren zu geben und schwarz weiß zu machen.“[257]

Die ursprüngliche, positive Bedeutung von ‚Dialektik‘ als „Kunst des reinen Verstandesgebrauchs in Ansehung abstrakter, von aller Sinnlichkeit abgesonderter Begriffe“ ist diejenige, die Kant selbst wieder aufnimmt mit seiner Lehre der Ideen als regulativer Ordnungsprinzipien des Wissens. Die negative Form der Dialektik ordnet er historisch v.a. der Philosophie der Sophisten zu. Dialektik ist in diesem Zusammenhang wohl eher Teil der Rhetorik. Kant läßt hier ein weniger undifferenziertes Bild von der Dialektik der Antike erkennen als in der *Kritik der reinen Vernunft*. Dort reduziert er die

---

zugehen sein. Insbesondere Falkenburg sieht in Äquivokationen den Kern der Antithetik der reinen Vernunft (Kants Kosmologie. S. 249 ff.). Sie bezieht die Äquivokation auf die einzelnen Antinomien und diagnostiziert für jede Antinomie jeweils eine unterschiedliche Äquivokation; hierbei soll in den beiden mathematischen Antinomien nur die Thesis diesen Fehler begehen.

256 Auf diesen Aspekt der Idee der Teilung soll im Ausgang der zweiten Antinomie eingegangen werden. Die Vorstellung von Dialektik als einer Lehre von der wahren Erkenntnis, welche sich der Wahrheit methodisch geregelt annähert, hat vor Kant seit der Antike ebenfalls eine durchgängige Tradition, wie Tonelli darlegt (Der historische Ursprung der kantischen Termini ‚Analytik‘ und ‚Dialektik‘. S. 120-139).

257 Logik-Jäsche. AA IX, 28.

antike Dialektik im wesentlichen auf die negative Bedeutung.[258] Auch in der *Logik-Jäsche* unterscheidet er eine positive „Kunst des reinen Verstandesgebrauchs" von der negativen Kunst des leeren Raisonnements, welche Unwahres für wahr ausgibt. Zu den Dialektikern im positiven Sinne zählt Kant Zenon von Elea, den er in der *Transzendentalen Dialektik* der *Kritik der reinen Vernunft* gegen Platon verteidigt: Platon habe Zenon für dessen Antinomien getadelt, Kant jedoch ist der Meinung, daß Zenon mit ihnen etwas sehr Richtiges, und zwar mit seinen eigenen Antinomien Äquivalentes gesehen habe (B 530).[259] Nach Kant geht die positive in die negative Form der Dialektik über, wenn „das Zeugniß der Sinne" gänzlich verworfen wird. Das reine Vernunftdenken entbehrt daher eines positiven Wahrheitskriteriums und gebraucht die Regeln der Logik zu einer scheinbaren Erkenntnis von Inhalten. Der Anschein von Wahrheit verdankt sich der formalen Richtigkeit ihrer Argumentationen; die Falschheit entspringt aus dem auf Objekte des Denkens bezogenen Gebrauch bloß formaler Regeln.[260]

Auf diese Bedeutungsdifferenz läßt sich das Prädikat ‚transzendental' zur Bezeichnung sowohl der Disziplin *Transzendentale Dialektik* als auch der Erkenntnisweise, welcher sich Kant zur Analyse reiner Vernunftbegriffe bedient, beziehen.[261] ‚Transzendentale Dialektik' meint demnach eine Logik des Scheins, die zu apriorischen, aber nur scheinhaften Erkenntnissen von transzendenten Gegenständen führt. Als solche hat sie ein negatives Ergebnis. Transzendental ist die *Transzendentale Dialektik* aber auch, insofern sie Teil der Vernunftanalyse und Erkenntnis vom apriorischen

---

258 „So verschieden auch die Bedeutung ist, in der die Alten dieser Benennung einer Wissenschaft oder Kunst sich bedienten, so kann man doch aus dem wirklichen Gebrauche derselben sicher abnehmen, daß sie bei ihnen nichts anders war, als die Logik des Scheins." (B 85 f.).

259 Im Folgenden wird auf den Artikel „Zeno" von Pierre Bayle in dessen *Dictionnaire historique et critique* einzugehen sein, durch welchen Kant vermutlich die Zenonischen Antinomien kennengelernt hat. Gerade die Teilungsantinomie nimmt hier breiten Raum ein (vgl. Heimsoeth, H.: Atom, Seele, Monade. S. 107-113; Vogel, K.: Kant und die Paradoxien der Vielheit. S. 27-33).

260 Nach Schulthess handelt die *Transzendentale Dialektik* von der intensionalen Logik. Kants Logik-Verständnis dagegen sei prinzipiell extensional (Relation und Funktion. S. 318 f.); Kants Logik basiert auf einer nominalistischen Begriffslehre, die er in seinem Diktum, Begriffe haben nur als Prädikate möglicher Urteile Bedeutung, ausspricht (B 94). Wenn nun aber der prädikative Gebrauch notwendig schematisierte Kategorien impliziert, dann ist ein reiner Gebrauch von Begriffen für uns unmöglich. Der dialektische Schein entstehe, so Schulthess, durch die intensionale Interpretation der formalen, extensionalen Logik (Relation und Funktion. S. 318 f.), d.h. wenn angenommen wird, daß Begriffen an sich selbst, also auch reinen Begriffen wie den reinen Vernunftbegriffen, eine Bedeutung zukommt, so daß Erkenntnis von ihnen möglich ist. Für Longuenesse ist diese These von einiger Bedeutung, aber sie meint, Schulthess ginge darin zu weit (Kant and the Capacities to Judge. S. 77).

261 Vgl. hierzu die drei Bedeutungen von ‚transzendental', die Hinske unterscheidet im Artikel ‚Transzendental' in: Historisches Wörterbuch der Philosophie. Bd. 10, Sp. 1382.

Ursprung der Ideen sowie ihres indirekten Bezuges auf Erfahrung ist (B 80). In dieser kritischen Bedeutung von ‚transzendental' gibt es ein positives Ergebnis der Dialektik.

Die Grenzbestimmung zwischen Wahrheit und falschem Schein ist in den Antinomien oftmals nur schwer zu bestimmen. In ihnen liegt sowohl partiell Wahrheit als auch partiell Falschheit vor. Kant beteuert die partielle Wahrheit der Antinomienbeweise wiederholt. In der Anmerkung zur Thesis der ersten Antinomie will er jeden Zweifel an der Schlagkraft der Beweise ausräumen (B 458).[262] Mit seiner Bemerkung erhebt er Anspruch darauf, daß die Beweise der Thesen in den Antinomien *erstens* keine Fehlschlüsse, sondern daß sie formal richtig sind und *zweitens*, daß sie nicht etwa einfach historische Argumente wiedergeben, sondern die sachlich stärksten Beweise für die behaupteten Sätze darstellen. Deutlicher noch als in der *Kritik der reinen Vernunft* äußert sich Kant in der Einleitung zur Auflösung der Antinomien in den *Prolegomena*:

> „Der einzige mögliche Fall, da die Vernunft ihre geheime Dialektik, die sie fälschlich für Dogmatik ausgiebt, wider ihren Willen offenbarte, wäre der, wenn sie auf einen allgemein zugestandnen Grundsatz eine Behauptung gründete und aus einem andern, eben so beglaubigten mit der größten Richtigkeit der Schlußart gerade das Gegentheil folgerte. Dieser Fall ist hier nun wirklich und zwar in Ansehung vier natürlicher Vernunftideen, woraus vier Behauptungen einerseits und eben so viel Gegenbehauptungen andererseits, jede mit richtiger Consequenz aus allgemein zugestandnen Grundsätzen entspringen und dadurch den dialektischen Schein der reinen Vernunft im Gebrauch dieser Grundsätze offenbaren, der sonst auf ewig verborgen sein müßte." (AA IV, 340)[263]

Beachtlich ist, daß Kant hier nicht nur die Richtigkeit der Beweise bekräftigt, sondern auch die Folgerichtigkeit der Herleitung der gegensätzlichen Urteile von Thesis und Antithesis. Die Bedingung für die Akzeptanz der Thesen ist, daß sie aus „allgemein zugestandenen Grundsätzen" abgeleitet oder in ihnen begründet sind. Auch hier scheint es vor allem die formale „Richtigkeit" der Beweise zu sein, auf welcher die partielle Wahrheit der antinomischen Thesen und ihrer Beweise beruht.[264]

---

262 Vgl. auch Prolegomena. AA IV, 339.

263 Auch in der Fußnote zu diesem § 52 b betont Kant, nachdem er auf die notwendige Einsicht in die Falschheit der dogmatischen Behauptungen der Thesen und Antithesen aufgrund des Widerspruchs zwischen ihnen hinweist, die Richtigkeit der Antinomienbeweise selbst: „jeden Beweis, den ich für die Thesis sowohl als Antithesis gegeben habe, mache ich mich anheischig zu verantworten und dadurch die Gewißheit der unvermeidlichen Antinomie der Vernunft darzuthun." (AA IV, 341 Anm.).

264 Malzkorn stellt aufgrund dieser Beteuerungen Kants Kriterien für die Gültigkeit der Beweise der Thesen und Antithesen auf (Kants Kosmologie-Kritik. S. 116 f.). Falkenburg hingegen wendet zu Recht ein, die Richtigkeit brauche bloß eine scheinbare Richtigkeit zu sein. Es müßten dem Kantischen Anspruch nach sogar die von Malzkorn aufgestellten Beweiskriterien verletzt werden (Kants Kosmologie. S. 216 Anm.).

3.3. Die skeptische Methode und der Skeptizismus in den Antinomien

Die skeptische Methode wird von Kant einzig in den Antinomien der *Kritik der reinen Vernunft* explizit als spezielles Instrument der Philosophie eingesetzt, obwohl sie – wie vielfach festgestellt – eine nicht unwichtige methodologische Funktion in der kritischen Philosophie hat (B 884). Ist sie in anderen systematischen Zusammenhängen als ein Teil der kritischen Methode weniger explizit präsent, so dient sie in den Antinomien auch dazu, unterschiedliche Ebenen der Argumentation – oder im Bild der Kampfplatzmetapher: die unterschiedlichen Parteien – voneinander abzuheben. Den Dreischritt Dogmatismus – Skeptizismus – Kritizismus hat Kant aber nicht nur methodisch und systematisch, sondern auch philosophiehistorisch ausgedeutet, wonach die systematische Beziehung zwischen diesen drei Ansätzen auch eine historische Entwicklungslinie ergibt.[265] In diesem Kapitel soll lediglich die funktionale Bedeutung der skeptischen Methode für Kants Lösungsweg der mathematischen Antinomien, insbesondere der zweiten Antinomie, und eine Ebenenunterscheidung, die sie ermöglicht, herausgearbeitet werden.[266]

Aufgrund der besonderen Verfaßtheit der reinen Vernunft ergibt sich für die Prüfung der reinen Vernunfterkenntnisse ein besonderes Problem: Da es sich bei ihnen um synthetische Urteile *a priori* handelt, muß ein rechtfertigendes Drittes für die Verbindung der Subjekt- und Prädikatbegriffe herangezogen werden können. Weder Anschauung *a priori* könne, so Kant, als solches Drittes fungieren, noch empirische Anschauung (B 452 f.). Statt dessen kann nur die Kohärenz der Urteile als Kriterium der Wahrheit reiner Vernunfterkenntnis überhaupt angenommen werden.[267] Dies bedeutet aber, daß es ein rechtfertigendes Drittes für die Wahrheit der Aussagen der *metaphysica specialis* nicht geben kann und daß allein der Satz vom Widerspruch, der bei analytischen Urteilen das hinreichende Kriterium der Wahrheit ist, als einzig mögliches Kriterium dienen muß, obwohl es für den Nachweis objektiver Wahrheit prinzipiell nicht ausreicht, da es nur die Möglichkeit der Sache, nicht aber ihre Wirklichkeit

---

[265] Dieses Schema hat Kant insbesondere in *Welche Fortschritte* angewandt und ausgeführt (AA XX, 264).

[266] Vgl. Kants ausführliche Würdigung des Skeptizismus in der *Logik-Blomberg* (AA XXIV, 204-218). Kant verweist hier als Quelle seiner Kenntnisse auf ein Werk Jean Pierre de Crousaz' *Examen du Pirrhonisme* (*Prüfung der Secte, die an allem zweifelt.* Göttingen 1751). Für den Zusammenhang der Teilungsantinomie ist nicht uninteressant, daß sich Crousaz darin ausführlich mit dem Trilemma der Teilung der Materie in Bayles Zeno-Abschnitt des *Dictionnaire* auseinandersetzt (S. 60-65). Die historischen Voraussetzungen für Kants Rezeption des Skeptizismus hat G. Tonelli umfassend untersucht (Kant und die antiken Skeptiker. In: Studien zu Kants philosophischer Entwicklung. Hrsg. v. H. Heimsoeth, D. Henrich und G. Tonelli. Hildesheim 1967 (Studien und Materialien zur Geschichte der Philosophie Bd. 6), S. 93-123).

[267] Dieser Begriff der Wahrheitstheorie stand Kant nicht zur Verfügung, vielmehr heißt es etwas anspruchsloser „Vereinigung ihrer [sc. der transzendentalen Vernunft] Behauptungen unter sich selbst" (B 453).

belegt.[268] In der Kosmologie besteht nun aber nach Kant die Situation, daß sich aus der Funktionsweise reiner Vernunft gleichberechtigt widersprechende Urteile ergeben. Die Kohärenz der kosmologischen Erkenntnisse ist also nicht gegeben. Dies ist die Situation, in welcher die reine Vernunft einer skeptischen Verzweiflung an sich selbst verfällt[269] und also ihre gänzliche Unwissenheit bezüglich der kosmologischen Grundfragen einräumen muß. Diesen Zustand macht sich Kant methodisch zunutze, um die Haltlosigkeit des transzendentalen Realismus zu erweisen und die Wahrheit des eigenen transzendentalen Idealismus zu beweisen.

Den Skeptizismus selbst, als eine Position, die jedes Wissen für unbegründbar hält und also Unwissenheit in Anspruch nimmt, lehnt Kant prinzipiell ab. Einen Skeptizismus, der die Unmöglichkeit von Wissen lehrt, nennt Kant „dogmatischen Skeptizismus“.[270] In der *Disziplin der reinen Vernunft* führt er sogar eine eigene Widerlegung dieses Skeptizismus auf dem Felde der reinen Vernunft durch (B 791).[271] Den Kern seines Argumentes hat Kant am prononciertesten im Antinomienbuch ausgeführt (B 504 ff.); es stellt aber eine entscheidende These der Vernunftkritik insgesamt dar, die Kant allerdings weniger stark zur Geltung bringt (A XIII f.). Es bezieht sich auf die Möglichkeit von Unwissenheit auf dem Gebiet der reinen Vernunfterkenntnis. Im Kapitel mit dem bezeichnenden Titel: *Von den transzendentalen Aufgaben der reinen Vernunft, in so fern sie schlechterdings müssen aufgelöset werden können* argumentiert Kant für die These, es sei unmöglich, daß reine Vernunft wie auch reiner Verstand ihren eigenen Prinzipien gegenüber unwissend sind. Denn da sie selbst Ursprung oder Quelle ihrer Begriffe und Grundsätze sind, so müssen sie sich selbst auch in ihrer Funktion vollkommen durchsichtig sein. Indem Kant die Genese der transzendentalen Ideen aus reiner Vernunft aufgezeigt hat, ist er nun berechtigt, die Fragen der speziellen Metaphysik, insbesondere der Kosmologie für vollständig beantwortbar zu erklären. Da

268 Nach diesem Schema sind Kant zufolge eben die anderen beiden Ideen Seele und Gott zumindest dem Begriffe nach mögliche Dinge, denn sie enthalten keinen Widerspruch in ihren Bestimmungen (B 701).

269 Vgl. Welche Fortschritte. AA XX, 327.

270 Vgl. Welche Fortschritte. AA XX, 327. Kant unterscheidet mehrere Skeptizismus-Typen; für die zweite Antinomie ist allenfalls interessant, daß er einerseits einen Skeptizismus annimmt, der einen gewissen Phänomenalismus vertritt – hierzu rechnet Kant Pyrrho – und andererseits einen Skeptizismus, der auch die Gewißheit der sinnlichen Empfindungen für zweifelhaft hält (R 2660; AA XVI, 457). Kant gibt als Vertreter dieser Richtung Pherecydes an; Adickes macht in einer Anmerkung zu dieser Reflexion darauf aufmerksam, daß aber nur Lakydes gemeint sein kann. Auch in der *Metaphysik-Pölitz* macht Kant diese Unterscheidung (S. 14). Den Phänomenalismus schreibt er der älteren, pyrrhonischen, den Zweifel auch an der Erfahrung der jüngeren, akademischen Skepsis zu.

271 Ein zweites Argument richtet sich gegen den dogmatischen Skeptizismus; dieser ist nach Kant deshalb hinfällig, weil er nur – aufgrund seines eigenen Verzichts auf Prinzipien – mit zufälligen Fakten argumentieren dürfe und also eine allgemeine Unmöglichkeit von Wissen nicht beweisen könne (B 796).

die Gegenstände der Metaphysik Produkte reiner Vernunft sind, können sie uns nicht unbegreiflich sein:

> „Wir werden also der Verbindlichkeit einer wenigstens kritischen Auflösung der vorgelegten Vernunftfragen dadurch nicht ausweichen können, daß wir über die engen Schranken unserer Vernunft Klagen erheben, und mit dem Scheine einer demutsvollen Selbsterkenntnis bekennen, es sei über unsere Vernunft, auszumachen, [...] ob irgend in der Welt etwas einfach sei, oder ob alles ins Unendliche geteilt werden müsse; [...]. Denn alle diese Fragen betreffen einen Gegenstand, der nirgend anders als in unseren Gedanken gegeben werden kann, nämlich die schlechthin unbedingte Totalität der Synthesis der Erscheinungen. Wenn wir darüber aus unseren eigenen Begriffen nichts Gewisses sagen und ausmachen können, so dürfen wir nicht die Schuld auf die Sache schieben, die sich uns verbirgt; denn es kann uns dergleichen Sache (weil sie außer unserer Idee nirgends angetroffen wird) gar nicht gegeben werden, sondern wir müssen die Ursache in unserer Idee selbst suchen, welche ein Problem ist, das keine Auflösung verstattet, und wovon wir doch hartnäckig annehmen, als entspreche ihr ein wirklicher Gegenstand. Eine deutliche Darlegung der Dialektik, die in unserem Begriffe selbst liegt, würde uns bald zur völligen Gewißheit bringen von dem, was wir in Ansehung einer solchen Frage zu urteilen haben." (B 509 f.)

Die Immanenz des Wissens in der Vernunftkritik sieht Kant durch die transzendentale Fragestellung nach den Bedingungen der Möglichkeit von objektiv gültiger Erkenntnis deshalb als gegeben an, weil Vernunft und Verstand sich in dieser Absicht lediglich auf Begriffe und Prinzipien richten, die sie selbst immer schon in Anspruch nehmen. Die Immanenz von Wissen bedeutet also ihre Transparenz für sich selbst. Diese These, die man ‚absolute Transparenzthese' nennen kann, vertritt Kant auch in den *Prolegomena* als Argument gegen einen skeptischen Agnostizismus im Hinblick auf die Fragen der Metaphysik.[272] Die damit verbundene starke These bezüglich der metaphysischen Gegenstände, sie gingen darin auf, Produkte der reinen Vernunft zu sein und seien „bloße Gedanken-Wesen" (AA IV, 349), scheint vielleicht manchen anderen Textbelegen im Kantischen Werk zu widerstreiten, dennoch aber kann ihre Bedeutung für seine Position bezüglich metaphysischer Erkenntnis nicht hoch genug eingeschätzt werden. Aus der Immanenz der Selbstprüfung[273] der Vernunft in der

[272] Prolegomena. AA IV, 348 ff. Das Argument könnte man cartesianisch nennen, da es, strukturanalog dem *ego cogito*, den radikalen Zweifel dadurch ausschalten zu können glaubt, daß es eine Unmittelbarkeit der Einsicht innerhalb eines Bereiches reiner Immanenz annimmt; diese reine Immanenz kann nur in demjenigen Bereich ein antiskeptisches Argument sein, der selbst die Operationen des Denkens umfaßt. Anders aber als Descartes meint Kant, daß die Immanenz des Denkens zwar eine zweifelsfreie Erkenntnis der Elemente und Strukturen des Denkens ermögliche, nicht aber erlaube sie es, daß allein diese Erkenntnis ebenso zweifelsfrei die Existenz eines Denkenden einschließe oder daß die Existenz aus dieser Erkenntnis folge.

[273] Die Konzeption einer Selbstprüfung des Wissens, der Hegel in der *Phänomenologie des Geistes* besondere methodische Bedeutung zuweist, wird bereits von Kant eingeführt: B 711 sowie in der Darstellung der mathematischen Antinomien der *Prolegomena* AA IV, 341 (vgl. Hegel, G. W. F.: Phänomenologie des Geistes. TWA 3, 77 f.).

Vernunftkritik ergibt sich der Anspruch auf Vollständigkeit der Prinzipien und die Durchsichtigkeit der Vernunft für sich selbst.[274] Ein Zweifel am Erkenntnischarakter der Transzendentalphilosophie ist daher für Kant sinnlos. Der Skeptizismus ist aus diesem Grunde für Kant in seiner dogmatischen Form unhaltbar.

Kant meint andererseits, daß es die berechtigte Absicht des Skeptizismus sei, die Unwissenheit des Dogmatismus aufzuzeigen. Insofern ist also eine partielle Skepsis als Methode der Kritik möglich. Den Begriff des Dogmatismus verwendet Kant zumeist selbst polemisch als die unbegründete Behauptung von Wissen. Unpolemisch meint Kant mit Dogmatismus eine Theorie, die axiomatisch-deduktiv verfährt, d.h. die von Grundsätzen ausgehend deduktiv zu Urteilen gelangt, die sie durch eben jene Grundsätze und ein korrektes deduktives Verfahren für gerechtfertigt hält (B 740 ff.). Eine solche Lehre kann man auch einen Fundamentalismus nennen, indem der Dogmatismus von einem *fundamentum inconcussum* ausgeht, unabhängig davon, ob er dieses nun selbst als gerechtfertigt ansieht oder nicht. Kants Kritik am Dogmatismus richtet sich gegen den axiomatischen Charakter, den die Grundsätze im Dogmatismus haben. Insbesondere in der Philosophie kann er nicht akzeptiert werden, da sie die Grundlagenwissenschaft aller anderen Wissenschaften ist und beispielsweise auch die Möglichkeit der Mathematik zu erweisen hat; in der Mathematik dagegen hält er die axiomatische Methode für aus der Natur dieser Disziplin heraus für gerechtfertigt, da die reine Anschauung für alle Folgerungen aus den Axiomen als rechtfertigendes Drittes zur Verfügung steht.[275] Der Skeptizismus, den Kant als einen vorgeblichen, weil letztlich selbst dogmatischen Antagonisten des Dogmatismus ansieht, zeigt die Begründungsmängel des axiomatisch-deduktiven Denkens auf; dieser „polemische Vernunftgebrauch" stellt zu diesem Zwecke Gegenbehauptungen zu den vom Dog-

---

[274] Vgl. B 791; A XIII f. In der *Disziplin der reinen Vernunft* gibt Kant für die Vollständigkeitsthese folgenden geometrischen Vergleich: Das Erkenntnisvermögen sei nicht mit einer Ebene zu vergleichen, deren Größe nur bestimmbar ist, wenn man sie in voller Länge ausmißt. Vielmehr sei es mit einer Kugeloberfläche vergleichbar, welche bereits bestimmbar ist, wenn nur der Radius oder die Krümmung des Bogens bekannt sei (B 790). Dieser Vergleich faßt das analytische Verhältnis der Erkenntnisbedingungen zu seinen Grenzen in ein Bild. Zur Transparenzthese in der Kosmologie vgl. insbesondere die R 4945, AA XVIII, 37 und R 5042, AA XVIII, 70 f.: „In der Metaphysik giebts keine Ungewisheit."

[275] Inwiefern Kants Polemik bezüglich derjenigen Philosophien tatsächlich begründet ist, die er als dogmatisch tituliert, kann hier nicht erörtert werden. Es sei nur erwähnt, daß sich beispielsweise Leibniz durchaus des Begründungsproblems der Grundprinzipien seiner Metaphysik bewußt ist und auch eine in seinen Augen triftige Lösung dieses Problems entwickelt zu haben glaubt. Für Leibniz beispielsweise sind die drei Prinzipien unbeweisbar und eines Beweises unbedürftig, weil sie irreduzibel und selbstexplikativ sind; es sind analytische Sätze, deren Begriffe keine weiteren Teilbegriffe enthalten; insofern geben sie allererst die Bedingungen an, die zu ihrer Begründung dienen könnten (vgl. Monadologie, § 35. GP VI, 612 f.). Auch Descartes versteht sein *fundamentum inconcussum*, das „Ich denke", als begründet, nämlich unmittelbar durch einen *intuitus mentis* (Meditationes de prima philosophia. AT VII, 140).

matiker gesetzten Prinzipien auf, jedoch nicht, um damit eine eigene Lehre zu vertreten, sondern allein mit der Absicht, die Gültigkeit dieser Prinzipien in Frage zu stellen. Letztlich, so meint Kant in einem zweiten antiskeptischen Argument, müsse der Skeptizismus sich jedoch selbst widersprechen, da er mit seinem Begriff des Scheins, den er dem Dogmatismus unterschiebt, einen Begriff von Wahrheit voraussetze und somit ein Kriterium des Unterschiedes von Schein und Wahrheit verwendet, über das er seiner eigentlichen Überzeugung nach eigentlich nicht verfügen dürfte.[276]

Zweifellos besteht eine Parallele zwischen Kants Herleitung der transzendentalen Ideen aus dem Vernunftprinzip, das – wie bereits herausgearbeitet – Kants transzendentale Umdeutung des Satzes vom Grund ist, und Kants Interpretation des Dogmatismus. Die Leibniz-Wolffsche Metaphysik beruht auf den drei Grundprinzipien, dem Satz vom zu vermeidenden Widerspruch, der für Kant eine unantastbare Dignität besitzt, dem Satz der Identität und dem Satz vom Grund. Bereits die Herleitung der transzendentalen Ideen zeichnet die Lehrmeinungen, die in der *Transzendentalen Dialektik* von Kant vorgeführt werden, als dogmatisch aus, indem sie eine Form des Satzes vom Grund als Prinzip der reinen Vernunft ausweist und alle transzendentalen Ideen aus ihm abgeleitet werden. Eines der Hauptargumente des Skeptizismus gegen den Dogmatismus ist nun die Kritik an diesem Prinzip, d.h. der Hinweis auf den unendlichen Regreß der Gründe, der aus ihm folgt und die Notwendigkeit, ihn selbst zu begründen. Auch Kant hat wiederholt diese Kritik am Satz vom Grund aufgenommen.[277] Das Regreßproblem wird von Kant erst in der Auflösung der Antinomien thematisiert.

Nach Kant ist ein radikaler Skeptizismus unmöglich. Da er jedoch als Mittel der Wahrheitsfindung eingesetzt werden kann, kommt ihm methodische Bedeutung zu. Kant gibt für seine Vorzüge viele medizinische, hygienische, pädagogische und juristische Vergleiche: Der Skeptizismus ist das „Katharktikon" (B 514), aber in zu hohen Dosen die „Euthanasie der reinen Vernunft" (B 434), er ist „Zuchtmeister" (B 797) und „Richter" (B 452). Die skeptische Methode wird in der *Kritik der reinen Vernunft* in positiver Bedeutung zu einem propädeutischen Teil der kritischen Methode.[278] Unter ‚skeptischer Methode' versteht Kant im wesentlichen dasjenige, was die antike Skepsis

---

[276] Logik-Jäsche. AA IX, 84. So auch R 2662; AA XVI, 458.

[277] Vgl. Metaphysik-Pölitz. S. 34-37. Über eine Entdeckung. AA VIII, 198.

[278] Auf die propädeutische Funktion verweist Kant in B 797. In seiner äußerst detaillierten Studie zum Verhältnis Kants zum Skeptizismus hat Tonelli auf die Unterscheidung von positiver und negativer Bedeutung der skeptischen Methode bei Kant aufmerksam gemacht (Kant und die antiken Skeptiker. S. 96). Von Tonelli wird vorherrschend die Frage der historischen Skepsisrezeption, die Kants Bild vom Skeptizismus prägt, untersucht. Interessant ist hierbei seine Entdeckung, daß der Begriff ‚Noumenon' erstmals in einer Darstellung des Phänomenalismus der antiken Skepsis von Förster und Brucker verwendet wird (vgl. S. 97), nicht aber in den Platon-Darstellungen, obwohl Kant selbst angibt, er habe diesen Begriff von Platon übernommen.

in die methodischen Schritte *diaphonie*, *isosthenie* und *epoché* einteilt.[279] Anders als die Antithesisposition selbst unterstützt die Position der Skepsis zwar die Negation der dogmatischen Thesis, vertritt aber keine eigene Lehre, was die Antithesis Kant zufolge implizit tut, sondern stellt eine Gegenbehauptung nur zum Zwecke der Widerlegung einer dogmatischen Setzung auf (*diaphonie*), ohne die impliziten Setzungen selbst zu vertreten. Es geht ihr nur um den Aufweis der Gleichwertigkeit des Gegenteils, die *isosthenie*.[280] Die Anerkennung dieser Gleichwertigkeit einander entgegengesetzter Urteile muß deshalb, nach Meinung der antiken Skeptiker, zu einer Urteilsenthaltung (*epoché*) führen. Im Unterschied zur Skepsis selbst, die als letzten Schritt die Seelenruhe anstrebt,[281] hat die skeptische Methode das Ziel, nicht bei der *epoché* in der Sache stehen zu bleiben, sondern die Ursachen und Gründe der Antinomie aufzudecken. Anders als die Skepsis selbst ist die skeptische Methode auf Gründe ausgerichtet und zielt auf Gewißheit (B 451). Sie ist für Kant ein Verfahren, die Quellen von Behauptungen oder auch Gegenbehauptungen zu untersuchen; diese Methode ist insofern spezifisch auf das Erkenntnisvermögen selbst gerichtet. In der kritischen Methode sind sowohl die dogmatische wie die skeptische Methode enthalten, oder sie ist ein „Mittelweg" zwischen beiden.[282] Die kritische Methode ist dogmatisch, insofern sie die Skepsis nur als methodisches Instrument der Wahrheitsfindung verwendet und nach den Gründen der Antinomie der reinen Vernunft fragt; sie ist aber skeptisch, insofern sie nicht deduktiv-axiomatisch verfährt, sondern auf die Erkenntnisbedingungen reflektiert.

Es müssen also in den Antinomien drei Perspektiven unterschieden werden: *erstens* die dogmatische Perspektive, die jeweils die beiden antinomischen Positionen einnehmen – die Thesis explizit, die Antithesis implizit –, auf deren Boden die Beweise und teilweise auch die Anmerkungen argumentieren.[283] Die dogmatische Perspektive ist metaphysisch-naturphilosophisch. *Zweitens* gibt es die skeptische Perspektive, welche den wechselseitigen Widerlegungen der jeweiligen Gegenseite in den Beweisen jeweils Verstärkung anbietet, um die Gleichwertigkeit der Urteile herzustellen, so daß

---

279 Insbesondere die Entwicklungsgeschichte der skeptischen Methode bei Kant hat L. Weber untersucht (Das Distinktionsverfahren im mittelalterlichen Denken und Kants skeptische Methode. Meisenheim/G. 1976 (Monographien zur philosophischen Forschung 147), S. 77-186).

280 Kant verwendet den lateinischen Terminus *suspensio judicii sceptica* (vgl. Logik-Jäsche. AA IX, 30 f.; 74).

281 Auch diese skeptische Haltung scheint Kant bekannt zu sein, denn gerade sie, die „skeptische[ ] Befriedigung" (B 786), hält er für eine verfehlte Intention des skeptischen Denkens.

282 Prolegomena. AA IV, 360. Bereits 1770/1771 hat Kant die skeptische Methode als eine Propädeutik zur „Bestimmung der subiectiven Gesetze der Vernunft" entwickelt (R 4275; AA XVII, 492).

283 Andernorts apostrophiert Kant allerdings allein die Thesispositionen der Antinomien als dogmatisch und stellt ihnen den „reinen Empirismus" der Antithesen gegenüber (B 494). Man kann daher annehmen, daß es zwischen Thesis und Antithesis nach Kant ein Gefälle hinsichtlich des Dogmatismus gibt.

die Grundlosigkeit beider Behauptungen offenbar wird. Sie ist erkenntnistheoretisch und meint dabei, die Antinomien zeigten die Unmöglichkeit von Wissen zumindest in der Metaphysik, es müsse demnach Urteilsenthaltung geübt werden. *Drittens* ist davon verschieden die kritische Perspektive, die in der Auflösung der Antinomien nach der gemeinsamen Voraussetzung von Thesis und Antithesis sucht und deren Ursache auf die Struktur des Vernunftvermögens bezieht. In ihr wird die erkenntnistheoretische zu einer transzendentalphilosophischen Betrachtung erweitert. Für die Antinomien der *Kritik der reinen Vernunft* ist die skeptische Methode nicht zuletzt deshalb entscheidend, weil der Skeptizismus einen Perspektivenwechsel erzwingt: Während der Dogmatismus lediglich auf die Gegenstände der Erkenntnis konzentriert ist, lenkt der Skeptizismus erstmals die Aufmerksamkeit auf das Erkenntnisinstrument, auf die reine Vernunft selbst. Insbesondere bei den mathematischen Antinomien bedeutet dies, daß die skeptische Methode den Perspektivenwechsel einleitet von der gegenstandsorientierten, ontologischen Fragestellung: – Besteht die Materie aus einfachen Teilen oder nicht? – hin zur kritischen Fragestellung: Wie muß unser Erkenntnisvermögen beschaffen sein, daß wir zu einer solchen Fragestellung gelangen? Denn indem sie die Unlösbarkeit der Antinomie auf der Ebene der Gegenstandsorientiertheit aufdeckt, zeigt sie auch die Notwendigkeit auf, diese Frage auf einer anderen, erkenntnistheoretischen Ebene zu lösen, dabei geht die kritische Perspektive über die skeptische Behauptung der Urteilsenthaltung hinaus.

II. Die zweite Antinomie

Die vorausgegangenen Erörterungen sind den sehr komplexen Begründungen der zweiten kosmologischen Idee, von Thesis und Antithesis der zweiten Antinomie und ihres transzendentalen Scheins nachgegangen. Mit Aufstellung von Thesis und Antithesis findet nun ein Perspektivenwechsel statt: Die transzendentale Analyse des Vernunftvermögens wird ausgesetzt und die Darstellung geht nun dazu über, wie „unparteiische Kampfrichter" (B 451) dem „ungehinderten Wettstreit" (B 453) der einander entgegenstehenden Behauptungen in den beiden Beweisen von Thesis und Antithesis zuzusehen. Das vorliegende Kapitel wird die formale Konstruktion der Antinomie, Thesis und Antithesis selbst, ihre Beweise, die historischen Implikationen sowie die Entwicklungsgeschichte der Teilungsantinomie in Kants Denken zwischen 1769 und 1781 untersuchen.

Aus Kants Methode ergibt sich ein Problem: Indem Kant aus der Vernunft selbst die Positionen von Thesis und Antithesis als die zwei möglichen Antworten *a priori* auf ein notwendiges Problem der reinen Vernunft herleitet und nicht faktisch vertretene Thesen und ihre Beweise aus der Geschichte der Metaphysik anführt – wie noch im einzelnen zu zeigen ist –, entwirft er sie als idealisierte Positionen der Metaphysik. Handelt es sich dann aber überhaupt um einen realen Wettstreit, da die Positionen von Thesis und Antithesis aus einer transzendentalen Herleitung hervorgehen; sind sie nicht deshalb „Helden in Walhalla" (B 783), die selbst als Schattengestalten lediglich Luftfechtereien austragen? Kant handelt sich damit die Kritik ein, das Problem der zweiten Antinomie sei von ihm selbst konstruiert und bestehe unabhängig von seiner Vernunftkonzeption überhaupt nicht.[1]

Während Thesis und Antithesis durchaus Positionen wiedergeben, die in der Metaphysik historisch vertreten wurden, trifft dies auf ihre Beweise nicht unmittelbar zu, wie im Folgenden u.a. zu zeigen ist. Die Positionen von Thesis und Antithesis sind nur Idealtypen der Metaphysik. Ihre historische Prägung tritt in Kants Darstellung hinter die systematische Entfaltung des der Vernunft eigenen Problems der Antithetik zurück und liefert allenfalls Vorlagen für Argumente und einen Beleg für die Faktizität der Antinomie.[2] Kants Abänderung der Thesen und ihrer Beweise gegenüber

---

1 Malzkorn, W.: Kants Kosmologie-Kritik. S. 81; S. 87.

2 Der Vorteil dieses Verfahrens ist nicht zuletzt diplomatischer Art: kein Autor kann sich persönlich angesprochen fühlen und darf sich daher von Kant als herausgefordert betrachten, vielmehr ist die Kritik rein sachlich. Daß Johann August Eberhard sich gerade auch hinsichtlich des Teilungsproblems dennoch persönlich angegriffen fühlte, führte zu jener Kontroverse, auf die Kant schließlich mit seiner Streitschrift *Über eine Entdeckung, nach der alle neue Kritik der reinen Vernunft durch eine ältere entbehrlich gemacht werden soll* reagierte; auf diese Kontroverse wird noch einzugehen sein.

historischen metaphysischen Beweisen hat jedoch einen sachlichen Grund. Nach Kants Verständnis hat die Metaphysik bisher nicht klar zwischen reinen und empirischen Urteilen unterscheiden können; die metaphysischen Lehrgebäude bestehen daher nicht aus reinen Vernunfturteilen, vielmehr sind sie mit empirischen Begriffen vermischt (B 490 f.). Da aber die Metaphysik keine empirischen Begriffe verwenden darf, muß Kant die Argumente für Thesis und Antithesis gegenüber den historischen Positionen ändern. Aus seiner Sicht stellt diese Abänderung also eine Verbesserung der metaphysischen Argumentation dar. Kant macht seine Eingriffe in die metaphysischen Beweise sogar selbst kenntlich (B 458 f.). Diese Präzisierung ist erst durch die Vernunftkritik und ihre prinzipielle Unterscheidung von Sinnlichkeit und Verstand möglich; auch erlaubt erst sie eine Systematisierung der apriorischen Begriffe, die alleiniger Gegenstand der Metaphysik sein müßten.[3] Dies scheint er selbst als eine Beschneidung der möglichen historischen Vorbilder zu sehen, die dadurch ihre „ganze Pracht" einbüßen (B 490 f.). Also muß aus Kants Sicht eine der für Leibniz und Wolff tragenden Säulen der Argumentation für einfache Substanzen als Grund der materiellen Welt wegfallen, nämlich die Theorie der ursprünglichen und abgeleiteten Kräfte. In Kants Augen ist die Verknüpfung des Monadenbegriffs mit einer Theorie v.a. der bewegenden Kraft eine unzulässige Vermischung der Metaphysik mit empirischen Begriffen. Zwar ist der Begriff der Kraft selbst auch nach Kant ein Prädikabil und also ein reiner, wenngleich abgeleiteter Begriff *a priori* (B 108), aber der Begriff der Bewegung als Veränderung des Ortes ein und desselben Dinges in der Zeit kann nur durch Erfahrung gegeben werden (B 58) sowie auch die Existenz von Kräften (B 252).

In der Tat gewinnt das Problem der Teilung der Materie erst durch Kants Herleitung die Form einer unvermeidlichen Antinomie. Nur wenn die Frage nach der Teilbarkeit und den Bestandteilen der Materie als eine Frage interpretiert wird, welche reine Vernunft selbst zu stellen und zu beantworten genötigt ist, werden widersprüchliche Aussagen zu einem inakzeptablen Zustand, der der Abhilfe bedarf.[4]

---

3 Es sei hier nur am Rande erwähnt, daß Kant in seinen *Metaphysischen Anfangsgründen der Naturwissenschaft* die Annahme eines empirischen Begriffs – dem der Materie als das Bewegliche im Raume – durchaus zuläßt. Kant unterscheidet wohl zwischen Metaphysik, die auf einer Ontologie beruht, und metaphysischen Anfangsgründen, die auf der Transzendentalphilosophie beruhen.

4 Hegels spekulative Dialektik, welche spätestens seit 1804/05 die Überwindung des Widerspruchsprinzips fordert, sieht in Kants Diagnose der Antithetik der reinen Vernunft keine Notwendigkeit einer Auflösung im Sinne einer Widerspruchsvermeidung. Weil Hegel die Kantischen Antinomien nicht auf den kosmologischen Inhalt bezieht, sondern allein die Antithetik der Vernunft als unabhängig davon in den Blick nimmt, erscheint der Widerspruch gerade als eine spekulative Einsicht. Aus Hegels Sicht ist das Widerspruchsprinzip außer Geltung gesetzt, weil er die Antithetik vom Gegenstandsbezug, nämlich den kosmologischen Inhalten, löst und allein auf die transzendentale Form, in welcher diese Widerspruchslehre Kants auftritt, reflektiert. Für Kant ist der Satz vom zu vermeidenden Widerspruch eine nicht hinterfragbare Voraussetzung.

Dissens innerhalb der Kosmologie über diverse Sachfragen war vor Kant nicht als ein Problem der Vernunft, sondern schlicht als Kontroverse zwischen Philosophen mit unterschiedlichen Meinungen über einen Forschungsgegenstand verstanden worden.[5] Erst Kants Umdeutung der Debatten um die historisch vieldiskutierten kosmologischen Fragen von einem aus heutiger Sicht weniger skandalösen, als vielmehr normalen Forschungsdiskurs zu einem Widerspruch, der sich aus der Struktur des Erkenntnisvermögens selbst ergibt, hat der Kontroverse diese Brisanz verliehen. Die Herleitung der kosmologischen Ideen hatte auch das Ziel, zu zeigen, daß die kosmologischen Fragen nicht etwa kontingente Lehrmeinungen sind, deren Streit durch einen Fortschritt des Wissens möglicherweise irgendwann einmal in der einen oder anderen Weise entschieden werden kann. Kant beansprucht *erstens*, daß sie notwendig aus dem Vernunftgebrauch entstehen, *zweitens*, daß sie entscheidbar sind und *drittens*, daß sie prinzipiell ausschließlich durch Reflexion auf ihre Entstehungsgründe in der Vernunft in einer Selbstprüfung entschieden werden müssen.

1. Ausgangsbedingungen des „freien Wettstreits der Behauptungen“

1.1. Die formale Konstruktion der Antinomie

Alle vier Antinomien hat Kant in ein formales Beweisschema gefaßt,[6] das sich im Kern durch zwei Momente auszeichnet: *erstens* den Widerspruch zwischen Thesis und Antithesis und *zweitens* deren apagogische Beweise.[7] Der indirekte oder apagogische Beweis weist die Wahrheit des Demonstrandums dadurch nach, daß er die Falschheit des Gegenteils aufzeigt und daraus auf die Wahrheit des zu beweisenden Satzes schließt. Als Grundlage des Beweises dient das kontradiktorische Gegenteil des zu beweisenden Satzes. Diese Voraussetzung wird *ad absurdum* geführt und damit ihre notwendige Falschheit aufgezeigt, um dadurch unmittelbar auf die Wahrheit des zu beweisenden Satzes schließen zu können. Aufgrund dieser Konstruktion der Antinomien in der *Kritik der reinen Vernunft* ergibt sich eine komplexe Beweisstruktur: Der Beweis der Thesis statuiert als Voraussetzung seines indirekten Beweises die Antithesis, die Antithesis wiederum verwendet die Thesis als Voraussetzung ihres Beweises. Die Thesis führt also die Antithesis *ad absurdum*, die Antithesis ihrerseits die Thesis. Diese Struktur läßt sich durch folgendes Schema verdeutlichen:

---

5 Dies zeigt insbesondere auch die Preisfrage der Preußischen Akademie der Wissenschaften von 1747, welche verlangt, entweder die Monaden klar zu beweisen und ihren Erklärungswert für die Naturphänomene herauszustellen, oder aber sie gründlich zu widerlegen (Vgl. Vogel, K.: Kant und die Paradoxien der Vielheit. S. 97-102).

6 Dieses Beweisschema wird von Kant an keiner Stelle als eine formale Schablone der kosmologischen Antinomien benannt.

7 Eine Ausnahme bildet der Thesisbeweis der vierten Antinomie, der nicht indirekt ist.

	Thesis	Antithesis
Voraussetzung:	Antithesis (Negation der Thesis)	Thesis (Negation der Antithesis)
Beweisziel:	Falschheit der Voraussetzung	
Beweisresultat:	Wahrheit der Thesis	Wahrheit der Antithesis

Thesis und Antithesis sowie die Voraussetzungen der Beweise bilden in dieser Beweisform ein Quadrat aus Gegensätzen und Identitäten oder Äquivalenzen, die insgesamt die Antinomie ausmachen. Da zwischen Thesis und Antithesisvoraussetzung sowie Antithesis und Thesisvoraussetzung idealiter Identität, zumindest aber Äquivalenz besteht, zeigen die Beweise von Thesis und Antithesis nicht nur die Wahrheit ihrer jeweiligen Behauptung auf, indem sie das Gegenteil als falsch erweisen, sie widerlegen zugleich die konkurrierende Gegenbehauptung.[8] Zwei Beweisebenen müssen an der Antinomie dabei unterschieden werden: *erstens* die Binnenbeweise für Thesis und Antithesis und *zweitens* der Beweis für das Bestehen der Antinomie insgesamt, d.h. das Verhältnis zwischen Thesis und Antithesis.

Bedingung für die Korrektheit eines apagogischen Beweises ist, daß zwischen Demonstrandum und Beweisprämisse ein kontradiktorischer Gegensatz besteht, so daß logisch korrekt von der Falschheit der Prämisse auf die Wahrheit des zu beweisenden Satzes geschlossen werden kann. Bestünde lediglich ein konträrer Gegensatz, so könnte das *tertium non datur* nicht zur Anwendung gebracht werden, d.h. es wäre möglich, daß beide Sätze falsch sind und eine dritte Alternative wahr ist. Dies gilt für die erste Beweisebene. Für die zweite Beweisebene gilt jedoch etwas anderes, hier können beide Arten des Widerspruches gegeben sein. Liegt ein kontradiktorischer Gegensatz zwischen Thesis und Antithesis vor, dann besteht eine klare Antinomie. Einer der beiden Sätze, Thesis oder Antithesis, müßte gemäß dem *tertium non datur* wahr sein, doch beide lassen sich in je eigenen Beweisen als falsch bzw. wahr nachweisen. Antithesis und Beweisvoraussetzung der Thesis sowie Thesis und Beweisvoraussetzung der Antithesis sind in diesem Falle identische Sätze. Es kann aber auch dann eine echte Antinomie vorliegen, wenn der Gegensatz zwischen Thesis und Antithesis bloß konträr ist:

Es gibt zwei Formen von Gegensätzen. *Erstens* Gegensätze durch bloße Negation des Urteils. Hier hat die Antinomie die Form des Satzes vom ausgeschlossenen Drit-

8 In der Literatur werden die logischen Probleme nicht im einzelnen berücksichtigt; großen Wert auf eine logische Analyse legt dagegen Malzkorn (Kants Kosmologie-Kritik). Wike sieht die logische Konstruktion der Antinomien, nicht nur derjenigen der *Kritik der reinen Vernunft*, sondern aller drei Kritiken, differenziert, ohne aber die formalen Probleme zu entdecken (Kant's Antinomies of Reason. S. 14-42).

ten: p v ¬p; die Thesis behauptet, daß p, die Antithesis behauptet, daß ¬p. Dabei wird durch den indirekten Beweis auf Seiten der Thesis die Falschheit von ¬p gezeigt, auf Seiten der Antithesis die Falschheit von p. Dies ist der aussagenlogische kontradiktorische Gegensatz. *Zweitens* gibt es Gegensätze bei quantifizierten Urteilen. Diese werden nach traditioneller Auffassung in kontradiktorische und konträre eingeteilt, wie sie im sogenannten logischen Quadrat erfaßt sind. Es ist also bei der Antinomie wesentlich danach zu fragen, ob der Gegensatz zwischen Thesis und Antithesis eine Quantität des Urteils einschließt oder nicht.

Liegt, sofern die Quantität des Urteils im Gegensatz eingeschlossen ist, ein kontradiktorischer Gegensatz zwischen Thesis und Antithesis vor, dann bestünde die Antinomie nur aus zwei Urteilsarten: entweder aus einem allgemein bejahenden und einem partikulär verneinenden oder aber aus einem partikulär bejahenden und einem universell verneinenden. Liegt, sofern die Quantität des Urteils im Gegensatz eingeschlossen ist, jedoch nur ein konträrer Gegensatz zwischen Thesis und Antithesis vor, dann besteht gleichwohl auch eine Antinomie. Beim konträren Gegensatz kann das *tertium non datur* nicht angewendet werden, beide Sätze können falsch, aber nicht gemeinsam wahr sein; es ist eine dritte Alternative möglich. In diesem Falle bestünde in der Antinomie keine Identität zwischen Antithesis und Beweisvoraussetzung der Thesis sowie Thesis und Beweisvoraussetzung der Antithesis, sofern der apagogische Beweis logisch korrekt eingeleitet wird. Hierbei gilt, weil Thesis und Antithesis universelle Urteile sein müssen, daß die Voraussetzungen der Beweise partikuläre Urteile wären, so daß die Falschheit der Voraussetzung des Thesisbeweises ebenso unmittelbar die Falschheit der Antithesis zeigt als auch die Falschheit der Voraussetzung des Antithesisbeweises unmittelbar die Falschheit der Thesis. Das Entscheidende bei dieser Konstruktion der Antinomie ist nun, daß, obwohl zunächst das *tertium non datur* nicht gilt, dennoch keine Alternative möglich ist, denn die beiden partikulären Urteile, die rein formal als Alternativen zu den konträren Urteilen möglich wären, werden in den apagogischen Beweisen direkt als falsch aufgewiesen. In diesem Falle wäre also die Binnenkonstruktion der Antinomie insgesamt ein korrektes Beweisgefüge, es bestünde gleichfalls eine Antinomie, ja es würden sich sogar alle vier möglichen Urteilstypen wechselseitig als falsch erweisen. Die wechselseitige Beziehung zwischen Thesis und Antithesis stellt sich aus zwei Perspektiven unterschiedlich dar. Die Binnenperspektive der Antinomie führt zu der eigentümlichen Situation, daß, vorausgesetzt die Beweise sind je für sich gültig – dies ist ein Kriterium der Antinomie für Kant –, der Schluß auf die Falschheit der jeweils logisch konträr entgegengesetzten Position richtig ist, da die Kontrarietät die beiderseitige Wahrheit nicht zuläßt, so daß, wenn aus der Binnenperspektive die eine Position sich für bewiesen hält, ihr Schluß auf die Falschheit der konträren Behauptung korrekt ist. Nimmt man aber eine absolute Außenperspektive ein, ohne einen der Beweise für wahr zu halten, dann ist es ebenso möglich, daß beide Positionen falsch sind.

Falsch wäre die Antinomienkonstruktion nur dann, wenn das Verhältnis von zu beweisendem Satz und Beweisvoraussetzung nicht kontradiktorisch wäre oder wenn lediglich ein subkonträres Verhältnis zwischen Thesis und Antithesis bestünde, d.h.

beide Urteile partikulär wären. Dann könnten beide Sätze gemeinsam wahr, aber nicht falsch sein; es bestünde keine Antinomie. Für die Korrektheit der ganzen Antinomienkonstruktion ist folglich die korrekte Formulierung der vier Sätze – Thesis, Antithesis, Beweisvoraussetzung der Thesis und Beweisvoraussetzung der Antithesis – von entscheidender Bedeutung. Bevor die zweite Antinomie in dieser Hinsicht untersucht werden soll, ist zunächst Kants Einschätzung des apagogischen Beweises näher darzulegen.

1.2. Der „Champion" der Kosmologie: Der apagogische Beweis

Auf die allgemeine apagogische Beweisstruktur der Antinomien bezieht sich Kants Erklärung des Begriffs ‚Antinomie' für die spezifische Vernunftschlußart der Kosmologie:

> „Die **zweite** Klasse der vernünftelnden Schlüsse ist auf den transzendentalen Begriff der absoluten Totalität, der Reihe der Bedingungen zu einer gegebenen Erscheinung überhaupt, angelegt, und ich schließe daraus, daß ich von der unbedingten synthetischen Einheit der Reihe auf einer Seite, jederzeit einen sich selbst widersprechenden Begriff habe, auf die Richtigkeit der entgegenstehenden Einheit, wovon ich gleichwohl auch keinen Begriff habe. Den Zustand der Vernunft bei diesen dialektischen Schlüssen, werde ich die Antinomie der reinen Vernunft nennen." (B 398)

Kant stellt also bereits vor der Darstellung der Antinomie klar, daß die Beweise für Thesis und Antithesis trotz korrekter Form fehl gehen, denn das Demonstrandum ist wie die Voraussetzung eine Entität, die nicht begriffen werden kann.[9]

Die Bedingung der Gültigkeit eines indirekten Beweises, daß zwischen zu beweisendem Satz und Beweisvoraussetzung ein kontradiktorischer Widerspruch besteht, drückt Kant so aus: die Disjunktion von zu beweisendem Satz und Voraussetzung, also dessen Negation, müsse vollständig sein, so daß ein Drittes nicht möglich ist.[10] Der indirekte Beweis verfährt in seinem Nachweis der Falschheit seiner Voraussetzung zumeist in der Weise, daß aus ihr notwendige Folgerungen gezogen werden, die entweder *ad absurdum* geführt oder aber, z.B. bei empirischen Sätzen, nach dem *modus*

---

9 Diese Bestimmung des Beweisresultats läßt sich wohl durch Kants Tafel des Nichts im angehängten Abschnitt zur *Amphibolie der Reflexionsbegriffe* erläutern (B 348). Nicht klar zuordnen läßt sich jedoch, welcher Art des Nichts Kant das Beweisresultat der Antinomienbeweise zurechnet: entweder es ist das *ens rationis*, welches einen „leeren Begriff ohne Gegenstand" meint, der zwar als Begriff möglich ist, dem aber keine mögliche Anschauung entsprechen kann, oder es ist das *nihil negativum*, der „leere[ ] Gegenstand ohne Begriff", das „Unding", welches seinem Begriff nach bereits selbstwidersprüchlich und also unmöglich ist. Die Formulierung in B 398 deutet wohl am ehesten auf das *nihil negativum* hin.

10 Logik-Jäsche. AA IX, 71.

tollens widerlegt werden.[11] In bezug auf die erste Antinomie äußert Kant in der Preisschrift *Welche Fortschritte*, es sei merkwürdig, daß Thesis und Antithesis ausschließlich indirekt bewiesen werden könnten (AA XX, 288).[12] Ein direkter Beweis für Thesis oder Antithesis ist demzufolge gar nicht möglich. Eine Erklärung für diese Behauptung kann man dem Kapitel *Disziplin der reinen Vernunft in Ansehung ihrer Beweise* der *Kritik der reinen Vernunft* entnehmen (B 817 ff.). Kant begründet hier seine Disziplinarregel, daß transzendentale Beweise nicht apagogisch geführt werden dürfen. Der apagogische Beweis gibt nicht Gründe der Wahrheit des Demonstrandums selbst an, sondern er schließt entweder unmittelbar von der Falschheit des Gegenteils oder aber von der Falschheit seiner Folgen auf die Wahrheit des zu beweisenden Satzes. Die apagogische Beweisart ist erforderlich, wenn die Gründe des Demonstrandums nicht direkt erkannt werden können, weil sie entweder „zu mannigfaltig oder zu tief verborgen liegen" (B 818). Ein anderer, von Kant hier nicht genannter Grund für die Verwendung des indirekten Beweises, der in der Metaphysik wichtig ist, ist derjenige, wenn es gar keinen Grund in der Sache gibt, d.h. der zu beweisende Satz eine grundlose dogmatische Setzung ist. Kant stellt den indirekten Beweis als „Champion" dar (B 821), als rechthaberischen Raufbold, der jeden niederstreckt, der es wagt, seine Position anzuzweifeln.

Die Crux des indirekten Beweises ist die Kontradiktion zwischen Demonstrandum und Beweisvoraussetzung. Es muß – wie bereits erwähnt – gewährleistet sein, daß es sich um eine gültige Kontradiktion handelt. Kant meint, daß ein rein formales Kriterium für die Wahrheit eines Beweises nicht ausreicht. Selbst wenn zwei Sätze ihrer logischen Form nach kontradiktorisch sind, muß dennoch kein objektiv-sachlicher Widerspruch zwischen ihnen bestehen: Jeder Satz steht nach Kants Verstandesanalyse unter transzendentalen Bedingungen. Da diese nun einerseits subjektiv sind, insofern sie formale Bestimmungen unseres Erkenntnisvermögens sind, deren objektive Gültigkeit erst durch eine transzendentale Deduktion gerechtfertigt werden muß, ist es möglich, daß die widersprechenden Sätze entweder nur bezüglich dieser

[11] Kant bringt folgendes Beispiel eines solchen Beweises: „Um z.B. darzuthun, daß die Erde nicht platt sei, darf ich, ohne positive und directe Gründe vorzubringen, apagogisch und indirect nur so schließen: Wäre die Erde platt, so müßte der Polarstern immer gleich hoch sein; nun ist dieses aber nicht der Fall, folglich ist sie nicht platt." (Logik-Jäsche. AA IX, 52). Kant führt als *modus tollens* die empirische Tatsache an, daß der Polarstern, wenn man sich auf dem Meridian Richtung Süden bewegt, sich im Norden langsam dem Horizont annähert und schließlich, wenn man den Äquator überschritten hat, am Horizont untergeht. Der Grund dieses Phänomens kann nur die Rundung der Erde sein.

[12] Tatsächlich sind die Beweise der Paralogismen in der ersten Auflage und der Beweis des transzendentalen Ideals direkt geführt (in den Erklärungen der Beweise allerdings verwendet Kant auch hier indirekte Beweise, aber dies ist systematisch unerheblich), so daß die Kosmologie nicht nur die Besonderheit aufzuweisen hat, daß es in der Bestimmung der Weltidee zu Antinomien kommt, sondern auch, daß die Beweise nur apagogisch geführt werden können.

subjektiven Bedingungen bestehen und also ein Widerspruch der subjektiven Bedingungen vorliegt statt einer des Gegenstandes – dies ist dann gegeben, wenn die subjektiven Erkenntnisbedingungen nicht zugleich Bedingungen des Gegenstandes sind –, oder daß einer der Sätze bloß subjektiv bedingt, der andere aber objektiv gültig ist und somit gar kein Widerspruch vorliegt, da sie unter unterschiedlichen Bedingungen stehen. In diesen Fällen tritt der Widerspruch nur scheinbar auf, er hat seinen Grund in einer „Subreption", einer Verwechslung subjektiver Bedingungen der Erkenntnis mit objektiven.

Wie wir bereits gesehen haben, spielt der Subreptionsvorwurf in der *Transzendentalen Dialektik* eine eminente Rolle, in den Antinomien auch bezüglich des Beweisverfahrens, mit welchem die Thesen, d.h. die Behauptungen der Kosmologie, bewiesen werden. Anders als beim Paralogismus, bei dem die Subreption im Mittelbegriff zu einem Fehlschluß führt und also hier in jedem Falle eine Prämisse unter objektiven, die andere unter bloß subjektiven Bedingungen steht, ist es beim apagogischen Beweis möglich, daß beide Sätze des Schlusses einer Subreption unterliegen (B 820). Der apagogische Beweis ist für Kant deshalb nur in solchen Wissenschaften gültig, in denen eine Subreption entweder unmöglich ist, wie in der Mathematik,[13] oder in welchen sie durch sichere Kriterien kontrolliert werden kann, wie in der Naturwissenschaft. In der Metaphysik jedoch, so Kant, könne diese Beweisart „gar nicht erlaubt werden" (B 820). Für dieses Verbot führt Kant in der *Disziplin der reinen Vernunft* zwei der kosmologischen Antinomien als Beispiele an, welche jeweils für einen Typ von Subreption stehen sollen. Der erste Typ zeigt sich in der vierten kosmologischen Antinomie, in welcher das Dasein eines notwendigen Wesens als Ursache der zufälligen Dinge und Ereignisse in der Welt von der Thesis behauptet und von der Antithesis negiert wird (B 480 ff.). Bei diesem Typ argumentiert die Antithesis in ihrem indirekten Beweis mit der Unmöglichkeit, die Thesis direkt zu beweisen;[14] insofern ist die Antithesis im Recht und, wie man ergänzen kann, die Thesis widerlegt. Die Subreption besteht nun aber darin, daß die Antithesis diese Unmöglichkeit nicht den subjektiven Erkenntnisbedingungen zuschreibt, sondern dem Gegenstand selbst und also diesen selbst für unmöglich erklärt; in dieser Hinsicht geht sie nach Kants Ansicht über ihre eigenen Erkenntnismöglichkeiten hinaus. Im zweiten Fall von Subreption – der in unserem Zusammenhang aufschlußreicher ist – führt Kant eine mathematische Antinomie als Beispiel an. Bei diesem zweiten Typ unterliegen sowohl die Thesis wie die Antithesis der Subreption. Sie besteht darin, daß beide „einen unmöglichen Be-

---

13 Klassische Beispiele für indirekte Beweise in der Mathematik finden sich schon in Euklids *Elementa*, beispielsweise für den Satz: „Wenn zwei Kreise einander schneiden, können sie nicht denselben Mittelpunkt haben." (Die Elemente. S. 49 (Buch III, § 5)).

14 Es ist interessant, daß Kant hier nicht – was indirekt durch seine Ausführungen nahegelegt wird – von Thesis und Antithesis spricht, sondern vielmehr von „behauptendem Teil" und „negativem Teil" (B 820). In dieser Weise vermeidet Kant an dieser Stelle, an der es nur um den indirekten Beweis geht, die komplexere Struktur von Thesis und Antithesis einer Antinomie ins Spiel zu bringen, was hier auch verfehlt wäre.

griff vom Gegenstande zum Grunde" legen (B 821), und sie wird durch den „transzendentalen Schein" hervorgerufen. Gemeint ist in diesem Zusammenhang nichts anderes als der Begriff der „Sinnenwelt an sich".[15] Wenn ihr Begriff Bestimmungen enthält, die den transzendentalen Erkenntnisbedingungen widersprechen, dann ist der Begriff zwar nicht logisch unmöglich, gleichwohl aber transzendental unmöglich. In diesem Falle des apagogischen Beweises also ist es nicht möglich, von der Falschheit der Negation einer These auf die Wahrheit der These zu schließen; damit ist dieser Vernunftschlußtyp aus transzendentalen Gründen ungültig – doch Kant deckt diese Wendung der Antinomienproblematik erst in der Auflösung auf, nachdem sich die beiden Positionen gegenseitig unglaubwürdig gemacht haben.

Am Ende des Kapitels wird deutlich, weshalb der apagogische Beweis in der Kosmologie der allein mögliche ist, worauf Kant auch in der Preisschrift *Welche Fortschritte* hinweist (AA XX, 288): Würde der Beweis direkt geführt, so würde die Unmöglichkeit, den vorausgesetzten Begriff zu bestimmen, offensichtlich sein und der Schein der Behauptung damit aufgedeckt (B 822). Auch wenn Kant den apagogischen Beweis also für ein Kennzeichen der Metaphysik insgesamt ansieht, wendet er ihn konsequent nur in der Kosmologie an, deshalb nämlich, weil nur in der Kosmologie ein widersprüchlicher Begriff zugrunde liegt, der sich daher nicht unproblematisch direkt beweisen läßt. Formal ist der Grund der, daß die Weltvorstellung nach dem hypothetischen Vernunftschluß gebildet und daher durch unabschließbare Reihen von Bedingungen gedacht wird. Deshalb ist ein Beweis aus den Bedingungen, den Gründen, nicht zu führen und es muß ein Beweis aus den Folgen geführt werden, der jedoch nur indirekt sein kann, weil ein direkter Beweis aus Folgen nicht gültig ist.[16] Kants Behauptung, der indirekte Beweis sei insbesondere für die Metaphysik typisch, scheint zunächst etwas übertrieben; sieht man die gängigen Lehrbücher, beispielsweise Baumgartens oder Wolffs durch, dann stellt man fest, daß er nicht vor-

---

15 Wie im ersten Kapitel bereits ausführlich dargelegt, steht der Begriff der Welt im metaphysischen Sinne bereits nach seiner Deduktion aus dem Vernunftvermögen im Verdacht, ein widersprüchlicher Begriff zu sein. Hier wird dieser Verdacht bestätigt und von Kant klar ausgesprochen: die Unendlichkeit des „eingebildeten Ganzen", gemeint ist die Sinnenwelt, könne wohl als unbedingt vorgestellt werden, sie widerspreche aber der „unbedingten Größenbestimmung, die im Begriffe vorausgesetzt wird", weil Erscheinungen notwendig bedingt seien. Die Widersprüchlichkeit des Begriffs einer Sinnenwelt als Ding an sich wird also durch ihre Größenbestimmung deutlich: Wenn die Welt gemäß ihres Begriffs eine Größe ist, dann muß sie den Bedingungen der Größenbestimmung gemäß sein, wenn der Begriff im transzendentalen, nicht logischen Sinne möglich sein soll (vgl. B 268). In den Postulaten des empirischen Denkens weist Kant auf einen nicht begrifflichen, sondern anschaulichen Widerspruch im Begriff einer Figur hin, die durch zwei Linien eingeschlossen wird. Etwas anders liegt der Fall bei der Sinnenwelt, wenn von ihr gesagt wird, daß sie nicht den Bedingungen der Größenbestimmung unterliege. Vgl. zu diesem transzendentalen Widerspruch im Weltbegriff auch sehr klar Mittelstaedt, P. / Strohmeyer, I.: Die kosmologischen Antinomien in der *Kritik der reinen Vernunft*. S. 145-152.

16 Logik-Jäsche. AA IX, 52.

herrschend ist. Dennoch finden sich einige indirekte Beweise v.a. in Wolffs *Ontologia*. Letzteres ist der Fall in Wolffs Beweis für die Notwendigkeit des Einfachen im Zusammengesetzten.[17]

1.3. Die Formulierungen von Thesis und Antithesis der zweiten Antinomie

Nachdem das Beweisschema der kosmologischen Antinomien dargelegt wurde, soll nun untersucht werden, ob die zweite Antinomie sich in dieses Schema korrekt einfügt. Dabei gilt es insbesondere auf das formale Verhältnis der vier Urteile, Thesis und Antithesis sowie ihre Beweisprämissen hinsichtlich des Widerspruchs untereinander zu achten.
Thesis:

> „Eine jede zusammengesetzte Substanz in der Welt besteht aus einfachen Teilen, und es existieret überall nichts als das Einfache, oder das, was aus diesem zusammengesetzt ist." (B 462)

Beweisprämisse:

> „Denn nehmet an, die zusammengesetzten Substanzen beständen nicht aus einfachen Teilen:"

Antithesis:

> „Kein zusammengesetztes Ding in der Welt besteht aus einfachen Teilen, und es existiert überall nichts Einfaches in derselben." (B 463)

Beweisprämisse:

> „Setzet: ein zusammengesetztes Ding (als Substanz) bestehe aus einfachen Teilen."

Die Bedingung für eine korrekte Konstruktion der Antinomie, wie sie oben dargelegt wurde, verlangt vom Verhältnis zwischen Thesis und Antithesis entweder einen konträren oder einen kontradiktorischen Gegensatz. Die Bedingung für die Gültigkeit des indirekten Beweises ist nach den obigen Ausführungen, daß Demonstrandum und Beweisprämisse, die Negation des Demonstrandums, in Kants Worten „eine vollständige Disjunktion" bilden, d.h. daß ein kontradiktorischer Widerspruch besteht, damit der Satz vom ausgeschlossenen Dritten gilt. Wir hatten ebenfalls gesehen, daß zwei Typen von kontradiktorischen Widersprüchen unterschieden werden müssen: derjenige, bei welchem eine einfache Negation vorliegt, deren Aussageschema also $p \wedge \neg p$ ist, und derjenige, bei dem die Quantoren der Urteile mit zu berücksichtigen sind. Bei der zweiten Antinomie ergeben sich hier einige Schwierigkeiten.

---

17 Wolff, Chr.: Ontologia, §§ 686 f. S. 517 ff. Die Argumentation wird man als verdecktermaßen indirekt bezeichnen können. Offen indirekt ist der Beweis im folgenden Paragraphen. Wolff beweist hier den Satz: „Simplex ex composito oriri nequit" unter der Voraussetzung: „Ponamus, si fieri potest, ens simplex ex composito oriri." Vgl. auch §§ 688 f.

In Kants theoretischen Antinomien ist die Quantität der Urteile nur in der zweiten und dritten Antinomie überhaupt von Belang: in der ersten Antinomie ist das Subjekt die Welt als ganze, also ein singulärer Terminus, ebenso in der vierten Antinomie, in welcher das notwendige Wesen einerseits als existierend behauptet und andererseits negiert wird.[18] In diesen beiden Fällen besteht zwischen diesen Urteilen ein kontradiktorischer Gegensatz durch einfache Negation des Urteils: ‚die Welt hat einen Anfang in der Zeit und eine Grenze im Raum und sie hat sie nicht‘, sowie ‚das Urwesen existiert und es existiert nicht‘.[19] Dagegen ist die Quantität des Urteils in der zweiten und dritten Antinomie durchaus von größerer Bedeutung, denn in ihnen geht es um Mannigfaltigkeiten, in der zweiten Antinomie wird eine Pluralität von Substanzen angenommen, in der dritten eine Mannigfaltigkeit von Zuständen oder Ereignissen. Entsprechend ist es möglich, partielle und universelle Positionen oder Negationen zu bilden; so kann die Thesis der dritten Antinomie ihrem Sinne nach korrekt umformuliert werden in: ‚Einiges in der Welt geschieht durch Kausalität aus Freiheit, anderes aus Naturkausalität‘; demgegenüber steht die Antithesis, welche die universelle Negation der Thesis darstellt. Die dritte Antinomie bildet also eine korrekte Kontradiktion zwischen einem i- und einem e-Urteil nach dem traditionellen Schema des logischen Quadrats. Wie aber liegt der Fall bei der zweiten Antinomie? Das Problem der Quantität der antithetischen Behauptungen von Thesis und Antithesis in den mathematischen Antinomien, besonders in der zweiten, hat in der Forschung immer wieder Kritik und sogar Ablehnung des ganzen Beweises hervorgerufen, zumindest aber einige Verwirrung gestiftet.[20]

Zunächst soll eine Bestimmung der Quantitäten der Urteile unternommen werden, da sie nach der traditionellen Logik für den erforderlichen Widerspruch im Antinomienkomplex verantwortlich sind. Zunächst ist zu bemerken, daß Thesis und

---

18 In der traditionellen Logik wird das singuläre als allgemeines Urteil aufgefaßt, beispielsweise gilt ‚Sokrates ist sterblich‘ in der Syllogistik traditionell als allgemeines Urteil. Kant bestätigt diese Auffassung für die Syllogistik, nimmt das singuläre Urteil aber in der Urteilslehre als vom allgemeinen unterschieden an (B 96 f.). Bei der Negation des singulären Urteils zeigt sich gerade der Unterschied.

19 In der klassischen Logik werden Eigennamen oder singuläre Termini den allgemeinen Urteilen zugeordnet, so hat das klassische Beispiel des Modus Barbara als Subjekt den Eigennamen Sokrates. An dieser Stelle unerheblich ist Kants Einführung des singulären Urteils in seine Urteilstafel (vgl. B 96). Sie hat nur in einer transzendentalen Logik Bedeutung, wie Kant klarstellt.

20 Vgl. Smith, N. K.: Commentary to Kant's *Critique of Pure Reason*. S. 488; Guyer, P.: Kant and the Claims of Knowledge. Cambridge 1987. S. 410; Malzkorn, W.: Kants Kosmologie-Kritik. S. 174 ff.; Malzkorn ist der Auffassung, daß Thesis und Antithesis einen konträren Gegensatz bilden; Kant habe dann logisch korrekt als Voraussetzungen der Beweise das kontradiktorische Gegenteil verwendet. Malzkorn geht davon aus, daß man die korrekte Beweisführung Kants nicht mit den Mitteln der traditionellen Logik erläutern kann, wie Strawsons Überlegungen zeigten (S. 173, Anm. 218; S. 182, Anm. 234; S. 186 Anm. 241). Wie oben dargelegt muß Kant diese Beweisstrategie nicht verfolgen.

Antithesis komplexe Urteile aus je zwei durch eine Adjunktion verbundenen Teilsätzen darstellen, wobei der zweite Teilsatz eine Existenzbehauptung ist. In den vier Urteilen, zumindest in dreien, sind auch Quantoren vorhanden. Es scheint offensichtlich zu sein, daß der erste Teilsatz von Thesis und Antithesis jeweils universelle Urteile sind; sie bilden demzufolge einen konträren Gegensatz. Das Verhältnis zwischen den beiden zweiten Teilsätzen, den Existenzsätzen, ist dagegen unklar, denn der zweite Teilsatz der Thesis besagt einerseits, es existiere sowohl das Einfache wie auch das Zusammengesetzte, was man als ein partikuläres Urteil (eigentlich wiederum subkonträre Urteile) auffassen kann, andererseits allerdings bedeutet diese Aussage, daß alles Existierende letztlich einfach ist und dasjenige, was zusammengesetzt ist, aus dem Einfachen bestehen muß. Man wird also davon ausgehen müssen, daß die Thesis insgesamt ein universell bejahendes Urteil ist. Der zweite Teilsatz der Antithesis ist klar ein universell verneinendes Existenzurteil.

Für den indirekten Beweis ist es unbedingt notwendig, daß zwischen Demonstrandum und Beweisprämisse eine Kontradiktion besteht, d.h. daß beide Sätze weder gemeinsam wahr noch gemeinsam falsch sein können, sondern daß einer von beiden Sätzen wahr sein muß. Bei der Antithesis ist der Fall verhältnismäßig einfach: Geht man von Kants Wortlaut aus, so muß man die Antithesis als ein allgemein verneinendes Urteil auffassen und die Beweisvoraussetzung als ein partikulär bejahendes. Somit wäre in diesem Falle das Urteilsverhältnis korrekt gebildet. Bei der Thesis und ihrer Beweisprämisse ist die Zuordnung nun nicht völlig klar, denn in der Beweisprämisse fehlt der Quantor. Die plausibelste Interpretation geht davon aus, daß die Thesis ein universell bejahendes Urteil darstellt, während die Voraussetzung diese Behauptung insgesamt negiert.[21] Die Opposition hat also die Form der einfachen Negation $p \wedge \neg p$. Aus der Negation des universell bejahenden Urteils läßt sich dann das partikulär verneinende Urteil folgern.

Es sieht demnach so aus, als erfüllte die zweite Antinomie in korrekter Weise dasjenige Schema, welches von einem konträren Verhältnis zwischen Thesis und Antithesis ausgeht. Dieses Ergebnis entspricht durchaus der Kantischen Absicht. In den *Prolegomena* ist die konträre Formulierung der zweiten Antinomie eindeutig zu erkennen:

> „**Satz:** Alles in der Welt besteht aus dem Einfachen. **Gegensatz:** Es ist nichts Einfaches, sondern alles ist zusammengesetzt". (AA IV, 339)

Oftmals weist Kant darauf hin, daß zwischen Thesis und Antithesis ein konträrer Gegensatz bestehe.[22] In der Preisschrift *Welche Fortschritte* nennt er den Widerspruch

---

21 Ich schließe mich hier Malzkorns Interpretation an (Kants Kosmologie-Kritik. S. 178).

22 Eine erste Andeutung, daß Kant sich auch mit der logischen Form der Antinomien beschäftigt, findet sich in R 4956, wohl 1776-1778; er bemerkt hier, zwei kontradiktorische Sätze könnten beide falsch sein, dann nämlich, wenn ihnen eine falsche Voraussetzung zugrunde liegt (R 4956; AA XVIII, 41). Vgl. R 6337; AA XVIII, 657); in einer anderen betont er wiederum, sie seien konträr entgegengesetzt, weshalb sie beide falsch sein könnten

zwischen Thesis und Antithesis der mathematischen Antinomien einen „transzendentalen Gegensatz"; dieser sei eine „synthetische Opposition" und der konträren daher analog.[23] Kant setzt sich hier elegant über das Formulierungsproblem hinweg und faßt die Thesis und ihre Beweisprämisse so: „Die körperlichen Dinge im Raum bestehen aus einfachen Theilen; denn, setzet das Gegentheil, so [...]" (AA XX, 289). In den *Prolegomena* bringt Kant folgende Formulierung von Thesis und Antithesis: „2. Satz: Alles in der Welt besteht aus dem Einfachen. Gegensatz: Es ist nichts Einfaches, sondern alles ist zusammengesetzt." (AA IV, 339). Einiges ist hier bemerkenswert: Der Quantität nach sind die Urteile klar universell. Auch formuliert Kant hier die Antithesis dogmatisch; sie ist zweiteilig, wobei der erste Satz die Negation der Thesis darstellt und der zweite Satz unter Voraussetzung einer Dichotomie der Prädikate ‚einfach' und ‚zusammengesetzt' die dogmatische, universell bejahende Behauptung aufstellt.[24]

Doch weitere Formulierungen Kants zeigen, daß eine allein logische Betrachtung der Antinomie zu kurz greift. In einer Reflexion von 1783/84 formuliert Kant die zweite Antinomie auch wie folgt:

> „Die Materie (an sich) besteht entweder aus unendlich viel Theilen oder aus einer bestimmten Menge von Theilen. Keines von beydem ist wahr, denn es setzt die totalitaet der division des Raumes und diese die absolute realitaet desselben voraus." (R 5963; AA XVIII, 405)

In dieser Formulierung – abgesehen von anderen Auffälligkeiten, die in Kapitel III zu diskutieren sind – ist durch den Ausdruck „die Materie" das Quantitätsproblem der Opposition wiederum umgangen, da die Urteile so zu singulären Aussagen werden. Doch hier besteht der Widerspruch zwischen den beiden Prädikaten ‚unendlich viel Theile[]' und ‚bestimmte[] Menge von Theilen'. In einer späten Reflexion von 1794/1795 zielt Kant auf eine nicht nur logische Betrachtungsweise der Antinomien, wenn er bezüglich Thesis und Antithesis der zweiten Antinomie meint:

(R 6419; AA XVIII, 710). In einer weiteren Reflexion, die im Zusammenhang der Antinomien steht, differenziert Kant das Problem des Widerspruchs zwischen Thesis und Antithesis der Antinomien durch die Begriffe Opposition und Division (R 5964; AA XVIII, 406). Eine Opposition ist korrekt, wenn beide Sätze nicht gemeinsam wahr sein können, die Division ist vollständig, wenn beide Sätze nicht gemeinsam falsch oder wahr sein können. Der konträre Gegensatz ist demnach eine Opposition mit unvollständiger Division.

23 AA XX, 291. Hintergrund dieser Begriffe ist Kants transzendentale Ausdeutung des Widerspruchs zwischen Thesis und Antithesis der mathematischen Antinomien in der Auflösung; daraus ergibt sich eine, bisher in der Forschung noch nicht erkannte Dimension der Antinomie. Vgl. Kap. III.2.3.

24 Man muß bei Kant zwei Formen von Allheit unterscheiden: die kollektive und die distributive. So macht Kant in einer Reflexion zum Thema „Singulare et universale" in Baumgartens *Metaphysica* auf diesen Unterschied bei den Begriffen „ein jeder", „alle" und „das All" aufmerksam. Er erläutert ihn durch folgendes Beispiel: „Ich habe einen Pfenig vor ieden Armen, aber nicht vor alle Armen, noch weniger vors All." (R 4409, AA XVII, 535). Doch spielt er hier wohl keine Rolle.

„Sie sind also beyde falsch, weil sie nicht (cont) logisch entgegengesetztes, sondern realiter opposita enthalten. contraria also mehr sagen als rc rc.“ (R 6337; AA XVIII, 657)

Die Falschheit sowohl von Thesis als auch Antithesis ist also deshalb möglich, weil sie eine Realopposition bilden. Diesen Begriff hatte Kant bereits 1763 in seiner Schrift *Versuch, den Begriff der negativen Größen in die Weltweisheit einzuführen* neben die logische Opposition gestellt (AA II, 171 f.). Die „reale Opposition“ ist eine Entgegensetzung, die nicht durch den Satz vom Widerspruch allein als solche erkennbar ist, sondern meint den Ausschluß zweier Sachbestimmtheiten (Realitäten), die nicht zugleich und in derselben Hinsicht bestehen können, wobei jedoch eine dritte Bestimmung möglich ist: die reale Aufhebung der Entgegengesetzten, so daß dennoch „etwas (cogitabile)“ bleibt. Kants Beispiel sind zwei räumlich entgegengesetzte Bewegungsimpulse eines Körpers, die sich zu 0 aufheben. Das Beispiel einer Realopposition aus der praktischen Philosophie ist der Gegensatz von Lust und Schmerz (AA VII, 230) oder Tugend und Laster (AA VI, 384). Der Grund der Falschheit beider Sätze der zweiten Antinomie ist also nicht allein logisch zu verstehen, vielmehr muß man die Aussagen als eine Realopposition betrachten: als den Unterschied von Diskretion und Kontinuität. Erst in dieser Sichtweise zeigt sich die Falschheit beider. Auf diesen maßgeblichen Aspekt der Antinomien geht Kant auch in zwei Reflexionen zwischen 1781 und 1787 ein. In einer Reflexion von 1782/83 gibt er eine Erklärung des Gegensatzes zwischen Thesis und Antithesis, die nicht auf die formallogische Seite zielt, sondern auf die mathematische:

„In der mathematischen antinomie ist ein Satz des andern quantitatives Gegentheil, aber sie haben dieselbe Bedingung und sind daher beyde falsch. In den dynamischen Satzen ist einer des andern qualitatives Gegentheil, aber die Bedingung ist Verschieden; daher können beyde wahr seyn.“ (R 5817; AA XVIII, 362)[25]

Der Gegensatz zwischen Thesis und Antithesis gilt also der mathematischen Konstruierbarkeit der Materie, der Realität im Raum, als ein Quantum in der Anschauung. Wenn also die zweite Antinomie eine quantitative Opposition sein soll, so besagt die Thesis, daß die Materie aus quantitativen Minima besteht, während die Antithesis behauptet, daß solches aus bestimmten Gründen nicht möglich sei und also jeder Teil der Materie ein Quantum größer als 0 besitze, also immer eine Ausdehnung habe. In dieser Auffassung der quantitativen Opposition handelt es sich um die Unmöglich-

[25] In einer Reflexion von 1783/1784 wird das quantitative Gegenteil näher bestimmt: „Das oppositum kan qualitative oder quantitative oppositum seyn. Das erste ist der Widerspruch, das zweyte quantum = 0 oder Einschrankung; daher kan in einer Formel die Ruhe eine Bewegung = 0 seyn, die Einfachheit eine Ausdehnung = 0, die Unveranderte Dauer eine Veranderung = 0.“ (R 5831; AA XVIII, 365). Für die zweite Antinomie ist das Beispiel einer quantitativen Opposition aufschlußreich, daß Einfachheit Ausdehnung = 0 sei. Von etwas zu sagen, es sei einfach, heißt demnach zu sagen, die Größe seiner Ausdehnung sei null, nicht aber besagt es, das Einfache sei größenlos. Das Einfache ist das absolute Minimum von Ausdehnung, d.h. der Punkt.

keit der Konstruktion eines Gegenstandes nach der einen und zugleich nach der anderen Bestimmung. Der Widerspruch ist also nicht allein urteilstheoretisch, sondern mathematisch-anschaulich.[26]

Kant zufolge gelten – wie zuvor ausgeführt – für die Gültigkeit der Beweise von Thesis und Antithesis zweierlei Kriterien; *erstens* solche, die die formale Korrektheit der Argumentationen fordern, *zweitens* solche, die verlangen, daß die Argumente inhaltlich auf Grundlage des transzendentalen Realismus gültig sind. In inhaltlicher Hinsicht ist nur entscheidend, daß die Argumente mit der Kernthese des transzendentalen Realismus zusammenstimmen. Es ist dabei zu beachten, daß möglicherweise Argumente vorkommen können, die der transzendentale Idealismus und der transzendentale Realismus teilen, oder aber solche, die zwar dem transzendentalen Idealismus bzw. empirischen Realismus entstammen, dem transzendentalen Realismus aber nicht widersprechen.[27]

1.4. Der Kampf zwischen Dogmatismus und Empirismus

Zur Frage, welche Lehrmeinungen nun im einzelnen von Thesis und Antithesis vertreten werden, macht Kant unterschiedliche Aussagen, die sehr allgemein nur Grundpositionen der Philosophie, oder aber Schulrichtungen benennen und die für eine Bestimmung der systematischen Position von Thesis und Antithesis oder ihrer historischen Vorbilder wenig gewinnbringend sind, da sie viel zu allgemein bleiben. Im Kapitel *Vom Interesse der Vernunft bei diesem Widerstreite* benennt Kant die Positionen mit „Dogmatismus der reinen Vernunft" und „reinem Empirismus" (B 493 f.).[28] Kant macht dabei jedoch auf einen Unterschied zwischen den Thesen und Antithesen der mathematischen und dynamischen Antinomien aufmerksam: Während alle

---

26 Die Probleme der Formulierung von Thesis und Antithesis sowie ihrer Beweisprämissen haben wohl ihre Ursache darin, daß Kant zu viele Hinsichten des Teilungsproblems in die Form der Antinomie hat gießen wollen: Die Antinomie soll logisch dem Beweisziel der Aufdeckung des dialektischen Scheins genügen (konträrer Gegensatz), ebenso aber soll sie die Positionen der spekulativen Kosmologie wiedergeben, daher sollten alle relevanten Begriffe vorkommen. Von dieser Absicht rührt die etwas unklare Vermischung formaler Beweiskriterien mit inhaltlich-transzendentalen Begründungen her.

27 Eine Liste der Gültigkeitskriterien der Antinomienbeweise hat Malzkorn gegeben (Kants Kosmologie-Kritik. S. 115-118). Einige Interpreten der Antinomien sind der Auffassung, die Beweise für Thesis und Antithesis müssten in absolutem Sinne beweiskräftig sein, damit die Antinomie gültig ist. Vgl. Broad, C. D.: Kant's Mathematical Antinomies. In: Proceedings of the Aristotelian Society (1955), S. 1-22; S. 21 f. Dabei bleibt unklar, wie eine solche Forderung überhaupt erfüllbar sein kann, da sich die Thesen nach Kant letztlich als falsch erweisen sollen.

28 Die nähere Kennzeichnung „reiner Empirismus" scheint nur zu besagen, daß eine rein empiristische Position angesprochen ist, keine, die bloß empiristische Elemente in sich aufnimmt.

Antithesen unter derselben Maxime ständen, der des reinen Empirismus, sei dies bei den Thesen nicht der Fall; einige – gemeint sind sicher die Thesen der mathematischen Antinomien – vertreten eine „Erklärungsart innerhalb der Reihe der Erscheinungen", andere – gemeint sind wohl die Thesen der dynamischen Antinomien – legten ihnen noch „intellektuelle Anfänge" zu Grunde. Damit seien die Thesen untereinander nicht in gleicher Weise einheitlich wie die Antithesen. Ihnen gemeinsam aber ist, so Kant, ein Dogmatismus, der rationalistische Argumente bevorzugt. Daß der Empirismus ebenfalls als Dogmatismus zu gelten hat und daß er auch eine metaphysische Position ist, dies ist gleichwohl der Fall (B 499). Dennoch aber wird nicht deutlich, inwiefern die Antithesisposition, die zunächst rein negativ argumentiert, eine positive Lehre vertritt; dem Empirismus wird hier vielmehr der Vorwurf gemacht, eine dogmatisch negative Lehre bezüglich nichtempirischer Inhalte zu sein. Wie wenig Kant mit diesen Zuordnungen historische Positionen wiedergeben kann, ersieht man bereits daran, daß einige Empiristen bezüglich des Problems der zweiten Antinomie die Thesisposition vertreten.[29] An anderer Stelle erläutert Kant die beiden Positionen durch die Begriffe „Intellektualphilosophie" und „Sensualphilosophie" (B 881). Ungenau ist eine weitere Zuordnung, die Kant vornimmt: Die Thesis vertrete einen Platonismus, die Antithesis einen Epikureismus (B 499), denn Epikur ist – wie Kant selbstverständlich bekannt ist – Atomist.[30] Daß Kant den Epikureismus dennoch als Sammelbegriff der Antithesen nennt, dürfte daran liegen, daß er Epikur weniger als Naturphilosophen ansieht, sondern eher als praktischen Philosophen. Diese Zuteilung stellt Kant hier in einen praktischen Kontext und denkt also v.a. an die dritte Antinomie. Zwar könnte man Platon als Vertreter der Thesisposition der zweiten Antinomie gelten lassen, da er sowohl den Begriff des *monas* verwendet, als auch im *Timaios* eine spezifische Form der Atomistik entwickelt, doch läßt sich dies nur sehr ungenau auf die Thesis der zweiten Antinomie beziehen, weil er die Sinnenwelt als das schlechthin Veränderliche ansieht, das nicht aus Einfachem und somit Unvergänglichem bestehen kann.

2. Die Thesis und ihr Beweisgang

Nachdem die formalen Voraussetzungen der zweiten Antinomie expliziert wurden, soll nun der Beweis der Thesis im einzelnen untersucht werden. Dazu dient folgende Einteilung des Beweises – der hier wörtlich zitiert wird – als Übersicht. Die Beweis-

---

29 Vgl. Kap. II.2.3. Beispielsweise vertritt Hume eine Form der Atomistik, eine Theorie mathematischer Punkte, wie noch zu zeigen ist.

30 Allgemeine Naturgeschichte. AA I, 226 f.; Metaphysik-Pölitz. S. 106 f.; Der einzig mögliche Beweisgrund. AA II, 148.

analyse zielt darauf, die Entscheidungspunkte des Beweises aufzufinden. Darauf werden die Argumente im einzelnen untersucht.[31]

Beweisübersicht (B 462)

Thesis:

T_1 „Eine jede zusammengesetzte Substanz in der Welt besteht aus einfachen Teilen,
T_2 und es existieret überall nichts als das Einfache, oder das, was aus diesem zusammen gesetzt ist."

Beweis:

Denn, nehmet an,

TV_1 (1) die zusammengesetzten Substanzen beständen nicht aus einfachen Teilen;
I A (2) so würde, wenn alle Zusammensetzung in Gedanken aufgehoben würde,
(3) kein zusammengesetzter Teil
(4) und (da es keine einfache Teile gibt) auch kein einfacher,
(5) mithin gar nichts übrigbleiben,

B (6) folglich keine Substanz sein gegeben worden.

II C (7) Entweder also läßt sich unmöglich alle Zusammensetzung in Gedanken aufheben,
(8) oder es muß nach deren Aufhebung etwas ohne alle Zusammensetzung Besthendes, d.i. das Einfache, übrig bleiben.

D Im ersteren Falle aber

(9) würde das Zusammengesetzte wiederum nicht aus Substanzen bestehen
(10) (weil bei diesen die Zusammensetzung nur eine zufällige Relation der Substanzen ist, ohne welche diese als für sich beharrliche Wesen bestehen müssen).
(11) Da nun dieser Fall der Voraussetzung widerspricht,

so bleibt nur der zweite übrig:

III E (12) daß nämlich das substantielle Zusammengesetzte in der Welt aus einfachen Teilen bestehe."

---

31 Die Satzteile sind durchnummeriert, die Großbuchstaben unterscheiden die für die Schlüsse relevanten Einheiten, die römischen Ziffern geben die Grobstruktur des gesamten Beweises wieder. Großbuchstaben und römische Ziffern sind insofern bereits interpretationsabhängig und werden im Folgenden erläutert (T: Thesis; TV: Thesisbeweisvoraussetzung).

2.1. Die Argumentationsstruktur

Es ist geradezu ein Topos der Thesisinterpretation, diesen Beweis seiner Struktur nach als „umständlich[]“ (Vogel), „recht umständlich“ (Malzkorn), „obscure“ (Forrester) oder sogar als eine „unnütze[] gequälte[] Geschrobenheit“ (Hegel) anzusehen;[32] oft wird er auch als bloß begriffsanalytisch betrachtet, insofern es im Begriff der zusammengesetzten Substanz analytisch enthalten sei, aus einfachen Substanzen zu bestehen, so daß der Beweis nur die Definition von ‚zusammengesetzter Substanz‘ expliziere. Daher sei er auch nicht indirekt. Beides trifft – wie zu zeigen ist – nicht zu.[33]

Wie alle Antinomienbeweise, außer dem vierten Thesisbeweis, ist auch der Thesisbeweis der zweiten Antinomie ein indirekter Beweis. Zu diesem Zweck stellt Kant dem Beweis die Negation der Thesis als Beweisprämisse voran. Der indirekte Beweis für die Thesis umfaßt zwei Teile (I + II). Wie für den indirekten Beweis typisch, werden aus der Prämisse Folgerungen gezogen ((2) und (7)), die Kant dann auf die Prämisse rückbeziehend *ad absurdum* führt. Im zweiten Teil des Beweises wird jedoch bereits die Thesis wieder als Alternative zugelassen (8). Dennoch ist der Beweis indirekt, denn die Beweislast liegt auf dem Nachweis der Absurdität der beiden Folgerungen. Der erste Beweisteil besagt: Wenn die zusammengesetzten Substanzen nicht aus einfachen Teilen bestehen, dann würde bei der Aufhebung der Zusammensetzung weder das Zusammengesetzte übrig bleiben – denn dieses wurde ja aufgehoben – noch das Einfache – denn das wurde durch die Prämisse ausgeschlossen. Um diesen ersten Beweisteil noch bündiger zu machen, hätte Kant in (4) noch eine ontologische Bestimmung einfügen können: Da jedes Seiende entweder zusammengesetzt oder einfach ist – eine Bestimmung Wolffs[34] – und die zusammengesetzte Substanz nun weder das eine noch das andere ist – die Zusammensetzung wurde aufgehoben, ein Einfaches kann es der Prämisse zufolge nicht geben –, so bleibt nach Aufhebung der Zusammensetzung „gar nichts übrig“, wie Kant sich ausdrückt. Der zweite Beweisteil (II) geht aufgrund des negativen Ergebnisses des ersten von der Unmöglichkeit aus,

---

32 Vogel, K.: Kant und die Paradoxien der Vielheit. S. 300; Malzkorn, W.: Kants Kosmologie-Kritik. S. 174; Forrester, J. W.: „If, in thought, all composition be removed ...“. In: Kant-Studien 71 (1980), S. 406-417, 406; Hegel, G.W.F.: Wissenschaft der Logik I. TWA 5, 222.

33 Vgl. Hegel, G.W.F.: Wissenschaft der Logik. TWA 5, 219 f.; Malzkorn, W.: Kants Kosmologie-Kritik. S. 174.

34 Wolff, Chr.: Ontologia, § 685: „Alles Seiende ist entweder einfach (simplex) oder zusammengesetzt (compositum). [...] Alles Seiende hat entweder Teile oder es hat keine Teile.“ Nicht als allgemeines ontologisches Prinzip, sondern lediglich auf die Substanzen bezogen formuliert es auch Leibniz: „La *Substance* est un Etre capable d'Action. Elle est simple ou composée.“ (Principes de la Nature et de la Grâce. GP VI, 598). Auch Kant geht davon aus: ‚einfach‘ ist ihm zufolge ein negatives Prädikat, es ist die Negation von ‚zusammengesetzt‘ (R 2296; AA XVI, 305; R 2299; AA XVI, 306). Nach dieser Gegenüberstellung ist das Kontinuum entweder ein Einfaches, da es keine Teile hat und folglich nicht zusammengesetzt ist, obwohl es teilbar ist, oder aber es muß ihm der Substanzstatus abgesprochen werden.

die Zusammensetzung aufheben zu können. Da diese Annahme jedoch im Widerspruch zum Begriff der zusammengesetzten Substanz steht, weil es in deren Begriff liege, daß die Zusammensetzung der Substanzen eine bloß zufällige Relation sei, so ist auch das Ergebnis des zweiten Beweises negativ. Weil also beide Alternativen, im ersten Beweis die Annahme der Aufhebbarkeit der Relation unter den Substanzen und im zweiten Beweis die Annahme der Notwendigkeit dieser Relation, zu einem negativen Ergebnis führen, bleibt nur noch die Aufgabe der Voraussetzung und folglich die Annahme der Thesis. Kant faßt das Resultat des gesamten Beweises im zweiten Abschnitt so zusammen:

> „Hieraus folgt unmittelbar, daß die Dinge der Welt insgesamt einfache Wesen sind, daß die Zusammensetzung nur ein äußerer Zustand derselben sei, und daß, wenn wir die Elementarsubstanzen gleich niemals völlig aus diesem Zustande der Verbindung setzen und isolieren können, doch die Vernunft sie als die ersten Subjekte aller Komposition, und mithin, vor derselben, als einfache Wesen denken müsse." (B 464)

An dieser Zusammenfassung könnte unangenehm auffallen, daß Kant die Annahme „daß die Zusammensetzung nur ein äußerer Zustand" sei, wie eine Schlußfolgerung des Thesisbeweises erscheinen läßt, obwohl doch im zweiten Beweisteil in Satz (10) dies als das Argument gegen die Annahme der Notwendigkeit der Zusammensetzung (7) angeführt wurde. Dennoch ist die Schlußfolgerung nicht etwa nur eine angehängte Zusammenfassung, sondern ein entscheidender Teil des Beweises selbst, denn das Resultat des Thesisbeweises wird hier auf „die Dinge der Welt insgesamt" übertragen, von denen zuvor erst in der Konklusion (12) die Rede ist. Der zweite Absatz des Beweises erfüllt also eine konstitutive Rolle für den Beweis selbst. Dies kann als Indiz dafür gewertet werden, daß es Kant wohl bewußt ist, daß sein Beweis rein ontologisch argumentiert und weniger spezifisch kosmologisch. Die kosmologische Relevanz des Beweises muß also eigens expliziert werden. Der zweite Absatz leistet eben dies: er subsumiert den kosmologischen Anwendungsbereich, „die Dinge der Welt insgesamt", unter den ontologischen Bereich des Seienden überhaupt, für den die Argumentation der Thesis ihrer Begrifflichkeit dem ersten Anschein nach gilt. Dieser Teil des Beweises muß also in die Argumentationsanalyse miteinbezogen werden.

Wenn man nun das Verhältnis der beiden Teilbeweise zu bestimmen versucht, so kann man zunächst Kants syntaktischer Fügung folgend annehmen, daß der zweite Beweisteil vom negativen Ergebnis des ersten abhängig ist, jedoch darauf eine selbständige Argumentation führt.[35] Er bestünde dann in der Disjunktion von (7) und (8). In diesem Falle würde man den zweiten Teil entweder als einen abhängigen Zusatzbeweis von (I) ansehen oder aber als ein vom ersten Beweis unabhängiges Argument.[36] Am klarsten läßt sich der Aufbau des Thesisbeweises aber als eine dilemmati-

---

[35] Diese Interpretation legt das „also" in Satz (7) nahe.

[36] Aufgrund der Wiederverwendung der Thesisbehauptung im zweiten Beweis meint Hegel, der Thesisbeweis könne insgesamt gar nicht als apagogisch angesehen werden (Wissenschaft der Logik I. TWA 5, 219 f.). Nach Hegels Einteilung ist nur der erste Beweisteil

sche Argumentation auffassen.[37] Das Dilemma besteht in den Voraussetzungen (2) und (7). Es ließe sich nach klassischem Muster so formulieren:

> Wenn die zusammengesetzten Substanzen nicht aus einfachen Teilen bestehen (1), dann muß alle Zusammensetzung entweder aufhebbar (2), oder aber nicht aufhebbar sein (7). Wenn sie aufhebbar ist, dann bleibt nach der Aufhebung nichts übrig (5), wenn sie aber nicht aufhebbar ist, dann würde das Zusammengesetzte nicht aus Substanzen bestehen (9). Da beide Folgerungen der Voraussetzung widersprechen, ist die Alternative absurd und also die Voraussetzung, daß die zusammengesetzten Substanzen nicht aus einfachen Teilen bestehen, falsch. [38]

Man kann beim Thesisbeweis also von zwei Beweisteilen sprechen, die in Form eines Dilemmas beide *ad absurdum* geführt werden und die damit insgesamt als zweiteiliger indirekter Beweis für die Richtigkeit der Thesis fungieren. Kants Nennung der Thesis als einer Alternative zur Voraussetzung in Satz (8) und seine syntaktische Fügung verdecken diese Beweisstruktur allerdings. Die Einfädelung der Thesisbehauptung dient hier wohl der Absicht, nach dem paradoxen Scheitern der beiden Alternativen des Dilemmas den Rückschluß auf die Thesis vorzubereiten. Das negative Ergebnis des ersten Beweisteiles wird von Kant nicht klar zum Ausdruck gebracht; die Annahme, daß nach Aufhebung aller Zusammensetzung gar nichts übrig bleibe (5), ist an und für sich nicht unmöglich, denn warum muß überhaupt notwendig etwas übrig bleiben; ist es nicht denkbar, daß das Reale im Raum durch Aufhebung aller Relationen in Nichts verschwindet? Man könnte hier daran denken, daß dieses Ergebnis mit dem Begriff der Substanz, die schließlich in der Prämisse gesetzt worden ist, unverträglich sei. Dies scheint auch Kants Gedanke zu sein, da er in Satz (6) darauf hin-

---

apagogisch, er ist jedoch ihm zufolge überflüssig, da der zweite Teil unabhängig vom ersten geführt wird und aus der Definition der zusammengesetzten Substanz unmittelbar auf das Einfache geschlossen wird. Es soll demgegenüber gezeigt werden, daß beide Beweisteile indirekt sind, wobei die Nennung der Thesis lediglich der Vorbereitung des Beweisresultates dient, ohne im Nachweis der Falschheit der beiden indirekten Beweise verwendet zu werden. Ähnlich wie Hegel argumentiert Malzkorn (Kants Kosmologie-Kritik, S. 174).

37 Auf die dilemmatische Struktur des Beweises macht auch Düsing aufmerksam (Antinomie und Dialektik. S. 49). Hegel nennt den zweiten Beweis (II) ein Dilemma unter Einbeziehung der Thesisbehauptung (S. 202). Dies ist aber nur dann der Fall, wenn die Voraussetzung (1) in Geltung bliebe, was aber, nimmt man Beweis II als selbständig an, nicht der Fall ist. Es ist damit inkonsequent, nach dieser Sicht der Beweisstruktur von einem Dilemma zu sprechen, denn die eine Alternative (8) erweist sich ja *ex negativo* als richtig.

38 Es handelt sich danach um ein Dilemma, wie es der Form nach auch in Kants *Logik-Jäsche* zu finden ist (AA IX, 130 f.). Aussagenlogisch sieht der Schluß so aus: $q \rightarrow [(r \wedge \neg s) \vee (\neg r \wedge s)]; (r \rightarrow m) \wedge (s \rightarrow n); (\neg m \wedge \neg n) \wedge (\neg m \rightarrow \neg r) \wedge (\neg n \rightarrow \neg s); (\neg s \wedge \neg r) \rightarrow \neg q$. Offensichtlich ist die Gültigkeit eines solchen Dilemmas daran gebunden, daß die beiden Folgerungen aus der Prämisse ((2) und (7)), die das Dilemma bilden, notwendig sind, und daß die beiden Lemmata alle Alternativen ausschöpfen; andernfalls ist der Rückschluß auf die Falschheit der Prämisse nicht gültig.

weist, daß die Folge dieses Ergebnisses ist, daß keine Substanz gegeben worden sei. Die Konklusion (B) ist dann durchsichtiger zum Ausdruck gebracht, wenn sie durch den Satz ergänzt wird, der erst als Ergebnis des zweiten Beweises erscheint (11): daß keine Substanz gegeben worden ist, widerspricht der Voraussetzung. Die Argumentationen beider Beweisteile weisen demnach eine Unverträglichkeit von Prädikat und Subjektausdruck der Behauptung auf, also dem Begriff der zusammengesetzten Substanz. Ein Argument beider Beweise ist also, daß die Prämisse einen Selbstwiderspruch impliziert. Der Beweis muß jedoch nicht analytisch sein.

Dem Beweis ist wiederholt der Vorwurf gemacht worden, er sei begriffsanalytisch, d.h. er expliziere lediglich die definitorische Bedeutung des Begriffs ‚zusammengesetzte Substanz'.[39] Aufgrund dessen sei er auch nur der Oberfläche nach ein indirekter Beweis.[40] Ob Kant selbst diese Meinung teilt, ist jedoch unklar; in diesem Falle müßte man den ersten Teilsatz der Thesis als analytisches Urteil auffassen. Kant scheint jedoch anderer Auffassung zu sein, wie aus einer Reflexion um 1770 hervorgeht.[41] Danach denken wir das Einfache als Konstituens der zusammengesetzten Substanz synthetisch *a priori*. Wenn wir uns die reale Möglichkeit der zusammengesetzten Substanz vorstellen, müssen wir die Vorstellung mannigfaltiger Einfacher denken, um sie als Konstituentien der zusammengesetzten Substanz vorzustellen. Gegen diese Auffassung ist auch einzuwenden, daß der Begriff der zusammengesetz-

---

39 In der Forschung herrscht zu dieser Frage eine heillose Verwirrung, sowohl ob das Argument analytisch sei, und wenn ja, ob dies negativ oder positiv für den Beweis zu bewerten sei: Für analytisch halten ihn Smith (A Commentary to Kant's *Critique of Pure Reason*. S. 489) und Strawson (The Bounds of Sense. S. 183). Während Smith diesen Befund als negativ einschätzt, wird er von Strawson durchaus positiv gewertet. Russell hält den Beweis für schlüssig; seiner Meinung nach könne er allgemeiner ausgedrückt werden, denn er besage im Kern, daß Relationen Relate voraussetzten und daß Komplexität Relationen voraussetzt (The Principles of Mathematics. Cambridge 1903, S. 460). Er sieht die ganze Antinomie als Beispiel für das allgemeinere Problem der Mengenantinomien der Mathematik. Eine positive Bewertung der Beweiskraft des Thesisbeweises als analytischen Beweis gibt Grier (Transcendental Illusion and transcendental Realism in Kant's second Antinomy). Der Beweis hat ihr zufolge eine ontologische Bedeutung; der rationalistische Zug rechtfertige es, daß die Thesis vom Raum absehe; der Beweis zeige einfache Substanzen als Grund des Zusammengesetzten überhaupt auf (S. 56 f). In ihrer Deutung der Thesis wird jedoch das Problem des Raumes für die Thesis unterbewertet. Malzkorn meint, das Argument sei nicht analytisch. Da es eine Alternative jedoch übersehe, die unendliche mereologische Zusammengesetztheit, scheitere es (Kants Kosmologie-Kritik. S. 278 f.). Falkenburg hält den Beweis der Absicht nach für analytisch, meint aber aufgrund einer fehlerhaften Konfundierung im Begriff des Einfachen werde diese Absicht verfehlt (Kants Kosmologie. S. 230 ff.). Radner meint, das Argument sei nicht analytisch (Unlocking the second Antinomy. S. 436).

40 Hegel, G.W.F.: Wissenschaft der Logik I. TWA 5, 222; Malzkorn, W.: Kants Kosmologie-Kritik. S. 174.

41 Vgl. R 4066; AA XVII, 402. Es ist klar, daß im Begriff des Zusammengesetzten nur der Begriff des Teiles enthalten ist, nicht aber der des Einfachen. ‚Einfach' ist die Negation von ‚zusammengesetzt'.

ten Substanz allein zu unbestimmt ist, um analytisch das Einfache als Konstituens zu enthalten, da es sehr unterschiedliche Konzeptionen von zusammengesetzten Substanzen gibt, wie im folgenden Kapitel zu zeigen ist.

Für Kants Antinomienkonstruktion ist die apagogische Beweisform aus noch einem weiteren Grund entscheidend: Die Auflösung argumentiert implizit gegen die metaphysischen Positionen mit der Unmöglichkeit, für diese Behauptungen einen direkten Beweis führen zu können. Die Thesis beweist das Einfache in lediglich zwei Argumentationsschritten; von einem infiniten oder indefiniten Regreß kann dabei nicht die Rede sein.[42] Kants Kritik an Thesis und Antithesis in der Auflösung ist prinzipiell diese, daß die regressive Synthesis positiv vollzogen werden müßte, d.h. es müßte ein direkter Beweis der Existenz des Einfachen geführt werden können. Dies ist aber, wie Kant dort zeigt, prinzipiell unmöglich. Durch den apagogischen Beweis ist die Thesis wie auch die Antithesis der Aufgabe der Vernunft enthoben, den Teilungsregreß vom Zusammengesetzten zum Einfachen oder in infinite Weiten tatsächlich durchzuführen, d.h. alle Elemente der Reihe der gedanklichen Teilungen durchzugehen. Diese Kritik an den Positionen von Thesis und Antithesis trifft also nur dann zu, wenn man ihre apagogische Beweisform annehmen kann.

Eine andere Kritik besagt, der Beweis sei zirkulär, d.h. er setze die Bestimmung der Materie als einer zusammengesetzten Substanz, die aus einfachen Teilen bestehe, bereits voraus, obwohl dies eigentlich erst zu erweisen wäre.[43] Im Folgenden soll gezeigt werden, inwiefern im Beweis implizit ein Argument für diese Bestimmung enthalten ist, an dem die gesamte Beweislast letztlich hängt.[44] Kant war sich dieser unterdrückten Prämisse bewußt: In seiner vorkritischen Schrift *Untersuchung über die Deutlichkeit der Grundsätze* von 1764 führt Kant einen Beweis als Beispiel für eine metaphysische Beweisführung im Unterschied zu einer mathematischen an, der mit dem Thesisbeweis der zweiten Antinomie erstaunlich große Ähnlichkeit aufweist, in der eben jene Prämisse als erster Argumentationsschritt angeführt wird:

---

42 Davon geht Forrester in seiner Analyse des Thesisbeweises aus („If, in thought, all composition be removed ...". S. 412-415). Er glaubt, daß das Gedankenexperiment notwendig daran gebunden ist, daß die Aufhebung der Zusammensetzung in einer unendlichen Reihe von Schritten durchgeführt werden müsse. Da die Ausführung einer unendlichen Aufgabe aber unmöglich ist, scheitere der Thesisbeweis. Daß Kant in der Auflösung eben dies gegen die Thesis vorbringt, entgeht ihm dabei. Neben dieser sieht er zahlreiche weitere unterdrückte Prämissen, die in den Beweis einzufügen wären.

43 Vgl. Smith, N. K.: Commentary to Kant's Critique of Pure Reason, S. 489; Vogel, K.: Kant und die Paradoxien der Vielheit, S. 151 f., S. 298 f.

44 Vogel sieht den Thesisbeweis als einen Syllogismus an (Kant und die Paradoxien der Vielheit, S. 299). Der Obersatz besteht aus dem hypothetischen Urteil mit A als Antezedens und B als Konsequenz. Der Untersatz sagt aus: Es ist unmöglich, daß nichts übrig bleibt. Die Konklusion besteht natürlich in F. Formal gesehen ist diese Interpretation allein deshalb problematisch, weil ein Modalbegriff im Untersatz erscheint, was mit keiner gültigen Form eines Syllogismus vereinbar ist; bei einem hypothetischen Syllogismus ist allein ein kategorisches Urteil als *modus tollens* oder *ponens* erlaubt.

> „Dagegen wenn der Philosoph etwa darthun will, daß ein jeder Körper aus einfachen Substanzen bestehe, so wird er sich erstlich versichern, daß er überhaupt ein Ganzes aus Substanzen sei, daß bei diesen die Zusammensetzung ein zufälliger Zustand sei, ohne den sie gleichwohl existiren können, daß mithin alle Zusammensetzung in einem Körper in Gedanken könne aufgehoben werden, so doch, daß die Substanzen, daraus er besteht, existiren; und da dasjenige, was von einem Zusammengesetzten bleibt, wenn alle Zusammensetzung überhaupt aufgehoben worden, einfach ist, daß der Körper aus einfachen Substanzen bestehen müsse. Hier können weder Figuren noch sichtbare Zeichen die Gedanken noch deren Verhältnisse ausdrücken, auch läßt sich keine Versetzung der Zeichen nach Regeln an die Stelle der abstracten Betrachtung setzen, so daß man die Vorstellung der Sachen selbst in diesem Verfahren mit der kläreren und leichteren der Zeichen vertauschte, sondern das Allgemeine muß *in abstracto* erwogen werden." (AA II, 279)[45]

Was Kant hier noch als Erfordernis der Sache selbst erscheint, wird sich ihm später in der *Kritik der reinen Vernunft* als uneinholbarer Erkenntnisanspruch darstellen. Bemerkenswert ist, daß Kant als erstes die Bedingung für die Gültigkeit des Beweises nennt, nämlich die Richtigkeit der Bestimmung des Körpers als eines Ganzen aus Substanzen. Es ist also ein methodisches Erfordernis, das Einfache abstrakt, d.h. wohl unangesehen empirischer Bedingungen und d.h. hier wohl ontologisch, zu beweisen, obwohl es Element eines Körpers ist; denn die abstrakte Erkenntnis des Allgemeinen wird von Kant hier als Betrachtung der „Sache selbst" bezeichnet.

Schließlich sei aber eine Analyse des Thesisbeweises vorgeführt, die den Beweis als indirekt und synthetisch aufweist. Der erste Beweisteil der Thesis und damit der Fortgang des ganzen Beweises beruht implizit auf folgendem Gedanken, der die Begründung dafür enthält, das Reale im Raum als zusammengesetzte Substanz zu bestimmen: Wenn etwas Existierendes im Raum als Reales gegeben ist – in der Welt also nach Kant die Materie – das teilbar ist, so muß es – unter Voraussetzung des transzendentalen Realismus – als Zusammengesetztes gedacht werden. Wenn nun angenommen wird, daß es nicht aus einfachen Teilen besteht, dann bleibt nach Aufhebung der Zusammensetzung nichts übrig, sofern die Relation als akzidentell und also als aufhebbar angenommen wird.[46] Dies ist aber unmöglich, weil der Gedanke, daß ein Reales durch Einteilung in seine Bestandteile in Nichts verschwindet, widersinnig ist.[47] Etwas Reales muß daher, sofern es teilbar ist, aus realen Tei-

---

45 Eine Zeichnung, welche Kants Überlegung am Anfang des Zitats erläutert, findet sich in einer Reflexion, die Erdmann wiedergibt: R 1452 (Reflexionen Kants zur kritischen Philosophie. Hrsg. v. B. Erdmann. Leipzig 1882/84 (Neudruck: Hrsg. v. N. Hinske. Stuttgart-Bad Cannstatt 1992), S. 733.

46 Heimsoeth hält „diese Art Nichts" für das „nihil privativum" in Kants Tafel des Nichts (B 348), also für einen Begriff des Mangels eines Gegenstandes (Transzendentale Dialektik. Bd. 2, S. 228, Anm. 53). Als Beispiele nennt Kant die Kälte oder den Schatten, d.h. das Nichtsein von Wärme oder Licht.

47 Der Gedanke, daß das Nichtsein selbst unmöglich sei, ist davon unterschieden, weil allgemeiner; er findet sich in seiner klassischen Ausprägung bei Parmenides (fr. 4. In: Die Vorsokratiker. Hrsg. v. W. Capelle. Stuttgart 1963, S. 165).

len bestehen und letztlich aus konstitutiven realen Teilen. Die Realität des Zusammengesetzten ist dann eine abgeleitete Realität, die konstituiert wird von solchen Elementen, die nicht in abgeleitetem, sondern in ursprünglichem Sinne real sind und also absolut unteilbar, d.h. einfach sind. Das Reale im Raum muß daher im kosmologischen Zusammenhang als zusammengesetzte Substanz gedacht werden. Dieses Argument, das sich also auf die gegebene Realität der Materie stützt und sie aufgrund dessen als Substanz bestimmt,[48] operiert mit der Annahme, daß ein zusammengesetztes Reales im Raum konstituiert wird durch die Realität der Elemente, aus denen es besteht, die wiederum aus realen Teilen bestehen müssen, um selbst real zu sein. In diesem Regreß muß es nun erste Elemente geben, weil die Realität des Ganzen sonst nicht durch die Realität der Teile konstituiert sein könnte. Die Substantialität solcher Teile ist die Folgebestimmung ihrer Unteilbarkeit: weil sie unteilbar sind, sind sie unvergänglich und folglich Substanzen. Geht man also von der Realität des Ganzen aus und nimmt diese Konstitutionsbeziehung an, so muß man erste unteilbare Elemente, das Einfache, annehmen. Dies ist auch das Argument, auf das Leibniz seinen Monadenbeweis im 5. Brief an De Volder stützt:

> „Im übrigen hatte ich begonnen, sie [sc. die Monaden] daraus zu beweisen, daß sonst in den Körpern nichts wäre. Ich bewies die Folgerung so: Erstens: was in Vieles geteilt werden kann, ist etwas, das aus Vielem besteht, oder ein Aggregat. Nun zweitens: was aus vielem zusammengesetzt ist, ist nur im Geiste ein Eines und hat nur eine entliehene Realität oder von den Dingen herkommende, aus denen es zusammengesetzt ist. Folglich drittens: was in Teile geteilt werden kann, hat keine Realität, wenn nicht in ihm welche sind, die nicht in Teile geteilt werden können. Ja, sie haben keine andere Realität als die der Einheiten, die in ihnen sind. [...] Deshalb meine ich so, daß die Körper, die gewöhnlich für Substanzen gehalten werden, nichts sind als reale Phänomene und nicht mehr Substanzen sind als die Nebensonnen und der Regenbogen, [...].“[49]

Leibniz verwendet den Begriff ‚Realität‘ hier offensichtlich nicht mehr allein im traditionellen Sinne als ‚Sachbestimmtheit‘, sondern in dem Sinne, wie er häufig auch bei Kant erscheint: als Position eines Dinges als wirklich.

Durch die kontraintuitive Folgerung in Satz (5) wird also gerechtfertigt, daß das Reale im Raum als zusammengesetzte Substanz zu denken ist. Derjenige, der die Argumentation des Thesisbeweises für überzeugend hält und also meint, daß der erste Beweisteil in einer unmöglichen Annahme endet, unterstellt, daß es unmöglich sei, daß das Reale in Nichts verschwinden könne, wenn alle Zusammensetzung aufgehoben würde; und dabei geht er nicht nur von der Gegebenheit von etwas aus, sondern davon, daß dieses absolut, d.h. an sich selbst als so bestimmt gegeben sei, also etwas,

---

48 In *Über die Deutlichkeit der Grundsätze* meint Kant, es sei für den Beweis des Einfachen als Elemente der Materie in der Welt „[...] auch nicht einmal nöthig, sie Substanzen zu nennen, [...]“ (AA II, 286).

49 Brief vom 21.7.1704. In: Philosophische Schriften. Bd. V/2. Hrsg. v. W. Wiater. Darmstadt 1989, S. 157 ff.

das selbständig existiert und insofern Substanz ist. In diesem Sinne geht die Thesis von einem transzendentalen Realismus aus. Die Voraussetzung des transzendentalen Realismus findet sich also nicht nur in der Begrifflichkeit, sondern v.a. in dieser impliziten Voraussetzung des Beweises, ohne welche er nicht überzeugen kann. Es muß hervorgehoben werden, daß dieses Argument von Kant nicht ausreichend zur Geltung gebracht wird, obwohl der Beweis insgesamt von ihm abhängt, denn ohne es wäre die Unmöglichkeit des Resultats des ersten Beweisteiles nicht gezeigt. Faßt man den Thesisbeweis in dieser Weise auf, so tritt weniger der Begriff der Substanz selbst in das Zentrum des Beweises, als vielmehr die Existenzbehauptung in ontologischem Verständnis, nämlich als Behauptung der selbständigen, absoluten Existenz der Materie. Der Beweis ist dann seiner Beweislast halber im eigentlichen Sinne ontologisch, insofern er nämlich ein ontologisches Konstitutionsverhältnis von Teil und Zusammengesetztem behauptet.[50] Auch ist nicht die weitaus stärkere materialistische Position gemeint, die Kant den „Philosophen des Altertums" zuschreibt – gemeint sind wohl die Vorsokratiker –, daß nämlich die Materie ein notwendig Existierendes ist: Demnach kann das Dasein der Materie nicht in Gedanken aufgehoben werden, weil ihre Existenz absolut notwendig ist.[51]

In dem Subsumtionsschluß vom ontologischen Thesisbeweis auf die „einfachen Wesen" der Welt im zweiten Absatz des Thesisbeweises (B 464) wird von Kant der rationalistische Charakter des Thesisbeweises hervorgehoben, die Vernunft müsse sie als „erste Subjekte aller Komposition" denken, selbst wenn diese „Elementarsubstanzen" nicht aus der Verbindung gelöst werden könnten. Zumindest hier wird der Konstitutionsgedanke des impliziten Arguments genannt.

---

50 Daß nach Kants eigener Lehre dieser Gedanke nicht zwingend ist, verdeutlicht, daß die Beweise eben unter metaphysischen Prämissen allein als wahr gelten. Es hat sich gezeigt, daß Materie auch in Kants kritischer Position als zusammengesetzte Substanz gedacht werden kann, doch daraus folgt durchaus nicht, daß sie durch absolut Einfaches konstituiert ist, und zwar deshalb, weil sie nicht an sich selbst Substanz ist, sondern lediglich als solche bestimmt werden muß. Materie muß unter der Kategorie der Substanz gedacht werden; dies läßt aber nach Kants Deduktion der Kategorien keine ontologische Aussage zu über das absolute Gegebensein an sich existierender Elemente.

51 Vgl. B 645: „Die Philosophen des Altertums sahen alle Form der Natur als zufällig, die Materie aber, nach dem Urteile der gemeinen Vernunft, als ursprünglich und notwendig an. Würden sie aber die Materie nicht als Substratum der Erscheinungen respektiv, sondern an sich selbst ihrem Dasein nach betrachtet haben, so wäre die Idee der absoluten Notwendigkeit sogleich verschwunden. Denn es ist nichts, was die Vernunft an dieses Dasein schlechthin bindet, sondern sie kann solches, jederzeit und ohne Widerstreit, in Gedanken aufheben; in Gedanken aber lag auch allein die absolute Notwendigkeit."

2.2. Zusammengesetzte Substanz, Raum und das Einfache in der Thesis

Nachdem der Argumentationsgang analysiert ist, sollen nun unterschiedliche Konzeptionen des Begriffs der zusammengesetzten Substanz unter Zuhilfenahme historischer Positionen unterschieden werden. Der Thesisbeweis selbst, v.a. aber die Anmerkung zur Thesis explizieren die Bedeutung des Begriffs ‚Substanz' und ‚zusammengesetzte Substanz' und legen den Anwendungsbereich des Beweises fest. Dabei bestimmt Kant das Verhältnis der Relationen ‚Substanz-Akzidens' und ‚Teil-Ganzes' sowie ‚Zusammengesetztes-Einfaches'. Bereits im zweiten Beweisteil wird ausgeschlossen, das substantiell Zusammengesetzte so aufzufassen, daß die Substanz eine Ganzheit ist, die ein Mannigfaltiges enthält, dessen Relation notwendig ist. Vielmehr ist das substantielle Ganze ein Ganzes aus einem Mannigfaltigen an Substanzen, ein substantielles Compositum, dessen Einheit durch eine lediglich akzidentelle Relation unter den Elementen, den Substanzen, gewährleistet ist. Kant hebt im ersten Satz der Anmerkung zur Thesis eigens hervor: das Zusammengesetzte, um das es in der Thesis geht, besteht notwendig aus einfachen Teilen (B 466).

Eine terminologische Unklarheit liegt dennoch in Kants Ausdruck der ‚zusammengesetzten Substanzen' oder der ‚zusammengesetzten Substanz'. Denn vier Lesarten dieses Terminus sind möglich: ‚zusammengesetzte Substanz' kann *erstens* eine Substanz meinen, die durch eine Mannigfaltigkeit von Bestimmungen als Substanz ausgezeichnet wird, deren Relation untereinander notwendig ist. Den Teilen kommt dabei keine Selbständigkeit zu, sie sind als Bestimmungen der Substanz ihrem Dasein nach abhängig. Sie sind für das Bestehen der Substanz selbst gleichwohl unentbehrlich und keineswegs zufällig, vielmehr sind sie der Substanz wesentlich zugehörig, insofern sie sie individuieren. Die Monade in Leibniz' Metaphysik könnte in diesem Sinne als zusammengesetzte Substanz betrachtet werden. Nach Leibniz' Konzeption der Substanz muß sie als vollständig bestimmter Begriff gelten, der die Totalität aller ihn kennzeichnenden Prädikate bereits immer schon in sich enthält, da sich die Substanz allein durch diese Bestimmungen von allen anderen Substanzen unterscheidet und somit als selbständig Existierendes auszeichnet. Die Monade ist als solche *notio completa* Individuum, d.h. Ungeteiltes, aber auch von allen anderen Wesen unterschiedenes Einzelwesen. Diese Bedeutung ist für den Thesisbeweis der zweiten Antinomie allerdings bereits ausgeschlossen, da es nicht um ein substantielles Ganzes gehen soll, sondern um ein absolut Einfaches als Teil des Zusammengesetzten.

Zweitens kann ‚zusammengesetzte Substanz' ein Ganzes meinen, dessen Teile in akzidenteller Relation zueinander stehen und für das Bestehen der Substanz selbst keine konstitutive Rolle spielen. Ihre Substanzartigkeit oder ihre Subsistenz bezieht die Substanz dann aus einem Prinzip der Subsistenz. Ein Beispiel für solche Substanzkonzeptionen ist zum einen Aristoteles' Begriff des *synholon* in der *Metaphysik*. Das *synholon* aus Stoff und Form ist Individuum, dieser Mensch oder dieses Pferd. Es ist nach Aristoteles an sich selbst nicht Substanz, da der Stoff, aus dem es besteht, teilbar ist, obwohl er das Individuierende des Zusammengesetzten ist. Nur seiner Form, genauer seinem Eidos nach kann das *synholon* Substanz sein, da die Form unteilbar ist.[52] Das *synholon* ist dann in dem Sinne unteilbar, als es, sofern von ihm ein Teil entfernt wird, nicht mehr dem *eidos* entspricht und damit aufhört, ein Exemplar dieser Art zu sein. Die Unteilbarkeit des *synholon* ergibt sich nur kraft seines *eidos*. In dieser Konzeption von Substanz ist die Subsistenz nicht vornehmlich an Individualität gebunden wie in der ersten Alternative. Die zusammengesetzte Substanz dieses Typs kann ihre Individualität aus zufälligen Bestimmungen beziehen, so wie die Aristotelischen *synhola*, durch „Haut, Haare, Knochen". Das *synholon* subsistiert beispielsweise nicht seiner Individualität wegen, sondern wegen seiner Formbestimmtheit durch die erste Ousia, die nach Aristoteles' Substanzlehre der *Metaphysik* als die gattungsspezifische Essenz anzusehen ist. Anders verhält es sich bei der *res extensa* Descartes'. Ausdehnung ist Substanz, weil sie ein irreduzibler Gegenstand der Erkenntnis ist.[53] Die Ausdehnung ist bei Descartes im qualitativen Sinne einfach, denn sie enthält nichts als Teile von Ausdehnung, sie ist daher jedoch nicht unteilbar.

Die *dritte* Möglichkeit, die zusammengesetzte Substanz und das Einfache zu verstehen, beinhaltet, daß der Unterschied von Einfachem und Zusammengesetztem auf einer Hinsichtenunterscheidung beruht: auf dem Unterschied von wesentlichen inhärenten Eigenschaften einer einfachen Substanz und den relationalen akzidentellen Eigenschaften einer zusammengesetzten Substanz. Im Zusammengesetzten muß es demzufolge Elemente geben, die abgesehen von ihren relationalen akzidentellen Eigenschaften über innere substantielle Bestimmungen verfügen, die unabhängig davon sind, wie diese Entität sich zu anderen Entitäten verhält. Kant schreibt eine solche Auffassung Leibniz zu. Leibniz habe, so Kant, die Monaden als durch schlechthin ‚innere Bestimmungen' ausgezeichnet konzipiert. In der neueren Kant-Forschung

---

52 Aristoteles: Metaphysik. Z 8 (1033 b f.). Es ist darauf hinzuweisen, daß die Substanzlehre der *Metaphysik* zu Kants Zeit nicht unverfälscht bekannt war. Vgl. hierzu Fonfara, D.: Die Ousia-Lehren des Aristoteles. Berlin / New York 2003 (Quellen und Studien zur Philosophie 61), S. 142-149.

53 Vgl. beispielsweise Descartes' Antwort auf die zweiten Einwände von Hobbes (Meditationen über die Grundlagen der Philosophie mit sämtlichen Einwänden und Erwiderungen. Hrsg. v. A. Buchenau. Hamburg 1994, S. 159). Descartes führt hier den Beweis der Substantialität der Ausdehnung dadurch, daß er zeigt, Ausdehnung sei diejenige Eigenschaft, die allen körperlichen Dingen gemeinsam ist. Alle anderen Bestimmungen, wie Größe, Figur, Bewegung, lassen sich nicht ohne Ausdehnung denken, daher muß Ausdehnung diesen Akzidenzien zugrunde liegen und ist damit irreduzibel für die Erkenntnis der körperlichen Welt. Ausdehnung könne, wie Descartes darüber hinaus meint, nicht auf Denken reduziert werden, da sich Denken ganz unabhängig von Ausdehnung erkennen läßt (S. 67 f.; 146 f.; 153 f.). Da nun, was irreduzibel gedacht werden kann, von Gott auch als selbständig existierend geschaffen werden kann, so müssen Denken und Ausdehnung, so Descartes' rationalistischer Schluß, auch real voneinander unterschieden und zwei unterschiedliche Substanzen sein. Damit ist die unabhängige Denkbarkeit das vermittelte Kriterium für unabhängige Existenz und folglich für Substantialität. Die Subsistenz des Ausgedehnten als ein Reales macht Descartes dagegen nicht zu einem Problem.

werden diese Eigenschaften als ‚intrinsische Eigenschaften' bezeichnet.[54] Die Thesis könnte also die Meinung vertreten, daß die Relation der Teile eines Zusammengesetzten in dem Sinne akzidentell ist, als sie für das ‚So-sein' der Teile selbst nicht wesentlich ist, daß aber die Teile dennoch nicht völlig unabhängig von anderen Teilen gegeben sind. D.h. hinsichtlich ihrer selbst sind die Teile des Zusammengesetzten durch innere Bestimmungen ausgezeichnet als das, was sie wesentlich sind, abgesehen von ihren relationalen Eigenschaften. Die Thesis müßte demnach nicht unbedingt behaupten, daß es Einfaches gibt, das gänzlich unabhängig von anderen Entitäten gegeben sei, sondern nur, daß es unabhängig bestimmt ist und daß die Teile also über solche Bestimmungen verfügen, die von relationalen Bestimmungen unabhängig und darum schlechthin innerlich oder absolut sind.

Als *vierte* Möglichkeit ist denkbar, daß mit ‚zusammengesetzter Substanz' ein aus Substanzen Zusammengesetztes gemeint ist. Bei dieser Lesart von ‚zusammengesetzter Substanz' kommt nicht der Ganzheit aus dem Mannigfaltigen Subsistenz zu, sondern den Elementen des Zusammengesetzten. Substanzen sind dann die konstitutiven Teile des Ganzen. Substanz im primären Sinne wäre demnach ein solcher Teil des Ganzen, der selbst nicht mehr ein Ganzes ist, also keine Teile mehr enthält. Die Subsistenz einer solchen Substanz beruht auf Unteilbarkeit. Das *principium individuationis* eines solchen letzten Elements des Zusammengesetzten ist nicht ein vollständig bestimmter Begriff wie bei Leibniz, oder die formbestimmte Materie wie bei Aristoteles, sondern das Fehlen von Teilen. Eine solche Substanz ist also sowohl Individuum als auch ein Einfaches. Ein Ganzes kann demzufolge nur im abgeleiteten Sinne Substanz sein, insofern es aus Substanzen als seinen Teilen besteht. Seine Einheit ist zufällig und abhängig von einer akzidentellen Relation der Substanzen. Die akzidentelle Relation unter den Substanzen kann nun unterschiedlich konzipiert sein, als reale oder aber als bloß ideale Relation. Unter der realen Relation zusammengesetzter Substanzen im Raum ist das wechselseitige Einwirken von Kräften zu verstehen. Als ideale Relation ist eine bloß gedachte oder vorgestellte Relation zu verstehen, zumeist begriffen als rein räumliche Relation; nach diesem Verständnis der Relation muß es für die Substanz nicht akzidentell sein, im Raum zu sein, nur die Relation zu den an-

---

54 Insbesondere die englischsprachige Forschung interessiert sich für die Theorie intrinsischer Eigenschaften, da sie glaubt, mit ihrer Hilfe eine konsistentere Interpretation der Kantischen Unterscheidung von ‚Erscheinung' und ‚Ding an sich' rekonstruieren zu können. Vgl. Van Cleve, J.: Problems from Kant. S. 136, 148 ff.; Langton, R.: Kantian Humility. S. 207 ff. Danach kommen den Dingen an sich intrinsische Eigenschaften zu, die für uns unerkennbar sind; wir sind nur in der Lage, die relationalen Eigenschaften der Dinge zu erkennen und sie daher als Erscheinungen wahrzunehmen. Hiergegen muß eingewandt werden, daß Kant gerade die schulphilosophische Lehre der inneren Bestimmungen scharf kritisiert hat. Für Kant ist sie eine unhaltbare metaphysische Annahme (B 321 ff.).

deren Substanzen ist dadurch als akzidentell bestimmt. Diese Lesart von zusammengesetzter Substanz schließt demnach sowohl die erste als auch die zweite aus.[55]

In der Anmerkung zur Thesis der zweiten Antinomie erläutert Kant im ersten Satz sein Verständnis von ‚zusammengesetzter Substanz':

> „Wenn ich von einem Ganzen rede, welches notwendig aus einfachen Teilen besteht, so verstehe ich darunter nur ein substantielles Ganzes, als das eigentliche Compositum, d.i. die zufällige Einheit des Mannigfaltigen, welches abgesondert (wenigstens in Gedanken) gegeben, in eine wechselseitige Verbindung gesetzt wird, und dadurch Eines ausmacht." (B 466)

Der Beweis der Thesis beruht also auf einer Interpretation von ‚zusammengesetzter Substanz' als ‚Zusammengesetztes aus Substanzen', dies bedeutet also, ein Zusammengesetztes in der oben beschriebenen vierten Lesart. Dieses Ergebnis stimmt mit

---

[55] Vogel hält das Argument der Thesis deshalb nicht für überzeugend, weil der Vertreter der Antithesis sich überhaupt nicht auf die gedankliche Aufhebung der Zusammensetzung einlassen müßte, da er nicht vom Begriff der zusammengesetzten Substanz ausgehe (Kant und die Paradoxien der Vielheit. S. 300). Akzeptiert der Vertreter der Antithesisposition allerdings den Terminus ‚zusammengesetzte Substanz' in der Weise wie oben festgelegt, dann ist er dazu gezwungen, die gedankliche Teilung als möglich akzeptieren zu müssen. Schließlich argumentiert die Antithesis auch mit der prinzipiellen Teilbarkeit der Materie, nur eben, daß sie nicht zum Einfachen gelangt. Andernfalls würde ja die völlig unplausible These aufgestellt, die Materie sei überhaupt unteilbar. Auch Broad sieht in dem Begriff der zusammengesetzten Substanz die Schwäche des Beweises (Kant's Mathematical Antinomies. S. 1-22). Für ihn enthält der Begriff „zusammengesetzte Substanz" einen Widerspruch, da Substanz im eigentlichen Sinne nur etwas Nichtzusammengesetztes sein könne. Mit der Annahme einer zusammengesetzten Substanz sei demnach noch nicht angenommen, daß es überhaupt Substanzen im eigentlichen Sinne gäbe. Das Argument, von dem er behauptet, Kant bezöge es auf Leibniz, insbesondere die ersten Paragraphen der *Monadologie*, ist daher für Broad unplausibel, obwohl er zumindest Leibniz zustimmt. Aufgrund der in Broads Augen nicht erbrachten Beweise für Thesis und Antithesis stellt er die These auf, die von Kant postulierte Antinomie bestehe gar nicht (S. 22). Auch Malzkorn sieht im Begriff der zusammengesetzten Substanz den dialektischen Kern der zweiten Antinomie (Kants Kosmologie-Kritik. S. 277). Allerdings ist er – anders als Broad – der Auffassung, Kants Intention bestehe darin, diesen Begriff als in sich widersprüchlich aufzuzeigen. Dies greift wohl zu kurz. Erst der unmittelbare Zusammenhang von Thesis und Antithesis mit dem spezifischen Sinn der kosmologischen Idee der Materie zeigt, um welchen Widerspruch es Kant geht: um den Widerspruch, der sich durch die Anwendung des Begriffs Substanz auf die Materie als Realität im Raum ergibt. Der Begriff der Substanz überhaupt ist es, der angewandt auf die Materie zum Widerspruch führt, weil der Begriff der Materie es erzwingt, die Substanz als im Raum existierend anzunehmen. Der Thesisbeweis für sich ist solange gültig, wie der Raum als Bedingung der Realität vermieden wird. Dies sieht man daran, daß Kant Leibniz' Konzeption einer intelligiblen, unräumlichen Gemeinschaft von Substanzen aus ganz anderen Gründen kritisiert als dem, daß sie antinomisch sei. Die systematische Brisanz des Antinomienproblems hinsichtlich der Teilung der Materie liegt für Kant letztlich darin, daß Materie als die Realität im Raum zwar als Substanz bestimmt werden muß, nicht aber Substanz im metaphysischen Sinne ist; dies ist aber die wesentliche Annahme des transzendentalen Realismus.

der bereits herausgearbeiteten Bestimmung der mathematischen Teilungsreihe überein, welche in Kants transzendentaler Perspektive Grundlage der zweiten kosmologischen Idee ist. Denn wie gezeigt geht es um eine Reihe, deren erstes Element Teil der Reihe ist und nicht außerhalb ihrer liegt. Was durch den Begriff der zusammengesetzten Substanz zu dem Gedanken der mathematischen Teilungsreihe neu hinzukommt, ist die Interpretation von Bedingung und Bedingtem, Teil und Ganzem durch den Begriff der Substanz. Die Materie ist lediglich Substanz kraft ihrer Teile, die sie konstituieren. Diese Teile müssen nun ihrerseits wieder substantiell sein, um die Substantialität des Ganzen zu gewährleisten. Das zusammengesetzte Ganze einer Quantität von Materie ist nur in abgeleitetem Sinne Substanz, nämlich insofern es durch die Teile bedingt ist, aus denen es besteht. Seine Einheit ist bloß akzidentell. Substanzen im primären Sinne können daher nur diejenigen Teile der Materie sein, die nicht wiederum Teile beinhalten. Um ein zusammengesetztes Ganzes als substantiell annehmen zu können, ist es also notwendig, Einfaches als Substanzen anzusetzen. Das, was der Beweis expliziert, ist also das Konstitutionsmodell der Materie.

Im Nachsatz zur Thesis erläutert Kant, in welchem Sinne die Relation in der zusammengesetzten Substanz aufzufassen sei (B 468 f.). Es erscheint zunächst nach Kants vorangegangenen Erläuterungen zur bloß akzidentellen Relation der Substanzen untereinander wie ein Widerspruch, wenn er nun behauptet, der Beweis erweise nur ein solches Einfaches, das notwendig als Element des Zusammengesetzten gegeben sei. Was der Passus aussagt, ist jedoch nicht, daß die Relation für das Element notwendig sein soll, sondern nur, daß sofern ein Mannigfaltiges solcher Elemente gegeben ist, eine Relation besteht, die gleichwohl für die Substanzen selbst nicht wesentlich ist. Kant geht es hier also um die partielle Gleichartigkeit des Elements mit dem Ganzen, insofern es das Ganze konstituiert. Es geht um das Einfache, das konstitutiver Teil eines Ganzen von Materie und „notwendig im Zusammengesetzten gegeben ist", d.h. nicht schlechthin unabhängig von ihm existiert. Diese Einschränkung des Gültigkeitsbereiches des Thesisbeweises ist vor dem Hintergrund der Herleitung der zweiten kosmologischen Idee klar: wie bereits herausgearbeitet, geht es Kant in der zweiten Antinomie um die Vorstellung der Eingeteiltheit der Materie in gleichartige Teile, d.h. um Bestandstücke, die in ihrer Aggregation Materie ausmachen; sie bezeichnet er jetzt als „Elemente". Die unteilbaren Elemente, die von der Vernunft gefordert werden, können im kosmologischen Zusammenhang nur solche sein, die notwendigerweise in einer Pluralität ein Zusammengesetztes ausmachen, das Materie ist. Die Pluralität des kosmologisch Einfachen konstituiert Materie.

Kant legt in der zweiten Antinomie dem Begriff der zusammengesetzten Substanz zwei Definitionen der Substanz zugrunde: als „für sich selbst bestehende[ ] Dinge[ ]" (B 468) und als „für sich beharrliche Wesen" (B 462). Die erste Definition schreibt der Substanz als wesentliches Merkmal unabhängige Existenz, die zweite Beharrlichkeit zu. Damit bedient sich Kant sehr allgemeiner und wenig spezifischer Begriffe von Substanz, die für sehr viele und auch divergierende Theorien gültig sind. Der erste von Kant im Thesisbeweis verwendete Begriff von Substanz ist beispielsweise fast wörtlich in Baumgartens *Metaphysica* zu finden: Substanz ist das „ens per se subsistens"; als Übersetzung fügt Baumgarten hinzu: „ein vor sich bestehendes Ding." (§ 191. AA XVII, 67). Bei Baumgarten ist Substanz „quod potest existere, licet non sit in alio, licet non sit determinatio alterius" (ebd.). Dieses Substanzverständnis wird von der Schulphilosophie selbst auf Descartes zurückgeführt, es ist jedoch die Fortsetzung einer weiter zurückreichenden Tradition.[56] Descartes definiert die Substanz als dasjenige, was derart existiere, „ut nulla alia re indigeat ad existendum".[57] Das Kriterium für Substantialität, die selbständige Existenz, entwickelt sich bei Leibniz – und in seiner Nachfolge in der Schulphilosophie – durch eine sowohl aristotelisch als auch platonisch beeinflußte Substanzauffassung zu dem Gedanken, daß diese Substanz ebenso selbständig wie unteilbar sein müsse. Einfachheit und Substantialität werden in der Nachfolge Aristoteles' somit zu untrennbaren Begriffen. Platonisch ist bei Leibniz der Begriff *‚monas'*.[58] So bestimmt Leibniz die Substanz als individuelle Substanz, als ein Wesen, das zwar unendlich viele Bestimmungen enthält, die jedoch untrennbar miteinander verbunden sind und in ihrer Gesamtheit den vollständig bestimmten Begriff (*notio completa*) dieser Wesenheit, der Monade, ausmachen. Aufgrund ihrer vollständigen Bestimmtheit ist diese Substanz individuiert, d.h. also daß das so bestimmte Einzelwesen von allen anderen möglichen Wesen unterschieden ist. Auch in der Schulphilosophie gilt: Substanz im strengen Sinne ist nur das unteilbare Einfache, die Monade: „Omnis substantia monas est, [...] ens compositum strictius dictum non est monas [...]. Ergo phaenomenon substantiatum [...]."[59] Auch die zweite Substanzdefinition, die die Beharrlichkeit der Substanz annimmt, ist durchaus traditionell. Die Perdurabilität wird bereits von Wolff als wesentliches

---

56 Nach Aristoteles' Bestimmung der Ousia in der *Kategorienschrift* ist sie in primärer Bedeutung oder als erste Ousia das Zugrundeliegende aller Bestimmung, also erstes Subjekt (Kategorien. Übers. v. E. Rolfes. Hamburg 1974, S. 45 (2a)). Ihr kommt insofern selbständiges Sein zu; sie wird daher in der lateinischen Tradition mit *substantia* übersetzt. Substanz im primären und eigentlichen Sinne ist also nach Aristoteles' früher Schrift das numerisch einzelne und einfache Einzelwesen. Düsing stellt heraus, daß sich diese Auffassung von der Substanzlehre in der *Metaphysik* deutlich unterscheidet (Ontologie bei Aristoteles und Hegel. In: Hegel-Studien 32 (1997), 61-92; S. 64; S. 68 f.). Demnach sei, so Düsing, Ousia das Eidos, welches als formgebendes Allgemeines die gestaltlose Materie individuiert, selbst jedoch nicht individuelle Form ist.

57 Descartes, R.: Principia Philosophiae, § 51. AT VIII/1, 24. Im primären Sinne kann für Descartes daher nur Gott Substanz sein; die geschaffenen Substanzen dagegen hängen ihrer Existenz nach von Gott ab und sind also nur in eingeschränktem Sinne Substanz. Ihren Existenzgrund vorausgesetzt existieren sie allerdings je voneinander unabhängig. Kant kritisiert Descartes' Substanzauffassung in der *Metaphysik-Pölitz* (S. 55); dadurch sei das *independens* bestimmt, nicht aber die Substanz. Hintergrund ist Kants relationale Substanzauffassung, wonach die Substanz nur in Verhältnis zu etwas subsistieren kann.

58 Vgl. Platon: Philebos. St. 15 b 1. Auf die reichhaltige Geschichte der Metaphysik des Einen kann hier nicht eingegangen werden, vgl. dazu Heimsoeth, H.: Atom, Seele, Monade. S. 43-58; Halfwassen, J.: Der Aufstieg zum Einen. Stuttgart 1992 (Beiträge zur Altertumskunde 9).

59 Baumgarten, A. G.: Metaphysica, § 234. AA XVII, 78.

Merkmal der Substanz begriffen.[60] In seinem Beweis des Einfachen als notwendiges Element des Zusammengesetzten in der *Metaphysik-Pölitz* greift Kant auf den Grundsatz von der Beharrlichkeit der Substanz zurück, sie bildet hier den Beweisgrund.[61]

Der Thesisbeweis ist in der Forschung auch so interpretiert worden, als bestehe der dialektische Schein, den er hervorruft, in der Konfundierung eines logischen mit einem mereologischen Substanzbegriff, genauer in der Konfundierung des Begriffs eines logischen Individuums mit dem eines mereologischen Atoms.[62] Unter ‚logischem Individuum' muß man hier wohl die logische Substanz als eine abstrakt relationslose Entität verstehen, während ‚mereologisches Atom' ein kleinster, konstitutiver Teil eines Ganzen ist. Diesem Fehler liege, so diese Deutung, eine Äquivokation im Begriff des Einfachen zugrunde. Durch die Konfundierung eines nicht-relationalen Konzepts von Einfachheit mit einem relationalen stelle sich der metaphysische Schein im Beweis ein. Daß der Thesisbeweis bloß die Einfachheit logischer Individuen zu statuieren erlaubt, wird daraus abgeleitet, daß die Zusammensetzung „in Gedanken" aufgehoben wird. Die gedankliche Aufhebung wird als Abstraktion von der Relation ‚$<$' ($x < y$: x ist echter Teil von y) verstanden, so daß das Einfache eine abstrakte äußere Relationslosigkeit darstellt. Dieser rationalistische Substanzbegriff verpflichte, so diese Deutung, zu der Einschränkung des Beweises auf logische Individu-

60 Wolff, Chr.: Philosophia prima sive Ontologia, § 768 ff. S. 574 ff. Vgl. zu diesem historischen Bezug der Kantischen Substanzlehre Düsing, K.: Die Teleologie in Kants Weltbegriff. S. 261.

61 Metaphysik-Pölitz. S. 60 f. Daß Kant in der *Kritik der reinen Vernunft* den Grundsatz der Substanz ähnlich formuliert, ihn aber nicht mehr in einem metaphysischen Beweis für das Einfache einsetzt, allerdings durchaus modifiziert in den *Metaphysischen Anfangsgründen der Naturwissenschaft* erneut für den Nachweis der Konstanz der Quantität der Materiesubstanzen verwendet, soll in Kapitel III näher erörtert werden.

62 Vgl. Falkenburg, B.: Kants Kosmologie. S. 230 ff. Diese These erscheint mir äußerst aufschlußreich, weshalb sie im einzelnen untersucht werden soll. Interessanterweise hat Falkenburg 1995 die Antinomie insgesamt als auf einer Konfundierung einer unspezifisch mengentheoretischen und einer räumlichen Interpretation von Materie beruhend angesehen (Kants zweite Antinomie und die Physik. In: Kant-Studien 86 (1995) S. 4-25; S. 21). Danach gelte die Thesis unspezifisch für jeden Individuenbereich, erst die Antithesis verleihe ihr die räumliche Interpretation (ebd.). Sie ist der Meinung, Kant selbst müsse in transzendentaler Perspektive den Beweis für schlüssig halten. Aber auch in *Kants Kosmologie* geht Falkenburg davon aus, Kant habe wegen seines Mathematikverständnisses die Konfundierung nicht durchschauen können: „Wenn man, wie Kant es tat, Mengen mit konkreten Klassen von Gegenständen identifiziert, so kann man logische Individuen gar nicht von mereologischen Atomen unterscheiden." (Kants Kosmologie. S. 234). Die Scheinhaftigkeit für Kant entspringt lediglich aus der nicht widerspruchsfreien Grundlage des Beweises. Es scheint mir nicht der Fall zu sein, daß Kant reale Mengen und abstrakte Klassen nicht hätte unterscheiden können. Beispielsweise sein drittes und viertes Raumargument operiert gerade mit dem Unterschied von abstrakten Klassen und konkreten räumlichen Verhältnissen.

en.[63] Logische Individuen, d.h. unabhängig von anderen Substanzen denkbare Entitäten, sind jedoch in einem schwächeren Sinne einfach als mereologische Atome, d.h. reale Bestandstücke eines Zusammengesetzten. Es bleibt hierbei jedoch offen, was unter logischen Individuen zu verstehen ist. Ein klassisches Beispiel für relationslose Substanzen sind die Leibnizschen Monaden. Sie sind Individuen, die nicht in äußeren Relationen zueinander stehen, sondern rein innerlich, vermöge ihrer eigenen Bestimmtheit, Spiegel des Universums sind; abstrakt sind sie jedoch nicht, vielmehr im höchsten Maße konkret. Doch Kant sagt ausdrücklich, der Beweis gelte für diese nicht (B 468 ff.), obwohl seine Formulierung in der Thesis, die Zusammensetzung werde in Gedanken aufgehoben, sich ebenso in seiner Leibniz-Kritik in der *Amphibolie der Reflexionsbegriffe* findet.[64] Gegenstand der zweiten Antinomie ist die Materie; das Teil-Ganzes-Verhältnis in ihr ist derart eingeschränkt, daß sie nur als ein Ganzes betrachtet wird, das aus Substanzen besteht; Materie ist die homogene Menge substantieller Teile als Realität im Raum. Aus diesem Grund schließt Kant in der Anmerkung zur Thesis dezidiert die Monaden nach Leibniz' Bestimmung aus dem Geltungsbereich des Thesisbeweises aus. Die Thesis vertritt also nicht unmittelbar Leibniz' Monadologie, weil Leibniz die Monade in Kants Verständnis als Subjekt konzipiert, das den Bestandteilen der Materie wohl zu Grunde liegt, nicht aber Materie als ausgedehnte Materie konstituiert, wie es in der zweiten Antinomie gedacht ist.[65] Die Thesis vertritt weniger eine metaphysische Fundierungstheorie der Materie als eine Konstitutionstheorie: sie sieht Materie nicht als phänomenale Erscheinung, die ihren Grund in an sich existierenden immateriellen Substanzen hat, sondern vielmehr als Aggregat, das aus einfachen, immateriellen Teilen besteht. Kant selbst kritisiert am Thesisbeweis letztlich etwas anderes als die obige Kritik besagt. Diese geht davon aus, daß wenn man in Gedanken von der Relation der zusammengesetzten Substanz abstrahiert, auch der Vorstellungsgehalt seinem Inhalt nach abstrakt sein müsse.

---

63 Ähnlich, aber weniger prononciert argumentiert Vogel gegen die Plausibilität der Thesis (Kant und die Paradoxien der Vielheit. S. 300). Dabei wird der Mangel des Beweises allein Kant zur Last gelegt, ohne den Perspektivenwechsel zu berücksichtigen, der die kosmologischen Beweise prägt, daß sie nämlich Beweise der Metaphysik sind; Kant selbst verwechsle, so Vogels Kritik, im Thesisbeweis reale und logische Aufhebung.

64 „Daher machte Leibniz aus allen Substanzen, weil er sie sich als *Noumena* vorstellete, selbst aus den Bestandteilen der Materie, nachdem er ihnen alles, was äußere Relation bedeuten mag, mithin auch die Zusammensetzung in Gedanken genommen hatte, einfache Subjekte, mit Vorstellungskräften begabt, mit einem Worte **Monaden**." (B 321 f.).

65 Auch die Leibnizforschung macht auf den Unterschied aufmerksam, der zwischen der Leibnizschen Monadenlehre und demjenigen Typ von Monadenlehre besteht, den Kant in der zweiten Antinomie skizziert; so beispielsweise Böhle, R.: Der Begriff des Individuums bei Leibniz. Meisenheim/G. 1978 (Monographien zur philosophischen Forschung Bd. 161), S. 41 f. Er ist allerdings der Meinung, die Thesis vertrete eine Atomistik und Kant habe die Absicht verfolgt, mit der zweiten Antinomie Leibniz zu widerlegen. Beides ist, wie gezeigt, wohl nicht der Fall.

Kant wendet in der Anmerkung zur Antithesis jedoch ein ähnlich lautendes Argument gegen die Thesis ein:

> „Hier ist es aber nicht genug, zum reinen Verstandesbegriffe des Zusammengesetzten den Begriff des Einfachen, sondern zur Anschauung des Zusammengesetzten (der Materie) die Anschauung des Einfachen zu finden, und dieses ist nach Gesetzen der Sinnlichkeit, mithin auch bei Gegenständen der Sinne, gänzlich unmöglich. Es mag also von einem Ganzen aus Substanzen, welches bloß durch den reinen Verstand gedacht wird, immer gelten, daß wir vor aller Zusammensetzung desselben das Einfache haben müssen; so gilt dieses doch nicht vom *totum substantiale phaenomenon*, welches, als empirische Anschauung im Raume, die notwendige Eigenschaft bei sich führt, daß kein Teil desselben einfach ist, darum, weil kein Teil des Raumes einfach ist." (B 469)

Für Kant ist es also zunächst einmal nicht ausgeschlossen, daß wir rein rational einen Vorstellungsgehalt eines Realen fassen können; wenn wir also bei der zusammengesetzten Substanz von der Relation in Gedanken absehen, werden die Substanzen als Stücke einer Menge von Substanzen nicht transformiert in ihrem Gehalt nach abstrakte Entitäten, sondern es wird ein Gedankenexperiment der Aufhebung der realen Relation unter den Substanzen angestellt, wobei wir in Gedanken die realen Bestandstücke übrig behalten. Nach Kant ist es für unseren diskursiven Verstand in der Tat notwendig, wenn wir ein reales Zusammengesetztes denken, es als durch seine Bestandstücke konstituiert zu denken, dabei denken wir nicht abstrakte, rein logische Entitäten, sondern reale Bestandstücke. Wir können ein Ganzes niemals als Ursache der Teile denken, sondern umgekehrt das Ganze nur als konstituiert durch die Teile, dies gilt für mereologische Atome ebenso wie für logische Individuen. Für Kant folgt dies, wie noch im einzelnen zu zeigen ist, aus der Diskursivität unseres Verstandes.[66]

Der Begriff der zusammengesetzten Substanz in der Thesis wird von Kant gegen andere Konzeptionen abgegrenzt: Der Thesisbeweis kann Gültigkeit nur beanspruchen für etwas, das als *compositum substantiale* bestimmt wird. Er gilt *erstens* weder für *tota*, wie Raum und Zeit, noch *zweitens* für Zusammengesetztes aus Akzidenzien. Bei Aufhebung der Zusammensetzung eines reinen Mannigfaltigen in Raum und Zeit bliebe, wie Kant selbst hervorhebt, nichts übrig (B 466 f.). In die Anmerkungen zur Thesis fließt eine unspezifische Raumauffassung ein, die den Raum nicht als aus Tei-

---

66 Kant selbst übt am Beweisgrund der Thesis in einer Reflexion folgende Kritik: „Das ein jedes *compositum substantiale* aus einfachen Theilen bestehe, bedeutet nicht, daß durch die Zergliederung des Begrifs des *compositi* man auf einfache Theile komme, sondern: daß nach dem Gesetz der menschlichen Erkentnis das material des Zusammengesetzten, d.i. das Einfache, vor der Form vorausgehe. Es beweiset also nichts obiectiv." (R 4065; AA XVII, 402). Noch in der *Kritik der Urteilskraft* gilt für Kant dieses Gesetz, das den diskursiven Verstand auszeichnet (vgl. § 77; AA V, 407 f.). Abgesehen von der transzendentalphilosophischen Kritik am Beweis, die in Kapitel III zu erörtern ist, zeigt diese Bemerkung, daß der Beweis auf dem Konstitutionsgedanken beruht.

len zusammengesetzt betrachtet.[67] Die Darlegung ist von Kant wohl bewußt unspezifisch belassen, so daß sowohl seine eigene kritische Raumlehre angesprochen sein könnte, als auch Leibniz' Theorem des Raumes als Relationsgefüge des Gleichzeitigen, als auch Newtons Theorie des absoluten Raumes. Leibniz und Kant würden für die Behauptung, daß nach Aufhebung aller Zusammensetzung nichts übrig bleibe, allerdings unterschiedliche Argumente anführen. In Leibniz' Raumkonzeption würden auch anders als bei Kant nicht nur die Dinge im Raum, sondern auch der Raum insgesamt aufgelöst werden, denn ihm zufolge ist der Raum selbst nichts anderes als die ideale Relation der Erscheinungen, d.h. nur die äußere Relation von etwas, das prinzipiell auf Substantielles zurückgeführt werden muß. Er ist ein Abstraktionsprodukt des endlichen Denkens. Für Newton würde die Auflösung aller Zusammensetzung ebenfalls das Relationale im absoluten Raum zu nichts zergehen lassen, nicht aber den absoluten Raum selbst.[68] Auch bei Kant führt die Aufhebung der Zusammensetzung nicht zur Auflösung des Raumes selbst, denn nach dem zweiten Raumargument kann man sich „niemals eine Vorstellung davon machen, daß kein Raum sei" (B 38). Vorstellbar ist allerdings, daß im Raum keine Gegenstände in ihm vorhanden sind. Da die Gegenstände als Produkte von synthetischer Konstruktion im Raum gedacht werden, würden sie bei Aufhebung aller Zusammensetzung nach Kants Raumlehre insgesamt zu nichts.

Durch die Einführung des Raumbegriffs in die Thesisanmerkung (B 466 ff.) wird bereits die Argumentation der Antithesis vorbereitet und ein direktes Argument der Thesis gegen die Antithesis formuliert, das auch für Kant außerordentlich bedeutsam ist: die Eigenschaften des Raumes sind nicht unmittelbar auf die Materie übertragbar.[69] Ein solches Argument für die Thesis ist notwendig, um die Gleichwertigkeit von Thesis und Antithesis zu erhalten und damit das Bestehen einer echten Antinomie zu sichern. Mit diesem Argument glaubt Kant 1756 in der *Monadologia Physica* die Vereinbarkeit von Geometrie und Metaphysik für das Problem der realen Raumerfüllung erreichen zu können, und zwar indem er im ersten Abschnitt zu zeigen versucht, daß physische Monaden notwendig angenommen werden müssen, zugleich aber auch daß der Raum unendlich teilbar ist und schließlich, daß beide Momente sich nicht

---

67 Cavalieris Lehre, der Raum selbst bestehe aus Indivisibilien, ist Kant vertraut (Von der wahren Schätzung. AA I, 119); sie hatte durch die Infinitesimalrechnung jedoch ihre Geltung verloren.

68 Newton, I.: Philosophiae naturalis principia mathematica. In: Opera quae exstant omnia. London 1779-1785. Bd. II (Neudruck: Hrsg. v. S. Horsley. Stuttgart-Bad Cannstatt 1964); Scholium II. S. 6.

69 Vgl. Kap. III.3.4. Obwohl Kant meint, daß dies Argument insofern richtig ist, als die Übertragbarkeit der Teilungseigenschaften des Raumes auf die Materie, d.h. die Parallelität von Raum und Materie, nicht unmittelbar gegeben ist, ist er anders als die Thesis davon überzeugt, daß sich gleichwohl ein unschlagbares Argument für die Parallelität von Raum und Materie vorbringen ließe, das zeigt, daß die Materie notwendig den Raumeigenschaften untersteht und daher nicht aus dem Einfachen bestehen kann.

notwendig ausschließen.[70] Es ist also nicht richtig, anzunehmen, in die Thesisanmerkung sei die kritische Raumlehre eingeflossen; es kann daher nicht von einer fehlerhaften „Einschleusung“ transzendentaler Positionen in den metaphysischen Beweis gesprochen werden. Es geht Kant in dieser Passage auch darum, zu zeigen, daß der Anwendungsbereich des Thesisbeweises begrenzt ist und also seine Beweiskraft nur für Zusammengesetztes aus Substanzen scheinhafte Evidenz erreichen kann. Auf den Raum angewandt könnte der Thesisbeweis noch nicht einmal scheinhafte Schlüssigkeit erzielen.

Auch für die Akzidenzien einer Substanz gilt der Thesisbeweis nicht: denn die wechselnden Zustände einer Substanz können nach Kant nicht als Zusammengesetztes aus Teilen angesehen werden. Die Veränderung des qualitativen Zustandes einer Substanz könne nicht dadurch erklärt werden, daß man annimmt, die Veränderung bestehe aus Teilen, d.h. die Veränderung des Zustandes einer Substanz sei durch die Zu- oder Abnahme an Teilen von Veränderung erklärbar (B 468). Als Begründung führt Kant an, der Beweis des Einfachen aus dem Zusammengesetzten gelte lediglich für „für sich bestehende Dinge“. Akzidenzien aber zeichnen sich dadurch aus, unselbständig zu sein. Denn wenn man sich die Veränderung des Zustandes einer Sache als quantitative Abnahme oder Zunahme an Teilen vorstellte, so würde man die Teile des Qualitativen als für sich bestehend denken, die also unabhängig von dem Gegenstand, als dessen Akzidens sie fungieren sollen, bestehen und also entweder hinzutreten oder auch von diesem Gegenstand getrennt werden könnten. Dies widerspricht jedoch dem Begriff des Akzidens, das etwas sein soll, das nur als Bestimmung eines Zugrundeliegenden gedacht werden kann.

2.3. „Dialektischer Grundsatz der Monadologie“ oder der „transzendentalen Atomistik“?

In diesem Kapitel soll die Frage des Geltungsbereichs der zweiten Antinomie, speziell der Thesis, in historischer Hinsicht näher bestimmt werden. Dazu werden die drei

---

70 Vgl. Monadologia Physica. AA I, 480 f. Kants vorkritische Position zum Problem der zweiten Antinomie soll im folgenden Kapitel ausführlicher dargelegt werden. Aus dem hier Erwähnten ist jedoch bereits deutlich zu sehen, daß Kant bereits in der *Monadologia Physica* das Problem der zweiten Antinomie, den gedanklichen Rahmen und die Argumente vor Augen hatte. Ein gewisser Gegensatz zwischen der metaphysischen Annahme einfacher Elemente der Materie und der mathematisch-physikalischen Annahme des unendlich teilbaren Raumes schien dem vorkritischen Kant jedoch auflösbar. In der zweiten Antinomie verschärft sich das Problem dadurch, daß die Position der Antithesis eine notwendige Parallelität von Raum und Materie behauptet. In der *Monadologia Physica* wollte er die beiden Theoreme, die Annahme von physischen Monaden und die Annahme des unendlich teilbaren Raumes, dadurch zugleich als wahr erweisen, daß er eine solche Isomorphie aufhob (vgl. Falkenburg, B.: Kants Kosmologie. S. 47-54).

relevanten Konzeptionen des Unteilbaren als letztes Element der Materie näher untersucht: die Atomistik und Korpuskularphilosophie sowie zwei Formen der Monadologie: Leibnizsche und physische Monadologie. Kant differenziert nicht zwischen der antiken Atomistik und dem, was er „Korpuskularphilosophie" nennt, jedoch unterscheidet er wesentlich zwei Formen der Monadologie: die Leibnizsche Monadologie und die physische Monadologie, die durch die Schulphilosophie entwickelt wurde. An dieser Kantischen Einteilung orientiert sich die folgende Darstellung.

In der Anmerkung zur Thesis der zweiten Antinomie spezifiziert Kant näher, welches Einfache die Thesis beweisen will. Das Einfache, das als bewiesen gelten soll, ist weder die Monade, wie sie Leibniz konzipiert, noch ist es das physikalische Atom:

> „Ich rede übrigens hier nur von dem Einfachen, so fern es notwendig im Zusammengesetzten gegeben ist, indem dieses darin, als in seine Bestandteile, aufgelöset werden kann. Die eigentliche Bedeutung des Wortes Monas (nach Leibnizens Gebrauch) sollte wohl nur auf das Einfache gehen, welches unmittelbar als einfache Substanz gegeben ist (z.B. im Selbstbewußtsein) und nicht als Element des Zusammengesetzten, welches man besser den Atomus nennen könnte. Und da ich nur in Ansehung des Zusammengesetzten die einfachen Substanzen, als deren Elemente, beweisen will, so könnte ich die [Thesis][71] der zweiten Antinomie die transzendentale Atomistik nennen. Weil aber dieses Wort schon vorlängst zur Bezeichnung einer besonderen Erklärungsart körperlicher Erscheinungen (*molecularum*) gebraucht worden, und also empirische Begriffe voraussetzt, so mag er der dialektische Grundsatz der Monadologie heißen." (B 468 f.)

Unter einem „dialektischen Grundsatz" versteht Kant einen lediglich scheinhaften Grundsatz, also ein irrtümlich für objektiv angenommenes Prinzip. Kant unterscheidet also drei mögliche Kandidaten, die für das Einfache der Thesisbehauptung in Frage kommen, wovon zwei ausgeschlossen werden: *erstens* Monaden in Leibniz' Sinne – sie sind in der Thesis nicht gemeint –, *zweitens* Atome im Sinne der Physik – auch sie seien nicht Gegenstand der Thesis – und *drittens* Atome im kosmologischen Sinne, die Kant dann doch Monaden nennt, um sie hinreichend von den Atomen im physikalischen Sinne zu unterscheiden; diese sollen nun dasjenige Einfache sein, um das es der Thesis wie auch der Antithesis geht. Erst die *Anmerkung zur Antithesis* macht klar, welche Art einfacher Entitäten von der Thesis postuliert wird:

> „Wenn man ihnen [sc. den Monadisten] Gehör gibt, so müßte man außer dem mathematischen Punkte, der einfach, aber kein Teil, sondern bloß die Grenze eines Raums ist, sich noch physische Punkte denken, die zwar auch einfach sind, aber den Vorzug haben, als Teile des Raums durch ihre bloße Aggregation denselben zu erfüllen. Ohne nun hier die gemeinen und klaren Widerlegungen dieser Ungereimtheit, die man in Menge antrifft, zu wiederholen, wie es denn gänzlich umsonst ist, durch bloß diskursive Begriffe die Evidenz der Mathematik weg vernünfteln zu wollen, so bemerke ich nur, daß, wenn die Philosophie hier mit der Mathematik schikaniert, es darum gesche-

[71] Ich folge hier dem Konjekturvorschlag Mellins und der Akademieausgabe und ersetze „Antithese" in A und B durch „Thesis".

> he, weil sie vergißt, daß es in dieser Frage nur um Erscheinungen und deren Bedingung zu tun sei." (B 467)

Es ist also die Theorie physischer Punkte, die von der Thesis vertreten wird.

2.3.1. Atomistik und Korpuskularphilosophie: Die Thesis beweist Kant zufolge keine Atomistik in einem engeren Sinne, weil diese zur Erklärung körperlicher Erscheinungen dient und daher empirische Begriffe voraussetzt (B 470), die in der Metaphysik *per definitionem* nicht vorkommen sollen. Unter Atomen versteht Kant kleinste Teile der Materie, die gleichwohl eine gewisse Ausdehnung und somit auch eine Gestalt haben. Unteilbar sind sie, insofern angenommen wird, daß ihr Körper maximale Undurchdringlichkeit besitzt und also durch keine Kraft zerspalten oder aufgelöst werden kann.[72] Nach Kant ist das Atom „ein kleiner Teil der Materie, der physisch unteilbar ist".[73] Ihm kommen folgende Eigenschaften zu: Unteilbarkeit, Unveränderlichkeit, Ausdehnung, unterschiedliche Gestalt, absolute Undurchdringlichkeit, absolute Gleichartigkeit des Stoffes sowie absolute „Unüberwindlichkeit des Zusammenhanges der Materie in diesen Grundkörperchen selbst" (ebd.). Ein Atom besteht also aus weiteren Teilen, es ist daher durchaus möglich, daß kleinere Teile das Atom konstituieren, jedoch werden sie durch eine Kraft zusammengehalten, die so groß ist, daß es keine empirische Möglichkeit der Überwindung dieser physischen Kraft und also der Teilung gibt. Die Atome unterscheiden sich in ihrer Gestalt, oder wie Kant sagt, „Figur" voneinander. Wenn diese „Figur" einen Teil der Materie spezifisch von anderen Körpern unterscheidet, ist es ein „erstes Körperchen" oder die „primitive Materie" (ebd.).

Nach Kant gibt es zwei Arten physischer Teilung: Die mechanische Teilung, bei welcher durch eine äußere Kraft ein „Keil" zwischen die Teile der Materie getrieben werde. Die zweite Art ist die chemische Teilung oder „Auflösung"; bei ihr eignet die trennende Kraft einer wirkenden Materie selbst. Bei dieser unterscheidet Kant nochmals die „Scheidung" von der „absoluten Auflösung" oder „Durchdringung". Die Scheidung trennt qualitativ verschiedene vermischte Substanzen voneinander. Durch sie werden die Elemente gewonnen, nicht aber die Atome voneinander getrennt. Die Durchdringung oder absolute Auflösung dagegen bewirkt eine Durchmischung unterschiedlicher Materien. Die Atomistik gibt für diese Trennungsvorgänge nur eine mögliche Erklärung ab, wie Kant meint; sie ist keine zwingend notwendige Voraus-

---

72 Vgl. Metaphysik-Pölitz. S. 105: „Atom ist ein solcher Theil der Materie, der durch keine Kraft der Natur kann getheilt werden. Solche Atomen haben Viele angenommen; unter den Neuern war Cartesius dieser Meinung zugethan. Er sagte, wenn diese Urkörper, oder Bestandtheile jeder Materie, noch immer könnten getheilt werden, so würde keine Species beharrlich bleiben; dann könnte aus Wasser Asche werden. Da nun aber jede Species aus besondern Theilen bestehe; so müssen gewisse Ur-Theile seyn." Zur Geschichte der Atomistik vgl. Lasswitz, K.: Geschichte der Atomistik vom Mittelalter bis Newton. 2 Bde. Hamburg / Leipzig 1890 (Neudruck: Darmstadt 1963).

73 Metaphysische Anfangsgründe der Naturwissenschaft. AA IV, 532.

setzung. Ebenso kann man Kant zufolge diese Prozesse durch einen Plenismus erklären, d.h. mit der Annahme, der Raum werde insgesamt und kontinuierlich von Materie erfüllt (vgl. B 215 f.).

Die Atomistik ist wesentlich ausgezeichnet durch die Annahme, daß der Kosmos aus dem absolut Vollen, den Atomen, und dem absolut Leeren, dem Raum zwischen den Atomen, bestehe.[74] Kants Ablehnung der Atomistik richtet sich zentral gegen die mit der Atomistik verbundene Annahme des leeren Raumes, denn dieser ist nach Kant nicht wahrnehmbar, weil ihm jede empfindbare oder meßbare Qualität fehlt, und folglich prinzipiell unerkennbar. Das Theorem des leeren Raumes ist auch für Descartes Ablehnungsgrund der Atomistik, was Kant anscheinend nicht zur Kenntnis nimmt. Descartes vertritt zugleich jedoch eine Korpuskularphilosophie.[75] Sie nimmt kleinste Körper an, die nicht nur ausgedehnt sind und eine Gestalt haben wie Atome, sondern auch Masse besitzen. Das Zusammengesetzte aus solchen Korpuskeln wird als molekulares Gebilde vorgestellt, als *moleculae* oder in Kants Übersetzung „Klümpchen".[76] Die solide Materie besteht auch bei Descartes aus Teilen, denen zunächst nur die Eigenschaft einer einheitlichen Beweglichkeit zukommt, davon abhängig ist ihre Masse. Diese Teile bewegen sich in einer den Raum kontinuierlich erfüllenden, durchdringlichen Materie. Die Korpuskularphilosophie ist also, anders als Kant annimmt, nicht an das Theorem des leeren Raumes gebunden. Die Atomistik in ihrer neueren, jedoch für Kant falschen Bedeutung ist eine Erklärungshypothese für empirische Phänomene. In dieser Bedeutung ist sie eine naturphilosophische Begründungslehre der Physik, die sich kaum mehr von der sogenannten Korpusku-

---

74 Mit dem Leeren ist das bei Gassendi sog. *vacuum disseminatum* gemeint, welches sich in der Welt und nur zwischen den soliden Materieteilen der Atome findet. Der leere Raum beispielsweise zwischen den Himmelskörpern dagegen ist das *vacuum coacervatum*; das Leere außerhalb der Welt, in welches das Universum von Gott hinein geschaffen wurde, ist das *vacuum separatum*.

75 Descartes, R.: Principia Philosophiae (II, 20 ff.). Hrsg. v. A. Buchenau. Hamburg 1955, S. 40 ff. Descartes' antiatomistisches Argument ist die bei jeder gegebenen Ausdehnung, wie eben auch der Ausdehnung eines Atoms, weiterhin mögliche gedankliche Teilung. Auch das Theorem des leeren Raums ist aus Descartes' Perspektive unhaltbar (Principia Philosophiae. AT VIII-1, 49 ff.). Zu Descartes' Korpuskularphilosophie vgl. Lasswitz, K.: Geschichte der Atomistik. Bd. 2, S. 55-126. Descartes gehört für Kant zu den neueren Atomisten, die er auch Korpuskularphilosophen nennt (Metaphysik-Pölitz. S. 105; Metaphysische Anfangsgründe der Naturwissenschaft. AA IV, 533). Kant kritisiert Descartes' Korpuskularphilosophie bereits in seiner Erstlingsschrift *De igne* (AA I, 371).

76 Metaphysische Anfangsgründe der Naturwissenschaft. AA IV, 530. Der Begriff des Moleküls wird von Gassendi in die Atomistik eingeführt. Moleküle sind ihm zufolge Ansammlungen von Atomen, die ihrerseits wiederum die Teile eines Ganzen bilden, welches der sinnliche Körper ist. (Vgl. Lasswitz, K.: Geschichte der Atomistik. Bd. II, S. 182). Der Molekülbegriff wird dann auch von Bayle, Cordemoy und v.a. von Newton in den *Opticks* verwendet (vgl. Geschichte der Atomistik. Bd. II, S. 269, S. 418, S. 568 ff.).

larphilosophie unterscheidet.[77] Gemeinsames Kennzeichen von Atomistik und Korpuskularphilosophie ist die dogmatische Annahme der empirischen Grenze der Teilbarkeit der Materie. Gegen diese Lehre ist sicher folgendes einzuwenden: Sie muß annehmen, daß den Atomen eine bestimmte räumliche Größe zukommt; doch steht sie vor dem Problem nicht angeben zu können, welche. Atome sind daher Kant zufolge nicht erfahrbar (AA IV, 530), denn die Grenze der Teilbarkeit ist empirisch zu bestimmen und also relativ zu den technischen Möglichkeiten der Forschung. Es kann niemals ausgeschlossen werden, daß derjenige Teil der Materie, der bei einem bestimmten Stand der Forschung als unteilbar gilt, sich dennoch in der Zukunft als weiter teilbar erweist, dann nämlich, wenn die Kräfte überwunden werden können, die dessen Materieteilchen zusammenhalten. Der experimentelle Nachweis eines empirisch Einfachen ist daher nicht möglich.

Kant vertrat 1755 in seiner *Naturgeschichte und Theorie des Himmels* selbst eine atomistische Materieauffassung, die er hier zur Grundlage seiner Kosmogonie macht; sie ist der Newtonschen Korpuskellehre sehr ähnlich.[78] Er setzt seine Materieauffassung dezidiert in die Tradition Lukrez', Epikurs, Leukipps und Demokrits. In einem entscheidenden Punkt jedoch übt er an der antiken Atomistik Kritik: Leukipp und Demokrit lehren, daß die Atome im ursprünglichen Zustand des Kosmos unverbunden existierten und in einer beständigen zufälligen, ziellosen Bewegung begriffen sind. Durch Zufall ereignet es sich, daß Atome zusammentreffen und sich miteinander verbinden; auf diese Weise entsteht Materie und in deren Anhäufung Himmelskörper.[79] Kant schreibt speziell Epikur die Lehre zu, er gehe von einer gleichförmigen Sinkbewegung der Atome aus, in deren Verlauf es durch zufällige Abweichungen zur Atomanballung käme. An der antiken Atomistik lehnt Kant ab, den Prozeß der Agglomeration von Atomen als durch Zufall entstanden zu betrachten; vielmehr müsse eine strenge Naturgesetzmäßigkeit diesen Prozeß steuern. Diese Naturgesetze beruhen bei Kant auf zwei Kräften, der Attraktions- und der Repulsivkraft. Durch sie allein erklärt Kant den Agglomerationsprozeß der Atome. Korpuskularphilosophien sind für Kant später deshalb empirisch, weil sie die Atomistik verwenden, um den bestehenden Zustand des Kosmos zu erklären.

---

77 Dieser Gebrauch des Begriffs ‚Atom' findet sich auch bei Baumgarten (vgl. Baumgarten, A. G.: Metaphysica, §§ 424 f.. AA XVII, 115). Dabei lehnt er die Atomistik und Korpuskularphilosophie ab, weil sie von unzerstörbaren ausgedehnten Teilen ausgeht, was seinem Theorem der indefinit unendlichen Teilbarkeit der Materie widerspricht (§§ 427 f.).

78 Allgemeine Naturgeschichte und Theorie des Himmels. AA I, 226 f. u. 270. Es ist daher bemerkenswert, daß Kant sich bereits ein Jahr später in der *Monadologia Physica* sehr kritisch zu Newtons Atomistik äußert (vgl. Monadologia Physica. AA I, 486 ff.).

79 Vgl. Die Vorsokratiker. Hrsg. v. W. Capelle. Stuttgart 1963, S. 297-302; 403-405. Zur antiken Atomistik vgl. Long, A. A. und Sedley, D. N.: Die hellenistischen Philosophen. Texte und Kommentare. Stuttgart / Weimar 2000, S. 44-66; Furley, D.: Cosmology. In: The Cambridge History of Hellenistic Philosophy. Hrsg. v. K. Algra, J. Barnes, J. Mansfield und M. Schofield. Cambridge 1999, S. 412-451.

In seiner kritischen Zeit äußert sich Kant über die Atomistik am ausführlichsten in den *Metaphysischen Anfangsgründen der Naturwissenschaft.*[80] Aus diesem Text läßt sich genauer ersehen, weshalb er die zweite Antinomie nicht in Beziehung zur Atomistik setzt. Hier behandelt Kant die Atomistik im Zusammenhang der Wirkung bewegter Körper aufeinander, die er „mechanische Wirkung“ nennt, im Unterschied zur chemischen Wirkung, die nicht durch Bewegung Wirkung ausübt, sondern durch eine dem Körper selbst eigene Kraft, welche die Verbindungen der Teile der Körper verändert. Das Phänomen, als dessen Erklärung die Atomistik dienen soll, ist das der Verschiedenheit der Stoffe. Alle Erklärungsversuche richten sich auf eine Reduktion dieser Vielzahl von Stoffen. Dazu dient seit der Antike die Elementenlehre, die alle Stoffe als unterschiedliche Mischungen aus Grundelementen annimmt; in ihrer klassischen Ausprägung sind dies vier: Feuer, Wasser, Luft und Erde. Die Elemente sind jedoch nur qualitativ unteilbar.[81] Die möglicherweise unendliche Verschiedenheit der Stoffe zu erklären, ist auch in Kants Augen die „vornehmste[ ] aller [...] Aufgaben“ der Naturwissenschaft.[82] Zu Kants Zeit hat sich dieses alte Problem der Naturphilosophie und später der Naturwissenschaft dahingehend konkretisiert, daß man den Unterschied in den stofflichen Beschaffenheiten der Materie auf verschiedene Dichten reduziert, d.h. auf die Menge des Stoffes, die das Volumen erfüllt, so daß die unterschiedlichen Stoffe bei gleichen Volumina unterschiedliche Masse besitzen. Die Atomistik wurde in der beginnenden Chemie des 18. Jahrhunderts, besonders aber im 19. Jahrhundert eine zentrale Hypothese.[83]

---

80 Metaphysische Anfangsgründe der Naturwissenschaft. AA IV, 530 ff.

81 Platon gibt im *Timaios* für diese Lehre eine atomistische Erklärung (Timaios. St. 54). Die Elemente bestehen ihrerseits aus zwei Arten von Elementen, zwei Dreiecksformen, die sich durch ein Höchstmaß an Symmetrie auszeichnen. Das abstrakte Formprinzip des Dreiecks ermöglicht die Bildung von Polyedern, jedem der vier Elemente ist eine Grundgestalt des Polyeders zugeordnet, deren Verbindungsmöglichkeiten je abhängig ist von der spezifischen Form des Polyeders.

82 Metaphysische Anfangsgründe der Naturwissenschaft. AA IV, 532.

83 Vgl. Kap. II. 2.3. Das auch heute noch gültige Periodensystem der Elemente wurde im Verlaufe des 19. Jahrhunderts von unterschiedlichen Chemikern entwickelt. 1789 legte Lavoisier dafür den Grundstein, indem er dreiundzwanzig chemisch nicht weiter zerlegbare Stoffe, die er Elemente nannte, angab. Die Atomistik gilt als die für die Chemie des 19. Jahrhunderts entscheidende Annahme, die v.a. durch Dalton zu einer chemischen Theorie entwickelt wurde (vgl. Mason, S.: Geschichte der Naturwissenschaft in der Entwicklung ihrer Denkweisen. S. 530 ff.). Hegel rezipiert die Entwicklung der Chemie seiner Zeit in der *Wissenschaft der Logik*. In der Anmerkung zum Kapitel *Wahlverwandtschaft* im Teil über das Maß wird die Atomistik in dieser wissenschaftlichen Entwicklung und in der Naturphilosophie besprochen. Hegel deutet auch Kants Materietheorie der *Metaphysischen Anfangsgründe der Naturwissenschaft* als eine Form der Atomistik, da er die Theorie der Attraktiv- und Repulsivkräfte für eine getrübte Atomistik hält (Enzyklopädie, § 98). Kant zufolge gibt es zur Erklärung der Stoffdiversität aber zwei mögliche Grundmodelle, das atomistische und das dynamische, wobei er sich klar für letzteres ausspricht (vgl. dazu Kap. III.4.3.).

Kant glaubt, die Atomistik sei von Demokrit bis zu Descartes und darüber hinaus in der Naturwissenschaft eine konstant einflußreiche Lehre gewesen. Daß sie im Mittelalter unter dem Einfluß des Aristotelismus, der die Atomistik ablehnt, nicht vertreten worden ist, sondern statt dessen die *minima naturalia*-Lehre,[84] und erst durch Gassendi wieder aus der Antike aufgenommen und neu belebt wurde, scheint ihm nicht bekannt zu sein. Als weitere Vertreter der Atomistik nennt Kant andernorts Leukipp, Epikur und Lukrez,[85] aber auch Newton und Keill.[86] Kant interpretiert die Atomistik undifferenziert. Daß die antike Atomistik sich stark von der Korpuskularlehre beispielsweise Descartes' oder Newtons unterscheidet, wird von ihm nur am Rande erwähnt oder in ein differenzierteres Bild von Materiekonzeptionen aufgenommen.[87] Auch daß sich die Atomistik insbesondere Lukrez' von derjenigen Demokrits und Epikurs unterscheidet, wird von Kant nicht gesehen.

Die Atomistik wird nach Kants nicht näher begründeter Ansicht in der Naturwissenschaft durch die Mathematik begünstigt; der Dynamismus hingegen sei der „Experimentalphilosophie" angemessener.[88] Der Dynamismus hat – so läßt sich Kants Begründungslücke schließen – den Begriff der Kraft zu seinem Grundbegriff. Da Kraft nach Kant als ein *quantum continuum* aufzufassen ist, steht der Dynamismus vor dem mathematischen Problem des Kontinuums.

Kants Grund für die Ablehnung des Atombegriffs als Geltungsbereich der zweiten Antinomie ist, daß dieser empirische Begriffe voraussetze, weil er zum Zwecke der Erklärung körperlicher Erscheinungen verwendet wird. An dieser Kennzeichnung wird deutlich, daß Kant das Problem der Teilbarkeit der Materie bereits sehr

---

84 Die *minima naturalia*-Lehre geht davon aus, daß die Stoffe nicht aus unteilbaren Elementen bestehen, sondern daß es für jeden Stoff eine Teilungsgrenze gibt, unterhalb der er seine wesentlichen Eigenschaften verliert und in einen anderen Stoff übergeht.

85 Allgemeine Naturgeschichte und Theorie des Himmels. AA I, 226; I, 334. Hier ist für Kants Wirbeltheorie insbesondere Lukrez' Lehre, die er wohl aus *De rerum natura* kannte, interessant, daß der Kosmos dadurch entstanden sei, daß im beständigen Herabsinken der Atome es durch zufällige Unregelmäßigkeiten zu Anballungen von Atomen gekommen ist.

86 Monadologia Physica. AA I, 486.

87 Heimsoeth bezieht die Thesis auf die antike Atomistik, da diese nicht materialistisch sei, sondern eine metaphysische Motivation habe; die antike Atomistik erkläre die „wesenhafte Aufbaustruktur alles Seienden, so auch des Lebendigen oder der Seele" (Atom, Seele, Monade. S. 290 f.). Er verweist dabei auf Lasswitz' Unterscheidung von absoluter und relativer Atomistik. Die relative Atomistik soll eine lediglich naturphilosophisch erklärende Theorie relativ einfacher Teile der Materie sein wie die Korpuskulartheorie Descartes'. Die absolute Atomistik dagegen geht von der ontologischen Unterscheidung des Leeren und des Vollen und damit von der absoluten Unteilbarkeit der Atome aus. Daß Kant kein differenziertes Bild der antiken Philosophie besaß, braucht hier nicht eigens hervorgehoben zu werden.

88 Metaphysische Anfangsgründe der Naturwissenschaft. AA IV, 532 f. Als „Experimentalphilosophie" versteht Kant wohl den Teil der reinen Naturwissenschaft, der die theoretische Erkenntnis der Natur experimentell nachprüft. Der Terminus ‚Philosophie' wird von Kant verwendet, um ihn von der von ihm als induktive Wissenschaft angesehenen experimentellen oder praktischen Physik abzugrenzen. Vgl. auch B 452; AA XX, 198.

stark unter den Vorgaben der zeitgenössischen Diskussion und der eigenen Theorie beurteilt. Die antike Atomistik läßt sich nur sehr unspezifisch in diesen Problemhorizont stellen, da Begriffe wie „körperliche Erscheinung" bei Leukipp oder Demokrit eine andere Bedeutung haben als in der neuzeitlichen Naturphilosophie. Der antike Atombegriff hat sowohl metaphysisch-ontologische Bedeutung, als auch eine Funktion für die Naturerklärung. Beide Aspekte, der metaphysische wie der naturphilosophisch-physikalische, werden in der antiken Atomistik nicht unterschieden, wovon Kant aufgrund der Entwicklung der neuzeitlichen Metaphysik und Kosmologie jedoch bereits ausgeht. Man wird also sagen müssen, daß die Thesis keine Atomistik in diesem engeren Sinne vertritt.[89] Negativ formuliert: Das Einfache, um welches es der Thesisposition geht, ist weder durch Gestalt noch durch Ausdehnung bestimmt, sondern bloß dadurch, keine Teile zu enthalten; es ist gleichwohl erstes Element einer Teilungsreihe, d.h. ein Minimum. Die vollständige Teilung der Materie, wie sie von der Thesisposition gedacht wird, ist also nicht die empirische Teilung, weder die experimentelle noch die physikalisch-theoretische – bei welcher eine spezifische Zusammensetzung gelöst wird –, sondern es ist die ideale Aufhebung der realen Zusammensetzung. Übrig bleiben kann nur ein absolut Einfaches, bei welchem Zusammensetzung in keiner Hinsicht gegeben sein kann.

2.3.2. Leibniz' Monadologie: Dasjenige Einfache, das Kant ebenso wie das Atom in der Anmerkung aus dem Geltungsbereich des Thesisbeweises ausschließt, ist die Monade, wie sie von Leibniz konzipiert wird. In der Forschung wird auch sie als historischer oder systematischer Hintergrund der zweiten Antinomie diskutiert.[90] Leibniz'

---

89 Dies wird in der Forschung häufig nicht differenziert, d.h. die Thesis wird oft als Position einer Atomistik interpretiert (vgl. Falkenburg, B.: Kants Kosmologie. S. 227; Malzkorn, W.: Kants Kosmologie-Kritik. S. 173). Insbesondere Al-Azm hat diese These vertreten; völlig zu Recht weist er auf den Briefwechsel zwischen Leibniz und Clarke als eine historische Quelle der zweiten Antinomie hin (Kant's Arguments in the Antinomies. S. 52). Einige Zitate Clarkes aus dem Briefwechsel scheinen zu belegen, daß die Thesis sein Argument wiedergibt, solide Elemente der Materie müssen angenommen werden, damit es überhaupt Materie im Universum geben könne. Aber dieses Argument spricht nicht unmittelbar für dasjenige, was Kant unter Atomistik versteht, als vielmehr für ein metaphysisch Einfaches, für eine unteilbare Instanz des Realen im Raum. Auch Euler wird von Al-Azm als Thesisvertreter angesehen (Kant's Arguments in the Antinomies. S. 81). Insbesondere im angelsächsischen Raum ist Al-Azms historische Zuordnung allgemein akzeptiert. Al-Azms These hat insofern gute Gründe auf ihrer Seite, als die erste Antinomie unzweifelhaft Argumente des Briefwechsels verwendet. Demgegenüber ist Natterers historische Einordnung eher als sehr ungefährer geistesgeschichtlicher Hintergrund zu bewerten; er meint, die zweite Antinomie spiegele die Debatte über das Problem des Kontinuums zwischen Avicenna und Algazel mit Thomas von Aquin (Systematischer Kommentar. S. 532 f.).

90 Heimsoeth stellt Kants zweite Antinomie ganz allgemein und unspezifisch in den Horizont einer sehr vielfältigen Begriffslandschaft von Einfachheit, ohne direkte Bezüge zu Kants Aussagen zu suchen. Der Leibnizsche Begriff der Monade wird von Heimsoeth dargelegt, obwohl Kant ausdrücklich ausschließt, daß solches durch die Thesis bewiesen werden soll

Monadologie enthält bezüglich des Teilungsproblems der Materie sehr disparate Theoriemomente, die sie einerseits als metaphysisch-idealistisch, andererseits jedoch auch als realistisch erscheinen lassen. Idealistisch soll hier nur bedeuten, daß der Materie keine selbständige Existenz zukommt sowie daß sie nur als ideal Gedachtes existiert, realistisch, daß ihr eine eigene Realität zugesprochen wird. Für die Position der Thesis der zweiten Antinomie kommt nur eine realistische Monadenkonzeption in Frage, weil die Thesis die Realität des Zusammengesetzten als Argument in ihrem Beweis einsetzt, für welches das behauptete Einfache reales Konstituens sein soll. Diese beiden Momente müssen also bei Leibniz unterschieden werden, und es muß geprüft werden, ob Leibniz' Monadologie sich als Thesisposition begreifen läßt.[91]

Das realistische Moment in Leibniz' Theorie der Materie erweckt zunächst den Eindruck, als sei Leibniz Vertreter der Thesis, läßt sich doch aus seiner Lehre entnehmen, der Körper sei ein Aggregat, das aus Monaden besteht.[92] Diese Lehre ist eine Folgerung aus Leibniz' Substanzenpluralismus einerseits und in qualitativer Hinsicht seinem Monismus der Monade andererseits. Leibniz nimmt einerseits eine unendliche Vielzahl existierender individueller Substanzen, Monaden, an,[93] andererseits

---

(Atom, Seele, Monade. S. 333 ff.). Er verteidigt diese Sicht mit dem Argument, die historischen Positionen hätten auf Kant eher im Ganzen als Traditionshintergrund gewirkt und verweigert die Zuordnung von Thesis und Antithesis zu bestimmten Lehren (Vernunftantinomie und transzendentale Dialektik in der geschichtlichen Situation des Kantischen Lebenswerkes. In: Kant-Studien 51 (1959/60), S 131-141). Aber auch systematisch orientierte Interpretationen der Thesis bringen die Monade im Sinne Leibniz' ins Spiel. Falkenburg sieht in Leibniz' Monadenkonzeption richtigerweise eine Alternative, welche den Widerspruch zwischen Thesis und Antithesis vermeidet (Kants zweite Antinomie und die Physik. S. 15 f.). Durch Kants Angabe der Beweisbedingungen in der Anmerkung ist diese Alternative jedoch ausgeschlossen, weil damit das Ausgangsproblem nicht gelöst wird.

91 Da an dieser Stelle die äußerst komplexe Theorie der Materie bei Leibniz nicht im einzelnen dargestellt werden kann; vgl. zu den Hintergründen von der Verf.: Rationaler Monismus und Leibniz' Theorie der Materie. S. 39-62.

92 Vgl. beispielsweise Leibniz, G.W.: Brief an De Volder vom 21.7.1704 (Philosophische Schriften, Bd. V/2, S. 156). Zur Materielehre bei Leibniz vgl. insbesondere Rutherford, D.: Leibniz and the Rational Order of Nature. Cambridge 1995, S. 218 ff.; ders.: Leibniz on the Reality of Body. Berkeley/Calif. 1988; Gurwitsch, A.: Leibniz – Philosophie des Panlogismus. Berlin / New York 1974, S. 381-389; 411-423; Wilson, C.: Leibniz's Metaphysics. A Historical and Comparative Study. Manchester 1989, S. 65-70; Adams, R. M.: Form und Materie bei Leibniz: die mittleren Jahre. In: Studia Leibnitiana XXV/2 (1993), S. 132-152; Hoffmann, P.: The Being of Leibnizian Phenomena. In: Studia Leibnitiana XXVIII (1996), S. 108-118.

93 Leibniz, G.W.: Monadologie. GP VI, 618. Textbelege zur Leibnizschen Monadologie sollen im wesentlichen auf die *Monadologie* beschränkt bleiben, da von ihr wenigstens mit einiger Sicherheit angenommen werden kann, daß Kant sie gelesen hat. Dies geht aus einer Bemerkung in den *Träumen eines Geistersehers* hervor: „[...] und Leibnizens scherzhafter Einfall, nach welchem wir vielleicht im Kaffee Atomen verschluckten, woraus Menschenleben werden sollen, wäre nicht mehr ein Gedanke zum Lachen." Diese Bemerkung bezieht sich auf eine lateinischen Fassung der *Monadologie* samt Ergänzungen des Herausgebers Michael

sind alle Substanzen nach dem Modell des Selbstbewußtseins konzipiert, sie unterscheiden sich allein durch den Grad der Erfüllung dieses Modells. Dieses letztere Moment impliziert nun das idealistische Moment der Leibnizschen Theorie. Die Monaden sind somit nämlich allein durch innere Bestimmungen ausgezeichnet, ohne in äußeren Relationen zu stehen (GP VI, 608). Solche inneren Bestimmungen können nur Perzeptionen sein, d.h. alle Monaden sind letztlich perzipierende Wesen (GP VI, 608 f.). Äußere Relationen bestehen nicht real, sie sind lediglich inadäquat perzipierte innere Relationen. Die Monaden sind daher an sich selbst weder ausgedehnt, noch existieren sie im Raum. Die Totalität des Monadenkosmos findet sich daher auch repräsentiert in jeder einzelnen Monade. Dieses Theorem ist Grundlage der Leibnizschen Metapher, jede Monade sei Spiegel des Universums (GP VI, 616). Intermonadische Relationen bestehen folglich nur innermonadisch. Der Raum ist Inbegriff äußerer Relationen, welche durch eine nicht zu voller Deutlichkeit gebrachte Perzeption der inneren Relation der Monaden vorgestellt wird. Der Raum ist also abstrakt und rein ideal. Leibniz' Theorie führt auch zu einem umfassenden Animismus, d.h. der Monadenkosmos besteht aus ausschließlich belebten Wesen, die sich allein nach dem Grad an Deutlichkeit ihrer Perzeptionen unterscheiden (GP VI, 619). Die Grade an Deutlichkeit der Perzeptionen liegen in einem kontinuierlichen Spektrum. Im heutigen Sinne unbelebte Materie interpretiert Leibniz daher als Aggregat von Monaden, deren Perzeptionsgrad in einem Minimumbereich der Deutlichkeit liegt, die folglich durchaus beseelt und also lebendig ist.

Die Sphäre der materiellen Körperwelt, um die es in der zweiten Antinomie geht, wird metaphysisch reduziert auf den Status bloßer Erscheinung. Erscheinungen sind aber insofern wohlfundiert, als sie in Substanzen gründen. Für diese Begründung gibt Leibniz sowohl eine idealistische Erklärung, wonach materielle Körper bloß als Repräsentationen bestehen, als auch eine realistische, wonach sie aus Monaden bestehen, so daß sie „Aggregate" von Monaden sind. Das realistische Moment in Leibniz' Theorie der Materie hat seine Ursache in seiner Dynamik, welche die aristotelische

---

Gottlieb Hansch: Principia Philosophiae, more geometrico demonstrata. Frankfurt 1728, S. 135 (Diesen Hinweis verdanke ich Manfred Baum). Leibniz führt ihn als Beleg der Wichtigkeit seiner Lehre von der Gradation der Perzeptionsarten der Monaden an: ließe man dieses Theorem fallen, so habe dies jene absurde Konsequenz. Für Kants Leibniz-Bild mag es nicht unmaßgeblich sein, daß in dem angeführten Buch auf den Text der *Monadologie* mehrere Abhandlungen von Hansch folgen, welche die Leibnizsche Philosophie *more geometrico* darstellen. Hansch deutet die Monadologie, darin Wolff vorausgreifend, als Lehre von Naturatomen aus (S. 67 ff.). Anders als Leibniz selbst beweist er die Existenz der Monaden aus dem faktischen Bestehen der Materie als zusammengesetzter Substanz (S. 64). Auch das Leibnizsche Theorem der phänomenalen unendlichen Teilbarkeit der Materie wird von Hansch ausgeführt (S. 158). Der Autor weist darauf hin, daß daraus nur scheinbar ein Idealismus folge, weil die Materie schließlich Aggregat aus Monaden sei (S. 156).

Stoff-Form-Dichotomie transformiert.[94] Danach ist Materie nicht nur Ausdehnung als eine ideale, abstrakte Perzeption aus der Perspektive endlicher Monaden, sondern endliche Monaden selbst verfügen über Materialität. Ihnen ist sowohl ein aktives Prinzip (*vis activa*) zu Eigen, das ihre Perzeptionen auseinander generiert, die substantielle Form oder Entelechie, als auch ein passives Prinzip (*vis passiva*); dies ist die Materie. Sie bedeutet die Unvollkommenheit und das Begrenztsein der endlichen Monade. Dieses Prinzip macht das Begrenztsein der Monade durch alle anderen Monaden aus, d.h. ihre spezifische Individuiertheit in Relation zu allen anderen Monaden im Rahmen der universellen Harmonie. Dies ist die ursprüngliche Seinsweise der Materie (*vis passiva primitiva*). Die abgeleitete Seinsweise der Materie als Passivität ist die ausgedehnte undurchdringliche, träge Masse (*vis passiva derivativa*). Die individuelle Substanz erscheint dieser Lehre zufolge in der Ausdehnung als das aktive Moment des Körpers, als Bewegung. Doch man wird sicherlich sagen müssen, daß diese Lehre eingebettet ist in eine letztlich idealistische Sicht.

Leibniz hat durchaus Anlaß zu dem Mißverständnis gegeben, Materie sei aus Monaden zusammengesetzt, so lauten die ersten Paragraphen der *Monadologie*:

> „1. *La Monade*, dont nous parlerons icy, n'est autre chose, qu'une substance simple, qui entre dans les composés; *simple*, c'est à dire, sans parties. [...] 2. Et il faut qu'il y ait des substances simples, puisqu'il y a des composés; car le composé n'est autre chose, qu'un amas, ou *aggregatum* des simples. 3. [...] Et ces Monades sont les veritables Atomes de la Nature, et en un mot les Elements des choses.“[95]

Die Einheit des Zusammengesetzten ist keine Einheit an sich selbst, vielmehr ist sie eine repräsentierte Einheit. Sie ist Einheit, weil das Viele in einer Einheit dargestellt oder, wie Leibniz auch sagt, von einer Einheit ausgedrückt wird (GP VI, 617). Das Zusammengesetzte ist dann ein materieller Körper, wenn ein bestimmter Ausschnitt des Monadenkosmos aus der Perspektive einer unvollkommenen Substanz repräsentiert wird; für solche endlichen, inadäquat repräsentierenden Monaden existieren materielle Körper. Der materielle Körper ist nichts anderes als Erscheinung aus der Perspektive einer Monade, deren Perzeptionsfähigkeit es nicht erlaubt, die einfachen substantiellen Elemente selbst zu repräsentieren.[96] Aus einer ontologischen Perspektive ist ein Körper eine bestimmte, aber unendliche Menge individueller Substanzen,

---

94 Die „realistische“ Interpretation der Leibnizschen Materielehre wird in der Forschung uneinheitlich betrachtet; sie ist sicherlich höchst problematisch. Adams wendet sich gegen die realistische Deutung (Leibniz. Determinist, Theist, Idealist. New York / Oxford 1994, S. 217-399; bes. S. 338 ff.).

95 Leibniz, G. W.: Monadologie. GP VI, 607.

96 Zum Erscheinungscharakter der Körperwelt bei Leibniz vgl. Hartz, G. A.: Leibniz' Phenomenalisms. In: The Philosophical Review 101/3 (1992), S. 511-549; Heintel, E.: Der Begriff der Erscheinung bei Leibniz. In: Zeitschrift für philosophische Forschung 20 (1966), S. 398-420, von der Verf. dazu: Der Begriff der Erscheinung bei Leibniz und Kant. In: Aufklärung und Kritik. Festschrift für Manfred Baum zum 65. Geburtstag. Hrsg. v. D. Hüning, K. Michel und A. Thomas. Berlin 2004 (Philosophische Schriften 57), S. 157-188.

die keinen Ort im Raum haben und denen selbst keine Ausdehnung zukommt. Diese Entitäten bestehen als Substanzen je für sich ohne eine äußere Relation zueinander. Das Aggregat der Substanzen wird daher nicht etwa als durch Kräfte zusammengehalten konzipiert. Materielle Körper sind nichts als eine bestimmte, nämlich begrenzte Weise der Repräsentation durch Monaden. Die Idealität der repräsentierten Körper erlaubt es, sie als kontinuierlich ausgedehnt anzunehmen. Die Körper sind als Erscheinungen damit unendlich teilbar. Ihre Teilung führt nicht auf reale Konstituenzien. Dennoch aber ist der Körper nicht nur Schein, wie Leibniz häufig betont, vielmehr ist er *phaenomenon bene fundatum* aufgrund dessen, daß er in Monaden einen realen Grund hat. Der Realgehalt der Körper sind also Substanzen, jedoch nicht als Teile, sondern als Gründe. Die metaphysische Teilung des Aggregats führt auf einfache Substanzen, die Teilung eines ausgedehnten Körpers jedoch nicht. Für Leibniz besteht zwischen diesen beiden Seiten seiner Materielehre kein Widerspruch, denn er unterscheidet strikt zwischen der metaphysisch-ontologischen Ebene, auf der materielle Körper Aggregate von Monaden sind, deren Relation rein intellektuell ist und nur von Gott adäquat begriffen wird, und der phänomenalen Ebene, auf der materielle Körper unendlich teilbare ausgedehnte Massen sind. Bei Leibniz erzeugt die „bloße Aggregation" nicht das *phaenomenon* der ausgedehnten Materie. Denn es bedarf erstens der Vorstellungskraft einer perzipierenden Monade, welche die Einheit des Vielen dadurch zustande bringt, daß sie es repräsentiert, und zweitens muß diese perzipierende Monade eine endliche perzipierende Monade sein, da sie die Pluralität der Monaden nicht adäquat als Vielheit noumenaler Wesen begreift, sondern bloß inadäquat als materielle Körper im Raum. Nur Gott repräsentiert die Vielheit der Substanzen adäquat, also intellektuell, unräumlich und unausgedehnt.[97] Bei Wolff und seiner Konzeption der Naturatome ist es allerdings der Fall, daß die „bloße Aggregation" den Raum erfüllt und also einen materiellen Körper konstituiert.

Die Leibnizsche Konzeption ist aber mit dem Problem belastet, wie Elemente, die lediglich durch Repräsentationen, d.h. durch schlechthin innere Relationen, bestimmt sind – für die allein das Aggregat der Monaden überhaupt besteht –, etwas real begründen können, das als eine Menge von Substanzen außer diesem Repräsentieren konzipiert ist, ohne eine reale äußere Relation der Substanzen untereinander anzunehmen. Das Problem der Realität der Körperwelt bleibt bei Leibniz letztlich ungelöst. Materielle Körper sind zwar die Erscheinungsweise von Substanzen, aber die Substanzen sind nicht im Raum real, da der Raum schlechthin ideal ist. Dies zeigt sich in Leibniz' Lehre, daß äußere Relationen irreal sind und allein auf inneren Bestimmungen der individuellen Substanz beruhen.[98] Denn Leibniz ist der Auffassung, daß eine Vielheit bloß dissoziierte Pluralität bleibt, sofern sie nicht als Einheit repräsentiert wird. Das Aggregat der Monaden als Einheit eines Körpers besteht daher nur

97 Vgl. Leibniz, G. W.: Monadologie. GP VI, 608.

98 Ob diese Konzeption nicht nur plausibel, sondern letztlich auch konsistent ist, kann hier nicht diskutiert werden.

als Perzeption. Leibniz' Monadologie bleibt also letztlich idealistisch. Der ontologische Zweiweltendualismus von *mundus sensibilis* und *intelligibilis* bei Leibniz vermeidet zwar die Antinomie der Teilung, ihm gelingt aber eine bündige Fundierung des Phänomenalen im Substantiellen nicht.

Kants Bewertung der Leibnizschen Philosophie ist zwiespältig. Er nimmt in der Bemerkung zur Leibnizschen Monadologie in der zweiten Antinomie keine der naheliegenden und immanent schwierigen Probleme der Materietheorie auf, sondern billigt Leibniz die Absicht zu, Monaden in ontologisch primärem Sinne als Selbstbewußtsein gefaßt und sie allein durch innere Bestimmungen erklärt zu haben. In der *Kritik der reinen Vernunft* findet Kants Auseinandersetzung mit Leibniz in der *Amphibolie der Reflexionsbegriffe* statt: Sein Urteil ist hier rein negativ. Insbesondere Leibniz' Lehre von den inneren Bestimmungen der Substanz macht die Leibnizsche Philosophie in Kants Augen angreifbar. Sie zeigt sich in der Amphibolie des Innen und Außen. Nach Kants Verständnis haben weder Substanzen noch Erscheinungen innere Eigenschaften, d.h. solche Merkmale, welche nicht in Relation zu anderen Gegenständen auftreten. Kant legt dies insbesondere an seinem eigenen kritischen Begriff der Materie dar. Leibniz dagegen muß innere Eigenschaften der Substanzen annehmen, weil die Relation der Substanzen bloß wohlfundierter Schein ist, dem keine absolute Realität eignet. Die Materie besteht nach Leibniz, so Kants Deutung, aus dem Einfachen, das an sich selbst nur über innere Bestimmungen verfügt; diese inneren Bestimmungen können nun nur Vorstellungen sein.[99] In der *Metaphysik-Pölitz* kritisiert Kant Leibniz für seine angebliche Lehre, die inneren Bestimmungen seien *qualitas* und *quantitas* (S. 66). Mit dem Faktum der inkongruenten Gegenstücke will er zeigen, daß innere Bestimmungen zur Grundlegung der Individuation eines Dinges im Raum nicht ausreichen. Sein Argument rekurriert letztlich auf seine Lehre, daß beide Bestimmungen, *qualitas* und *quantitas*, relationale Eigenschaften sind.[100] Kant sind beide Seiten der Leibnizschen Lehre vertraut: die Lehre von den Monaden als einfache Teile des Aggregates, welches die Welt ausmacht, sowie die Lehre von der unendlichen Teilbarkeit der Körper als Erscheinungen (S. 102). Das *Compositum substantiale* bestehe aus einfachen Teilen, wenn es durch den Verstand gedacht werde. Die wesentliche Bestimmung der Monade sei die *vis repraesentativa*. Kant stellt diese Lehre nicht als antinomisch dar, sondern kritisiert lediglich den Mystizismus, der daraus folgt, daß Leibniz mit seiner Auffassung des Aggregates von nicht relational bestimmten Monaden eine intelligible Welt annimmt, die nur durch intellektuelle Anschauung erkannt werden könne. Leibniz habe daher einen platonischen oder mystischen Idea-

---

99 B 330; Welche Fortschritte. AA XX, 284 f. Wann Kant Originaltexte von Leibniz zuerst rezipiert hat, ist wegen ihrer schwierigen Editionslage großenteils unsicher. Die schwierige Wirkungsgeschichte der Leibnizschen Philosophie im 18. Jh. stellt differenziert dar: Wilson, C.: The Reception of Leibniz in the Eighteenth Century. In: The Cambridge Companion to Leibniz. Hrsg. v. N. Jolley. Cambridge 1995, S. 442-474.

100 Vgl. auch Prolegomena. AA IV, 285 f.

lismus vertreten.[101] Ein wesentlicher Kritikpunkt Kants ist Leibniz' Lehre von der Sinnlichkeit als bloß verworrenem Perzeptionsmodus. Diese macht Kant in der *Kritik der reinen Vernunft* für seine falsche Raumtheorie verantwortlich, die den Zusammenhang von Raum und Erscheinungen im Raum nicht erklärt (B 331 ff.).

In anderen Zusammenhängen jedoch ist Kants Leibniz-Interpretation durchaus positiv. Bereits 1766 in den *Träumen eines Geistersehers* ist sie differenziert genug, um den Unterschied zwischen Leibniz und seinen Nachfolgern zu erkennen:

> „Leibniz sagte, dieser innere Grund aller seiner äußeren Verhältnisse und ihrer Veränderungen sei eine Vorstellungskraft, und spätere Philosophen empfingen diesen unausgeführten Gedanken mit Gelächter. Sie hätten aber nicht übel gethan, wenn sie vorher bei sich überlegt hätten, ob denn eine Substanz, wie ein einfacher Theil der Materie ist, ohne allen inneren Zustand möglich sei, und wenn sie dann diesen etwa nicht ausschließen wollten, so würde ihnen obgelegen haben irgend einen andern möglichen innern Zustand zu ersinnen, als den der Vorstellungen und der Thätigkeiten, die von ihnen abhängend sind." (AA II, 328 Anm.)

Auf den Zusammenhang von Materie und Monade bei Leibniz geht Kant in den *Metaphysischen Anfangsgründen der Naturwissenschaft* ausführlicher ein.[102] Hierbei interpretiert er Leibniz' Lehre von der Phänomenalität des Raumes und der Materie überraschenderweise in seinem Sinne und macht Leibniz zur Autorität des eigenen transzendentalen Idealismus. Die bedeutenden Unterschiede, die Kant andernorts, in der *Kritik der reinen Vernunft* beispielsweise, klar hervorhebt, werden hier gänzlich eingeebnet.

Positiv und wesentlich differenzierter ist Kants Bewertung der Leibnizschen Philosophie insbesondere im Zusammenhang der Eberhard-Kontroverse. In seiner Streitschrift Über eine Entdeckung, in der Kant sich kritisch mit Eberhards Monadentheorie auseinandersetzt, weist er diesen auf sein falsches Leibniz-Verständnis hin:

> „[...] und wenn Leibniz zuweilen sich so ausgedrückt hat, daß man seine Lehre vom einfachen Wesen bisweilen so auslegen konnte, als ob er die Materie daraus zusammengesetzt wissen wollte, so ist es billiger, ihn, so lange es mit seinen Ausdrücken vereinbar ist, so zu verstehen, als ob er unter dem Einfachen nicht einen Theil der Materie, sondern den ganz über alles Sinnliche hinausliegenden uns völlig unerkennbaren Grund der Erscheinung, die wir Materie nennen, meine (welcher allenfalls auch ein einfaches Wesen sein mag, wenn die Materie, welche die Erscheinung ausmacht, ein Zusammengesetztes ist), oder, läßt es sich damit nicht vereinigen, man selbst von Leibnizens Ausspruche abgehen müsse. Denn er ist nicht der erste, wird auch nicht der letzte große Mann sein, der sich diese Freiheit anderer im Untersuchen gefallen lassen muß."[103]

---

101 Vgl. auch R 5962; AA XVIII, 405.

102 Metaphysische Anfangsgründe der Naturwissenschaft. AA IV, 507 ff.

103 AA VIII, 203. Auch in einem Brief an Reinhold vom 19.5.1789 wendet er gegen Eberhards Monadologie ein: dieser habe mit seinem Beweis des Einfachen als den Elementen des Zusammengesetzten im Raume gegen Leibniz' Intention verstoßen (AA XI, 45).

Kants Leibniz-Interpretation zusammenfassend kann gesagt werden, daß Kants Leibniz-Bild differenziert genug ist, ihn erkennen zu lassen, daß Leibniz nicht der zweiten Antinomie unterliegt, denn seine Monaden sind nicht reale Konstituenzien der Materie im Sinne einer Teile-Ganzes-Relation, sondern Einheitsgründe im Sinne einer Grund-Folge-Relation. Bei Leibniz sind die Monaden nicht erste Elemente des Realen im Raum, welche gedacht werden können als Resultat einer Reihe von Teilungsschritten, sondern sie sind rein intelligible Entitäten, denen absolute Selbständigkeit zukommt. Für Leibniz ist die Annahme des Einfachen und des unendlich Teilbaren daher unterschiedlichen, aber voneinander abhängigen Seinsbereichen zuzuordnen. Kant hat sich bereits durch die Herleitung der zweiten kosmologischen Idee allein auf die Teile-Ganzes-Relation festgelegt und damit jene Konzeption ausgeschlossen.

2.3.3. Physische Monadologie: Das Problem des Idealismus hat in der Geschichte der Monadologie des 18. Jahrhunderts dazu geführt, daß die Schulphilosophie in ihrer Lehre von der Körperwelt von der Leibnizschen Theorie abweicht und eine klar realistische Deutung der Monadologie entwickelt. Ergebnis dieser Änderung ist die Rückkehr zu einem Cartesischen Substanzendualismus.[104] Christian Wolff führt zu diesem Zwecke den Begriff des *atomus naturae*, des Naturatoms oder der physischen Monade ein. Die Konzeption der physischen Monade geht wesentlich aus von der Realität äußerer Relationen und verzichtet bei diesen Monaden auf innere Bestimmungen. Damit wird auch der Raum nicht mehr als bloß ideale, abstrakte Ordnung betrachtet, sondern muß selbst als real angenommen werden. Dies bedeutet für die Monadologie jedoch, daß sich das Problem des Verhältnisses der Monaden zum Raum neu stellt. Die Thesis der zweiten Antinomie vertritt, wie nun gezeigt werden soll, eine solche Konzeption physischer Monaden, wie sie auch von Kant selbst in der *Monadologia Physica* 1756 entwickelt wurde. Die Theorie physischer Monaden hat mit der Atomistik gemeinsam, daß die einfachen Teile der Materie Realitäten im Raum sind, sie unterscheidet sich bei Kant aber von der Atomistik insofern, als physische Monaden für sich unausgedehnt sind und nicht als Begründung einer mechanischen Materietheorie, sondern für einen Dynamismus verwendet werden. Diese Dynamik unterscheidet sich jedoch in einem wesentlichen Punkt von Kants späterer dynamischen Materietheorie in den *Metaphysischen Anfangsgründen der Naturwissenschaft*, nämlich ihrer der Konzeption der Substanz. Im Folgenden sollen die für die Thesis relevanten drei Theorien Wolffs, Baumgartens und Kants überblicksweise dargestellt werden.

Wolffs Beweis für die Realität der Naturatome in seiner *Cosmologia Generalis* kann man syllogistisch als einen Schluß nach dem *modus ponens* auffassen.[105] Als Obersatz

---

[104] Auch bei Crusius ist diese Änderung gegenüber Leibniz offen ausgesprochen (Entwurf der nothwendigen Vernunftwahrheiten, § 209. S. 303).

[105] Wolff, Chr.: Cosmologia Generalis, §§ 176-186. S. 143-148.

fungiert das ontologische Argument, daß zusammengesetzte Substanzen notwendig aus dem Einfachen bestehen; dazu verweist er auf jenes bereits zitierte indirekte Argument aus der *Ontologia* (§ 686). Als Untersatz fungiert die Behauptung, daß Körper solches substantiell Zusammengesetztes sind (§ 176), woraus geschlossen werden kann, daß die Körper aus dem Einfachen bestehen müssen (§ 177). Darauf wird die einfache Substanz als Element des Körpers bestimmt (§ 181), solche Elemente seien *atomi naturae* (§ 186). Die Naturatome sind ausdehnungslos, gestaltlos, größenlos, nehmen keinen Raum ein (§ 184) und sie sind unteilbar (§ 185). Das Problem des Raumes wird von Wolff jedoch nicht annäherungsweise gelöst, denn trotz der Einführung des Naturatoms geht er wie Leibniz von der bloßen Phänomenalität von Ausdehnung und Raum aus, die durch die Verworrenheit der sinnlichen Vorstellungen zustande kommt (§ 221; §§ 225 f.) und lehrt die unendliche Teilbarkeit der Körper (§ 222).[106] Doch der eigentliche Beweis des Einfachen, der mit dem Thesisbeweis zumindest die indirekte Beweisführung teilt, wenngleich er ein anderes Argument vorbringt, findet sich in Wolffs *Ontologia.*[107] Wie in Kants Thesisbeweis ist die indirekte Beweisführung Wolffs selbst allgemein ontologisch; sie wird erst in der *Cosmologia Generalis* kosmologisch relevant durch eine nachträgliche Subsumtion der Materie unter das Seiende überhaupt im Untersatz des Syllogismus sowie durch die Ausdeutung des Einfachen als Element der Materie. Anders als die Thesis jedoch argumentiert Wolff unmittelbar mit dem Aristotelischen Argument der Unmöglichkeit des infiniten Regresses, der sich einstellt, wenn unter der Annahme, es gäbe nur Zusammengesetztes, nach der *ratio sufficiens* der Materie gefragt wird.[108] Grundlage des Beweises ist also der Satz vom Grund. Wolff stellt die Behauptung auf: „Si entia composita dan-

---

106 Vgl. auch Wolff, Chr.: Deutsche Metaphysik, §§ 359-606. S. 359-375.

107 Wolff, Chr.: Ontologia, §§ 686. S. 517 f. Daß der Thesisbeweis sich bereits bei Wolff vorgeprägt findet, nicht aber mit Leibniz' Materietheorie übereinstimmt, hat insbesondere Radner herausgearbeitet (Unlocking the second Antinomy. S. 419-426). Radner glaubt, die Antinomie sei wesentlich auf die Substanzmetaphysik der Schulphilosophie beschränkt (S. 414). Poser ist der Auffassung, daß die Abänderung der Monadenkonzeption Leibniz' durch Wolff letztlich auf einer unterschiedlichen Begriffstheorie beruhe, Wolff erkenne nämlich das Erfahrungsurteil als vollgültiges Urteil an (Zum Begriff der Monade bei Leibniz und Wolff. In: Akten des II. Internationalen Leibniz-Kongresses. Wiesbaden 1975 (Studia Leibnitiana Suppl. XIV), Bd. III, S. 383-395). Poser meint sogar, Wolff mache Schritte in Richtung auf einen „Empirismus" (S. 392). Zum Verhältnis Leibniz' und Wolffs vgl. auch Wilson, C.: The Reception of Leibniz. S. 444-460. Auch sie weist auf den fundamentalen Unterschied in der Monadenkonzeption zwischen Wolff und Leibniz hin, der darin besteht, daß Wolff den Monaden nicht Perzeptionen als ihre wesentlichen Prädikate zuschreibt.

108 Diese Argumentation findet sich vergleichbar auch bei anderen Schulphilosophen: vgl. Reusch, J. P.: Systema Metaphysicum, § 176 ff. Jena 1735 (Neudruck: Hildesheim 1990); Baumeister, F. Chr.: Institutiones metaphysicae, § 268, § 452. Wittenberg / Zerbst 1738 (Neudruck: Hildesheim 1988); Gottsched, J. Chr.: Erste Gründe der gesamten Weltweisheit, § 376. Leipzig 1733.

tur, simplicia etiam dentur necesse est, seu, sine entibus simplicibus composita existere nequeunt." (§ 686). Diese Behauptung glaubt Wolff dadurch beweisen zu können, daß er auf den infiniten Regreß verweist, der entsteht, wenn nach den Teilen gefragt wird, aus denen das Zusammengesetzte besteht. Der zureichende Grund des Zusammengesetzten kann nicht in einem wiederum Zusammengesetzten bestehen. Die Annahme, daß es ausschließlich Zusammengesetztes gebe, erweist sich damit für Wolff als unhaltbar, die *reductio ad absurdum* ist damit abgeschlossen. Daraus wird nun gefolgert: weil der zureichende Grund des Zusammengesetzten in etwas anderem als dem Zusammengesetzten bestehen muß und alles Seiende entweder zusammengesetzt oder einfach ist, so muß der zureichende Grund des Zusammengesetzten das Einfache sein. Wie solches unausgedehnte Einfache aber in seiner Zusammensetzung den ausgedehnten Körper ausmachen kann, erklärt Wolff am eingängigsten in der *Deutschen Metaphysik*:[109] Unter Zugrundelegung des Prinzips vom Nichtzuunterscheidenden, nimmt Wolff an, daß die ausdehnungslosen, punktförmigen „Elemente" den Raum erfüllen, indem sie gemäß ihrer „inneren Zustände" voneinander verschieden sind, dennoch aber zugleich existieren. Dies ist aber nur möglich, wenn sie im Raum existieren, denn aufgrund ihrer Verschiedenheit können sie nicht alle in einem Punkt existieren. Wegen ihrer inneren Verknüpftheit gemäß ihrer inneren Zustände „machen viele einfache Dinge zusammen eines aus [...] und daher bekommet das zusammengesetzte eine Ausdehnung" (S. 372).

Auch bei Baumgarten besteht die Welt aus Monaden. Sein Beweis in der *Metaphysica* ist rein ontologisch: Jede Substanz ist entweder zusammengesetzt oder einfach (§ 230); jede zusammengesetzte Substanz muß notwendig aus einfachen Teilen bestehen, weil nur die Teile Substanzen sein können, denn Akzidentien können nicht ohne Substanzen bestehen. Die Ordnung der Substanzen, sofern sie zugleich existieren, macht den Raum aus (§ 239). Die Monaden sind nicht ausgedehnt, aber das Ganze von Monaden ist ausgedehnt (§ 242). In der Kosmologie führt Baumgarten diese ontologischen Bestimmungen der Monade in seiner Theorie physischer Punkte aus. Die Monaden sind demnach an sich real, unausgedehnt, größenlos, unteilbar und haben einen inneren und einen äußeren Zustand (§ 396), um die für unser Problem entscheidenden Bestimmungen zu nennen. Da nun die Punkte unterschieden sind, so ergäbe sich aus ihrer Vielheit eine Ordnung, diese ist der Raum. Also, so schließt Baumgarten, ist das Aggregat von Monaden ausgedehnt. Damit löst Baumgarten die Ausdehnung aus dem Zusammenhang der Leibnizschen *perceptio*-Lehre, wonach sie lediglich ideal ist, d.h. nur Resultat einer inadäquaten Perzeptionsweise. Wie bei Wolff wird der Raum damit als real angesehen. Die Monade in der Welt nennt Baumgarten mit Wolff *atomus naturae* (§ 424). Baumgarten löst in seiner Lehre des Naturatoms das Problem des Verhältnisses von Einfachem und Raum dadurch, daß bei ihm die Naturatome Kräfte besitzen, die die Undurchdringlichkeit des Zusammengesetzten erklären (§ 418). Baumgarten rezipiert Leibniz' Unterscheidung von erster und zweiter

[109] Wolff, Chr.: Deutsche Metaphysik, §§ 602 ff. S. 371-374.

Materie (§ 417). Demnach ist der physische Körper, die zweite Materie, die durch Kraft bewegliche passive Masse.

Der Thesisbeweis der zweiten Antinomie findet seine Vorprägung in Kants eigener Argumentation der *Monadologia Physica* von 1756.[110] In der *Monadologia Physica* führt Kant nicht nur einen Beweis für die These, daß die Körper aus einfachen Substanzen, Monaden, bestehen, er behandelt bereits in dieser vorkritischen Schrift dieselbe Problematik von Einfachheit und unendlicher Teilbarkeit und kennzeichnet sie als einen Streit zwischen Metaphysik und Geometrie: „Etenim cum illa spatium in infinitum divisibile esse praefracte neget, haec eadem, qua cetera solet, certudine asseverat."[111] Gemeint ist weniger der Raum selbst, als die Realität im Raum, also die Materie.[112] Im ersten Abschnitt der *Monadologia Physica* will Kant zeigen, daß einerseits die Körper aus einfachen Substanzen bestehen, andererseits aber nicht nur im unendlich teilbaren Raum real sind, sondern auch einen Raum einnehmen, ohne selbst wie der Raum unendlich teilbar zu sein.

Den Beweis für die einfachen Substanzen als Elemente der Körper führt Kant in *Propositio II*. Anders als bei Wolff wird der Satz vom Grund dezidiert nicht verwendet, denn er soll auch diejenigen überzeugen, denen dieser Satz fremd sei, so Kants diplomatische Redewendung. Vielmehr argumentiert Kant wie in der Thesis der *Kritik der reinen Vernunft* mit dem Gedankenexperiment der Aufhebung der Zusammensetzung:

---

110 Monadologia Physica. AA I, 477. Daß Kant in der zweiten Antinomie im wesentlichen seine eigene Theorie physischer Monaden trifft, hat Vogel hervorgehoben (Kant und die Paradoxien der Vielheit. S. 308). Malzkorn schließt sich dieser Meinung an, ist nach einer Analyse der *Monadologia Physica* und der zweiten Antinomie in der *Kritik der reinen Vernunft* dennoch der Auffassung, Kant gelinge es nicht, die Antinomievermeidung durch Hinsichtenunterscheidung in der *Monadologia Physica* und damit diese Konzeption insgesamt zu widerlegen (Kant über die Teilbarkeit der Materie. In Kant-Studien 89 (1998), S. 385-409; S. 385 ff.). Zur Bedeutung der Methode der *Monadologia Physica* im Zusammenhang von Kants vorkritischen Versuchen in der Naturphilosophie vgl. Falkenburg, B.: Kants Kosmologie. S. 47-54.

111 Monadologia Physica. AA I, 475. Zur dynamischen Monadologie Kants vgl. auch Carrier, M.: Kants Theorie der Materie und ihre Wirkung auf die zeitgenössische Chemie. In: Kant-Studien 81 (1990), S. 171-210, S. 172-180. Carrier glaubt in Kants Konzeption eine Inkohärenz festzustellen, weil er meint, daß die physischen Monaden bei Kant nicht ausdehnungslose Kraftzentren seien, sondern eine Art Atomistik darstellen (S. 174 f.). Mir scheint aber genau dies Kants Meinung zu sein. Carrier macht auf historische Hintergründe des Dynamismus bei Newton u.a. aufmerksam.

112 Die Schwierigkeit, eine Lösung dieses Problems zu finden, faßt Kant in das Bild eines Joches, unter das Greife mit Pferden zusammengespannt werden sollen. Dies zu bewerkstelligen sei, so Kant, leichter, als die Transzendentalphilosophie, gemeint ist hier die Metaphysik, mit der Geometrie zu verbinden. Offensichtlich setzt er die Metaphysik in Analogie zu dem Hybridwesen aus Löwe und Adler, das halb der Erde halb der Luft angehört, die Geometrie ist in diesem Vergleich offensichtlich das Zugpferd der Naturwissenschaft.

„Quoniam autem talibus partibus compositio non est nisi relatio, hinc determinatio in se contingens, quae salva ipsarum existentia tolli potest, patet, compositionem omnem corporis abrogari posse, superstitibus nihilo secius partibus omnibus, quae antea erant compositae. Compositione autem omni sublata, quae supersunt partes plane non habent compositionem, atque adeo pluralitate substantiarum plane sunt destitutae, hinc simplices. Corpus ergo quodvis constat partibus primitivis absolute simplicibus, h.e. monadibus."[113]

Wie in der Thesis wird hier mit der Akzidentalität der Zusammensetzung argumentiert, was es erlaubt, die Relation der Substanzen außer Kraft zu setzen (abrogari posse), so Kants Ausdruck hier für „in Gedanken aufheben" in der Thesis. Ebenso wie in der Thesis besteht die wesentliche Voraussetzung für die Gültigkeit des Beweises darin, daß die Existenz der Materie in bestimmter Weise argumentativ eingesetzt wird: Die Außerkraftsetzung der Relation geschieht „salva existentia". Weil es sich um Substantielles handelt, kann die Existenz nicht aufgehoben werden, wenn die Relationalität aufgehoben ist. Das Teillose und damit Einfache, das wie in der Thesis letztlich nach diesem gedanklichen „Scheidungsprozeß" übrig bleibt, belegt Kant mit derselben Einschränkung wie in der Thesis der *Kritik der reinen Vernunft*: es gehe ihm nur um diejenigen einfachen Substanzen, die ursprüngliche Teile der Körper sind, und deshalb verwende er folgende Termini synonym, wie er in der Anmerkung zum Beweis hinzufügt: einfache Substanzen, Monaden, Elemente der Materie und ursprüngliche Teile des Körpers.

In der darauffolgenden *Propositio* zitiert Kant einen gängigen geometrischen Beweis für die unendliche Teilbarkeit des Raumes.[114] Darauf stellt er in *Propositio IV* klar, daß ein Zusammengesetztes, das unendlich teilbar ist, nicht aus einfachen Teilen besteht, um auszuschließen, daß angenommen wird, die physischen Monaden, die er beweisen möchte, seien unendlich kleine Teile des Körpers. Kant unterscheidet nun zwischen dem Raum und der Materie im Raum. Der Raum selbst ist nicht substantiell, Kant denkt ihn in Leibniz-Wolffscher Tradition als das „relationis externae unitarum monadum phaenomenon".[115] Er kann daher als unendlich teilbar vorgestellt werden; das Zusammengesetzte aber, das substantiell ist wie die Materie, könne nicht unendlich teilbar sein, denn sonst sei es unmöglich, daß ein Aggregat aus Substanzen Materie real konstituiere. Entscheidend für den Beweis des Einfachen ist Kants Bemerkung, daß wenn diese Teile nicht für das Zusammengesetzte konstitutiv wären, jede Substantialität des Zusammengesetzten aufgehoben wäre. Kants erstaunliche

---

113 Monadologia Physica. AA I, 477.

114 Es handelt sich um einen Beweis, wie er sich bei Jaques Rohault oder John Keill findet, wie Polonoff zeigt (Force, Cosmos, Monads and other Themes of Kant's early Thought. Bonn 1973 (Kantstudien Ergänzungshefte 107), S. 149). Kant nennt Keills Beweis in *Über eine Entdeckung* (AA VIII, 202). Aber er kannte Keills *Introductio in veram physicam*, in welchem sich der Beweis findet, bereits 1755, da er Keills Erklärung der Undurchdringlichkeit der Materie hier thematisiert (AA I, 484).

115 Monadologia Physica. AA I, 479.

und wohl wenig zwingende Schlußfolgerung aus diesem Gedanken ist, daß jeder Körper daher notwendig aus einer definiten Anzahl einfacher Teile bestehe.[116] Das entscheidende Problem, auch für Kants eigene Materietheorie – wie später zu zeigen ist –, besteht in der Bestimmung des Verhältnisses von Materie und Raum und seiner Begründung. Denn wenn der Raum als real angenommen wird und das Reale im Raum ebenso, dann erhebt sich die Frage, ob die Materie, sofern sie im Raum ist, in gleicher Weise wie er teilbar sein muß, oder aber ob ein Unterschied zwischen den Teilungseigenschaften des Raumes und der Materie bestehe. Letztere These muß die physische Monadologie verteidigen können, denn sie geht davon aus, daß andernfalls die Realität der Materie nicht begründbar sei. Auch der kritische Kant muß sich in seiner eigenen Materietheorie diesem Problem stellen.

Der für die physische Monadologie vernichtenden Annahme einer völligen Konvergenz von Materie und Raum bezüglich ihren Teilungseigenschaften meint Kant durch seine Theorie dynamischer Raumerfüllung zu entgehen. Danach nehmen die physischen Monaden einen Raum ein durch eine Sphäre ihrer Wirksamkeit (*sphaera activitatis*). Diese ist die repulsive Kraft, welche sie als dicht erscheinen läßt. Kant äußert sich nicht zu der Frage, ob die Substanz selbst als ein Punkt zu denken sei, der das Zentrum der Kraft ausmacht; seine Ausführungen zur repulsiven Kraft legen dies allenfalls nahe, wenn er sie so beschreibt, daß sie ihre Aktivität in einem nach allen Seiten hin bestimmten Raum ausstrahlt.[117] Die Teilbarkeit des Raumes innerhalb dieser Sphäre bedeutet demnach nicht die Teilbarkeit der Monade, da ihre Sphäre nicht ein substantiell Zusammengesetztes ist, sondern der Monade wesentlich eigen ist, d.h. sie ist nicht von ihr abtrennbar. Die räumlichen Teile dieser Sphäre sind als real erfüllte Raumteile keine von der Substanz abtrennbaren Teile. Geometrisch ist der Raum, den eine Monade erfüllt, unendlich einteilbar, zugleich aber ist der materielle Körper einer Monade, d.h. der reale Raumgehalt, unteilbar, weil er der Monade wesentlich zukommt. Für Kant zeigt dies, daß die unendliche Teilbarkeit des Raumes nicht die These von der Einfachheit der Monade widerlegt. Zu diesem Beweis bedient er sich der von ihm selbst in der *Kritik der reinen Vernunft* so geschmähten inneren Bestimmungen der Substanz (*determinationes internae*). Kant deutet diesen Teil seiner Theorie physischer Monaden mehr an, als daß er ihn klar ausführt; nur zwei innere Bestimmungen der physischen Monaden nennt er: sie sind unräumlich und sie machen die Substanz zum Subjekt ihrer relationalen Bestimmungen (*determinationes respectivae*). Die Erläuterung, die Kant für diese seine Ansicht gibt, läßt ihn in dieser Sache mehr in die Nähe Leibniz' als Wolffs rücken. Bei Kant ist die physische Monade wesentlich durch die Kraft bestimmt, die bei Leibniz bloß abgeleitete Kraft ist (*vis derivativa*). Der Begriff der Kraft ermöglicht nämlich die Hinsichtenunterscheidung, die für die Vermeidung der Antinomie erforderlich ist. Denn die Kraft kann an sich selbst nicht ma-

116 Monadologia Physica. AA I, 479. Die Bedeutung des Gedankens der definiten Anzahl für die zweite Antinomie erschließt sich erst in deren Auflösung.

117 Monadologia Physica. AA I, 536.

teriell oder räumlich ausgedehnt sein, verursacht aber Ausdehnung und Trägheit des materiellen Körpers. Bei Leibniz ist diese Kraft rein phänomenal. Dennoch, im Unterschied zu Leibniz, erscheint es schwer vorstellbar, was Kant konkret unter den inneren Bestimmungen der physischen Monaden versteht. Leibniz sieht als innere Bestimmungen der Monaden *repraesentationes* oder *perceptiones* an. Mentalistische Bestimmungen scheinen aber in Kants Konzeption nicht einfügbar zu sein. Das Hauptproblem ist, das Subjekt der Relation bloß als inneres Verhältnis zu denken. Daß Kant diese Differenz des Systems physischer Monaden zu Leibniz bewußt ist, zeigt seine Kritik an Leibniz' Theorie der inneren Bestimmungen der Monade im Amphibolie-Kapitel der *Kritik der reinen Vernunft* und seine Anmerkung zur Thesis: die physischen Monaden, um die es in Thesis und Antithesis der zweiten Antinomie geht, sind nicht nach dem Modell des Selbstbewußtseins gedacht. Die inneren Bestimmungen der physischen Monaden sind ein gravierendes Problem dieser Konzeption, das Kant 1756 noch nicht in aller Deutlichkeit sah, wenngleich er seine Bedeutung erkannt hatte, wie die Anmerkung zu *Propositio VII* zeigt.[118] Die Aufgabe dieser inneren Bestimmungen erst läßt das Problem der zweiten Antinomie in seiner schärfsten Form hervortreten, so nämlich, daß die Thesis sich durch keinen Kunstgriff der Argumentation der Antithesis, d.h. der mathematischen Betrachtungsweise entziehen kann. Wenn nämlich die Monade über keine inneren Bestimmungen verfügt, sondern nur über äußere, dann wäre sie unabhängig von diesen völlig unbestimmt und folglich nichts. Ihre äußeren Bestimmungen wären dann also nicht akzidentell, sondern substantiell und wesentlich. Doch damit müßte von der Monade selbst ausgesagt werden, sie sei ausgedehnt. Dieses Problem der physischen Monadologie wird vom Antithesisbeweis, wie zu zeigen ist, gegen die Thesis ausgespielt.

Wie Leibniz nennt auch Kant den Raum in der *Monadologia Physica* ein *phaenomenon* der monadischen Relationen. Der entscheidende Unterschied jedoch besteht im Stellenwert, der der Realität und Existenz der Materie eingeräumt wird. Sie selbst wird zum substantiellen Aggregat, daher muß die Substanz selbst im Raum anwesend sein. In den *Postulaten des empirischen Denkens* der *Kritik der reinen Vernunft* belustigt sich Kant über die Theorie einer „Substanz, welche beharrlich im Raume gegenwärtig wäre, doch ohne ihn zu erfüllen, (wie dasjenige Mittelding zwischen Materie und denkendem Wesen, welches einige haben einführen wollen" (B 270).[119] Die Monade muß –

---

118 Monadologia Physica. AA I, 482 Anm.

119 Getroffen fühlen muß sich der von Kant sonst so geschätzte Baumgarten. Baumgarten lehrt die Unausgedehntheit der Monaden; in der Kosmologie gelten sie als *puncta physica*. Zugleich vertritt er die These, daß ein Aggregat aus Monaden ausgedehnt sei (Metaphysica, § 242; §§ 396, 399. AA XVII, 79, 110). Die inneren Bestimmungen dieser Monaden sind dann in der Tat *repraesentationes*. Diese Elemente der Körper sind *monades nudae*, Baumgarten übersetzt diesen Leibnizschen Begriff schicklicherweise durch „schlafende Monaden" (§§ 400 ff.; AA XVII, 111). Auch Wolff lehrt, daß das Einfache unausgedehnt sei (Ontologia, § 683. S. 514; Cosmologia Generalis, § 184. S. 147), jedoch konzipiert er in der *Cosmologia* die Naturatome nicht nach dem Modell des Selbstbewußtseins.

wie Kant in der *Monadologia Physica* zeigt –, wenn sie im Raum unmittelbar gegenwärtig sein soll (*immediata praesentia*), selbst extensive Größe haben. Kant zeigt dazu folgende Figur, welche die *sphaera activitatis* der Monade darstellen soll:[120]

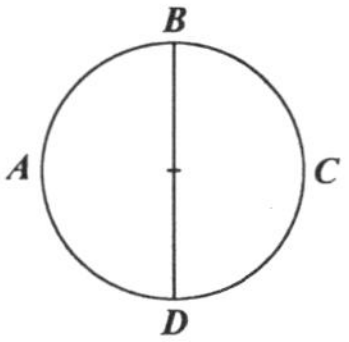

Die Teile ABD und BCD sind deshalb im Hinblick auf die repulsive Kraft unteilbar, so Kant, weil sie nicht substantielle Teile sind, die für sich bestehen könnten, sondern Bestimmungen der einen Substanz, welche das Ganze von ABCD ausmacht. Kant geht nicht darauf ein, daß offensichtlich zwei unterschiedliche Typen von Teilung damit angesprochen sind; die geometrische Einteilung des Raumes unterscheidet sich von der Teilung der Materie dadurch, daß letztere zwar nicht als eine empirische Teilung durch mechanischen oder chemischen Einfluß gedacht ist, daß sie dennoch aber als eine reale Trennung der Teile vorgestellt wird.[121] Die geometrisch unendliche Teilbarkeit ist eine lediglich ideale Teilung. Offensichtlich geht es bei diesem Gedanken auch nicht um eine begriffliche oder anschauliche Unterscheidung von Gegenden an den Elementen der Materie, beispielsweise die unterschiedlichen Seiten der räumlichen Figuren ABD und BCD in links und rechts, sondern um die selbständige Existenzmöglichkeit der Teile.

Kant löst das Problem der Teilbarkeit der Materie in der *Monadologia Physica* letztlich also mit Hilfe einer Hinsichtenunterscheidung: Hinsichtlich ihrer Substantialität sind physische Monaden unteilbar, hinsichtlich ihrer räumlichen Ausdehnung sind sie geometrisch unendlich einteilbar. Die Hinsichtenunterscheidung wird ermöglicht durch die Theorie der Kräfte, die als erklärtermaßen akzidentelle äußere Bestimmung der Substanzen das Verhältnis zum Raum erklären. Doch diese Theorie ist, wie noch zu zeigen ist, auch der Schwachpunkt der Hinsichtenunterscheidung. Leibniz hatte das Problem durch seine metaphysische Grundlegungstheorie, welche die Materie als in Monaden fundiert behauptet, gelöst. Sie postuliert einen ontologischen Unterschied zwischen einerseits unendlich eingeteilten Körpern und unendlich einteilbarem Raum und andererseits dem Kosmos der Monaden. Er vermeidet, so jedenfalls der Ansatz, das Problem der zweiten Antinomie, indem er eine gestufte Ontologie entwirft, in welcher materielle Körper und Raum in bloß abgeleitetem Sinne Seiende sind gegenüber der Welt der individuellen Substanzen. Wolff und der vorkritische Kant nehmen dagegen an, daß die Substanzen real im Raum gegenwärtig seien; damit ergibt sich die Antinomie der Materieteilung allererst in systematisch scharfer Form.

120 Monadologia Physica. AA I, 481.
121 Vgl. R 5889; AA XVIII, 376.

Die Substantialität verbreitet sich im Raum, der durch ihre repulsive Kraft erfüllt wird. Der kritische Kant hält den Versuch, die Metaphysik mit der Mathematik zu vereinbaren, für zum Scheitern verurteilt, dadurch schikaniere die Philosophie mit der Mathematik (B 467 f.).[122]

Die physischen Monaden erfüllen mit den Eigenschaften, die Kant ihnen in der *Monadologia Physica* zuschreibt, die Kriterien, die von dem Einfachen in der Kosmologie gefordert sind: sie sind *erstens* echte Teile oder Elemente der Materie, ohne zusammengesetzt zu sein. Sie sind *zweitens* ausgedehnte Realitäten im Raum, die dennoch selbst unteilbar sind. Und *drittens* sind sie, weil sie Realitäten im Raum sind, mit Materie teils gleichartig, ungleichartig jedoch dadurch, daß sie selbst nicht zusammengesetzt und an sich selbst unräumlich und immateriell sind. Die systematische Zuordnung der Lehre der physischen Monaden zu den mathematischen Antinomien ist daher begründet. Mit seiner Konzeption physischer Monaden stellt sich der vorkritische Kant in dem historischen Streit zwischen der Leibniz-Wolffschen Schule und der Schule der Naturforscher, insbesondere Leonhard Eulers und der Berliner Akademie,[123] ganz klar auf die Seite der Monadisten.

Von der Atomistik unterscheidet sich diese monadologische Materietheorie v.a. durch ihre Ablehnung des leeren Raumes. Die Theorie physischer Monaden geht zunächst von einer relationalen Raumtheorie aus, in welcher die Annahme leerer Räume keinen Sinn hat. Die unterschiedliche Dichte der Stoffe erklärt Kant durch die Intensität der repulsiven Kraft, die in den Monaden unterschiedlich sein kann. Explizite Kritik an der Atomistik übt Kant in *Propositio XII.*

Kant übernimmt in der *Kritik der reinen Vernunft* nicht nur die Argumentation der Thesis aus der *Monadologia Physica*, er bezieht sich in der Thesis auch konzeptionell ganz auf seine eigene Theorie physischer Monaden von 1756. Seine Kritik an Wolff und Baumgarten hat gezeigt, daß er die eigene Theorie physischer Monaden auch in

---

122 Eine Theorie physischer Monaden wird auch noch von Johann August Eberhard vertreten. Eberhard begeht allerdings nach Kants Meinung den Fehler, den Beweis für einfache Teile der Materie kosmologisch zu führen und nicht allgemein ontologisch. Dadurch wird die Unhaltbarkeit dieser Position offensichtlich. In *Über eine Entdeckung* zieht er sich daher spöttische Kritik zu (AA VIII, 203 ff.). Kants Eberhard-Kritik enthält wichtige Bemerkungen zu Kants kritischer Position, daher wird sie in Kap. III.3.6. näher untersucht.

123 In seiner Schrift *Versuch, den Begriff der negativen Größen in die Weltweisheit einzuführen* verweist Kant auf einen Aufsatz Leonhard Eulers, der im Jahrbuch der Berliner Akademie der Wissenschaften abgedruckt ist, in welchem auch der Gewinner der Preisfrage von 1747 besprochen wird (AA II, 168). Die Preisfrage galt dem Beweis der Existenz oder Nichtexistenz von Monaden. Euler, und mit ihm die Akademie, war aus mathematischen Gründen ein erklärter Gegner der Monaden, und so wurde als Gewinner ebenfalls ein Monadengegner gewählt. Kant äußert sich hier über Eulers mathematische Beweisgründe vollauf zustimmend. Es darf also vermutet werden, daß Kant mit der Preisfrage und ihrer Behandlung von seiten der Berliner Akademie vertraut war. Vgl. zu Euler und seiner Kontroverse mit Wolff: Polonoff, I. I.: Force, Cosmos, Monads. S. 77-89; Vogel, K.: Kant und die Paradoxien der Vielheit. S. 95-103.

kritischer Zeit noch als konsequentere Durchführung einer monadologisch-dynamischen Materietheorie einschätzt als diejenigen Materietheorien vom Typ Wolffs und Baumgartens. Ob diese Einschätzung aber auch Leibniz' Materiekonzeption betrifft, d.h. ob Kant die physische Monadologie als eine Konsequenz der Leibnizschen Materielehre ansieht, ist nicht klar festzustellen.[124]

Es ist möglich, daß die *Monadologia Physica* eine Reaktion auf Christian August Crusius' Kritik an Wolffs und auch Leibniz' Lehre vom Einfachen ist. In seinem *Entwurf der nothwendigen Vernunft-Wahrheiten* von 1745 greift Crusius die Monadenlehre mit einem antirationalistischen Argument an. Er fordert, daß zwischen *ratio cognoscendi* und *ratio essendi* unterschieden werden müsse. Gegen dieses Prinzip verstoße die Lehre vom Einfachen, weil sie nicht zwischen realer und wahrer Einfachheit unterscheide. Wie später Kant kritisiert auch Crusius v.a., daß die einfache Substanz von Wolff als mathematisch einfach gedacht wird, d.h. als unausgedehnt, also als Punkt. Crusius hingegen meint, wie später Kant, die einfachen Substanzen müßten einen Raum einnehmen.[125] Wie Kant plädiert Crusius für eine Unterscheidung des metaphysisch Einfachen und des mathematisch Einfachen oder des mathematischen Raumes. Crusius vertritt die These der realen unendlichen Eingeteiltheit der Materie.[126] Sie sei aber nicht unendlich teilbar, sondern bestehe aus Einfachem. Anders als Kant jedoch meint Crusius, die Mathematik müsse von der Philosophie gänzlich unterschieden werden, wohingegen Kant 1756 eine Verbindung beider Wissenschaften anstrebt. 1763 kritisiert er Crusius für seine Ablehnung der Mathematik mit seiner Schrift *Versuch über den Begriff der negativen Größen* (AA II, 169).

Zur Antithesis überleitend sollen nun die Untersuchungen zur Thesis im Hinblick auf die Frage zusammengefaßt werden, wie sich das Einfache der Thesisposition zum Raum verhält. Anders als in der *Monadologia Physica* geht Kant in der Thesis der zweiten Antinomie selbst nicht auf den Raum oder das Verhältnis des Einfachen zum Raum ein, obwohl der Kontext erzwingt, daß das Einfache als Realität im Raum angesehen werden muß. Erst in der *Anmerkung zur Antithesis* führt Kant die Stellung-

---

124 Vorausgreifend sei darauf hingewiesen, daß Kant in seiner kritischen Philosophie sowohl dem Plenismus als auch dem Dynamismus in seiner kritischen Materietheorie treu bleibt. Die kritische Wende in seiner Materielehre betrifft im Kern die Aufgabe des ontologischen Substanzbegriffs, die motiviert ist durch seine Umdeutung der Kategorien – u.a. also auch der Begriffe Realität und Substanz – von *termini ontologici* zu „Funktionen zu urteilen" (B 143) und ihrer kritischen Restriktion sowie die Einführung des kritischen Erscheinungsbegriffs.

125 Crusius, Chr. A.: Entwurf der nothwendigen Vernunft-Wahrheiten, § 117. S. 190. Vgl. dazu Finster, R.: Zur Kritik von Christian August Crusius an der Theorie der einfachen Substanzen bei Leibniz und Wolff. In: Studia Leibnitiana XVIII/1 (1986), S. 72-82; Heimsoeth, H.: Atom, Seele, Monade. S. 118-121.

126 Crusius, Chr. A.: Anleitung über die natuerliche Begebenheiten ordentlich und vorsichtig nachzudenken, § 64 ff. Leipzig 1749: „Die Materie ist von der Natur in unendliche Theile eingetheilet." (S. 610).

nahme der Thesisposition zu diesem Problem an (B 469). Die Konstruktion der Antinomie erfordert es, daß Thesis und Antithesis das negative Argument des jeweils anderen zumindest prinzipiell zurückweisen können; die Antithesis verhält sich explizit negativ gegenüber der Thesis, ihr Argument gegen die Thesis liegt also offen. Die Thesis dagegen muß ihrerseits zumindest potentiell ein Argument gegen die Argumentation der Antithesis vorbringen können, um im direkten Vergleich der Argumente nicht der Antithesis zu unterliegen, so daß das Gleichgewicht der Beweislage gestört wäre, das für das Bestehen der Antinomie erforderlich ist. Das Argument läßt sich aus der *Monadologia Physica* exportieren; in der *Kritik der reinen Vernunft* nennt Kant es nur (B 467 f.), dazu auch in eher abwertendem Ton, so als sei sein Mangel an Plausibilität zu offensichtlich. Dennoch hielt er dieses Argument 1756 für derart schlagend, daß es für ihn die Möglichkeit bot, in der Kosmologie Metaphysik und Geometrie durch eine Hinsichtenunterscheidung zu versöhnen. Der erste Beweis der Antithesis steht vor der Aufgabe, diese Hinsichtenunterscheidung nicht zuzulassen; dies macht die besondere Schwierigkeit des Beweises aus, wie deutlich werden wird. Aus der Perspektive der Antithesisposition übt Kant Kritik an diesem vermeintlich verwundbaren Punkt der Thesisposition: ein *totum substantiale phaenomenon* unterliege dem Raum als der Bedingung seiner Möglichkeit und sei daher hinsichtlich seiner Teilbarkeit von diesem abhängig. Die Thesisposition weiß sich jedoch durchaus gegen diese Kritik zur Wehr zu setzen. Sie postuliert schlicht einen anderen Raumbegriff. Wenn der Raum lediglich die repräsentierte Ordnung der phänomenalen Körper ist, wenn man also von einem idealen und relationalen Raum ausgeht wie Leibniz, dann sei, so Kant, der Thesisbeweis bündig, denn dann lassen sich die Teilungseigenschaften des Raumes nicht auf die Materie übertragen, was Kant in der *Monadologia Physica*, wie gezeigt, theoretisch ausformuliert hat.

3. Die Antithesis und ihr Beweisgang

Kant zufolge gelangt die reine Vernunft in der natürlichen Ausübung ihrer Anlagen, welche sie dazu veranlassen, die unbedingten Bedingungen der Welt zu bestimmen, unter Befolgung ihrer Erkenntnisprinzipien zu einer der Thesis entgegengesetzten Aussage: Faßt die Vernunft die Reihe der Bedingungen des Naturganzen in ihrer Totalität als unbedingt auf, so gelangt sie zu der Auffassung, daß die Teile des Realen im Raum jeweils immer ein Bedingtes seien; demnach gibt es ihr zufolge kein Kleinstes in der Teilungsreihe. Die Materie besteht nach dieser Interpretation des Unbedingten nicht aus Einfachem. Die Antithesis der zweiten Antinomie lautet demgemäß:

> „Kein zusammengesetztes Ding in der Welt besteht aus einfachen Teilen, und es existiert überall nichts Einfaches in derselben." (B 463)

In der Anmerkung zur Antithesis bezeichnet Kant die Antithesis als den „Satz einer unendlichen Teilung der Materie" (B 467). Diese positive Lehrmeinung wird – wie bereits erwähnt – in der Auflösung in einem spezifischen Sinne ausgedeutet: Kant zeigt dort auf, die Antithesis müsse davon ausgehen, daß die Unendlichkeit der Teilungsreihe eine aktuale Unendlichkeit ist, daß also das Reale im Raum ein unendlich Eingeteiltes ist. Es war bereits darauf verwiesen worden, daß Kant den Dogmatismus der Antitheseis als einen impliziten Dogmatismus in den Beweisgründen diagnostiziert.

Zur besseren Orientierung sei der Beweis zunächst wörtlich zitiert und wie bei der Thesis in einer Einteilung präsentiert, welche die Beweisstruktur zu erkennen gibt:[127]

Beweisübersicht (B 463 ff.)

Antithesis

A_1 Kein zusammengesetztes Ding in der Welt besteht aus einfachen Teilen,

A_2 und es existiert überall nichts Einfaches in derselben.

Beweis

Setzet:

AV_1 (1) ein zusammengesetztes Ding (als Substanz) bestehe aus einfachen Teilen.

A (2) Weil alles äußere Verhältnis, mithin auch alle Zusammensetzung aus Substanzen, nur im Raume möglich ist:

(3) so muß, aus so viel Teilen das Zusammengesetzte besteht, aus eben so viel Teilen auch der Raum bestehen, den es einnimmt.

B (4) Nun besteht der Raum nicht aus einfachen Teilen, sondern aus Räumen.

(5) Also muß jeder Teil des Zusammengesetzten einen Raum einnehmen.

C (6) Die schlechthin ersten Teile aber alles Zusammengesetzten sind einfach.

(7) Also nimmt das Einfache einen Raum ein.

D (8) Da nun alles Reale, was einen Raum einnimmt, ein außerhalb einander befindliches Mannigfaltiges in sich fasset, mithin zusammengesetzt ist, und zwar als ein reales Zusammengesetztes, nicht aus Akzidenzen, (denn die können nicht ohne Substanz außer einander sein,) mithin aus Substanzen;

(9) so würde das Einfache ein substantielles Zusammengesetztes sein;

---

127 A: Antithesis; AV: Antithesisbeweisvoraussetzung.

(10) welches sich widerspricht.

ad A_2 (11) Der zweite Satz der Antithesis, daß in der Welt gar nichts Einfaches existiere, soll hier nur so viel bedeuten, als: Es könne das Dasein des schlechthin Einfachen aus keiner Erfahrung oder Wahrnehmung, weder äußeren noch inneren, dargetan werden, und das schlechthin Einfache sei also eine bloße Idee, deren objektive Realität niemals in irgend einer möglichen Erfahrung kann dargetan werden, mithin in der Exposition der Erscheinungen ohne alle Anwendung und Gegenstand.

Denn wir wollen annehmen,

AV_2 (12) es ließe sich für diese transzendentale Idee ein Gegenstand der Erfahrung finden:

E (13) so müßte die empirische Anschauung irgend eines Gegenstandes als eine solche erkannt werden, welche schlechthin kein Mannigfaltiges außerhalb einander, und zur Einheit verbunden, enthält.

(14) Da nun von dem Nichtbewußtsein eines *solchen* Mannigfaltigen auf die gänzliche Unmöglichkeit *desselben* in irgend einer Anschauung *eines* Objekts kein Schluß gilt, dieses letztere aber zur absoluten Simplizität durchaus nötig ist;[128]

(15) so folgt, daß diese aus keiner Wahrnehmung, welche sie auch sei, könne geschlossen werden.

F (16) Da also etwas als ein schlechthin einfaches Objekt niemals in irgend einer möglichen Erfahrung kann gegeben werden,

(17) die Sinnenwelt aber als der Inbegriff aller möglichen Erfahrungen angesehen werden muß:

(18) so ist überall in ihr nichts Einfaches gegeben.

3.1. Die Argumentationsstruktur

Kant selbst gibt eine Zweiteilung des Beweises an, die er auch explizit den beiden Teilbehauptungen des Antithesisurteils A_1 und A_2 zuweist. Ebenso explizit macht Kant den unterschiedlichen Geltungsbereich beider Beweise in einem Nachsatz zum

[128] Die Formulierung dieses Satzes in A ergibt m.E. keinen klaren Sinn, daher hier die B-Formulierung.

Antithesisbeweis (B 465): demnach hat der zweite Beweis einen weiteren Geltungsbereich als der erste. Der Geltungsbereich des ersten Beweises sei die Anschauung des Zusammengesetzten, der Geltungsbereich des zweiten erstrecke sich über die gesamte Natur. Beide Beweise werden zwar aus einem unterschiedlichen theoretischen Zusammenhang heraus geführt: der erste gründet auf den mathematisch-geometrischen Eigenschaften des Raumes, der zweite basiert auf erkenntnistheoretischen Erwägungen; es wird sich dennoch zeigen, daß der zweite Teilbeweis von einem Teilergebnis des ersten inhaltlich abhängig ist. Formal betrachtet sind sie allerdings eigenständig: für beide Beweise nimmt Kant eine eigene Voraussetzung an, die *ad absurdum* geführt wird ((1); (12)). Der erste Beweis beansprucht, aus der Voraussetzung AV_1 eine *contradictio in adiecto* herzuleiten (9); die Antithesis erhebt damit gegen die Thesis den Vorwurf, sie impliziere eine unmögliche, selbstwidersprüchliche Lehre. Der zweite Beweis zeigt, daß die Voraussetzung AV_2 eine erkenntnistheoretisch unmögliche Voraussetzung impliziert.

Die Voraussetzung des zweiten Beweises bezieht sich nun nicht unmittelbar auf das zweite Urteil der Antithesis A_2; als Kontradiktion hätte sie lauten müssen: es existiert Einfaches in der Welt oder – wenn man das „nichts" als einen Quantor auffassen möchte – einiges Einfache existiert in der Welt. Vielmehr basiert die Voraussetzung des zweiten Beweises auf einer erkenntnistheoretischen Interpretation von A_2. Diese Umdeutung wird von Kant vorab in (11) begründet. A_2 wird interpretiert als Leugnung der objektiven Realität und Behauptung der bloßen Idealität des Einfachen. Das Argument hierfür ist zunächst epistemologisch, es wird dann jedoch als ontologisch gültig behauptet: Weil es unmöglich ist, die Existenz des Einfachen durch Erfahrung zu beweisen, sei es eine bloße Idee, die nicht auf die Erscheinungswelt angewendet werden könne.[129] Es soll im Folgenden die Argumentationsstruktur der beiden Beweise je für sich im einzelnen expliziert werden.

3.2. Raum und Teilbarkeit der Materie: Der erste Teilbeweis der Antithesis

Wie in der Thesis wird in der Antithesis eine Bestimmung der Materie als das Reale im Raum unterschlagen. Im Beweis der Thesis wird die Realität der Materie hervorgehoben, unterdrückt dagegen wird der Raum; in der Antithesis nun wird die meta-

---

129 Beide Beweise hat Kant als Kettenschlüsse konstruiert, der erste besteht aus vier, der zweite aus drei Gliedern: A_1: A-D; A_2: E-H. Es handelt sich um Kettenschlüsse, Sorites, nach dem *modus ponens*, wobei die *conclusio* eines Schlusses als eine Prämisse des folgenden Schlusses fungiert, dem per *modus ponens* eine weitere Prämisse hinzugefügt wird. Vgl. Logik-Jäsche; AA IX, 134. Genauer gesagt handelt es sich um eine Mischung aus kategorischen und hypothetischen Schlüssen. Teil A ist allein ein vollständiger hypothetischer Schluß der Form: $(((2) \rightarrow (3)) \wedge (4)) \rightarrow (5)$; alle weiteren Schlüsse sind kategorische Kettenschlüsse.

physische Interpretation der Realität der Materie als Substantialität zunächst unterdrückt, dagegen der Raum als die zentrale Bestimmung betrachtet. Sowohl im ersten Teilsatz der Antithesis als auch in der Voraussetzung ihres Beweises läßt Kant den Ausdruck des substantiell Zusammengesetzten fallen. Statt dessen setzt er den Ausdruck ‚Ding' und in (1) ‚Ding (als Substanz)'. Damit soll wohl der implizite Selbstwiderspruch der Antithesis verborgen werden, den der Thesisbeweis offenbart hatte, daß nämlich, wenn man die Materie als Substanz ansieht, zugleich aber das Einfache als seine konstitutiven Bestandteile negiert, bei dem Gedankenexperiment der Aufhebung der Zusammensetzung nichts übrig bliebe; dies aber ist unvereinbar mit der gegebenen Realität der Materie und folglich mit dem Begriff der Substanz als dem für sich bestehenden Seienden. Die Antithesis hebt nun ihrerseits den Begriff des Raumes an der Materiebestimmung hervor. Die rein ontologische Hinsicht auf das Problem der Teilbarkeit der Materie in der Thesis, welche die absolute **Realität** der Materie zu garantieren sucht, soll nun erweitert werden auf die eigentlich kosmologische Dimension des Problems. Dazu lenkt Kant in der Antithesis die Aufmerksamkeit im Beweis auf eine andere Bestimmung der Materie, darauf daß sie das ‚Reale **im Raum**' ist; diese Bestimmung ist Teil der zweiten kosmologischen Idee (B 440) und muß somit auch von der Position der Thesis akzeptiert werden.[130] Thesis und Antithesis sollen auf derselben Voraussetzung beruhen, nämlich daß die Materie, das Reale im Raum, als ein Ganzes gegeben ist; dies ist die ontologische Voraussetzung des transzendentalen Realismus. Angelpunkt des ersten Beweises ist der Begriff des Raumes, der neu in die Antinomienbeweise eingeführt wird. Da der Raum nicht explizit im Thesis- und Antithesisurteil auftritt, obwohl er ein für die zweite Antinomie konstitutiver Begriff ist, wird er im Beweis bloß argumentativ gebraucht, er tritt im Verlaufe des Beweises dann wieder in den Hintergrund. Aus dem Raumbegriff wird in vier Schritten ein Argument entwickelt, dessen Kern nun zu isolieren ist.

Der Beweis ist zum einen daraufhin zu untersuchen, welches seiner Glieder die Beweislast trägt, diese sollen dann auf ihre Gültigkeit im Gesamtzusammenhang des Antinomienbeweises untersucht werden; zum anderen sollen implizit gemachte Voraussetzungen des Beweisganges herausgestellt werden; hierbei gilt natürlich besonderes Interesse der Frage, ob Kants Behauptung, der Beweis der Antithesis – wie der der Thesis – impliziere eine Behauptung, die den transzendentalen Realismus zur Voraussetzung habe, zutrifft. Zunächst seien die weniger problematischen Sätze des Beweises isoliert, damit die problemreicheren Glieder sich deutlicher abzeichnen. Die Schlußfolgerungen (5), (7) und (9) folgen unter Voraussetzung der Gültigkeit des je-

130 Schmuckers Behauptung, Kant identifiziere in der Thesis Einfachheit mit Unausgedehntheit, ist daher unbegründet (Das Weltproblem. S. 133); vielmehr werden von Kant Einfachheit und Unteilbarkeit identifiziert. Dieser Gedanke ist für die Beziehung zwischen Thesis und Antithesis höchst bedeutsam: denn die Kritik der Position der Antithesis an der Thesis besagt genau, daß die einfachen Substanzen nur als im Raum befindlich gedacht werden können, sollen sie als die letzten homogenen Elemente der Materie gelten, und dies führt zu der Konsequenz, daß es eben keine einfachen Teile geben kann.

weils vorangegangenen Satzes unproblematisch, wie die folgende Erläuterung belegen wird. Auch Satz (4) kann als ein allgemein akzeptiertes geometrisches Theorem gelten.[131] Die Untersuchung wird sich also insbesondere den Sätzen (2), (3), (6) und (8) zuzuwenden haben. Es seien also nun die einzelnen neuralgischen Punkte des Beweises untersucht:

Anders als der von Kant hervorgehobene Titel dieser Antithesis vermuten lassen könnte – die Antithesis ist demnach der „Satz einer unendlichen Teilung der Materie" (B 467) – argumentiert Kant nicht etwa so, daß er eine notwendige Relation von Raum und Materie behauptet und daraus von der vorausgesetzten unendlichen Teilbarkeit des Raumes auf die unendliche Teilbarkeit der Materie direkt schließt, denn dann würde die Antithesisposition offen eine dogmatische Lehre vertreten; vielmehr versucht er, für die Parallelität der Teilungseigenschaften von Raum und Materie oder Isomorphie von Raum und Materie ein eigenes Argument zu liefern. Dieses Argument wird in der Fassung des ersten Antithesisbeweises jedoch nicht völlig verständlich, sondern bedarf einiger Erläuterungen aus anderen Zusammenhängen.

In den ersten drei vorbereitenden Teilen des Beweises (A-C) soll die Thesis zu dem Zugeständnis gezwungen werden, daß die einfachen Teile der Materie, von denen sie behauptet, sie seien absolut unteilbar, nur als im Raum existierend und einen Raum einnehmend angenommen werden können; zu diesem Ergebnis gelangt der Beweis in (7). Das Einfache kann damit nur als letztes Element der Materie selbst betrachtet werden und ist somit nicht nur echter Teil, d.h. Bestandstück der Materie, sondern auch Teil des Raumes. Daß es nur um solches Einfache gehen soll, das Element eines Zusammengesetzten ist, hatte Kant bereits in der Anmerkung zum Thesisbeweis herausgestellt.[132] Wie bereits gezeigt, kann die Thesis ja durchaus annehmen, das Einfache nehme einen Raum ein, nicht aber, daß der Raum eine wesentliche Bestimmung des subsistierenden Einfachen der Materie sei. Damit ist es unmöglich, das Einfache als intelligiblen Grund von Naturereignissen zu behaupten, wie in der dritten Antinomie von der Thesisposition; vielmehr muß es selbst auch ein Reales im Raum sein. Nach der Hervorhebung dieser Eigenschaft des Einfachen wird die Beweisabsicht durch Argument (8) erreicht, welches sich für den ersten Antithesisbeweis damit als zentral erweist. Es wird sich allerdings zeigen, daß die Argumentation des ersten Antithesisarguments sich besser verständlich machen läßt, wenn man diejenigen Theoreme der physischen Monadologie hinzuzieht, die Kant vermutlich aus

131 Smith und Russell kritisieren diese Voraussetzung, meinen damit aber, Kant habe diese Ansicht deshalb vertreten, weil er die aktuale Unendlichkeit der Teilräume annehme (Smith, N. K.: Commentary to Kant's Critique of Pure Reason. S. 492; Russell, B.: Principles of Mathematics S. 481; S. 489). Auch Russell meint, der Thesis sei zuzustimmen, die Antithesis dagegen argumentiere unhaltbar. Cavalieris Auffassung, der Raum selbst bestehe aus unteilbaren Raumteilen, braucht von Kant nicht berücksichtigt zu werden, da ihm kein Mathematiker gefolgt ist.

132 Vgl. B 470: „Und da ich nur in Ansehung des Zusammengesetzten die einfachen Substanzen als deren Elemente, beweisen will, [...]."

den Beweisen heraushalten wollte, da sie auf dem Kraftbegriff beruhen und damit teils empirische Annahmen einschließen. Doch handelt es sich hierbei weniger um eine verschwiegene Prämisse, als vielmehr um eine Erläuterungshilfe.

Die erste Folgerung aus der Voraussetzung (1) ist (2); sie besagt, daß die Zusammensetzung von Substanzen nur als eine ihnen äußerliche Relation und diese lediglich als räumliches Verhältnis vorgestellt werden kann, d.h. sie ist nur im Raum möglich. Weil bei einem substantiell Zusammengesetzten die Relation der Substanz zu den anderen Substanzen nur akzidentell ist, d.h. nicht zu den inneren, der Substanz nur an sich selbst zukommenden Bestimmungen gehört, müsse dieses „äußere Verhältnis" notwendig als räumlich interpretiert werden.[133] Hierbei scheint der Gedanke folgender zu sein: Eine Zusammensetzung, die lediglich akzidentell ist, d.h. die aufgehoben werden kann, ohne daß die Elemente, die Substanzen, vernichtet werden, ist in dem Sinne äußerlich, als diese Relation die Substanz nicht ihrer Subsistenz nach selbst bestimmt. Die unräumliche Relation der Monaden bei Leibniz kann demgegenüber nicht in diesem Sinne äußerlich sein, weil es der Monade an sich selbst zukommt, alle anderen Monaden zu repräsentieren und somit ein Spiegel des Universums zu sein. Das Verhältnis der individuellen Substanzen in Leibniz' intelligiblem, unräumlichem Universum gründet in inneren Bestimmungen der Substanzen und ist also kein den Monaden äußerliches Verhältnis. Alle Bestimmungen der Monaden sind bei Leibniz wesentliche und also innere Bestimmungen. Auf diese Weise ist auch die innere unräumliche Relation der Monaden zu denken: kraft ihrer wesentlichen, sie

---

[133] Heimsoeth bemerkt in seinem Kommentar zur *Transzendentalen Dialektik*, daß die räumliche Interpretation des „äußeren Verhältnisses" nicht notwendig sei (Transzendentale Dialektik. Bd. 2, S. 231, Anm. 59); der Kosmos der Monaden bei Leibniz sei unräumlich, ja selbst Kants eigene, auch kritische Konzeption des Reichs der Intelligenzen in der Idee der reinen praktischen Vernunft gelten ihm als Beispiele für Möglichkeiten, das „äußere Verhältnis" unräumlich zu verstehen; die Belegstelle aus den *Paralogismen*, die er als Beweis anführt (A 373), besagt m.E. aber nur, daß es zwei unterschiedliche Bedeutungen von „außer uns" gibt, nämlich eine absolute, wonach etwas an sich selbst außer mir ist, d.h. unabhängig von der Relation, die ich zu ihm einnehme, die Kant hier ‚transzendental äußerliche Gegenstände' nennt, oder aber etwas ist in der Erscheinung außer mir, Kant nennt es hier den „empirisch äußerlichen Gegenstand". Die absolute Bedeutung des „außer" kann unter Voraussetzung eines absoluten Raumes sehr wohl auch einen räumlichen Sinn haben. Der Begriff „außerwesentlich" bezeichnet dagegen ein kategoriales Verhältnis zwischen einem Subjekt und seinem Prädikat, wonach etwas dem Subjekt nur akzidentell zukommt (vgl. auch Baumgarten, A. G.: Metaphysica. AA XVII, 35). Unter dem „äußeren Verhältnis" versteht Kant aber nahezu immer das Verhältnis numerisch verschiedener Gegenstände, nicht das eines Subjekts zu seinem Prädikat. Heimsoeth behandelt dieses Argument in seiner Erläuterung als eine Prämisse, die aus dem kosmologischen Zusammenhang analytisch folgt: die Sinnenwelt ist wesentlich räumlich, also ist die Zusammensetzung von Gegenständen der Sinnenwelt auch räumlich. Falkenburg interpretiert diesen Beweisschritt als eine Umdeutung der Thesisposition; d.h. bereits diese Annahme der Antithesis entspricht nicht der Intention der Thesis (vgl. Kants Kosmologie. S. 235 f.). Der Grund hierfür ist, daß Falkenburg die Thesisposition als eine Lehre logischer Individuen versteht.

selbst auszeichnenden Bestimmungen unterscheidet sich die Monade von allen anderen und bezieht sich als mit ihnen gleichwohl kompossible Existenz auf sie. So ist das innere, unräumliche Verhältnis der Monaden untereinander für die endlichen individuellen Substanzen selbst nicht erkennbar, nur die uneingeschränkte göttliche Monade ist in der Lage, diesen unräumlichen Kosmos als solche Gemeinschaft unkörperlicher Wesen zu erfassen. Ein äußeres, gleichwohl aber unräumliches Verhältnis kann nur zwischen einem Subjekt und seinem Prädikat bestehen, und auch nur dann, wenn man dieses Subjekt nicht als Monade auffaßt. Zwischen Substanzen aber, um deren Relation es ja im Problem der Teilung der Materie geht, ist eine akzidentelle, und das bedeutet äußere Relation, wie Kant sagt, nur im Raume möglich. Das Argument ist sowohl für Wolff, Baumgarten als auch für Leibniz zwingend.[134] Denn auch für Leibniz ist der Raum die außerwesentliche Weise, in der die Ordnung der Substanzen erscheint. Ebenso bestimmt Kant den Raum in der *Monadologia Physica* als „die Erscheinung des äußeren Verhältnisses von Substanzen".[135] Aber auch in der *Kritik der reinen Vernunft* ist der Raum die Form, in der das Anschauungsmannigfaltige des äußeren Sinnes gegeben wird, d.h. in ihm schauen wir die Dinge als von uns und unserem Vorstellen unterschieden an.[136] Doch für Kant ist es ein kontingentes Faktum des menschlichen Erkenntnisvermögens, daß das äußere Verhältnis im Raum angeschaut wird. Satz (2) dagegen scheint eine ontologische Notwendigkeit anzunehmen.

Die *conclusio* (3), die Kant aus diesen beiden Sätzen zieht, wird nun nicht unmittelbar durch einen Mittelbegriff erreicht, sie fügt nämlich die Teile-Zusammengesetztes-

---

134 Vgl. Baumgarten, J. G.: Metaphysica, §§ 239 f.

135 Monadologia Physica. AA I, 480. Der Zusatz „Erscheinung" bedeutet hier lediglich eine zusätzliche Einstufung des Realitätsstatus des äußeren Verhältnisses als akzidentell, nicht jedoch, daß es darüber hinaus ein unräumliches äußeres Verhältnis der Substanzen gäbe, das erschiene.

136 In der Preisschrift *Welche Fortschritte* wie auch an zahlreichen anderen Stellen stellt Kant klar, daß im inneren Verhältnis nur Vorstellungen zueinander stehen können, und daß unter „äußerem Verhältnis" die räumliche Relation zu verstehen ist (AA XX, 284 f.): „Alle Substanzen aber müssen außer ihrem Verhältnisse gegen einander, [...], doch gewisse, innerlich ihnen inhärirende reale Bestimmungen haben, d.i. es ist nicht genug, ihnen Accidenzen beizulegen, die nur in äußeren Verhältnissen bestehen, sondern man muß ihnen auch solche, die sich bloß auf das Subject beziehen, d. i. innere, zugestehen. Wir kennen aber keine inneren realen Bestimmungen, die einem Einfachen beigelegt werden könnten, als Vorstellungen, und was von diesen abhängt;" selbst in seiner eigenen Philosophie wird das äußere Verhältnis räumlich gefaßt; insbesondere das erste Raumargument der *Kritik der reinen Vernunft* bezieht aus dieser Bestimmung seine argumentative Kraft (vgl. dazu Baum, M.: Kants Raumargumente und die Begründung des transzendentalen Idealismus. In: Kant – Analyse – Probleme – Kritik. Hrsg. v. H. Oberer. Würzburg 1996. Bd. II, S. 41-63). Baum macht darauf aufmerksam, daß die zwei Bedeutungen von „außer mir" von J. H. Lambert in die Debatte um die rationalistische Raumtheorie eingebracht wurden; dieser hatte bereits darauf hingewiesen, daß der Raum nicht nur auf einer logischen Verschiedenheit der Dinge gründe, sondern ein ursprünglich räumliches Verhältnis voraussetze (S. 58-62).

Relation in quantitativer Weise in die Raumrelation ein und behauptet, daß zwischen Raumteilen und Materieteilen, d.h. zwischen den Teilen des Raumes und den Teilen des Zusammengesetzten im Raum, numerische Äquivalenz herrsche.[137] Sinn der Argumentationsteile A und B ist es, zu zeigen, daß die Räumlichkeit nicht nur dem Zusammengesetzten eignet und dabei das Verhältnis der Teile betrifft, wie in (2) festgestellt, sondern daß sie auch allen Teilen selbst zukommt. Diesen Transfer der Räumlichkeit zu bewerkstelligen ist die Funktion des Argumentes (3), der numerischen Äquivalenzbehauptung. Die Äquivalenzbehauptung soll also unter der zusätzlichen Prämisse, welche die Kontinuität des Raumes aussagt (4), die Universalität der Aussage von (5) ermöglichen; so gilt nämlich für jeden Teil des Zusammengesetzten ohne Ausnahme, daß er einen Raum einnimmt. Es bleibt zunächst unklar, ob die Äquivalenz hierbei als umkehrbar – d.h. daß jedem Raumteil ein Materieteil entsprechen müsse und umgekehrt – oder ob sie als lediglich einseitig – d.h. daß das Zusammengesetzte der Anzahl seiner Teile nach mit jeweils einem Raumteil verbunden ist – gedacht werden soll. In letzterem Falle können die Teile des Raumes zahlreicher sein als die des Zusammengesetzten, so daß die Menge der Raumteile größer ist als die der Materieteile, dennoch sind beide Mengen gleichmächtig, d.h. jeder Teil des Zusammengesetzten läßt sich einem Raumteil zuordnen.

Ist dieser Argumentationsschritt aber gültig, d.h. kann aus (1) und (2) in der Tat gefolgert werden, daß die Anzahl der Teile des Zusammengesetzten gleich der Anzahl der Raumteile ist, die das Zusammengesetzte einnimmt?[138] Dieser vorentscheidende Argumentationsschritt ist wohl nur einsichtig zu machen unter Zuhilfenahme von Lehren der physischen Monadologie. Zweck der Argumentation ist es zu zeigen, daß die Monadologie in der Theorie der Materie nur als physische Monadologie vertreten werden kann und sie in einem ersten Schritt in den Strudel der Thesiswiderlegung zu ziehen.[139] Denn, wie bereits ausgeführt, würden physische Monadisten

---

[137] Dasselbe Argument verwendet Kant der *Danziger Physik-Nachschrift* zufolge in seinen Physik-Vorlesungen für die unendliche Teilbarkeit der Materie (AA XXIX, 1.1, 115 f.). Der Beweis verläuft allerdings in anderer Weise, da er dort direkt geführt wird.

[138] Malzkorn bestreitet, daß von (3) auf (5) geschlossen werden könne, vielmehr folge aus (2) und (3) lediglich die Aussage, daß es eine zusammengesetzte Substanz gebe, die ebensoviele Teile habe, wie der Raum Teilräume habe (Kants Kosmologie-Kritik. S. 182 ff; 281 f.). Die Bedeutung der numerischen Äquivalenzbehauptung wird dabei m.E. nicht sichtbar. Schmucker meint, das Argument der Antithesis funktioniere nur dann, wenn man von der wesentlichen Unausgedehntheit des Einfachen ausgehe. Gehe man aber davon aus, daß es als „notwendige akzidentelle Bestimmung" Ausdehnung enthält, so bestehe der von der Antithesis behauptete Widerspruch nicht (Das Weltproblem. S. 134).

[139] Höselbarth macht auf die Bedeutung dieses Arguments aufmerksam und baut darauf seine These auf, wonach die zweite Antinomie auf einer mathematischen Problemstellung beruht: auf dem Programm der „Arithmetisierung der Geometrie" (Raum und Körper in der zweiten Antinomie. S. 67-99). Das philosophische Problem der Realitätsbegründung materieller Körper verschwindet bei den sonst aufschlußreichen Erörterungen allerdings völlig aus dem Blick. Höselbarths Interpretation nach wird Kant durch Lamberts Mathematik

durchaus sowohl (5) als auch (7) zustimmen können, wenn in (7) „einen Raum einnehmen" in einem bestimmten, nämlich außerwesentlichen Sinne, verstanden wird.

Der Gedanke des Arguments (3) ist also folgender: die physischen Monadisten beanspruchen, daß die physische Monade ein Punkt im Raum ist, dem als Substanz keine Ausdehnung zukommt, der lediglich als Aggregat durch seine Wirkungen, d.h. seine Kräfte, eine *sphaera activitatis* um sich ausbreitet und auf diese Weise einen Raum einnimmt, ohne diesen aber als Substanz zu erfüllen; lediglich die Wirkung der Substanz ist ausgedehnt im Raume gegenwärtig. [140] Der vorkritische Kant lehrt in seiner physischen Monadologie die Abzählbarkeit der Materieelemente. Er folgert aus einem höchst dubiosen indirekten Beweis, der wohl zeigen soll, daß die Annahme der Überabzählbarkeit des Einfachen mit dem Begriff der Substanz unverträglich sei:[141]

---

zur Lösung der Antinomie gebracht (ebd. S. 117-142, bes. S. 135). Sie besteht ihm zufolge darin, daß die Arithmetisierung geometrischer Größen zeitabhängig ist. Die philosophischen Folgerungen aus dieser längst bekannten Lösungsmöglichkeit des Kontinuitätsproblems, die Kants kritische Lösung der Antinomie ausmachen, werden nicht untersucht.

140 Die Lehre von den physischen Punkten führt nach Kants Darstellung in den *Prolegomena* sogar zu Zweifeln an der Anwendbarkeit der Mathematik auf die Natur (AA IV, 287 f): „Es wird allemal ein bemerkungswürdiges Phänomen in der Geschichte der Philosophie bleiben, daß es eine Zeit gegeben hat, da selbst Mathematiker, die zugleich Philosophen waren, zwar nicht an der Richtigkeit ihrer geometrischen Sätze, sofern sie blos den Raum beträfen, aber an der objectiven Gültigkeit und Anwendung dieses Begriffs selbst und aller geometrischen Bestimmungen desselben auf Natur zu zweifeln anfingen; da sie besorgten, eine Linie in der Natur möchte doch wohl aus physischen Punkten, mithin der wahre Raum im Objecte aus einfachen Theilen bestehen, obgleich der Raum, den der Geometer in Gedanken hat, daraus keinesweges bestehen kann." Im weiteren ist auch hier von den „Chicanen einer seichten Metaphysik" die Rede. Für Schmucker verläßt Kant in der Anmerkung zur Antithesis den Standpunkt des transzendentalen Realismus und erläutert den Antithesisbeweis durch originär transzendental-idealistische Theoreme, insbesondere durch den kritischen Raumbegriff (Das Weltproblem. S. 136 f.). Dies sei notwendig, weil die Monadisten durch den relationalen Raum das Antithesisargument auszuschalten in der Lage seien. Daher mußte Kant die eigenen Raumlehre als bewiesen voraussetzen.

141 Vgl. Kap. II.2.3. Die Theorie physischer Monaden genießt unter naturwissenschaftlich orientierten Kant-Interpreten großes Ansehen. Strawson hält den Beweis der Antithesis – er nimmt hierbei nur A_1 zur Kenntnis – insgesamt für schwächer als den der Thesis mit der Begründung, es werde nicht ausgeschlossen, daß es ein unausgedehntes punktförmiges Einfaches als Element der Materie gebe, welches lediglich einen Ort, aber keine Dimension besitze (The Bounds of Sense. S. 183 f.). Schmucker meint, das Argument müsse sich auf unausgedehnte Elementarsubstanzen der Materie beziehen. Würde man den Elementarsubstanzen der Materie Ausdehnung als notwendige akzidentelle Bestimmung zusprechen, so ergäbe sich kein Widerspruch (Das Weltproblem. S. 134); Schmucker votiert also wohl dafür, Kants Lehre der *Monadologia Physica* als immun gegen die Antinomie anzusehen. Dieser Meinung ist auch Malzkorn (Kants Kosmologie-Kritik. S. 282 f.). Malzkorn sieht insbesondere Satz (8) als für den physischen Monadisten inakzeptabel an. Neutraler dagegen fällt die Einschätzung des ersten Antithesisbeweises bei Falkenburg aus (Kants Kosmologie. S. 236 f.); hier wird das Argument als gelungen erachtet.

„Corpus igitur quodlibet definitio constat elementorum simplicium numero." (AA I, 479)

Einen besseren Beweis für diese These, die nun auch die Äquivalenz der Anzahl einfacher Materieteile mit derjenigen der Raumteile annimmt, führt Kant 1764 in *Über die Deutlichkeit der Grundsätze*. Noch von der Lehre der physischen Monaden überzeugt, lehnt er die Position der Antithesis und eine ähnliche Form ihres Beweises wie in der *Kritik der reinen Vernunft* ab. Nach Setzung der Thesisbehauptung, der Existenz einfacher Teile, führt Kant nun diesen Beweis im Rahmen eines indirekten Beweises für die Thesisannahme vor:

> „Nun kann ich vermittelst untrüglicher Beweise der Geometrie darthun, daß der Raum nicht aus einfachen Theilen bestehe, wovon die Argumente genugsam bekannt sind. Demnach ist eine bestimmte Menge der Theile eines jeden Körpers, die alle einfach sind, und eine gleiche Menge Theile des Raums, den er einnimmt, die alle zusammengesetzt sind. Hieraus folgt, daß ein jeder einfache Theil (Element) im Körper einen Raum einnehme."[142]

Argument (3) soll also zeigen, daß sich die Notwendigkeit der räumlichen Ausdehnung für die Zusammensetzung der Substanzen auf alle Elemente dieses Verhältnisses überträgt, so daß die Elemente selbst als notwendig ausgedehnt zu gelten haben. Kant versucht dies durch die Äquivalenz der Anzahl von Elementen des Zusammengesetzten mit den Raumteilen zu erreichen. Ohne Erläuterung ersetzt Kant die „Zusammensetzung", die nur im Raume möglich sei (2), durch die die Anzahl der Teile des „Zusammengesetzten", die auf eine Anzahl von Raumteilen abbildbar sein müsse (3). Dies bedeutet, nicht nur die Relation der Substanzen steht in notwendiger Abhängigkeit zum Raum – für die Monadisten ist dies ein annehmbarer Gedanke, sofern die äußere Relation gemeint ist – sondern auch die Relata selbst stehen in einer gewissen notwendigen Beziehung zum Raum. Für Leibniz ist dies ein unannehmbarer Gedanke, für die physischen Monadisten jedoch ein durchaus akzeptabler.[143] Die Kontinuität des Raumes verbietet es nun aber, die Elemente als mathematische Punkte anzusehen, da Punkte keine Teile des Raumes sind, sondern nur Grenzen. Deshalb müssen die physischen Punkte als die letzten Elemente der Materie selbst einen Raum einnehmen. Doch damit ist noch nicht die Validität der Teilungseigenschaften des Raumes für das Reale im Raum und seine es konstituierenden einfachen Teile gezeigt.[144]

---

142 AA II, 287. Diesen Beweis bezieht Kant hier dezidiert auf eine Darstellung eines Beweises des Einfachen, den er zuvor in AA II, 279 vorgeführt hatte. Er fungiert hier nur als ein Beispiel gegen die Übertragbarkeit der mathematischen Erkenntnismethode auf die philosophische, die er in dieser vorkritischen Phase als wesentlich metaphysisch ansieht. Kant geht hier von einer einseitigen Äquivalenz von Raum und Materie aus.

143 Daß Kant der Meinung ist, daß in der Theorie der Materie über die die Leibnizsche Monadologie hinaus und zur physischen Monadologie überzugehen sei, wurde bereits dargelegt.

144 An der Behauptung der quantitativen Äquivalenz von Materieelementen und Teilräumen wird Kant in der Auflösung der Antithesis später seinen Vorwurf des impliziten Dogma-

Zur Erreichung des vorerst ersten Beweisziels, die Räumlichkeit des Einfachen zu begründen, ist ein weiterer Schritt notwendig, der zeigt, daß die ersten, konstitutiven Teile des Zusammengesetzten Elemente dieses Zusammengesetzten sind. Hier wird also explizit darauf verwiesen, daß es in der zweiten Antinomie nicht – weder in Thesis noch Antithesis – um schlechthin absolut, d.h. relationsloses Einfaches gehen soll, sondern gemäß der Herleitung der Antinomie um einen homogenen, gleichwohl aber ersten und unteilbaren Teil in der Reihe der Bedingungen der Materierealität. Aufgrund dieser Einschränkung des Geltungsbereiches der zweiten Antinomie insgesamt auf die Theorie physischer Punkte ist die Schlußfolgerung (7) gerechtfertigt, daß also das so verstandene Einfache einen Raum einnehmen muß.[145]

Auch Satz (5) des Antithesisarguments findet eine Präfiguration in *Über die Deutlichkeit der Grundsätze*. Kant weist mit folgender Argumentation, die sich auf die Bestimmung des Raum-Einnehmens stützt, die Ausgedehntheit der Substanzen als absolut für sich Seiendes zurück:

> „Demnach erfüllen die Elemente eines jeden Körpers ihren Raum durch die Kraft der Undurchdringlichkeit. Ich frage aber ferner, ob denn die ersten Elemente darum nicht ausgedehnt sind, weil ein jegliches im Körper einen Raum erfüllt? Hier kann ich einmal eine Erklärung anbringen, die unmittelbar gewiß ist, nämlich: dasjenige ist ausgedehnt, was für sich (*absolute*) gesetzt einen Raum erfüllt, so wie ein jeder einzelne Körper, wenn ich gleich mir vorstelle, daß sonst außer ihm nichts wäre, einen Raum erfüllen würde. Allein betrachte ich ein schlechterdings einfaches Element, so ist, wenn es allein (ohne Verknüpfung mit andern) gesetzt wird, unmöglich, daß in ihm vieles sich außerhalb einander befände, und es *absolute* einen Raum einnehme. Daher kann es nicht ausgedehnt sein. Da aber eine gegen viel äußerliche Dinge angewandte Kraft der Undurchdringlichkeit die Ursache ist, daß das Element einen Raum einnimmt, so sehe ich, daß daraus wohl eine Vielheit in seiner äußern Handlung, aber keine Vielheit in

---

tismus der Antithesis, d.h. des transzendentalen Realismus festmachen. Gemeinsame Voraussetzung von (2) und (3) ist, daß sowohl der Raum als auch das Zusammengesetzte im Raum als Ganzheiten aufgefaßt werden, die gemeinsam mit allen Teilen, die sie enthalten, oder aus denen sie konstituiert sind, gegeben sind, d.h. als aktuale Ganzheiten. Hierin kommt die Antithesis letztlich mit der Thesis überein. Diese Bestimmung ist für Kant Ansatzpunkt seiner Kritik an der Antithesis (B 554). Kants Uminterpretation der Antithesisposition – die zunächst nur das Einfache als Element der Materie abstreitet, in ihrem Beweis aber diese Äquivalenz argumentativ einsetzt – zu einer Lehre von der unendlichen Eingeteiltheit der Materie, oder der aktualen Unendlichkeit der Materieteile, kann sich nur auf diese Beweisstücke stützen.

145 Falkenburgs präzise Deutung des ersten Antithesisbeweises rekonstruiert ihn so (Kants Kosmologie. S. 236 f.): Der Beweis übertrage die räumliche Ausdehnung der Substanz auf alle ihre Teile und damit auch auf das Einfache. Doch für Kant ist der Beweis durchaus nicht mit der Aussage beendet, daß das Einfache einen Raum einnehme (7); dies ist noch nicht ein Widerspruch in sich, wie Kants Theorie der *Monadologia Physica* zeigt. Und wie kommt es im Beweis überhaupt zu dieser Übertragung, gegen die sich die Thesisposition doch wohl mit aller Macht wehren würde? Der für die Argumentation eigentlich entscheidende Schritt ist (8), durch den eben diese Ausflucht, vorbereitet durch das Argument (3) und die aus ihm gewonnene Schlußfolgerung (5), unmöglich wird.

Ansehung innerer Theile fließe, mithin es darum nicht ausgedehnt sei, weil es in dem Körper (*in nexu cum aliis*) einen Raum einnimmt." (AA II, 288)[146]

Kant ist also hier der Meinung, daß zwar die Anzahl der Substanzen in der Materie äquivalent sei zu einer bestimmten Anzahl von Raumteilen, daß aber die Substanz qua Substanz nicht ausgedehnt ist; lediglich in außerwesentlicher, d.h. akzidenteller Relation zu anderen Substanzen nimmt sie durch ihre Wirkung als „Kraft der Undurchdringlichkeit" einen Raum ein. Die Mannigfaltigkeit der Raumteile betrifft nur akzidentelle Bestimmungen der Substanz, ihre repulsive Kraft, und überträgt sich auf diese, nicht aber auf ihre inneren, wesentlichen Bestimmungen. Kant verbindet mit den Begriffen „einen Raum einnehmen" und „einen Raum erfüllen" spezifische Modi der Räumlichkeit von Gegenständen: „einen Raum einnehmen" ist demnach die allgemeine Bezeichnung für die Ausdehnung eines Gegenstandes, die sowohl für geometrische Gegenstände gilt, als auch für Materie, während „einen Raum erfüllen" bedeutet, daß die Gegenwart im Raum mit einer Wirkungsweise verbunden ist, d.h. mit Kräften.[147]

Würde bis zu diesem Punkt der Antithesisargumentation ein physischer Monadist nichts gegen die Behauptungen einzuwenden haben, die in dem Beweis aus der Prämisse AV_1 gefolgert wurden, und sich nicht als widerlegt ansehen müssen, so ist der Kulminationspunkt seiner Widerlegung mit Argument (8) erreicht. Es behauptet, wenn die Substanz einen Raum einnimmt und wenn sie das Reale konstituieren soll, dann muß es selbst ein Teil des Raumes sein. In diesem letzten Argumentationsschritt muß es der Antithesisposition gelingen, den Selbstwiderspruch, der der Thesisposition implizit inhäriert, aufzudecken.[148] Indessen ist das Argument ausgesprochen schwierig und komplex, nicht zuletzt aufgrund seiner abbreviativen Form. Das Modell der *Monadologia Physica* sah die Substanz als einen ausdehnungslosen Kraftpunkt im Raum vor, der lediglich durch seine Kraftwirkung in dynamischer Wechselwirkung mit anderen Substanzen den Raum erfüllt. Die Substanz soll dabei selbst nicht ausgedehnt sein, ihre Ausdehnung ist nur Kraftwirkung und also bloßes Akzidens der Substanz. Mit dem Argument (8) meint Kant nun zeigen zu können, daß

---

146 Kant versucht Anfang der 1760er Jahre, intuitive Gewißheiten methodisch gesichert aufzufinden. Zu dieser Lehre von den indemonstrablen intuitiven Gewißheiten vgl. Henrich, D.: Kants Denken 1762/63. Über den Ursprung der Unterscheidung analytischer und synthetischer Urteile. In: Studien zu Kants philosophischer Entwicklung. Hildesheim 1967 (Studien und Materialien zur Geschichte der Philosophie 6), S. 9-38; sowie K. Vogel: Kant und die Paradoxien der Vielheit. S. 186-196, S. 201 ff.

147 Vgl. Metaphysische Anfangsgründe der Naturwissenschaft. AA IV, 497.

148 In seiner „Kritik der zweiten Antinomie" meint Malzkorn, daß die Theorie physischer Punkte auch gegen dieses Argument immun sei; zwar erfülle die Theorie physischer Punkte das Antezedens von (8) – gemeint ist wohl die Aussage „Da nun alles Reale, was einen Raum einnimmt, [...]" – sie erfülle aber nicht das Sukzedens – gemeint ist: „ein außerhalb einander befindliches Mannigfaltiges in sich faßt, [...]" (Kants Kosmologie-Kritik. S. 281 f.).

diese Konzeption so nicht möglich ist. Die Raumerfüllung der Substanz, d.h. ihre Ausdehnung, so soll erwiesen werden, ist nicht auf Akzidenzien, d.h. das äußere, intermonadische Verhältnis, zurückführbar, sondern kommt der Substanz an sich selbst und wesentlich zu.

Zwei Deutungen des Argumentes sind möglich, je nachdem, welchen Raumbegriff man zugrunde legt. Eine *erste* Interpretationsmöglichkeit des Antithesisbeweises, die naheliegendere, setzt einen relationalen Raumbegriff voraus, wie ihn etwa Leibniz vertritt. Wenn der Raum als die Ordnung der Relationen der Substanzen gedacht wird, wie dies die Monadisten tun (B 409), so kann die Substanz nur einen Raum einnehmen in Relation zu anderen Substanzen. Soll ihr aber selbst ein Raum, wenn auch nur akzidentell zukommen, so stellt sich folgendes Problem ein: Die Substanz ist das selbständig Existierende, also müßte sie, um Raum einzunehmen, bereits in sich eine Mannigfaltigkeit von Teilen haben, die ein Relationsgefüge bilden, welches einen Raum ausspannt. Diese mannigfaltigen Teile müssen aber nun jeweils für sich Existierende sein, denn der Raum kann nur die Ordnung von Substanzen sein, nicht von Akzidentien, weil jeder Punkt im Raum, der innerhalb der *sphaera activitatis* der Monade lokalisiert ist, seinerseits als Kraftzentrum oder reale Substanz betrachtet werden muß, damit ein äußeres, räumliches Verhältnis zwischen der Kernsubstanz und diesem Kraftpunkt denkbar ist. Der Kraftpunkt in der Wirkungssphäre der Substanz kann sich nicht einfachhin seiner räumlichen Position nach von der Kernsubstanz unterscheiden, vielmehr müssen innere Bestimmungen dieses Punktes angenommen werden, die es erlauben, ihn von der Kernsubstanz abzuheben. Dasjenige aber, was über innere Bestimmungen verfügt, ist selbst Substanz. Wenn die Substanz als das Reale überhaupt einen Ort im Raum einnehmen können soll und wenn sie an sich selbst räumlich sein soll, dann müssen nach dem relationalen Raumkonzept die Raumpunkte, die sie in der Sphäre ihrer Wirksamkeit einschließt, selbst insgesamt als Substanzen gelten, so die entscheidende Schlußfolgerung. Reale Raumerfüllung ist also nur konzipierbar, wenn man eine Mannigfaltigkeit von realen substantiellen Raumteilen annimmt. Die als Einfaches angenommenen Entitäten im Raum sind dann in Wahrheit nur als Zusammengesetztes bestimmbar.

Legt man nun aber *zweitens* einen absoluten Raumbegriff zugrunde, nach welchem der Raum unabhängig von den Substanzen in ihm existiert, so kann eine andere Interpretation des Argumentes gegeben werden, die auch auf den Kraftbegriff zurückgreift, wie er in der Theorie physischer Monaden verwendet wird. Doch diese kongruiert nicht völlig mit dem ersten Antithesisbeweis. Es läßt sich ein Argument ins Feld führen, das in modifizierter Form von Leibniz als immanentes Argument gegen Clarkes absolute Raumvorstellung vorgebracht wird und welches Kant im Beweis der Antithesis der ersten Antinomie verwendet: das Argument des zureichenden Grundes für die Setzung eines Anfangs oder einer Grenze.[149] Leibniz und der Antithesisbeweis der ersten Antinomie beziehen es auf das Problem des *vacuum separatum*, den leeren Raum außer der Welt, es läßt sich der Sache nach aber ebenso auf das *vacuum disseminatum*, die Leere in der Welt zwischen den Materiesubstanzen, beziehen; in dieser Form kann es gegen die Theorie einfacher physischer Monaden eingesetzt werden, wenn ein absoluter Raum zugrunde gelegt wird. Die Konzeption physischer Monaden führt zu einem Modell, wonach ein zentraler Raumpunkt gegenüber anderen Raumpunkten, die ihn umgeben, ausgezeichnet wird als ein Kraftzentrum, das als Punkt selbst unteilbar ist. Die ihn umgebenden Raumpunkte dagegen werden ihm untergeordnet, in ihnen herrscht die Kraft dieser Zentralmonade, ohne aber daß sie in ihm selbst anwesend ist. In jedem Raumpunkt außerhalb des Substanzpunktes in der *sphaera activitatis* ist eine Kraft anwesend, ohne daß er selbst Substanz sein soll, so die Theorie physischer Monaden. Das Argument richtet sich gegen die Auszeichnung eines Raumpunktes innerhalb dieses Wirksamkeitsraumes: Wenn die Substanz im Raum real ist durch die Kraft, die von ihr ausgeht, so läßt sich jeder beliebige Punkt, an dem Kraft gegenwärtig ist, als physische Monade ansehen. Nur wenn die Theorie physischer Monaden einen zureichenden Grund dafür angeben kann, weshalb ein bestimmter Raumpunkt in der *sphaera activitatis* Ort der einfachen Substanz ist – hier im Sinne numerischer Einfachheit –, andere aber nicht, kann sie das Modell aufrechterhalten. Die physischen Monadisten müßten Eigenschaften benennen, aufgrund derer es einem Punkt im Raum zukommt, eine Substanz aufzunehmen, einem anderen aber nicht. Es scheint völlig unmöglich zu sein, die Prävalenz eines Raumpunktes vor einem anderen anzunehmen, ohne nicht unbegründete Prinzipien in Anschlag zu bringen, wie die einer bestimmten, empirisch gegebenen Größe eines solchen Raumes der Substanz, der empirisch jedoch nicht überprüfbar ist.

Die Zentralsubstanz zeigt sich aus dieser Perspektive als eine lediglich dem Substanzbegriff geschuldete willkürliche Annahme, die dazu dient, der kontinuierlichen Raumerfüllung eine Instanz zu verschaffen, mit deren Hilfe sie den ontologischen Status eines an sich Existierenden gewinnt. Zur Theorie physischer Monaden war es überhaupt erst aufgrund folgender Notlage gekommen: Wenn Materie in ontologischer Weise als Realität im Raum erklärt werden soll, so wird der Begriff der Substanz als ein *ens per se* benötigt. Da sie folglich als zusammengesetzt nach dem Konstitutionsmodell vorgestellt werden muß, besteht sie aus Substanzen, die zugleich im Raum real und einfach sein sollen. Phänomenal ist Materie Kraft. Wenn Materie durch den kosmologischen Kraftbegriff gedeutet wird, ergibt sich daraus, daß es absolut undurchdringliche Krafträume geben muß, da die Materie sonst nicht real konstituiert wäre. Diese Krafträume müssen demnach kontinuierlich von Kraft erfüllt sein, sonst könnte eine andere Kraft in die Leerräume eindringen. Als Grund dieser Kraft wird nun die reale Substanz angenommen. Nun ist die Frage, ob die Substanz

---

149 Vgl. Leibniz' drittes Schreiben an Clarke, § 5 (Der Leibniz-Clarke Briefwechsel. Hrsg. v. V. Schüller. Berlin 1991, S. 38).

an sich selbst den Raum ihrer Wirksamkeit erfüllt, oder aber ob sie lediglich in einem Punkt anwesend ist. Wäre sie an sich selbst ausgedehnt, so wären an ihr unterschiedliche Teilbereiche unterscheidbar; dies aber widerspräche ihrer absoluten Einfachheit. Es wäre lediglich eine physische Unteilbarkeit postulierbar, die experimentell zu überprüfen ist; eine prinzipielle Teillosigkeit dagegen wäre ihr damit nicht zuzusprechen; dies ist aber erforderlich. Die Substanz muß daher alternativ als in einem Punkt gegenwärtig aufgefaßt werden. Wenn dies aber der Fall ist, so muß eine bestimmte begrenzte Zahl von Substanzen angenommen werden, die in einem Raum als Kraftzentren existieren. Die Anzahl ist aber objektiv nicht bestimmbar, denn jeder Raumpunkt, an dem eine Kraft herrscht, kann prinzipiell als ein solches Zentrum angesehen werden und es gibt folglich keinen Grund, einen Kraftpunkt gegenüber einem anderen zu prävalieren. In einem absoluten Raum also müßte der Theoretiker physischer Monaden willkürliche Kriterien der Raumpunktprävalenz angeben, oder aber jedem Raumpunkt eine Substanz zuordnen. Da ersteres unbegründet ist, muß er letzteres annehmen, dann aber besteht Materie notwendig aus einer aktual unendlichen Mannigfaltigkeit von Substanzen.

Daß diese Interpretation des Arguments (8) nicht willkürlich ist, ersieht man daran, daß Kant in den *Metaphysischen Anfangsgründen der Naturwissenschaft* eine ähnliche Argumentation gegen die Monadisten vorbringt. In der *Anmerkung 1* zum Lehrsatz 4 der Dynamik führt er folgendes Widerlegungsargument vor:

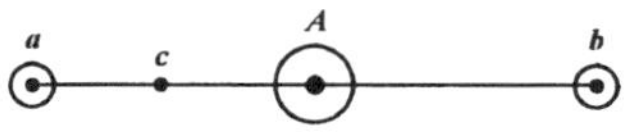

„[...] nehme man an, *A* sei der Ort einer Monas im Raume, *ab* sei der Durchmesser der Sphäre ihrer repulsiven Kraft, mithin *aA* der Halbmesser derselben, so ist zwischen *a*, wo dem Eindringen einer äußeren Monade in den Raum, den jene Sphäre einnimmt, widerstanden wird, und dem Mittelpunkte derselben *A*, ein Punkt *c* anzugeben möglich (laut der unendlichen Theilbarkeit des Raumes). Wenn nun *A* demjenigen, was in *a* einzudringen trachtet, widersteht, so muß auch *c* den beiden Punkten *A* und *a* widerstehen. Denn wäre dieses nicht, so würden sie sich einander ungehindert nähern, folglich *A* und *a* im Punkte *c* zusammentreffen, d.i. der Raum würde durchdrungen werden. Also muß in *c* etwas sein, was dem Eindringen von *A* und *a* widersteht und also die Monas *A* zurücktreibt, so wie es auch von ihr zurückgetrieben wird. Da nun Zurücktreiben ein Bewegen ist, so ist *c* etwas Bewegliches im Raum, mithin Materie, und der Raum zwischen *A* und *a* konnte nicht durch die Sphäre der Wirksamkeit einer einzigen Monade angefüllt sein, also auch nicht der Raum zwischen *c* und *A* und so ins Unendliche." (AA IV, 504 f.)

Die Substanz, gedacht als Träger von Kraft im Raum, ist für den kritischen Kant keine sinnvolle Konzeption, obwohl die Substanz als Ursache von Kraft gedacht werden muß. Kants Widerlegungsargument ist sicher alles andere als transparent. Er argumentiert entsprechend der Materiedefinition der *Metaphysischen Anfangsgründe der Naturwissenschaft* mit dem Begriff der Bewegung. Unabhängig davon kann man das Argument jedoch auch so auffassen, wie es eher dem Antithesisbeweis der zweiten Antinomie in der *Kritik der reinen Vernunft* entspricht; es unterscheidet sich seiner Struktur nach nicht wesentlich von dem Argument, das von einem relationalen Raum ausgeht: Nach der Theorie physischer Monaden muß es zwischen den Sphären der Wirksamkeit zweier Monaden einen Punkt geben (c), an dem ein Gleichgewicht der Kräfte beider Monaden herrscht. Dieser Punkt ist damit weder nur ein Teil der Sphäre von A noch von a. Damit er jedoch sowohl von A als auch von a unterschieden sein kann, müßte er selbst auch als eine solche Monade angesehen werden. Dies Argument läßt sich nun *ad infinitum* fortsetzen. Es ist also kein hinreichender Grund angebbar, von bestimmten Raumpunkten anzunehmen, sie seien der Ort der Substanz, von anderen jedoch nur, sie seien die Sphäre der Wirksamkeit. Um also die These von der Sphäre der Wirksamkeit aufrechtzuerhalten, müßte diese Sphäre wiederum als zusammengesetzt aus Substanzen konzipiert werden. Die als einfach postulierte Substanz entpuppt sich so als lediglich willkürliche Setzung, bei deren Explikation sich unter den eigenen Prämissen gravierende Schwierigkeiten ergeben, die Kant im ersten Antithesisbeweis zu einer *contradictio in adiecto* steigert.

Kants Anmerkung zur Antithesis (B 467 f.), die auf die Raumlehre der *Transzendentalen Ästhetik* verweist, ist lediglich eine lockere Assonanz an Bekanntes. Kant expliziert hier, daß die Monadisten einen relationalen Raumbegriff vorziehen, da er es zu ermöglichen scheint, die Eigenschaften des Raumes von den Eigenschaften der Substanzen im Raum zu entkoppeln. Mit einem transzendental-idealistischen Raumbegriff ist dies nicht möglich; denn wenn der Raum Bedingung der Möglichkeit der äußeren Gegenstände ist, dann müssen die Eigenschaften des Raumes, so Kant, auch Eigenschaften der Gegenstände im Raum sein (B 470). Seine Bemerkung kann also nur als Hinweis auf den indirekten Beweis des transzendental-idealen Raumbegriffs gewertet werden, der ein Teilerfolg der Antinomie sein soll. Die transzendental-idealistische Erläuterung muß nicht als fehlerhafte Voraussetzung im Antithesisbeweis angesehen werden, sondern ist lediglich eine Bemerkung über die direkte Widerlegung des empirisch-abstrakten Raumbegriffs in den ersten beiden Raumargumenten der *Transzendentalen Ästhetik*. Der Antithesisbeweis thematisiert den Raum selbst nicht explizit, er dient nur als ein Beweisgrund. Für das Argument ist allein die unendliche Teilbarkeit des Raumes entscheidend. Das Argument (8) ist daher an kein spezifisches Raumkonzept gebunden, außer allein, daß es dem transzendentalen Realismus nicht widerspricht.

Der erste Antithesisbeweis hat also folgendes Resultat: Aus der Voraussetzung, daß ein zusammengesetztes Ding aus einfachen Teilen bestehe (1), folgt unter Zugrundelegung der Bestimmungen des Raumes und seines Verhältnisses zur Materie, daß das Einfache ein substantiell Zusammengesetztes sei. Dies ist eine *contradictio in adiecto*, also ist der erste Teil der Antithesis bewiesen. Der implizite Dogmatismus des ersten Antithesisbeweises besteht in der Annahme der numerischen Äquivalenz von Raum- und Materieteilen. Diese Annahme offenbart sich als transzendentaler Realismus; er wird von Kant ausführlich in der Auflösung kritisiert. Er verhindert es nämlich, daß die Antithesis die von ihr eigentlich angenommene Kontinuität der Materie selbst konzipieren kann: denn das Kontinuum ist nicht eine Menge von Elementen, vielmehr ist es doch gerade dadurch definiert, daß es weder aus Elementen zusammengesetzt ist, noch in sie zerteilt werden kann. Die Position, die Kant in der Auflösung der Antithesis als implizite Setzung anlastet, kann Materie nicht als Kontinuum entwickeln, sondern nur als eine aktual unendliche Menge von diskreten Teilen, die mit dem Raumkontinuum zwar gleichmächtig ist, aber sich doch von diesem durch seine Diskretheit unterscheidet. Die Antithesis kann Kant zufolge nur die unendliche Eingeteiltheit der Materie annehmen, nicht aber ihre unbegrenzte Teilbarkeit.

3.3. Materie als *phaenomenon*

Welche Position hat Kant im ersten Antithesisbeweis vor Augen? Die Lehre von der unendlichen Teilbarkeit der Materie wurde von einer Vielzahl sehr divergierender philosophischer Ansätze vertreten. Kant kritisiert, wie gezeigt, in der zweiten Antinomie vermittels der Antithesis eine Position, die den geometrischen Beweis der unendlichen Teilbarkeit der Materie für falsch hält, insofern die Raumeigenschaften für die substantielle Struktur der Materie nicht gültig sind. Die Ursache hierfür gibt er in den *Metaphysischen Anfangsgründen der Naturwissenschaft* an, es sei eine:

> „übelverstandene[ ] Monadologie, die gar nicht zur Erklärung der Naturerscheinungen gehört, sondern ein von Leibnizen ausgeführter, an sich richtiger platonischer Begriff von der Welt ist, so fern sie gar nicht als Gegenstand der Sinne, sondern als Ding an sich selbst betrachtet, blos ein Gegenstand des Verstandes ist, der aber doch den Erscheinungen der Sinne zum Grunde liegt." (AA IV, 507)

Diese „übelverstandene" Monadologie, die eine rein metaphysische Lehre zur Naturerklärung gebraucht, hat sich die Schulphilosophie zuschulden kommen lassen, welche Leibniz' Monaden als echte Teile der Materie, d.h. als Naturatome auslegte, also Wolff und Baumgarten. Aber auch Kant selbst kommt mit seiner Lehre physischer Monaden in der *Monadologia Physica* in bedenkliche Nähe dazu. Zwar läßt er die unendliche Teilbarkeit des Raumes gelten, aber er glaubt, daß die Materie den Raumbedingungen nicht in jeder Hinsicht unterliege, ihrer Subsistenz halber gelte der Beweis der unendlichen Teilbarkeit für sie nicht. In den *Metaphysischen Anfangsgründen der Naturwissenschaft* vertritt Kant dagegen dezidiert die Auffassung, die Materie sei unendlich teilbar. Der erste Antithesisbeweis wird daher häufig als Kantisch angesehen. Der Beweis der unendlichen Teilbarkeit der Materie wird in den *Metaphysischen Anfangsgründen der Naturwissenschaft* jedoch anders geführt als in der Antithesis. Kant argumentiert mit dem Begriff der Kraft; er votiert hier auch nicht für die unendliche „transzendentale Teilbarkeit", welche in der zweiten Antinomie Thema ist, sondern für die „physische Teilbarkeit".

Auch Leibniz hat die unendliche Teilbarkeit der Materie gelehrt, allerdings nur der phänomenalen zweiten Materie (*materia secunda*) als Körper. Der Raum und die Materie sind bloße Erscheinungen, insofern sie die Wirkung der einfachen Substanzen und deren Relation sind. Allein den Substanzen kommt demnach Existenz und

Realität zu, die Materie und der Raum, den sie ausspannen, sind als Wirkungen der Substanzen damit wohlbegründet, denn sie haben ihren intelligiblen Grund in den einfachen Substanzen. An sich sind sie jedoch Schein: *phaenomena bene fundata* oder reale Phänomene (*phaenomena realia*). Diese Konzeption, so gibt Leibniz in einigen Schriften an, habe er entwickelt, um dem „Labyrinth des Kontinuums" zu entgehen. Die Kontinuität ist bloßer Schein, sie ergibt sich aus der verworrenen Vorstellung derjenigen Pluralität, die an sich aus Einfachem besteht. Leibniz nimmt eine Ebenenunterscheidung, eine Stufung der Realität an: Monaden als intelligible, d.h. rational bestimmbare Gründe sind einfach und Teile einer intelligiblen Welt. Die kontinuierlich ausgedehnte Materie, die Körper, und der Raum, in dem sie erscheinen und der selbst die Erscheinung der Gegenwart der Monaden ist, ist die abgeleitete nicht reale, sinnliche Welt.

In den *Metaphysischen Anfangsgründen der Naturwissenschaft* interpretiert Kant Leibniz in diese Richtung; er billigt ihm zu, den Dualismus von intelligibler Welt und phänomenaler Welt richtig entworfen zu haben. Der „richtige platonische Begriff von der Welt" meint die intelligible Welt, die an sich die Gesamtheit aller einfachen Wesen ist (AA IV, 507 ff.). Mit „platonischer Begriff" meint Kant wohl, daß die intelligible Welt bei Leibniz insbesondere moralisch verfaßt sei; dies ist völlig angemessen, bezeichnet Leibniz sie selbst als „regne de la grâce".[150] Diese Welt der individuellen Substanzen korrespondiere, so Kant, dem Raum und den Erscheinungen. Der Raum sei bei Leibniz „Form unserer äußeren Anschauung". Diese Darstellung erweckt auf den ersten Blick den Anschein, als sehe Kant Leibniz als seinen Vorläufer. Doch dies ist nicht der Fall. Kant billigt Leibniz zu, auf der einen Seite einen „richtigen platonischen Begriff" einer Welt der intelligiblen Wesen vertreten zu haben, und auf der anderen Seite, den Raum als Form unserer äußeren Anschauung erkannt zu haben. Zentraler Kritikpunkt Kants an Leibniz ist, daß zwischen diesen beiden Bereichen, dem Reich der Gnade und dem Reich der Natur, kein reales Fundierungsverhältnis bestehen kann, sondern ein rein metaphysisches, die prästabilierte Harmonie. Diese jedoch ist für Kant eine rein spekulative, unbegründbare ontologische Setzung. Daher kann ihn auch nicht diese Lösung der Antinomie durch Unterscheidung von Seinsebenen überzeugen. Die Leibnizsche Theorie der einfachen Substanzen als intelligible Gründe der Erscheinungen findet sich eher repräsentiert in der dritten Antinomie, welche einen dynamischen Grund der Erscheinung in der intelligiblen Welt als Erklärung zuläßt. Für eine bloß mathematische Erklärung der Materie jedoch ist dieser Weg nicht gangbar, denn er erlaubt keinen Überstieg in die intelligible Welt. Kants Kritik an Leibniz wäre demnach, daß eine solche Theorie allenfalls als eine Theorie der Freiheit intelligibler Wesen, nämlich Intelligenzen, sinnvoll ist, nicht aber als Theorie letzter Materieelemente.[151] Die „übelverstandene Monadologie" unter-

---

150 Leibniz, G.W.: Principes de la Nature et de la Grâce. GP VI, 605.

151 In einer Vorarbeit zur Streitschrift *Über eine Entdeckung* schreibt Kant: „Eine Monas im Raume ist ein Gegenstand äusserer Sinne aber es hat doch keine außere Bestimung und

nimmt den notwendigen Versuch, den Dualismus von intelligibler Welt und Erscheinungswelt zu überbrücken, scheitert aber notwendig daran, daß sie eine reale Instanz der Monade im Raum anzunehmen gezwungen ist, wie die Antithesis aufdeckt und dies ist, wie sie weiterhin zeigt, widersprüchlich.

Bei dem ersten Antithesisbeweis dürfte Kant wohl eher an Leonhard Euler gedacht haben, der auch durch seine beharrlichen Attacken gegen den Monadismus schon lange berühmt war.[152] In seinen *Briefen an eine deutsche Prinzessin*, die Kant bekannt waren, führt Euler einen geometrischen Beweis der unendlichen Teilbarkeit von Strecken vor.[153] Hieraus schließt er unmittelbar die unendliche Teilbarkeit der ausgedehnten Dinge im Raum durch einen Subsumtionsschluß von dem Gattungsbegriff ‚Raum' auf den Artbegriff ‚Körper': „[...] wenn die Theilbarkeit ins Unendliche eine Eigenschaft der Ausdehnung überhaupt ist, sie auch nothwendig allen einzelnen ausgedehnten Dingen zukommen müsse;" (S. 143 ff.). Euler spricht hier wie Kant in der Antithesisanmerkung von einer „elenden Chikane", die die Monadisten betrieben. In seinen *Gedanken von den Elementen der Körper* von 1746 führt Euler einen indirekten Beweis der unendlichen Teilbarkeit vor:

> „Da man nun ohne Wiederspruch nicht behaupten kann, dass die Theilbarkeit der Materie irgendswo aufhöre und ihre Grenzen erreiche, indem man sonst zugeben müsste, dass ein Körper aus einer unendlichen Anzahl untheilbarer, das ist solcher Theilchen, welche ganz und gar keine Grösse mehr haben, zusammen gesetzt wären: so ist man genöthiget zuzugeben, dass sich die Körper ins unendliche immerfort zertheilen lassen."[154]

Euler argumentiert gegen die Monaden mit zahlreichen Argumenten, die er in seinen Schriften immer wieder verfeinerf hat. Ein Argument ist mathematischer Art und weist darauf hin, daß durch Teilung nicht die 0-Größe erreichbar ist, daß also durch Teilung eines Ausgedehnten immer Ausgedehntes erreicht werde und kein

kan kein Theil vom Raume seyn. Also muß ich ihn immer theilen. Das sind Vorstellungen in einer Stelle im Raume wo nichts als die Stelle ist. Leibnitz oder die Critik schloß aus dem Mangel des Einfachen in der Materie auf etwas Übersinnliches nicht aber daß das Ubersinnliche in demselben als Theil enthalten sey denn alsdann wäre es nicht übersinnlich". (AA XX, 368).

[152] Vgl. zu historischen Fakten des Streites zwischen Euler und der Schulphilosophie Vogel, K.: Kant und die Paradoxien der Vielheit. S. 97-120. Auch Höselbarth rekonstruiert den ersten Antithesisbeweis, den er ins Zentrum seiner Untersuchung stellt, vor dem Hintergrund der Eulerschen Mathematik und Kritik an der Monadologie (Raum und Körper in der zweiten Antinomie. S. 105-110).

[153] Euler, L.: Briefe an eine deutsche Prinzessin. Übers. v. A. Speiser. Leipzig 1769 (Neudruck: Braunschweig / Wiesbaden 1986). S. 142 f. De mundi sensibilis AA II, 414 (Hier gibt Kant eine Belegstelle in dieser Ausgabe, die er allerdings falsch betitelt: Briefe „an einen deutschen Fürsten"). Kant versuchte 1768 in *Vom ersten Grunde des Unterschieds* explizit, Eulers Beweis des absoluten Raumes, den er zwar sehr lobt, zu verbessern (AA II, 378).

[154] Euler, L.: Gedanken von den Elementen der Körper. Opera Euleri. Hrsg. v. E. Hoppe, K. Malter und J. J. Burckhardt. Leipzig / Berlin 1942, Bd. III/2, 364. Vgl. auch S. 365.

Kleinstes gegeben werden könne: Ganz allgemein fordert Euler gegen die Monadisten, die Materie aus echten Teilen der Materie bestehen zu lassen, wobei, wenn man einfache unteilbare Teile annehme, man in einen Widerspruch gerate:

> „Sollte man nach einer eingebildeten, jedoch bestimmten Zergliederung endlich auf solche Teile geraten, welche keiner ferneren Zerteilung mehr fähig wären, so müßten dieselben auch aller Größe beraubet sein, welches einen wahren Widerspruch in sich enthält, denn so widersprechend es ist, daß die Hälfte oder der dritte Teil eines Körpers keine Größe mehr haben sollte, ebenso widersprechend ist es, wenn man ein solches von den tausendsten oder millionsten oder noch kleineren Teilen behaupten wollte, denn ehe man auf diese letzten Teile käme, so hätte man unmittelbar vorher doch solche Teile, welche sich teilen ließen und folglich eine Ausdehnung hätten, von welchen gleichwohl die Hälfte aller Größe beraubet wäre."[155]

Entscheidend ist sein Argument, daß wenn die Monaden als größenlos gelten sollen, dann nicht erklärbar ist, wie die Körper eine Größe haben können, da es unmöglich ist, daß aus Größelosem eine Größe konstituiert wird.[156] Eulers weiteres Argument verwendet Kant in eigener Absicht in der Auflösung der zweiten Antinomie (B 551 ff.): „Dann sollte es solche Theilchen wirklich geben, so müsste die Unendlichkeit der Theilbarkeit bestimmet sein. Welches wieder den Begriff des Unendlichen läuft." (S. 365). Kant scheint nun davon auszugehen, daß dieses Argument richtig ist. Kants erster Antithesisbeweis nimmt also Eulersche Elemente auf, verbessert seine Beweise aber, indem er nicht einfach durch einen Subsumtionsschluß von der unendlichen Teilbarkeit des Raumes auf die unendliche Teilbarkeit der Materie schließt, denn dieser übersieht das berechtigte Problem der Monadisten, daß die Realität der Materie begründet werden muß, weil die Materie nicht identisch mit dem geometrischen Körper ist; dies war bereits die Leibnizsche Kritik an Descartes. Kant versucht im ersten Antithesisbeweis, diesem Problem Rechnung zu tragen; daher rührt sein ein wenig gewundener Argumentationsgang.

3.4. Die Antithesis als Position des empirischen Idealismus: Der zweite Teilbeweis der Antithesis

Der zweite Teilbeweis der Antithesis will Kant zufolge zeigen, daß das Einfache nicht in der Sinnenwelt existiert. Ging es dem ersten Beweis darum, auf eine Inkongruenz von Raum und Materiekonstitution in der Thesis hinzuweisen und zu zeigen, daß das Einfache nicht im Anschauungsraum existieren kann, geht es dem zweiten nun darum, zu zeigen, daß es auch nicht unabhängig vom Anschauungsraum existieren kann. Die Nichtexistenz des Einfachen wird mit dem Argument der Unmöglichkeit, das Einfache durch Erfahrung zu belegen, bewiesen. Der zweite Teilbeweis ist sicherlich

---

155 Euler, L.: Anleitung zur Naturlehre. Opera Euleri III/1, S. 24 f.

156 Euler, L.: Gedanken von den Elementen der Körper. Opera Euleri III/2, 364.

derjenige, der in der Forschung die am meisten divergierenden Bewertungen hervorgerufen hat, sofern er überhaupt zur Kenntnis genommen wurde. Eine Deutungsrichtung bezieht ihn auf die Paralogismenproblematik und sieht ihn als eine Wiederaufnahme des Seelenthemas an; dabei wird dieses Vorgehen von einigen Kommentatoren begrüßt,[157] während andere darin eine Redundanz erblicken.[158] Ein anderer Zweig der Forschung sieht diesen Teilbeweis mehr in kosmologische Zusammenhänge eingebunden und bewertet ihn als „erkenntnistheoretischen Beweis".[159] Es ist also die Frage nach dem Gegenstand des zweiten Antithesisbeweises mit besonderer Aufmerksamkeit zu untersuchen, d.h. ob die Seele als Gegenstand der zweiten Antinomie zusätzlich in Betracht kommt. In den meisten Interpretationen der zweiten Antinomie wird der zweite Teilbeweis jedoch schlicht ignoriert.[160] Eine weitere Besonderheit der Rezeption dieses Teilbeweises ist, daß er zumeist als transzendentalphilosophischer Beweis verstanden wird, ihm wird daher auch vorgeworfen, unkorrekterweise von kritischen Voraussetzungen Gebrauch zu machen.[161] Insbesondere

---

157 Heimsoeth, H.: Transzendentale Dialektik. S. 232 f. Als eher unspezifischen Anklang der Seelenthematik im Zusammenhang der Monadologie versteht Heimsoeth das Thema in *Atom, Seele, Monade* (S. 277 f.).

158 Bereits Martin geht ohne eine Analyse der Antinomien von dieser Sachlage aus und kritisiert Kants Vorgehen (Immanuel Kant. Ontologie und Wissenschaftstheorie. Berlin 1969, S.57). Er glaubt, Kant habe in der zweiten Antinomie die Atomistik thematisch mit einem Beweis der Unsterblichkeit der Seele verbinden wollen. Schmucker nimmt als Gegenstand des Beweises ausschließlich die Seele an; für ihn geht es in diesem Teil um „geistige Substanzen" (Das Weltproblem. S. 134 f.; S. 142 ff.); aus dieser Warte bezeichnet er ihn als einen „schwierigen und im unmittelbaren Kontext kaum verständlichen Beweis" (S. 142).

159 Falkenburg, B.: Kants Kosmologie. S. 229. Falkenburg meint, dieser Teilbeweis richte sich v.a. gegen die reale Möglichkeit der Leibnizschen Monaden. Das Argument sei nicht indirekt, sondern direkt, es mache aber keinen Gebrauch von transzendentalen Voraussetzungen; hierin korrigiert Falkenburg ihre eigene Annahme von 1995 (Kants zweite Antinomie und die Physik). Vielmehr charakterisiert sie den Beweis als empiristisch oder naturalistisch. Ohne im einzelnen auf den Argumentationsgang einzugehen, hält sie für das Beweisziel dieses Teiles, daß er eine Monadenlehre ausschließen soll, nach welcher es relationslose Substanzen in der Natur gibt. Der Charakterisierung des Arguments als erkenntnistheoretisch ist unbedingt zuzustimmen, wie im Folgenden zu zeigen ist.

160 Vogel nennt den zweiten Antithesisbeweis zwar, geht aber nicht auf seinen Inhalt ein (Kant und die Paradoxien der Vielheit. S. 305 f.). Von Grier wird er erst überhaupt nicht erwähnt (Transcendental Illusion and Transcendental Realism in Kant's Second Antinomy. S. 64-67).

161 Baumanns spricht von einem „dogmatischen Mißbrauch transzendentaler Reflexion" (Kants Philosophie der Erkenntnis. S. 747). Die Antithesis bedient sich auf dogmatische und also falsche Weise transzendentaler Lehrstücke, wie hier der Erkenntnisrestriktion auf die Erfahrung. Auch Malzkorn meint, der Beweis beruhe auf transzendentalen Voraussetzungen (Kants Kosmologie-Kritik, S. 187). Schmucker erhebt gleichfalls – allerdings eher global – diesen Vorwurf gegen Kants Argumentation (Das Weltproblem. S. 141). Seine Erläuterung des zweiten Antithesisbeweises macht dann in der Tat von kritischen Lehrstükken Gebrauch.

die Terminologie des Beweises, der Begriff „transzendentale Idee" beispielsweise, wird dafür als Beleg genommen.[162]

Zunächst sei das Verhältnis des ersten zum zweiten Teilbeweis thematisiert: Der zweite Beweis der Antithesis ist inhaltlich vom ersten abhängig. Nur wenn der Beweis des ersten Teilsatzes der Antithesis die Thesisposition zumindest zum Zugeständnis zwingen kann, daß das Einfache als Konstituens der Materie ein Teil des Raumes sein muß, kann die Argumentation des zweiten Beweises überhaupt einen Bezug zur Thesis herstellen. Wenn die Thesis anerkennen muß, daß das Einfache ebenso eine Realität im Raum sein muß wie die Materie selbst, kann sie von dem Argument der Unmöglichkeit, die Existenz des Einfachen durch Erfahrung zu beweisen, überhaupt betroffen werden.[163] Dies bedeutet, der zweite Beweis ist nicht vom vollständigen Erfolg des ersten Beweises abhängig, sondern lediglich von Satz (7), wonach das Einfache einen Raum einnimmt. Denn wenn das Einfache einen Raum einnimmt, dann muß es prinzipiell ein Gegenstand möglicher Erfahrung sein. Diese Implikation muß die Antithesis der Thesis nun mit guten Argumenten nachweisen können, denn sie widerspricht zumindest den meisten Lehren der physischen Monadologie. So lehrt Wolff explizit, nur Zusammengesetztes könne wahrgenommen werden, nicht jedoch das Einfache.[164] Das Problem der Existenzsetzung des Einfachen hat Kant im Thesisbeweis, wie gezeigt, nicht eigens thematisiert, sondern eher in den Beweis als stillschweigende Voraussetzung eingehen lassen. Der Rationalismus der Thesisposition geht ohnehin von einer solchen Realitätsauffassung aus, in welcher das durch den Verstand klar Erkennbare, nämlich das begrifflich Bestimmbare, einen höheren Grad an Realität besitzt als dasjenige, was einer bloß unklaren, verworrenen Vorstellung fähig ist wie die sinnliche Erfahrung. Da nun Realität und Existenz in dieser Weise nicht prinzipiell unterschieden sind, ist damit auch der Existenznachweis des vernunftmäßig Erkannten erbracht. Gemäß der logisch-ontologischen Äquivalenz, die dogmatisch vorausgesetzt wird, geht die Thesis davon aus, daß das rational Erkannte auch ontologisch gültig sei. Anders die Antithesis: Der Existenznachweis des Einfachen muß, so fordert sie, durch Erfahrung erfolgen können.

Der Geltungsbereich der beiden Beweise ist, wie Kant in (19) expliziert, in A_1 und A_2 unterschiedlich. Er erläutert diesen Unterschied mit Hilfe einer Begrifflichkeit, die wiederum den Verdacht nährt, es handele sich um spezifisch kritische Theoriebestandteile: Der erste Teilbeweis verbanne das Einfache aus der „Anschauung des Zusammengesetzten", der zweite schaffe es aus der ganzen Natur weg. Kant behauptet hier, der erste Satz der Antithesis sei aus dem „Begriff eines gegebenen Gegenstandes

162 Wie in anderen Zusammenhängen der *Transzendentalen Dialektik* auch, wird „transzendental" hier jedoch im Sinne von „transzendent" zu verstehen sein.

163 Smith konnte zu der Ansicht gelangen, daß Thesis und Antithesis sich gar nicht auf denselben Gegenstand beziehen, weil er diese Argumentationsabsicht nicht erkannte (Commentary to Kant's Critique of Pure Reason. S. 490).

164 Wolff, Chr.: Cosmologia Generalis, §§ 66 ff.

der äußeren Anschauung (des Zusammengesetzten)" bewiesen worden (B 465). Der zweite Satz dagegen könne lediglich aus dem Verhältnis dieses gegebenen Gegenstandes zu einer möglichen Erfahrung überhaupt demonstriert werden. Diese Erläuterung erscheint der Terminologie wegen kritisch, ist es der Sache nach aber nicht, wie im Folgenden zu zeigen ist. Der erste Beweis, dessen Beweisgrund auf einer mathematisch-geometrischen Basis ontologisch-naturphilosophisch argumentiert (B 467), führt zur Ablehnung des Einfachen, sofern es ein Reales im Raum sein soll. In diesem Sinne wirft der erste Beweis der Antithesis der Thesis vor, daß ihr Begriff eines substantiell Zusammengesetzten, das aus einfachen Teilen bestehe, sich nicht als im Raum existierend konzipieren läßt, obwohl dies notwendig ist, soll es denn als Begründung des Realen im Raum, der Materie, gelten können. Dieser Beweis beruht daher wesentlich auf Bestimmungen des Raumes, der – so Kants Auffassung – in jedem Falle Anschauungsraum ist. Der zweite Beweis soll nun darüber hinaus das Einfache als ein Konzept erweisen, das überhaupt keine Anwendung auf Erscheinungen zuläßt. Er schafft es aus der ganzen Natur fort, als dem Objekt überhaupt von Erkenntnis, indem er behauptet, daß es prinzipiell keine Erkenntnis des Einfachen aus Erfahrung geben könne und damit sei – so der entscheidende Teil des Beweises – in der Natur nichts Einfaches gegeben (18). Das Einfache existiert also auch nicht in einem Bereich der Erfahrung, der zwar nicht in der Anschauung gegeben ist, auf den aber geschlossen werden kann. Ging es also im ersten Beweis um die Existenz des Einfachen in unserem Anschauungsraum, so verhandelt der zweite die Existenz des Einfachen schlechthin. Dazu sei es nun nötig, so Kant, aus dem Verhältnis einer möglichen Erfahrung zu einem gegebenen Gegenstand der äußeren Anschauung das Beweisargument zu beziehen (19). Auch bezüglich des zweiten Teilbeweises wird die Beweisanalyse u.a. der Frage nach dem Dogmatismus nachzugehen haben, den die Antithesisposition Kant zufolge implizit vertritt.

Zunächst sei der formale Aufbau des Beweises kurz expliziert:[165] Der Beweis geht aus von einer Uminterpretation des zweiten Teiles der Antithesis (A_2), die Kant in Satz (11) liefert: Er wird dann apagogisch eingeleitet, indem in (12) die uminterpretierte These negiert wird. Da die These negativ ist, ist die Prämisse des Beweises positiv. Die Quantoren sind, wie bereits ausgeführt, hierbei zwar etwas verdeckt, dennoch aber durchaus im Sinne der Beweisabsicht korrekt beachtet. Die Voraussetzung des zweiten apagogischen Antithesisbeweises (12) formuliert also das kontradiktorische Gegenteil zur reformulierten Version von (A_2) und besagt, es soll angenommen werden, daß es mindestens einen Gegenstand der Erfahrung gibt, der einfach ist.[166] Die

[165] Auch dieser Beweis steht im Verdacht, überhaupt nicht apagogisch geführt zu sein (vgl. Falkenburg, B.: Kants Kosmologie. S. 230); dagegen meint Malzkorn, dieser Beweis sei apagogisch (Kants Kosmologie-Kritik. S. 187; 190).

[166] Der Beweis ist wiederum ein Kettenschluß, in welchem in zwei verkürzten Syllogismen (E, F) jeweils die *conclusio* als Prämisse des nächsten Schlusses fungiert. Im ersten Syllogismus wird aus der Prämisse eine Aussage deduziert (13), die wie eine analytische Folgerung erscheinen soll. Es wird (14) als Obersatz zu der Folgerung (13) hinzugefügt, woraus (15) ge-

Umdeutung von A2 (11) bringt zugleich eine Kurzfassung der kommenden Argumentation. Die Antithesis negiert die Existenz des Einfachen in dem Sinne, daß sie aufzeigt, seine Existenz könne nicht durch „Erfahrung oder Wahrnehmung" bewiesen werden. In dieser Umdeutung sind drei Behauptungen vorausgesetzt. *Erstens*: der Existenzbeweis eines Gegenstandes in der Welt ist nur durch Erfahrung oder Wahrnehmung möglich. *Zweitens*: wenn das Einfache als Element der Sinnenwelt existiert, dann muß es prinzipiell Gegenstand einer möglichen Erfahrung sein können. Und schließlich *drittens*: es muß durch Erfahrung als solches Einfaches erkennbar sein. Es scheint zunächst so, als richte sich das Antithesisargument mit dieser Argumentation weniger gegen die Existenz des Einfachen an sich selbst, wie dies in A2 ursprünglich ausgedrückt wurde, als vielmehr gegen die dogmatische Behauptung der Existenz des Einfachen durch die Thesis; es scheint bloß skeptisch zu sein bezüglich der Begründbarkeit der Existenzbehauptung des Einfachen. Dies ist aber nicht der Fall, wie der Beweisgang zeigt, vielmehr macht er eine implizite dogmatische Behauptung, die die Möglichkeit der Existenz des Einfachen selbst betrifft, und hierin steckt der spezifische Dogmatismus der Antithesis.

Mit seiner Umdeutung der Antithesisbehauptung A2 geht Kant nicht über den transzendentalen Realismus, der von der erkenntnisunabhängigen, absoluten Existenz der Außenwelt ausgeht, hinaus und argumentiert keineswegs auf der Grundlage des empirischen Realismus, wie man vielleicht aufgrund der Terminologie annehmen könnte.[167] Auch wenn er erkenntnistheoretisch argumentiert, beruht seine Argumentation gleichwohl auf transzendental-realistischen Annahmen. Der transzendentale Realist geht davon aus, daß die Sinnenwelt, „der Inbegriff aller möglichen Erfahrungen", an sich existiere und über bestimmte Eigenschaften unabhängig von Erfahrung verfüge. Dies ist die Grundlage des Beweises.[168]

---

folgert wird. Im zweiten Syllogismus werden die beiden vorangegangenen Teile zusammengefaßt: (16) wird unmittelbar aus (15) geschlossen, (17) ist eine neue Prämisse, eine Definition, woraus (18) als Endresultat gefolgert wird. Der Beweis könnte so dargestellt werden: (12) $\rightarrow$ (13) $\wedge$ (14) $\rightarrow$ (15) $\rightarrow$ (16) $\wedge$ (17) $\rightarrow$ (18).

167 In anderen Kontexten definiert Kant sowohl die Welt als auch die Natur so: Natur oder Welt sei der „Inbegriff der Gegenstände der Erfahrung", oder der „Inbegriff der Gegenstände äußerer Sinne", oder „Inbegriff der Erscheinungen" (B XIX; B 391; B 535; B874; Kritik der Urteilskraft. AA V, 386; 416; Erste Einleitung in die Kritik der Urteilskraft. AA XX, 208; Prolegomena, § 17. AA IV, 296).

168 In bezug auf die erste Antinomie weist Kant in den *Prolegomena* ausdrücklich auf den Unterschied zwischen empirischem und transzendentalem Realismus hin (§ 52 c): „Also müßte diese auf die eine oder die andre Art bestimmte Größe der Welt in ihr selbst liegen, abgesondert von aller Erfahrung. Dieses widerspricht aber dem Begriffe einer Sinnenwelt, die nur ein Inbegriff der Erscheinung ist, deren Dasein und Verknüpfung nur in der Vorstellung, nämlich der Erfahrung, stattfindet, weil sie nicht Sache an sich, sondern selbst nichts als Vorstellungsart ist. Hieraus folgt, daß, da der Begriff einer für sich existierenden Sinnenwelt in sich selbst widersprechend ist, die Auflösung des Problems wegen ihrer Größe auch jederzeit falsch sein werde, man mag sie nun bejahend oder verneinend versuchen." (AA IV, 342).

Die einzelnen Schritte sollen nun kurz erläutert werden. In einem ersten Beweisschritt folgert die Antithesisposition in (13) aus der Voraussetzung, das Einfache ließe sich als Gegenstand der Erfahrung auffinden, daß es dann ebenso möglich sein müsse, dieses Einfache als Einfaches zu erkennen. Dies bedeutet, daß das Einfache nicht nur in der Wahrnehmung gegeben werden muß, sondern daß die Wahrnehmung des Einfachen selbst keinerlei Mannigfaltigkeit enthalten darf, d.h. das die Wahrnehmung selbst einfach sein muß. Diese Einfachheit der Wahrnehmung, die Anschauung ist, muß als solche auch erkennbar sein. Das entscheidende Argument gegen die Voraussetzung bringt nun Satz (14) vor. Kant formuliert hier einen epistemologischen Grundsatz: Der Schluß vom Nichtbewußtsein des Mannigfaltigen in einer Wahrnehmung auf die Unmöglichkeit eines Mannigfaltigen in irgendeiner Anschauung eines Objekts sei ungültig. Das Einfache könne aber nur bewiesen werden, wenn ein solcher Schluß gültig sei. D.h. die Annahme der Existenz des Einfachen setzt voraus, daß diese Schlußweise gültig ist. Dies sei nun aber nicht der Fall, vielmehr geht die Antithesis vom Prinzipcharakter des obigen Satzes aus. Die Prüfung dieser Behauptung muß also zweierlei ins Auge fassen: den epistemologischen Grundsatz selbst und die Behauptung der Implikationsrelation zwischen Existenzannahme des Einfachen und dem epistemologischen Grundsatz.

Diffizil ist Kants Argumentation insbesondere deshalb, weil sie ohne klare Abhebungen mit der Unterscheidung von Wahrnehmung, Bewußtsein der Wahrnehmung, und Gegenstand der Wahrnehmung operiert. Für die Interpretation wichtig ist auch die Frage, was Kant mit dem Ausdruck ‚das Mannigfaltige in irgendeiner Anschauung eines Objekts' meint (14),[169] denn die Interpretation dieses Ausdrucks zieht zwei unterschiedliche Bedeutungen der Antithesisposition nach sich. Ist gemeint, das Nichtbewußtsein eines Mannigfaltigen erlaube es nicht, auf die Einfachheit entweder *erstens* des innersubjektiven Anschauungsgegenstandes oder *zweitens* des geistunabhängigen Gegenstandes der Anschauung an sich selbst zu schließen? Der Wortlaut des Arguments deutet zunächst auf die erste Interpretation hin, die Schlußanmerkung des ganzen Beweises (19) allerdings auf die zweite: Kant erklärt ausdrücklich, der Beweis beziehe sich auf das „Verhältnis [sc. eines gegebenen Gegenstandes der äußeren Anschauung (des Zusammengesetzten)] zu einer möglichen Erfahrung überhaupt" (B 465) und schaffe das Einfache aus der „ganzen Natur" weg. Die zweite Lesart hat zudem einen anderen Vorteil: sie erlaubt es, eine Verbindungslinie zu Kants Idealismuswiderlegung im vierten Paralogismus der ersten Auflage der *Kritik der reinen Ver-*

[169] Kants Änderungen dieses Ausdrucks in der zweiten Auflage klären lediglich die syntaktischen Bezüge, so daß klar wird, daß es jeweils um die Mannigfaltigkeit des wahrgenommenen Gegenstandes geht. Inhaltlich entscheidend sind die Änderungen aber nicht.

nunft zu ziehen, deren Argument dem zentralen Argument des zweiten Antithesisbeweises nahesteht, worauf dort auch vorausweisend hingewiesen wird (A 377).[170]

Das zentrale Argument des zweiten Antithesisbeweises (14), das man vielleicht das Argument des epistemischen Fehlschlusses nennen kann, richtet sich nicht gegen den Gegenstand als subjektiven Anschauungsgegenstand, sondern gegen den geistunabhängig existierenden, realen Gegenstand der Anschauung als Ding an sich. Es beruht so auf der Erkenntnisrelation der empirischen Erkenntnis zwischen dem Erkenntnisgegenstand und der Wahrnehmung des Gegenstandes. Bei diesen beiden Relata muß, so die Antithesisposition, unterschieden werden zwischen dem Gegenstand an sich selbst und seiner phänomenalen Gegebenheitsweise für die Wahrnehmung und das Bewußtsein dieser Wahrnehmung. Wenn diese Differenz beachtet wird – so das Argument des epistemischen Fehlschlusses – dann darf nicht von Eigenschaften, die dem Gegenstand, wie er mir phänomenal erscheint, zukommen, auf Eigenschaften des Gegenstandes, wie er unabhängig von Wahrnehmung existiert, geschlossen werden. Dieses allgemeine Prinzip wird nun speziell auf das Einfache und die Voraussetzung des Beweises bezogen. Das Argument des zweiten Antithesisbeweises als Argument des epistemischen Fehlschlusses (14) besagt dann speziell: Selbst wenn es eine Gegenstandswahrnehmung gäbe, in welcher der phänomenale Wahrnehmungsgegenstand für das Bewußtsein keinerlei Mannigfaltigkeit erkennen ließe, und also als ein Einfaches erschiene, so könnte von einem solchen Bewußtsein nicht auf die Einfachheit des der Wahrnehmung zugrunde liegenden Gegenstandes geschlossen werden. Denn es wäre möglich, daß die Wahrnehmung zwar keine Mannigfaltigkeit zu Bewußtsein gelangen ließe, der Gegenstand an sich selbst aber dennoch in weitere Teile eingeteilt sei. Aufgrund dieses Gedankens ist es prinzipiell unmöglich, von den durch Wahrnehmungsbewußtsein gewonnenen Gegenstandsbestimmungen auf Eigenschaften des Gegenstandes selbst zu schließen.

Zur Erläuterung dieses Gedankens kann die Lehre von den „dunklen Vorstellungen" dienen, die Leibniz, aber auch der kritische Kant vertreten. Kant gibt in der *Anthropologie* von 1798 ein für unseren Zusammenhang aufschlußreiches Beispiel dunkler Vorstellungen:

> „Alles, was das bewaffnete Auge durchs Teleskop (etwa am Monde) oder durchs Mikroskop (an Infusionstierchen) entdeckt, wird durch unsere bloßen Augen gesehen; denn diese optischen Mittel bringen ja nicht mehr Lichtstrahlen und dadurch erzeugte Bilder ins Auge, als auch ohne jene künstliche Werkzeuge sich auf der Netzhaut gemalt haben würden, sondern breiten sie nur mehr aus, um uns ihrer bewußt zu werden." (AA VIII, 135)

Kants Auffassung des Sehvorgangs geht also davon aus, daß das faktische Vorhandensein der Information, die im Lichtstrahl gegeben ist, in der Wahrnehmung kon-

[170] Daß sich diese Stelle in den Paralogismen auf die zweite Antinomie bezieht, meinen auch Heimsoeth, H.: Transzendentale Dialektik. Bd. I, S. 139; und Falkenburg, B.: Kants Kosmologie. S. 258 f.

stant bleibt, unabhängig von beispielsweise optischen Hilfsmitteln. Für die Erkenntnis wesentlich ist vielmehr Bewußtsein der Wahrnehmung, das von ihrer Distinktheit abhängig ist; d.h. die Unterschiedenheit der Teile einer Wahrnehmung muß einen bestimmten Schwellenwert erreichen, damit die sinnliche Information zu Bewußtsein gelangen kann.[171]

In dieser Form steht das Argument des zweiten Antithesisbeweises in der langen Tradition skeptischer Einwände gegen die Verläßlichkeit des auf Sinnlichkeit beruhenden Erfahrungswissens von Platon über Descartes bis Hume; es ist also zunächst als ein bloß skeptisches Argument gegen die Möglichkeit zweifelsfreier Wahrheit von Erfahrungserkenntnis zu deuten; es muß also nicht notwendigerweise als spezifisch transzendental-idealistisch verstanden werden, wenngleich Kant die Terminologie der *Transzendentalen Ästhetik* und *Transzendentalen Analytik* verwendet. Die Antithesis geht jedoch in ihrem Beweis, wie nun im Folgenden zu zeigen ist, über die Neutralität der Skepsis gegenüber Erfahrungswissen hinaus, denn sie hält das Argument für geeignet, die Existenz des Einfachen in der Sinnenwelt überhaupt zu leugnen (18). Das Argument zeigt sich damit als im Kern idealistisch, wonach der skeptische Zweifel an der Objektivität unseres empirischen Wissens daher rührt, daß die von uns zu erkennende Sinnenwelt völlig unabhängig von uns existiert und daher für uns an sich unerkennbar ist. Ihre Existenz sei demzufolge zweifelhaft. Damit geht die Antithesisposition noch über das Bekenntnis des transzendentalen Realismus hinaus, der die ontologische These vertritt, die Sinnenwelt existiere unabhängig von Erfahrungssubjekten, sie sei Ding an sich oder gründe in Dingen an sich. Sie behauptet nämlich, weil dem so sei, könnten wir sie nicht erkennen, deshalb sei unsere Erkenntnis bloßes Erscheinungswissen, ob aber unabhängig davon die Sinnenwelt existiere, sei zweifelhaft.[172]

---

171 Leibniz bringt im *Discours de Métaphysique* für diesen Gedanken als Beispiel das Meeresrauschen vor: das Ohr vernimmt jede einzelne Welle, kann die Wellen aber nicht voneinander unterscheiden und so verschmilzt für das Bewußtsein der Klang jeder einzelnen Welle zum Meeresrauschen, obwohl sich diese Wahrnehmung aus der unendlichen Anzahl einzelner faktisch unterschiedener Wellengeräusche zusammensetzt (Discours de Métaphysique. GP IV, 459).

172 „Dagegen kommt der transzendentale Realismus notwendig in Verlegenheit, und sieht sich genötigt, dem empirischen Idealismus Platz einzuräumen, weil er die Gegenstände äußerer Sinne vor etwas von den Sinnen selbst Unterschiedenes, und bloße Erscheinungen vor selbständige Wesen ansieht, die sich außer uns befinden; da denn freilich bei unserem besten Bewußtsein unserer Vorstellung von diesen Dingen noch lange nicht gewiß ist, daß, wenn die Vorstellung existiert, auch der ihr korrespondierende Gegenstand existiere; dahingegen in unserem System diese äußere Dinge, die Materie nämlich, in allen ihren Gestalten und Veränderungen, nichts als bloße Erscheinungen, d. i. Vorstellungen in uns sind, deren Wirklichkeit wir uns unmittelbar bewußt werden. Da nun, so viel ich weiß, alle dem empirischen Idealismus anhängende Psychologen transzendentale Realisten sind, so haben sie freilich ganz konsequent verfahren, dem empirischen Idealism große Wichtigkeit zuzugestehen, als einem von den Problemen, daraus die menschliche Vernunft sich schwerlich zu helfen wisse." (A 371 f.; vgl. auch A 369). Eine Darlegung des Zusammenhanges dieser beiden

Dies ist die Position des empirischen Idealismus, den Kant insbesondere im vierten Paralogismus von transzendentalem Idealismus und transzendentalem Realismus abhebt (A 368 ff.). Transzendentaler Realismus und empirischer Idealismus vertreten beide einen „transzendentalen Dualismus", den man auch ontologischen Dualismus nennen könnte, indem sie zwei Welten postulieren, die Welt der Dinge an sich und die Welt der Dinge als Vorstellungen (A 389). Der empirische Idealismus ist Kant zufolge die konsequente Folge aus dem transzendentalen Realismus. Denn wenn die Gegenstände der Sinnenwelt Dinge an sich sind, dann ist es folglich unmöglich sie als solche zu erkennen. Und daher ist ihre Existenz zumindest zweifelhaft. Diese erkenntnistheoretische Position kann dann radikalisiert werden zur ontologischen Position des dogmatischen Idealismus, der die Existenz der Sinnenwelt leugnet.

Den empirischen Idealismus schreibt Kant insbesondere Descartes zu.[173] Doch als Beispiel einer empirisch-idealistischen Argumentation, die die Realität der Materie mit dem Argument ihrer unendlichen Geteiltheit leugnet, kann Berkeley herangezogen werden. Berkeley, nach Kants Einschätzung ein dogmatischer Idealist, führt den Zweifel an der Existenz der Materie mit Hilfe der Theorie dunkler Vorstellungen zu einem dogmatischen Skeptizismus, der die Existenz der Materie als unabhängig vom Geist Existierendes leugnet. Gegen die Materialisten führt er als Argument die unendliche Eingeteiltheit der Materie ins Feld, die er mit dem Argument der undeutlichen Sinneswahrnehmung begründet. Eine längere Passage des *Treatise concerning the Principles of human Knowledge* sei zitiert, da sie Kants Argumentation im zweiten Antithesisbeweis erstaunlich nahekommt:

> „Farther, a little thought will discover to us, that though we allow the existence of matter or corporeal substance, yet it will unavoidably follow, from the principles which are now generally admitted, that the particular bodies, of what kind soever, do none of them exist whilst they are not perceived. [...] But to make this more plain, it must be remarked, that the infinite divisibility of matter is now universally allowed, [...]. Hence it follows, that there is an infinite number of parts in each particle of matter, which are not perceived by sense. The reason therefore, that any particular body seems to be of a finite magnitude, or exhibits only a finite number of parts to sense, is, not because it contains no more, since in itself it contains an infinite number of parts, but because the sense is not acute enough to discern them. In proportion, therefore, as the sense is rendered more acute, it perceives a greater number of parts in the object; that is, the object appears greater, [...]. And, at length, after various changes of size and shape, when the sense becomes infinitely acute, the body shall seem infinite [...]. Each body, therefore, considered in itself, is infinitely extended, and consequently void of all shape or figure. From which it follows that, though we should grant the existence of Matter

---

ontologischen Positionen bietet Heidemann, D. H.: Kant und das Problem des metaphysischen Idealismus. S. 67-85, bes. S. 73.

173 Prolegomena. AA IV, 392. Der empirische Idealismus zieht den skeptischen nach sich, denn wenn die Welt der Dinge an sich unerkennbar ist, dann kann ihre Existenz letztlich nicht erwiesen werden und ist daher zweifelhaft (vgl. Heidemann, D. H.: Kant und das Problem des metaphysischen Idealismus. S. 100-111).

> to be never so certain, yet it is withal as certain, the materialists themselves are by their own principles forced to acknowledge, that neither the particular bodies perceived by sense, nor anything like them, exists without the mind."[174]

Berkeley geht also zunächst davon aus, daß, weil die Sinneswahrnehmung undeutlich sei, bei zunehmender Klarheit aber eine zunehmende Anzahl von Teilen an den Gegenständen unterschieden werden könne, man bei einer denkbaren unendlichen Zunahme der Klarheit der Wahrnehmung davon ausgehen muß, daß die Gegenstände der Sinnenwelt unendlich eingeteilt seien. Wenn dies aber der Fall ist, dann zerfallen die Gegenstände in eine dissoziierte Pluralität von Teilen, deren Zusammensetzung nur im Geist als Einheit des Körpers besteht.[175]

Der zweite Antithesisbeweis nimmt demgegenüber eine andere Wendung. Das erkenntnisskeptische Argument der Antithesis (14) bleibt dabei nicht theorieneutral, sondern beruht allerdings auf einer dogmatischen Voraussetzung. Diese Voraussetzung expliziert Kant in seiner Idealismuswiderlegung der ersten Auflage der *Kritik der reinen Vernunft* im vierten Paralogismus, welcher ja dem Antinomienbuch vorausliegt. Kant faßt das Fundament des metaphysischen Idealismus, der dort kritisiert wird, in folgenden Schluß zusammen, der wie Satz (14) des Antithesisbeweises auf dem Gedanken der Vermitteltheit der Wahrnehmung beruht:

> „Dasjenige, auf dessen Dasein, nur als einer Ursache zu gegebenen Wahrnehmungen, geschlossen werden kann, hat eine nur **zweifelhafte Existenz**: Nun sind alle äußere Erscheinungen von der Art: daß ihr Dasein nicht unmittelbar wahrgenommen, sondern auf sie, als die Ursache gegebener Wahrnehmungen, allein geschlossen werden kann: Also ist das Dasein aller Gegenstände äußerer Sinne zweifelhaft." (A 366 f.)

Dieser Schluß ist Kant zufolge ein Paralogismus, also ein Fehlschluß. Er hat seine Ursache in der fehlerhaften Annahme, die Wahrnehmung äußerer Gegenstände sei ein Vermittlungsprozeß zwischen wahrnehmungsunabhängig existierenden Dingen der Außenwelt, deren wesentliche Bestimmtheiten nicht relational verfaßt sind, und dem physischen Wahrnehmungsapparat des Erkenntnissubjekts. Geht es also im vierten Paralogismus um den Kerngedanken des Idealismus, d.h. die Bezweiflung der Existenz der äußeren Gegenstände überhaupt – im Falle des skeptischen Idealismus –, oder sogar um die Leugnung ihrer Existenz – im Falle des dogmatischen Idealismus –, so geht es im zweiten Teilbeweis der Antithesis um die Fraglichkeit der Existenz eines speziellen äußeren Gegenstandes, des Einfachen.

---

[174] Berkeley, G.: A Treatise concerning the Principles of Human Knowledge, § XLVII. In: ders.: A New Theory of Vision and other Writings. Hrsg. v. E. Rhys. London / New York 1934, S. 135.

[175] Dieses Argument erinnert sehr an Leibniz' Gedanken der Idealität der Körper, die er ebenso damit begründet, daß die Einheit des Körpers eine bloß in verworrener Perzeption repräsentierte Einheit ist, die dem Körper seiner ontologischen Grundlage nach nicht zukommt, ihr zufolge ist er Aggregat je für sich existierender Entitäten.

Überträgt man den idealistischen Beweis des vierten Paralogismus als allgemeineres Muster auf den zweiten Antithesisbeweis, was Kant selbst in A 377 anzeigt, so besagt er: Das Einfache als Element der Sinnenwelt existiert nicht in der Sinnenwelt, weil man aufgrund der Vermitteltheit der Erkenntnisrelation der sinnlichen Erfahrung seine Existenz nur mittelbar erschließen kann. Da das absolut Einfache nun aber nicht durch einen Schluß von einer Wahrnehmung des Einfachen auf die Existenz des Einfachen als Ursache der Wahrnehmung angenommen werden darf, so kann das Einfache nicht in der Erfahrung in der Weise gegeben sein, daß ihm ein absolut Einfaches als Gegenstand der Wahrnehmung entspricht (16). Daher, so die Antithesis, gibt es kein Einfaches.

Als Beispiel einer idealistischen Argumentation dieser Art kann auch Berkeleys Widerlegung der absoluten Existenz der Materie in seiner *Theory of Vision, or Visual Language* dienen:

> „11. Die Objekte der Sinne werden, weil sie unmittelbar wahrgenommene Dinge sind, auch Vorstellungen genannt. Die Ursache dieser Vorstellungen oder die sie erzeugende Kraft ist nicht das Objekt der Sinne, da sie nicht selbst wahrgenommen, sondern nur mit der Vernunft aus ihren Wirkungen, nämlich aus solchen Objekten oder Vorstellungen, die mit den Sinnen wahrgenommen werden, erschlossen wird. Aus unseren Vorstellungen ist ein Vernunftschluß möglich auf eine Kraft, eine Ursache, einen Urheber. Wir können deswegen aber nicht schließen, daß unsere Vorstellungen dieser Kraft, dieser Ursache oder diesem aktiven Wesen ähnlich sind. [...] 12. Daraus folgt, daß die Kraft oder Ursache der Vorstellungen nicht ein Objekt im Sinne, sondern der Vernunft ist. [...] Zur absoluten Natur äußerer Ursachen oder Kräfte haben wir daher nichts zu sagen. Sie sind keine Objekte unserer Sinne oder Wahrnehmung.“[176]

Berkeleys Widerlegung der Annahme einer unabhängigen Existenz außerbewußter Entitäten verweist wie das Argument der Antithesis ebenso auf den Vernunftschluß, mit dem allein die Existenz absolut existierender Gegenstände der Sinnenwelt behauptet werden könnte. Auch Berkeley folgert, da der Schluß ungültig ist, könnten diese erschlossenen Entitäten nichts anderes als Produkte der Vernunft sein, also müssen sie, in Kants Terminologie, „transzendentale Ideen“ sein (12).[177] Berkeley verwendet dieses Argument hier allgemein gegen die absolute, d.h. selbständige Existenz der Materie, also analog dem vierten Paralogismus; er folgert aus ihm nicht die Zweifelhaftigkeit der Außenweltexistenz, sondern behauptet dogmatisch die Nichtexistenz der Außenwelt im Sinne einer absoluten, geistunabhängigen Existenz.[178]

---

176 Berkeley, G.: Theory of Vision, or Visual Language, §§ 11 f. In: Versuch über eine neue Theorie des Sehens. Hrsg. u. übers. v. W. Breidert. Hamburg 1987, S. 109 f.

177 Es sei hier nur vermerkt, daß Berkeley den Terminus „idea“ im Sinne von „Vorstellung“ verwendet.

178 Kant hat Berkeley wohl in der Weise radikalisierend interpretiert, als Berkeley nicht die Realität der Materie leugnet, sondern lediglich Newtons absoluten Raumbegriff ablehnt. Auf diese verfehlte Interpretation Berkeleys durch Kant weisen hin: Heidemann, D. H.: Kant und das Problem des metaphysischen Idealismus. S. 106-111; Miller, G.: Kant and Berkeley. The alternative Theories. In: Kant-Studien 64 (1973), S. 315-335.

Im Fortgang der Argumentation des zweiten Antithesisbeweises werden diese dogmatischen Prämissen deutlich. Für den Dogmatismus der Position des zweiten Antithesisbeweises ist der Argumentationsschritt (16) von entscheidender Bedeutung. Nachdem die Existenzfrage in (13) zu einer Frage der Erkennbarkeit gemacht wurde, wogegen in (14) das empirisch-idealistische Argument des epistemischen Fehlschlusses eingesetzt wurde, so wird nun von der möglichen Erkennbarkeit zurück auf die mögliche Gegebenheit des Objekts in der Erfahrung selbst geschlossen, mit einem negativen Ergebnis: Die Unmöglichkeit, das Einfache durch einen Vernunftschluß in gültiger Weise **erkennen** zu können, soll nun der Grund dafür sein, daß das Einfache niemals als ein Objekt einer möglichen Erfahrung **gegeben** werden könne. Aus dem ‚Nicht-erkannt-werden-werden-können' wird ein ‚Nicht-gegeben-werden-können' des Einfachen. Diese Transformation der erkenntnistheoretischen Argumentation zu einer ontologischen ermöglicht erst in (18) das Urteil: in der Sinnenwelt sei „nichts Einfaches gegeben". Dabei soll (16) eine direkte Folgerung aus (15) sein. Dieser Schritt beruht auf folgendem Erfahrungsbegriff: „Erfahrung ist ein empirisches Erkenntnis, d.i. ein Erkenntnis, das durch Wahrnehmungen ein Objekt bestimmt." (B 219). Kant versteht diese Bestimmung von Erfahrung als allgemein akzeptierte Meinung. Nach Meinung der Antithesis kann das Einfache nicht als ein Erfahrungsgegenstand gegeben werden, weil a) sein Gegebensein in der Wahrnehmung lediglich mittelbar ist und folglich kein Garant absoluter Einfachheit ist und b) die Einfachheit des Gegenstandes der Wahrnehmung nach Argument (14) nicht mittelbar erschlossen werden kann. Unter Annahme der Definition der Sinnenwelt in (17), die unproblematisch angesetzt werden kann, folgt zwingend die Konsequenz (18). Damit hat die Antithesis ihr Beweisziel erreicht und kann korrekt schließen, daß in der Sinnenwelt nichts Einfaches gegeben sei.

Die dogmatische Voraussetzung des Antithesisbeweises ist, daß die Gegenstände der Erfahrung unabhängig vom Bewußtsein existieren und durch Erfahrung dem Wahrnehmungssubjekt mittelbar gegeben werden, also in Kantischer Terminologie Dinge an sich im empirischen Sinne oder Noumena in positiver Bedeutung sind: sie sind Ursache des Erfahrungsgehaltes, gleichwohl aber an sich unerkennbar und prinzipiell in ihrem Ansichsein unzugänglich. Die Gegenstände der Wahrnehmung verfügen an sich selbst über Eigenschaften, die sich unserer Erkenntnis entziehen. Damit ist ein Schluß vom Bewußtsein der Wahrnehmung auf die Beschaffenheiten des Wahrnehmungsgegenstandes ungültig. Das Argument operiert mit der Phänomenalität der Materie für das Bewußtsein. Es versteht den Phänomencharakter von Erscheinungen in einer bestimmten Weise: Erscheinungen sind Derivate erfahrungsunabhängiger, an sich unerkennbarer, dennoch aber existierender und durch spezifische Eigenschaften bestimmter Gegenstände. Damit verfällt die Antithesis dem Dogmatismus des transzendentalen Realismus in der gesteigerten Form des empirischen Idealismus. Das zentrale Argument des zweiten Antithesisbeweises hat sich also als Spezifikation des Kernarguments oder Kernbeweises des metaphysischen Idealismus im vierten Paralogismus herausgestellt (A 366 f.) und als Position des empirischen Idealismus gezeigt.

In dieser Weise läßt sich nun auch Kants Erläuterung am Ende des Antithesisbeweises erklären (19). Vom Standpunkt des transzendentalen Realismus aus wird das Einfache im ersten Beweis der Antithesis „von der Anschauung des Zusammengesetzten verbannt". Die erste Antithesisbehauptung, die besagt, kein zusammengesetztes Ding in der Welt bestehe aus einfachen Teilen, habe, so Kant, „vom Begriffe eines gegebenen Gegenstandes der äußeren Anschauung (des Zusammengesetzten)" aus bewiesen werden können. Er richtet sich gegen das Einfache als Gegenstand im Anschauungsraum. Der zweite Teilbeweis dagegen bezieht sich auf den Erfahrungsraum schlechthin, die Natur, also nicht auf dasjenige, was in einer gegebenen Anschauung unmittelbar zur Erscheinung kommen kann, sondern auch auf dasjenige, was aus diesem mittelbar als Grund der Anschauung erschlossen werden könnte.

Der zweite Teilbeweis der Antithesis ist, wie festgestellt werden konnte, mit weitreichenden Anleihen an transzendental-idealistische Terminologie formuliert. Dies mag als Kants Einlösung des Versprechens gewertet werden, keine Advokatenbeweise zu führen. Der für das Resultat entscheidende Schritt (14) konnte als unter empirisch-idealistischen Voraussetzungen stehend identifiziert werden. Auf diese Weise deutet die Antithesis die Differenz zwischen der Erscheinung für das Bewußtsein und dem die Erscheinung verursachenden Gegenstand im Sinne einer ontologischen Dualität von Erscheinung und Ding an sich. Es ist also nicht die Unterscheidung von Erscheinung und Ding an sich überhaupt, die der transzendentale Idealismus allererst zu treffen erlaubt, sondern eine spezifische, noch zu erörternde Konzeption dieses Verhältnisses, von der Kant glaubt, daß sie die allein haltbare sei.[179]

4. Die Antinomie der Teilung und das Ich

Der letzte Absatz der Anmerkung zur Antithesis ist ein Epilog, der für die Thematik der zweiten Antinomie ein neues Terrain eröffnet, das zunächst über den kosmologischen Rahmen der Weltidee hinauszugehen scheint: das Ich oder die Seele. Die Frage nach der Teilbarkeit des Realen scheint sich nun vom Realen im Raum, der Materie, um diejenige Entität zu erweitern, die insbesondere seit Descartes als Komplementärbegriff der Materie gilt:[180] „der Gegenstand des inneren Sinnes, das Ich, was da denkt" (B 471). Kant führt das Ich als ein mögliches Widerlegungsinstrument gegen die Antithesisposition ein. Der Gedanke ist folgender: Der zweite Antithesisbeweis stützt sich, wie gezeigt, im wesentlichen auf das Argument des epistemischen Fehl-

---

179 Der Zusammenhang von Erscheinungsbegriff und Antinomienproblematik wird in Kap. III bestimmt (vgl. auch von der Verf.: Der Begriff der Erscheinung bei Leibniz und Kant).

180 Obwohl natürlich der Cartesische Dualismus von *res cogitans* und *res extensa* eine lange Vorgeschichte hat – die Platonische Unterscheidung der Sinnenwelt von der Ideenwelt, die Aristotelische Unterscheidung von Materie und Form –, ist die dezidierte Identifikation des Gegenbegriffs der Materie als „Ich" spezifisch Cartesisch.

schlusses: Von dem Bewußtsein eines Einfachen in der Erfahrung kann nicht zweifelsfrei auf die Erfahrung des Einfachen und auf die Einfachheit des Erfahrenen geschlossen werden, daher ist das Einfache durch Erfahrung unbeweisbar. Kant wendet nun ein, gegen diese Behauptung könne ein Erfahrungsgegenstand vorgebracht werden, der notwendigerweise einfach ist: das denkende Ich als Gegebenheit des inneren Sinnes (B 471).[181] Das Ich sei ein Gegenstand der Erfahrung, der notwendig einfach sei, und daher gelte das Argument des epistemischen Fehlschlusses nicht allgemein. Doch Kant widerlegt diese Position unmittelbar.

Aus systematischen Gründen kann in der zweiten Antinomie überhaupt nur das erfahrbare Ich argumentativ verwendet werden, denn in den kosmologischen Antinomien geht es um den Aufweis des Einfachen als „absolute Einheit der Reihe der Bedingungen der Erscheinung" (B 391). Nicht zuletzt durch den ersten Antithesisbeweis war ein wesentlicher Faktor der Antinomie bisher der Raum. Daß durch den Epilog ein Themenwechsel stattfindet, ergibt sich daraus, daß nun vom inneren Sinn und der Zeit sowie ihren spezifischen Inhalten gehandelt wird. Da Kant die Argumentation des Epilogs als einen Zusatz zu Thesis und Antithesis vorbringt, der nicht eigens als Thesis und Antithesis formuliert wird, dessen Beweise nur angedeutet werden und der auch in der Auflösung der Antinomie keine Berücksichtigung findet, sollen die Positionen im Folgenden als ‚Epilog-Thesis' und als ‚Epilog-Antithesis' bezeichnet werden. Als Epilog-Thesis soll zunächst lediglich die Behauptung verstanden werden, daß sich in der Erfahrung ein Einfaches unmittelbar aufweisen lasse, das Ich; als Epilog-Antithesis soll die Verneinung dieser These gelten.

Im ersten Kapitel soll die Frage geklärt werden, ob das Ich oder die Seele überhaupt als Gegenstand der zweiten Antinomie in Betracht kommt. Diese Frage ist von weitreichender Bedeutung, da sie den Geltungsbereich der zweiten Antinomie festlegt. Ist das in Frage stehende Einfache der Antinomie insgesamt lediglich, wie bisher angenommen, materieartig oder aber muß das Ich, die Seele oder das Selbstbewußtsein in die Problematik mit einbezogen werden? Dabei ist auch das Verhältnis der zweiten Antinomie zu den Paralogismen zu betrachten. Im zweiten Kapitel soll dann der sehr anspielungsreiche, aber auch dunkle Epilog zur Antithesisanmerkung im einzelnen kommentiert werden. In diesem Zusammenhang wird in Grundzügen auch Kants Theorie des Ich umrissen werden müssen, um die Positionen von Epilog-

---

[181] Dies hatte Kant selbst noch in den 1770er Jahren gelehrt (Metaphysik-Pölitz. S. 202 f.). Vgl. Düsing, K.: Constitution and Structure of Self-Identity: Kant's Theory of Apperception and Hegel's Criticism. In: Midwest-Studies in Philosophy 8 (1983), S. 409-431; S. 416 f. Düsing zeigt, daß Kant die rationale Psychologie noch bis weit in die 1770er Jahre hinein für gültig hielt (vgl. auch Düsing, K.: Spontane und diskursive Synthesis. S. 84-90). Vgl. auch Klemme, H. F.: Kants Philosophie des Subjekts. Systematische und historische Untersuchungen zum Verhältnis von Selbstbewußtsein und Selbsterkenntnis. Hamburg 1996 (Kant-Forschungen Bd. 7), S. 38-138; insbes. S. 126, 138. Nach Klemme muß Kants Auffassung von der Unhaltbarkeit der rationalen Psychologie sich erst zwischen 1778 und 1780 kritisch gewendet haben (S. 135).

Thesis, Epilog-Antithesis und Kants eigene Lehre voneinander unterscheiden zu können. Von diesen Ausführungen werden wir schließlich zu der Frage geführt, wie Kant überhaupt das Verhältnis von Materie und Subjektivität bestimmt; insbesondere der zweite Paralogismus gibt hierüber Aufschluß, der in einem dritten Kapitel gesondert zu untersuchen ist. Die von Kant hier entwickelten theoretischen Ansätze schaffen einen Übergang von der Theorie der Subjektivität zu Kants Auflösung der Antinomie der Teilbarkeit des Realen: Indem er die Materieteilung als eine Handlung des erkennenden Subjekts versteht, glaubt Kant zeigen zu können, daß die Teilungseigenschaften der Materie abhängig sind von den Erkenntnisbedingungen des Subjekts und nicht unabhängig von diesen bestehen.

In der Forschung hat der Epilog der Antithesisanmerkung zu sehr unterschiedlichen Interpretationen und Bewertungen Anlaß gegeben; Kant hat durch die Knappheit seiner Bemerkungen hierzu Spielraum gewährt. Für die metaphysikorientierte Richtung ist die Anmerkung das Motiv, das es erlaubt, entweder auf die traditionelle Verflochtenheit der Teilungsproblematik der Materie mit dem Begriff ‚Seele' hinzuweisen,[182] oder den Geltungsbereich der zweiten Antinomie sogar um die Seele, das Ich oder das Selbstbewußtsein insgesamt zu erweitern.[183] Eine andere Interpretationsrichtung hält das Ich nicht für einen zentralen Bestandteil der zweiten Antinomie, sie kann sich auf Kants eher herabstimmende Bemerkung bezüglich des „Ich, was da denkt" als „schlechthin einfache Substanz"[184] und auf die Einschränkung des Thesisbeweises auf das Einfache als Element des Zusammengesetzten berufen (B 468 ff.). Sie hält diesen Passus der Antithesisanmerkung für eine redundante Replik auf das Paralogismenkapitel, die im kosmologischen Zusammenhang verfehlt sei.[185]

Es sollen hier drei Thesen vertreten werden. *Erstens* daß das Ich nur als Gegenstand des inneren Sinnes, als ein Reales oder als „Theil der Welt"[186], das Kant kritisch

---

182 Vgl. Heimsoeth, der nicht zuletzt diese Anmerkung zum Anlaß nimmt, im Titel seiner Monographie zur zweiten Antinomie den Begriff ‚Seele' zu nennen. Er argumentiert für die sachliche Zugehörigkeit der Seele zur Thematik der zweiten Antinomie, jedoch weniger aus systematischen Gründen der Vernunftdialektik oder wegen Kants Herleitung der transzendentalen Ideen, als vielmehr aus historischen Gründen (Atom, Seele, Monade. S. 21-31). Die systematische Bedeutung der Antinomie ist aber für Kant – wie bereits dargelegt – das Entscheidende; sie ermöglicht es überhaupt, die Dialektik der reinen Vernunft als positiven Lehrbestandteil der Transzendentalphilosophie zu konzipieren.

183 Schmucker problematisiert den Geltungsbereich der Antinomie nicht explizit, sondern kommentiert die Antinomie durch (Das Weltproblem. S. 142-147). Auch Malzkorn meint, die zweite Antinomie verhandle die Seele (Kants Kosmologie-Kritik. S. 187). Aus diesem Grund beziehe sich der zweite Antithesisbeweis nicht auf den Raum. Die Zeit sei jedoch als Grundlage des Arguments gegen die Einfachheit der Seele nicht geeignet; seine Begründung hierfür bleibt jedoch unklar.

184 Vgl. B 471: „Ohne mich hierauf jetzt einzulassen (da es oben ausführlicher erwogen ist), [...]."

185 Extrem ist die Beurteilung Bennetts: die Anmerkung sei „unprofitable" (Kant's Dialectic. S. 165).

186 So Kants Ausdruck für das empirische Ich erst im *Opus postumum* (AA XXI, 63; 17-21).

als empirisches Selbstbewußtsein bestimmt, für die Antinomie überhaupt in Frage kommt. *Zweitens* soll gezeigt werden, daß es im Hinblick auf den systematischen Gesamtzusammenhang der Antinomienlehre ein eher problembehaftetes Nebenthema ist, geht es Kant vornehmlich doch um die Antithetik der reinen Vernunft, die in bestimmter Weise einen eigenen Nachweis für die Gültigkeit des transzendentalen Idealismus liefern soll.[187] Die Theorie des empirischen Ich fügt zu dieser Beweisabsicht nun aber nichts hinzu, vielmehr birgt sie die Gefahr einer Verunklärung der Hauptbeweisabsicht, ja sogar der Außerkraftsetzung der ganzen Antinomie. Insbesondere soll gezeigt werden, daß eine theoriekonforme Herleitung des Ich als Gegenstand der Antinomie kaum möglich scheint. Vermutlich deshalb hat es Kant bei einem bloßen Epilog belassen. Es soll die *dritte* These vertreten werden, daß Kant diese Thematik hier nur deshalb erwähnt, weil das Ergebnis der Antinomie indirekt Auswirkungen auf das Verhältnis von Materie und Geist und folglich auf das Unsterblichkeitsproblem hat, das in den Paralogismen angesprochen wird.[188]

4.1. Atom, Seele, Monade?
Der Geltungsbereich der zweiten Antinomie

Der Epilog in der Antithesisanmerkung (B 471) läßt keinen Zweifel zu: Gegenstand der Teilung braucht nicht nur das Reale im Raum zu sein, es kann auch das Reale in

187 Damit wird der These von Ameriks zugestimmt. Ameriks beachtet in seinen Bemerkungen zur zweiten Antinomie den kosmologischen Rahmen und zieht die Parallele zu den Paralogismen differenziert (Kant's Theory of Mind. Oxford ²2000, S. 51 f.). Das phänomenale Ich muß als Teil des Kosmos betrachtet werden und ist insofern auch Thema der zweiten Antinomie. Das metaphysisch reine Ich, die Seele, hingegen kann nicht Gegenstand der zweiten Antinomie sein. Die Antithesisanmerkung sei möglicherweise das Anzeichen eines früheren Planes der Dialektik, den Kant nicht realisiert habe (S. 80 Anm. 67).

188 Kant zeigt, daß die Unteilbarkeit der Seelensubstanz zwar denkbar ist, d.h. aus dem reinen Begriff der Seele als Substanz hinsichtlich ihrer qualitativen Bestimmtheit, d.h. ihrer Identität, folgt; daß dies zwar ein möglicher Gedanke, aber keine Erkenntnis ist, da kein Gebrauch von ihm gemacht werden könne. Der Identitätsgedanke hat nur für den Nachweis der Unsterblichkeit der Seele eine Funktion. Dieser Beweis operiert nun aber, wie Kant ausdrücklich betont, damit, die Seele als Unteilbares von der Materie als Teilbares zu unterscheiden und Seele und Materie als Ungleichartige anzusehen. Diese Verbindung von Unteilbarkeit, Unzerstörbarkeit (von Kant in den Paralogismen als „Inkorruptibilität" bezeichnet) und Unsterblichkeit wird von Leibniz beispielsweise jedoch nicht behauptet. Nach Leibniz sind die individuellen Substanzen oder Monaden zwar unzerstörbar – obwohl sie so wie sie von Gott geschaffen wurden, auch durch ihn vernichtet werden können – aber ihnen kommt nur „metaphysische Subsistenz" zu, die nicht Unsterblichkeit im engeren Sinne bedeutet, sondern eine rein ontologische *perduratio*; die Unsterblichkeit der Seele im engeren Sinne hängt von der Identität der Person ab, die Leibniz als „moralische Subsistenz" bestimmt; sie wird durch Selbstbewußtsein und die Fähigkeit, „Ich" zu sagen, erzeugt („fait") (vgl. Discours de Métaphysique, § 34. GP IV, 460).

der Zeit sein. Wenn die Teilbarkeit der Gegenstände als Erscheinungen thematisiert wird, so ist nicht nur nach dem Grad der Teilbarkeit der äußeren Erscheinungen, sondern zu Recht auch nach der Teilbarkeit dessen zu fragen, was der spezifische Gegenstand der inneren Anschauung ist. Beide Positionen, sowohl Epilog-Thesis als auch Epilog-Antithesis, müssen sich demnach auf das empirische Selbstbewußtsein (B 471), das biographische Ich oder das personale Individuum beziehen. Kant macht dies deutlich, indem er hervorhebt, die Epilog-Thesis sei die einzige dogmatische Behauptung, die die Wirklichkeit der einfachen Substanz „augenscheinlich" an einem „Gegenstande der Erfahrung" zu beweisen versucht. Es liegt also ein Themenwechsel gegenüber der Herleitung der Antinomie vor, hatte Kant dort doch insbesondere das Reale im Raum ins Auge gefaßt (B 440), was vor allem auch durch den ersten Antithesisbeweis klar zu sein schien. Muß also der Gegenstandsbereich der zweiten Antinomie doch um das Ich erweitert werden? Gestützt wird diese Annahme durch den begrifflichen Rahmen, der in der Thematik mitschwingt, insbesondere durch den Begriff ‚Monade', der, wenn man ihn hier auf Leibniz bezieht,[189] zu den Begriffen ‚Selbstbewußtsein' und ‚Seele' führt.[190] Zusätzliche Bestätigung findet sie auch in den Aufzählungen der vier Antinomien im Kapitel *Von dem Interesse der Vernunft bei diesem ihrem Widerstreite*, die Kant auch in der zweiten Auflage nicht geändert hat.[191] Auch die Aufzählung der Antithesisbehauptungen stellt die zweite Antinomie allein unter das Vorzeichen der Seelenlehre und des Unsterblichkeitsbeweises der Seele, allerdings unter der Annahme einer Parallelität von Seele und Materie.[192] Eine ganz andere Aus-

---

[189] Heimsoeth, H.: Atom, Seele, Monade. S. 22 ff. In *Transzendentale Dialektik* gibt Heimsoeth allerdings zu bedenken, daß das Selbstbewußtsein im kosmologischen Bereich der Metaphysik „nicht eigentlich zur Debatte" stünde (Bd. 2, S. 230 f.). Auch in *Atom, Seele, Monade* sieht Heimsoeth deutlich, daß die zweite Antinomie primär auf die Theorie der Materie zielt; das Sachthema sei die Materie (S. 21). Heimsoeths Standpunkt ist bezüglich dieses Problems jedoch nicht eindeutig.

[190] Daß dies ein berechtigter Hinweis ist, der aber weder Kants Leibniz-Interpretation trifft noch sachlich berechtigt ist, wurde bereits in Kap. II.2.3. ausgeführt.

[191] „[...] ob die Welt einen Anfang und irgend eine Grenze ihrer Ausdehnung im Raume habe, ob es irgendwo und vielleicht in meinem denkenden Selbst eine unteilbare und unzerstörliche Einheit, oder nichts als das Teilbare und Vergängliche gebe" (B 491). Eine Seite darauf zählt Kant auf: „Daß die Welt einen Anfang habe, daß mein denkendes Selbst einfacher und daher unverweslicher Natur, daß dieses zugleich in seinen willkürlichen Handlungen frei und über den Naturzwang erhoben sei, [...]." (B 494).

[192] „Wenn es kein von der Welt unterschiedenes Urwesen gibt, wenn die Welt ohne Anfang und also auch ohne Urheber, unser Wille nicht frei und die Seele von gleicher Teilbarkeit und Verweslichkeit mit der Materie ist, so verlieren auch die moralischen Ideen und Grundsätze alle Gültigkeit, und fallen mit den transzendentalen Ideen, welche ihre theoretische Stütze ausmachten." (B 496). In den Paralogismen der ersten Auflage weist Kant auf die Möglichkeit eines Unsterblichkeitsbeweises der Seele aus kosmologischen Zusammenhängen hin: „Würde man uns sagen können, sie [sc. die Seele] ist ein einfacher Teil der Materie, so würden wir von dieser, aus dem, was Erfahrung von ihr lehrt, die Beharrlichkeit und mit der einfachen Natur zusammen die Unzerstörlichkeit derselben ableiten können.

sage dagegen treffen die Stellen im folgenden Kapitel *Von den Transzendentalen Aufgaben der reinen Vernunft*, in welchem Kant die Frage nach der Seele als einem an sich einfachen Wesen und dem notwendig existierenden Urwesen den Fragen der Kosmologie klar gegenüberstellt (B 506); die Aufzählung in B 509 ist ebenfalls nicht auf die Seele als Gegenstand der zweiten Antinomie ausgerichtet.[193]

Rein formal argumentiert, ergeben sich aus einer Erweiterung des Gegenstandsbereiches der zweiten Antinomie jedoch gravierende Schwierigkeiten. Zwei Möglichkeiten sind dabei denkbar: *Erstens* kann angenommen werden, die Thesis meine mit dem Einfachen auch das Ich oder die Seele. Dann muß man davon ausgehen, daß der erste Antithesisbeweis nicht für eine Widerlegung der Thesis ausreicht und der zweite Antithesisbeweis hinsichtlich dessen ein vom ersten gänzlich unabhängiger Beweis ist, der auch zur Widerlegung dieser Thesislesart dient. In diesem Falle wäre es aber – wie bereits gezeigt – durchaus möglich, die Antinomie unter transzendentalrealistischen Voraussetzungen zu vermeiden, indem man ähnlich der Leibnizschen Monadologie beide Positionen voneinander unterschiedenen Seinsbereichen zuordnet: der Thesis den Bereich des inneren Sinnes, des Intelligiblen, der Antithesis den Bereich des äußeren Sinnes, des Sensiblen. Diese Annahme hätte zur Folge, daß man Kants Behauptung einer unvermeidlichen Vernunftantinomie bei dieser Frage für ungültig und seine Auflösung für überflüssig erklären müßte. Denn eine Trennung zweier Bereiche, des äußeren und des inneren Sinnes oder des Intelligiblen und des Sensiblen, erlaubt es zunächst, die Antinomie zu vermeiden, so daß beide Seiten zugleich wahr sein können, ähnlich der dritten und vierten Antinomie. Wie bereits herausgearbeitet, ist dies jedoch in den mathematischen Antinomien nicht Kants Absicht. *Zweitens* kann man davon ausgehen, daß das Seelenthema nur durch den Epilog zur Antinomie hinzukommt als Ausblick auf ein Thema, das eigentlich in den Paralogismen verhandelt wird. Dies ergäbe, daß es analog der ersten Antinomie zwei voneinander unabhängige Themen der Antinomie gibt, die Teilung des Realen im Raum, dies wäre die von Kant ausgeführte Antinomie, und die Teilung des Realen in der Zeit; letztere fände sich allein im zweiten Antithesisbeweis und im Epilog. Doch daraus ergäbe sich die Frage, weshalb Kant sie in dieser sehr unklaren Weise bloß angedeutet hat.

Doch für die Konstruktion des Ich als Gegenstand der zweiten Antinomie ergeben sich unter den Bedingungen der Antinomienlehre weitere, weitaus größere Schwierigkeiten, wie im Folgenden zu zeigen ist. Für Kant ist der systematische Gesamtzusammenhang der Antinomien, ihre Genese aus den Anlagen der Vernunft von entscheidender Bedeutung. Ihm zufolge ergeben sich Antinomien hinsichtlich der von der Vernunft konzipierten Bedingungsreihen der Erscheinungen. Da diese Rei-

---

Davon sagt uns aber der Begriff des Ich in dem psychologischen Grundsatze (Ich denke) nicht ein Wort." (A 401).

193 „[...] ob irgend in der Welt etwas einfach sei, oder ob alles ins Unendliche geteilt werden müsse;" (B 509).

hen nach dem Prinzip der reinen Vernunft in zweifacher Hinsicht als unbedingt gedacht werden, stellt sich eine Antinomie ein zwischen der Position, die ein erstes Glied der Bedingungsreihe als Unbedingtes setzt, und der Position, die die gesamte Bedingungsreihe als Unbedingtes setzt. Nach dem Schema der zweiten Antinomie geht es bei der zweiten Antinomie letztlich um das Problem der Begründung des Realen in der Welt. Die Thesis geht von einem unbedingten ersten Element in der Reihe der Teilungen des Zusammengesetzten aus, die Antithesis dagegen nimmt das Ganze der Reihe als unbedingt an, wobei alle Teile jeweils bedingt sind durch weitere Teile, so daß sie von einer unendlichen Eingeteiltheit des Realen ausgeht (B 445 f.). Die Thesis der zweiten Antinomie vertritt, wie gesehen, ein Konstitutionsmodell des Realen, d.h. sie geht aus von der Vorstellung, daß ein zusammengesetztes Reales durch Teile konstituiert wird, die seine Realität garantieren, wohingegen die Antithesis dieses Modell ablehnt. Welche Konzeptionen müssen nun aber demzufolge Epilog-Thesis und Epilog-Antithesis zugeschrieben werden? Es stellt sich insbesondere die Frage, ob sich das Ich als Endpunkt einer Teilungsreihe des Realen im Raum oder aber der Zeit, als Realitätskonstituens, als Element eines durch es konstituierten Ganzen sinnvoll begreifen läßt, wie dies durch die Herleitung der zweiten kosmologischen Idee vorgesehen ist. Wenn man das Ich als solches erstes Element annimmt, dann müßte man entweder davon ausgehen, daß man bei Teilung eines Realen im Raum, der Materie, zu etwas Einfachem gelange, das folglich nicht mehr Materie und also ein Ich ist. Doch dann müßte man die Theorie vertreten, daß die Materie real aus Ichen konstituiert sei. Eine solche Theorie läßt sich kaum sinnvoll vertreten, denn sie bedeutet, daß man unbelebte Materie als aus reflexionsfähigen Wesen konstituiert betrachtet. Selbst Leibniz hat eine derart kontraintuitive Position nicht vertreten.[194] Geht man aber vom inneren Sinn aus und fragt nach den einfachen konstituierenden Elementen des Realen in der Zeit, so würde man auch nicht beim Ich anlangen. Denn das Reale in der Zeit, die Vorstellungsgehalte des inneren Sinnes, wird nicht von einer Vielheit von Ichen konstituiert, in die es teilbar wäre. Auch wenn das „Ich denke" alle empirischen Bewußtseinsakte begleitet, so handelt es sich nicht um eine empirische Pluralität vieler Iche, die im inneren Sinn angetroffen und erfahren werden könnte, sondern um die logische Einheit des Ich. Teilt man die Anschauungen des inneren Sinnes in immer kleinere Teile, so erhält man Vorstellungsabschnitte, bei denen man sich allenfalls fragen kann, ob es eine Grenze in dieser Teilung gibt, so

194 Leibniz unterscheidet zwischen Seele und Ich. Unter ‚Seele' in einem weiteren Sinne versteht er jede Entelechie, jedes perzeptionsfähige Wesen, d.h. jede Monade; unter ‚Seele' in einem engeren Sinne versteht er Monaden, deren Perzeptionsfähigkeit Empfindung und Erinnerung einschließt, dies ist bei Tieren und Menschen der Fall (Monadologie. GP VI, 610; Discours de Métaphysique. GP IV, 436). Als Ich dagegen kann eine Monade nur gelten, wenn sie auch über Reflexivität und Rationalität verfügt (Monadologie. GP VI, 611; Discours de Métaphysique. GP IV, 459 f.). Wie bereits ausgeführt kann man also in einem mißverständlichen Sinne vielleicht sagen, bei Leibniz bestehe unbelebte Materie letztlich aus Entelechien, nicht aber, sie bestehe aus Ichen.

daß noch Bewußtsein vorliegt, d.h. die Vorstellung von einem ‚Ich denke'-Bewußtsein begleitet werden kann. Man könnte diese Frage empirisch-psychologisch so formulieren: Wie kurz oder wie gering darf die Intensität eines Vorstellungserlebnisses im inneren Sinn sein, daß es noch zu Bewußtsein gelangt? Doch das ‚Ich denke' wäre in diesem einfachen Erlebnisteil kein Reales, das in seiner Zusammensetzung ein zusammengesetztes Reales konstituierte. Die Thesis könnte demnach nicht die Behauptung des Ich als notwendiges Element des Zusammengesetzten aufstellen, sondern müßte eigentlich die Unteilbarkeit bestimmter Vorstellungsinhalte des inneren Sinnes annehmen, d.h. unanalysierbare Gehalte des Vorstellens. Wenn man den inneren Sinn wie der kritische Kant als ein primär sinnliches Vermögen ansieht, dann stellt sich nicht die Frage, ob es ein Unteilbares der Erscheinungen im inneren Sinn gibt oder nicht, d.h. ob das Ich als in irgendeiner Form einheitliches Prinzip von Erfahrung in der Erfahrung vorkommt,[195] sondern allenfalls die Frage, ob es elementare Erlebnisse oder Vorstellungen qua Vorstellungen gibt. Gegenstand der zweiten Antinomie hinsichtlich des inneren Sinnes wären demnach also entweder elementare, nicht weiter teilbare Wahrnehmungserlebnisse, die die gegenwärtige *philosophy of mind* Qualia nennt; dann versteht man den inneren Sinn als begrifflose phänomenale Innenwahrnehmung.[196] Oder man versteht den inneren Sinn rationalistisch als ein spontanes Vermögen, das Vermögen des Denkens, auch dann kann die Epilog-Thesis weniger die Monade als vielmehr die *notio primitiva simplex* annehmen, den unanalysierbaren, ursprünglichen Begriff, wie ihn Leibniz in seiner Konzeption einer Universalwissenschaft als Gegenstand adäquater intuitiver Erkenntnis konzipiert.[197]

---

[195] Dies ist für Fichte eine entscheidende Annahme in seiner Lehre vom Ich als intellektueller Anschauung (vgl. Versuch einer neuen Darstellung der Wissenschaftslehre. Hrsg. v. P. Baumanns. Hamburg 1984, S. 10)

[196] Nach der ersten Auflage kommt auch den Erlebnissen des inneren Sinnes absolute Einheit zu: „Jede Anschauung enthält ein Mannigfaltiges in sich, welches doch nicht als ein solches vorgestellt werden würde, wenn das Gemüt nicht die Zeit in der Folge der Eindrücke auf einander unterschiede: denn als in einem Augenblick enthalten, kann jede Vorstellung niemals etwas anderes als absolute Einheit sein." (A 99). Die Synthesis der Apprehension ermöglicht es überhaupt erst, die Mannigfaltigkeit als solche zu begreifen, indem sie Momente als einzelne, unterschiedene, jeweils voneinander verschiedene Momente bestimmt. Die Philosophie des Geistes legt sich bei ihrem Begriff des Quale nicht auf die absolute Unteilbarkeit dieser qualifizierten reinen Bewußtseinserlebnisse fest, vielmehr ist ein Quale lediglich ein hinsichtlich seines qualitativen Gehaltes nicht auf Physikalisches reduzierbarer Erlebnisinhalt; die Frage, ob Qualia absolut unteilbar sind, wird von ihr nicht primär diskutiert; vielmehr geht es ihr nur um die Existenz dieser einfachen phänomenalen Erlebniseinheiten, da sie als Hauptargument gegen einen reduktiven Materialismus oder auch Funktionalismus angesehen werden.

[197] Das Verhältnis von Monade und *notio primitiva simplex* thematisiert Gueroult, M.: Die Konstitution der Substanz bei Leibniz. In: Leibniz – Logik und Metaphysik. Hrsg. v. A. Heinekamp und F. Schupp. Darmstadt 1988 (Wege der Forschung 328), S. 484-511. Ein vollständig Analysiertes kann bei Leibniz nur Begriff sein, da ein graduell zunehmend deutliches Erkennen von der Analyse der enthaltenen Vorstellungen abhängig ist; diese Analyse

Die Leibnizsche Monade ist das einfache Element des intelligiblen Universums aus göttlicher Perspektive, nicht aber ein Einfaches im inneren Sinn.[198]

Nur eine empiristische Ich-Auffassung erlaubt es, das Ich in das Teilungsproblem des Erfahrbaren aufzunehmen. Ihr zufolge kann Selbstbewußtsein nur bestehen, wenn es in der Erfahrung gegeben ist. Das Argument, das Kant im Epilog der Antithesisanmerkung der zweiten Antinomie eigentlich zur Widerlegung des zweiten Antithesisbeweises einsetzt, berührt empiristisches Gedankengut. Die empiristische Ich-Auffassung wendet sich aber gegen die Einfachheitsthese. Die Teilbarkeit, ja sogar die kontinuierliche Erstrecktheit in der Zeit und also unendliche Teilbarkeit des Ich lehrt der Empirismus, für den das Ich lediglich Aggregat von Perzeptionen ist. Für Hume beispielsweise ist es nichts anderes als ein „bundle or collection of different perceptions".[199] Die Identität der Person oder des Ich sei eine Illusion, die sich aus der Unmerklichkeit der kontinuierlichen Veränderung der Perzeptionen ergebe. Hume erläutert dieses Modell mit der Metapher, das Bewußtsein sei wie ein Theater, auf dem die Perzeptionen auf- und abtreten, ohne daß es jedoch eine Bühne oder ein Material gebe, auf der oder vor welchem dieser Wechsel stattfände; Hume verwendet auch das Herakliteische Bild des Stromes, welcher, wenn man in ihn hineinsteigt, ein anderer ist, als derjenige, aus dem man hinaussteigt. Die Substantialität der Seele und die Identität des Ich sind für Hume daher lediglich Fiktion. Hume sieht den Grund dieser Fiktion darin, daß es im Bewußtsein kein absolutes Bezugssystem für den Wechsel der Perzeptionen gibt; daher kann der Wechsel als Wechsel überhaupt nicht bestimmt werden. Ohne eine beharrende Grundlage, die es Hume zufolge im Bewußtseinsstrom nicht geben kann, ist es aber unmöglich, einen Wechsel auch nur zu konstatieren. Das kontinuierliche Ineinanderübergehen der Perzeptionen erscheint

---

ist bei endlichen Wesen zumeist an diskursives, symbolisches Erkennen gebunden. Dies ist die Ursache für Kants Kritik an Leibniz bezüglich der Indifferenz von Sinnlichkeit und Verstand (B 61 f., B 326 f.). Diese Kritik ist von der Leibniz-Forschung in jüngerer Zeit zurückgewiesen worden (vgl. Rutherford, D.: Leibniz and the Rational Order of Nature. Cambridge 1995, S. 79-85). Sie beruht auf einer nicht völlig korrekten Gleichsetzung von verworrener und deutlicher aber inadäquater Erkenntnis. Doch für Leibniz besteht hier ein Unterschied, der nicht als graduell bestimmt wird (Meditationes de Cognitione, Veritate et Ideis. GP IV, 422).

198 Enge Anknüpfungspunkte zwischen Leibniz' Lehre eines reinen Ich und Kants transzendentaler Apperzeption haben aufgewiesen: Kaehler, K. E.: Kants transzendentale Reformulierung der substantiellen Einheit des leibnizschen Subjekts. In: Leibniz und die Frage nach der Subjektivität. Hrsg. v. R. Cristin. Stuttgart 1994, S. 160-170; ders.: Das Bewußtsein und seine Phänomene. Leibniz, Kant und Husserl. In: Phänomenologie und Leibniz. Hrsg. v. R. Cristin und K. Sakai. München 2000, S. 42-74; Tuschling, B.: Begriffe, Dimensionen, Funktionen der Subjektivität: Leibniz versus Locke. In: Probleme der Subjektivität in Geschichte und Gegenwart. Hrsg. v. D. H. Heidemann. Stuttgart-Bad Cannstatt 2002 (Problemata 146), S. 57-84. Tuschling zeigt, daß bereits Leibniz die Trennung eines reinen vom empirischen Ich in seiner Locke-Kritik eingeführt hat.

199 Hume, D.: A Treatise of Human Nature. S. 251-263.

demzufolge als statisch und derart ergibt sich der Eindruck eines identischen Ich. Aus dieser Konzeption läßt sich also durchaus eine Epilog-Antithesis rekonstruieren.

Das bedeutet: Nur die Epilog-Antithesis läßt sich konsistent aus den Vorgaben der Antinomien rekonstruieren. Doch ihr entspricht letztlich nichts auf Seiten der Thesis. Die Epilog-Thesis läßt sich entweder sinnvoll, aber nicht gemäß den Vorgaben der Antinomienherleitung rekonstruieren, als Behauptung eines reinen, nichtempirischen Ich, oder aber als sinnlose, aber der Antinomienkonzeption gemäße Behauptung unteilbarer Bewußtseinselemente, die sich jedoch nicht als Ich charakterisieren lassen. Diese Überlegung bestätigt Kants Konzeption, der gemäß es im Bereich der rationalen Psychologie nicht zu Antinomien kommt. Vermutlich war ihm klar, daß keine Gleichwertigkeit von Thesen und Beweisen hier herbeigeführt werden kann.

Weshalb also bringt Kant diese Thematik hier überhaupt vor? Der metaphysische Beweis der Unsterblichkeit der Seele hat als einen seiner Gegner den Materialismus, der die Seele auf den Körper und die Materie reduziert und die Materie als einzige Realität gelten lassen will. Wäre der Materialismus im Recht, dann würde das Leben der Seele mit dem Tod, d.h. der Zersetzung des organischen Körpers enden, da sie von seinen Funktionen abhängig ist und unabhängig von Materie keine Entitäten existieren können. Wenn es nun aber dem Materialisten prinzipiell nicht gelingen kann, wie die zweite Antinomie zeigt, die absolute Realität der Materie zu garantieren, dann bleibt es zumindest offen, ob die Seele selbständig existiert und unsterblich ist oder nicht, sofern man überhaupt die metaphysische Annahme der Existenz der Seele akzeptieren möchte. Ein starker Beleg für die Deutung, daß das Seelenthema in der zweiten Antinomie nur indirekt betroffen ist, ist die Tatsache, daß Kant das denkende Ich in der Auflösung der zweiten Antinomie nicht in Betracht zieht, sondern nur Organismen. Hintergrund dieser Annahme ist eine Andeutung in den Paralogismen der ersten Auflage (A 401). Aus der Perspektive der kritischen Lehre erwägt Kant, nach Widerlegung aller Paralogismen, daß wenn auch die Beharrlichkeit der Seele – und also ihre Substantialität – aus reiner Vernunft nicht beweisbar sei, so bleibe noch eine Möglichkeit offen, sie aus dem zu beweisen, was auch nach kritischer Lehre Inbegriff des Beharrlichen ist: die Materie. Wäre die Seele „ein einfacher Teil der Materie“, so könnte die Beharrlichkeit der Materie Garant der Beharrlichkeit der Seele sein, doch dies folge aus dem Grundsatz der rationalen Psychologie, „Ich denke“, keineswegs.[200] Gemeint ist nicht die absurde Konzeption, die oben erwogen wurde, der gemäß die Materie aus einer Pluralität von Ichen konstituiert ist, sondern eine Konzeption, die meint, die eine Seele eines lebendigen Organismus sei in einem einfachen Teil des Körpers anwesend. Diese Konzeption vorausgesetzt, so ergäbe sich aus der zweiten Antinomie: Wäre die Thesis im Recht, dann wäre es zumindest mög-

---

200 Dieser Gedanke ähnelt atomistischen Seelenauffassungen, beispielsweise Demokrits und Leukipps (vgl. Die Vorsokratiker. S. 304 ff.).

lich, daß die Seele existiert und unsterblich ist; wäre dagegen die Antithesis im Recht, dann wäre es nicht einmal möglich, daß die Seele überhaupt existiert.

Systematischer Hintergrund der Verbindung zwischen zweiter Antinomie und zweitem Paralogismus ist die Lehre des „transzendentalen Dualismus", d.h. der Unterscheidung von Körper und Seele als getrennte Seinsbereiche oder Substanzen. Beide Seinsbereiche werden wesentlich durch das Merkmal Teilbarkeit bzw. Unteilbarkeit voneinander abgegrenzt: alle Materie ist teilbar, die Seele ist unteilbar. Die Unterscheidung von Körper und Seele ist der metaphysische, sinngebende Gebrauch, der von der These der Einfachheit der Seele laut Kant gemacht wird,[201] und sie wiederum bildet eine argumentative Grundlage – neben der Beharrlichkeit – für denjenigen Beweis der Unsterblichkeit der Seele, den Kant wohl für den zentralen metaphysischen Unsterblichkeitsbeweis hält.[202] Dieser Unsterblichkeitsbeweis argumentiert, wie Kant ihn versteht, in Kürze so: Die Seele als absolut Einfaches kann nicht in Teile geteilt werden; etwas, das nicht teilbar ist, kann nicht zerstört werden, denn Zerstörung geschieht durch Teilung. Wenn das Einfache aber unzerstörbar ist, dann ist es auch beharrlich, folglich existiert es ohne Ende, die Seele ist also unsterblich.

Die Theorie des Ich ist, so sollte deutlich geworden sein, für die zweite Antinomie ein in systematischer Hinsicht problematisches Nebenthema, das gleichwohl einen indirekten Einfluß auf die rationale Psychologie hat und einen Ausblick auf das wichtige philosophische Problem des Verhältnisses von Geist und Körper bietet. Im folgenden Kapitel sollen die Argumente, die Kant für eine Verteidigung der Thesis gegen den zweiten Antithesisbeweis vorbringt, im einzelnen interpretiert werden.

4.2. Die zwei Argumente der Thesis im „Epilog" der Antithesisanmerkung und ihre Widerlegung

Im Epilog der Antithesisanmerkung (B 471) lassen sich zwei Argumente für die Thesis unterscheiden: das erste rechtfertigt die absolute, prinzipielle Unteilbarkeit des Ich

---

201 Vgl. A 356: „Jedermann muß gestehen: daß die Behauptung von der einfachen Natur der Seele nur so fern von einigem Werte sei, als ich dadurch dieses Subjekt von aller Materie unterscheiden und sie folglich von der Hinfälligkeit ausnehmen kann, der diese jederzeit unterworfen ist. Auf diesen Gebrauch ist obiger Satz auch ganz eigentlich angelegt, [...]." Vgl. Descartes, R.: Meditationes: „[...] atque ex his debere concludi ea omnia, quae clare et distincte concipiuntur, ut substantiae diversae, sicuti concipiuntur mens et corpus, esse revera substantias realiter a se mutuo distinctas; [...]. Idemque etiam in ipsa confirmari, ex eo quod nullum corpus nisi divisibile intellegamus, contra autem nullam mentem nisi indivisibilem" (S. 24). Diesen Beweis will Descartes in den *Meditationen* vorlegen und damit den Beweisgrund für die Unsterblichkeit der Seele liefern.

202 Daß die Tradition natürlich zahlreiche weitere Unsterblichkeitsbeweise kennt, beispielsweise Platons Beweis vermittels der Anamnesislehre im *Phaidon*, wird von Kant offenbar nicht erwähnt, er kritisiert in der zweiten Auflage der *Kritik der reinen Vernunft* nur Mendelssohns Beweis in seinem *Phädon*.

mit seiner notwendigen Bedingungsfunktion für das Denken; dieses Argument entkräftet Kant mit seiner eigenen Theorie der bloß logischen Einheit der transzendentalen Apperzeption, die sich nicht in der Erfahrung auffinden lasse. Das zweite Argument bezieht sich auf das sinnliche Vermögen, in welchem das Ich sich als Objekt der Erfahrung gegeben wird, dies ist der innere Sinn. Hier argumentiert die Epilog-Thesis damit, nur der äußere Sinn gebe überhaupt ein Mannigfaltiges zu erkennen; im inneren Sinn, dessen originäres Objekt das denkende Ich ist, seien alle Beziehungen schlechthin innerlich und deshalb sei auch das Ich selbst kein Mannigfaltiges und also einfach. Dieses Argument widerlegt Kant mit seiner Lehre vom empirischen Ich. Damit ist der Bezugspunkt der beiden Argumente zu zwei Elementen von Kants Subjektivitätstheorie ausgemacht: das rein logische und das empirische Ich. Im Folgenden wird im Detail zu untersuchen sein, welche Argumente zunächst für die Einfachheit des Ich zu sprechen scheinen und welche Gegenargumente Kant im Epilog der Antithesisanmerkung vorbringt, es soll aufgezeigt werden, auf welche Lehrbestandteile seiner eigenen Theorie des Selbstbewußtseins er dabei zurückgreift. Eine eigene Position der Antithesis wird dagegen in den ohnehin höchst knappen Passagen nicht deutlich, sie ist in der Argumentation des zweiten Antithesisbeweises wie aufgezeigt enthalten als eine empiristische Theorie, die die Einheit des Ich ablehnt und lediglich von einem Bewußtseinsstrom ausgeht. Es soll daher zunächst in Grundzügen Kants Theorie des Selbstbewußtseins, wie er sie in der transzendentalen Deduktion der Kategorien entfaltet (4.2.1.), dargestellt werden, darauf ist Kants Kritik an der These von der Einfachheit der Seele im zweiten Paralogismus der ersten Auflage der *Kritik der reinen Vernunft* zu betrachten (4.2.2.), um dann die beiden Argumente der Epilog-Thesis der zweiten Antinomie und ihre Widerlegung vor diesem Hintergrund verständlich zu machen (4.2.3.).

4.2.1. Kants Konzeption des Selbstbewußtseins: Dasjenige Lehrstück, das allgemein als das Zentrum der Theorie des Selbstbewußtseins bei Kant angesehen wird, die *Transzendentale Deduktion der reinen Verstandesbegriffe*, bildet in der *Kritik der reinen Vernunft* keine eigenständige Doktrin von Subjektivität, in ihr dient Selbstbewußtsein als Argumentationsmittel innerhalb der transzendentalen Erkenntnistheorie.[203] Speziell nutzt Kant das Selbstbewußtsein zum Zwecke der Rechtfertigung des Objektivitätsanspruches der reinen Verstandesbegriffe. Gleichwohl ist es „der höchste Punkt" der Transzendentalphilosophie (B 133 Anm.). Es wird hier thematisiert in einem sehr komplexen Beweis: in seiner Funktion, Objektivität der Erkenntnis aus den Quellen der reinen Vernunft zu begründen. Aus dieser Perspektive bleibt es unklar, ob Kant eine aus diesen sachlichen Zusammenhängen gelöste Theorie der reinen Subjektivität hätte gelten lassen, und es ist daher fraglich, ob seine Darlegungen aus diesem Funktionszusammenhang herausgetrennt werden können; denn nur in ihm ist die Geltung der jeweiligen Momente von Subjektivität bestimmbar, da Kant das Selbstbewußtsein

---

[203] Vgl. Düsing, K.: Constitution and Structure of Self-Identity. S. 412 f.

hier wesentlich als epistemisches Subjekt auffaßt. Deshalb soll bei der Kurzdarstellung der Theorie der Subjektivität in der transzendentalen Deduktion die Beweisstruktur mitberücksichtigt werden.[204]

Die transzendentale Analyse des Erkennens führt Kant zum reinen „Ich denke“ als oberstes Prinzip allen Denkens und Vorstellens durch die Grundannahme, daß jegliches Denken in Urteilen seinen Ausdruck findet (B 94).[205] Urteile sind nun wesentlich Vorstellungsverbindungen; in Urteilen wird ein Subjekt- mit einem Prädikatbegriff verbunden. Solche Verbindung erzeugt Einheit, setzt aber gleichfalls Einheit voraus, wie Kant zeigen will. Das Urteil ist nach Kant eine „Funktion der Einheit unter unseren Vorstellungen“ (ebd.). Im Urteil werden Begriffe in eine höhere Vorstellung „zusammengezogen“ (B 94).[206] Die sogenannte Urteilstafel (B 95) gibt die unterschiedlichen Funktionen des Verstandes im Denken ihrer abstrakten Form nach wieder, indem von jeglichen Inhalten der Urteile abgesehen wird. Wird aber nicht vom Inhalt abgesehen, dann nämlich, wenn es in der transzendentalen Logik um die Beziehung des Denkens auf Gegenstände *a priori* geht, so kann das reine Mannigfaltige der Anschauung *a priori* als solcher Inhalt des Denkens angenommen werden (B 102 ff.). Die Verbindung solcher Inhalte versteht Kant als Synthesis. Die Synthesis von Gedankeninhalten erfolgt regelhaft und ist daher mit Notwendigkeit verbunden. Die Begriffe, die dieser Synthesis zur Regel dienen, sind die reinen Verstandesbegriffe oder Kategorien. Sie sind unterschiedliche Modi von regelhafter Synthesishandlung.

---

204 Es ist an dieser Stelle nicht notwendig, die Spezialprobleme des Beweisverfahrens der transzendentalen Kategoriendeduktion zu berücksichtigen. Vgl. dazu Henrich, D.: Die Beweisstruktur von Kants transzendentaler Deduktion. In: Kant. Zur Deutung seiner Theorie von Erkennen und Handeln. Hrsg. v. G. Prauss. Köln 1973, S. 90-104; Baum, M.: Deduktion und Beweis in Kants Transzendentalphilosophie. Untersuchungen zur „Kritik der reinen Vernunft“. Königstein/Ts. 1986, S. 78-81. Die Interpretation der Beweisstruktur betrifft das Problem der Subjektivität insofern, als der Geltungsbereich der Kategorien auf es zurückwirkt: es geht hierbei um die Frage, ob Kategorien nur bezogen auf unsere sinnliche Anschauung in Raum und Zeit objektiv gültig sind, oder bezogen auf sinnliche Anschauung überhaupt. Dadurch wird der Grad der Restriktion der Kategorien erheblich unterschiedlich eingeschätzt und also auch Kants Restriktion der Selbsterkenntnis des Ich.

205 Die Darstellung folgt der Deduktion der zweiten Auflage, da der Beweisaufbau klarer ist und weil in der Deduktion der ersten Auflage eine zusätzliche Schwierigkeit der Subjektivitätstheorie durch die zentrale Stellung der Einbildungskraft ins Spiel kommt, die von Kant in der Dialektik nicht weiter erwähnt wird.

206 Kant geht bei dieser Annahme vom kategorischen Urteil aus und denkt es als ein Subsumtionsverhältnis des Subjekts unter das Prädikat. Auf diese Weise gehen Subjekt und Prädikat im Urteil in einer höheren Einheit auf (vgl. z.B. auch R 3042 und R 3044; AA XV, 629 f.). Dies hindert ihn aber nicht, in § 19 die Ausrichtung der Logik am kategorischen Urteil zu kritisieren (B 140 f.). Er drückt den Sachverhalt aber auch transzendentalphilosophisch aus und meint, die Einheit des Urteils bestehe im Bewußtsein der Vereinigung der Subjekts mit der Prädikatsvorstellung (vgl. R 3049-3055; AA XV, 632 f.; Logik-Jäsche, § 17. AA IX, 101). Letztlich beruht die Einheit des Urteils ohnehin auf der Einheit des Selbstbewußtseins (B 141).

Auf diese Weise leitet Kant in der metaphysischen Deduktion aus der Urteilstafel die Kategorien her. Sein Argument für die Parallelität von Urteils- und Kategorientafel ist, daß die Verstandesfunktionen des Urteils in der analytischen Einheit der Vorstellung und die Verstandessynthesen im reinen Anschauungsmannigfaltigen auf derselben spontanen Verstandeshandlung beruhen, wodurch einerseits die logische Form des Urteils, andererseits dem Urteil ein Gedankeninhalt gegeben wird (B 104 f.).[207] Jede Synthesis impliziert nach Kant den Gedanken der Einheit, in welche das Synthetisierte gefaßt wird. Diese Einheit kann sich nun nicht der Einheit des Gegenstandes des Denkens verdanken – denn der Inhalt wird gemäß den reinen Anschauungsformen Raum und Zeit als ein unverbundenes Mannigfaltiges gegeben –, sondern der Synthesishandlung, die dessen Einheit allererst hervorbringt. Die Einheit des Gedachten ist das Produkt der Synthesisfunktion (B 129). Die Kategorien sind die unterschiedlichen Weisen von Synthesis, die die Einheit des Gegenstandes des Denkens hervorbringen, sie sind damit aber auch Bestimmungen *a priori* eines Gegenstandes überhaupt.[208] Die Einheit, auf der die Synthesen beruhen, verdankt sich aber nicht jenen reinen Verstandesbegriffen selbst, sondern einem Prinzip, das die Einheit in den Verstandeshandlungen aller Kategorien ausmacht.[209] Dies ist die von Kant so bezeichnete „ursprünglich-synthetische Einheit der Apperzeption“, das reine Selbstbewußtsein. Auf welche spezielle Weise ein Vorstellungsmannigfaltiges auch immer synthetisiert wird, es ist notwendig die Synthesishandlung gemäß der Einheit des Selbstbewußtseins. Die transzendentale Apperzeption ist dabei das Agens der Funktion, das spontane Vermögen des Synthetisierens. Alle Vorstellungen, die Teil einer Erkenntnis sein sollen, müssen bewußte Vorstellungen sein, d.h. sie müssen Vorstellungen eines Bewußtseins sein, das sich in den verschiedenen Vorstellungen als das

---

207 Die metaphysische Deduktion der Kategorien ist nicht zuletzt wegen ihrer fast aphoristischen Kürze eines der am härtesten umkämpften Felder der Kant-Interpretation. Bereits der Deutsche Idealismus bemängelt, Kant hätte seine Urteilstafel begründen müssen, um daraus die Kategorien herzuleiten. Von diesem Problem ist die systematische Stellung der Kategorien abhängig, d.h. ob sie deduktiv aus der Urteilstafel abgeleitet sind, so daß sie der Urteilstafel gegenüber sekundär sind, oder nicht. Vgl. dazu Wolff, M.: Die Vollständigkeit der Kantischen Urteilstafel.

208 Zum Zusammenhang von subjektiver Einheit des Selbstbewußtseins und objektiver Einheit der Gegenstände der Erkenntnis vgl. Baum, M: Logisches und personales Ich bei Kant. In: Probleme der Subjektivität in Geschichte und Gegenwart. Hrsg. v. D. H. Heidemann. Stuttgart-Bad Cannstatt 2002 (Problemata 146), S. 107-123; S. 116 ff. Nicht alle Synthesishandlungen werden gemäß Kategorien hervorgebracht, diejenigen nämlich nicht, die lediglich subjektive Geltung haben, wie die Synthesen der Assoziation (vgl. dazu Klemme, H. F.: Kants Philosophie des Subjekts. S. 196 f.). Sie beziehen sich aber auch nicht auf Gegenstände einer möglichen Erkenntnis.

209 In B 131 geht Kant klar von einer Nachordnung der Kategorientafel gegenüber der logischen Urteilstafel aus und bezieht daraus sein Argument dafür, daß nicht die Kategorie selbst die Einheit der Verbindungshandlung enthalten könne, sondern diese bereits zuvor, nämlich vor der logischen Urteilstafel, gegeben sein müsse, da bereits sie Einheit der Verbindungshandlung erfordere.

identische Bewußtsein weiß. Nach Kant impliziert Bewußtsein daher Selbstbewußtsein. Dies braucht dabei nicht thematisch zu sein, sondern ist bloß Bedingung der Möglichkeit von Synthesis. Das thematische „Ich denke" ist selbst eine Vorstellung, die durch die reine Apperzeption erst hervorgebracht wird. Die ursprünglich-synthetische Einheit der Apperzeption ist das Prinzip der Einheit aller Vorstellungen. Alle Vorstellungsgehalte, die ihr gegeben werden, spricht sie sich als Inhalte des Bewußtseins selbst zu; jede Vorstellung wird daher potentiell vom „Ich denke"-Bewußtsein begleitet.[210] Damit sind alle Inhalte an die „absolute Einheit" des denkenden Ich gebunden. Die Absolutheit dieser Einheit erwächst aus der Unmöglichkeit, unabhängig von einem Bewußtsein etwas vorzustellen (vgl. auch A 106 f.). In § 16 der transzendentalen Deduktion der Kategorien der zweiten Auflage der *Kritik der reinen Vernunft* erläutert Kant die Notwendigkeit des „Ich denke" als oberstes Prinzip allen Vorstellens durch folgenden indirekten dilemmatischen Beweis:[211] Die Annahme, daß es Vorstellungen gibt, die nicht vom „Ich denke" begleitet werden können, impliziert, daß etwas vorgestellt werden kann, das nicht denkbar ist. Diese Annahme ist in zwei Alternativen möglich: bei unmöglichen, d.h. selbstwidersprüchlichen Begriffen, oder aber bei Vorstellungen, die nicht zu Bewußtsein gelangen und somit für das Bewußtsein nicht existieren oder in Kants Formulierung: die für das Ich nichts sind (B 132).[212] Beides ist nun unmöglich. Vorstellungen sind nach Kant daher nicht nur notwendig propositional, d.h. Vorstellungen eines Vorstellungsinhaltes, sondern auch notwendig Vorstellungen eines vorstellenden Ich.[213] Also muß jede Vorstellung notwendig vom „Ich denke" begleitet werden können, um über-

---

210 Es sei hier nur am Rande erwähnt, daß die Vehikel-Metapher in Form der Begleitfunktion des „Ich denke" bereits von Locke formuliert wird: „For since consciousness always accompanies thinking, and 'tis that, that makes every one to be, what he calls *self*;" (An Essay concerning human Understanding. II, XXVII, § 9. S. 335). Auch Leibniz übernimmt in seinen *Nouveaux Essays* den Ausdruck des Begleitens (GP V, 218).

211 Auf die indirekt dilemmatische Struktur des Beweises hat Baum aufmerksam gemacht: Logisches und personales Ich bei Kant. S. 114 ff.

212 Den entsprechenden Gedanken gibt es auch schon in der Deduktion der ersten Auflage A 116 f.

213 Kant schließt sich hierbei Leibniz' Lehre von den dunklen Vorstellungen an; sie stehen bei Leibniz auf der untersten Stufe der Vorstellungsgradation. Ihr Merkmal ist, zwar Vorstellung von etwas zu sein, jedoch auf so unbestimmte Weise, daß es nicht zur Reidentifikation des Gegenstandes ausreicht. Der Gedanke des Ich als notwendiges Prinzip der Einheit aller Vorstellungsverbindung findet bei Leibniz seine Entsprechung in der Konzeption einer zentralisierten Repräsentation. Jede *repraesentatio* muß nach Leibniz zu einem gewissen Grade zentralisiert, d.h. auf eine Einheit hingeordnet sein, um überhaupt eine *perceptio* sein zu können, d.h. eine Darstellung des Mannigfaltigen in einer Einheit (vgl. A. Gurwitsch: Leibniz. Philosophie des Panlogismus. S. 40-45). Anders als Kant nimmt Leibniz nun aber Formen der zentralisierten Repräsentation an, die nicht Bewußtsein oder gar reflexives Wissen des Ich von sich sind, sondern die der Bewußtlosigkeit oder dem bloßen Wahrnehmen entsprechen; nur so kann Leibniz eine Gradation der Monaden konzipieren, und zwar von einfachen oder schlafenden Monaden über Tierseelen bis hin zu Intelligenzen.

haupt Vorstellung zu sein. Die Einheit dieses „Ich denke" ist absolut, da außerhalb des Ich keine Vorstellung als Vorstellung überhaupt nur gedacht werden kann. Alles Vorstellen unterliegt also den Bedingungen des Verstandes. Da die Synthesis sich nur in den analysierten Modi des Denkens, den Kategorien, vollzieht, so muß auch das Anschauungsmannigfaltige notwendig durch Kategorien gedacht werden. Der entscheidende Beweisschritt der transzendentalen Kategoriendeduktion, in welchem es um ihre objektive Gültigkeit geht, soll zeigen, daß die transzendentale Apperzeption zugleich auch Bedingung der Möglichkeit der Einheit der Gegenstände der Erkenntnis ist. Damit haben diese eine notwendige Beziehung auf die reinen Verstandesbegriffe. Die transzendentale Apperzeption ist das synthetisierende Spontanvermögen, das eine Einheit ermöglicht, die alle objektiven Vorstellungen als solche umgreift.

Die Ursprünglichkeit der transzendentalen Apperzeption verdankt sich nach Kants Lehre der Unmöglichkeit, sie aus einem vorgängigen Prinzip zu deduzieren.[214] Ihre Tätigkeit ist ursprünglich, d.h. sie ist ihr selbst unhintergehbar gegeben und nicht weiter begründbar.[215] Das spontan tätige Ich ist in dieser Hinsicht passiv, d.h. es kreiert die Formen seiner spontanen Tätigkeit nicht aus sich selbst; Kants Theorie des Denkens ist daher eine Theorie der endlichen Vernunft. Wenn man von allen Inhalten, die die transzendentale Apperzeption verbindet, abstrahiert, ist sie ein bloß logisches, abstraktes Prinzip der Einheit, dasjenige, was Kant auch das logische Ich nennt.[216] Die Einheit des logischen Ich ist lediglich analytisch, so wie die Einheit jedes Allgemeinbegriffs analytisch ist; sie ist damit eine bloß vorgestellte Einheit oder auch selbst eine Vorstellung, nämlich die Vorstellung der „Identität des Bewußtseins in diesen Vorstellungen" (B 133). Das logische Ich ist nicht mit der transzendentalen Apperzeption identisch, dennoch aber insofern doch mit ihr gleichartig, als sie beide allen Inhalten der Vorstellung gegenüber gleichgültig sind; das Ich ist nicht „vielfarbig", wie die Vorstellungen, die es begleitet, sondern bleibt mit sich in allen Akten der Synthesis identisch (B 134). Doch solche Identität rührt von einer absoluten prädikativen Bestimmungslosigkeit her. Der analytischen Einheit des Selbstbewußtseins geht die synthetische vorher, wie Kant besonders betont, denn die Vorstellung der Identi-

---

214 Kant begründet diesen für die Paralogismen wichtigen Umstand, den er dort gegen die rationale Psychologie einsetzt, hier nur damit, daß die Vorstellung des „Ich denke" von keiner weiteren Vorstellung begleitet werden könne (B 132).

215 Es ist eine höchst bemerkenswerte Tatsache, daß Kant die Unbegründbarkeit des Selbstbewußtseins als Argument für die Behauptung seiner Endlichkeit ansieht und nicht als Argument für ein notwendiges und also zeitenthobenes Prinzip wie Fichte oder wie Konzepte ewiger Vernunftwahrheiten, deren Kriterium eben jene Unhintergehbarkeit ist.

216 Diesen Terminus verwendet Kant nur in *Welche Fortschritte* (AA XX, 270 f.); er hat sich aber allgemein zur Bezeichnung des „Subjekts der Apperzeption" eingebürgert, obwohl Kant das logische Ich als lediglich analytische Einheit bestimmt, die nicht mit der ursprünglich-synthetischen Einheit der Apperzeption verwechselt werden sollte, da Kant ausdrücklich betont, bei dieser gehe die synthetische Einheit der analytischen vorher. Erst in den Paralogismen kennzeichnet Kant das logische Ich als abstrakt im Unterschied zu den anderen Hinsichten des Ich: A 355; B 404; B 426; B 429; B 813.

tät des Ich in seinen Synthesen setzt voraus, daß die Synthesisakte zunächst überhaupt an einem Mannigfaltigen ausgeübt werden, so daß das sonst bestimmungslose „Ich denke" im inneren Sinn an den Vorstellungen angetroffen werden kann, um es von den vielfältig verschiedenen Gehalten abheben und als Identisches bestimmen zu können. In § 15 der Deduktion bezeichnet Kant die synthetische Einheit des Ich als „qualitative Einheit"; diese sei nicht die quantitative Einheit durch die Kategorie der Einheit, denn sie liegt den Kategorien zugrunde.[217] Die „qualitative Einheit" sei zu verstehen wie die Einheit des Themas in einem Schauspiel (§ 12).[218] Verschiedenen Handlungen kommt dadurch Einheit zu, daß sie gemäß einem Begriff oder einer Idee ausgeführt werden. Es scheint Kant bei dieser vagen Analogie darauf anzukommen, daß die Einheit nicht dem Akteur als Eigenschaft zugesprochen wird, sondern seiner Aktivität. Die poetologische Analogie besagt wohl auch, daß die Einheit des spontan tätigen Ich nicht begrifflich-analytischer Art ist, daß sie aber dennoch rein intellektuell ist.[219]

Das bekannte negative Ergebnis der transzendentalen Deduktion der reinen Verstandesbegriffe, die Restriktion der Erkenntnis auf den Bereich der Erfahrung, betrifft auch Subjektivität selbst, wie Kant in §§ 24 und 25 der *Transzendentalen Deduktion* ausführt. Objektive Erkenntnis kann das Ich von sich nur als Erscheinung gewinnen. Solche Erscheinung des Ich ist die Gegebenheit des Bewußtseins im inneren Sinn als Bewußtseinsstrom. Dies ist das empirische Ich. Durch den Akt der Synthesis wird eine Vorstellungsverbindung im inneren Sinn vollzogen, wodurch sich das Ich als ein

---

217 Bei dieser Bestimmung handelt es sich wohl um eine Korrektur einer Aussage aus der Deduktion der ersten Auflage, dort spricht Kant der transzendentalen Apperzeption noch die „numerische Einheit" zu (A 107).

218 Dieser Zusammenhang zwischen der Einheit des Begriffs, der Einheit des Ich und der Einheit des Themas eines Schauspiels, einer Rede oder einer Fabel findet sich auch in Humes *Enquiry concerning human understanding.* Im Kapitel über die Assoziation der Vorstellungen, in welchem Hume der Tatsache nachgeht, daß unter allen unseren Vorstellungen immer eine Verknüpfung besteht, findet sich in den Ausgaben E-Q (1748-1770) ein ausführlicher poetologischer, an Aristoteles' *Poetik* anknüpfender Exkurs über die Frage, wodurch in den unterschiedlichen Gattungen der Literatur, Epik, Drama und Komödie, die „Einheit der Handlung" entsteht (Enquiry concerning human understanding. Hrsg. v. Ch. W. Hendel. New York 1955. S. 33-39; dt.: Eine Untersuchung über den menschlichen Verstand. Hrsg. und übers. v. R. Richter. Hamburg 1964, S. 26-34). Hume kommt zu dem Ergebnis: durch die Verknüpfung aller Elemente gemäß einem Plan, Absicht oder Zweck des Autors. Diese Überlegung bezieht Hume nur vage auf das Thema seiner Erörterungen, die Einheit des Bewußtseins. Kant kehrt nun das Diktum von der „Einheit der Handlung" bei Hume, das sich auf die Handlung des literarischen Werkes bezieht, um auf die Einheit der Handlung des Autors, diesen Zusammenhang zu erzeugen. Gawlick / Kreimendahl meinen, daß Kant den zweiten *Enquiry* bereits in den 1750er Jahren kannte (Hume in der deutschen Aufklärung. Umrisse einer Rezeptionsgeschichte. Stuttgart-Bad Cannstatt 1987 (Forschungen und Materialien zur deutschen Aufklärung Bd. 4), S. 174-198; S. 182).

219 So kann das Thema eines Dramas wohl schwerlich in eine einfache Formel gepreßt werden, obwohl es als Kunstwerk als eine Einheit aufgefaßt wird.

Sein in der Zeit betrachten kann. Das Selbstbewußtsein kann sich dabei thematisch seiner Handlung bewußt sein und die Vorstellung „Ich denke" mit dem Synthesisakt im inneren Sinn verbinden. Durch diese, von Kant in der zweiten Auflage der *Kritik der reinen Vernunft* „Selbstaffektion" genannte Handlung der transzendentalen Apperzeption wird das Ich in den inneren Sinn gesetzt und so zu einem Gehalt der Anschauung, zu einem empirischen Ich. Da das „Ich denke" als Vehikel der Vorstellungsinhalte auftritt, ist es selbst eine Gegebenheit des inneren Sinnes in der Form der Zeit; das denkende Ich setzt sich somit selbst in die Zeit. Aufgrund dieser „Selbstsetzung" der transzendentalen Apperzeption in den inneren Sinn affiziert es sich mit sich selbst (B 158 Anm.).[220] Die Setzung des Ich in den inneren Sinn ist kein produktives Hervorbringen der eigenen Existenz, sondern ein Aufmerken auf die implizite Gegebenheit des „Ich denke" in allen Akten des Denkens. Auf diese Weise ist das daseiende, für sich selbst erkennbare Ich empirisches Ich, das in seiner Selbsterkenntnis an die Bedingungen der Zeit gebunden ist. Das bestimmbare Ich ist somit ein empirisches Ich, das sich selbst im Verlaufe seines bewußten Lebens als ein biographisches, existierendes Ich in der Zeit erfaßt. Das empirische Ich ist folglich nicht mit der spontan tätigen Apperzeption identisch. Die Spontaneität der Setzung erlaubt es nicht, das denkende Ich als bloß passives Objekt der inneren Selbstanschauung anzusehen, sondern es ist Intelligenz, deren Spontaneität selbst nur bewußt sein, aber nicht bestimmt werden kann. Jede prädikative Bestimmung des in den inneren Sinn gesetzten daseienden Ich bestimmt das Selbstbewußtsein als ein Gegebenes im inneren Sinn, dessen Anschauungsmannigfaltiges zur Einheit des Objekts verbunden wird. Dadurch macht sich das Ich selbst zum Objekt und erkennt sich selbst als Erfahrungsobjekt, d.h. als Erscheinung.[221] Das empirische Ich ist letztlich sogar nur er-

---

220 Vgl. Baum, M.: Deduktion und Beweis in Kants Transzendentalphilosophie. S. 143-149. Die sog. Selbstsetzungslehre stammt eigentlich erst aus dem *Opus postumum*, der Ausdruck ist aber bereits in der Theorie der Selbstaffektion hinsichtlich der Vorstellung des eigenen Selbst angebracht. Differenziert hierzu Klemme, H. F.: Kants Philosophie des Subjekts. S. 391-394.

221 Kants Theorie der Subjektivität ist, wie vielfach festgestellt wurde, trotz seiner historisch einschneidenden, völlig neuen theoretischen Grundlegung von Subjektivität letztlich doch nur Ansatz geblieben, viele konzeptionelle Probleme bleiben ungelöst. Die Forschung hat auf diesen Umstand auf unterschiedliche Weise reagiert: einige Interpreten haben es bei der Analyse des Explizierten belassen und auf die Defizite hingewiesen (vgl. Düsing, K.: Constitution and Structure of Self-Identity. S. 419). Andere versuchen, diese Defizite rekonstruktiv aufzufüllen (vgl. Baum, M.: Logisches und personales Ich bei Kant. S. 107-123). Caimi spitzt beispielsweise die Haupttheoreme der Kantischen Theorie des Selbstbewußtseins zu vier Paradoxien zu, die er dann aufgrund intensiver Analysen der Kategoriendeduktion in eine größtenteils konsistente Theorie auflöst (Selbstbewußtsein und Selbsterkenntnis in Kants transzendentaler Deduktion. In: Probleme der Subjektivität in Geschichte und Gegenwart. Hrsg. v. D. H. Heidemann. Stuttgart-Bad Cannstatt 2002 (Problemata 146), S. 85-106). Wiederum andere sehen in der Offenheit der Theorie gar kein Problem (vgl. Powell, C. Th.: Kant's Theory of Self-Consciousness. Oxford 1990, S. 227-236). Powell interpretiert die Unterscheidung von logischem und empirischem Ich als eine

kennbar vermittels äußerer Bestimmungen, die Vorstellungsgehalte vom eigenen Selbst müssen geknüpft sein an objektive Zeitbestimmungen, kalendarische Zeitmaße beispielsweise, die eine Verknüpfung des eigenen mit dem Dasein anderer Erscheinungen in der Welt erlauben und so eine objektive Bestimmung seiner eigenen Existenz ermöglichen, wie Kant insbesondere im vierten Paralogismus der ersten Auflage und der *Widerlegung des Idealismus* in der zweiten Auflage ausführt.

Die Erkenntnisrestriktion ergibt für Subjektivität nun aber ein spezifisches Problem, das Kant nur ansatzweise thematisiert hat: der Erkenntnisstatus der Transzendentalphilosophie selbst. Die transzendentale Erkenntnis, die sich mit unserer Erkenntnisart von Gegenständen beschäftigt, führt auf Leistungen und Vermögen des epistemischen Subjekts, solche Erkenntnis kann unmöglich Erfahrungserkenntnis sein. Es ist doch das Ziel der Transzendentalphilosophie im Kantischen Sinne, apriorische Elemente der Erkenntnis aufzufinden, wie sie mit den Anschauungsformen, den Kategorien sowie den transzendentalen Ideen auch aufgewiesen werden. Ist die *Transzendentale Elementarlehre* nicht schließlich eine Bestimmung des denkenden Erkenntnissubjektes? Wie verhält sich also die Erkenntnisrestriktion zur Möglichkeit einer Reflexion auf die Vermögen und Leistungen des Subjekts, wie sie Kant selbst in der *Analytik*, aber auch den konstruktiven Teilen der *Dialektik* leistet? Daß Kant von der absoluten Transparenz der Vernunft für sich selbst ausgeht, wurde bereits hervorgehoben.[222] Man wird der Transparenzthese zufolge sagen können, daß zwar eine

---

Aspekteunterscheidung, ohne diese Charakterisierung allerdings von Kant her zu hinterfragen, und tendiert schließlich mit Strawson zu einer Aufhebung beider Aspekte in einem Person-Begriff, als Einheit von logischem und empirischem Ich, von Verstandes- und Sinnenwesen, ohne aber einen Hinweis zu geben, wie dies in Kants Theorie gedacht werden könnte (S. 235 f.). Schließlich sehen einige in Kants offener Theorie gerade ihren eigentümlichen Vorzug: Sturma beispielsweise deutet Kants Selbstbewußtseinslehre funktionalistisch und sieht die Tatsache, daß Kant keine „selbständige Theorie des Selbstbewußtseins" entwickelt hat, dadurch als begründet an, daß Selbstbewußtsein überhaupt kein isolierbares Phänomen ist: Selbstbewußtsein könne nur in seiner funktionalen Rolle in der Erfahrung überhaupt philosophisch behandelt werden (Kant über Selbstbewußtsein. Hildesheim / Zürich / New York 1985 (Philosophische Texte und Studien 12), S. 11). Auch unter Berücksichtigung des *Opus postumum* gelangt Sturma zu einer Interpretation des Kantischen Konzepts von Selbstbewußtsein, nach welcher vollständige Selbsterkenntnis nur als regulative Idee verstanden werden kann. Aufgrund der Struktur von Selbstbewußtsein setze das Ich eine Selbstdistanzierung; die regulative Idee sei ein Imperativ, der gebiete, diese selbsterzeugte, aber wohl notwendige Differenz von denkendem und gedachtem Ich niemals als gegebene anzunehmen, sondern als gesetzte zu überschreiten (S. 105 f.). Diese Interpretation ist insofern beachtlich, weil es ihr gelingt, die Dialektik der Paralogismen als einen positiven Teil der kritischen Lehre zu deuten und damit Kants Äußerung über die Notwendigkeit des dialektischen Scheins trotz seiner Auflösbarkeit ernst zu nehmen. Die Differenzierung zwischen Metaphysikkritik und Kants eigener Position ist dagegen teilweise unscharf, so insbesondere zu B 404 (S. 63 f.).

222 Vgl. B 504 ff. Kant expliziert hier auch den Grundsatz der Transzendentalphilosophie, daß es unmöglich ist, daß eine Frage, die aus reiner Vernunft entspringt, nicht beantwortet werden kann. Kant begründet es damit, daß notwendig Antworten auf solche Fragen müs-

erschöpfende Analyse des reinen Denkens gegeben werden kann – ja sogar gegeben werden können muß (B 26, B 505) –; daß aber aufgrund der Erkenntnisrestriktion eine synthetische Rekonstruktion und Selbstapplikation der reinen Verstandesformen auf das reine Denken selbst nicht zu ontologischen Aussagen über das Ich verwendbar ist. Dies ist die zentrale anti-ontologische Aussage der transzendentalen Wende. In der transzendentalen Erkenntnis wird das epistemische Subjekt in seinen Leistungen und seinen Funktionen vollständig erkannt. Ein reines Bestimmen der Vermögen und Leistungen des Erkenntnissubjekts ist also durchaus möglich, es ist sogar unmöglich, daß das Erkenntnissubjekt sich seiner Erkenntnisleistungen und der Struktur seines Vermögens nicht selbst vergewissern könnte. Doch handelt es sich hierbei nicht um die Erkenntnis einer existierenden Ich-Entität. Die Analyse des Verstandes zeigt auch, daß durch die spezifische Beschaffenheit der reinen Vernunft Fragen aufgeworfen werden – wie diejenige, ob das Ich eine einfache Substanz ist – die prinzipiell unbeantwortbar sind, nicht deshalb, weil sie zwar sinnvoll sind, aber unser Erkenntnisvermögen überforderten, sondern weil es prinzipiell keine mögliche Antwort auf diese Frage geben kann, da die Frage bereits auf einem zwar natürlichen, aber unzweckmäßigen, weil nicht zu möglicher Erkenntnis führenden Gebrauch von Verstand und Vernunft beruht.

Eine andere Schwierigkeit der Kantischen Subjektivitätskonzeption ist das Problem der Existenz des Ich. Die Erkenntnisrestriktion verpflichtet Kant zunächst zu der Ansicht, das Ich könne seine Existenz nur als Gegenstand in der Erscheinung erkennen, d.h. als ein empirisches, biographisches Ich. An einigen Stellen vertritt er dennoch die zunächst Cartesisch anmutende These, daß die transzendentale Apperzeption ein Bewußtsein davon habe, daß sie existiere (B XXXIX ff. Anm.; B 422 f. Anm.). Die Annahme eines rein intellektuellen Daseinsbewußtseins scheint der kritischen Lehre zu widersprechen, besteht doch eine wesentliche Profilierung des transzendentalen Idealismus in Kants Kritik am Cartesischen Satz „Cogito ergo sum" in

---

sen gegeben werden können, die denselben Quellen entspringen wie die Antworten: „Ich behaupte nun, daß die Transzendentalphilosophie unter allem spekulativen Erkenntnis dieses Eigentümliche habe: daß gar keine Frage, welche einen der reinen Vernunft gegebenen Gegenstand betrifft, für eben dieselbe menschliche Vernunft unauflöslich sei, und daß kein Vorschützen einer unvermeidlichen Unwissenheit und unergründlichen Tiefe der Aufgabe von der Verbindlichkeit frei sprechen könne, sie gründlich und vollständig zu beantworten; weil eben derselbe Begriff, der uns in den Stand setzt zu fragen, durchaus uns auch tüchtig machen muß, auf diese Frage zu antworten, indem der Gegenstand außer dem Begriffe gar nicht angetroffen wird (wie bei Recht und Unrecht)." (B 505). Hinsichtlich der rationalen Psychologie besteht die Antwort darin, wie Kant hier bemerkt, gar keine Antwort zu geben und die Frage abzuweisen: „Also ist hier der Fall, da der gemeine Ausdruck gilt, daß keine Antwort auch eine Antwort sei, nämlich daß eine Frage nach der Beschaffenheit desjenigen Etwas, was durch kein bestimmtes Prädikat gedacht werden kann, weil es gänzlich außer der Sphäre der Gegenstände gesetzt wird, die uns gegeben werden können, gänzlich nichtig und leer sei." (B 507 Anm.). Kant vertritt also – anders als häufig behauptet – hinsichtlich der Probleme der Metaphysik keinen Agnostizismus.

den Paralogismen.[223] Doch wird sie damit nicht außer Kraft gesetzt? Denn Kant unterscheidet zwischen dem Bewußtsein des eigenen Daseins und der Erkenntnis der eigenen Existenz; das Ich hat in seinen Synthesisakten ein Bewußtsein des eigenen Daseins, jedoch keine Erkenntnis seiner Existenz. Dieses Bewußtsein sei, so Kant, eine „unbestimmte innere Wahrnehmung“. Erst wenn die transzendentale Apperzeption sich ihre Denkakte selbst zu Bewußtsein bringt, d.h. auf sich reflektiert, bringt sie die Vorstellung „Ich denke“ hervor. Damit ist jedoch noch keine Erkenntnis der Existenz gegeben. Dazu ist die objektive, und das bedeutet an äußere Anschauung gebundene Bestimmung des Ich notwendig.

Es müssen also primär drei Aspekte des Ich bei Kant unterschieden werden, *erstens* die ursprünglich synthetische Einheit der Apperzeption oder transzendentale Apperzeption, *zweitens* das bloß logische Ich oder die analytische Einheit des Selbstbewußtseins und *drittens* das empirische Ich.

4.2.2. Der zweite Paralogismus, erster Teil (A 351-A 356): Kant bezieht sich im zweiten Paralogismus der ersten Auflage der *Kritik der reinen Vernunft* nicht explizit auf die zweite Antinomie, auch wurde in Kapitel II.4.1. dafür argumentiert, daß das Problem der Einfachheit der Seele nicht in den systematischen Aufbau der Antinomienlehre paßt. Dennoch aber bestehen vielfältige Beziehungen zwischen beiden Teilen: Zum einen stellt der Epilog der Antithesisanmerkung eine Beziehung zum ersten Teil des zweiten Paralogismus her, in dem auch das Thema von Zusammengesetztheit und Einfachheit behandelt wird. Zum anderen entwickelt Kant im zweiten Teil des zweiten Paralogismus (A 356-A 361), der das Problem eines Unsterblichkeitsbeweises der Seele behandelt, Argumente gegen die Möglichkeit einer ontologischen Grundlegungstheorie der Materie, in denen sich Grundmotive zeigen, die auf die Auflösung der zweiten Antinomie und ihre Konsequenzen hindeuten.[224]

Kants Methode der Widerlegung der rationalen Psychologie unterscheidet sich erheblich von derjenigen der Antinomien. Zunächst soll jeder Paralogismus in Form eines Schlusses vorgeführt werden – der zweite Paralogismus ist ein *modus ponens*. Darauf führt er einen Beweis, der diesen Paralogismus argumentativ, insbesondere seine Prämissen, sichern soll. Im Anschluß daran wird – dies ist der entscheidende

---

[223] In der Forschung sind unterschiedliche Thesen vertreten worden zu der Frage, ob Kant mit diesem Lehrstück eine unhaltbare, weil seiner Grundkonzeption zuwiderlaufende These vertrete (Heidemann, D. H.: Kant und das Problem des metaphysischen Idealismus. S. 132-141; ein Überblick über die Literatur zum Thema bietet S. 136, FN 74) oder ob Kant dieses Daseinsbewußtsein zwar sinnvollerweise annimmt, ihm aber nur negative Bestimmungen zuschreibt und damit ein Problem anschneidet, ohne eine Lösung anzubieten (Düsing, K.: Cogito ergo sum? Untersuchungen zu Descartes und Kant. In: Wiener Jahrbuch für Philosophie 19 (1987), S. 95-106; S. 99-101; S. 103). Klemme zieht auch Kants Darlegungen zu diesem Problem im *Opus postumum* heran (Kants Philosophie des Subjekts. S. 381-403).

[224] Dieser zweite Teil des zweiten Paralogismus soll in Kapitel II.4.3. erörtert werden.

Unterschied zu den Antinomien – unter Zugrundelegung der eigenen Untersuchung von Subjektivität analysiert, welchen Aspekt von Selbstbewußtsein die rationale Psychologie jeweils zu erkennen beansprucht. Die Widerlegung besteht darin, zu zeigen, daß sie die unterschiedlichen Aspekte von Selbstbewußtsein nicht zu unterscheiden vermag und sie dadurch im Mittelbegriff ihres Schlusses fehlerhaft als identisch annimmt. Dabei erweist es sich, daß der Obersatz in einem bestimmten Sinne auch transzendental ein korrektes Urteil ist, daß aber der Untersatz nicht unter diesen subsumiert werden kann. Damit ist die Widerlegung der Paralogismen ihrer Struktur nach im ersten Teil nicht immanent wie die der kosmologischen Fehlschlüsse.[225]

In Kants Darstellung muß das Argument der rationalen Psychologie für die Einfachheit des Ich als Substanz in folgender Weise indirekt geführt werden: Es muß gezeigt werden, daß es unmöglich ist, Denken auf die Handlung einer zusammengesetzten Substanz, d.h. auf ein Aggregat von Substanzen zurückzuführen (A 352).[226] Dies sei, so Kant, unmöglich, da die Zusammensetzung von einzelnen Gedanken in einer kollektiven Einheit nicht die Einheit des Gedankens ausmachen könne. Der Kern des Arguments besagt nun, es sei notwendig, die Einheit des Subjekts der Gedanken anzunehmen, in welchem die mannigfaltigen Einzelvorstellungen zu einer Einheit zusammengefaßt sind. Die Bewegung eines Körpers ist als kollektive Bewegung der Teile des Körpers durchaus als einheitliches Ganzes denkbar. Doch beruht die einheitliche Bewegung des Körpers auf einer lediglich äußeren, realen Relation der Teile. Bei Gedanken ist dies aber nicht möglich, da sie als inhärierende Akzidenzien eines „denkenden Wesens" angesehen werden müssen. Würde man nun die Teile des Gedankens aufgeteilt auf eine kollektive Vielheit von Teilwesen einer zusammengesetzten Substanz denken, so könnte die Einheit des ganzen Gedankens nicht zustandekommen, da sie von niemandem gedacht würde. Würde man also als Ursache des Gedankens eine Vielheit von Substanzen annehmen, dann müßte der Gedanke selbst auch als Vielheit von Teilgedanken gedacht werden, zwischen denen jedoch keine Relation bestehen kann. Solcherart aufgeteilt auf viele Substanzen könnte ein Gedanke also keine einfache Einheit bilden, was bei einem Gedanken erforderlich ist.

Das Argument, welches Kant hier als ersten Schritt des metaphysischen Beweises verwendet, gleicht auf den ersten Blick demjenigen, das er in der zweiten Auflage der *Kritik der reinen Vernunft* für eigene Zwecke benutzt, um die ursprünglich-synthetische Einheit der Apperzeption zu beweisen: jede Vorstellung enthält eine gedachte Ein-

---

225 Es sei daran erinnert, daß in der rationalen Psychologie keine Antinomien vorliegen. Kant ist wohl der Auffassung, daß sich keine gleichstarken Beweise für das Gegenteil der vier Behauptungen der rationalen Psychologie führen lassen.

226 Vgl. den Kommentar zum zweiten Paralogismus von Klemme, H. F.: Kants Philosophie des Subjekts. S. 316-329. Powell unterscheidet im zweiten Paralogismus vier Argumente gegen die rationale Psychologie (Kant's Theory of Self-Consciousness. S. 91-110; S. 109). Dazu zählt er auch die Thesis des indirekten Beweises, welche der Behauptung der Einfachheit der Seele widerspricht, die Kant aber in seinem nicht „schulgerechten Beweis" gar nicht klar abhebt (A 351 f.).

heit, diese Einheit des Gedachten setzt voraus, daß das Mannigfaltige des Vorgestellten in eine Einheit gefaßt wird. Diese Einheit kann keine andere sein als die des vorstellenden Bewußtseins, diese aber ist nach Kants transzendentaler Analyse in der Kategoriendeduktion die Vorstellung des „Ich denke". Deren Voraussetzung ist nun aber das spontan tätige Ich, die ursprünglich synthetische Einheit der Apperzeption. Auch die Analogien, die Kant in der Deduktion wie im zweiten Paralogismus verwendet, um den Charakter der Einheit des Ich auszuzeichnen, gleichen sich. Ähnlich wie in § 15 der Kategoriendeduktion der zweiten Auflage bestimmt Kant die Einheit des Ich im zweiten Paralogismus durch die Analogie der Einheit des Gedankens in einem Vers, der aus vielen Wörtern besteht (A 352). So wie die Worte eines Verses nur dann einen Vers, d.h. ein Sinngebilde ausmachen, wenn sie von einem einzelnen Bewußtsein gedacht und verbunden werden, so ergeben die Teile eines Schauspiels oder einer Rede nur Sinn, wenn sie auf ein einheitliches Thema hin bezogen werden. Kant spricht auch vom „Ich als einfache Vorstellung" (B 135). Der Unterschied aber zwischen Kants Annahme der qualitativen Einheit des „Ich denke" und die Behauptung der Einfachheit der Seele als Substanz durch die rationale Psychologie besteht im Status dieser Einfachheitsannahme: die rationale Psychologie vertritt die substanzontologische Auffassung, die Einheit des Selbstbewußtseins müsse eine seinsmäßige Unteilbarkeit sein, wohingegen Kant bezüglich der Erkenntnis des Ich meint, daß die Einheit des Denkens nicht einem Ich als Entität, sondern bloß den spontanen Akten des Denkens zukommt, d.h. die Einheit einer Handlung ist, wobei es ein Bewußtsein dieser Identität der Handlung gibt, deren Bedingung die Einheit der Apperzeption ist.

Im zweiten, eigentlich metaphysischen Argumentationsschritt des zweiten Paralogismus unterstellt der rationale Psychologe nun, das logische Ich sei Wirkung der absoluten Einheit eines denkenden Wesens. Als Ursache des Ich fungiert die Seelensubstanz. Die rationale Psychologie beweist die Einfachheit des denkenden Wesens durch einen Schluß von der Wirkung auf eine Ursache. Kants Kritik an diesem Beweis ist zunächst formal und daher im Kern durchaus immanenter Art. Der Satz, die Einheit des Gedankens kann nur Wirkung der absoluten Einheit des denkenden Subjekts sein, könne, so Kant, nicht als analytisch angesehen werden, denn es widerspreche dem Begriff der Einheit nicht, auch kollektive Einheit zu sein. Die kollektive Einheit ist die Einheit von vielen Einzelnen, die einem Gemeinschaftlichen untergeordnet sind. Die Einheit des Gedankens könnte also durch viele Substanzen bewirkt sein. Also ist die Einheit des denkenden Ich nicht analytisch im Begriff der Einheit des Gedankens enthalten. Die Ursache-Wirkungs-Relation zwischen einfacher denkender Substanz und Einheit des Gedankens kann daher nur synthetisch erkannt werden. Dieses synthetische Urteil kann nun entweder *a priori* oder *a posteriori* gültig sein. Unter Voraussetzung der *Transzendentalen Analytik* verweist Kant nun darauf, daß dieses synthetische Urteil, wenn es als Urteil *a priori* angesehen wird, sich auf kein rechtfertigendes Drittes berufen kann, da keine Anschauung zur Verfügung steht. Wenn es aber als synthetisches Urteil *a posteriori* verstanden wird, dann gilt es nicht notwendig, sondern bezeichnet bloß die Bedingung eines empirischen und bloß subjektiven Ich (A 353). Die formale Kritik, die hier bei Kant im Hintergrund steht, meint also, daß die Ursache-Wirkungs-Relation aus formalen Gründen nicht zur Bestimmung des Ich als Substanz hinreicht.[227]

Kant läßt die rationale Psychologie im zweiten Paralogismus dynamisch argumentieren, d.h. die Einheit der Seelensubstanz ist nicht Teil der zusammengesetzten Vorstellungen, sondern ist Grund oder Ursache der Einheit des Gedankens.[228] So kann sich Kants Widerlegung auf die formalen Wahrheitsbedingungen der Ursache-Wirkungs-Relation stützen: es kann analytisch nicht eingesehen werden, ob eine Ursache-Wirkungs-Relation eine umkehrbare oder unumkehrbare Relation ist. Daher ist es durchaus möglich, daß ein einheitlicher, synthetisierter Gedanke durch das Zusammenwirken vieler Teile gewirkt ist.[229] Für Kant ist nur die Einheit der Vorstellung des „Ich denke“ notwendig und die Einheit der Handlung nach Prinzipien. Die Existenz eines Einfachen als Substanz kann aus der Struktur des Denkens nicht gefolgert werden. Es ist nach Kant durchaus möglich, daß das Vermögen zu denken, Verstand und Vernunft, sehr vielfältig und mannigfaltig strukturiert ist, so daß unterschiedliche Funktionen des Denkens zusammenwirken müssen, um einen Gedanken hervorzubringen. So ist zwar die ursprünglich-synthetische Einheit der Apperzeption der höchste Punkt allen Verstandesgebrauchs, insofern sie das Spontanvermögen der Synthesis ist, aber sie ist nicht selbständig und einfach in existentieller Weise. Nur die Einheit der Handlung als Funktion des Denkens kann aus dem Gedanken gefolgert werden.[230] Doch die rationale Psychologie versteht die Einheit des Ich nicht als an den Denkakt gebunden, sondern als die absolute Einheit eines Zugrundeliegenden schlechthin, d.h. als einfache Substanz. Der Fehler der rationalen Psychologie ist also, das Verhältnis des Denkens zum Gedachten in substanzontologischer Weise nach der Substanz-Inhärenz-Relation zu bestimmen.

---

227 Kant hätte hier auch gemäß seiner eigenen Lehre argumentieren können, daß der eigentümliche Sinn von Subjektivität verfehlt wird, wenn man sie durch die Kausalrelation zu fassen versucht, ist sie doch der Kategorie der Kausalität vorgeordnet.

228 Diese dynamische Argumentation ist – wie bereits dargelegt – der Grund, weshalb der zweite Paralogismus sich wesentlich von den Sachzusammenhängen der mathematischen Antinomien unterscheidet.

229 A 353. Kant bringt hierfür kein Argument und kein Beispiel vor, sondern vergleicht die Einheit des Gedankens nur mit der Bewegung eines Körpers, dessen Bewegung in der Bewegung aller seiner Teile besteht; ergänzen könnte man es durch eine Art materialistischen Funktionalismus des Gehirns: demnach kommt ein Gedanke durch das Zusammenwirken vieler Nervenzellen und möglicherweise sogar unterschiedlicher Gehirnareale zustande. Der Gedanke ist dabei die Wirkung oder das Epiphänomen solchen Zusammenwirkens (vgl. A 359). Keller erläutert Kants Gedanken mit der Supervenienzrelation: gegen den rationalen Psychologen könne behauptet werden, daß die Einheit des Gedankens eine superveniente Eigenschaft vieler realer Träger von Gedanken sei (Kant and the Demands of Self-consciousness. Cambridge 1998, S. 184).

230 Nach Düsing macht sich Kant nicht, wie Heidegger meint, der Ontologie der Vorhandenheit schuldig; vielmehr bedeutet die kritische Wende bei Kant, daß Subjektivität nicht in einer Ontologie begründet werden kann (Selbstbewußtseinsmodelle. S. 66).

Kant versucht nun im Folgenden, seine eigene Konzeption der ursprünglich-synthetischen Einheit der Apperzeption von der Vorstellung des Ich als einfacher Substanz zu unterscheiden. Diese Differenzierung ist sicherlich als eine Engführung von Transzendentalphilosophie und metaphysischer Subjektphilosophie anzusehen, scheinen doch einige Aussagen, die Kant als metaphysisch apostrophiert, der eigenen Lehre sehr ähnlich. Dies betrifft insbesondere das Argument für und die Lehre von der Einheit des Selbstbewußtseins.[231] In A 354 f. kommt es zum Höhepunkt dieser Engführung: Kant rekonstruiert, wie die rationale Psychologie zur Lehre von der Einfachheit des Ich gelangt. Sie verwendet dabei dasjenige Bewußtsein, welches Kant als transzendentale Apperzeption bezeichnet, und faßt seine Einfachheit als eine Umfangsbestimmung auf. Die Einfachheit wird als Unteilbarkeit in dem Sinne verstanden, daß das Ich eine Entität ist, deren Bestimmungen als ihr Äußerliches von ihr abgetrennt werden können; Kant dagegen zeigt, daß hierbei die transzendentale Apperzeption als analytisches Ich verstanden wird, bei dem gar nicht die Rede von einem inneren Verhältnis von Teilen sein kann, da es über keine inhärenten Bestimmungen verfügt. Dem analytischen Ich sind alle Inhalte in einem bloß formalen Sinne äußerlich. Dies mag der Grund sein, weshalb Kant in der ersten Auflage der *Kritik der reinen Vernunft* zuerst in den Paralogismen die Vehikelmetapher verwendet, die in der zweiten Auflage in der Kategoriendeduktion von großer illustrativer Bedeutung ist: die Bestimmungen des Ich sind demjenigen Ich, dem sie angeheftet werden, der analytischen Einheit des Ich, gegenüber notwendig äußerliche; ebenso umgekehrt: die analytische Einheit des Ich ist nur logischer Träger aller Prädikate. Daher verfügt es selbst schlechthin über keine mögliche Mannigfaltigkeit, aber auch über keine Bestimmungen. Hier verwendet Kant das Argument des epistemischen Fehlschlusses, das im zweiten Antithesisbeweis der zweiten Antinomie die Hauptlast der Argumentation trägt (14): „Die Einfachheit aber der Vorstellung von einem Subjekt ist darum nicht eine Erkenntnis von der Einfachheit des Subjekts selbst, [...]“ (A 355). Es zeigt sich auch im zweiten Paralogismus, daß das Einfache nicht aus der Erfahrung erwiesen

---

231 Nicht nur in der zweiten Auflage scheint Kants Analyse des reinen Denkens, die der Auffindung der Apperzeption als dem höchsten Punkt dient, dem oben dargestellten Schluß der rationalen Psychologie gefährlich ähnlich zu sein: „Wir sind uns *a priori* der durchgängigen Identität unserer selbst in Ansehung aller Vorstellungen, die zu unserem Erkenntnis jemals gehören können, bewußt, als einer notwendigen Bedingung der Möglichkeit aller Vorstellungen (weil diese in mir doch nur dadurch etwas vorstellen, daß sie mit allem andern zu einem Bewußtsein gehören, mithin darin wenigstens müssen verknüpft werden können). Dies Prinzip steht *a priori* fest und kann das transzendentale Prinzip der Einheit alles Mannigfaltigen unserer Vorstellungen (mithin auch in der Anschauung) heißen. Nun ist die Einheit des Mannigfaltigen in einem Subjekt synthetisch: also gibt die reine Apperzeption ein Principium der synthetischen Einheit des Mannigfaltigen in aller möglichen Anschauung an die Hand.“ (A 116 f.). Kant meidet den Begriff ‚Ursache‘ für die Einheit der Apperzeption und sagt statt dessen gelegentlich „Grund“ (B 131). Doch was ist damit erreicht? Kant kann die Einheit des Ich als lediglich logischen oder funktionalen Grund erweisen und nicht als real-kausale Ursache eines Gegebenen.

werden kann, denn die analytische Einheit des Ich ist bestimmungslos und nur aufgrund dessen unteilbar; das empirische Ich ist demgegenüber zwar äußerlich bestimmbar, aber als solches ein vielfältig Zusammengesetztes.

4.2.3. Die zwei Argumente der „Epilog-Thesis" der zweiten Antinomie: Vor dem Hintergrund dieser Ausführungen soll nun Kants Argumentation zur Antinomie des Einfachen in der inneren Erfahrung im Epilog der Anmerkung zur Antithesis auseinandergelegt werden (B 471). Kants Ausführungen behandeln zwei scheinhafte Argumente gegen die Antithesis, die zeigen sollen, es gebe einen Gegenstand der Erfahrung, für den das Argument des epistemischen Fehlschlusses (14) nicht gelte, nämlich das Ich. Dieses dem Hauptbeweis nur in Parenthese erweiternd angefügte Thesisargument ist eine direkte Widerlegung der zweiten Teilbehauptung der Antithesis (A2): Gegen die Antithesis wendet es thetisch ein, daß es einen Gegenstand der Erfahrung gebe, der einfach sei. Kant stellt für die Thesis zwei Argumente vor, um dann im Sinne der Antithesis, aber mit eigenen theoretischen Mitteln diese Argumente zu entkräften. Zunächst sei die Epilog-Thesis mit ihren zwei Argumenten etwas klarer konturiert, als Kant es an dieser Stelle leistet. Das Einfache dieses Argumentes ist „der Gegenstand des inneren Sinnes, das Ich, was da denkt, [...]" (B 471). Da sich die Antithesis gegen die Möglichkeit des Einfachen in der Erfahrung richtet, kann die Antithesis nur durch ein empirisches Ich angegriffen werden, das Einfache muß daher im kosmologischen Zusammenhang, d.h. in der Erfahrung aufgewiesen werden. Wie die Epilog-Thesis ist Kant in den 1770er Jahren, in der *Metaphysik-Pölitz*, noch der Auffassung, daß das Ich sich als Seele im inneren Sinn durch „innere Anschauung" erkenne.[232] Durch Bewußtwerdung der Gedanken im inneren Sinn könne man sich einen Begriff von der Seele bilden, der durch transzendentale Begriffe, d.h. reine Begriffe des Verstandes *a priori*, bestimmt werden kann. Das Ich schaut sich selbst im inneren Sinn als einfache Substanz an. Kant betont, daß das Ich der einzige Fall sei, in welchem die Substanz unmittelbar angeschaut werden könne (S. 133). Noch in der *Metaphysik-Pölitz* lehrt Kant dogmatisch die vier Thesen der Paralogismen, als zweite eben die Simplizität der Seele (S. 202 f.); das Argument ist dasselbe wie im zweiten Paralogismus der *Kritik der reinen Vernunft*. Gegen die Epilog-Thesisbehauptung der zweiten Antinomie, daß das Ich einfach und unteilbar sei, bringt Kant in der zweiten Antinomie zwei Argumente vor, die zunächst die Thesisbehauptung bestätigen, dann aber zeigen, daß es sich bei diesem einfachen, gedachten Ich nur scheinbar um ein erfahrbares Ich handelt, und daß daher das unteilbare Ich *erstens* nicht in der Erfahrung aufgefunden werden kann, und daß es *zweitens* der kritischen Restriktion zufolge nicht als Erkenntnis firmieren kann. Die zwei Argumente werden nicht klar voneinander abgehoben; sie lassen sich jedoch auf die zwei Aspekte des Selbstbewußtseins beziehen, deren Vermengung Kant in den Paralogismen als Ursache des metaphysischen

232 Metaphysik-Pölitz. S. 200 ff.

Scheins ansieht: das spontane und das logische Ich einerseits und das empirisch passive Ich andererseits.

4.2.3.1. Das erste Argument: Das erste Argument zielt auf die absolute Einheit des spontan tätigen und des logischen Ich. Kant behauptet im Epilog der Anmerkung zur Antithesis, das Selbstbewußtsein sei der einzige Gegenstand des Denkens, der in einer speziellen Hinsicht unteilbar und eine absolute Einheit sei:

> „Es bringt also nur das Selbstbewußtsein es so mit sich, daß, weil das Subjekt, welches denkt, zugleich sein eigenes Objekt ist, es sich selber nicht teilen kann (obgleich die ihm inhärierenden Bestimmungen); denn in Ansehung seiner selbst ist jeder Gegenstand absolute Einheit." (B 471)

Diese Aussage erscheint vor dem perspektivenreichen Hintergrund der Kantischen Subjektivitätstheorie problematisch, da sie seinem Theorem von der Unerkennbarkeit des Ich an sich zu widersprechen scheint, doch ist sie in einer bestimmten Hinsicht durchaus kritische Lehre. Die Selbstvorstellung des denkenden Ich führt bei Kant zur Unterscheidung von denkendem spontanen, aber unbestimmbaren Ich und empirischem, lediglich rezeptiven, bestimmbaren Ich oder Ich-Subjekt und Ich-Objekt, das er später das „doppelte" oder „zweifache Ich" genannt hat.[233] Den Ausdruck des „doppelten" oder „zweifachen Ich" verwendet Kant aber wohl in Aufnahme polemischer Kritik an seiner Doktrin der Unerkennbarkeit des spontan tätigen Ich; denn er betont, diese Unterscheidung bedeute nicht eine „doppelte Persönlichkeit".[234] Mit diesem Hinweis in *Welche Fortschritte* stellt er klar heraus, daß zwischen logischem und empirischem Ich keine ontologische Differenz besteht, daß es also nicht zwei seinsmäßig unterschiedene Iche und also real geteilte Entitäten gibt, sondern daß diese Unterscheidung transzendentale Bedeutung hat: logisches und empirisches Ich sind hinsichtlich der Bedingungen ihrer Erkennbarkeit nach unterschieden. In der *Anthropologie* nennt Kant diese Lehre des „doppelten Ich" sogar „widersprechend". Hier erklärt er, „das Ich des Menschen ist zwar der Form (der Vorstellungsart) nach, aber nicht der Materie (dem Inhalte) nach zwiefach". Es liegt also nahe, die Unterscheidung von logischem und empirischem Ich als eine epistemologische Hinsichtenunterscheidung zu nehmen; das logische Ich ist diejenige Hinsicht des Ich, wenn es lediglich seiner synthetisierenden Funktion nach betrachtet wird. Wird das „Ich denke" als Subjekt aller Gedanken betrachtet, so abstrahiert man von allen Inhalten, die mit ihm verbunden sind, als solches ist es die analytische Einheit des Ich, die eine inhaltsleere Identität mit sich selbst bedeutet. Das empirische Ich ist derjenige Aspekt des Ich, bei dem das Ich sich selbst hinsichtlich des Inhaltes seines Bewußtseinslebens betrachtet; als solches enthält es ein synthetisiertes Mannigfaltiges der Anschauung,

---

233 Vgl. Welche Fortschritte. AA XX, 268; 270 f.; Anthropologie. AA VII, 134 Anm.
234 Welche Fortschritte. AA XX, 270.

das objektiv erkennbar ist, sofern es als Teil der Erfahrungswelt betrachtet wird. Das empirische Ich betrachtet sich daher als Erscheinung.

Kants Aussage im Epilog der Antithesisanmerkung, daß das Ich absolute Einheit sei, da es sich selbst nicht teilen könne, beruht also auf der originär kritischen Lehre, daß die Selbstobjektivation des Selbstbewußtseins keine ontologische Differenz zwischen erkennendem und erkanntem Ich begründet. Zurückgewiesen wird die Epilog-Thesis aber dennoch, weil die absolute Einheit des Ich lediglich eine formale Bestimmung ist, die keine Schlußfolgerungen auf die Existenzweise des Selbstbewußtseins als ein Einfaches zuläßt. Die Subjekt-Objekt-Relation darf in der Transzendentalphilosophie nicht als ein ontologisches Verhältnis aufgefaßt werden, es ist ein rein epistemisches Verhältnis, das nicht notwendig ontologische Implikate hat. Daher ist zwar die Selbstobjektivation des reinen Ich zirkelfrei möglich, doch ergibt sie keine Erkenntnis.[235] Die Selbstobjektivation des reinen Ich ist möglich, sofern das Subjekt des Denkens sich nicht als existierendes Objekt begreift, sondern als logisch-begrifflichen Gegenstand (B 422) oder aber als notwendige Einheitsbedingung der Synthesis. Die absolute Einheit des Ich, die Kant im Epilog der Antithesisanmerkung auf die Waagschale der Thesis wirft, zeigt sich aus transzendental-idealistischer Perspektive als bloß logische Identität mit sich selbst, die jedem Gegenstand zukommt. Dies ist die analytische Einheit des Selbstbewußtseins. Es ist ein lediglich formales, abstraktes Selbstverhältnis, das in einem analytischen Urteil seinen Ausdruck findet.[236] Die Apperzeption wird als ein Einfaches gedacht, weil sie in begrifflich definitorischer Hinsicht als letztes Subjekt aller Bestimmung selbst völlig bestimmungslos, d.h. inhaltsleer ist. Dies logische Ich ist insofern einfach, als es nicht in Prädikate ein-

---

235 Vgl. zu dieser Einschätzung des Zirkelproblems des Selbstbewußtseins bei Kant Düsing, K.: Gibt es einen Zirkel des Selbstbewußtseins? Ein Aufriß von paradigmatischen Positionen und Selbstbewußtseinsmodellen von Kant bis Heidegger. In: Ders.: Subjektivität und Freiheit. Untersuchungen zum Idealismus von Kant bis Hegel. Stuttgart-Bad Cannstatt 2002 (Spekulation und Erfahrung II, 47), S. 111-140; S. 114-121. Düsing stellt hier heraus, daß sich der Zirkeleinwand bei Kant gegen die metaphysische Erkenntnis des Seins eines Ich als Substanz und nicht gegen die rein denkende Selbstobjektivation richtet.

236 Der Klammerzusatz im Epilog, „obgleich die ihm inhärierenden Bestimmungen", ist in seiner Kürze mehrdeutig: zum einen kann er sich darauf beziehen, daß das Subjekt als transzendentale Apperzeption sich von dem Mannigfaltigen der Anschauung, das allein als inhärierende Bestimmungen des empirischen Ich erkennbar ist, unterscheidet. Andererseits aber kann er darauf zielen, daß die dem empirischen Ich inhärierenden Bestimmungen selbst ein Anschauungsmannigfaltiges sind und insofern ein vielfach Eingeteiltes oder Einteilbares, das sich damit prinzipiell vom Ich als dem allgemeinen Bedingungsgrund der Einheit dieses Mannigfaltigen unterscheidet. Die Vorstellungsinhalte des denkenden Ich, die als Vorstellungen Prädikate dieses Ich sind, werden in die Zeit gesetzt und sind bereits auf diese Art voneinander unterscheidbar und also mannigfaltig Verschiedenes. Wird dieses Verhältnis des mannigfaltigen Inhalts zu dem zugrundeliegenden Prinzip kategorial bestimmt, ergibt sich das Substanz-Inhärenz-Verhältnis, welches die rationale Psychologie veranlaßt, das Ich als einfache Substanz zu denken.

geteilt ist. Im zweiten Paralogismus erklärt Kant, weshalb das Ich keine Erkenntnis von sich als Einfaches erlangen kann:

> „Aber die Einfachheit meiner selbst (als Seele) wird auch wirklich nicht aus dem Satze: Ich denke, geschlossen, sondern der erstere liegt schon in jedem Gedanken selbst. Der Satz: Ich bin einfach, muß als ein unmittelbarer Ausdruck der Apperzeption angesehen werden, so wie der vermeintliche cartesianische Schluß, *cogito, ergo sum,* in der Tat tautologisch ist, indem das *cogito* (*sum cogitans*) die Wirklichkeit unmittelbar aussagt. Ich bin einfach, bedeutet aber nichts mehr, als daß diese Vorstellung: Ich, nicht die mindeste Mannigfaltigkeit in sich fasse, und daß sie absolute (obzwar bloß logische) Einheit sei." (A 354 f.)

Das absolut einfache Ich ist bloß logisches Subjekt (A 381 f.). Die Einfachheit des Ich ergibt sich allein aus der Bestimmungslosigkeit, die Kant dem Ausdruck ‚Ich' zuschreibt, dem er auch die Metapher „leer" anhängt (A 355; B 404). Einfachheit wird dem Ich daher durch bloßes Denken rein begrifflich zugeschrieben, sie ist keine Erkenntnis (A 400). Aus dem Begriff der Einfachheit des Ich folgen insbesondere keine gehaltvollen Erkenntnisse, wie beispielsweise die Unsterblichkeit der Seele. Erkenntnis im Vollsinne des Wortes kann ein Ich von sich daher nur erreichen, wenn es in der Anschauung gegeben werden kann. Dann ist das Ich jedoch ein empirisches Ich, dem keine absolute Einfachheit zukommt. Kant widerlegt das erste Argument der Epilog-Thesis der zweiten Antinomie also, indem er darauf hinweist, daß das logische Ich zwar in gewisser Weise einfach ist, aber prinzipiell kein Gegenstand der Erfahrung sein könne, was in einem Beweis aus Erfahrung jedoch gefordert ist. Auf diese Weise geht er daher unmittelbar zum zweiten Argument der Epilog-Thesis über.

4.2.3.2. Das zweite Argument: Das zweite Argument der Epilog-Thesis betrifft die Form des sinnlichen Vermögens, in welchem das Subjekt sich als bestimmbares Ich gegeben werden muß. Hier ist es folgender Gedanke, der zunächst für die Einfachheit des Ich zu sprechen scheint:

> „Da überdem die Prädikate, wodurch ich diesen Gegenstand [sc. das Ich] denke, bloß Anschauungen des inneren Sinnes sind, so kann darin auch nichts vorkommen, welches ein Mannigfaltiges außerhalb einander, mithin reale Zusammensetzung bewiese." (B 471)

Dieses Argument besteht in der Behauptung, daß nur „ein Mannigfaltiges außerhalb einander" ein reales Zusammengesetztes sein könne. Es setzt voraus, daß der innere Sinn kein solches Außerhalbeinander gebe, also enthalte er auch kein reales Zusammengesetztes. Der innere Sinn wäre demnach insgesamt ein Unteilbares. Dies Argument erinnert an den zweiten Paralogismus (A 351 f.). Doch nach Kants kritischer Lehre kann dies nicht angenommen werden: *erstens* ist aufgrund der Struktur des inneren Sinnes auch in ihm nur Mannigfaltiges gegeben und *zweitens* ist der innere Sinn allein nicht für objektives Wissen ausreichend, vielmehr ist er diesbezüglich vom äußeren abhängig.

Hintergrund des Arguments zugunsten der Epilog-Thesis ist wohl eine Lehre, die den inneren Sinn nicht als ein sinnliches, sondern als ein rein intellektuelles Vermögen ansieht.[237] Bereits die Dissertation von 1770 *De mundi sensibilis* hatte bei den Zeitgenossen insbesondere wegen ihrer Lehre, die Zeit sei eine reine Bedingung der Anschauung, die ihre Inhalte als Erscheinungen gebe, der innere Sinn (*sensus interni*) sei daher ein phänomenales Vermögen, dessen Phänomene durch die empirische Psychologie erörtert werden, Kritik hervorgerufen.[238] In der ersten Auflage der *Kritik der reinen Vernunft* wendet sich Kant gegen diese Einwände, die seine neue Lehre von der Zeit als eine reine Form der Sinnlichkeit mit dem Argument zu Fall bringen wollen, der Wechsel der Vorstellungen im inneren Sinn sei wirklich, und also müsse auch die Zeit als deren Form wirklich sein (A 36/B 53).[239] Diese Kritik ist auch nach dem Erscheinen der *Kritik der reinen Vernunft* nicht verstummt, greift sie doch einen entscheidenden Punkt idealistischer Konzeptionen der rationalen Psychologie an, wonach die Selbstvorstellung des Ich eine rein intellektuelle Erkenntnis des Ich ermöglicht. Auch in der zweiten Auflage der *Kritik der reinen Vernunft* sieht sich Kant gezwungen, erneut auf diese Einwände einzugehen. In seiner hier neu entwickelten Lehre von der Selbstaffektion versucht er, diesen Punkt erneut zu klären.

Kant begegnet diesen Einwänden mit seiner Lehre vom inneren Sinn und seiner Theorie der Zeit. Der innere ist derjenige Sinn „vermittels dessen das Gemüt sich selbst oder seinen inneren Zustand anschaut" (B 37; B 49). Das Mannigfaltige des inneren Sinnes steht nicht in der äußeren Relation einerseits desjenigen, der vorstellt, zu den Dingen, die er von sich als Vorstellendem unterscheidet, und andererseits der vorgestellten äußeren Gegenstände zueinander, die der Vorstellende als Gegenstände im Raum anschaut. Diese beiden Relationen benutzt Kant im ersten Raumargument, um die Apriorität des Raumes zu beweisen. Vielmehr ist der innere Sinn derjenige, dessen Gegebenes das Subjekt der Vorstellungen sich selbst als seine Vorstellungen zuschreibt. Im § 2 der *Transzendentalen Ästhetik* hebt er jedoch bereits – hier noch rein thetisch – hervor, daß der innere Sinn „keine Anschauung von der Seele selbst, als

---

[237] Daß der innere Sinn kein Vermögen der Sinnlichkeit in dem Sinne ist, daß alles, was darin gegeben ist, als Erscheinung zu gelten hat, ist schulphilosophische Lehre. So meint Christian Wolff, daß der *sensus internus* die Selbstvorstellung des Ich sei (Philosophia Rationalis sive Logica, § 31. Gesammelte Werke, II. Abt., Bd. 1,2. Hildesheim 1983, S. 125. Bei Baumgarten repräsentiert man den Zustand der eigenen Seele im inneren Sinn (Metaphysica, § 535. In: AA XV, 13). Crusius bestimmt als „innerliche Empfindungen" dasjenige, „wenn wir uns darinnen etwas als in dem Dinge selbst, welches in uns dencket, vorstellen. Durch dieselben sind wir uns unserer selbst, unserer Gedanken, und unseres Gemüths-Zustandes, bewust." (Entwurf der nothwendigen Vernunft-Wahrheiten, § 426. S. 824 f.).

[238] De mundi sensibilis, §§ 12, 14. AA II, 397 ff.

[239] Dies ist der „Einwurf" der „einsehenden Männer", Lambert und Mendelssohn (Vaihinger, H.: Commentar zu Kants *Kritik der reinen Vernunft*. Bd. 2, S. 399-410). Die Lehre der Selbstaffektion antwortet auf Einwände von Johann Schulz und August Heinrich Ulrich, wie F. Wunderlich herausstellt (Das Paradoxe des inneren Sinnes. Kants Auseinandersetzung mit zeitgenössischen Einwänden gegen seine Theorie desselben. In: Kant und die Berliner Aufklärung. Akten des IX. Internationalen Kant-Kongresses. Hrsg. v. V. Gerhardt, R.-P. Horstmann und R. Schumacher. Berlin / New York 2001, Bd. 2, S. 257-263).

einem Objekt" gebe (B 37), vielmehr bloß vom Ich als Erscheinung (B 67 f.). Die Form des inneren Sinnes gibt lediglich das Verhältnis der Vorstellungen des inneren Zustandes des Selbst (B 49); die „Prädikate des inneren Sinnes" sind „Vorstellungen und Denken" (A 359). D.h. im inneren Sinn werden der Anschauung mannigfaltige Vorstellungen gegeben, ein Einfaches erscheint nicht in ihm. Auch ist die Vorstellung des Ich rein innerlich zu keiner Erkenntnis tauglich, denn nach Kants Lehre ist der innere Sinn hinsichtlich seiner objektiven Bestimmbarkeit vom äußeren abhängig, und damit ist die Erkenntnis seiner selbst unabhängig von äußerer Anschauung unmöglich. Aufgrund dieser Argumentation weist Kant das zweite Argument der Epilog-Thesis unter Zugrundelegung der eigenen Position zurück:

> „Nichts destoweniger, wenn dieses Subjekt äußerlich, als ein Gegenstand der Anschauung, betrachtet wird, so würde es doch wohl Zusammensetzung in der Erscheinung an sich zeigen. So muß es aber jederzeit betrachtet werden, wenn man wissen will, ob in ihm ein Mannigfaltiges außerhalb einander sei, oder nicht." (B 471)

Kant argumentiert hier letztlich erneut mit dem Unterschied von Denken und Erkennen. Ein rein intellektuelles Denken seiner selbst ist dem Ich durchaus möglich, erbringt aber keine Erkenntnis seiner Beschaffenheit. Will sich das Ich erkennen, so muß es sich als Anschauungsgegenstand betrachten. Als solcher Anschauungsgegenstand zeigt es jedoch notwendig ein Mannigfaltiges an Bestimmungen allein der reinen Formen der Sinnlichkeit wegen, ohne daß von ihr abgesehen werden könnte.

Es gibt in Kants eigener Theorie des Subjekts zwei Weisen der „äußeren Anschauung" des Ich: *Erstens* die bereits angesprochene an die äußere Anschauung gebundene, bestimmte Vorstellung seiner selbst als empirisches Selbstbewußtsein. *Zweitens* formuliert Kant die „äußere Anschauung" des Ich auch in seiner nur an wenigen Stellen angedeuteten „Theorie der Übertragung" (A 353 f.).[240] Hierbei geht es um die Problematik, die heute unter dem Titel „Autorität der ersten Person" bekannt ist oder um das Verhältnis von Selbst- und Fremdzuschreibung des Selbstbewußtseins.[241] Der Übertragungstheorie zufolge kommt es auf einem indirekten Weg zum Gedanken eines substantiellen Subjekts als „Ich" im Unterschied zu anderen Subjekten als „sie", „er" oder „es": Denken kann nur in der ersten Person zugeschrieben werden; in der Fremdzuschreibung ist dies nur auf dem Wege einer Analogisierung meines je eigenen Ich auf andere Wesen möglich.[242] Die je meinige subjektive „For-

---

[240] Diese Theorie hat Kant bereits in den 1770er Jahren in der *Metaphysik-Pölitz* vertreten: „Die denkenden Wesen betrachte ich entweder blos aus Begriffen, und das ist die *Psychologia rationalis*; oder durch Erfahrung, die theils innerlich in mir selbst geschiehet, oder äußerlich, die ich an andern Naturen wahrnehme, und nach der Analogie, die sie mit mir haben, erkenne; und das ist die *Psychologia empirica*, wo ich denkende Naturen durch Erfahrung betrachte." (S. 130).

[241] Vgl. dazu Tugendhat, E.: Selbstbewußtsein und Selbstbestimmung. Frankfurt/M. ^{5}1993, S. 86-136.

[242] Das Problem der Selbst- und Fremdzuschreibung hat in der Philosophie der Subjektivität große Bedeutung erlangt. Insbesondere in der Analytischen Philosophie hat es im Kontext

mel unseres Bewußtseins", das „Ich denke", übertragen wir auf jedes andere denkende Wesen. Kant zufolge bezeichnen wir uns jeweils selbst mit dem Ausdruck ‚Ich', weil wir uns in Relation zu anderen Intelligenzen setzten. Doch ihnen können wir nur *per analogiam* unterstellen, jeweils auch ein Ich zu sein, weil wir sie nicht als Intelligenzen wahrnehmen können. Bei dieser Übertragung wird aber eine subjektive Bedingung zu einer objektiven Bestimmung denkender Wesen als Objekte meiner Bestimmung.[243] Dadurch kann es zur irrigen Annahme kommen, das Einheitsprinzip des Denkens sei ein je individuelles und substantielles Etwas, das in einer Pluralität von Ichen gegeben sei. Diese Analogisierung ist Grundvoraussetzung der empirischen Psychologie. Dies zeigt, daß Kant auch nicht von einem Ich-Solipsismus ausgeht. Vielmehr ist das logische Ich ein überindividuelles, rein formales Prinzip der Erkenntnis.

Für die zweite Antinomie ist dieses Problem deshalb ausschlaggebend, weil die Frage, ob das Ich aus der Erfahrung als ein absolut unteilbares Einfaches aufgewiesen werden kann, nur dann sinnvoll ist, wenn es als Element eines Aggregats aus solchem Einfachen gedacht werden kann; es muß also möglich sein, ein Aggregat aus Ichen zu denken. Dazu ist es erforderlich, mannigfaltiges Einfaches als viele Iche zu erkennen. Ein Aggregat aus Ichen zu erkennen, ist aber, wie Kant im zweiten Paralogismus darlegt, nur als Aggregat von Subjekten in der dritten Person möglich (A 353). Eine Vielheit von Subjekten kann daher nicht im inneren Sinn als solches originär Innerliches angeschaut werden, sondern allenfalls ein Mannigfaltiges im äußeren Sinn sein. Um Subjekte als von mir verschiedene Subjekte anzuschauen, müssen sie im äußeren Sinn erscheinen, denn alles, was im inneren Sinn erscheint, schreibe ich als Vorstellung notwendig mir selbst zu. Es ist also unmöglich, die Vorstellungsgehalte eines anderen Subjekts als solche Gehalte dieses anderen Subjekts vorzustellen; vielmehr muß ein anderes Subjekt zunächst als außer mir gedacht werden; damit stelle ich es aber im äußeren Sinn, d.h. im Raum vor. Nun kann mir aber etwas im äußeren Sinn gar nicht als ein „Ich" erscheinen. Weil Erfahrung überhaupt nur möglich ist, wenn alle Vorstellungen je meine Vorstellungen sind und nicht die Vorstellungen eines oder mehrerer „sie", „er" oder „es", ergibt sich ein prinzipieller erkenntnistheoretischer Unterschied zwischen erster und dritter Person. Es ist unmöglich, aus der Perspektive der ersten Person in der äußeren Anschauung etwas als ein anderes Ich-Subjekt zu erkennen, denn dazu müßten die Vorstellungen dieses Subjekts von mir vorgestellt werden, doch dann würde ich sie nicht als die Vorstellungen eines anderen Ich, sondern als meine Vorstellungen ansehen.[244] Andere Wesen als denkende Iche

---

der Diskussion um die Möglichkeit einer Privatsprache große Aufmerksamkeit erregt. Vgl. dazu Tugendhat, E.: Selbstbewußtsein und Selbstbestimmung. Frankfurt/M. [5]1993, S. 84 ff.

243 Vgl. auch A 346 f.

244 Vgl. A 353. Mit dieser Argumentation erläutert Powell Kants Bekenntnis zur „Autorität der ersten Person" im zweiten Paralogismus (Kant's Theory of Self-Consciousness. S. 99 ff.).

aufzufassen, geschieht daher gemäß Kant durch eine „Übertragung", die das jeweilige Ich vornimmt, indem es sein eigenes subjektives Ich anderen Wesen „unterschiebt". Diese „Unterschiebung" oder „Übertragung" geschieht durch einen Analogieschluß.[245] Wenn also eine zusammengesetzte Substanz als aus Ichen bestehend vorgestellt wird, beispielsweise ein Volk oder ein Staat, so kann die Erkenntnis dieses Aggregats nur als Verbindung eines Mannigfaltigen im äußeren Sinn stattfinden, dessen Elementen dann gemäß bestimmter Kriterien per Analogie unterstellt wird, jeweils Iche zu sein. Diese Übertragung wird aus der Perspektive der ersten Person vorgenommen. Aus diesen Gründen ist es unmöglich, so Kant, die notwendige Einheit eines Subjekts aus der Erfahrung abzuleiten (A 353). Das Ich kann daher nicht als Element eines Zusammengesetzten erkannt werden. Dies aber wird in der zweiten Antinomie erfordert.

Das zweite Argument in der Widerlegung der Epilog-Thesis berührt aber noch ein weiteres, zentrales Lehrstück der Kantischen Subjektivitätskonzeption: Die Lehre, daß eine rein innerliche Selbstanschauung nicht Erkenntnis und daß Erkenntnis notwendig an die äußere Anschauung gebunden ist, wie sie insbesondere in den verschiedenen Versionen der *Widerlegung des Idealismus* expliziert wird.[246] Im Epilog der Antithesisanmerkung lautet Kants Argument gegen die Epilog-Thesis: Wenn ein objektives Wissen von der Einfachheit des Selbstbewußtseins erlangt werden soll, dann muß das Ich als äußerer Gegenstand in der Anschauung betrachtet werden. Objektives Wissen kann das Ich von sich folglich nur als biographisch-leibliche Person erlangen, als solche aber, so Kants These im Epilog der Antithesisanmerkung, ist es nicht absolute Einheit, sondern ein Zusammengesetztes, allenfalls ein Ganzes aus Teilen, ein Aggregat (B 471). In der *Widerlegung des Idealismus* ist Kants Argument gegen den dort kritisierten metaphysischen Idealismus, daß der innere Sinn nur in Abhängigkeit vom äußeren zu Erkenntnis und also auch zur Existenzgewißheit führen kann. Sein Argument gegen die Epilog-Thesis, der es ja nicht um die Existenz der Außenwelt geht, sondern um die Einfachheit des Ich, müßte eine speziellere Stoßrichtung haben, es muß zeigen, daß im inneren Sinn kein Einfaches erkannt werden kann, weil auch die Anschauung seiner selbst nicht rein innerlich verbleiben kann, soll sie zu Erkenntnis führen, sondern mit äußerer Anschauung verknüpft werden muß. Sie findet im inneren Sinn statt, dessen Form die Zeit ist, die ihrer inneren Struktur nach wie der Raum auch nur ein Mannigfaltiges zur Anschauung bringt. Soll das Ich objektives Wissen, Erkenntnis von sich erlangen können, so ist dies nur in Abhängigkeit vom äußeren Sinn möglich. Doch all dies wird von Kant im Epilog der

---

[245] Der Analogieschluß birgt die Gefahr der verfehlten Übertragung; dies ist beispielsweise beim Anthropomorphismus der Fall, so wenn Gott oder Tieren menschliche Eigenschaften zugesprochen werden. Daher verwendet Kant hier auch den Begriff „unterschieben". Vgl. Kritik der Urteilskraft, § 90. AA V, 464 f. u. Anm.; auch § 58. AA V, 352 f. Daher sind alle allgemeinen Urteile, die sich auf das Denken beziehen, nach Kant bloß problematisch anzunehmen (B 404 f.).

[246] A 367 ff.; B 274 ff.; B XXXIX f. Anm.

Antithesisanmerkung nur angedeutet. Die zweite Bedeutung seines zweiten Arguments gegen die Epilog-Thesis sei hier daher kurz in dieser Hinsicht rekonstruiert:

Inhalt des inneren Sinnes sind Vorstellungen, die der Vorstellende nicht von sich unterscheidet, sondern vielmehr Vorstellungen, die er sich selbst zuschreibt. Es sind also alle Vorstellungen Inhalt des inneren Sinnes, insofern sie Vorstellungen und zugleich meine Vorstellungen sind (B 37 f.). Der innere Sinn ist hinsichtlich seines Inhaltes der umfassende, umgreifende Sinn, der das Gegebene des äußeren Sinnes notwendig enthalten muß, insofern es nämlich Vorstellung, und das bedeutet meine Vorstellung ist. Einerseits wird man annehmen müssen, daß es in der Kantischen Konzeption durchaus einen eigentümlichen Inhalt des inneren Sinnes gibt – d.h. Gegebenes, das nicht dem äußeren Sinn entstammt –, wie Gefühle der Lust und Unlust, Gedanken, Vorstellungen und den Gedanken unserer selbst als Subjekt der Vorstellung oder auch des Denkens.[247] Andererseits behauptet Kant, daß der innere Sinn keine originären Inhalte gebe, sondern das gesamte Material des inneren Sinnes aus dem äußeren stamme (B 67), zumindest aber der „ganze[] Stoff zu Erkenntnissen" (B XXXIX Anm.).[248] Kants Argument dafür, daß hinsichtlich Erkenntnis der innere

247 Vgl. G. Mohr: Das sinnliche Ich. Innerer Sinn und Bewußtsein bei Kant. Würzburg 1991, S. 67 ff. Mohr stellt neun verschiedene Klassen von Inhaltsbestimmungen des inneren Sinnes auf, die er dann insgesamt auf das Ich als alleinigen Gegenstand des inneren Sinnes zurückführt. Kant sondert die Gefühle der Lust und Unlust als unspezifische Pole des Gestimmtseins, als lediglich subjektive, nicht erkenntnisrelevante Elemente des inneren Sinnes aus der erkenntnistheoretischen Untersuchung der *Kritik der reinen Vernunft* aus, um lediglich zu objektiver Erkenntnis taugliche Vorstellungen, Gedanken und die Selbstvorstellung, das Selbstbewußtsein, zuzulassen (vgl. B 66).

248 In den Forschungen zum Verhältnis von innerem und äußerem Sinn hat Heidemann vier Modelle der Interpretation unterschieden: die Subordination des äußeren unter den inneren Sinn, die Koordination beider, wobei innerer und äußerer Sinn unterschiedene Quellen sinnlicher Anschauung sind, die Komplementarität und die Interdependenz von innerem und äußerem Sinn. (Innerer und äußerer Sinn. Kants Konstitutionstheorie empirischen Selbstbewußtseins. In: Kant und die Berliner Aufklärung. Akten des IX. Internationalen Kant-Kongresses. Hrsg. v. V. Gerhardt, R.-P. Horstmann und R. Schumacher. Berlin / New York 2001. Bd. 2, S. 305-313). Während Reininger (Kants Lehre vom inneren Sinn und seine Theorie der Erfahrung. Wien / Leipzig 1900) die Subordinationsthese vertritt und Mohr die Komplementaritätsthese annimmt (Das sinnliche Ich. S. 98-105), stellt Heidemann die Interdependenzthese auf (S. 308). Gemäß der Komplementaritätsthese ist bei Kant jedes Vorstellen propositional, was bedeutet, daß der äußere Sinn insofern vom inneren abhängig ist, als er etwas *vorstellig* macht; der innere Sinn dagegen ist vom äußeren abhängig, insofern ihm Inhalte nicht aus sich selbst erwachsen können, sondern ihm durch den äußeren Sinn gegeben werden müssen, damit die Vorstellung Vorstellung von *etwas* ist, also einen propositionalen Gehalt hat. Insofern nimmt die Komplementaritätsthese die Subordinationsthese als eine Seite in sich auf. Innerer und äußerer Sinn sind ihr zufolge „epistemologisch unterscheidbare, aber epistemisch simultane Momente kognitiver Einstellungen" (S. 105). Die Interdependenzthese geht wie die Komplementaritätsthese von einer wechselseitigen Abhängigkeit beider sinnlicher Vermögen aus, legt aber größeres Gewicht auf den inneren Sinn als das Medium der Selbstvorstellung des Ich.

vom äußeren Sinn abhängig sei, stützt sich in der *Widerlegung des Idealismus* auf die Lehre von der objektiven Zeit, insbesondere auf Kants These, daß Zeitbestimmung nur vermittels eines Beharrlichen in der Anschauung möglich sei, daß aber der innere Sinn allein kein Beharrliches zur Anschauung bringe, weil in ihm nur ein Verfließen immer neuer Vorstellungen stattfindet (A 106 f.) und daher äußere Anschauung notwendig sei, um solches Beharrliches zu geben. Aus diesem Grunde ist die Annahme eines Beharrlichen in der äußeren Anschauung *a priori* notwendig.[249] Dieses Beharrliche der äußeren Anschauung ist die Substanz in der Erscheinung: die Materie. Die objektive Zeitbestimmung ist nach Kant nur vermittels äußerer Erfahrung möglich; daher kann das Ich von sich nur objektives Wissen erlangen, wenn es sich als Ich in der Welt begreift, d.h. wenn es sein Dasein in Relation zu Gegenständen der äußeren Erfahrung setzt. Damit ist nicht gemeint, daß es sich als dieses Ich äußerlich anschauen könne; das Ich ist nicht ausgedehnt und eben nicht ein Gegenstand, den der Anschauende von sich unterscheidet. Aber es muß sich notwendig in Relation zu solchem Äußeren bestimmen.

Trotz all seiner Widerlegungen der These von der Einfachheit des Ich als Substanz ist auch für Kant die Annahme eines einfachen Ich notwendig, und zwar zunächst als Prinzip der Einheit in Urteilen in Gestalt der transzendentalen Apperzeption und schließlich auch als regulative Vernunftidee, die die systematische Einheit eines personalen Ich zu konstruieren erlaubt. Der Idee der Seele als einer einfachen Substanz personaler Identität schreibt Kant letztlich eine bloß regulative Funktion für das Ich selbst zu (B 709-712). Sie dient dazu, die empirischen, je unterschiedlichen Bestimmungen unseres biographischen Ich und die erkenntniskonstitutiven Leistungen des logischen Ich in einen systematischen Zusammenhang zu bringen und das zu erzeugen, was wir die identische Person nennen, ohne aber annehmen zu dürfen, daß dieses einheitliche Ich selbst konstitutiv für Erkenntnis und objektiv real sei. Personale Identität ist notwendig gebunden an das Bewußtsein der Selbigkeit meiner selbst in der Zeit. Die Identität der Person wird bei Kant letztlich wohl als eine notwendige Vernunftprojektion gedacht: die lediglich analytische, logische Identität des urteilenden Ich stellt darin nur ein Moment einer reichhaltigen Struktur von Selbstbewußtsein dar.[250] Diese Konzeption hat letztlich praktische Bedeutung, die sich gänzlich von der theoretischen unterscheidet.[251]

---

249 Vgl. dazu Düsing, K.: Objektive und subjektive Zeit. S. 6; sowie von der Verf.: Zeitmodi und Naturzeit in Kants *Kritik der reinen Vernunft*. S. 155 f.

250 Vgl. auch R 5553; AA XVIII, 227 (1778-1783): „Die Idee der Seele ist darauf gegründet, daß der Verstand alle Gedanken und innere Wahrnehmungen auf das Ich beziehen müsse und dieses als das einige bestandige Subiect annehmen, damit vollstandigste Einheit der Selbsterkenntnis herauskomme."

251 Davon unterschieden ist Kants Gedanke einer Systemeinheit der drei Vernunftideen insgesamt in einem Metaschluß; danach ist das transzendentale Ideal das Resultat des Schlusses von der Seele über die Welteinheit zu einem Wesen, das diese Bereiche insgesamt in sich vereinigt (B 394 f. u. Anm. R 5553; AA XVIII, 227). Faßte man diese Idee als regulatives

4.3. Kants Kritik an reduktionistischen Begründungen von Ich und Materie Der zweite Paralogismus, zweiter Teil (A 356-A 361)

Im Anschluß an die Kritik des zweiten Paralogismus der rationalen Seelenlehre schließt sich die für die zweite Antinomie besonders aufschlußreiche immanente Widerlegung der metaphysischen These von der Einfachheit der Seele an. Sie gibt *erstens* Aufschluß über den Status der Einfachheitsbehauptung bezüglich der Seele und *zweitens* kommt Kant bereits hier auf das Begründungsproblem der Materierealität, das Problem der zweiten kosmologischen Idee, zu sprechen, das im Anschluß an die Auflösung der zweiten Antinomie brisant wird. Die Argumentation ist auf den ersten Blick eine Auseinandersetzung mit Materialismus und Spiritualismus. Im Grunde aber geht es ganz allgemein um die Kraft von reduktionistischen Begründungstheorien von Seele und Körper, die entweder dualistisch oder monistisch sind. Kant sieht solche reduktionistischen Begründungstheorien als substanzontologische Konzeptionen an, d.h. als Theorien, die Seele und Materie nicht erkenntnistheoretisch-transzendental, sondern ontologisch in selbständigen Entitäten begründen. Unter ‚substanzontologischer Reduktionismus' sollen Positionen verstanden werden, die etwas auf etwas anderes zurückführen, dem ein ontologisch grundlegenderer oder sogar ontologisch primärer Status zukommt. Kants These ist, daß solche Begründungstheorien metaphysisch-dogmatisch sind und nicht gerechtfertigt werden können.[252]

Prinzip und nicht als hypostasierte Idee Gottes – beispielsweise als absolute Einheit von subjektivem und objektivem Geist – auf, so würde sich vermutlich die Idee des Vernunftwesens als dasjenige Wesen, das alle in der Vernunftkritik aufgewiesenen Elemente als seine Bestandteile systematisch in sich vereint, erweisen. Dies ist nur eine schematische Vorstellung, welche das endliche Verstandesdenken bildet – ja sogar notwendig bilden muß –, die aber keinen ontologischen Status besitzt und keine Erkenntnis zuläßt.

252 Rosas interpretiert die Paralogismen vor dem Hintergrund der gegenwärtigen mind-body-Diskussion (Kants idealistische Reduktion. Das Mentale und das Materielle im transzendentalen Idealismus. Würzburg 1996 (Epistemata 185). Mit dieser Interpretation möchte er eine Erhellung des Dualismus von Erscheinung und Ding an sich erreichen und eine Klärung zwischen den dazu verwendeten Interpretationsmodellen, dem Perspektivendualismus und dem Weltendualismus. Seine Untersuchung kommt zu dem Ergebnis, daß Kant eine Lösung des Leib-Seele-Problems nicht gelungen sei (S. 2). Er macht dabei jedoch die Voraussetzung, daß eine Ontologie letztlich unvermeidlich ist, d.h. daß auch der Perspektivendualismus auf eine ontologische Setzung zurückgreifen muß. In diesem Sinne meint er, der transzendentale Idealismus argumentiere aus einer noumenalen Perspektive (S. 104). Doch diese Voraussetzung einer prinzipiellen Unvermeidbarkeit von Ontologie wird von ihm nicht problematisiert. Konkret ist Rosas der Auffassung, daß es Kant in den Paralogismen, speziell im zweiten Paralogismus, nicht gelingt, die transzendentale Apperzeption nicht implizit doch als Noumenon anzunehmen, entgegen seiner vordergründigen Kritik an der rationalen Psychologie (S. 105). Hiergegen ist einzuwenden, daß Kant in der Kategoriendeduktion zeigt, daß ontologische Prädikate nicht irreduzibel sind, sondern in Leistungen des denkenden Subjekts gründen; d.h. daß diese Leistungen selbst nicht ontologisch begründet werden können. Dies ist die spezifisch Kantische Errungenschaft (vgl. Düsing, K.: Selbstbewußtseinsmodelle. S. 66).

Die Argumentation läuft nun wie folgt: Es soll ein Versuch der „Brauchbarkeit“ des Satzes von der Einfachheit der Seele als Substanz angestellt werden (A 356). Die These, „die Seele ist einfach“, hat metaphysische Bedeutung erst im Zusammenhang des Beweises von der Unsterblichkeit der Seele, d.h. ihres Fortbestehens unabhängig vom Tod des Körpers.[253] Sie soll die reale Unterschiedenheit von Körper und Seele begründen, um auf diese Weise einen Schluß auf die Unzerstörbarkeit der Seele zu ermöglichen.[254] Hintergrund des Unsterblichkeitsbeweises ist die Behauptung, daß aus der Einfachheit der Seele ihre „Inkorruptibilität“ folgt (A 345). Dasjenige, was einfach ist, ist unzerstörbar, weil Zerstörung die Auflösung eines Zusammengesetzten in seine Teile ist. Nun ist die Materie dieser Auffassung zufolge ein Zusammengesetztes, daher ist sie zerstörbar. Die Seele aber als Einfaches ist folglich unzerstörbar und unsterblich. Dieser Beweis der Unsterblichkeit der Seele zielt zunächst darauf, Seele und Körper durch ein Merkmal zu unterscheiden, das beim Körper die Sterblichkeit erklärt, der Seele aber nicht zukommt; dies Merkmal ist ‚Zusammengesetztheit‘ bzw. ‚Einfachheit‘.

War es Kant im ersten Teil des zweiten Paralogismus (A 351-A 356) darum gegangen, die Einfachheitsthese direkt zu widerlegen, so will er im zweiten Teil zeigen: selbst dann, wenn man sie gelten läßt, läßt sich daraus die Unsterblichkeit der Seele nicht beweisen.[255] Für die These, daß denkendes Subjekt und Körper zwei unterschiedene Entitäten sind, spricht nach Kant zunächst der Unterschied von innerem und äußerem Sinn, d.h. daß unser denkendes Ich im inneren, die Körper dagegen im

---

253 In *Welche Fortschritte* führt Kant die Absurdität des Versuches vor, die Unsterblichkeit der Seele vor dem Tode erfahren zu wollen: „[...] wir mithin, was wir nach dem Tode sein und vermögen werden, schlechterdings nicht wissen, der Seele abgesonderte Natur also gar nicht erkennen können, man müßte denn etwa den Versuch zu machen sich getrauen, die Seele noch im Leben außer den Körper zu versetzen, welcher ohngefähr dem Versuche ähnlich sein würde, den jemand mit geschlossenen Augen vor dem Spiegel zu machen gedachte, und auf Befragen, was er hiemit wolle, antwortete: ich wollte nur wissen, wie ich aussehe, wenn ich schlafe.“ (AA XX, 309).

254 Eine solche Argumentation wird prominent von Platon im *Phaidon* vorgebracht (St. 78b-84b). Sie findet sich beispielsweise auch bei Descartes: Meditationes. AT VII, 109 f. In der sechsten Meditation wird dieser Unterschied als ein wesentlicher Beleg für die reale Unterschiedenheit von Körper und Geist herausgehoben. Und da nach Descartes die unabhängige Bestimmbarkeit Kriterium der unabhängigen Existenz einer Sache ist, so ist für ihn der Schluß von der Unterschiedenheit der Vorstellung des Körpers als teilbar von derjenigen des Ich als unteilbar auf die ontologische Unterschiedenheit von Körper und Geist ausreichend. Kant führt den Beweis häufiger als Beispiel für Kettenschlüsse an: R 3309; AA XVI, 770.

255 In der zweiten Auflage der *Kritik der reinen Vernunft* zeigt Kant darüber hinaus, daß die Einfachheitsthese auch dann nicht für einen Unsterblichkeitsbeweis tauglich ist, wenn man wie Mendelssohn seine Argumentation nicht auf der Prämisse, Zerstörung bestehe in der Auflösung eines Zusammengesetzten in seine Teile, aufbaut, sondern argumentiert, daß Einfaches auch nicht durch kontinuierliches Verlöschen, Remission, vernichtet werden kann (*Widerlegung des Mendelssohnschen Beweises der Beharrlichkeit der Seele* (B 413-416)).

äußeren Sinn gegeben werden (A 357 f.). Doch der Sachverhalt des Unterschiedes von innerem und äußerem Sinn erlaubt keine ontologische Schlußfolgerung auf die Seinsart dessen, was gegeben wird, d.h. darauf, daß der Gegenstand des inneren Sinnes, das denkende Subjekt, vom Gegenstand des äußeren Sinnes, das Körperliche, real unterschieden ist. Dies könnte nur dann gelten, wenn der Materie im ontologischen Sinne Substanzstatus zukäme. Dies ist nun aber nicht der Fall:

> „Wäre Materie ein Ding an sich selbst, so würde sie als ein zusammengesetztes Wesen von der Seele als einem einfachen sich ganz und gar unterscheiden. Nun ist sie aber bloß äußere Erscheinung, deren Substratum durch gar keine anzugebende Prädikate erkannt wird;“ (A 359)

Daß die Materie kein Ding an sich selbst und kein zusammengesetztes Wesen ist, zeigt insbesondere die Antinomie der Teilung. Wenn die Materie nicht als zusammengesetzte Substanz bestimmbar ist, dann ist sie auch nicht durch die Begriffsopposition ‚einfach‘ und ‚zusammengesetzt‘ von der Seele zu unterscheiden.

Der Materialismus scheitert nach Kant in seiner Begründung des denkenden Ich an der Unmöglichkeit, einfache Teile der Materie als erweisbar annehmen zu können, wie in der zweiten Auflage der *Kritik der reinen Vernunft* B 419 ff. gezeigt wird. Kant meint, daß der Materialist die Einfachheit des Ich notwendig anerkennen müsse. Um nun aber seine materialistische Erklärung des Ich durchführen, d.h. das Ich auf die Materie reduzieren zu können, müßte er einfache Teile der Materie aufweisen. Da ihm dies, so Kant, nicht gelingen könne, sei der Materialismus unhaltbar. Dieses antimaterialistische Argument beruht also auf der Widerlegung der Thesis der zweiten Antinomie.[256] Es geht davon aus, daß die Seele selbst ein einfacher materieller Teil ist, oder aber mit einem einfachen Materieteilchen korreliert.[257] Es wird nun deutlich, daß die zweite Antinomie für Kant indirekt auch eine Widerlegung des Materialismus ist.[258]

Indem also ausgeschlossen ist, daß Materie an sich selbst Substanz ist, oder aus Substanzen konstituiert ist, bleibt dem Materialismus nur noch ein Rettungsweg offen: Es kann unter substanzontologischen Prämissen nur noch ein Reduktionismus zur Erklärung des Erscheinungscharakters der Materie angenommen werden: Aus-

---

256 Vgl. Prolegomena. AA IV, 363; R 5458; AA XVIII, 188.

257 In der *Metaphysik-Pölitz* geht Kant etwas genauer auf die These von der Unterschiedenheit von Körper und Seele mit Hilfe der Prädikate ‚einfach‘ und ‚zusammengesetzt‘ ein (S. 212 f.). Kant schreibt das Argument, die Seele sei immateriell, weil sie einfach ist, Wolff zu. Er widerlegt es mit Wolffs eigener Theorie physischer Monaden: diese seien schließlich einfach, gleichwohl aber materiell.

258 Kants Argument gegen den Materialismus in B 419 ff. ist aus heutiger Sicht sicherlich weniger überzeugend, gehen die meisten Physikalisten gar nicht erst von der Einfachheitsthese aus und meinen, der Geist sei ein komplexes Epiphänomen von Gehirnleistungen. Die zweite Antinomie insgesamt stellt dagegen ein wesentlich besseres Argument gegen den Materialismus bereit, indem sie ihm die Basis, die transzendentale Realität der Materie, insgesamt entzieht.

dehnung und Undurchdringlichkeit müssen als Phänomen angesehen werden, dessen Realgrund etwas Unkörperliches ist, das gleichwohl nicht von der Art der Seele ist. Doch damit wäre der Boden des Materialismus bereits verlassen, wie Kant meint. Nun ergeben sich bei der Statuierung eines solchen Grundes der Erscheinungen erhebliche Rechtfertigungsprobleme, da von ihm angenommen werden muß, daß er selbst nicht erkannt werden kann. Wenn dieser angenommene Grund der Materie an sich selbst unerkennbar ist, dann kann aber nicht eingesehen werden, wie er sich zur Seele verhält, ob er mit der Seele identisch ist, so daß der Körper Erscheinung des seelischen Wesens wäre, oder aber ob die Seele und der substantielle Grund der Materie verschiedene Entitäten sind.[259] Es zeigt sich, daß der Reduktionismus auch für den Spiritualismus zu einem Problem wird.

Es ergeben sich also nach Kant Schwierigkeiten bei zweierlei Typen von substanzontologischem Reduktionismus, dem Dualismus, der Seele und Körper als zwei substantiell verschiedene Entitäten annimmt, und dem Monismus, der primär von einer Substanz ausgeht und den Körper oder aber auch die Seele als davon abhängige Bestimmung annimmt. Der substanzontologische Dualismus bietet folgendes Szenario, wenn es als erwiesen gelten kann, daß die Materie nur den Status einer Erscheinung hat, wovon Kant ausgeht: Er muß als Grund der Materie eine andere Art von Substanzen postulieren, die zwar an sich nicht körperlich sind, dennoch aber von der Seele als Substanz verschieden sind. Doch solche Substanzen sind dann nur durch negative Prädikate gekennzeichnet: nicht ausgedehnt, nicht undurchdringlich, nicht zusammengesetzt. Ihre positiven Bestimmungen sind unerkennbar. Durch solche negativen Prädikate läßt sich der substantielle Grund der Materie aber nicht von der Seele unterscheiden. Dann aber wären Seele und Materie auf der Ebene der Realgründe prinzipiell ununterscheidbar und auch die Seele könnte letztlich nicht als Substanz im Unterschied zur Materie gelten.[260] Der Dualismus läßt sich so nicht rechtfertigen.

Bei einem Monismus stellt sich dagegen folgende Problematik ein: Es wäre doch möglich, daß Seele und Materie nicht zwei Substanzen sind, sondern daß der materi-

---

[259] In den *Träumen eines Geistersehers* hat Kant für das Problem der Unterschiedenheit von Körper und Geist folgendes, absurdes Gedankenexperiment vorgeführt (AA II, 320 f.): Wenn der Geist ein einfaches Wesen ist, das, wenn es in äußeren Verhältnissen zu anderen Wesen steht, das Phänomen des Ausgedehnten und Undurchdringlichen ergibt, dann müßte, wenn ein solches Wesen in einen Kubikfuß materieerfüllten Raumes eingebracht wird, ein entsprechender Teil der Materie aus ihm herausgenommen werden; wenn nun ein weiteres Geistteilchen hinzutritt, ein weiteres Materieteilchen heraustreten, u.s.f. Wenn nun letztlich der ganze Raum mit Geistteilchen erfüllt sei, so Kant, so wäre der Kubikfuß geisterfüllter Raum nicht vom Kubikfuß materieerfülltem Raum zu unterscheiden und also auch nicht verschieden (vgl. auch AA II, 326).

[260] In einer Reflexion von 1778-1783 konzipiert Kant die Seele als Substrat der Beziehung der Erscheinungen; daher sei es „schlechterdings unerkennbar", was dieses Substrat außer dieser Beziehung sei und ob es nach dem Tod weiterlebe, und folgert schließlich: „Einfache Wesen haben keinen Ort in der Welt" (R 4534; AA XVII, 585).

elle Körper lediglich *phaenomenon* einer an sich einfachen Substanz ist, der an sich Denken zukommt (A 359). Für Kant hat der Begriff ‚Seele' jedoch nur dann Bedeutung, wenn er als Gegenbegriff zu ‚Körper' verwendet werden kann. Wenn nun aber der substantielle Grund der Materie und der Grund des Denkens identisch sein soll, dann läßt sich diese Entität nicht als ‚Seele' bezeichnen. Vielmehr, so Kant, müsse man dann vom „Menschen" sprechen, der in einer Hinsicht körperlich ist und in einer anderen denkt.[261] Es ist klar, daß diese Konsequenz nicht der Intention der rationalen Psychologie entspricht, denn damit ist ihre These der Einfachheit und Unsterblichkeit der Seele endgültig preisgegeben, denn die Seele könnte dann nur noch als Akzidens an der Substanz ‚Mensch' gelten.

Kants Argumentation liegt dabei ein Gedanke zugrunde, der substanzontologische Reduktionismen von Seele und Körper insgesamt betrifft; er kommt am Ende des vierten Paralogismus noch einmal darauf zurück (A 379): Wenn Denken und Ausdehnung als die erkennbaren Phänomene als Prädikate von einer oder zwei Substanzen aufgefaßt werden, dann nimmt man sie als Erscheinungen an, die auf Substanzen zurückgeführt werden. Die Substanzen sind demgegenüber an sich unerkennbar. Es ist daher unmöglich, die Identität oder Verschiedenheit dieser beiden Entitäten zu erkennen. Alle Annahmen über jene postulierten Gründe bleiben reine Spekulation, die sich letztlich aus dem Mißverständnis speisen, Seele und Körper seien Dinge an sich:

> „Wenn aber der Psycholog Erscheinungen für Dinge an sich selbst nimmt, so mag er als Materialist einzig und allein Materie, oder als Spiritualist bloß denkende Wesen (nämlich nach der Form unsers innern Sinnes), oder als Dualist beide als für sich existirende Dinge in seinen Lehrbegriff aufnehmen, so ist er doch immer durch Mißverstand hingehalten über die Art zu vernünfteln, wie dasjenige an sich selbst existieren möge, was doch kein Ding an sich, sondern nur die Erscheinung eines Dinges überhaupt ist." (A 380)

Kants Argumente gegen Substanzontologien treffen jede Theorie, die – heute beispielsweise mit dem Begriff der Emergenz oder der Supervenienz – versucht, das sog. Körper-Geist-Problem zu lösen, indem eine Entität als Realgrund angenommen werden muß, deren emergente oder supervenierende Eigenschaften Geist und Körper ausmachen.[262] Insofern solche Theorien implizit oder explizit von der Existenz solcher Entitäten ausgehen müssen, deren emergente oder supervenierende Eigenschaf-

---

261 Es ist aufschlußreich, daß Kant nicht den Spinozistischen Monismus erwägt, wonach Gott die eine Substanz ist, deren zwei von uns erkennbare Prädikate Denken und Ausdehnung sind.

262 Powell bringt diesen Aspekt in die Thematik des zweiten Paralogismus ein (Kant's Theory of Self-Consciousness. S. 93-96). Eine Eigenschaft ist emergent, wenn sie einem Aggregat zukommt, nicht aber seinen Teilen; das meistverwendete Beispiel sind Eigenschaften chemischer Stoffe im Vergleich zu ihren Molekülen. Powell sieht in dieser theoretischen Möglichkeit eine weitere Stütze für den Gedanken, das Ganze eines Gedankens könne im Zusammenwirken seiner Teile bestehen.

ten Körper und Geist sind, geraten sie in das von Kant hier analysierte Problem, dieser Entität an sich selbst keine Prädikate zuschreiben zu können und sie als unerkennbare Gründe konzipieren zu müssen, über die dann nur noch Spekulationen angestellt werden können. Nach der von Kant hier explizierten Kritik muß man annehmen, daß er das Leib-Seele-Problem als eine metaphysische Fragestellung ansieht, die offen oder verdeckt substanzontologische Voraussetzungen macht, und damit prinzipiell unlösbar ist.[263]

Kants Kritik an der Ontologie ist im zweiten Paralogismus noch grundsätzlicher als in der zweiten Antinomie, denn da, wie gesehen, die Antinomie der Teilung unter der Prämisse steht, die Teilung eines Gleichartigen anzunehmen, zeigt die Antinomie nur, daß eine ontologische Grundlegung der Materie als Ding an sich unmöglich ist und folglich ein Materialismus am Problem der Teilungsantinomie scheitert, wie Kant in der Auflösung der Antinomie aufweist. Damit wird lediglich die ontologische Begründung der Materie als eine in sich widersprüchliche Hypothese entlarvt. Im zweiten Paralogismus hingegen wird nun jeder Form des ontologischen Reduktionismus, sowohl der Materie als auch des Geistes – um den es hier primär geht –, zurückgewiesen.[264]

Als Ergebnis dieser Erörterung des Dualismus und des Monismus von Materie und denkendem Ich kann Kants *Betrachtung über die Summe der reinen Seelenlehre* gelten (A 384 ff.). Hier bereits deutet sich seine eigene, transzendentale Theorie der Materie an, die er im Grunde in der *Kritik der reinen Vernunft* nicht weiter expliziert, sondern in den *Metaphysischen Anfangsgründen der Naturwissenschaft* zu einem eigenen Systemteil der Transzendentalphilosophie gemacht hat. Die Darlegungen in den Paralogismen und in der zweiten Antinomie sind die Voraussetzung für das Unternehmen einer transzendentalen Theorie der Materie. Denn für Kant zeigt die Dialektik dieser beiden Systemteile, daß Materie „nichts anders [ist] als eine bloße Form oder eine gewisse Vorstellungsart eines unbekannten Gegenstandes durch diejenige Anschauung, welche man den äußeren Sinn nennt" (ebd.) und daß dieser „unbekannte Gegenstand", dieses Etwas selbst „als Erscheinung [ ] nicht außer uns [ist], sondern lediglich als ein

---

263 Dieses Ergebnis hängt von einer bestimmten Interpretation der Unterscheidung von Erscheinung und Ding an sich ab. Ameriks votiert für eine positive Lesart des ‚Ding an sich'-Begriffs, wonach es ein unbestimmbarer, dennoch aber existenter Gegenstand sei. Sein Hauptargument ist, daß jede andere Lesart Kant zu einem Idealisten macht und wichtiger noch, daß Kants praktische Philosophie sonst unverständlich werde. Aus diesem Grund ist Ameriks der Auffassung, Kant habe die Seele nicht prinzipiell als inexistent erweisen wollen; vielmehr habe er sie als Ding an sich in positivem Sinne verstanden (Kant's Theory of Mind. S. 309-312). Diese Lesart ist mit der hier favorisierten Zwei-Aspekte-Interpretation nicht vereinbar.

264 Ob Kant auch einen mentalistischen Reduktionismus, den Spiritualismus, ablehnt oder mit ihm sympathisiert oder ihn sogar als metaphysische Voraussetzung der eigenen Transzendentalphilosophie benötigt, ist in der Forschung zu einer Streitfrage geworden (vgl. dazu die Diskussion in Ameriks, K.: Kant's Theory of Mind. S. 305-321). Daß Kant den Spiritualismus ablehnt, dürfte dabei aber zumindest unstrittig sein (z. B. A 380).

Gedanke in uns, wiewohl dieser Gedanke durch genannten Sinn es als außer uns befindlich vorstellt.“:

> „Materie bedeutet also nicht eine von dem Gegenstande des inneren Sinnes (Seele) so ganz unterschiedene und heterogene Art von Substanzen, sondern nur die Ungleichartigkeit der Erscheinungen von Gegenständen (die uns an sich selbst unbekannt sind), deren Vorstellungen wir äußere nennen in Vergleichung mit denen, die wir zum inneren Sinne zählen, ob sie gleich eben sowohl bloß zum denkenden Subjekte, als alle übrige Gedanken gehören, nur daß sie dieses Täuschende an sich haben: daß, da sie Gegenstände im Raume vorstellen, sie sich gleichsam von der Seele ablösen und außer ihr zu schweben scheinen, da doch selbst der Raum, darin sie angeschauet werden, nichts als eine Vorstellung ist, deren Gegenbild in derselben Qualität außer der Seele gar nicht angetroffen werden kann.“ (A 385)

Doch mit dieser Bestimmung der Materie als „Vorstellung“ desjenigen Objekts, das im äußeren Sinn erscheint, ist keinem metaphysischen Idealismus das Wort geredet, der Materie als Substrat der Außenwelt verneint oder bezweifelt und die Außenwelt für bloße Vorstellung, d.h. für bloßen Schein erklärt. Die bewußtseinsunabhängige Existenz der Materie ist vielmehr notwendig. Sie ist eine „notwendige Bedingung aller Zeitbestimmung“ (B 278) und damit auch eine epistemische Bedingung der Bestimmung der Inhalte des inneren Sinnes und der Existenz des Ich. Die objektive Realität der Materie besteht aber nicht darin, daß sie ein empirischer Gegenstand ist, sondern lediglich darin, der Erfahrungsorganisation zu dienen, als Vorstellung derjenigen Entität, die letztes Substrat der äußeren Realität ist, als Reales im Raum schlechthin. Wird die objektive Realität der Materie selbst als eine Gegebenheit angenommen, dann droht unausweichlich die Antinomie der Teilung. Dies ist der Grund, weshalb die Antinomie in der Tat im starken Sinne unvermeidlich ist. Wir müssen eine ontologische Grundlegungstheorie der Materie konzipieren, die von der absoluten Realität der Materie ausgeht, wenn wir uns selbst als Teil der Welt verstehen wollen. Wollen wir aber die Realität der Materie begründen, und dies bedeutet, sie als aus Einfachem bestehend oder als unendlich Eingeteiltes zu denken, scheitert notwendig jeder Versuch einer Entscheidung. Doch diese Konsequenzen sollen im Ausgang von Kants Auflösung der Teilungsantinomie näher erörtert werden. Mit diesen Ausblicken auf Probleme des einfachen Ich bei Kant ist bereits die Perspektive über die dogmatischen Positionen von Thesis und Antithesis der Antinomie der Teilung hinaus auf Kants Auflösung des dialektischen Scheins geöffnet. Kants Analyse des Grundes für die Antinomie der Teilung in der Auflösung geht, wie erwähnt, nicht mehr auf das Ich als Gegenstand der Antinomie ein; dennoch wird die Auflösung der Antinomie der Materieteilung auf die Konstitution des denkenden Subjekts zurückgreifen.

5. Die zweite Antinomie in Kants Entwicklung der kritischen Philosophie (1769-1781)

Nachdem die Argumentationen und historischen Hintergründe von Thesis und Antithesis der zweiten Antinomie dargelegt wurden, kann die Entwicklungsgeschichte des Teilungsproblems während des sogenannten „stillen Jahrzehnts" nachgezeichnet werden. Das Kapitel bietet so eine Überleitung zur Auflösung, indem die allmähliche Herausbildung der kritischen Wende bezüglich des Teilungsproblems aufgezeigt und dadurch das Gesamtproblem transparenter gemacht wird.

Das Antinomienproblem ist in der Kant-Forschung oft unter dem Gesichtspunkt der Entwicklungsgeschichte der kritischen Wende interpretiert worden. Kant hat dazu einigen Anlaß gegeben durch eine Selbstinterpretation, nach welcher die Antinomien ihn allererst zur kritischen Wende bewegt hätten.[265] Die entwicklungsgeschichtliche Bedeutung der Antinomien ist aufgrund dessen von vielen Kant-Interpreten sehr hoch bewertet worden.[266] Nach einer anderen Interpretationsrichtung ist Kant durch die Rezeption Humes aus dem „dogmatischen Schlummer" geweckt worden und hat daraufhin die skeptische Methode entwickelt.[267] Diese habe ihn dann zu den Antinomien geführt und schließlich zur kritischen Lehre von Raum und Zeit angestoßen.[268] Diese Interpretationsrichtung muß davon ausgehen, daß Kant die Antinomienlehre bereits vor 1770 in der Weise ausgearbeitet hatte, daß sie ihm mit der kritischen Auflösung bereits vorlag, denn in der Dissertation *De mundi sensibilis* entfaltet Kant bereits ein der *Kritik der reinen Vernunft* im Kern analoges Verständnis von Raum und Zeit. Hier wird zu fragen sein, ob die Auflösung der Antinomie nicht wesentlich die kritische Restriktion der Kategorien impliziert, die Kant doch deutlich später entwickelt hat. Eine weitere Interpretationsrichtung veranschlagt die kritische Wende später: Reich hat darauf aufmerksam gemacht, daß sich für diese Lesart keine Belege in den Reflexionen vor 1769 finden.[269] Hinske gab durch seine Differenzierung des Antinomienbegriffs bei Kant diesen Richtungen teilweise Recht; demnach hat Kant die Antinomie in einem ‚schwachen' Sinne des Wortes, nämlich als lösbares Problem,

---

265 Brief an Garve vom 21. September 1798: „Nicht die Untersuchung vom Daseyn Gottes, der Unsterblichkeit etc. ist der Punct gewesen von dem ich ausgegangen bin, sondern die Antinomie der r. V.: »Die Welt hat einen Anfang —: sie hat keinen Anfang etc. bis zur vierten: Es ist Freyheit im Menschen, — gegen den: es ist keine Freyheit, sondern alles ist in ihm Naturnothwendigkeit«; dies war es welche mich aus dem dogmatischen Schlummer zuerst aufweckte und zur Critik der Vernunft selbst hintrieb, um das Scandal des scheinbaren Wiederspruchs der Vernunft mit ihr selbst zu heben." (AA IV, 257 f.).

266 Vgl. Kreimendahl, L.: Der Durchbruch von 1769. Kreimendahl vertritt ohne Einschränkung die These, Kant habe bereits 1769 das Antinomienproblem nicht nur erkannt, sondern sogar bereits seine Lösung entwickelt und sei so zur kritischen Wende geführt worden. Große Bedeutung spricht er hierbei Kants Hume-Lektüre zu. Zur zweiten Antinomie bemerkt Kreimendahl, ihre entwicklungsgeschichtliche Bedeutung sei gegenüber derjenigen der ersten und vierten Antinomie gering zu veranschlagen (S. 183). Dieser Einschätzung kann nur bedingt zugestimmt werden. Die Reflexionen zwischen 1769 und 1781 zeigen ein geringes Übergewicht der Thematik des Weltganzen und seiner Ursache.

267 Beleg hierfür ist das Vorwort der *Prolegomena* (AA IV, 260).

268 Erdmann, B.: Die Entwicklungsperioden von Kants theoretischer Philosophie. S. 286. Zur Rezeptionsgeschichte der Antinomien vgl. Falkenburg, B.: Kants Kosmologie. S. 137 ff.

269 Vgl. Reich, K.: Einleitung in: Kant, I.: Über die Form und die Prinzipien der Sinnen- und Geisteswelt. S. VII-XVI.

bereits 1769 entdeckt, aber im ‚starken' Sinne als unvermeidlichen „Widerspruch der Vernunft mit sich selbst" erst später.[270] Falkenburg nimmt diese terminologisch differenzierte Sicht auf, votiert aber dafür, den Antinomienbegriff nur in dem spezifischen, starken Sinne zu verstehen, den Kant ihm in der *Kritik der reinen Vernunft* verliehen hat, als notwendiger, unvermeidlicher Widerspruch der Vernunft mit sich selbst.[271] Die vermeidbaren Widersprüche, die Kant vor der starken Antinomienlesart in der Metaphysik diagnostiziert hat, sind für sie in bezug auf die kritische Wende weniger relevant. Sie geht davon aus, daß nur die Antinomie in ihrer starken Bedeutung die kritische Wende überhaupt hätte herbeiführen können. In dieser Bedeutung entwickelt Kant die Vernunftantinomie erst deutlich nach *De mundi sensibilis* ab 1772, wie sie überzeugend nachweisen kann.

Die neuere Einschätzung der Antinomienentwicklung sowie der vermeintliche Interpretationsbefund der Antinomien in der *Kritik der reinen Vernunft* selbst, daß sie systematisch Theoreme des transzendentalen Idealismus voraussetzen, hat einige Interpreten dazu bewogen, die Antinomien als ein klassisches Beispiel eines Scheinproblems anzusehen.[272] Auf die entwicklungsgeschichtliche Überschätzung der Antinomien ist die systematische Geringschätzung gefolgt. Aber selbst der Umstand, daß Kant die Antinomien in ihrer schärfsten Form erst formuliert, als er ihre Lösung bereits kennt, ist kein Argument dagegen, daß die Antinomie der Sache nach besteht, wenngleich in der beschränkten, d.h. letztlich scheinhaften Weise, die Kant ihr nur zubilligt.[273] Es ist eine letztlich triviale Einsicht, daß der Antinomienbegriff dann in seiner stärksten Form verwendet wird, wenn ein Paradigma im Grunde bereits überwunden ist, denn bis zur Lösung durch eine neue Rahmentheorie wird natürlich angenommen, daß die Antinomie innerhalb der jeweiligen Theorie zu lösen oder zu vermeiden sei. Der Begriff der Antinomie ist insofern ein theoretischer Kampfbe-

---

270 Vgl. Hinske, N.: Kants Begriff der Antinomie und die Etappen seiner Ausarbeitung. S. 485-496. Nach Hinske läßt sich Kants Entwicklung der Antinomienlehre in drei Etappen einteilen: in der ersten Etappe, die Hinske mit 1755/56 ansetzt, in welcher insbesondere die Thematik der zweiten Antinomie im Zentrum steht, spreche Kant eher von „Labyrinthen der Metaphysik" (S. 494). Hierbei handelt es sich um vermeidbare Widersprüche. In der zweiten Etappe, deren adäquater Ausdruck die Dissertation von 1770 ist, wird ‚Antinomie' bereits als ein Widerstreit der Gesetze der reinen Vernunft angesehen, der allerdings noch nicht als unlösbar betrachtet wird; in dieser Etappe könne daher eher von einem „Antinomienproblem" gesprochen werden. Erst in der dritten Etappe, die mit dem kritischen Standpunkt erreicht ist, habe Kant die Antinomie als „Antinomie der Vernunft mit sich selber" verstanden (S. 495).

271 Vgl. Falkenburg, B.: Kants Kosmologie. S. 172 ff.

272 Vgl. Seifert, J.: Das Antinomienproblem als ein Grundproblem aller Metaphysik: Kritik der *Kritik der reinen Vernunft.* In: Prima Philosophia 2,2 (1989), S. 143-168, S. 165. Ähnlich negativ auch Bennett, J.: Kant's Dialectic. S. 114 f.

273 Es sei nur an die logischen Antinomien nach Russell und Whitehead erinnert, von denen dasselbe gilt: In eben demselben Werk, *The Principles of Mathematics*, in dem die Antinomien entdeckt werden, bieten Russell und Whitehead bereits die Lösung an, die Typentheorie.

griff, der eine gängige Theorie endgültig als unhaltbar erweisen soll und wird daher nur von einem anderen Standpunkt aus als dem angegriffenen, antinomienbehafteten verwendet.[274] Daß Kant bereits vor 1770, aber wohl unspezifisch, von „Widersprüchen“ und „Schwierigkeiten“ spricht in den sachlichen Zusammenhängen, die er später in die Antinomienlehre einordnet, deutet darauf hin, daß seine Selbstaussage, die Antinomien hätten ihn zur kritischen Wende geführt, sicherlich leicht überbewertet werden kann, in der Sache aber nicht völlig verfehlt ist.

In der folgenden Darstellung soll weniger auf die Relevanz der zweiten Antinomie für die kritische Wende eingegangen werden, da dies zu viele andere Faktoren einschließt; vielmehr soll der Entwicklungsgang des Problems der zweiten Antinomie verfolgt werden, um den Wechsel in Kants Einschätzung der Teilungsproblematik und ihre Ursachen nachvollziehen zu können. Anders als die bisherigen entwicklungsgeschichtlichen Studien, die sich entweder allgemein auf die Antinomien oder auf die methodische Seite des Problems konzentriert haben und die Begriffe ‚Antinomie‘, ‚skeptische Methode‘ u.ä. ins Zentrum des Interesses gestellt haben, soll hier das Sachproblem der zweiten Antinomie in seinem Entwicklungsgang zwischen 1769 und 1781 nachgezeichnet werden.

Kant schätzt den Thesisbeweis im Jahr 1769 noch immer als gültig ein, wie einige Reflexionen der Phase ϰ belegen.[275] In einer Reflexion zum § 233 der Baumgartenschen *Metaphysica*, in welcher die Akzidentalität der Zusammensetzung eines *compositum substantiale* und damit die Einfachheit der Elemente des substantiell Zusammengesetzten bewiesen wird, gibt Kant einen Beweis für die Existenz einfacher Substanzen (R 4066; AA XVII, 402). Der Beweis selbst ist lateinisch verfaßt, was als ein Hinweis dafür aufgefaßt werden kann, daß er lediglich schulphilosophische Lehre wiedergeben soll, denn Kant kommentiert diesen Beweis deutsch mit dem Hinweis auf seine lediglich eingeschränkte Gültigkeit für substantiell Zusammengesetztes und dem Zusatz, daß Raum und Zeit nicht als solches zu verstehen sind. Kants Modifikation des Beweises gegenüber demjenigen Baumgartens besteht in der Schließung einer Lücke in der Argumentationskette, welche den Begriff der Substanz betrifft, indem Kant explizit bemerkt, die Existenzweise der Substanz sei die Subsistenz, daher bleibe die Substanz nach Aufhebung aller Zusammensetzung bestehen. Baumgartens Beweis hatte von dieser Definition der Substanz nur implizit Gebrauch gemacht; der Schluß von der Zufälligkeit der Verbindung auf die Einfachheit des Unzusammenge-

---

274 Dies ist in dialektischen Konzeptionen natürlich nicht der Fall.

275 Auch wenn Adickes' Datierung der Reflexionen in einigen Fällen nicht mehr als richtig gilt, so ist bei einer großen Menge von Reflexionen dennoch eine gewisse Datierungssicherheit gegeben. Hinske äußert aus inhaltlichen Gründen Bedenken gegen die Datierung: insbesondere die Phase ϰ erscheint ihm verdächtig: es seien inhaltlich zu diverse Äußerungen in dieser Phase zusammengefaßt, als daß die Datierung in allen Fällen korrekt sein könne (Kants Begriff der Antinomie und die Etappen seiner Ausarbeitung. S. 493 Anm. 32). Dennoch scheint es berechtigt, eine Entwicklung nachzuzeichnen, wenn zahlreiche Textbelege bestimmte Tendenzen erkennen lassen.

setzten wirkt bei Baumgarten aufgrund dessen unmotiviert. In einer weiteren Reflexion zum selben Paragraphen der *Metaphysica* zeigt sich, daß Kant diesen Beweis für die einfachen Substanzen in einem substantiell Zusammengesetzten auch positiv für gültig erachtet: für die Vernunft ist dieser Beweis notwendig gültig:

> „Eine [Einheit] Vielheit können wir ohne (absolute) Einheit nicht denken, wenn die (data so wohl) gantze Vielheit durch die Vernunft soll gedacht werden. Ist sie aber als ein Phänomenon gegeben, so kan die analysis seyn absque termino." (R 4067; AA XVII, 402 f.)

Trotz dieser positiven Einschätzung wird doch bereits deutlich, daß das Einfache nur notwendig für die Vernunft ist, nicht für die Betrachtung der Vielheit als *phaenomenon*. Diese Einschränkung zeigt sich auch in einer Reflexion zum selben Paragraphen der *Metaphysica*, die Adickes allerdings nicht eindeutig der Phase $\varkappa$ zurechnet (R 4065; AA XVII, 402). Nicht die „Zergliederung des Begrifs" führe auf einfache Teile als Elemente des *compositum substantiale*, sondern nach dem „Gesetz der menschlichen Erkentnis" gehe das Material des Zusammengesetzten der Form voraus, und daher wird das Einfache als im Zusammengesetzten enthalten gedacht. Also beweise dieses Gesetz nichts in objektiver Weise.

Hatte Kant in der *Monadologia Physica* 1756 den Beweis für die Existenz von Monaden als dynamische Gründe der Materie in kosmologischer Weise für notwendig gültig gehalten, so schätzt er ihn 1769 nicht mehr als allgemeingültig ein. Lediglich durch Vernunft und menschliches Erkenntnisgesetz sei die Annahme des Einfachen gefordert; die objektive Realität des Einfachen in der Erscheinung kann für Kant durch rationalistische Argumente also 1769 nicht mehr garantiert werden. Das Einfache ist keine Entität mehr, deren empirische Existenz durch Vernunft objektiv erkannt werden kann, vielmehr ist es bereits in dieser Zeit ein Gedanke, der sich spezifischer Strukturen des menschlichen Erkenntnisvermögens verdankt. Wie es zu diesem Gedanken durch Vernunftgründe kommt, wird von Kant ebenfalls bereits 1769 zu rekonstruieren versucht. Er zieht eine Verbindung von den Fragen der Kosmologie zum Reihenproblem; damit wird der Monadenbeweis aus dem unmittelbar naturphilosophischen Zusammenhang gelöst und in den Zusammenhang der Erkenntnistheorie gestellt. In R 4039 zu denjenigen Paragraphen in Baumgartens *Metaphysica*, welche die Notwendigkeit behandeln, expliziert Kant Notwendigkeit als ein Beispiel für „Grenzbegriffe" (AA XVII, 393): in der „Reihe moglicher Einichten"[276] sei der Begriff der absoluten Notwendigkeit ein Grenzbegriff (*conceptus terminator*), weil er hinsichtlich der Gründe an das Nichts stoße. Diese Überlegung Kants scheint eine Vorwegnahme des Begriffs vom Unbedingten zu sein, welcher in der Ideendeduktion

[276] In einer Klammer bemerkt Kant: „Alle Verstandesgesetze dienen zur Begreiflichkeit in der Serie". Diese Äußerung ist zur Lehre der *Kritik der reinen Vernunft* völlig analog, wonach der Verstand die Funktion erfüllt, die Ideen der Vernunft mit Gehalt zu füllen und also begreiflich zu machen versucht, wenngleich diese Funktion niemals an ihr Ziel gelangen kann.

der *Kritik der reinen Vernunft* die zentrale Rolle im reinen Vernunftgebrauch spielt. In diesem Zusammenhang behandelt er das Reihenproblem in formaler, rein begrifflicher Weise, insbesondere geht es ihm um die Frage, welche Eigenschaften ein erster Grundbegriff haben muß: er muß durch sich selbst vollkommen begreiflich sein; diese Bestimmung kommt mit der *idée simple* oder *notio primitiva* bei Leibniz überein, dem nicht weiter analysierbaren einfachen Begriff.[277] Grenzbegriffe sind demnach wohl Grundbegriffe, die eines Beweises nicht bedürfen, weil sie erste unbegründbare Begriffe sind. Das Einfache, aber auch den Begriff der Substanz, führt Kant neben Freiheit als Beispiel für solche Grenzbegriffe absoluter Anfänge an.[278] Aus demselben Jahr stammen zahlreiche Reflexionen zur Reihenproblematik selbst. In einer Reflexion über synthetische Grundsätze, v.a. über den Satz vom Grund, den Kant hier insbesondere auf Kausalität und Freiheit bezieht, also die Thematik der dritten Antinomie, reißt Kant das Problem an, daß nach dem Satz vom Grund einerseits ein erstes in einer Reihe angenommen werden müsse, andererseits aber nach demselben Satz ein solches erstes nicht gelten gelassen werden dürfe (R 3922; AA XVII, 346). Denn wenn ein Erstes angenommen wird, so wird man das Problem ergänzend erläutern können, wird nach dem Satz vom Grund dieses gesetzte Erste wieder als Bedingtes gelten müssen, das einen Grund voraussetzt, usf. ins Unendliche; nimmt man dagegen kein Erstes an, so sind alle Elemente der Reihe lediglich Bedingtes, ohne daß es eine erste Bedingung gibt. Auf diese Weise ist alles nur Bedingtes, nichts ist Bedingung. Kant bemerkt, es sei schwer, sich in einer Reihe aller Dinge einen Anfang zu denken; unmöglich aber sei es, eine verflossene unendliche Reihe zu denken. Die Annahme einer ersten Ursache ist demnach nur dann möglich, wenn man alles von einer unendlichen Reihe „braucht", obwohl dies falsch zu sein scheine. Diese Überlegung zu den Folgen aus dem Satz vom Grund weist eine deutliche Parallele zu der Herleitung der Antinomien aus dem Vernunftprinzip, der Idee des Unbedingten, auf. Interessanterweise wird diese Überlegung von Kant insbesondere auf das „einfache Subjekt" des Denkens bezogen und auf die „körperlichen Erscheinungen", also die Thematik der Paralogismen und der Antinomien. Aus dieser Reflexion geht demnach hervor, daß Kant 1769 strukturell das Problem auffiel, daß der Satz vom Grund, angewandt auf Reihen, zwei gegensätzliche Annahmen nach sich zieht, die Annahme einer von einem ersten Element begrenzten Reihe und die Annahme einer unbe-

---

277 Vgl. Leibniz, G.W.: Monadologie. GP VI, 612.

278 Die vierte Antinomie formuliert Kant bereits um 1769/1770 in einer Vorfassung (R 4179; AA XVII, 445). In dieser Vorfassung lautet die Vorform der Antithesis: „wenn etwas ist, so ists durch etwas anderes nothwendig (ratio intelligendi in serie data)"; die Vorform der Thesis lautet: „wenn etwas nothwendiges ist, so ist ein absolut nothwendig wesen (ratio complete intelligendi seriem, h. e. terminandi)"; Kant führt das Satzpaar als Beispiel für Sätze auf, „die einander gerade entgegenstehen", denn „nach dem ersten giebts kein absolut nothwendiges, nach dem zweyten giebts." Diese beiden Sätze mögen sogar die erste Formulierung antinomischer Sätze in den Reflexionen sein (Adickes' Datierung ist jedoch unsicher).

grenzten Reihe, mit der Andeutung des Gedankens, daß man in diesem Falle die Gesamtheit der Reihe als Grund annehmen müsse. Ebenso in R 3976: nach dem subjektiven Gesetz der Vernunft sei es notwendig, „eine erste Handlung" anzunehmen.[279] Ebenso notwendig sei es jedoch, einen Grund überhaupt jeder Handlung und daher, so Kant, kein Erstes als gegeben vorauszusetzen. In R 3928 schreibt Kant die Annahme einer unendlichen Reihe der Realverknüpfung dem Prinzip der Form aller unserer Vernunfturteile zu, die Annahme eines ersten Grundes dagegen den Grenzen unseres Verstandes (AA XVII, 350 f.).

In einer weiteren Reflexion führt Kant diesen Widerspruch zwischen den Grundsätzen darauf zurück, subjektive Prinzipien als objektiv anzusehen, und gibt als Beispiel wieder den Satz vom Grund in zwei in seiner Deutung einander widersprechenden Formulierungen: „Alles hat einen Grund" und „Nichts ist notwendig durch sich selbst"; gemeint ist, wenn der eine Satz wahr ist, dann muß der andere Satz falsch sein, obwohl sie denselben Bedeutungsgehalt haben; d.h. sie widersprechen sich letztlich selbst, wenn man sie als erste Prinzipien auffaßt.[280] Und mit Bezug auf die Begriffe ‚Substanz' und ‚Grund' bemerkt Kant in R 3942, ein Beweis dafür, daß sie nicht objektiv seien, könne darin erblickt werden, daß sie in „evidentem Wiederspruch" stünden, allerdings wird hier nicht deutlich, worauf bezogen (AA XVII, 357). Die „Wiedersprüche der reinen Vernunft" führt Kant 1769 auf das Schlußverfahren aus reiner Vernunft zurück (R 3999; AA XVII, 381). Anders als die empirische Erkenntnis, die induktiv von einzelnen Urteilen zu allgemeinen gelangt, verfährt sie umgekehrt und urteilt allgemein aus reinen Begriffen, bedarf aber dazu eines Begriffs der Subordination oder Koordination, welches der Allgemeinheit widerspräche.

---

279 AA XVII, 372. Sehr aufschlußreich ist, daß Kant bereits hier das Reihenproblem auf eine Handlung der Konstruktion der Reihe zurückführt und nicht auf ein an sich Gegebenes. Von einer solchen Handlung der „ursprünglichen Vernunft" bei der Setzung eines ersten Grundes spricht Kant auch in R 4011 (AA XVII, 384 f.). Wenn der Satz vom „ersten Grund" auf Urteile *a posteriori* bezogen würde, sei er eine notwendige Hypothese der „gesunden Vernunft"; fange man aber *a priori* mit diesem Grundsatze an, so sei dies eine Setzung der „ursprünglichen Vernunft". Und bereits in R 4012 wird die kritische Erkenntnisrestriktion formuliert: „Das principium rationis, imgleichen das principium rationati, ist eine Regel der Gesunden Vernunft und also auf die Gegenstände der Erfahrung restringirt. Die Grenzen der Sinnenwelt sind also auch die Grentzen ihres Gebrauchs. Wenn man weiter geht und deren Gültigkeit allgemein machen will, so irrt man und bringt ihn in die Wissenschaft. " (AA XVII, 385).

280 R 3936; AA XVII, 355. „Widerspruch" wird hier nicht als Substantiv, wohl aber als Verb verwendet: „Die principia subiectiva, wenn sie obiectiv erwogen werden, wiedersprechen sich." Dieser Gedanke ist auch Inhalt einer Reflexion desselben Jahres (R 4000; AA XVII, 381 f.). Hier werden die Sätze: „Es ist eine erste Ursache" und „es ist keine" opponiert. Unter objektiven Bedingungen müßte einer von beiden Sätzen wahr sein, da sie aber lediglich subjektive Geltung haben, sind sie beide zugleich wahr, obwohl sie sich widersprechen. In R 4007 spricht Kant dagegen lediglich von einem „Streit subjektiver Gesetze" (AA XVII, 383).

Der Sache nach weist Kant den Beweisgrund des Thesisbeweises in einer Reflexion von 1769 zurück, die sich auf den Paragraphen zu „*Simplex et compositum*" bei Baumgarten bezieht. Zwar lasse sich in jedem Zusammengesetzten die Zusammensetzung aufheben, nicht aber in einem Quantum; denn auch wenn sich in allen Teilen des Raumes Teile angeben ließen, so ließen sich doch nicht alle Teile eines Teilraumes anzeigen (R 4061; AA XVII, 401). Eine vorläufige Form der vier Weltideen findet sich in einer Reflexion zu Baumgartens Paragraphen über den positiven Begriff der Welt (R 4201; AA XVII, 454). Nach einem anderen Einteilungsschema als in der *Kritik der reinen Vernunft* gelangt Kant hier ebenso zum Begriff des Einfachen. Da die Welt die absolute Totalität des Koordinierten und Subordinierten ist, geht Kant in seiner Einteilung nach diesem Schema vor: Koordination und Subordination werden jeweils sowohl *a priori* als auch *a posteriori* verstanden, gemeint sind Bedingungsreihen der *antecedentia* und der *consequentia* (vgl. B 438). Die Analyse des Koordinierten führt auf den Begriff des Einfachen, es ist das Apriori des Koordinierten; die Synthesis des Koordinierten führt auf den Begriff der Welt selbst, das Aposteriori des Koordinierten. Das Apriori des Subordinierten führt auf den Begriff der obersten Ursache und das Aposteriori des Subordinierten auf den Begriff der Totalität der Folgen. Erkennt man in den ersten beiden Begriffen deutlich die erste und die zweite Weltidee der *Kritik der reinen Vernunft* wieder, so erfaßt nur der Begriff der Subordination in der Analyse in ungefähr den Gegenstand der dritten Antinomie. Da Kant in der *Kritik der reinen Vernunft* die Schlüsse auf die Folgen für nicht notwendige Vernunftprobleme hält, ändert er diesen Herleitungsversuch der kosmologischen Ideen gänzlich ab.

In einer Reflexion von 1769/1770 beschäftigt Kant die Frage nach dem Verhältnis von Substanz und Raum, wobei er zu dem Ergebnis gelangt, daß körperliche Teile nur komparative Substanzen sein können, die eine Quantität besitzen, welche nach der Wirkung ihrer bewegten Kraft bestimmt werden müsse; diese Substanz sei aber nicht ein Einfaches (R 4316; AA XVII, 504). In komparativer Weise ist etwas Substanz, das in Relation zu etwas anderem Zugrundeliegendem steht, nicht aber in einem absoluten Sinne für sich existiert. Kant stellt darauf die Frage, ob es dennoch hinsichtlich des Raumes etwas Einfaches gebe, und er faßt dieses Problem als eines der Abzählbarkeit der Substanzen im Raum: „Nun frägt sich, ob in Ansehung des Raumes etwas einfaches und eine bestimte angebliche Zahl sey." (ebd.).[281] Die Frage nach der Bedeutung des Unendlichkeitsbegriffs für die mathematischen Antinomien

281 Diese Reflexion ist unmittelbar in *De mundi sensibilis* eingegangen (AA II, 415 f.). Als einen Fall der Unterschiebung sinnlicher Erkenntnis unter die intellektuelle faßt Kant dort die Annahme des Einfachen auf: „Pari modo argumento intellectus, quo probatur, quod dato composito substantiali dentur compositionis principia, h.e. simplicia, se adiungit suppositicium aliquod, a sensitiva cognitione subornatum, quod nempe in tali composito regressus in partium compositione non detur in infinitum, h.e. quod definitus detur in quolibet composito partium numerus, cuius certe sensus priori non est geminus, adeoque temere illi substituitur."

ist hierbei von besonderem Interesse.[282] Bereits 1769 bemerkt Kant: „Unser vermögen zu zählen ist (an sich) uneingeschränkt; wenn es [kein] nicht beschrankt wird, ist es unbestimmt; denn gantz kan es nicht genommen werden. aber in dem realissimo geht die omnitudo vor den Schranken vorher.“ (R 4024; AA XVII, 388). Demnach ist die Zahlenreihe, die der Verstand konstruieren kann, potentiell unendlich, sie ist als eine unendliche Größe indefinit. Dennoch weist Kant darauf hin, das realste Wesen müsse als eine Ganzheit gedacht werden, die unbeschränkt ist. Diese Reflexion ist, obwohl sie sich auf dasjenige bezieht, was Kant auch in der *Kritik der reinen Vernunft* im Zusammenhang des *ens realissimum* bezüglich des transzendentalen Ideals erörtert, auch für die anderen Vernunftbegriffe relevant. Daß die Zahlenreihe als eine potentielle, indefinite Unendlichkeit gedacht werden muß, ist also bereits 1769 Kants Lehre; warum aber nahm er erst später an, daß nur dieser Unendlichkeitsbegriff die Weltgrößen zu bestimmen erlaubt? Der Kontext der Kantischen Reflexionen zum Unendlichkeitsbegriff zeigt deutlich, daß die Ursache wohl mit dem Problem der Realität unendlicher Größen verbunden ist.[283] Dies zeigt u.a. die spätere Reflexion

---

282 Falkenburg schreibt diesem Begriff für Kants Entwicklung der Antinomienlehre einen sehr hohen Stellenwert zu (Kants Kosmologie. S. 164-172): „die *Abkehr vom Leibnizschen Begriff des Aktual-Unendlichen aus nicht mathematischen Gründen* markiert um 1773-1775 den entscheidenden Umkehrpunkt in der Argumentation von der Widerspruchsfreiheit der Kosmologie von 1770 zum Widerspruch im Weltbegriff von 1781.“ (S. 165). Die Auflösung der mathematischen Antinomien durch die Anwendung des Begriffs einer potentiellen Unendlichkeit auf die Vernunfthandlungen ermögliche es Kant, die zuvor nichtentdeckbare Konfundierung des mathematisch Unendlichen und des metaphysisch Unendlichen zu entschärfen, die für die Antinomie verantwortlich ist (S 171). Demnach entzünden sich nach Falkenburg die mathematischen Antinomien „nicht am Begriff des Aktual-Unendlichen *per se*, sondern an dessen metaphysischer Anwendung auf das Weltganze, genauer: auf die Welt als Ganzes in Raum und Zeit.“ (S. 171). Warum aber in der traditionellen Metaphysik eine solche Konfundierung stattfand und weshalb beispielsweise Leibniz den Begriff der aktualen Unendlichkeit auf die Materie anwendet, obwohl er durchaus über den Begriff der potentiellen Unendlichkeit verfügt, dies wird von Falkenburg nicht thematisiert. Der Grund dafür, weshalb Leibniz Körper als aktuale Unendlichkeiten ansieht, ist bereits metaphysischer Art: nach Leibniz ist ein Kontinuum lediglich ideell, ihm kommt keine objektive Realität zu, weil es kein Unteilbares enthält. Realität kann nach Leibniz nur durch Substantialität garantiert werden (vgl. Kap. III.3.5.). Da nun aber Substanzen unteilbar sind, können Körper als reale Phänomene keine Kontinua sein, denn ihnen soll eine gewisse, wenngleich auch abgeleitete Realität zukommen (vgl. dazu allgemein von der Verf.: Rationalistischer Monismus und Leibniz' Theorie der Materie). Die Anwendung des einen oder des anderen Begriffs der Unendlichkeit ist also ein Problem des Realitätsstatus, der einer Entität zugebilligt wird. Für die Antinomienproblematik ist deshalb von entscheidender Wichtigkeit, weshalb Kant den Begriff der potentiellen Unendlichkeit, den er, wie oben gezeigt, bereits 1769 auf die Verstandes- und Vernunfthandlungen anwendet, nun als konstitutiv für die Weltideen ansieht. Der Grund hierfür muß wohl in seinem neuen, kritischen Substanzbegriff und in seiner kritischen Erscheinungslehre gesehen werden.

283 Vgl. auch R 4098; AA XVII, 414: „progression. Die Unendlichkeit der Reihe als solche ist moglich, aber nicht die Unendlichkeit des aggregats. Jenes ist eine unendliche Moglichkeit (der Hinzuthuungen), dieses eine unendliche (wirkliche) Zusammennehmung.“ Besonders

4782 von 1775-1779 zum Paragraphen *Notio mundi negativa* der Baumgartenschen *Metaphysica*:

> „Nach den Gesetzen der Erscheinung ist ein regressus in infinitum nicht unmöglich, aber wohl in der subordinatione intellectuali; jene ist subiectiv unmoglich ganz zu gedenken. Die totalitaet ist unmöglich." (AA XVII, 726)

Die Reflexionen von 1771, die sich auf den Paragraphen „*Monas*" der *Metaphysica* beziehen, gehen wiederum dem Problem der Homo- bzw. Heterogenität der Teile des Zusammengesetzten im Raum in Beziehung auf deren Abzählbarkeit nach. Thema dieser Reflexionen ist der Absolutheitsanspruch in der Statuierung eines Einfachen: „Alle Einheit ist relativisch; ob eine absolute möglich sey, frägt sich" (R 4418; AA XVII, 539). Die Begründung der lediglich relativen Geltung des Einfachen stützt sich auf die Homogenität bzw. Heterogenität von Teil und Zusammengesetztem (R 4419; AA XVII, 539): ein Zusammengesetztes kann demnach aus abzählbaren Teilen bestehen, dies bedeutet aber nicht, daß diese Teile unteilbar sind, denn es ist möglich, daß sie selbst wiederum *composita* relativ zu einer anderen Art von Teilen sind, d.h. daß sie aus wiederum einer anderen Art von Teilen bestehen. Kants Beispiel sind die Maßeinheiten des Raumes: so könne eine Rute aus Füßen bestehen, die aber wiederum in Zolle eingeteilt werden können.[284] Kant schließt daraus: die Aufhebung von Zusammensetzung kann niemals absolut sein, sondern sie ist immer relativ auf die Art des Zusammengesetzten und führt auf Teile, die nicht absolut einfach sind, sondern nur bezüglich der Art des Zusammengesetzten, das sie konstituieren. Das Beispiel geht lediglich auf eine nominelle Artverschiedenheit in einem quantitativ Teilbaren ein; gravierender ist das Problem aber bei qualitativ unterschiedlichen Elementen und Subelementen eines Zusammengesetzten, wie es sich beispielsweise in der Struktur von Materie findet: Moleküle mit chemischen Eigenschaften bestehen aus Atomen mit bestimmten physikalischen Eigenschaften und spezifischen Kräften, die wiederum aus Elementarteilchen mit wiederum anderen Eigenschaften und anderen spezifischen Kräften bestehen.

---

aus Phase λ, allerdings nicht zweifelsfrei dieser Phase zuschreibbar, also 1769/1770, sind zahlreiche Reflexionen zur potentiellen Unendlichkeit erhalten, die allesamt die subjektive Geltung des potentiell Unendlichen statuieren und durchaus auch das aktual Unendliche als „unbegreiflich" einstufen (vgl. R 4192-4198; AA XVII, 451 f.). Kant spricht von einer „Schwierigkeit", die Totalität eines Unendlichen mit der Unmöglichkeit einer vollständigen Synthesis zu vereinbaren (R 4195; ebd.). Auch in der R 4697, in der Kant aktuale und potentielle Unendlichkeit unterscheidet, geht es um die Anwendung dieser Begriffe auf reale Größen. Bereits in dieser Reflexion wird deutlich, daß die aktuale Unendlichkeit keine objektive Realität haben kann (AA XVII, 678).

284 Diesen Gedanken findet man in Humes *Treatise* (A Treatise of Human Nature. S. 46). Hume allerdings verwendet ihn zugunsten seiner These von den unteilbaren Teilen des Ausgedehnten.

Das Problem der zweiten Antinomie, die Frage, ob Materie aus einfachen Teilen bestehe oder nicht, erscheint in den Reflexionen zuerst 1771 in einer Gegenüberstellung, jedoch in völlig anderer Form als in der *Kritik der reinen Vernunft*:

> „Quaestio hic proprie est, utrum compositum reale possit cogitari tanquam quantum continuum sive tanquam discretum; si sit [discretum] continuum, non foret nisi vis quaedam in spatio vel tempore adstricta." (R 4420; AA XVII, 539)

Stimmt wohl die Annahme der Materie als eines *quantum discretum* mit der Thesisposition der Sache nach überein, so ist es doch zunächst fraglich, ob die Antithesis in der *Kritik der reinen Vernunft* die Ansicht vertritt, daß die Materie unendlich teilbar und also ein *quantum continuum* sei. Als eine Antinomie werden diese beiden Annahmen in der Reflexion von Kant nicht betrachtet. Die Frage, ob ein *compositum reale* als ein *quantum continuum* oder als ein *quantum discretum* zu denken sei, beantwortet er mit der Leibnizschen Lösung, die zunächst von einer Trennung des Phänomenalen und Substantiellen ausgeht; demnach könne vielleicht ein *totum intelligibile* aus einfachen Teilen bestehen, nicht aber das Phänomen Körper. In dieser Reflexion geht Kant also hinter seinen eigenen Standpunkt der *Monadologia Physica* zurück. Kant meint jetzt, anders als 1756, daß Körper, insofern sie räumlich sind, nicht aus dem Einfachen bestehen können, denn eine Aufhebung der Zusammensetzung von Raumteilen bedeute die Aufhebung des Raumes selbst, da dieser nichts anderes ist als ein Relationengefüge; dieser Raumbegriff ist zweifellos keine phänomenale Ordnung des Zugleichexistierenden im Leibnizschen Sinne, sondern eine Anschauungsform, wie Kant bereits in *De mundi sensibilis* feststellt.[285] Das Einfache kann also nicht extensiv sein. Durch die Zuordnung der Theoreme auf einerseits den Bereich des Phänomenalen und andererseits den Bereich des Intelligiblen wird der Widerspruch vermieden. Deutlich wird, daß die Hinsichtenunterscheidung, die es Kant in der *Monadologia Physica* scheinbar ermöglichte, das Einfache und die Räumlichkeit zu vereinbaren, ihm nun unmöglich erscheint und also ein anderer Beweis für das Einfache im Raum gefunden werden muß (vgl. R 4422; AA XVII, 540).

In weiteren Reflexionen dieses Jahres geht es um den ontologischen Status, der dem Einfachen in der Kosmologie zugewiesen wird; wenn nämlich dasjenige, was im Raum gegeben ist, Phänomenstatus besitzt, der Raum aber auch Bedingung der Realität der Erscheinungen ist, dann kann es kein *compositum reale* unabhängig vom Raum

---

[285] Vgl. De mundi sensibilis. AA II, 403 f. In *De mundi sensibilis* führt Kant einen Beweis für die Stetigkeit der Zeit, der wohl auch äquivalent für den Raum gilt (vgl. AA II, 403 Anm.: Kant übergeht diesen Beweis explizit, weil er leicht zu führen sei; gedacht ist wohl an einen geometrischen Beweis). Die Zeit ist stetig, denn wenn man sich die Zusammengesetztheit der Zeit als aufgehoben vorstellt, so bleibt nichts übrig. Also sind alle Teile der Zeit homogen, d.h. die Zeit besteht nicht aus einfachen Teilen, also ist sie stetig; soweit Kants Beweis (AA II, 399). Gegenüber dem Thesisbeweis der zweiten Antinomie der *Kritik der reinen Vernunft* endet das Gedankenexperiment nicht negativ, denn es ergibt sich aus dem Umstand, daß nach der Aufhebung aller Zusammensetzung nichts übrig bleibt, kein Widerspruch (AA II, 400 f.).

geben; das Reale ist dann auch den Bedingungen des Raumes unterworfen und die Teilbarkeit des Realen im Raum ist abhängig von der Teilbarkeit des Raumes selbst. Kant meint nun, der Körper sei gar kein substantiell Zusammengesetztes, sondern ein *phaenomenon substantiatum* (R 4421; AA XVII, 540) oder auch: „*corpora sunt* [...] *praesentiae externae plurium substantiarum phaenomena*" (R 4422; AA XVII, 540). Auch die Zusammensetzung oder Teilung im Raum sei ein Phänomen der Verbindung und der Teilung. Alle Reflexionen dieser Phase zeichnen dieses Bild: Kant läßt bloß hypothetisch das Einfache als Element des Zusammengesetzten gelten; im Raum allerdings, so steht für ihn fest, kann es Einfaches nicht geben, denn der Raum ist kein *quantum discretum*, sondern ein *quantum continuum*; die Teilung des Raumes ist daher nicht real, d.h. die Teile des Raumes können nicht durch Dislokation voneinander getrennt werden, sondern bloß „logisch". Hinsichtlich der Materie stellt sich für Kant nun folgende Frage:

> „Weil alle Materie der Theilbarkeit nach scheint auf den raum anzukommen, den sie erfüllet, und sie so theilbar ist wie dieser Raum, so frägt sich, ob die Theilbarkeit der Materie nicht eben so wie die des Raumes blos logisch sey." (R 4425; AA XVII, 541)

Unter der logischen Teilung von Raum und Materie versteht Kant wohl die geometrisch konstruierende Einteilung, die Leibniz ideal nannte, und die ein *quantum continuum* ausmacht. „Logisch" meint vermutlich soviel wie „unter den Bedingungen des Denkens stehend".[286]

Um 1772 beschäftigt sich Kant in den Reflexionen vermehrt mit der Systematik des Erkenntnisvermögens. Im Rückblick, d.h. von der *Kritik der reinen Vernunft* her, müssen die Tafeln, die Kant hier aufstellt, als Vorformen der Kategorientafel und insbesondere des Systems der Vernunftideen und der vier kosmologischen Ideen gelten. Eine Vorstufe der drei Vernunftideen, die Kant in der *Kritik der reinen Vernunft* dann als Seele, Welt und Gott identifiziert, ist beispielsweise in R 4493 zu finden (AA XVII, 571 f.). Kant benennt drei *respectus realibus*, eine Dreiertafel von Relationsarten: 1. Grund – Folge, 2. Teil – Ganzes, 3. Substanz – Akzidens.[287] Jede dieser Hinsichten des Realen hat seine Grenze: 1. die Grenze von Grund und Folge ist einerseits das Unbedingte (*independens*) und andererseits die absolute Notwendigkeit; oder einerseits Freiheit (*libertas*) und andererseits Notwendigkeit; 2. Teil und Zusammengesetztes

---

286 Vgl. R 4287; AA XVII, 496: „Logisch ist, was in der Vergleichung besteht; real, was an sich selbst gesetzt wird." Logische Teilung besagt demnach dann wohl, daß die Teilung lediglich komparative Teile, niemals absolut einfache Teile ergeben kann.

287 In einer anderen Reihenfolge erscheinen diese drei Begriffe, die vielleicht als Vorform der drei Relationskategorien angesehen werden können, in R 4496 (AA XVII, 573). Hier nennt Kant drei Prinzipien, die aus den „drei Voraussetzungen" folgen; das Prinzip der Relationsart Teil – Zusammengesetztes lautet: „Einheit, die nicht (an sich) zusammengesetzt ist." Kant läßt später die Teil–Ganzes-Relation weder als Relationskategorie noch als Reflexionsbegriff gelten. ‚Teil – Ganzes' ersetzt er in der *Kritik der reinen Vernunft* durch die Kategorie der Gemeinschaft.

haben ihre Grenze an dem Ganzen (*universitatem* oder *totalitas absoluta*, *infinitum*, *completa*) und dem Einfachen (*simplex*); 3. Substanz und Akzidens haben ihre Grenze an Substantialität und bloßer Relation. Kant spricht bei diesen Grenzbegriffen von „*opposita*". Alle drei Grenzen, gemeint sind die drei Gruppen mit jeweils zwei Grenzbegriffen, seien „nicht einzusehen". Diese Dreiertafel kann als Vorform der vier kosmologischen Ideen und Antinomien angesehen werden, wenngleich eine eindeutige Zuordnung aller Gruppen noch nicht zu treffen ist: Die erste Gruppe ist klar als die spätere dritte Antinomie zu erkennen, die Begriffe der zweiten und dritten Gruppe stellen in der *Kritik der reinen Vernunft* dagegen das Reservoir sowohl für die erste als auch für die zweite Antinomie. Kant opponiert in der zweiten Gruppe dasjenige, was in der *Kritik der reinen Vernunft* als erste und zweite kosmologische Idee voneinander unterschieden ist: das Einfache und das Weltganze werden einander gegenübergestellt; dies bedeutet, daß er unter den *opposita* nicht etwa etwas den Antinomien Vergleichbares versteht, vielmehr geht es hier um Realoppositionen, deren kosmologische Bedeutung allenfalls im Hintergrund steht.

Einfaches und Raumkonstitution werden von Kant in dieser Zeit weiterhin intensiv thematisiert, dabei gehen die Überlegungen inhaltlich nicht über den Stand des bisher Erreichten hinaus. Die notwendige Abhängigkeit des Körpers vom Raum hinsichtlich seiner Teilbarkeit ist Gegenstand der Reflexionen um 1772 zum Paragraphen „*Monas*" der Baumgartenschen *Metaphysica.* Kant stellt hier in bezug auf den Körper fest, daß es unmöglich sei, in einem Körper jegliche Zusammensetzung aufzuheben, da der Körper nur „nach den Bestimmungen des Raumes möglich" sei, daher müsse jeder Teil des Körpers einen Raum einnehmen (R 4498; AA XVII, 573 f.). Dies gelte für jedes *phaenomenon substantiatum.* Beim Teilungsproblem unterscheidet Kant die Teilung von stetigen Größen von derjenigen Teilung, die auf das Einfache führt. Weil nach der Dissertation alles, was im Raum vorgestellt wird, Phänomen ist, wird auch der Körper zu einem Phänomen sowie alle seine Teile. Die Substantialität der Teile des Körpers hat daher, so Kant, nur relative Geltung (R 4499; AAXVII, 574). Auch die Teile sind nur *phaenomena* von Substanzen. Die Phänomenalität des Körpers ist bedingt dadurch, daß der Körper notwendig unter den Bedingungen des Raumes steht, d.h. durch den Raum allererst ermöglicht wird. Da der Raum nun ein Kontinuum ist, so müssen alle Teile des Körpers selbst auch Kontinua sein. Auffällig ist, daß Kant hier noch mit Leibniz anzunehmen scheint *erstens*, daß der Begriff der Substanz ontologische Bedeutung hat, d.h. daß notwendig Entitäten existieren, die die klassische Substanzdefinition erfüllen, und *zweitens*, daß es eine Pluralität von an sich selbst unräumlichen Substanzen gibt, die *rationes essendi* der *phaenomena* sind. Kants Auseinandersetzung mit Leibniz in dieser Phase, speziell was dieses Problem anbelangt, belegt eine weitere Reflexion (R 4500; AAXVII, 574). Kant bezieht hier zu Leibniz' spezifischem Phänomenalismus Stellung. Er interpretiert Leibniz' Theorie der Monade so, als ermögliche sie es, den Bereich des Intellektuellen vom Bereich des Phänomenalen zu trennen, so daß der bloß phänomenal gegebene Körper nicht aus Einfachem besteht, die einfachen Substanzen oder Monaden dagegen aber den wahren Begriff (*verus conceptus*) intellektuell konstituieren; dies ist Kants Position von 1770.[288] Der Unterschied dieser Leibnizschen Position zu seiner eigenen Lehre von physischen Monaden, wie er sie in der *Monadologia Physica* entworfen hatte, ist klar zu erkennen. In der Physik sei daher kein Gebrauch für Monaden, aber auch in der Metaphysik seien sie nur von negativem Gebrauch, um zu vermeiden, Phänomene für reale Bestimmungen der Objekte zu halten.[289] Mit diesem „restringierenden" Sinn intellektueller Begriffe scheint Kant ihre ontologische Relevanz außer Kraft gesetzt zu haben. Dennoch hält er 1772 den Beweis der Thesis der zweiten Antinomie bezogen auf den Bereich des *mundus intelligibilis* noch immer für gültig (R 4501; AA XVII, 575). Die Teilung des Zusammengesetzten führt dann auf das Einfache, wenn die Zusammensetzung mit dem Einfachen beginne; bei Größen könne dies jedoch nicht angenommen werden, denn wenn sie Kontinua sind, lassen sie sich nicht aus Unteilbarem zusammensetzen. Das Einfache ist der Größe nämlich entgegengesetzt. Der Grund hierfür ist wohl, daß Kant noch an der ontologischen Bedeutung des Begriffs der Substanz festhält, um mit ihm den Bereich des Intelligiblen gegen den des Sensiblen abgrenzen zu können, obwohl er die Relativität der Substanz im Phänomenalen bereits 1769 annimmt (vgl. R 4316; AA XVII, 504).[290]

Diejenige Reflexion, welche das Teilungsproblem der zweiten Antinomie explizit thematisiert, stammt aus der Zeit zwischen 1772 und 1775 (R 4502; AA XVII,

---

288 Daß Kant mit Sicherheit vor 1766 zumindest die *Monadologie* von Leibniz gelesen hat, ist bereits gezeigt worden.

289 „Si cognitio sensitiva extendatur in sua specie in infinitum, tamen manet sensitiva, et corpora nunquam deprehendentur empirice constare simplicibus; ergo monades in physica nullius sunt usus, et in metaphysica sunt usus negativi, ut caveatur, ne habendo phaenomena pro reali constitutione obiectorum axiomata sensitiva fiant quasi intellectualia." (ebd.).

290 Vgl. R 4499; AA XVII, 574. Die Einschätzung Baums, daß u.a. die Behandlung des Teilungsproblems in *De mundi sensibilis* lediglich die Thesisposition wiedergibt und daß die Antinomien damit noch gar nicht festgestellt sind, stimmt mit diesen Belegen überein (Kants kritischer Rationalismus. Zur Entwicklung des Vernunftbegriffs nach 1770. In: Vernunftbegriffe in der Moderne. Stuttgarter Hegel-Kongreß 1993. Hrsg. v. H. F. Fulda und R. P. Horstmann (Veröffentlichungen der Stuttgarter Hegel-Vereinigung Bd. 20). Stuttgart 1994, S. 184-198). Nach seiner Interpretation kann ein Widerspruch kosmologischer Erkenntnisansprüche hier nicht aufkommen, weil Kant die intellektuelle Erkenntnis noch für gültig erachtet. Für Baum hat Kant daher zwar in der Dissertation die Raum- und Zeitlehre im wesentlichen analog der *Kritik der reinen Vernunft* entwickelt, dennoch vertritt Kant hier einen „dogmatischen Rationalismus" (S. 191). Der Schritt zur Position der *Kritik der reinen Vernunft* wird durch die Frage nach der Objektivität dieser Wissensansprüche getan (S. 194); sie führt zu einer Selbstkritik von Verstand und Vernunft. Zusammenfassend läßt sich dieser Befund so auswerten: die Lehre von Raum und Zeit als sinnliche Anschauungsformen für sich ist nicht Auslöser der kritischen Wende Kants gewesen. Auch die Antinomien sind nicht als der Weckruf aufzufassen, für die sie oft gehalten wurden. Vielmehr ist es das Problem der Rechtfertigung intellektueller Wissensansprüche, das Kant zur kritischen Lehre geführt hat.

575 f.). Einerseits wird eine Sachkritik an der Annahme, die Materie bestünde aus einfachen Teilen, geübt. Andererseits wird die Annahme der unendlichen Teilbarkeit der Materie in einer bestimmten Interpretation negiert. Dabei wird das Einfache als physische Monade verstanden, Kant kritisiert hier also seine eigene Position der *Monadologia Physica* von 1756. Die Behauptung, daß die Materie aus einfachen Teilen bestehe, unterliegt der Bedingung, daß die einfachen Substanzen, die den Phänomenen zugrunde liegen, wirkliche Teile der Materie sind. Es muß angenommen werden, daß es viele Substanzen gibt, die sich an verschiedenen Orten befinden. Diese Voraussetzung ist dann unmöglich, so Kant, wenn man zugleich annimmt, daß die Menge der einfachen Teile unendlich ist. Kants Argument ist dabei nicht unmittelbar verständlich: Wenn die unendlich vielen Teile der Materie sich voneinander entfernen, dann würde ihre Ausdehnung sich ebenso unendlich vermehren. Selbst wenn sich zwei einfache Substanzen mit endlicher Geschwindigkeit voneinander entfernten, so würde die Größe der Oberfläche ihrer Ausdehnung unendlich werden.[291] Dies ist unmöglich, so wird man Kants Beweis ergänzen müssen, weil endliche Größen, beispielsweise zwei einfache Substanzen, keine unendliche Größe ergeben können. Um dieses Problem zu vermeiden, kann man annehmen, daß die Materie nur *phaenomenon* ist. Sie besteht dann nicht aus einfachen Teilen und ist unendlich teilbar. Die Teile dürfen dabei aber nicht als „wirklich unendlich" gedacht werden, gemeint ist wohl als aktual unendlich eingeteilt. Leider hat Kant seine Kritik an der Annahme des Einfachen in der Materie nicht ausgeführt, nämlich, daß die Anzahl der einfachen Substanzen in der Materie endlich sei, denn mit der Formulierung des entsprechenden Antezedens bricht die Reflexion ab.

In einer nur sehr grob zwischen 1772 und 1780 datierten Reflexion stellt Kant fest: „Einfache Wesen (als solche) können gar nicht Theile der Sinnenwelt seyn." (R 4534; AA XVII, 585). Weil Kant das Ausgedehnte nun als „objekt[ ] äußerer Sinne" faßt, müßte das Einfache ebenso ein Teil des Objekts des äußeren Sinnes sein. Da dies nicht möglich sei, so müsse das Einfache, das er als „Lebensprinzip" bestimmt – wohl der Leibnizschen Entelechie der Monade entsprechend – dem Intelligiblen zugerechnet werden. Doch dieses Intelligible, das Kant hier als Substrat der Erscheinung der Sinnenwelt anzunehmen scheint, kann nur in Relation zur Sinnenwelt erkannt werden. Unabhängig von dieser Relation seien die „organisierten und die Materie organisierenden Wesen" noch nicht einmal der Möglichkeit nach erkennbar und Kant schließt: „Einfache Wesen haben keinen Ort in der Welt" (ebd.).

In zwei weiteren Reflexionen dieses großen Zeitraumes wird das Problem der Teilbarkeit der Materie immer klarer in Richtung auf die Thematik ausgerichtet, in der es in der zweiten Antinomie behandelt wird. Insbesondere der Begriff der Teilung selbst tritt im Hinblick auf den Realitätsstatus des Geteilten in den Vordergrund. In dieser Phase der Entwicklung der Teilungsproblematik faßt Kant die Teilung der

---

291 Kant erklärt: die Geschwindigkeit der Oberfläche werde unendlich; gemeint ist wohl die Oberflächenausdehnung.

Materie als Bewegung auf. Die entsprechende Form der Zusammensetzung nennt er nun „empirische Synthesis" (R 4719; AAXVII, 686). Kant wendet hier eine allgemeine Formulierung des *principium continuitatis*, bezogen auf Realität und Negation, auf die Realität der Körper an. Das allgemeine Prinzip besagt, daß der Übergang zwischen Realität und Negation fließend sei; es ist damit klar als Vorform der *Antizipationen der Wahrnehmung* in der *Kritik der reinen Vernunft* zu erkennen, auf welche Kant die Teilungsproblematik konzeptionell bezieht. Demnach ist auch der Übergang der Realität der Körper zur Negation kontinuierlich: durch „unendliche Grade des kleineren Unterschiedes" werde der Körper durch Negation zum Verschwinden gebracht. Die Dekomposition der Körper wird dabei von Kant als Bewegung, wohl als Dislokation der Teile gedacht. Aus einem nur schwer nachvollziehbaren Grund folgert Kant:

> „Monaden können also keine Gegenstande einer empirischen Synthesis der äusseren Erscheinung seyn. Von dem ganzen aller (moglichen) decomposition und composition läßt sich keine Erfahrung geben" (ebd.)

Daß Kant diese Feststellung überhaupt bemerkenswert erscheint, ist ein Umstand, der einer Erläuterung bedarf, haben doch weder Wolff noch Kant selbst, geschweige denn Leibniz das Gegenteil behauptet. Die gegenteilige Behauptung nämlich, daß das Einfache Teil der Sinnenwelt und also ein Gegenstand möglicher Erfahrung sei, ist eine notwendige Konsequenz aus Kants vorausgegangenen Überlegungen zum Verhältnis von Körper, Raum und Substantialität, welche sich aus der Ablehnung des relationalen Raumkonzepts ergibt. Die freilich wenig erhellende Begründung für diese nun erhobene These ist, daß wenn eine „äußerste Monade" von ihrem Ort im Körper zu einem Ort außerhalb des Körpers transloziert werden soll, so könne dies nur „durch alle Grade der zwischenräume zwischen beyden" geschehen, gemeint sind wohl die beiden Orte; d.h. selbst wenn eine physische Monade aus der Gemeinschaft der Monaden eines Körpers durch Teilung gelöst würde, so würde sie doch immer in räumlicher Relation zu diesem stehen, niemals aber den Raum verlassen können. Auch in R 4535 erscheint die Teilungsproblematik unter dem Vorzeichen der Aufhebung der Realität der Materie im Raum. Kant unterscheidet hierbei zwischen der „intellektuellen Frage", ob Materie überhaupt im Raum vernichtet werden könne, und der „physischen Frage", ob alle Materie durch Bewegung vernichtet werden könne. Die Frage der physischen Vernichtung der Materie kann nun entweder zum Ergebnis haben, daß alle Materie vernichtet wird, oder daß es eine unbewegliche Materie gibt.[292]

Die erste Formulierung der zweiten Antinomie erscheint in einer Reflexion, die von Adickes auf 1775/1777 datiert wird (R 4757; AA XVII, 703 ff.). Die Positionen von Thesis und Antithesis erscheinen erstmals in thetischer Form von entgegenge-

[292] In diesen Zeitraum fällt auch die erste Nennung des Begriffs ‚Antinomie'. Vgl. R 4742; AA XVII, 694. Diese Erstverwendung wird von Falkenburg hervorgehoben (Kants Kosmologie. S. 163).

setzten Sätzen, so wie sie dann modifiziert in der *Kritik der reinen Vernunft* vorliegen. Die Begriffe Thesis und Antithesis erscheinen hier noch nicht bezogen auf Sätze, die einander opponiert werden.[293] Die zweite Antinomie der *Kritik der reinen Vernunft* tritt bereits in einer Dreiertafel von Thesen und Antithesen auf, die jedoch noch nicht unmittelbar aufeinander bezogen werden. Wie in den Entwürfen zuvor faßt Kant die Thematik der ersten und zweiten Antinomie der *Kritik der reinen Vernunft* in einen Punkt zusammen. Dann aber stimmt die Einteilung mit derjenigen von 1781 überein: es folgt eine Vorform der dritten und vierten Antinomie. Die drei Vorformen der Theseis werden als „transzendente Grundsätze des reinen Verstandesgebrauchs" aufgefaßt. Die Thesis der zweiten Antinomie lautet hier: „Es ist ein erster Theil. nemlich als principium der Zusammensetzung." Eine Antinomie in der Bedeutung zweier widersprechender Urteile wird von Kant interessanterweise hier aber ebensowenig formuliert wie zuvor. Die drei den Thesen entgegengestellten „immanenten Grundsätze des empirischen Verstandesgebrauchs" entsprechen vielmehr der Position der Auflösung der *Kritik der reinen Vernunft.* Kant formuliert ihn so: „Es ist keine Grenze der composition und decomposition der Erscheinungen." Ein grenzenlos Unendliches ist jedoch die potentielle indefinite Unendlichkeit der Teilung der Materie, wie sie Kant in der Auflösung der zweiten Antinomie der Antithesis entgegenstellt. Eine definitive Formulierung der zweiten Antinomie liegt also auch hier nicht vor. Ohne daß Kant eine tatsächliche Antinomie aufgestellt hat, geht er dennoch von einer scheinbaren Antinomie oder Antithetik der reinen Vernunft aus, d.h. von einer Antinomie in der Bedeutung des Widerstreits der Gesetze des Erkenntnisvermögens, den er bereits seit Anfang der 1770er Jahre des öfteren benennt. In dem dieser Aufstellung von Sätzen folgenden Kapitel *Grund der Antithetik oder der scheinbaren Antinomie der reinen Vernunft* bestimmt Kant die immanenten und transzendenten Verstandesgrundsätze (R 4757; AA XVII, 704): immanente Verstandesgrundsätze sind demnach Prinzipien der Exposition der Erscheinungen, transzendente Vernunftgrundsätze sind Prinzipien der Spontaneität der reinen Vernunft. Sie sind Prinzipien der ursprünglichen oder der systematischen Einheit der Erkenntnisse. Das Einheitsprinzip der Vernunft bezieht sich auf die Spontaneität des Denkens. Für die Vernunft ist die Erkenntnis immer ein Ganzes, so Kant, daher sei die Synthesis der absoluten Einheit eine Bedingung der Vernunft. Vernunftgrundsätze definiert Kant als solche Grundsätze,

> „so die Bedingungen der [Bestimmungen] Einheit unserer Erkenntnis, in so fern sie a priori [unter] bestimmbar ist, folglich nur dieienige, welche die Vollstandigkeit der spe-

293 Kant verwendet den Begriff ‚Antithesis' in den Reflexionen wie den der ‚Antinomie' ebenfalls nicht bezogen auf Urteile, sondern bezogen auf die skeptische Methode: „Antithesis: Eine methode der vernunft, die oppositionen der subiectiven gesetze zu entdecken, welche wenn sie per vitium subreptionis vor obiectiv gehalten wird, scepticismus (in sensu obiectivo) ist; ist er aber nur [critic des subiects] ein propaedeutic, so ists methodus sceptica. Zur Bestimmung der subiectiven Gesetze der vernunft. Antithesis subiectiva." (R 4275; AA XVII, 492). Auf diese Wortbedeutung von ‚Antinomie' hat Falkenburg aufmerksam gemacht (Kants Kosmologie. S. 162).

culativen Erkenntnis a priori enthalten, welche mit den ideen der practischen a priori zusammenstimmt."

Aufgrund dieser bloß subjektiven Bedingungen der reinen Vernunft formuliert er nun Regeln des Vernunftgebrauchs, die als negative Regeln Verbote sind; sie sind unter dem Titel „Dialectic" zusammengefaßt. Hinsichtlich der zweiten Antinomie lautet dieses Verbot:

> „Was nicht begriffen werden kan (und was nicht in der Anschauung vorgestellt werden kan): die totalitaet des Unendlichen oder der unendlichen Theilung, nicht vor unmöglich zu halten. Die Unendlichkeit der Reihe, die [Unendlichkeit der] Endlichkeit [ohne] des abgeleiteten ohne das substratum originarium." (AA XVII, 705)[294]

Erst hier wird die Position der Antithesis überhaupt genannt; sie wird von Kant als eine möglich Position betrachtet, deren Negation also nicht als Beweisgrund des Einfachen gelten kann.

Die erste Vierertafel der Antinomien hat Kant in einer Reflexion derselben Zeit notiert (R 4759; AA XVII, 708 ff.). Diese Tafel stimmt in Thematik und Abfolge mit der Antinomientafel der *Kritik der reinen Vernunft* überein. Auch hier erscheint die zweite Antinomie nicht in direkter Gegenüberstellung von Thesis und Antithesis, sondern aufgeteilt in zwei Vierertafeln von Prinzipien. Unter die „Prinzipien der Exposition der Erscheinungen", deren Grundsatz es ist, alles als bedingt und nichts als schlechthin gesetzt anzusehen, fällt der Satz:

> „2. keine absolute [theilung der] totalitaet der decomposition, mit hin kein unbedingt einfaches. (non simplicitas absoluta.) (Der Unendliche Fortgang kann nicht begriffen und das Unbedingte nicht Anschauend gemacht werden.)" (AA XVII, 709)

Diese Grundsätze seien objektiv gewiß für den empirischen Gebrauch, widersprächen aber der Vernunft. Zunächst ist an diesem Satz bedeutsam, daß die Position der späteren Antithesis als Negation des Einfachen formuliert ist. Der letzte Klammerzusatz formuliert die Antithesisposition positiv um in die Annahme der unendlichen Teilung. Auch hier ist also die Gegenthese zur Thesis noch nicht klar von der kritischen Position der späteren Auflösung unterschieden. Unter die ihnen entsprechenden „Prinzipien der Rationalität oder der comprehension" oder der „absoluten Synthesis" zählt Kant lediglich den Begriff:

> „2. Unbedingt Einfaches. (*monas.*)"

Diese Prinzipien seien bloß subjektiv notwendig für den Vernunftgebrauch, um die Einheit des Ganzen des Mannigfaltigen der Verstandeserkenntnis zu ermöglichen. Der Widerstreit, den Kant hier diagnostiziert, bestünde zwischen der Partialität der Sinnlichkeit und der Totalität der Vernunft in der Bestimmung der Erkenntnisse; es bestehe ein Widerstreit zwischen den Bedingungen der „Exposition der Erscheinun-

---

[294] Dieselbe Position vertritt Kant in *De mundi sensibilis* (AA II, 388 ff.); in der *Kritik der reinen Vernunft* jedoch nicht mehr.

gen" und den Bedingungen des rationalen Gebrauchs in der „comprehension" der Erscheinungen. Auch hier wird also „Widerstreit" auf die Grundsätze des Erkenntnisvermögens bezogen, nicht auf Urteile selbst; d.h. es wird auf den Begriff ‚Antinomie' in der etymologischen Bedeutung rekurriert. Der empirische Gebrauch der Vernunft zielt auf diskursive, abstrakte Allgemeinheit der Erkenntnis ab, der rationale dagegen auf konkrete Totalität. Die Behauptungen der Kosmologie sind aus einem doppelten Grunde nicht verifizierbar, wie auch aus dem letzten Klammerzusatz der Antithesisformulierung hervorgeht: die unendliche Synthesis, die zum Unbedingten führt, kann nicht begriffen werden, d.h. sie kann durch den Verstand nicht ausgeführt, und das Unbedingte selbst kann seiner Definition nach in keiner Anschauung gegeben werden, d.h. angewandt auf die unbedingten Elemente der Materie: Die Idee der absoluten Teilung des Realen ist den beiden Grundvermögen Verstand und Sinnlichkeit nicht adäquat; durch den Verstand kann die Konstruktion einer unendlichen Größe in der reinen Anschauung nicht geleistet werden, durch die Sinnlichkeit kann eine Entität wie das Einfache nicht gegeben werden. Kant vermutet abschließend, daß es „principien der Selbstbestimmung der Vernunft" geben müsse, die sich von derjenigen Bestimmung der Vernunft unterscheiden, die sie durch Erscheinungen und deren Bestimmungen definiert. Diese Prinzipien seien Prinzipien der totalen Einheit der Erkenntnisse im Ganzen gegenüber den partialen Bestimmungen der Erscheinungen.[295]

In der Reflexion 4760, ebenfalls ca. 1775-1777 entstanden, findet sich sowohl eine Dreier- wie auch eine Vierertafel von antithetischen Sätzen (AA XVII, 711 ff.). Auch hier werden die Thesen bzw. Antithesen einerseits dem Prinzip des empirischen Gebrauchs, andererseits dem Prinzip des „rationalen Gebrauchs" untergeordnet. Nach dem Prinzip des empirischen Verstandesgebrauchs ist alle empirische Synthesis bedingt; aus diesem Prinzip folgt nach Kant, daß es kein Einfaches gibt: „Es giebt also kein erstes und letztes. Kein einfaches, [...] D.i. wir können in den Erscheinungen darauf nicht kommen [...]." Die transzendente Synthesis erfordere andererseits ein Unbedingtes, woraus bezüglich der zweiten Antinomie folgt, daß die Welt aus Einfachem besteht: „Die Welt ist eingeschränkt. Besteht aus einfachem." Die „collektive Einheit" des Vernunftgebrauchs wird durch Grundsätze garantiert: „1. Unendliche (der Hinzuthuung (composition) und der Theilung (decomposition)). (Endliche.) [...]". Diese Annahme bezieht sich auf die subjektive Einheit der Synthesishandlung, sie wird von einer thetischen Aussage über kosmologische Entitäten abgetrennt. Im Folgenden formuliert Kant nun die vier Antithesen der *Kritik der reinen Vernunft*, sie stehen alle unter dem „Sceptische[n] Grundsatz der comprehension der

---

295 Als Selbstbestimmungen der Vernunft zählt Kant am Anfang dieser Reflexion vier Sätze auf: „Ich bin, ich handle, ich mit allem Mannigfaltigen zusammen, ich so fern ich das Mannigfaltige ausschließe." (R 4759; AA XVII, 708). Jene Selbstbestimmungen gehen vom Nichts aus, da sie *a priori* sein müssen. Unschwer sind damit die Paralogismen der *Kritik der reinen Vernunft* zu erkennen, denen die Tafel des Nichts vorausgeht.

Erscheinungen", daß es kein absolut Erstes der Synthesis der Erscheinungen gibt.[296] Bezüglich der Teilung lautet die These demnach:

> „2. Kein absolut erstes der Zusammensetzung (keine absolute Grenze der Theilung) (nichts Einfaches), kein einfacher Theil [...] des Ausgedehnten oder der Veränderung." (AA XVII, 712)

Diesem Satz widerspreche die Unbegreiflichkeit des folgenden Satzes:

> „Es ist ein regressus in infinitum [der] (vom empirischen termino an) der dimension, der division, [...]". (ebd. S. 713)

Damit benennt Kant die dogmatische Umdeutung der Antithesis von der Negation des Einfachen zur Behauptung der unendlichen Geteiltheit der Materie. Der unendliche Regreß sei nun aber unbegreiflich, also kann die Negation des Einfachen auch nicht zweifellos gelten. Für das Auftreten der Antinomie der Vernunft wird die fehlende Unterscheidung von empirischer und transzendenter Synthesis verantwortlich gemacht. Wenn die den Erscheinungen zugrunde liegenden Dinge angenommen würden, da sie selbst nicht phänomenal gegeben sind und also nur durch den Verstand gedacht werden müssen, dann erfordere die Einheit der Synthesis ein absolut Erstes. Die Antinomie wird hier ebenso bloß als scheinbar angenommen: „es ist also wirklich keine antinomie." Sie wird auch auf die Gesetze des Erkenntnisvermögens bezogen, wenn auch nicht auf einzelne Urteile, die allerdings erstmals als widersprechende Sätze in der Form einer positiv thetischen Behauptung und einer negativen Gegenbehauptung formuliert sind. Die Termini ‚Thesis' und ‚Antithesis' werden, wie überhaupt im Zusammenhang der Vorformen der einzelnen Antinomien, nicht verwendet.

In einer Reflexion, die Adickes zwischen 1775 und 1779 datiert, setzt sich Kant nun intensiv mit den Ursachen der Vernunftantinomie und ihrer Auflösung auseinander (R 4780; AA XVII, 725). Hierbei spielen gerade die mathematischen Antinomien die herausgehobene Rolle, die Kant ihnen auch in der *Kritik der reinen Vernunft* zuerkennt. Kant legt dies anhand des Begriffs des Unendlichen auseinander, dessen Anwendung auf die Synthesishandlung der Vernunft er nun – anders als in den Reflexionen vor 1775 – klar unterscheidet von seiner Anwendung auf die zu erkennenden Gegenstände. Unendlichkeit wird demnach nicht von Objekten ausgesagt, sondern kann nur von der Synthesishandlung selbst ausgesagt werden, die einen gegebenen Gegenstand der Komposition oder der Dekomposition nach bestimmt. Die Synthesishandlung des Erkenntnisvermögens wird nun geradezu zum Grund der Definition des Unendlichen überhaupt:

---

[296] Dieser skeptische Grundsatz bezieht sich wohl auf den zweiten der fünf pyrrhonischen Tropen. Eine klare Quelle für Kants Bekanntschaft mit dem Skeptizismus konnte G. Tonelli allerdings nicht ausmachen, so daß man hier wohl von einer tradierten Aufnahme ausgehen muß (Kant und die antiken Skeptiker).

> „Unendlichkeit ist die absolute unmoglichkeit einer Vollständigen Synthesis (nicht der Vollstandigkeit des obiekts) der composition oder decomposition eines Gegebenen Gegenstandes. Die [Synthesis der] Erscheinung ist unendlich, und die Theilung derselben geht ins unendliche. Diese [synthesis betrift so wohl] Unendlichkeit trift so wohl die dynamische als Mathematische synthesis. Dagegen im intellectuellen ist die synthesis vollstandig, [und die] aber die Bedingung, diese vollstandigkeit in concreto zu erkennen, ist sinnlich (ein erstes oder äußerstes)." (R 4780; AA XVII, 725)

Indem die Vernunft jedoch die Vollständigkeit der Synthesis fordert, provoziert sie die Antinomie:

> „Die Vernunft also fordert unabhangigkeit vom Sinnlichen, aber die Bestimmung ihres Begrifs kan nur sinnlich seyn (antinomie)." (ebd.)

Die Forderung der Vernunft drückt sich aus in der notwendigen Voraussetzung der Vollständigkeit der Synthesis, deren Ausführungsbedingungen allerdings dem Begriff, den sie konzipiert, widerspricht. Die Bestimmung des Begriffs kann nur durch Erfahrung erfolgen, weil der Gegenstand des Begriffs als ein empirischer gedacht wird. Der Begriff bezeichnet jedoch einen Gegenstand, der seinen Prädikaten entsprechend gar nicht in der Anschauung gegeben werden kann. Paradox ist diese Situation besonders deshalb, weil der Begriff der Vernunft selbst entstammt. Der Begriff Antinomie bezeichnet auch hier die widersprüchliche Struktur des Erkenntnisvermögens selbst, die sich durch die notwendige Interaktion zwischen Vernunft, Verstand und Sinnlichkeit einstellt. Die kritische Position zur Antinomie als eines zwar unvermeidbaren, dennoch aber lediglich scheinhaften Widerspruchs scheint also um 1775/1777 bereits ausgearbeitet zu sein, ohne daß die einzelnen Antinomien in ihrer endgültigen Gestalt ausformuliert sind. Notizen dieses Zeitraumes zu den Beweisen für Thesis oder Antithesis lassen sich nicht finden. Ohnehin ist es bezüglich der zweiten Antinomie bemerkenswert, daß Kant sich bis 1775 inhaltlich mit den Beweisen für das Einfache in der Materie befaßt, danach jedoch nicht mehr. Der endgültige Thesisbeweis der zweiten Antinomie in der *Kritik der reinen Vernunft* entspricht seinem Wortlaut nach weniger diesen Versuchen in den Reflexionen als vielmehr dem der *Monadologia Physica*. Einen Beweis für die Antithesis sucht man völlig vergebens;[297] die Antithesis findet ohnehin erst in den Reflexionen ab 1775 in den Ansätzen zu einer Systematik der reinen Vernunft einen Niederschlag. Verglichen mit der Thesisposition ist Kants inhaltliche Auseinandersetzung mit der Antithesisposition unverhältnismäßig knapp. Erst die Konzeption des Unendlichen als Eigenschaft der Synthesishandlung ermöglicht es Kant, die Antithesisposition klar von der eigenen kritischen Position zu unterscheiden.

Eine Ausnahme ist die *Metaphysik-Pölitz*, die man grob in die 1770er Jahre datiert.[298] Kant stellt zunächst Leibniz' Lösung des Teilungsproblems dar, um am Ende

---

[297] Eine Andeutung, die weniger den Beweis selbst als die Zielrichtung des Beweisgrundes betrifft, bezieht sich nur auf den zweiten Teilbeweis der Antithesis (R 4100; AA XVI, 415).

[298] Metaphysik-Pölitz. S. 98-103.

des Abschnittes *Von den Theilen des Universums* die abbreviative Form eines indirekten Beweises zu führen, der in seiner Intention dem ersten Teilbeweis der Antithesis entspricht.[299] Zunächst stellt Kant die Behauptung auf: „Die Materie besteht aus einfachen Theilen, also nicht aus Punkten." Wie in der *Kritik der reinen Vernunft* verwirft er den Begriff des physischen Punktes als in sich widersprüchlich:

> „Puncta physica sind eine contradictio; es soll Erscheinung bedeuten, die einfach und unmittelbar ist. Alle Punkte sind mathematisch; sie sind nicht Theile, sondern Bestimmungen." (ebd.)

Man könnte also vermuten, daß er nun die Theorie der physischen Monaden widerlegt, doch dies ist nicht der Fall; vielmehr negiert er den Unterschied zwischen der Theorie physischer Punkte und der Theorie der physischen Monaden, denn seine Widerlegung der Theorie physischer Monaden verläuft wie folgt:

> „Der Ort jedes Dinges ist ein Punkt. Will ich den Ort eines Dinges wissen, z.E. des Mondes, so muß ich denselben bis ins Centrum suchen, und da kann kein Sandkorn der Ort seyn; denn sonst könnte man fragen, von welcher Seite des Sandkorns ist der Ort? sondern der Ort ist ein Punkt. Also der Raum besteht nicht aus Punkten, viel weniger die Materie aus einfachen Theilen." (ebd.)

Kant glaubt hier ein Argument an der Hand zu haben, daß die Parallelität der Teilbarkeit der Materie mit derjenigen des Raumes zeigt. Aufgrund dessen, so glaubt er, könne die Theorie physischer Monaden auf diejenige der physischen Punkte reduziert werden; die Theorie des physischen Punktes ist nun aber in sich widersprüchlich, daher muß es auch die Theorie physischer Monaden sein. Wie gesehen ist Kants Argumentation im ersten Antithesisbeweis demgegenüber wesentlich subtiler, indem er die Parallelität von Raum und Materieteilung nicht schlichtweg voraussetzt, sondern zu beweisen sucht.

Kants Reflexionen ab 1775 zum Paragraphen *Monas* der *Metaphysica* von Baumgarten kreisen um das Problem der zweiten Antinomie. Kant expliziert hier seinen kritischen Standpunkt zum Problem der Teilung. Demnach bilden ‚Teilbarkeit' und ‚Zusammengesetztheit' kein notwendig sich wechselweise implizierendes Begriffspaar. Die Teilung der Materie kann nur sinnvoll gedacht werden als eine Teilungshandlung des Verstandes; demzufolge kann die Materie zwar teilbar sein, sie muß aber nicht ein Zusammengesetztes sein.[300] Diese Kritik bezieht sich zwar primär auf die Thesisposition, trifft aber ebenso die Position der Antithesis. Kant zeigt hier, daß die Vorstellung von Teilen nicht voraussetzt, daß diese Teile auch Teile eines Zusammengesetz-

---

299 Metaphysik-Pölitz. S. 102 f.

300 „Ein jedes Gantze ist theilbar oder hat Theile, die unterschieden werden können, aber ist nicht darum zusammengesetzt; denn bisweilen sind die Theile nur durch Theilung möglich." (R 5310; AA XVIII, 150). „Ein jeder Körper kann allererst nach der Eintheilung als Zusammengesetzt betrachtet werden. Wenn man alle Zusammensetzung aufheben will, muß zuvorderst alle Eintheilung als vollendet gedacht werden." (R 5311; AA XVIII, 150).

ten sind. Wenn man die Teilung nämlich als eine Handlung der regressiven Synthesis auffaßt, dann setzen die Teile nur diese Synthesishandlung, die hier mit Kants späterer Terminologie als ‚Dekompositionshandlung' besser zu fassen ist, voraus, nicht aber eine Größe, die ein Zusammengesetztes aus im voraus gegebenen Teilen wäre.

Der eigentliche Grund des Sachproblems der zweiten Antinomie wird von Kant in dieser Zeit in zwei weiteren Reflexionen angegangen. Dieser ist, wie nun deutlich wird, der Begriff der Substanz angewandt auf Erscheinungen. Die allgemeine antinomische Struktur der Vernunft bezüglich kosmologischer Wissensansprüche wird wirksam, wenn Materie hinsichtlich ihres Realitätsstatus bestimmt werden soll. Wird die objektive Realität der Materie mit den begrifflichen Mitteln der Substanzontologie zu bestimmen versucht, dann gerät die Vernunft in den Zustand der Antinomie, denn dann ist sie zusammengesetzte Substanz, so daß die unbedingte Substantialität entweder im Einfachen zu finden ist, oder aber im Ganzen. Das Problem der objektiven oder subjektiven Gültigkeit der Teilung einer Größe ist Gegenstand einer Reflexion von 1776-1778 (R 4979; AA XVIII, 48 f.). Der Satz: „keine große läßt sich ins unendliche theilen oder vermindern" habe nicht einmal subjektive Richtigkeit, denn da die Teile einer Größe nur durch Einschränkung einer gegebenen Größe möglich sind – d.h. als Teile nur konzipierbar sind durch die Teilungshandlung –, so kann diese Größe nicht als Aggregat aus Elementen angesehen werden. Kant bemerkt dazu, daß die unendliche Teilbarkeit für die Vernunft jedoch nicht begreifbar sei, denn sie fordere, daß die Größe aus Teilen erzeugbar sein müsse; dieser Vernunftforderung steht nun aber die restringierte Bedeutung des Substanzbegriffs gegenüber:

> „[...] Der Satz: das substantiale ist stabile und accidentia fluunt, hat obiective richtigkeit in Ansehung der Erfahrung. Denn an dieser stabilitaet erkenne ich nur die subsistentz. Imgleichen: ein jedes compositum substantiale erfordert eine Gemeinschaft einfließender Kraft. Auch: alles Zufällige hat einen Grund; denn die zufälligkeit erkenne ich nur daran, daß es nicht jederzeit ist, und der Grund ist das Begleitende, woran ich es wieder erkennen kann." (R 4979; AA XVIII, 49)

Eine Substanz kann nur komparatives Substrat sein, d.h. in Relation zu seinen akzidentellen Bestimmungen subsistieren – so weit war Kant bereits 1769/1770;[301] die Begründung der lediglich relationalen Bedeutung des Substanzbegriffs dagegen ist neu: Substanz ist „nur ein Begrif der apperception" (R 5312; AA XVIII, 150). Daher könne in den Erscheinungen nichts als Substanz erkannt werden, vielmehr sei etwas bloß als Substrat gegeben, auf das die Erscheinung bezogen wird. Das bedeutet, durch ein erkennendes Bewußtsein besteht die Relation von Substanz und Inhärenz. Aber es existiert nicht etwas an sich selbst als Substanz in Relation zu seinen Bestimmungen; es wird durch die Apperzeption als Substanz in Relation zu seinen inhärierenden Akzidentien bestimmt. Diese Neubewertung des Substanzbegriffs läßt eine Ontologie der Substanz nicht weiter zu. In welchem Verhältnis allerdings diese Neubewertung des Substanzbegriffs zur Entwicklung des Teilungsproblems steht, d.h. ob

---

[301] Vgl. R 4316; AA XVII, 504.

die Umdeutung des Substanzbegriffs die Teilungsantinomie oder diese jene in ihrer Entwicklung bestimmt hat, scheint aus den Reflexionen nur schwer entwirrbar zu sein.

Ausführlicher geht Kant auf den Substanzbegriff und die Substanzontologie der Materie in R 5401 aus derselben Zeit ein (AA XVIII, 173). Hier wird die Kritik an der Substanzontologie direkt auf die Materie und das Teilungsproblem bezogen. In dieser Reflexion kontrastiert Kant den nun feststehenden restringierten Substanzbegriff mit dem metaphysischen Begriff der Substanz. Die wesentlichen Bestimmungen des Körpers sind Undurchdringlichkeit und Teilbarkeit, wie Kant hier hervorhebt.[302] Teilbarkeit bedeute dabei nichts anderes als die Möglichkeit, Teile aus der Verbindung mit anderen zu lösen; Teilbarkeit bedeute nicht, daß ein letztes Unteilbares, Einfaches angenommen werden müsse. Diese Annahme ergebe sich nur durch die Verwendung des Begriffs Substanz. Der Begriff der Substanz bedeute nun aber, so Kant, bei Erscheinungen nur etwas, das bei aller Veränderung in der Zeit beharre. Der Körper ist Substanz als das letzte Subjekt aller Relationen. Intellektuell betrachtet jedoch sei der Körper lediglich *phaenomenon* als Aggregat von Substanzen, rein intellektuell betrachtet ist das Aggregat einfacher Wesen „*corpus mysticum*", d.h. eine geistige Gemeinschaft (vgl. B 836). Demnach kann die Erfahrung keine intellektuellen Substanzen zu erkennen geben.

In seiner Bestimmung dessen, was nun die Substanz in der Erscheinung und die Substanz als letztes Substrat ist, ergibt sich eine Differenz zwischen Körper und Materie. Der Körper sei die Substanz in der Erscheinung. Er ist das, was äußerlich erscheint, seine physische Teilung führt zur Dislokation seiner Teile; eine vollendete Teilung, d.h. eine völlige Aufhebung aller Relation von Teilen, ist im Körper daher nicht möglich. An diesem Punkt geht Kant nun zur metaphysischen Erwägung des Substanzbegriffs über. Die Materie ist das Substrat der äußeren Erscheinung, sie ist dasjenige, was beharrlich wirke. Gegenüber der Teilung ist Materie völlig indifferent, wie Kant bemerkt. Sie inhäriert in keinem anderen und ist kein Akzidens, daher ist sie völlig invariabel. Damit steht sie aber auch nicht in Relation zu etwas anderem. Die Materie ist damit als *substantia noumenon* gedacht: „Dieser Begrif aber, daß materie in aller absicht das letzte subiect sey, erscheinet nicht". Hinsichtlich der Teilungsproblematik bedeutet Teilung Veränderung, also ist Substanz dasjenige, was der Teilung gegenüber gleichgültig ist oder nicht geteilt werden kann; in der Erscheinung können nur *phaenomena continua* gegeben werden. In dieser Reflexion schält sich allmählich ein Begriff der Materie heraus, der demjenigen entspricht, den Kant in der *Kritik der reinen Vernunft* und über diese hinaus entwickelt. In der Reflexion 5404 wird nun klar von Kant gesagt, Aussagen über die Teilbarkeit der Erscheinungen sind an die Bedingungen der Sinnlichkeit gebunden, an Raum und Zeit, nicht aber an den Begriff der Substanz, „wenn er aus dem inneren Sinne abgezogen worden" (AA XVIII, 174). Die

---

302 Dies sind die nicht analytisch im Begriff des Körpers liegenden Eigenschaften. Analytisch liegt im Begriff des Körpers bekanntlich nur Ausdehnung und Gestalt.

kritische Restriktion der Teilungsproblematik, so läßt sich vorläufig resümieren, ist in den Jahren 1775 bis 1777 erreicht; erst hier zeigt sich, daß die Konstitution des Realen grundsätzlich von den subjektiven Leistungen der Apperzeption bestimmt wird und daß das Reale nicht schon an sich bestimmt ist.

Ausführlich setzt sich Kant um 1778-1779 mit der Herleitung der kosmologischen Ideen und dem Ideebegriff selbst – nicht konkret mit dem Problem der zweiten Antinomie – auseinander. Erst in einer Reflexion dieser Zeit behauptet er, daß der dialektische Schein der Antinomien unvermeidlich sei (R 5553; AA XVIII, 218 ff.). Diese neue Einschätzung, die Kant in der *Kritik der reinen Vernunft* in gleicher Weise beibehält, gewinnt er wohl, weil er die Lehre von den Vernunftideen nun vollständig systematisch entwickelt hat. Die metaphysische Deduktion der Vernunftideen entspricht hier gedanklich derjenigen der *Kritik der reinen Vernunft*. Intensiv behandelt wird die Vernunft als das Vermögen zu schließen sowie die Herleitung der Ideen aus den einzelnen Schlußarten. Erst in diesem Kontext zeigt sich, daß und inwiefern der dialektische Schein unvermeidlich ist:

> „Woher kommt aber der dialectische Schein bey den transscendentalen Ideen. Das, was allen Schein macht: namlich die Verwechselung der subiectiven Bedingungen unseres Denkens mit den obiectiven. Diesen können wir nicht vermeiden, weil wir ein obiect unbedingt denken müssen und keine andere Art es zu denken haben als nur die, welche die besondere Beschaffenheit unseres Subiects mit sich bringt." (AA XVIII, 227)

Daß aber die Antinomie der reinen Vernunft selbst als unvermeidlich bezeichnet wird, kann den Reflexionen nicht entnommen werden. War die Vernunft zuvor lediglich als ein eigenes Vermögen neben dem Verstand angesehen und der dialektische Schein, der sich aus der mangelhaften Abgrenzung beider Vermögen ergab, als vermeidbar eingestuft worden, indem die Grenzziehung zwischen beiden Vermögen beachtet wird, so meint Kant nun, daß der Vernunft eine notwendige Funktion in Beziehung auf den Verstand zukomme. Diese Einschätzung deckt sich völlig mit derjenigen der *Kritik der reinen Vernunft*:

> „Ohne den Vernunftbegriff würden wir zwar Erfahrungen haben, aber die collektive Einheit der Erfahrung würde fehlen, als worin doch alle [Theil] empirische Erkenntnis muß bestimmbar seyn." (R 5555; AA XVIII, 231)[303]

Die Reflexionen, die die Auflösung der kosmologischen Antinomien in nun völlig ausgereifter Form thematisieren, stammen aus der Zeit von 1780-1781 (R 5637 ff.; AA XVIII, 268 ff.). Die inhaltliche Auseinandersetzung mit dem Problem der Teilung ist abgeschlossen; Kant behandelt es nun nur noch vor dem systematischen Ge-

---

303 Kant schrieb also der Einheit der Erfahrung bereits vor Erscheinen der *Kritik der reinen Vernunft* eine entscheidende Rolle auch für die empirische Erkenntnis zu, nicht erst im *Opus postumum*. Aus dieser Konzeption ergeben sich weitreichende Folgen für die Einschätzung der Bedeutung des transzendentalen Realismus bei Kant, wie in Kapitel III zu zeigen ist.

samtzusammenhang der Dialektik der reinen Vernunft und der Funktion der Ideen, für die es als Beispiel hier und da genannt wird.

Die Untersuchung der Reflexionen, die zwischen 1769 und 1781 notiert wurden, zeigt deutlich, daß es unterschiedliche Überlegungen Kants sind, die einerseits inhaltlich zur schrittweisen Herauskristallisierung der zweiten Antinomie, andererseits aber formal zu der Gliederung der Vernunftbegriffe und der vier kosmologischen Ideen geführt haben. Es sind die unterschiedlichen Aspekte der Teilungsproblematik, die auch in der *Kritik der reinen Vernunft* bestimmend sind. Hierbei lassen sich vielleicht vier Phasen unterscheiden:[304] Die *erste Phase* reicht von ca. 1769 bis 1772. Kants Lehrmeinung vor 1769 läßt sich grob so umschreiben: Kant schließt sich in der vorkritischen Zeit der schulphilosophischen „realistischen" Umdeutung der Monadenlehre Leibniz' in der Kosmologie an und konzipiert physische Monaden, denen als Wirkung Ausdehnung zukommt. Aufgrund seiner geänderten Raumkonzeption seit ca. 1769 ist die in der *Monadologia Physica* mögliche Entkoppelung von Materieteilen und Raumteilen nun aber nicht mehr möglich, eine Lösungsalternative findet Kant im Rückgang auf Leibniz selbst. Die intelligiblen Gründe der Materie sind einfach, als Phänomen betrachtet ist Materie dagegen unendlich teilbar. In den folgenden Jahren zeigt es sich aber, daß diese Trennung von Intelligiblem und Sensiblem bzw. Phänomenalem nicht mit den Mitteln der Substanzontologie konzipiert werden kann. Damit verliert die Unterscheidung des Intelligiblen und des Phänomenalen für die Vermeidung der Antinomie der Teilung an Bedeutung. Materie als eine Gegebenheit des *mundus intelligibilis* anzusehen, wird problematisch. In dieser Phase zeigen sich ebenfalls bereits Ansätze, die Frage der Teilung der Materie in systematische Zusammenhänge einzuordnen. Diese Systematisierungsversuche sind aber noch kosmologisch gegenstandsbezogen und nicht wie die späteren erkenntnistheoretisch orientiert (vgl. R 4201). Eine Entwicklung Kants, die sich von einer gegenstandsorientierten Behandlung des Teilungsproblems zu einer erkenntnistheoretisch und eigentlich transzendentalen Betrachtungsweise hin bewegt, zeichnet sich in den Reflexionen zwischen 1772 und 1775 ab, weshalb sie als *zweite Phase* gelten kann. Die *dritte Phase* umfaßt den Zeitraum von 1775 bis 1777. Es ist bemerkenswert, daß Kant erst in dieser Zeit die Positionen von Thesis und Antithesis dezidiert aufeinander bezieht. Zwar hat Kant, wie gezeigt, zuvor von der Antinomie der reinen Vernunft gesprochen, auch war sie als ein Widerspruch zwischen den Prinzipien von Verstand und Vernunft erkannt worden, aber als einen Widerspruch unterschiedlicher Erkenntnisansprüche in der konkreten Form einander widersprechender Urteile lediglich in Fragen der Kosmologie hatte Kant den Begriff ‚Antinomie' nicht aufgefaßt, da er sie wohl noch immer für vermeidbar hielt: zuerst, indem Thesis und Antithesis wie bei Wolff miteinander durch eine Hinsichtenunterscheidung vereinbar sein sollten, und dann,

[304] Es zeigt sich, daß die Ergebnisse dieser spezifisch auf die zweite Antinomie gerichteten Untersuchung die allgemeineren Resultate von Falkenburgs Reflexionenauswertung im wesentlichen bestätigen (vgl. Kants Kosmologie. S. 137-175).

indem sie ähnlich dem Leibnizschen Phänomenalismus durch eine Unterscheidung von *mundus sensibilis* und *intelligibilis* auf unterschiedliche Seinsbereiche bezogen wurden. Diese Widerspruchsvermeidung aber erweist sich aus unterschiedlichen Gründen als unhaltbar, wie Kant nun feststellt. Bezüglich des Teilungsproblems zeigt sich, daß erst die Analyse und die Systematisierung des Erkenntnisvermögens Kant dazu führt, formal Sätze und ihre Gegensätze bezüglich kosmologischer Wissensansprüche unmittelbar zu opponieren, wenngleich die Formulierung hier noch rudimentär ist und erheblich von der endgültigen Ausgestaltung abweicht. Die *vierte Phase*, 1778-1781, ist durch eine weitgehend abgeschlossene Grobstruktur des Erkenntnisvermögens gekennzeichnet, in welchem die Einzelfragen der Kosmologie, also auch der zweiten Antinomie, nur noch funktionale Bedeutung für die Bewertung des Vernunftvermögens, seiner Leistungen und Aufgaben haben.

Die treibende Kraft in Kants kritischer Ausgestaltung der zweiten Antinomie, so läßt sich wohl schließlich feststellen, sind seine Systematisierungsbemühungen von Verstand und Vernunft: die Umwendung der Teilungsproblematik von einem kosmologischen Sachproblem zu einer allein transzendental-epistemologisch zu lösenden Frage. Die für die Entwicklung der zweiten Antinomie wesentliche Phase ist die dritte, 1775-1777: in sie fällt die kritische Restriktion der Teilungsantinomie. Hier zeigt es sich, daß sachlich keine neuen Impulse hinsichtlich der Argumente oder Beweise in der Frage nach der Teilbarkeit mehr auftreten. Von einem unvermeidlichen Widerspruch der Vernunft mit sich selbst spricht Kant erst in dieser Zeit. Hervorzuheben ist, daß dieser Widerspruch nicht einen logisch formalen Widerspruch zwischen zwei Urteilen meint, sondern den Widerspruch zwischen Regeln der beiden höheren Erkenntnisvermögen Verstand und Vernunft, weshalb hier der Begriff ‚Antinomie' vielfach nicht auf die Dialektik der Kosmologie beschränkt zu sein scheint, wie dies später in der *Kritik der reinen Vernunft* der Fall ist, sondern alle metaphysischen Erkenntnisansprüche betrifft. In den Reflexionen wendet Kant den Begriff ‚Antinomie' im wesentlichen nicht auf Urteile an. Kants Einschätzung der Vermeidbarkeit bzw. der Unvermeidlichkeit der Antinomie der Vernunft hängt weniger von den Beweisen für oder wider einfache Teile der Materie ab, als vielmehr von der Gesamtkonzeption der Erkenntnisvermögen Verstand und Vernunft und ihres wechselseitigen Verhältnisses. Solange Kant Verstand und Vernunft als zwei unabhängig voneinander operierende Vermögen ansieht, hält er die Antinomie durch Restriktionen, die er tatsächlich als Verbote formuliert, für vermeidbar. Ab dem Moment jedoch, als er zu der Ansicht gelangt, daß es eine notwendige und nicht beschränkbare Interaktion von Verstand und Vernunft geben muß, ändert sich entsprechend auch die Einschätzung der Vernunftantinomie: sie ist unvermeidbar, wenngleich der Schein, den sie erzeugt, durchschaubar ist. Die Antinomie kann auf diese Weise wirkungslos gemacht werden. Die Verbote der zweiten Phase verlieren somit ihren Sinn; die Vernunft ist ein nicht zu umgehendes oder in ihrer Funktion zu reglementierendes Element der Erkenntnis, dessen unabdingbare Aufgabe es ist, „Einheit der Erkenntnis, in so fern sie *a priori* bestimmbar ist," zu geben (R 4757).[305] Vielmehr kann der dialektische Schein erst im nachhinein durch transzendentale Reflexion unschädlich gemacht werden, er ist aber nicht zu beseitigen. In dieser Phase formuliert Kant auch zuerst Vorformen der zweiten Antinomie, verstanden als Paar von widersprechenden Urteilen, obwohl selbst hier nie zwei Urteile, die als Vorformen von Thesis und Antithesis zu erkennen wären, einander direkt opponiert wären. Ab 1777 dann tritt das Problem der Teilbarkeit der Materie gänzlich in den Hintergrund der Systematik der Dialektik. Auch nach Erscheinen der ersten Auflage der *Kritik der reinen Vernunft* beschäftigt sich Kant in einigen Reflexionen mit dem Teilungsproblem, hierbei geht er aber inhaltlich nicht über den dort erreichten Stand hinaus.

---

[305] Vgl R 4759; AA XVII, 711: „Es müssen principien der Selbstbestimmung der Vernunft seyn, welche sich von denen unterscheiden, da die Vernunft durch Erscheinungen und ihre Bedingungen bestimmt wird. Diese sind principien der Einheit der Erkenntnisse im Ganzen, mithin nicht partialen, sondern totalen Einheit."

III. Kants Auflösung der Antinomie der Materieteilung

1. Argumentation und Ausgangsprobleme der Auflösung

Die Auflösung der zweiten Antinomie besteht im Nachweis, daß weder Thesis noch Antithesis wahr sind, sondern daß ein Drittes wahr sein muß. Dieses Dritte ist nun nicht, wie vielfach angenommen, ein Agnostizismus, der aus der Erkenntnisrestriktion folgt, und besagt, wir könnten nicht wissen, ob die Materie aus einfachen Teilen besteht oder nicht,[1] sondern die transzendentale Position, daß die Frage nach der Teilbarkeit der Materie nur sinnvoll ist, wenn sie auf Erkenntnisgegenstände als Erscheinungen bezogen wird. Dabei ist aufgrund unserer subjektiven Erkenntnisbedingungen über die Teilung *a priori* auszumachen, daß sie ins Unendliche geht, wobei gleichwohl Teile als relative Substanzen angenommen werden müssen – d.h. daß in gewissem Sinne sowohl in Thesis als auch in Antithesis etwas Richtiges enthalten ist. Wie gezeigt vertritt Kant die ‚absolute Transparenzthese' bezüglich reiner Vernunfterkenntnisse, daher ist der Agnostizismus keine akzeptable Position.[2] Kants provozierend idealistisch oder konstruktivistisch anmutende These ist die, daß die Teile des Materieganzen nicht unabhängig von unseren Erkenntnisleistungen gegeben sind, sondern erst durch Teilung – gemeint ist eine komplexe subjektive Erkenntnisleistung – zustande kommen. Dabei entsteht der dialektische Schein, sie seien immer schon unabhängig von Erkenntnis gegeben, dadurch, daß wir gleichwohl voraussetzen müssen, daß die Struktur der Materie unabhängig von uns besteht, dies ist die These des transzendentalen Realismus, der sich in dieser Hinsicht als wissenschaftlicher Realismus zeigt.[3] Diesen Voraussetzungszusammenhang gilt es dabei transzendental zu durchschauen, um der Täuschung nicht dauerhaft zu unterliegen. Der transzendentale Grund der Vorstellung einer unabhängig von uns bestehenden Materiestruktur ist unsere kosmologische Vernunftidee der vollständigen Geteiltheit des Realen im Raum, d.h. eine Vorstellung, deren Quellen in der reinen Vernunft liegen.

---

1 Vgl. B 509 f. Vgl. auch R 4944 und R 4945; AA XVIII, 37.

2 Vgl. Kap. I.3.3.

3 Den wissenschaftlichen Realismus unterscheidet man von anderen Formen des Realismus, der sich auf Gegenstände unserer unmittelbaren Erfahrungswelt bezieht, und versteht darunter eine Position, die die geistunabhängige Existenz von Entitäten behauptet, die im wissenschaftlichen Diskurs eine Rolle spielen, wie Elektronen, Quarks oder Strings. Da es in der zweiten Antinomie um die Mikrostruktur der Materie geht, wäre also dieser Terminus hier durchaus angemessen, wenn man voraussetzt, daß der wissenschaftliche zugleich ein transzendentaler Realismus ist.

Kant versteht den Begriff ‚Auflösung' offenbar in unproblematischer, teilweise verblaßt metaphorischer Weise als Auflösung des dialektischen Scheins, wie die Auflösung von Nebel oder Rauch, als Auflösung eines Knotens[4] oder eines verwickelten Problems. Die Antinomie der reinen Vernunft ist in dieser metaphorischen Redeweise Symptom eines verworrenen Geflechts von Elementen: die Grundsätze des Verstandes sind mit denen der Vernunft nicht in für objektive Erkenntnis zweckmäßiger Weise verbunden. Ihre Auflösung besteht in der Trennung, d.h. einer Analyse und einer Topologie der Elemente. Ob jedoch die Analyse solche Elemente zutage fördert, die eine neue, zweckmäßige Verknüpfung erlauben, so daß der dialektische Schein völlig vermeidbar ist, ist eine wichtige Frage für das Schicksal des transzendentalen Realismus und für den Status des transzendentalen Idealismus. Kant setzt es sich nicht zum Ziel, das Zusammenwirken von Verstand und Vernunft neu zu organisieren – dies ist unmöglich, weil die transzendentalen Strukturen unseres Erkenntnisvermögens Kant zufolge ursprünglich und folglich nicht revisionierbar sind –, sondern lediglich den Status der Funktion aller Elemente des Erkenntnisvermögens zu bestimmen und die Grenzen abzustecken, innerhalb derer sichere Erkenntnis möglich ist und von den Regionen des Meinens oder Glaubens zu unterscheiden. Es stellt sich daher die Frage, ob unter diesen Bedingungen die Annahme des transzendentalen Realismus gänzlich vermeidbar ist und ob er sich gänzlich durch den empirischen Realismus ersetzen läßt.

Der Auflösung der kosmologischen Antinomien hat Kant einen vergleichsweise sehr breiten Umfang eingeräumt (B 490-595). Daher soll in diesem Kapitel zunächst ein Überblick über die Argumentationsstruktur der Antinomienauflösung gegeben und auf die zentralen Probleme dieses Systemteils hingewiesen werden. Primär läßt sich zwischen dem kritischen Unternehmen im engeren Sinne, das den transzendentalen Realismus widerlegen will, und dem konstruktiven Unternehmen, welches die positiven Resultate der Antithetik entwickelt, unterscheiden. Dieses positive Resultat ist die Lehre von der regulativen Funktion der transzendentalen Ideen. Beide Teile stehen sich nicht diametral gegenüber, vielmehr geht die positive Lehre unmittelbar aus der Kritik an der Metaphysik hervor. Es soll daher in einem ersten Teil zunächst die formale Seite der Auflösung der zweiten Antinomie (Kapitel 2), in einem zweiten Abschnitt die inhaltliche Auflösung (Kapitel 3) und in einem dritten Teil die kritische Lehre, die für Kant aus der Teilungsantinomie folgt, dargestellt und untersucht werden (Kapitel 4).

Die Unterscheidung des formalen vom inhaltlichen Aspekt der Auflösung sei zunächst gerechtfertigt:[5] In seiner Kritik am transzendentalen Realismus operiert Kant

---

[4] In B 557 spricht Kant von der Auflösung „durch gänzliche Abschneidung des Knotens".

[5] In R 5962 unterscheidet Kant eine logische von einer transzendentalen Auflösung der kosmologischen Antinomien (AA XVIII, 404). Die logische Auflösung der Antinomie besteht in der Aufdeckung des bloß konträren Widerspruches, die transzendentale in dem Nachweis der gemeinsamen widersprüchlichen Voraussetzung von Thesis und Antithesis.

mit unterschiedlichen Strategien, die er nicht deutlich voneinander abhebt, die aber die Auflösung nicht unwesentlich beherrschen. Sie dienen dazu, dem metaphysischen Kosmologen jede Ausflucht unmöglich zu machen. Danach gibt es eine logisch-semantische Auflösung der Antinomien, welche die unbeteiligten undogmatischen, skeptischen oder kritischen Zuschauer des dialektischen Kampfes überzeugen kann, da sie ohnehin nicht von der Wahrheit einer der beiden Positionen überzeugt sind, und eine Auflösung aus „der Sache selbst", d.h. eine inhaltliche Auflösung, die sich direkt an die beteiligten Dogmatiker richtet, die sich trotz der Antinomie noch immer nicht geschlagen geben wollen:

> „Nach der Überweisung eines solchen Fehltritts des gemeinschaftlich zum Grunde (der kosmologischen Behauptungen) gelegten Arguments können beide streitende Teile mit Recht als solche, die ihre Forderung auf keinen gründlichen Titel gründen, abgewiesen werden. Dadurch aber ist ihr Zwist noch nicht in so fern geendigt, daß sie überführt worden wären, sie oder einer von beiden hätte in der Sache selbst, die er behauptet, (im Schlußsatze) Unrecht, wenn er sie gleich nicht auf tüchtige Beweisgründe zu bauen wußte." (B 529)

Der Fehltritt im allgemeinen kosmologischen „Argument" besteht wie in der Kritik an der rationalen Psychologie in einem „*sophisma figurae dictionis*" (B 528), einer Äquivokation im Mittelbegriff des reinen Vernunftschlusses, auf dem alle Antinomien beruhen. In dieser Argumentation besteht der sogenannte indirekte Beweis des transzendentalen Idealismus. Dieses logisch-semantische Argument der Widerlegung ergänzt Kant um eine inhaltliche Argumentation, die zunächst von den metaphysischen Kosmologen fordert, ihr bloß indirektes Beweisverfahren aufzugeben und ihre Thesen direkt zu beweisen; dieser Gedanke liegt dem Kapitel *Auflösung der kosmologischen Idee von der Totalität der Teilung eines gegebenen Ganzen in der Anschauung* zugrunde (B 551 ff.). Diese Methode der Widerlegung metaphysischer Beweise gibt Kant in der *Disziplin der reinen Vernunft* selbst an.[6] Darauf wird das notwendige Mißlingen dieses direkten Nachweises aufgezeigt. Notwendig ist diese inhaltliche Argumentation, weil ein Fehler im Beweisverfahren zwar zeigt, daß die These unbegründet behauptet wird, er ist aber kein Grund, das Nichtbestehen des behaupteten Sachverhalts zuzugeben. Denn es ist denkbar, daß zwar die Beweise der rationalen Kosmologie auf einem *sophisma figurae dictionis* beruhen oder daß die indirekten Beweise für Thesis und Antithesis falsch und also formal ungültig sind. Es wäre aber dennoch zugleich möglich, daß eine der beiden Behauptungen, Thesis und Antithesis, der Sache nach an sich wahr wäre. Aus der formalen Falschheit eines Schlusses folgt zwar, daß der Beweis

[6] B 821 f. Hier führt Kant aus, die einzige Ausflucht, die den Dogmatikern nach der direkten Widerlegung von Thesis und Antithesis bleibe, ist, die Verjährung zu beanspruchen; gemeint ist wohl, sich auf den Fortschritt des Wissens zu berufen und für den Existenznachweis des Einfachen oder des unendlich Eingeteilten ein Versprechen auf die Zukunft zu geben. Diese versprechende Kosmologie muß gleichfalls widerlegt werden, indem die prinzipielle Unmöglichkeit eines Nachweises gezeigt wird.

falsch ist, nicht aber daß die Konklusion als Urteil nicht wahr sein könnte.[7] Dies bedeutet, daß die metaphysische Kosmologie zugeben könnte, sich entweder zweifelhafter Begriffe oder einer falschen Schlußform bedient zu haben, daß aber bezüglich des Sachverhaltes eine von beiden Thesen wahr sein müsse. Bei der Teilungsproblematik bedeutet das: Die beiden Dogmatiker von Thesis und Antithesis könnten zugeben, daß der Begriff der zusammengesetzten Substanz problematisch ist, oder daß sie ihren Beweis nicht korrekt geführt haben etc., daß aber alle Gegenstände der Sinnenwelt dennoch notwendig entweder aus Einfachem oder nicht aus Einfachem bestehen müssen.[8] Im Verlaufe der Argumentation erweist es sich, daß die Kosmologen mit Recht an dieser Position festhalten, denn Kant wird zeigen, daß unter der Voraussetzung des transzendentalen Realismus Thesis und Antithesis als kontradiktorische Urteile erscheinen, für die der Satz vom ausgeschlossenen Dritten tatsächlich gilt, so daß eine der beiden Positionen notwendig wahr sein muß. Betrachtet man aber die Aussagen in semantischer Hinsicht, so zeigt sich, daß beide das Prinzip der Bestimmtheit in Anspruch nehmen, was formal ausschließt, daß es sich um eine Kontradiktion handelt, sondern vielmehr um eine Kontrarietät, wie noch im Einzelnen zu zeigen ist.

In der inhaltlichen Einzelauflösung der zweiten Antinomie wird der geforderte direkte Beweis von Thesis und Antithesis von Kant widerlegt (B 551 ff.). Mit Hilfe von Grundtheoremen der *Transzendentalen Analytik* zeigt Kant auf, daß der direkte Nachweis der antinomischen Thesen nicht nur praktisch undurchführbar, sondern sogar unmöglich ist (B 551-555). In diesem Abschnitt legt Kant die Konsequenz offen, die aus der Voraussetzung des transzendentalen Realismus in der Frage der Teilbarkeit der Materie fließt. Der transzendentale Realismus führt nach Kant dazu, daß sowohl Thesis als auch Antithesis Materie als *quantum discretum* konzipieren und folglich annehmen müssen, daß sie aus einer aktual unendlichen Menge von Teilen besteht. Kant deutet damit v.a. die Antithesis in entscheidender Weise um; hatte diese doch zunächst nur die Existenz einfacher Teile der Materie geleugnet und selbst keine positive Lehre vertreten. Kant legt nun aber die impliziten Voraussetzungen der beiden Teilbeweise der Antithesis als dogmatische Lehre aus, dazu greift er auf die Herleitung der Antithesis zurück (B 445). Daraus ergibt sich für ihn, wie erst im Laufe der Auflösung deutlich wird, daß sie nicht etwa die Stetigkeit der Materie lehrt, wie der erste Teilbeweis der Antithesis vermuten lassen könnte, da hier die Teilbarkeit des Raumes, der als stetig angenommen wird, auf die Materie übertragen wird, sondern vielmehr erzwingt der transzendentale Realismus in bezug auf die Materie, daß auch

7 Beispielsweise könnte das wahre Urteil ‚Alle Griechen sind sterblich' durch folgenden falschen Beweis bewiesen werden: Alle Afrikaner sind sterblich, und alle Griechen sind Afrikaner, also sind alle Griechen sterblich. Offensichtlich ist die zweite Prämisse falsch und dennoch ist die Konklusion wahr.

8 Formal ausgedrückt: Thesis- und Antithesisposition, geben zu, daß Thesis (p) und Antithesis (q) nicht begründet werden können, behaupten aber gemeinsam die Wahrheit von: $\neg$ (p $\wedge$ q $\wedge$ (q $\equiv \neg$ p)). Das bedeutet, entweder p oder q müssen wahr sein.

die Antithesis annehmen muß, jedes beliebige Quantum Materie sei eine Menge aktual unendlich vieler Teile. Diese Umdeutung, die als „arithmetisch-mengentheoretisch" bezeichnet werden kann und deren Kernargument außerordentlich problemreich ist,[9] soll einerseits den Dogmatismus der Antithesis erweisen und eine Übereinstimmung zwischen Thesis und Antithesis aufzeigen: die Annahme des *quantum discretum*.

Kants inhaltliche Lösung der Antinomie besteht von der Sache her zunächst darin, zu zeigen, daß die Teilbarkeit der Materie als ein potentiell Unendliches der Materieteile aufgefaßt werden müsse, als ein *infinitum*.[10] Aus diesem Umstand folgert er aufgrund seiner neuen Theorie des Denkens und Erkennens, daß das Reale im Raum Erscheinungscharakter besitzt. Diese Lösung, so mag man denken, ist für sich nicht sonderlich originell, v.a. aber stellt sie an sich kein Argument für den transzendentalen Idealismus dar, wie Kant beansprucht, denn auch Aristoteles lehrt die potentielle Unendlichkeit der Teilung der Materie, ohne überhaupt einen Erscheinungsbegriff zu verwenden, sondern bewertet ihren Existenzstatus auf der Grundlage seiner Substanzmetaphysik. Auch Leibniz arbeitet die Annahme des potentiell Unendlichen der abstrakten Körperteilung bereits als Argument für die Phänomenalität der materiellen Körperwelt aus, doch auch er schließt daraus nicht die spezifisch kritische Unterscheidung von Erscheinung und Ding an sich. In der Auflösung der zweiten Antinomie greift Kant in ihrem entscheidenden Teil, der Ausdeutung der potentiellen Unendlichkeit, auf seine Lehre von der sukzessiven Synthesis zurück. Mit ihrer Hilfe zeigt er, daß die transzendentale Teilung des Realen im Raum die Teile allererst gibt und daß unabhängig von dieser Synthesis nicht von einem Gegebensein von Teilen im Realen gesprochen werden könne. Darin offenbart sich dann der spezifisch kritische Erscheinungsbegriff. An diesem Punkt zeigen sich die Konsequenzen aus der Ablösung von der Ontologie als erster Wissenschaft durch eine Theorie der transzendentalen Subjektivität in der kritischen Philosophie Kants: die konstitutiven Momente des Realen sind nicht gegeben gemäß Bestimmungen des Seienden selbst und als solchen, sondern sie werden gedacht gemäß den Prinzipien der reinen, aber endlichen Vernunft.

Es gibt also zwei Schritte der Auflösung der zweiten Antinomie: eine allgemeine Aufdeckung des *sophisma figurae dictionis* im reinen Vernunftschluß der Kosmologie, der für alle vier Antinomien gilt (B 527 ff.), und eine spezifische Auflösung der zweiten Antinomie (B 551 ff.), in welcher Kant wiederum auf das Sachproblem der Materieteilung im Einzelnen eingeht. Aus der direkten Widerlegung der metaphysischen Kosmologie geht unmittelbar die eigene positive Lehre von der regulativen Funktion der Ideen hervor. Die spezifische Auflösung der zweiten Antinomie steht im Kontext der Lehre der regulativen Vernunftideen. Ein positives Resultat muß nach Kant aus der Antinomienlehre hervorgehen, weil in den Fragen der reinen Vernunft die skeptische Zurückhaltung im Urteilen, d.h. ein Agnostizismus, unmöglich ist (B 509 f.; B

9 Vgl. Kap. III.3.3.
10 Vgl. Kap. III.3.4.

535). Kant hat diesen Teil eher allgemein abgefaßt, so daß anhand der Textbelege seine Lehre von der regulativen Funktion der Idee der Teilung des Realen zu rekonstruieren ist.[11] Dieser Aspekt der zweiten Antinomie, ihre konstruktive Bedeutung für Kants vielschichtige Theorie der Erkenntnis und für seine eigene Materielehre, ist bisher in der Forschung noch nicht untersucht worden.[12]

2. *Die formal-semantische Auflösung der Teilungsantinomie*

Das Antinomienhauptstück hat bei einigen Forschern insbesondere deshalb Aufmerksamkeit erregt, weil Kant hier den Anspruch erhebt, einen indirekten Beweis für den transzendentalen Idealismus, der zugleich empirischer Realismus ist, zu führen.[13] Kant selbst war unschlüssig, ob dieser indirekte Beweis nicht rhetorisch überzeugender sei als der komplexe Nachweis, den er in der *Analytik* führt.[14] Die seit langem anhaltende Realismus-Debatte, die der Frage nachgeht, weniger ob überhaupt der Realismus gelte, sondern welcher Realismus der richtige sei, findet gerade bei Kant entscheidende Impulse, einen Realismus zu konzipieren, der nicht die dogmatischen Voraussetzungen des Empirismus tragen muß.[15] In ihr werden mittlerweile vermehrt historische Anknüpfungspunkte gesucht. Kants empirischer Realismus ist hierbei eine Lösungsmöglichkeit.[16] Doch sorgt er immer wieder für neue Debatten, da er vielfältige antirealistische Elemente enthält und auch, weil der transzendentale Realismus in den Antinomien widerlegt wird, zu dem es noch immer große Affinitäten gibt.[17] Auch

---

11 Vgl. Kap. III.4.

12 Daß das Ergebnis der zweiten Antinomie, ihre Auflösung, die Basis für Kants eigene Materielehre ist, hat bereits Heimsoeth gesehen, nicht aber ausgeführt (Atom, Seele, Monade. S. 140).

13 Strawson, P. F.: The Bounds of Sense. S. 175 ff.; Allison, H. E.: Kant's Refutation of Realism; Guyer, P.: Kant and the Claims of Knowledge. S. 385 f. u. S. 405; Van Cleve, J.: Problems from Kant. S. 62 f. u. 160 f.; weniger zentral ist dieses Thema in Falkenburg, B.: Kants Kosmologie, S. 257-261. Die Thematik ist aber durchaus älter: Kowalewski, M.: Über die Antinomienlehre als Begründung des Transzendentalen Idealismus. In: Abhandlungen der Friesschen Schule. Neue Folge Bd. 4, Hft. 4. Göttingen 1918, S. 693-764; Hofmann, F.: Kants erste Antinomie und ihre Stellung als indirekter Beweis des transzendentalen Idealismus. Diss. Mainz 1961.

14 Er hat es sogar erwogen, eine populäre Fassung der *Kritik der reinen Vernunft* mit den Antinomien beginnen zu lassen (Brief an Marcus Herz vom 11. Mai 1781. AA X, 269 f.).

15 Quine hat mit seinem Aufsatz *Two Dogmas of Empiricism* (1953) den Empirismus zu Grabe getragen (In: From a Logical Point of View. Cambridge/Mass. / London 1980, S. 20-46).

16 Gerade der sog. interne Realismus, den Hilary Putnam zeitweise vertrat, sieht sich in der Nachfolge Kants (Reason, Truth and History. Cambridge 1981, S. 60-64).

17 Vgl. auch Sellars, W.: Science and Metaphysics. Atascadero ^{2}1992, S. 31-59. Etwas verfehlt beschäftigt sich Sellars in seiner Untersuchung des transzendentalen Realismus mit der *Widerlegung des Idealismus* bei Kant, in welcher er eine untergeordnete Rolle spielt, und läßt die Antinomien außer acht (S. 53), in welchen eben dies das Thema ist.

ist es nach wie vor trotz der sehr langen Interpretationsgeschichte des Kantischen Denkens strittig, was die höchst komplexe Vereinigung von empirischem Realismus und transzendentalem Idealismus letztlich besagt; dies gilt insbesondere für die Frage nach der Bedeutung der Begriffe ‚Erscheinung' und ‚Dinge an sich'. Daß Kant aber in den mathematischen Antinomien, und hier insbesondere in der Auflösung der zweiten Antinomie, eine Widerlegung des transzendentalen Realismus und einen Beweis des transzendentalen Idealismus anhand inhaltlicher Argumente führt, wird dabei weniger klar gesehen.[18] Es ist das Ziel der folgenden Interpretation, das Sachproblem und Kants inhaltliche Argumente der Auflösung der zweiten Antinomie in den Vordergrund zu stellen.

2.1. Die Widerlegung des transzendentalen Realismus als indirekter Beweis des transzendentalen Idealismus

Die Auflösung der kosmologischen Antinomien macht zunächst einen eher schematischen und formalen Eindruck. Kant scheint folgende Argumentationsstrategie zu verfolgen: Die widersprüchlichen Behauptungen von Thesis und Antithesis widerlegen sich durch ihre indirekten Beweise wechselseitig. Wenn beide Aussagen als falsch gelten sollen, dann müssen sie auf einer gemeinsamen falschen Voraussetzung beruhen. Demzufolge muß nun, wenn die gemeinsame Voraussetzung von Thesis und Antithesis ausgemacht ist, das kontradiktorische Gegenteil dieser Voraussetzung wahr sein. Da nun die gemeinsame Voraussetzung von Thesis und Antithesis nach Kant die Kernthese des transzendentalen Realismus ist, so muß der kontradiktorische Opponent des transzendentalen Realismus wahr sein. Diese Theorie ist der transzendentale Idealismus. Der indirekte Beweis des transzendentalen Idealismus wird nach Kant also dadurch geleistet, daß der transzendentale Realismus sich in der Antinomie selbst *ad absurdum* führt.

In der Forschung wird diese formale, schematische Auflösung der Antinomien am häufigsten in den Blick genommen. Die implizite Voraussetzung dieses Interpretationsansatzes scheint zu sein, daß entweder diese Auflösung strukturell für die gesamte Auflösung entscheidend ist und also den Einzelauflösungen zugrunde liege, oder aber sogar daß sie für Kant allein entscheidend sei. Dabei gibt es für die Bedeutung der Antinomienauflösung als indirekter Beweis des transzendentalen Idealismus nur einen Textbeleg (B 534 f.). Die offensichtlichen Probleme eines solchen Beweises

---

18 M. Glouberman vertritt die These, daß Kant mit den Antinomien überhaupt keinen indirekten Beweis für den transzendentalen Idealismus führt (Rewriting Kant's Antinomies: A meta-interpretative Discussion. In: The Philosophical Forum XXV/1 (1993), S. 1-18; S. 3). Um die Auflösung der Antinomie unabhängig von dieser indirekten Beweislage führen zu können, müsse man zusätzliche Argumente beibringen.

werden dann gegen sein Gelingen zu Recht angeführt.[19] Es seien insbesondere vier Probleme benannt, die aufeinander aufbauen: *Erstens* müssen Thesis und Antithesis eine vollständige Disjunktion bilden und korrekt bewiesen werden, denn nur wenn Thesis und Antithesis unter der Prämisse des transzendentalen Realismus eine vollständige Disjunktion bilden und durch korrekte Beweise sich jeweils wechselweise widerlegen, ist der transzendentale Realismus immanent widerlegt, und ist also der Schluß auf den transzendentalen Idealismus gültig. *Zweitens* müssen Thesis und Antithesis selbst notwendige Implikate des transzendentalen Realismus sein oder aber auf einem solchen beruhen, da sonst die Antinomie nur ein Streit um die richtige Interpretation des transzendentalen Realismus sein und eine von beiden aufgegeben werden könnte. *Drittens* muß der transzendentale Idealismus tatsächlich das kontradiktorische Gegenteil des transzendentalen Realismus sein, damit er als Resultat des indirekten Beweises gelten kann, und *viertens* bestehen methodologische Bedenken gegen ein solches Beweisverfahren überhaupt,[20] die den Status als Beweis für den transzendentalen Idealismus immens absenken. *Fünftens* aber – und dies ist ein entscheidender Punkt – muß beiden Behauptungen tatsächlich die gemeinsame Voraussetzung des transzendentalen Realismus zugrunde liegen.

Die Orientierung an Kants formaler Auflösung der Antinomien hat zu einer Anzahl formaler Rekonstruktionen der Antinomienbeweise geführt, da die erste Bedingung dieses indirekten Beweises ist, daß Thesis und Antithesis sich auf korrekte Weise selbst widerlegen. Insbesondere macht sich die dritte Bedingung in dieser formalen Hinsicht angreifbar. Denn wie ist es denkbar, daß so umfassende Theorien wie die des Realismus und die des Idealismus sich in einer einfachen Disjunktion ausdrücken lassen? Rein formal ergibt sich zudem das Problem, daß aus der Negation einer positiven Aussage nicht unmittelbar eine positive Aussage gefolgert werden kann. Die Kernthesen von Theorien müssen aber notwendig positive Aussagen sein. D.h. aus der Falschheit des transzendentalen Realismus kann gar nicht unmittelbar die Gültigkeit einer anderen Theorie erschlossen werden, auch nicht die des transzendentalen

19 Prominent ist etwa die Kritik von P. Guyer (Kant and the Claims of Knowledge. S. 385-415). Guyer zufolge setzt die Auflösung der Antinomien den transzendentalen Idealismus bereits voraus und somit sei der indirekte Beweis zirkulär (S. 386). Insbesondere aber wirft Guyer Kant vor, falsch geschlossen zu haben: Aus der Antinomie folge die Unentscheidbarkeit von Thesis und Antithesis, nicht aber ihre Falschheit und folglich sei auch die Widerlegung des transzendentalen Realismus und der indirekte Beweis des transzendentalen Idealismus gescheitert (bes. S. 405). Ja, er hält Kant entgegen, wenn nur ein Agnostizismus aus seiner Argumentation gefolgert werden könne, dann rechtfertige dies nicht die Position des transzendentalen Idealismus, denn auch Locke habe die Unerkennbarkeit der Dinge an sich gelehrt (S. 462). Der Kritik angeschlossen haben sich beispielsweise P. Abela (Kant's empirical realism. Oxford 2002, S. 219) und J. Van Cleve (Problems from Kant. Oxford / New York 1999, S. 62-72), wenngleich sie den Antinomien dennoch einen eigenen Wert beimessen.

20 Wie bereits erwähnt, wird der indirekte Beweis von Kant in der Philosophie als Schlußverfahren prinzipiell abgelehnt (vgl. B 817 ff.).

Idealismus. Die ersten beiden Probleme sind bereits in den vorangegangenen Analysen untersucht worden. Es sei daher nun das dritte, vierte, insbesondere aber das fünfte Problem in den Blick genommen. Dazu müssen zunächst transzendentaler Realismus und transzendentaler Idealismus bestimmt werden.

Nach Kant besteht eine vollständige Disjunktion zwischen den beiden zentralen Lehrsätzen von transzendentalem Realismus und transzendentalem Idealismus. Der transzendentale Idealismus lehrt,

> „[...] daß alles, was im Raume oder der Zeit angeschauet wird, mithin alle Gegenstände einer uns möglichen Erfahrung, nichts als Erscheinungen, d.i. bloße Vorstellungen sind, die, so wie sie vorgestellt werden, als ausgedehnte Wesen, oder Reihen von Veränderungen, außer unseren Gedanken keine an sich gegründete Existenz haben." (B 518 f.)[21]

Diese Lehre ist nach Kant durchaus vereinbar mit dem empirischen Realismus. Er ist, wie Kant auch sagt, diesbezüglich ein Dualismus, indem er auch besagt:

> „[...] es korrespondiert unseren äußeren Anschauungen etwas Wirkliches im Raume." (A 375)[22]

Entscheidend für den empirischen Realismus ist, daß er davon ausgeht, daß die Wirklichkeit der äußeren Gegenstände „unmittelbar wahrgenommen wird" (A 371) und nicht erschlossen wird. Demnach können wir annehmen, daß unserer Erfahrung Gegenstände entsprechen, die unabhängig von uns existieren, wir können uns nicht als produktiven Verstand denken, d.h. wir sind nicht Schöpfer aller Erfahrungsgegenstände. Er erlaubt es jedoch nicht, anzunehmen, daß sie absolut unabhängig von uns und unseren Erfahrungsbedingungen bestimmt sind, daher sind sie Erscheinung. Qua empirischem Realismus lehrt er bezüglich der Existenz von empirischen Gegenständen also ihre Unabhängigkeit vom erkennenden Bewußtsein, während er qua transzendentalem Idealismus bezüglich Bestimmtheit ihre Abhängigkeit vom Erkenntnissubjekt annimmt. Gleichwohl sind die Erscheinungen gemäß dieser Lehre nichts als

> „eine Art Vorstellungen (Anschauung), welche äußerlich heißen, nicht als ob sie sich auf an sich selbst äußere Gegenstände bezögen, sondern weil sie Wahrnehmungen auf den Raum beziehen, in welchem alles außer einander, er selbst, der Raum, aber in uns ist." (A 370)

Es scheint ein Widerspruch zwischen diesen beiden Lehrbestandteilen des transzendentalen Idealismus zu bestehen – so haben es auch die zeitgenössischen Kritiker Kants, beispielsweise Jacobi, gesehen; daß dies aber nicht der Fall ist, soll im Ausgang von der inhaltlichen Antinomienauflösung aufgewiesen werden.

Der transzendentale Realismus zeichnet sich nach Kant dadurch aus, daß er gar nicht oder nicht in der richtigen Weise zwischen Erscheinungen und Dingen an sich

---

21 Vgl. A 369 ff.

22 Vgl. auch B 520; Prolegomena. AA IV, 292 ff.

unterscheide.[23] Kants Vorwurf lautet demnach:

> „Der Realist in transzendentaler Bedeutung macht aus diesen Modifikationen unserer Sinnlichkeit an sich subsistierende Dinge, und daher bloße Vorstellungen zu Sachen an sich selbst.“[24]

Er erhebt diesen Vorwurf insbesondere gegen Newton oder die Newtonianer, die den Raum nicht als eine Form der Erscheinungen erkannt haben, sondern für ein Ding an sich halten (B 56). Nach diesen Bestimmungen scheint der transzendentale Realismus mit der Konzeption des absoluten Raumes einher zu gehen. Aber auch Hume unterlag nach Kant diesem Fehler.[25] Danach geht der transzendentale Realist davon aus, daß die Wahrnehmungsgegenstände, die uns gegeben werden, Dinge an sich seien. Doch denselben Vorwurf erhebt Kant auch gegen Leibniz, der bekanntlich eine relationale Raumkonzeption vertritt.

Der transzendentale Realismus hat die metaphysische Voraussetzung zur Kernthese, daß die Dinge der äußeren Anschauung unabhängig von uns und unseren Erfahrungsbedingungen existieren. Er lehrt anders als der empirische Realismus nicht, daß die äußeren Gegenstände in ihrer Wirklichkeit unmittelbar wahrgenommen werden, sondern daß für die menschliche Erkenntnis eine vermittelte Beziehung zwischen empirischen Gegenständen und Wahrnehmung besteht. Kant wirft ihm vor, die Gegenstände von der Sinnlichkeit zu trennen (A 371). Der transzendentale Realist sieht die Phänomene als ontologisch abhängig von den empirischen Gegenständen, sie sind Derivate jener Gegenstände. Bezogen auf die Sinnenwelt ist der transzendentale Realist ein Naturalist.[26]

Die Disjunktion zwischen transzendentalem Idealismus und transzendentalem Realismus muß wohl so rekonstruiert werden, daß sie zwischen den beiden kategorischen Urteilen: ‚Die Gegenstände der Sinnenwelt sind Dinge an sich‘ und ‚Die Gegenstände der Sinnenwelt sind nicht Dinge an sich‘ besteht, wobei, und das ist nun entscheidend, die Negation von ‚Dinge an sich‘ äquivalent sein muß mit ‚Erscheinungen‘, d.h. wenn etwas nicht Ding an sich ist, ist es notwendig Erscheinung. Diese Äquivalenz wirft einige Probleme auf, die im Folgenden zu thematisieren sind. Meint Kant, daß der transzendentale Realist gar keinen Gebrauch vom Erscheinungs- oder Vorstellungsbegriff macht, da er diese Begriffe als Kennzeichen der eigenen Position angibt? Wäre eine solche Position überhaupt sinnvoll?

---

23 Die Unterscheidung zwischen Phaenomenon und Noumenon führt Kant historisch auf Demokrit zurück (Logik-Philippi. AA XXIV, 327).

24 B 519. Vgl. ähnliche Bestimmungen des transzendentalen Realismus in A 369; dort bezieht Kant den Lehrsatz des transzendentalen Realismus allerdings nur auf Raum und Zeit. Vgl. zum transzendentalen Realismus Allison, H. E.: Kant's transcendental idealism (1983). S. 14-25.

25 Kritik der praktischen Vernunft. AA V, 53.

26 Prolegomena, § 60: „So dienen die kosmologischen Ideen durch die sichtbare Unzulänglichkeit aller möglichen Naturerkenntniß, die Vernunft in ihrer rechtmäßigen Nachfrage zu befriedigen, uns vom Naturalism, der die Natur für sich selbst gnugsam ausgeben will, abzuhalten.“ AA IV, 363.

Die Lehre des transzendentalen Realismus muß näher charakterisiert werden, will man Kants Aussage, er mache bloße Vorstellungen zu Sachen an sich selbst, durchschauen. In der *Vorrede* zur zweiten Auflage der *Kritik der reinen Vernunft* stellt Kant den transzendentalen Realismus als die Doktrin dar, die keinen Unterschied zwischen Erscheinungen und Dingen an sich mache. Hier bezeichnet er die Antinomien auch als „Gegenprobe der Wahrheit des Resultats" der *Transzendentalen Analytik* (B XIX f.). Er hebt als das Resultat der *Transzendentalen Analytik* hervor, daß ein irreduzibler Unterschied zwischen Erscheinung und Ding an sich bestehe. Der Beweis der Gegenprobe zeige, daß die Annahme des Gegenteils, nämlich der Ununterschiedenheit von Erscheinungen und Dingen an sich, zu Widersprüchen führe.[27] Kant faßt hier das entscheidende Theorem des transzendentalen Realismus konkreter: der Gedanke des Unbedingten des Weltganzen kann ohne Widerspruch nicht gedacht werden, wenn wir es als Ding an sich denken, dem sich unsere Erkenntnis anzugleichen hat, so daß uns Erscheinungen als Derivate von Dingen an sich gegeben werden. Das bedeutet, der transzendentale Realist operiert zwar mit einem Erscheinungs- und Vorstellungsbegriff, aber er versteht unter ‚Erscheinung' die durch Sinnlichkeit und Rezeptivität vermittelte Vorstellung eines empirischen Gegenstandes, der eine von dieser möglichen Beziehung auf uns unabhängige Seinsweise hat, die des Dinges an sich. Erscheinungen, als Vorstellungen von Sinnendingen, haben ihm zufolge eine reale Beziehung

---

27 In der *Vorrede* stellt Kant die Antinomien nicht als indirekten Beweis des transzendentalen Idealismus dar, sondern als „Experiment der reinen Vernunft" (B XX ff.). Damit wird ein anderes methodisches Verhältnis von *Analytik* und *Dialektik* zum Ausdruck gebracht, denn eine Gegenprobe ist eindeutig von der Probe abhängig und nicht wie ein indirekter Beweis unabhängig vom direkten Beweis; auch ist die Gegenprobe ein methodisch integrierender Bestandteil des Experiments und nicht ein sekundäres Verfahren mit geringerer Beweiskraft wie ein indirekter Beweis. Damit weist Kant der *Transzendentalen Dialektik* einen der *Transzendentalen Analytik* systematisch gleichwertigen Status zu. Er vergleicht das Verhältnis von *Analytik* und *Dialektik* mit der Methodik der Chemie (B XX Anm.). Durch Analyse oder Reduktion gelangt der Chemiker zuerst zu irreduziblen chemischen Elementen und mittels des synthetischen Verfahrens gelangt er in einem zweiten Schritt zur Gegenprobe, daß durch die Zusammensetzung der Elemente tatsächlich der ursprüngliche Stoff entsteht, der anfangs analysiert wurde, so daß man annehmen darf, alle konstitutiven Elemente des Stoffes isoliert zu haben. Analog stellt die *Transzendentale Analytik* die Reduktion der reinen Erkenntnis dar, wonach sich, so Kant, die beiden „ungleichartigen" Grundelemente ‚Dinge als Erscheinungen' und ‚Dinge an sich selbst' ergeben; die *Dialektik* verbindet diese beiden Elemente nun wieder in ihrem synthetischen Verfahren in der Idee des Unbedingten. Daß diese Idee sich aus dieser Verbindung ergibt, zeigt, daß die Unterscheidung durch Analyse vollständig war. Faßt man nun die Verbindung als ursprüngliche Einheit auf, so Kant in der vorausgehenden Anmerkung (B XVIII Anm.), so ergebe sich „ein unvermeidlicher Widerstreit der Vernunft mit sich selbst", so daß dies ein Beweis für die Richtigkeit der Annahme des „doppelten Gesichtspunktes" ist, der die Dinge danach unterscheidet, ob sie Gegenstände der Sinne oder Gegenstände des Denkens sind, und der insofern doppelt ist, als er sie als „ungleichartige", aber gleichwohl gleichberechtigte Elemente auffaßt.

zu Dingen an sich, für die diese Beziehung indes bloß akzidentell ist.[28] Der transzendentale Realist geht davon aus, daß Erscheinungen Vorstellungen der Dinge an sich sind, daß entweder nur ein kausaler oder aber sogar ein analoger Zusammenhang zwischen Vorstellung und Vorgestelltem besteht. Er ist also in seiner Erkenntnistheorie ein klassischer Repräsentationalist, der Erscheinungen als Phänomene von real Zugrundeliegendem für einen Erkennenden ansieht;[29] und er ist zugleich ein ontologischer Fundamentalist, der Erscheinungen eine derivative, abgeleitete Seinsweise zuschreibt gegenüber den Dingen, deren Erscheinung sie sind.[30] Es ist damit klar, daß der transzendentale Realismus die Existenz von Dingen an sich im empirischen Sinne postuliert, nicht im transzendentalen. Ein Nachweis seiner Unhaltbarkeit und der Gültigkeit des transzendentalen Idealismus kann nun aber sicher nicht allein durch einen indirekten Beweis geführt werden, vielmehr müssen Argumente zur Sache gebracht werden.

Der transzendentale Realismus macht in seiner Erkenntnistheorie, so Kants Generalvorwurf, keinen prinzipiellen Unterschied zwischen Erscheinung und Ding an sich, sondern das, was Kant oft als einen bloß „logischen Unterschied" bezeichnet: die Vorstellungen der Dinge selbst sind nur ihrem Grad an Deutlichkeit oder ihrer Lebhaftigkeit nach dem Gegenstand an sich selbst entweder mehr oder weniger adäquat. Es ist höchst bemerkenswert, daß Kant diese erkenntnistheoretische Konsequenz aus dem transzendentalen Realismus sowohl Leibniz als auch Locke zuschreibt.[31] Auch Leibniz vertritt eine spezifische Form des Phäno-

---

[28] In einer Reflexion der späten 1770er Jahre stellt Kant die unterschiedlichen Erscheinungsbegriffe von Realismus und Idealismus einander gegenüber: „Der idealist behauptet: die Korper [werden] seyn nur ein Schein; der realist: sie sind eine erscheinung, denen doch eine besondere Art substantzen wirklich correspondirt. Der Schein ist, hinter dem nichts wahres ist." (R 5395; AA XVIII, 171). Aus dem transzendentalen Realismus folgt nach Kant, wie bereits gesehen, der empirische Idealismus, für den jene den Erscheinungen zugrundeliegenden Dinge an sich unerkennbar sind, woraus er schließt, daß ihre Existenz zweifelhaft sei.

[29] Allison geht so weit, als Grundlage des transzendentalen Realismus ein theozentrisches Erkenntnismodell anzusehen, wonach ein absoluter Intellekt das paradigmatische Modell von Erkenntnis abgibt, der die Dinge erkennt, wie sie an sich selbst sind (Kant's transcendental idealism (1983). S. 19-25). In unserem Zusammenhang von Interesse ist, daß Allison als Beleg für seine These den vorkritischen Kant der *Nova Dilucidatio* heranzieht mit seinem Beweis dafür, daß zusammengesetzte Substanzen in einem *commercium* nur im Geiste Gottes existieren können, da sie außerhalb dessen in eine unverbundene Pluralität zerfallen (AA I, 412 f.).

[30] In seiner vulgärsten Form ist er eine Theorie, die die sinnliche Anschauung „als blos empirische Apprehension der Dinge an sich selbst annimmt". Diese Bemerkung zielt auf Eberhard (Über eine Entdeckung. AA VIII, 220).

[31] Die Unterscheidung des bloß logischen Unterschiedes der Vorstellungen von Verstand und Sinnlichkeit trifft insbesondere Leibniz und dient Kant immer wieder als Hauptkritik an der Leibniz-Wolffschen Philosophie (vgl. B 60 f.); aber auch Locke begeht diesen Kardinalfehler, allerdings in umgekehrter Richtung (vgl. B 326 f.): „Anstatt im Verstande und

menalismus;[32] dennoch wird ihm von Kant vorgeworfen, er habe Erscheinungen für Dinge an sich gehalten und nur nominal die Gegenstände der Sinnenwelt als Phänomene bezeichnet (B 320).[33] Die These des transzendentalen Realismus ist Kant zufolge letztlich nicht nur eine falsche Konzeption des Gegenstandes der Ideen als Ding an sich, sondern sie ist ein „leere[r] und bloß eingebildete[r] Begriff von der Art, wie uns der Gegenstand dieser Ideen gegeben wird" (B 518). Er glaubt nämlich, er werde uns durch die Sinne gegeben und er werde durch Verstand und Vernunft erkannt oder aber er sei prinzipiell unerkennbar.

Die gemeinsame Voraussetzung von Thesis und Antithesis soll also die Annahme sein, daß Erscheinungen Derivate von Dingen an sich selbst sind. Diese ontologische Voraussetzung ist die Kernaussage des transzendentalen Realismus. Der indirekte Beweis des transzendentalen Idealismus hat nach Kant die Form des folgenden Dilemmas, das sich nicht nur, wie es scheinen könnte, auf die erste Antinomie bezieht:

> „Wenn die Welt ein an sich existierendes Ganzes ist, so ist sie entweder endlich, oder unendlich. Nun ist das erstere sowohl als das zweite falsch (laut der oben angeführten Beweise der Antithesis einer- und der Thesis andererseits). Also ist es auch falsch, daß die Welt (der Inbegriff aller Erscheinungen) ein an sich existierendes Ganzes sei. Woraus denn folgt, daß Erscheinungen überhaupt außer unseren Vorstellungen nichts sind,

---

der Sinnlichkeit zwei ganz verschiedene Quellen von Vorstellungen zu suchen, die aber nur in Verknüpfung objektiv gültig von Dingen urteilen könnten, hielt sich ein jeder dieser großen Männer [sc. Leibniz und Locke] nur an eine von beiden, die sich ihrer Meinung nach unmittelbar auf Dinge an sich selbst bezöge, indessen daß die andere nichts tat, als die Vorstellungen der ersteren zu verwirren oder zu ordnen." Locke hielt sich an die Sinnlichkeit als auf Dingen an sich beruhend und ließ den Verstand ordnen; Leibniz hielt sich an den Verstand als auf Dinge an sich bezogen und ließ ihn durch die Sinnlichkeit verwirren.

32 Vgl. dazu Hartz, G. A.: Leibniz' Phenomenalisms. Hartz unterscheidet bei Leibniz drei Phänomenalismustypen. Einen perzeptuellen Phänomenalismus, demgemäß Gegenstände Erscheinungen sind, wenn sie perzipierte Gegenstände sind; einen mereologischen Phänomenalismus, demzufolge Zusammengesetztes Erscheinung von zugrundeliegendem Einfachen ist; und einen Supervenienz-Phänomenallismus, demzufolge die Eigenschaften von Körpern und die Eigenschaften von Monadenaggregaten in einer Supervenienzrelation stehen. Alle drei seien aber miteinander verbunden.

33 In der *Metaphysik-Pölitz* stellt Kant das Problem der Teilung ebenfalls unmittelbar in den Zusammenhang des Realismus-Idealismus-Problems. Hier verhandelt er unter dem Titel *Von den Theilen des Universums* intensiv die Theorie des Idealismus, den er hier in einen dogmatischen und einen skeptischen unterscheidet. Folgende Kurzargumentation liefert Kant gegen Leibniz' „platonischen Idealismus", der alle Erscheinung auf eine intelligible Welt zurückführt; Leibniz behaupte: „Alle Substanzen sind Monaden oder einfache Theile, die *vim repraesentativam* haben, und unter allen Phänomenis erscheinen. Allein eben ist schon gesagt: Alle Erscheinung ist continuirlich, und kein Theil der Erscheinung ist einfach; also bestehen Körper nicht aus einfachen Theilen oder Monaden." Die Antinomie ist perfekt, wenn Kant abschließend auf die Denknotwendigkeit des Einfachen hinweist: „Die *Composita substantialia* bestehen aber aus einfachen Theilen, wenn sie durch den Verstand gedacht werden." (S. 102). Vgl. auch: Metaphysische Anfangsgründe der Naturwissenschaft. AA IV, 507.

welches wir eben durch die transzendentale Idealität derselben sagen wollten." (B 534 f.)

Die Widerlegung des transzendentalen Realismus muß sich also gegen die Fundierung des Phänomenalen in Dingen an sich richten, gegen die Annahme also, daß Phänomene real in Nichtphänomenalem gründen und auf sie reduziert werden können. Kant meint also nicht, daß der transzendentale Realismus über keinen Erscheinungsbegriff verfüge, sondern, daß er ihn falsch begründet oder noch genauer, daß er seine richtige Begründung nicht durchschaut. Die konträre Gegenthese hierzu besagt demzufolge, daß die Gegenstände der sinnlichen Erfahrung nichts als Vorstellungen und Erscheinungen sind.[34] Dies ist die Grundannahme des transzendentalen Idealismus.[35]

Kants Auflösung der zweiten Antinomie wird mit einem Begriff von Erscheinung operieren, der scheinbar einen metaphysischen Idealismus anzeigt. Demnach sind Materie und alle ihre in der Anschauung gegebenen wirklichen, wie auch die denkbaren möglichen Teile in ihr, letztlich nichts anderes als Vorstellungen: „Materie (die gar kein Ding an sich selbst, sondern nur eine Art Vorstellungen in uns ist)" (A 360). Auch in den *Prolegomena* scheint Kants Lösung der Antinomie der Materieteilung in einem metaphysischen Idealismus zu bestehen:

> „Eben dieses gilt von der zweiten Antinomie, die die Theilung der Erscheinungen betrifft. Denn diese sind bloße Vorstellungen, und die Theile existiren blos in der Vorstellung derselben, mithin in der Theilung, d.i. in einer möglichen Erfahrung, darin sie gegeben werden, und jene geht daher nur so weit, als diese reicht. Anzunehmen, daß eine Erscheinung, z.B. die des Körpers, alle Theile vor aller Erfahrung an sich selbst enthalte, zu denen nur immer mögliche Erfahrung gelangen kann, heißt: einer bloßen Erscheinung, die nur in der Erfahrung existiren kann, doch zugleich eine eigene, vor Erfahrung vorhergehende Existenz geben, oder zu sagen, daß bloße Vorstellungen da sind, ehe sie in der Vorstellungskraft angetroffen werden, welches sich widerspricht, [...]." (AA IV, 342)

Auch in der *Kritik der reinen Vernunft* formuliert Kant an entsprechenden Stellen die These, Erscheinungen seien bloße Vorstellungen und daher seien auch die Teile der Erscheinung bloß in der Vorstellung gegeben (B 533 ff.). Kant versucht im Ausgang von der zweiten kosmologischen Antinomie, so die These hier, Erscheinungen unab-

---

[34] Der Begriff der Erscheinung wird im Ausgang von der Antinomienauflösung noch näher untersucht (vgl. Kap. III.3.5.). Zur Unterscheidung von Erscheinung und Ding an sich bei Kant vgl. Prauss, G.: Erscheinung bei Kant; ders.: Kant und das Problem der Dinge an sich; Allison, H. E.: Kant's transcendental idealism (1983), S. 237-254; Patt, W.: Transzendentaler Idealismus. S. 9-48; sowie von der Verf.: Der Begriff der Erscheinung bei Leibniz und Kant. S. 168-180.

[35] Ähnliches schreibt Kant in einer Reflexion von 1783/1784: „Die Bestimung unserer Vernunft in Ansehung der transscendentalen (g cosmologischen) Ideen ist [...] 2. Die Ueberzeugung zu verschaffen, daß alle Gegenstande der Erfahrung nichts als Erscheinungen sind und ihnen Dinge an sich selbst zum Grunde liegen müssen, mithin den transscendenten Gebrauch des empirischen zu verhüten. Durch das letztere wird alle antinomie gehoben, die blos darauf beruht, daß Erscheinungen als Dinge an sich betrachtet werden."

hängig vom ontologischen Verständnis von ‚Ding an sich‘ zu begründen. Im Ausgang davon gilt es, das Verhältnis von Erscheinung, Erfahrung, Vorstellung und Existenz, wie es Kant hier seiner eigenen Lehre gemäß entwirft, genauer zu untersuchen, um zu prüfen, ob diese Lehre mit einem kritischen, empirischen Realismus vereinbar ist.

Kant ist es wohl bewußt, daß er sich mit dieser These dem Vorwurf des Idealismus aussetzt; deshalb erinnert er im Zusammenhang der Antinomien an seine Idealismuswiderlegung und verteidigt seine Lehre damit, daß er den zugegeben unhaltbaren Idealismus als empirischen bestimmt und von seinem transzendentalen unterscheidet.[36] Die Widerlegung des empirischen Idealismus ist deshalb an dieser Stelle zu implementieren, weil sonst dasjenige droht, was Kant den „skeptischen Stillstand“ nennt, die dogmatische Annahme, daß die Welt überhaupt nicht existiere; rein formal betrachtet wäre dies eine alternative Folgerung aus dem Dilemma. Er hält sogar die Antinomien für eine Widerlegung des dogmatischen Idealismus, der die Skepsis bezüglich der Existenz der Sinnenwelt teilt und „in der Möglichkeit einer Materie überhaupt Widersprüche zu finden glaubt“ (A 377). Kant spricht hier unmittelbar v.a. die zweite Antinomie an. Die Annahme, daß unsere sinnlichen Affektionen prinzipiell keine reale Ursache haben, ist für ihn keine sinnvolle Annahme, wie er in der *Widerlegung des Idealismus* zeigt. In der Antinomienlehre, insbesondere in der Lehre der regulativen Vernunftideen, führt er gegen den dogmatischen Idealismus an, daß die Widersprüche im Begriff der Materie auflösbar sind, wenn man ihren Erscheinungscharakter anerkennt.[37]

In einer Vorarbeit zur Streitschrift gegen J. H. Eberhard *Über eine Entdeckung* stellt Kant Elemente der zweiten Antinomie ebenfalls als Beweiskette für den transzendentalen Idealismus dar; hier belegt die Antinomie zwischen Thesis und Antithesis in einem indirekten Beweis die kritische Raum- und Zeitlehre:

> „Denn, daß allen Objecten der Sinne, so fern sie als Sachen an sich selbst betrachtet werden, das Einfache zum Grunde liegen müsse, das eben behauptete die Critik. Eben daraus aber, daß dieses Einfache in der Anschauung, deren wir von diesen Objecten fähig sind, schlechterdings nicht angetroffen werden kan (wie die Mathematik lehrt), schloß sie, daß Raum und Zeit als die formale Bedingungen der Möglichkeit der Dinge als Objecte der Sinne nur subjective Bedingungen der Möglichkeit unserer Anschau-

---

36 Vgl. B 519; die Argumentation entspricht dem vierten Paralogismus.

37 Daß die zweite Antinomie auch Widerlegung des Berkeleyschen dogmatischen Idealismus ist, meint Heimsoeth, H.: Transzendentale Dialektik. Bd. 1, S. 138 f. Kant schreibt Berkeley die Ansicht zu, aus der Widersprüchlichkeit des Begriffs der Materie ihre Nichtexistenz geschlossen zu haben. Andere sehen als historische Vorlage für diesen Idealismus-Begriff Kants Arthur Collier, der in seinem Werk *Clavis Universalis* zu dem Schluß gelangt, der Begriff einer geistunabhängig existierenden Welt sei selbstwidersprüchlich, weil aus ihm sowohl gefolgert werden kann, daß sie endlich, als auch daß sie unendlich sei. Solches aber kann nicht existieren (De Vleeschauwer, H. J.: Les Antinomies Kantiennes et la Clavis Universalis d' Àrthur Collier. In: Mind 47 (1938), S. 303-320; Allison, H.: Kant's transcendental idealism (1983). S. 59 f.).

ung, nicht aber der Objecte, als Dinge an sich (ohne alle Beziehung auf die besondere Art unseres Vorstellungsvermögens) seyn können, [...].“ (AA XX, 390 f.)

Kant läßt an dieser Zusammenraffung von Thesis der zweiten Antinomie und *Transzendentaler Ästhetik* mehreres beiseite. Nach dieser Darstellung scheint die Antithesis, v.a. ihr erster Teilbeweis, im Recht zu sein, was sie nach der *Kritik der reinen Vernunft* nicht ist; Kant erwähnt nicht, daß es für den Nachweis der Unhaltbarkeit der Thesis notwendig ist, daß die mathematischen Eigenschaften des Raumes, seine Stetigkeit, notwendig auch für das Reale im Raum, die Materie, gilt – dies hatte Kant in der *Monadologia Physica* 1756 explizit abgestritten und selbst eine Theorie des Einfachen vertreten. Vielmehr stellt er unmittelbar die Thesisposition der kritischen Lehre gegenüber und folgert allein die Idealität von Raum und Zeit aus der Unmöglichkeit, das nach rationalen Prinzipien notwendig zu denkende Einfache in der Anschauung zu haben.

Die folgenden Untersuchungen werden zeigen, daß Kant es nicht bei der bloß formalen Widerlegung des transzendentalen Realismus durch den bloßen Aufweis des Bestehens einer Antinomie bewenden läßt. Vielmehr hält er es für notwendig, inhaltliche Argumente gegen ihn vorzubringen. Der inhaltliche Beweis geht aus der inhaltlichen Auflösung der Antinomie hervor und greift auf Grundgedanken der kritischen Philosophie zurück, wie zu zeigen ist. Kant wird bei der zweiten Antinomie aufweisen, daß es nicht allein die Bestimmungen von Raum und Zeit sind, die es nur zulassen, das in der Anschauung Gegebene seiner Existenzweise nach als Erscheinung zu bezeichnen, da es notwendig in subjektiven Formen gegeben wird, sondern daß der Gehalt der Anschauung selbst eine derartige Struktur aufweist, die nur der Existenzweise von Erscheinungen entspricht. Es wird letztlich gezeigt, welche Konsequenzen sich aus der *Transzendentalen Analytik* für die Konstitution von Gegenständen ergeben. Ein solches Argument führt über die Ergebnisse der *Transzendentalen Ästhetik* hinaus, denn nach den Raum- und Zeitargumenten steht zwar fest, daß alles, was in Raum und Zeit gegeben wird, Erscheinung ist; doch dies ist nur eine formale Bestimmung dessen, was erscheint: als in den Formen von Raum und Zeit Gegebenes ist es Erscheinung und nicht Ding an sich. An sich selbst könnte es unräumlich und unzeitlich existieren. Durch diesen Beweis mag es zwar erwiesen sein, daß für uns alle Gegenstände der Sinnlichkeit mit den Strukturen von Raum und Zeit kongruieren müssen. Insbesondere aber die Rezeptivität und Nichtantizipierbarkeit der speziellen Wahrnehmungsgehalte läßt noch Raum für die Vorstellung, daß es gleichwohl ein Substrat geben möge, welches den empirischen Erscheinungen zugrunde liegt und durch unsere synthetisierenden und unterscheidenden Verstandeshandlungen einer rationalen Formung unterzogen wird. Es geht Kant also inhaltlich in der Auflösung darum, zu zeigen, daß Materie ihrer Struktur nach derart verfaßt ist, daß sie irreduzibel Phänomen ist, daß sie also nichts als Erscheinung und somit nichts als Vorstellung ist. Diese Lehre geht insofern auch über *Transzendentale Analytik* hinaus, als Kant diese Struktur auf die Interaktion von Verstand und Vernunft zurückführt, welche ein spezielles Verhältnis von Möglichkeit und Wirklichkeit bedingt.

Zunächst jedoch muß erst einmal aufgezeigt werden, daß Thesis und Antithesis den transzendentalen Realismus nicht nur in ihren Beweisen voraussetzen, wie bereits herausgestellt, sondern daß die Behauptungen von Thesis und Antithesis selbst ihn unterstellen. Das stärkste Argument dafür ist logisch-semantisch und wird von Kant durch die Lehre von der dialektischen Opposition geleistet.

2.2. Der dialektische Vernunftschluß der Kosmologie

Die formale Auflösung der kosmologischen Antinomie ist derjenigen der rationalen Psychologie strukturanalog. Unter der Voraussetzung des transzendentalen Idealismus zeigt Kant auf, daß im reinen Vernunftschluß der Kosmologie, der allen vier kosmologischen Ideen zugrunde liegt, eine *quaternio terminorum* begangen wird.[38] Dieser Vernunftschluß lautet (B 525):

> [OS:] „Wenn das Bedingte gegeben ist, so ist auch die ganze Reihe aller Bedingungen desselben gegeben;
>
> [US:] nun sind uns Gegenstände der Sinne als bedingt gegeben;
>
> [K:] folglich etc.“ [sc. ist die ganze Reihe aller Bedingungen der Gegenstände der Sinne gegeben.]

Der Obersatz dieses Schlusses ist das Vernunftprinzip, das allen transzendentalen Ideen zugrunde liegt (B 364 f.), aber in der Kosmologie darüber hinaus auch für die vier einzelnen kosmologischen Ideen selbst in Anspruch genommen wird (B 436). Für Kant hat es nun zunächst nur logisch-methodische Bedeutung; als solches ist es das

> „logische[] Postulat der Vernunft: diejenige Verknüpfung eines Begriffs mit seinen Bedingungen durch den Verstand zu verfolgen und so weit als möglich fortzusetzen, die schon dem Begriffe selbst anhängt.“ (B 526)

Diese „logische Forderung“ enthält keine Zeitbedingungen, die allein es erlauben, das Gegebensein von etwas in existentieller Weise aufzufassen. Nach Kant impliziert der Begriff des Bedingten analytisch den Begriff der Bedingung. Dieses Implikationsverhältnis ist aber rein logisch-begrifflicher Art und erlaubt keine unmittelbare Anwen-

---

38 Kant bezeichnet sowohl in den Paralogismen wie auch in den Antinomien den Grund des logisch-semantischen Fehlers der speziellen Metaphysik als „*sophisma figurae dictionis*“ (A 411; B 528). Ein Sophisma ist eigentlich gemäß seiner Logik ein Trugschluß, mit welchem man andere absichtlich hintergeht; inhaltlich verwendet er den Begriff *sophisma figurae dictionis* gleichbedeutend mit der *quaternio terminorum* (Logik-Jäsche. AA IX, 134 f.). Im Unterschied dazu ist der Paralogismus ein Fehlschluß, mit welchem man sich selbst hintergeht. In der Metaphysik kann jedoch nur von letzterem die Rede sein. Es kann also der allgemeine Vernunftschluß der Kosmologie in gewisser Weise auch als „Paralogismus“ bezeichnet werden.

dung auf Objekte, sondern liegt der logischen Struktur der reinen Vernunftschlüsse zugrunde. Die synthetische Form des Vernunftprinzips, die die ontologische Voraussetzung des absoluten Gegebenseins der Bedingungen ausmacht und sich der reinen Verstandesbegriffe bedient, als seien sie Bestimmungen der Dinge selbst, verwirft Kant. Diese metaphysisch-ontologische Bedeutung erwächst dem Vernunftprinzip insbesondere aus der Idee des Unbedingten.[39] Die *quaternio terminorum* besteht nun darin, daß im Obersatz des Schlusses das Bedingte metaphysisch-ontologisch als ein an sich Gegebenes ausgedeutet und dadurch auch die Realität des Unbedingten in absoluter Weise angenommen wird. Im Untersatz dagegen kann das Bedingte jeweils nur als Erscheinung gelten, welche in der Zeit vorgestellt wird.

Ganz äquivalent ist diese Aufdeckung des Fehlschlusses der Kosmologie mit demjenigen der rationalen Psychologie in der zweiten Auflage der *Kritik der reinen Vernunft* (B 410 f.) und den vier einzelnen Paralogismen in der ersten Auflage. Anders aber als in den Paralogismen formuliert Kant in den Antinomien eine transzendental bereinigte Form des reinen Vernunftprinzips. In dieser Version wird der Erscheinungscharakter des Bedingten berücksichtigt, indem es als subjektive, Maxime der Vernunft gefaßt wird:

> „[...] wenn das Bedingte gegeben ist, uns eben dadurch ein Regressus in der Reihe aller Bedingungen zu demselben **aufgegeben** sei". (B 526)

Diese transzendentale Form des Vernunftprinzips dient Kant schließlich zu seiner Theorie der regulativen Funktion der transzendentalen Ideen, speziell auch der kosmologischen Ideen. In dieser transzendentalen Version wird der Grundsatz in seiner logisch-begrifflichen Bedeutung aufgenommen und lediglich als methodische Forderung auf die Objekte der Erfahrung bezogen. Sein Argument für die kritische Restriktion des Vernunftprinzips lautet: „Denn die Erscheinungen sind in der Apprehension selber nichts anders als eine empirische Synthesis (im Raume und der Zeit) und sind also nur in dieser gegeben" (B 527). Die Ideen, die sich dem Prinzip verdanken, dürfen folglich nicht als Vorstellungen von existierenden Gegenständen verstanden werden, sondern sind solche Vorstellungen, deren Gehalt es ermöglicht, sinnliche Erfahrung nicht einfach zu machen, sondern methodisch aufzusuchen, wie noch zu zeigen ist. Die Subsumtion eines empirisch Bedingten unter ein nicht zeitgebundenes Bedingtes ist ungültig, weil zwischen beiden ein prinzipieller Unterschied besteht. Die Auflösung des kosmologischen Fehlschlusses setzt hierbei die kritische Unterscheidung von Erscheinung und Ding an sich als bewiesen voraus, sie ist somit rein formal und reicht in dieser Weise nicht zur Widerlegung des transzendentalen Realismus aus.

---

[39] Vgl. Kap. I.1.1.

2.3. Transzendentaler Realismus, dialektische Opposition und Bivalenzprinzip

In formaler Betrachtungsweise stürzt die Antinomie der reinen Vernunft den Leser in eine verwirrende Situation. Zwei einander widersprechende Thesen sind mit gleich guten Gründen bewiesen und widersprechen einander zugleich. Verstößt diese Situation nicht gegen das Prinzip des ausgeschlossenen Dritten, eine der Hauptstützen der klassischen Logik? Muß es also revidiert werden oder ist etwa die Realität selbst widersprüchlich? Kant zufolge gibt es eine Erklärung dieser paradoxen Sachlage: die Voraussetzung des transzendentalen Realismus. Hebt man ihn auf, so läßt sich das Prinzip des ausgeschlossenen Dritten aufrechterhalten. Doch daß Thesis und Antithesis den transzendentalen Realismus voraussetzen, dies gilt es erst einmal aufzuzeigen. Rein formal betrachtet löst Kant die Antinomie der reinen Vernunft dadurch, daß er den Widerspruch zwischen Thesis und Antithesis unter zwei Gesichtspunkten darstellt: unter der Voraussetzung des transzendentalen Realismus erscheint er als kontradiktorischer Widerspruch („analytische Opposition"), unter Zugrundelegung des transzendentalen Idealismus erweist sich dieser Widerspruch dann aber als „dialektische Opposition".[40] Von diesem Gesichtspunkt aus ist es möglich, den Widerspruch als lediglich konträre Opposition zu erkennen, für welche der Satz vom ausgeschlossenen Dritten kein hinreichendes Wahrheitskriterium ist. Hinter der Lehre der dialektischen Opposition verbirgt sich das zentrale formale Argument der Auflösung, das es im Folgenden herauszuarbeiten gilt.

Der Begriff der „dialektischen Opposition" meint bei Kant einen Widerspruch, der nur dem Scheine nach ein kontradiktorischer Widerspruch ist; tatsächlich aber ist dieser Widerspruch bloß konträr.[41] Kontradiktorisch – oder „analytisch", wie Kant sagt – ist ein Widerspruch dann, wenn zwei Urteile eine vollständige Disjunktion bilden, so daß der Satz vom ausgeschlossenen Dritten als Wahrheitskriterium hinreichend ist, d.h. daß eines von den beiden Urteilen wahr sein muß.[42] Dies ist bei der Gegenüberstellung eines unquantifizierten positiven und eines negativen Urteils der Fall, wenn Subjekt und Prädikat identisch sind oder aber bei quantifizierten Urteilen bei der Gegenüberstellung gemäß dem Urteilsquadrat. In einem disjunktiven Vernunftschluß kann dann analytisch von der Position des einen auf die Negation des anderen geschlossen werden.[43] Beim konträren Widerspruch können beide Urteile

---

[40] Vgl. zum Folgenden B 530 ff.

[41] Der falsche Schein eines kontradiktorischen Widerspruchs zeichnet die dialektische Opposition aus, nicht – wie vielfach dargestellt – das Gegensatzpaar aus positivem und unendlichem Urteil an sich. Llewelyn setzt voraus, daß die Auflösung der Antinomien in nichts anderem als dieser Unterscheidung bestehe (Dialectical and Analytical Opposites. In: Kant-Studien 55 (1964), S. 171-174). Dies ist in dieser Form sicherlich zu einseitig, da Kant auch eine inhaltliche Auflösung der Antinomie vorlegt.

[42] Vgl. Logik-Jäsche, § 78. AA IX, 130.

[43] Dies sind Schlüsse nach dem *modus ponens* oder *tollens*, wobei allein durch den Satz vom zu vermeidenden Widerspruch geschlossen werden kann: $((a \vee \neg a) \wedge a) \rightarrow \neg (\neg a)$.

falsch sein, nicht aber können sie beide wahr sein. Daher ist beim konträren Widerspruch der Satz vom ausgeschlossenen Dritten nicht hinreichendes Wahrheitskriterium. Er findet sich gemäß der klassischen Logik zwischen universell bejahendem und universell verneinendem Urteil.

Der Satz vom ausgeschlossenen Dritten wird unter gewissen metaphysischen Voraussetzungen zur ontologischen Annahme des Satzes der Bestimmtheit, *principium determinationis*, umgedeutet, wonach einem Seienden von zwei entgegengesetzten Prädikaten notwendig eines zukommen muß.[44] Dies Prinzip ist für Kant analytisch. Wird der Satz der Bestimmtheit in ontologischer Weise konsequent angenommen, so geht er einher mit der Annahme des Prinzips der durchgängigen oder vollständigen Bestimmtheit, *principium omnimoda determinationis*, wonach jedes Seiende bezüglich aller Prädikate bestimmt ist, d.h. aus der Gesamtheit aller Prädikate kommt ihm jedes notwendig entweder zu oder nicht zu, d.h. es gibt von jedem Seienden eine vollständige Beschreibung. Diesen Grundsatz hält Kant für synthetisch. Er impliziert einerseits, daß es eine Gesamtmenge aller Prädikate gibt und andererseits, daß die Welt selbst vollständig bestimmt ist. In der heutigen Semantik und Erkenntnistheorie wird dies Theorem als Bivalenzprinzip bezeichnet,[45] es besagt in semantischer Hinsicht, daß jeder Satz entweder wahr oder falsch sein muß unabhängig davon, ob sein Wahrheitswert epistemisch feststellbar ist oder nicht, oder in epistemologisch-ontologischer Hinsicht, daß es genau eine wahre und notwendig vollständige Beschreibung der Welt gibt, unabhängig davon, ob sie faktisch gegeben werden kann oder nicht.[46] Die Verquickung von Satz des ausgeschlossenen Dritten, Satz der Bestimmtheit und Satz der vollständigen Bestimmtheit ist die Ursache für die implizite Voraussetzung des transzendentalen Realismus von Thesis und Antithesis und für

---

44 Vgl. dazu Kants Unterscheidung der beiden Prinzipien B 599 f., insb. B 600 Anm.

45 Vom Begriff her scheint das ‚Bivalenzprinzip' eher dem traditionellen *principium determinationis* zu entsprechen als dem Satz der vollständigen Bestimmtheit. Da es aber in der oben erläuterten Weise aufgefaßt wird, muß man es wohl dem *principium omnimoda determinationis* entsprechend betrachten.

46 Das Bivalenzprinzip wird auch in der gegenwärtigen Diskussion um den Realismus als das Kennzeichen bestimmter Typen von Realismus verstanden. Es wurde zuerst von Dummett als zentrales Theorem des Realismus formuliert (vgl. Willaschek, M.: Der mentale Zugang zur Welt. Frankfurt/M. 2003, S. 55). Willaschek meint jedoch, daß es weder eine realistische Position impliziert, noch daß der Realismus notwendig an es gebunden ist (S. 55-60). Dies darf, das Ergebnis des Kapitels vorausgreifend, auch als Kants Meinung angenommen werden, da anders als der transzendentale sein empirischer Realismus es nicht zugrunde legt und der transzendentale Realismus sich letztlich als empirischer Idealismus entpuppt. Nach Putnam zeichnet sich insbesondere der „metaphysische Realismus" durch es aus (Reason, Truth and History. Cambridge 1981, S. 49). Blackburn diskutiert unter Rückgriff auf Kants Lehre regulativer Vernunftideen sehr aufschlußreich die Möglichkeit, das Bivalenzprinzip als Regulativ zu betrachten, um so eine realistische Interpretation wissenschaftlicher Theorien zu erreichen, die sich nicht vollständig verifizieren lassen (Truth, Realism, and the Regulation of Theory. In: Ders.: Essays in Quasi-Realism. New York / Oxford 1993, S. 15-34; bes. S. 18-33).

Kants Ansatzpunkt der Auflösung. Denn wenn die Gegenstände der Sinnenwelt unabhängig von Erkenntnis als vollständig bestimmte gedacht werden, werden sie als Dinge an sich angenommen. Erst aufgrund dieses Bedeutungshintergrundes der Lehre von der dialektischen Opposition, die Kant selbst nicht klar ausführt, ist es ihm jedoch möglich, die implizite Voraussetzung von Thesis und Antithesis im transzendentalen Realismus als notwendig auszumachen und zugleich einen positiven Schluß auf den transzendentalen Idealismus zu ziehen, so die hier vertretene These.

Der gängigen Interpretation dieses Teils der Antinomienauflösung zufolge geht Kant so vor, daß er vermittels der Lehre von der dialektischen Opposition zeigt: Thesis und Antithesis setzen voraus, der Gegenstand ihrer Urteile sei Ding an sich. Da dieser Gegenstand widersprüchlich bestimmt wird, erweist sich der Begriff selbst als in sich widersprüchlich und also als unmöglich oder trivial, d.h. daß es keinen Gegenstand geben kann, auf den er angewendet werden kann, oder daß aus dem Begriff alles folgt. Diese Deutung – so richtig sie auch ist – kann jedoch nicht erklären, auf welcher Grundlage Kant behaupten kann, daß sowohl Thesis als auch Antithesis den transzendentalen Realismus voraussetzen und die Sinnengegenstände als Dinge an sich annehmen. Nach dieser Deutung bleibt es völlig rätselhaft, wie allein die Lehre der dialektischen Opposition offenbaren kann, *erstens* daß Thesis und Antithesis tatsächlich den Erscheinungen Dinge an sich zugrunde legen und somit den transzendentalen Realismus voraussetzen sowie *zweitens* daß unter dieser Voraussetzung der Anschein eines kontradiktorischen Widerspruches entstehe, der aber verschwinde, wenn sie aufgehoben wird. Daher soll diesen Zusammenhängen etwas genauer auf den Grund gegangen werden. Es soll zunächst Kants Lehre von der dialektischen Opposition dargelegt werden. Kant führt hier das unendliche Urteil ein und deutet es transzendental aus als eine spezielle Form der Position. Damit besteht die Antinomie in einer Disjunktion zweier Positionen. Die Disjunktion zweier Positionen impliziert den Satz der vollständigen Bestimmtheit. Zugleich aber wird gezeigt, daß eigentlich ein bloß konträrer Widerspruch zwischen Thesis und Antithesis besteht. Die Auflösung des dialektischen Scheins besteht nun darin, zu zeigen, daß das Prinzip des ausgeschlossenen Dritten bei konträren Urteilen als Wahrheitskriterium nicht allein hinreichend ist, und daß folglich beide Urteile falsch sein können. Es kann also ein Drittes gelten, nämlich daß Sinnengegenstände nicht vollständig bestimmt sind, sondern selbst Unbestimmtes und lediglich Bestimmbares, nämlich Erscheinungen. Diese komplexe Argumentation, die Kant voraussetzungsreich führt, gilt es zu explizieren. Aus ihr folgt, wie später zu zeigen ist, auch ein eigener, kritischer Erscheinungsbegriff, der sich von anderen Erscheinungs-Konzeptionen, insbesondere der des transzendentalen Realismus, abhebt.

Die Lehre von der dialektischen Opposition baut auf drei Elementen auf: diese sind die Lehre der negativen Prädikate, darauf beruhend die Lehre vom unendlichen Urteil sowie die Lehre vom Widerspruch. Den Logiken seiner Zeit folgend, unterscheidet Kant alle Prädikate ihrem Bedeutungsgehalt nach in positive und negative.[47] Demnach gibt es Prädikate, die einen positiven Bedeutungsgehalt haben, d.h. eine Qualität aussagen, und Prädikate, die einen Mangel ausdrücken, das Nichtbestehen einer Qualität, so wie beispielsweise Kälte als Abwesenheit von Wärme verstanden werden kann und keine eigene Qualität hat. Jedes Prädikat hat ein negatives Prädikat zum Gegenteil, wie beispielsweise ‚sterblich – unsterblich'.[48] Die Negativität eines Prädikats läßt sich nicht an der sprachlichen Form, d.h. dem Präfix ‚un-', erkennen. So ist etwa das Wort ‚unendlich' seiner Form nach negativ, doch wird es in der Tradition wie auch bei Kant als positives Prädikat bestimmt; ‚endlich' dagegen ist die Privation des Unendlichen.[49] Werden inhaltlich negative Prädikate im Urteil verwendet, so ergibt sich eine Bedeutungsverschiebung hinsichtlich der Qualität des Urteils seiner Form nach. Ein positives Urteil, das ein inhaltlich negatives Prädikat enthält, unterscheidet sich demnach in seinem Sinngehalt von einem positiven Urteil mit positivem Prädikat. Das positive Urteil mit inhaltlich negativem Prädikat ist das unendliche Urteil. Dies bezeichnet die Logik als ‚starke Negation' oder ‚Prädikat-Term-Negation' im Unterschied zur ‚Prädikatnegation'.[50] Insbesondere die intuitionistische Logik schreibt

---

47 Vgl. Meier, G. F.: Vernunftlehre, § 294. AA XVI, 636.

48 Diese Lehre geht auf Aristoteles' Begriff der *steresis* zurück, der Privation. Die Geschichte des unendlichen Urteils in den Logiken des 18. Jh. hat Ishikawa aufgearbeitet (Kants Denken von einem Dritten. Das Gerichtshof-Modell und das unendliche Urteil in der Antinomienlehre. Frankfurt/M. / Bern / New York / Paris 1990, S. 38-51). Eine historische Untersuchung des Verhältnisses dieser Kantischen Lehre zu denjenigen Aristoteles' und v.a. Crusius' hat Tonelli angestellt (Die Voraussetzungen zur kantischen Urteilstafel in der Logik des 18. Jh. In: Kritik und Metaphysik. Studien für Heinz Heimsoeth. Hrsg. v. F. Kaulbach und J. Ritter. Berlin 1966, S. 136-144). Es ist klar, daß die folgende Untersuchung der logisch-semantischen Auflösung der zweiten Antinomie auf dem Boden der transzendentalen Logik steht, denn nur sie kann das unendliche Urteil behandeln, da sie die Semantik der Begriffe berücksichtigt. Allein dies zeigt schon, daß die metaphysischen Probleme der Kosmologie nicht allein mit formal-logischen Mitteln aufzulösen sind, sondern nur unter Berücksichtigung der Bedeutung der Begriffe.

49 Daran läßt sich sehr gut Kants nichtaristotelisches Verständnis des Unendlichen ablesen, wie es auch Descartes vertritt (vgl. Kap. III.3.4.). Demnach ist das Unendliche eine Realität, ja sogar eine Vollkommenheit, das Endliche ist dagegen die Einschränkung, ein *defectus*. In dieser Weise versteht Kant ‚endlich' als ein negatives, ‚unendlich' als ein positives Prädikat. Vgl. auch R 5164; AA XVIII, 106.

50 Vgl. Wansing, H.: Negation. In: The Blackwell Guide to Philosophical Logic. Hrsg. v. L. Goble. Oxford 2001, S. 437-460; S. 416 ff. Kants Lehre des unendlichen Urteils wird in der Forschung mit geteilter Meinung aufgenommen. Während Menne sie rundweg ablehnt, weil sie auf einem Mißverständnis der Logik beruhe (Das unendliche Urteil Kants. In: Philosophia Naturalis 19 (1982), S. 151-162), findet es allgemein in der Logik Beachtung. Als qualifizierte Negation bezeichnet N. Strobach diese Form der Negation in seiner Reformulierung der Antinomienauflösung (Qualifizierte Negation als Schlüssel zum Verständnis der Auflösung der ersten Antinomie in Kants *Kritik der reinen Vernunft*. S. 96). Zustimmung findet das unendliche Urteil zumeist von intuitionistischen Logikern. Von seinen Gegnern wird vorgebracht, daß die Kontrarietät, die durch es formuliert werden kann, keinen wah-

ihr große Bedeutung zu. Nach Kant ist ein unendliches Urteil ein solches, welches durch Position einem Subjekt ein seinem Inhalt nach negatives Prädikat zuschreibt, beispielsweise ‚Die Seele ist nichtsterblich'.[51] Die formale Logik unterscheide nicht zwischen positiven und unendlichen Urteilen, so Kant in der Erläuterung der Urteilstafel in der metaphysischen Deduktion der Kategorien (B 97 f.). In transzendentaler Perspektive aber ergebe sich ein nicht zu vernachlässigender Unterschied: Der Form nach ist das unendliche Urteil seiner Qualität nach bejahend, so daß dem Subjekt ein Prädikat zugesprochen wird; aufgrund des Sinngehaltes des Prädikates aber wird das Subjekt nicht positiv bestimmt, es wird nur als Element einer unendlichen Menge von Dingen ausgesagt, dem ein negativ bestimmtes Prädikat zukommt. Das unendliche Urteil habe insofern eine limitative Funktion, als es das Subjekt unter eine unbestimmte Menge von Prädikaten subsumiert: durch das Urteil ‚Die Seele ist unsterblich' wird die Seele unter die Klasse aller Gegenstände subsumiert, auf die das Prädikat ‚sterblich' nicht zutrifft. Diese Klasse hat unendlich viele unterschiedliche Elemente, so daß die Seele dadurch unzureichend bestimmt wird. So kann man sagen, durch das Urteil ‚Die Seele ist unsterblich' ist der Begriff ‚Seele' seiner Extension nach unterbestimmt. Das unendliche Urteil ist auch insofern ein limitatives Urteil, als es von der unendlichen Menge möglicher Bestimmungen des Dinges lediglich eine ausschließt, wodurch aber die unendliche Menge der möglichen Bestimmungen, die auf es zutrifft, nicht verringert wird.[52] Weil das unendliche Urteil ein der Form nach positives Urteil ist, ist es ein bestimmendes Urteil, es ist aber der Prädikatnegation halber inhaltlich unzureichend bestimmend. Kant deutet am Ende der Erläuterung der Urteilstafel an, daß dieser Urteilsart noch Bedeutung zukommen könne, nämlich als Funktion des Verstandes im Felde seiner reinen Erkenntnis *a priori*.[53]

Das negative Urteil zeigt demgegenüber an, daß etwas nicht Element der Menge desjenigen ist, welchem das Prädikat zukommt. Die Negation ist der Position entgegengesetzt und bezieht sich auf sie, indem sie das Prädikat seiner Bedeutung nach vom Subjekt trennt. Sie bezieht sich somit auf die Kopula des Urteils und ist folglich kein im engeren Sinne bestimmendes Urteil. Sie hebt vielmehr die Bestimmung auf und ist ihr entgegengesetzt, indem sie ein Nichtsein aussagt. Die Negation sagt nichts

---

ren Widerspruch erzeugt, sondern zumeist auf einem Kategorienfehler beruht, wie in der Opposition „die Zahl 4 ist rot" und „die Zahl 4 ist nicht rot" (vgl. Wansings Auseinandersetzung mit Englebretsen, G.: Logical Negation. Assen 1981). Menne beachtet in seiner Kritik an Kants Lehre des unendlichen Urteils insbesondere nicht die transzendentale Bedeutung des unendlichen Urteils und Kants Aufweis der Problematik dieser Urteile in der Antinomienlehre.

51 Dies Beispiel übernimmt Kant von Meier (Vernunftlehre, § 294. AA XVI, 635 f.).

52 Vgl. hierzu v.a. R 3069; AA XVI, 640. In R 3063 versucht Kant, den Unterschied von negativen und unendlichen Urteilen durch Euler-Kreise darzustellen, allerdings nicht ganz im Sinne seiner Erläuterung (AA XVI, 639).

53 B 98. Daß die Unterscheidung von positiven und unendlichen Urteilen allein für die Vernunftschlüsse von Bedeutung ist, drückt Kant explizit in R 3070 aus (AA XVI, 641).

über die Existenz oder Nichtexistenz desjenigen, was in der Position gesetzt wird, aus, sondern nur das Nichtbestehen der ihr entgegengesetzten Position.[54]

Ein dialektischer Widerspruch ist also insofern ein scheinhafter Widerspruch, als er kontradiktorisch zu sein scheint, in Wahrheit aber bloß konträr ist, weil bei ihm einer Position ein unendliches Urteil opponiert wird. Da nun das unendliche Urteil rein formal ein positives, d.h. ein bestimmendes Urteil ist, besteht kein echter, kontradiktorischer Widerspruch, sondern bloß ein konträrer, den Kant daher auch „Widerstreit" nennt.[55] Konträr kann er genannt werden, da beide Urteile falsch sein können, nicht aber gemeinsam wahr. Kant gibt unterschiedliche Gründe für das Auftreten einer solchen dialektischen Opposition an, die er zumeist in Beispielen expliziert. Diese Beispiele sind ausgesprochen problemreich, denn sie entsprechen nicht unmittelbar dem, was Kant in der Lehre des unendlichen Urteils ausführt. Es wird sich aber zeigen, daß es auf einen speziellen Aspekt des unendlichen Urteils ankommt. In der Auflösung der Antinomien bringt Kant folgendes Beispiel (B 531):

- analytische Opposition: „[ein jeder Körper] ist entweder wohlriechend, oder er ist nicht wohlriechend (*vel suaveolens vel non suaveolens*)";
- dialektische Opposition: „ein jeder Körper riecht entweder gut, oder er riecht nicht gut".

Dieses Beispiel scheint unglücklich gewählt, denn im Beispiel der dialektischen Opposition wird offensichtlich kein unendliches Urteil formuliert,[56] Kant zielt aber auf etwas anderes: Es kommt ihm weniger auf das Prädikat an, das ausgesagt wird, als vielmehr auf die Kopula. In der analytischen Opposition ist die Kopula ‚ist', bei der dialektischen Opposition dagegen ist es das Verb ‚riecht'. Der dialektische Schein eines Widerspruchs ergibt sich nach Kant daraus, daß die Kopula bereits qualifiziert ist

---

54 Vgl. zu Kants Auffassung der Negation: Logik-Pölitz. AA IX, 104; Logik-Blomberg. AA XXIV, 274 f.; Logik-Philippi. AA XXIV, 461. Kants Theorie der Negation kommt darin auch derjenigen Tugendhats gleich (Vorlesungen zur Einführung in die sprachanalytische Philosophie. S. 66-69). Tugendhat bezeichnet das unendliche Urteil als ‚Verneinung' im Unterschied zur Negation. Vgl. Wolff, M.: Die Vollständigkeit der Kantischen Urteilstafel. Frankfurt/M. 1995, S. 281-292. Anderer Meinung ist Malzkorn (Analytical and Dialectical Oppositions Reconsidered. In: Kant und die Berliner Aufklärung. Akten des IX. Internationalen Kant-Kongresses. Hrsg. v. V. Gerhardt, R.-P. Horstmann und R. Schumacher. Berlin / New York 2001, Bd. 5, S. 37-44; S. 42); er glaubt, daß Thesis und Antithesis der zweiten Antinomie formal als konträre Urteile aufzufassen seien und daß beide eine Existenzbehauptung einschließen.

55 Es zeigt sich damit, daß die Quantoren in Thesis und Antithesis – „Eine jede zusammengesetzte Substanz" und „Keine zusammengesetzte Substanz" – für die Beurteilung des Widerspruches eine untergeordnete Rolle spielen, sondern daß vielmehr die Qualität des Urteils für die logisch-semantische Auflösung ausschlaggebend ist.

56 Man könnte im Beispiel der dialektischen Opposition konjizieren: „er riecht nicht-gut (= ungut)".

und damit etwas voraussetzt, nämlich im Beispiel, daß der Körper überhaupt eine Geruchsbestimmung hat, bzw. eine Geruchseigenschaft besitzt. Für die dialektische Opposition ist also nicht die Prädikat-Term-Negation im engeren Sinne entscheidend, sondern der limitative Sinn der Aussage, daß durch Position das Subjekt einer unbestimmten Menge von Gegenständen zugesprochen wird, d.h. der Menge aller nichtwohlriechenden Körper.[57]

In B 531 f. sowie in *Welche Fortschritte* ist Kants Beispiel näher an der Problematik der Antinomien:

- analytische Opposition: „die Welt ist dem Raume nach entweder unendlich oder sie ist nicht unendlich (non est infinitus)";
- dialektische Opposition: „die Welt ist entweder unendlich, oder endlich (nichtunendlich)".[58]

Unter der Bedingung, daß die Welt Ding an sich sei, wäre der Widerspruch ein echter Widerspruch, wie Kant hier hervorhebt. Da sie nun aber Erscheinung ist, sei dies nicht der Fall. In den *Prolegomena* hingegen gibt Kant als Erläuterung der Antinomienauflösung folgendes Beispiel:

- dialektische Opposition: „ein viereckichter Cirkel ist rund, und: ein viereckichter Cirkel ist nicht rund". (AA IV, 341)

Hier ist der Grund der dialektischen Opposition offensichtlich der, daß aus einer *contradictio in adiecto* alles folgt und daß ein solcher Gegenstand unmöglich ist und folglich nicht existieren kann.[59]

Es muß sich also zeigen lassen, daß die Antithesis der zweiten Antinomie nicht, wie man annehmen könnte, eine Negation, sondern daß sie ihrer semantischen Tie-

---

57 Diese Konzeption entspricht also nicht dem, was G. Ryle einen „Kategorienfehler" nennt. Widersprechende Sätze, die aufgrund eines Kategorienfehlers zugleich falsch sind, wie ‚die Zahl 4 ist rot' und ‚die Zahl 4 ist nicht rot' sowie ‚die Zahl 4 ist nicht-rot', beruhen alle auf einem Kategorienfehler, insofern Zahlen keine Sinnesqualitäten besitzen; deshalb sind diese Sätze allesamt einfach sinnlos. Der Kategorienfehler kann auch einem echten Widerspruch zugrunde liegen. Dagegen hat für Kant der Satz ‚ein jeder Körper ist nicht wohlriechend' durchaus einen Sinn, wenngleich er falsch ist, denn es kann Körper geben, die wohlriechend sind. Nicht alle dialektischen Oppositionen beruhen auf einem Kategorienfehler.

58 Vgl. AA XX, 291.

59 Auch in der Reflexion 5962 gibt Kant dies als Grund der mathematischen Antinomien an: „Die Ursache, weswegen die erste zwey Antinomien beyde falsch sind, ist, daß ich ihnen beyden einen wiedersprechenden Begrif, nämlich eines Gantzen in Raum und Zeit, welches doch ein absolutes Ganze, folglich ein Ding an sich seyn sollte, zum Grunde legen mußte. Denn der wiederstreit betrift die zusammensetzung und theilung einer Anschauung, die [jederzeit] nothwendig in Raum und Zeit Geschehen muß, weil [dieses die] diese selbst den Begrif derselben als Größe moglich machen." (AA XVIII, 402).

fenstruktur nach ein unendliches Urteil ist. Position ist die Setzung eines bestimmten Sachverhaltes, Negation die Aufhebung der Setzung eines Sachverhaltes.[60] Die Negation macht also nicht etwa eine Aussage zu einem Sachverhalt, sondern eine Aussage über eine Position, indem sie aussagt, daß die Position nicht wahr ist. Wäre also die Antithesis der zweiten Antinomie die Negation der Thesis, die besagt, daß die Materie als zusammengesetzte Substanz aus einfachen Teilen bestehe, dann trifft sie keine unmittelbare Aussage über die Materie und ihre Beschaffenheit, sondern sie hebt lediglich die ihr entgegengesetzte Position auf, und besagt: Die Behauptung, daß alle zusammengesetzten Substanzen in der Welt aus einfachen Teilen bestehen, ist falsch. Nun erweist aber die transzendentale Analyse der Antithesis, daß sie ihre Aussage auf die Materie selbst bezieht und also als Bestimmung von Materie verstanden werden will. Indem sie behauptet, die Teile des Realen seien nicht einfach, und dies als unendliche Teilbarkeit bzw. Geteiltheit auffaßt, fällt sie ein bestimmendes Urteil. Insofern ist sie als ein unendliches Urteil aufzufassen. In diesem Sinne, meint Kant, sage die dialektische Opposition „etwas mehr [...], als zum Widerspruche erforderlich ist" (B 532). Sie sagt, daß die Sache an sich selbst bestimmt sei, daher muß sie notwendig entweder durch das positive Prädikat oder durch das ihm entgegengesetzte negative bestimmt sein. Die Gegenüberstellung zweier komplementärer Positionen aber setzt voraus, daß der Gegenstand an sich selbst bestimmt sei und da sich die Aussagen auf die alle Erfahrung überschreitenden Bedingungen der Sinnenwelt beziehen, sogar, daß er vollständig bestimmt ist, auch bezüglich solcher Eigenschaften, die uns durch Erfahrung noch nicht oder überhaupt nicht zugänglich sind. Thesis und Antithesis setzen also das Bivalenzprinzip voraus.[61]

Daß Kant die Lehre von der dialektischen Opposition mit dem Bivalenzprinzip in Verbindung bringt und dadurch berechtigt ist, in Thesis und Antithesis selbst den

---

60 In der *Metaphysik-Pölitz* nennt Kant den Existenzsatz *positio absoluta* (S. 39 ff.). Position ist demnach die bloße Zuschreibung eines Prädikats als Realität der zu bestimmenden Sache, absolute Position ist demgegenüber die Setzung der Sache selbst als real, d.h. es ist die Setzung ihrer Existenz (vgl. auch: Der einzig mögliche Beweisgrund. AA II, 73 ff.).

61 Vgl. auch *Welche Fortschritte*: „Zweitens: Der Widerstreit dieser ihrer Sätze ist nicht bloß logisch, der analytischen Entgegensetzung (*contradictorie oppositorum*), d.i. ein bloßer Widerspruch, denn da würde, wenn einer derselben wahr ist, der andre falsch sein müssen, und umgekehrt. Z.B. die Welt ist dem Raume nach unendlich, verglichen mit dem Gegensatze, sie ist im Raume nicht unendlich; sondern ein transscendentaler der synthetischen Opposition (*contrarie oppositorum*), z.B. die Welt ist dem Raume nach endlich, welcher Satz mehr sagt, als zur logischen Entgegensetzung erfordert wird; denn er sagt nicht bloß, daß im Fortschreiten zu den Bedingungen das Unbedingte nicht angetroffen werde, sondern noch, daß diese Reihe der einander untergeordneten Bedingungen dennoch ganz ein absolutes Ganze sei; welche zwei Sätze darum alle beide falsch sein können – wie in der Logik zwei einander als Widerspiel entgegengesetzte (*contrarie opposita*) Urtheile – und in der That sind sie es auch, weil von Erscheinungen, als von Dingen an sich selbst, geredet wird." (AA XX, 291).

transzendentalen Realismus aufzuzeigen, ist nun aufzuweisen.[62] Kant hat diesen argumentativen Hintergrund in der *Kritik der reinen Vernunft* nicht explizit angeführt, daher soll er aus anderen Zusammenhängen rekonstruiert werden.[63] Zunächst einmal

---

62 Vgl. B 599 f. Kant thematisiert dieses Prinzip in kritischer Zeit zumeist im Zusammenhang des *ens realissimum*, welches er in seine Lehre vom transzendentalen Ideal aufnimmt. Der Satz der durchgängigen Bestimmtheit ist Prinzip des disjunktiven Vernunftschlusses. Das transzendentale Ideal ist die „materiale Bedingung seiner Möglichkeit" (B 604). In der *Metaphysik-Pölitz* geht Kant intensiver auf die schulphilosophische Tradition des Prinzips im Zusammenhang des Begriffs der Existenz ein (S. 40 f.). Demnach untersteht alles Existierende dem Prinzip der durchgängigen Bestimmtheit. Das Prinzip der durchgängigen Bestimmtheit hängt auf diese Weise mit dem für die endliche Vernunft wesentlichen Unterschied von Möglichkeit und Wirklichkeit zusammen, wie Kant in R 6297 notiert (AA XVIII, 563 f.), da wir nämlich die durchgängige Bestimmung der Gegenstände nicht erreichen können. Demnach bezeichnet ein noch unbestimmter Begriff ein bloß mögliches, der „objektiv als bestimmt" angesehene Begriff dagegen ein wirkliches Ding. Jedes existierende Ding ist durchgängig bestimmt, nicht aber kann durch seinen Begriff seine Existenz eingesehen werden (vgl. auch R 5685; AA XVIII, 326; R 5700; AA XVIII, 330). Dies gilt auch vom *ens realissimum*. Es ist für Kant wesentlich, daß Existenz nicht durch den Begriff, sondern nur durch Erfahrung erkannt werden kann. Alles Existierende muß daher als durchgängig bestimmt vorausgesetzt werden, aber seine Existenz kann dadurch nicht erkannt werden, sondern allein durch Erfahrung.

63 Eine differenzierte Untersuchung des Grundsatzes hat P. Rohs durchgeführt (Kants Prinzip der durchgängigen Bestimmung alles Seienden. In: Kant-Studien 69 (1978), S. 170-180). Rohs interpretiert das Prinzip in erkenntnistheoretischer Hinsicht und zeigt, daß es in der *Kritik der reinen Vernunft* noch nicht als eine Bedingung der Möglichkeit von Erfahrung, sondern nur als Bedingung der Möglichkeit einer vollständigen Erkenntnis eingeführt wird. Dies wandele sich im *Opus postumum*, wo es für Kant zentrale erkenntnistheoretische Bedeutung gewinne. Rohs schätzt diese Wandlung m.E. richtig als eine Verschiebung in Kants Einschätzung des Erfahrungsbegriffes ein und nicht unbedingt als eine vollkommen geänderte Position. In Kap. III.4.3. wird darauf zurückzukommen sein. Rohs hält die theologischen Implikationen des Prinzips in der *Kritik der reinen Vernunft* für wenig überzeugend. Er geht der Sache nach auch kurz auf die regulative Funktion dieses Vernunftprinzips in der *Kritik der reinen Vernunft* ein (S. 173). Jedoch bringt er das Bivalenzprinzip nicht mit den Antinomien und dem transzendentalen Realismus in Zusammenhang. Er interpretiert das Prinzip epistemologisch als Prinzip, das auf die Bedingungen der Möglichkeit von Erkenntnis bezogen ist, nicht aber auf die Gegenstände der Erkenntnis. Anders als Rohs meint Brittan, daß Kant das Bivalenzprinzip für falsch halte; es stehe insbesondere in den beiden mathematischen Antinomien zur Disposition (Kant's Theory of Science. Princeton 1978, S. 39 f.). Den Zusammenhang von transzendentalem Idealismus, Satz der vollständigen Bestimmtheit und empirischem Realismus hat er in Grundzügen erkannt, jedoch nicht an den Antinomien selbst aufgezeigt (Transcendental Idealism, Empirical Realism, and the Completeness Principle. In: Kant und die Berliner Aufklärung. Akten des IX. Internationalen Kant-Kongresses. Hrsg. v. V. Gerhardt, R.-P. Horstmann und R. Schumacher. Bd. 2. Berlin / New York 2001, S. 541-548). Brittan kommt zu dem Ergebnis, daß die Annahme des empirischen Realismus notwendig an den transzendentalen Idealismus gebunden ist, weil nur zufolge des letzteren es möglich ist, das Prinzip der vollständigen Bestimmtheit als falsch zu erweisen und zugleich die Existenz des Unterbestimmten anzunehmen. Dies ist aber nötig, um den empirischen Realismus anzunehmen. Es kommt Brittan dabei v.a. dar-

liegt der Zusammenhang insofern auf der Hand, als die Antinomien und ihre Beweise je für sich disjunktive Vernunftschlüsse sind.[64] Deren Prinzip ist nach Kant das Bivalenzprinzip. Inwiefern aber darin der transzendentale Realismus und ein dialektischer Schein liegt, ist noch aufzuzeigen. In einer Reflexion der späten 1770er Jahre geht Kant ausführlich auf den Zusammenhang von Negation, unendlichem Urteil sowie den beiden Prinzipien, Satz vom ausgeschlossenen Dritten und Satz der durchgängigen Bestimmtheit, ein.[65] Hier referiert er die Lehre des unendlichen Urteils wie in der *Kritik der reinen Vernunft* mit dem Unterschied, daß er sie mit den beiden Prinzipien explizit in Verbindung bringt. Von entscheidender Bedeutung ist nun, daß Kant in der spezifischen Form der Position des unendlichen Urteils eine Voraussetzung ausmacht:

> „Der Verneinende Satz zeigt an, daß etwas nicht unter der Sphäre eines gegebenen Begrifs enthalten sey; der unendliche: daß etwas unter der Sphäre, die außer dem gegebenen Begriffe liegt, enthalten sey; folglich [...] setzt er voraus, daß außerhalb der Sphäre desselben eine andere sey, in der er enthalten ist, mithin daß er zu einer Sphäre gehore, die die vorige einschränkt. [...] Das erste geschieht nach dem *principio exclusi medii* (*g* zwischen *a* und *non a* giebts kein Drittes) etc etc. Das zweyte dem der durchgangigen determination, welche unendlich ist. Das erste ist das princip der Bestimmung: unter zwey entgegengesetzten Urtheilen ist eines wahr. Es sagt nur, daß der Satz: »*anima non est mortalis*« dem Satze: »*anima est mortalis*« entgegengesetzt sey. Das zweyte geschieht nach dem princip der durchgängigen Bestimmung, welches in Ansehung eines Dinges überhaupt geschehen soll, nur in Ansehung der Sachheit überhaupt, d.i. der realitaet, bestimmt und außer der Sphäre eines Begrifs eine unendliche Sphäre der Bestimmung aller Dinge, namlich der Sachheit, d.i. realitaet, hinzuzieht. Außer der *sphaera* eines Begrifs ist Raum zu einer unendlichkeit von Sphäris. Der Satz: »*anima* [...] *est non-mortalis*« ist ein Bestimmungsurtheil, das sagt, daß von zwey entgegengesetzten praedicaten *a*

---

auf an, zu zeigen, daß Kants empirischer Realismus auch ein wissenschaftlicher Realismus sei, der die Existenz theoretischer Objekte lehrt. Da diese als theoretische Konstrukte notwendig unterbestimmt sind, kann ihre Existenz Brittan zufolge nur angenommen werden, wenn der wissenschaftliche Realismus zugleich auch empirischer Realismus ist. Es wird auf diese interessanten Aspekte in Kap. III.4.1. zurückzukommen sein, da sie für das Teilungsproblem der Materie äußerst bedeutsam sind. Den Zusammenhang zwischen Bivalenzprinzip, theoretischen Entitäten und Unterbestimmtheit hat Brittan etwas ausführlicher dargelegt in: Kant and the Objects of Theory. In: New Essays on Kant. Hrsg. v. B. den Ouden und M. Moen. New York / Bern / Frankfurt/M. / Paris 1987, S. 7-27.

64 Dies ergibt sich aus den Beweisen der Thesen und Antithesen; aus der Perspektive beider Positionen stellt sich die Sache nämlich so dar: Entweder die Thesis oder die Antithesis ist wahr; nun zeigt sich a) aus Sicht der Thesis: daß die Antithesis falsch ist, also ist die Thesis wahr, und b) aus Sicht der Antithesis: daß die Thesis falsch ist, also ist die Antithesis wahr.

65 Vgl. R 3063 f.; AA XVI, 637 ff. Auf den Zusammenhang von unendlichem Urteil und Satz der vollständigen Bestimmtheit hat bereits Ishikawa hingewiesen, ohne aber darin den Ursprung der Voraussetzung des transzendentalen Realismus in Thesis und Antithesis zu erkennen (Kants Denken von einem Dritten. S. 62-69).

und *non a* der Seele das letztere zukomme. Bestimmungsurtheile sind alle unendlich [...].“[66]

Für Kant ist also das Hauptkennzeichen der gemeinsamen Voraussetzung von Thesis und Antithesis in den mathematischen Antinomien, daß sie den Satz ‚entweder die Thesis ist wahr oder die Antithesis ist wahr‘ für notwendig wahr halten, obwohl beide Sätze Bestimmungsurteile und damit positive Urteile sind und kein kontradiktorischer Widerspruch vorliegt. Dies kann nur dann angenommen werden, wenn der Gegenstand beider Urteile als vollständig bestimmter gedacht wird. Nach dem Satz der durchgängigen Bestimmtheit urteilt folglich die reine Vernunft, daß ein Ding absolut, d.h. erfahrungs- oder erkenntnisunabhängig an sich selbst positiv bestimmt sein muß, d.h. es ist notwendig Träger von Eigenschaften, unabhängig davon, ob diese erkannt werden oder nicht. Insofern ist es Ding an sich.[67] Diesen Zusammenhang weist Kant auch in der *Wiener-Logik* nach:

> „Das Princip von allen möglichen praedicatis contrarie oppositis muß aus der Sache kommen. Dies ist das princip der durchgängigen Bestimmung. Diese durchgängige Bestimmung ist unmöglich, weil eine unendliche Erkenntniß dazu gehöret, alle die prädicate aufzusuchen, die einem Dinge zukommen, und ich kann daher ins Unendliche fortgehen, und doch das Ding nicht durchgängig bestimmen.“ (AA XXIV, 930 f.)

In der Erläuterung der allgemeinen Auflösung der kosmologischen Antinomien in der *Kritik der reinen Vernunft* wird die Scheinhaftigkeit der Kontradiktion zwischen Thesis und Antithesis nicht allein durch den Begriff des Dinges an sich erklärt, sondern auf die Annahme des ‚An sich Bestimmtseins‘ zurückgeführt (B 531 f.). Damit zeigt es sich, daß für Kant der transzendentale Realist das Ding an sich als etwas vollständig Bestimmtes betrachtet:[68] Er deutet das Bivalenzprinzip dezidiert als ein ontologisches Prinzip der Bestimmtheit der Dinge selbst aus. Unter der Voraussetzung, daß die Welt ein an sich existierendes Ganzes ist, dem zusätzlich an sich vollständige Bestimmtheit zukommt, erscheinen die Antinomien als kontradiktorische Opposita, so daß tatsächlich eine von beiden Aussagen wahr sein muß.[69] Dabei werde die Welt als an sich selbst bestimmt angesehen, unabhängig davon, ob der Erkenntnisregreß in der Reihe der Erscheinungen als endlich oder unendlich gelten soll. Diese Bestimmtheit empirischer Gegenstände wird daher als unabhängig von der Erkenntnis betrach-

66 R 3063 f.; AA XVI, 638. Vgl. auch R 3065; AA XVI, 639.

67 In R 3070 gibt Kant im Zusammenhang der dialektischen Opposition folgendes Beispiel eines metaphysischen Fehlschlusses: „Eine jede Substanz, die nicht theilbar ist, ist nicht verweslich. Atqui die Seele ist nicht eine theilbare Substanz rc. rc. Hier ist minor bejahend, d.i. das praedicat ist: anima est nondiuisibilis.“ (AA XVI, 641). Rohs weist darauf hin, daß das Bivalenzprinzip nicht nur für die Erkenntnis der Gesamtheit aller Gegenstände vorausgesetzt werden müsse, sondern auch für jeden einzelnen Gegenstand (Kants Prinzip der durchgängigen Bestimmung alles Seienden. S. 173). Daß das Prinzip vom transzendentalen Realismus ontologisch verstanden wird, wird von Rohs nicht thematisiert.

68 Vgl. auch R 5146; AA XVIII, 103.

69 Vgl. auch R 3063; AA XVI, 638.

tet. Auf diese Weise macht der transzendentale Realist „bloße Vorstellungen zu Sachen an sich selbst“ (B 519; A 369). Wenn man aber diese Voraussetzung aufgibt, dann wird deutlich, daß der Widerspruch zwischen Thesis und Antithesis lediglich konträr ist. Wird die Kontrarietät der Behauptungen durchschaut, so zeigt sich, daß die Antinomie dadurch zu lösen ist, daß man die Welt nicht als Ding an sich betrachtet, dem unabhängig von ihrer Erkennbarkeit Bestimmtheit zukommt. Es ist somit möglich, daß sie weder endlich noch unendlich ist und gleichwohl existiert. Doch als solcher Gegenstand ist sie nicht Ding an sich, sondern Erscheinung, d.h. daß sie überhaupt nur im Regreß der Erscheinungen anzutreffen ist.

Die metaphysische Kosmologie versteht die Opposition zwischen Thesis und Antithesis der zweiten Antinomie also als eine Opposition zwischen zwei positiven Bestimmungen der Materie als zusammengesetzte Substanz, die sie für die einzig möglichen hält. Zugleich glaubt sie, daß es sich hierbei um eine Kontradiktion handelt und daß also der Satz vom ausgeschlossenen Dritten Anwendung findet. Durch die erste Annahme aber opponiert sie faktisch zwei Positionen, zwei bestimmende Urteile, ein positives und ein unendliches Urteil. Damit setzt sie den Satz der vollständigen Bestimmtheit voraus. Aber dadurch, daß sie zwei Bestimmungsurteile einander opponiert, ist der Satz vom ausgeschlossenen Dritten nicht hinreichend, um über Wahrheit und Falschheit beider Urteile Auskunft zu geben. Doch – so das entscheidende Argument gegen den transzendentalen Realismus – ohne den Satz vom ausgeschlossenen Dritten kann der Satz der vollständigen Bestimmtheit nicht auf das komplexe Urteil, ‚entweder a oder nicht-a‘ Anwendung finden. Der Metaphysiker kann nicht bemerken, daß er durch die Opposition zweier Positionen nicht den Satz vom ausgeschlossenen Dritten als Wahrheitskriterium verwenden kann, da aus seiner Sicht der Satz der vollständigen Bestimmtheit gilt und somit der Satz vom ausgeschlossenen Dritten für ihn hinreichendes Wahrheitskriterium ist. Dies ist der transzendentale Schein in der dialektischen Opposition. Für den Transzendentalphilosophen, der die Verwechslung der Urteilsqualität bestimmen kann, zeigt sich dagegen, daß der Satz vom ausgeschlossenen Dritten bei gleichzeitiger Inanspruchnahme des Bivalenzprinzips nicht hinreichendes Wahrheitskriterium sein kann. Es muß also das Bivalenzprinzip in seiner Geltung für empirische Gegenstände hinterfragt werden. Dies ist aber nun – so das subtile Argument gegen die Substanzontologie der Materie – nur bei solchem möglich, das in seiner Bestimmtheit erkenntnisabhängig, d.h. Erscheinung im kritischen Sinne ist. Erscheinung ist insofern ein bloß Bestimmbares, d.h. ein partiell Unbestimmtes, also ein Unterbestimmtes, dessen weitere Bestimmung unserer Erkenntnis aufgegeben ist.[70] Ein Drittes ist also möglich, daß nämlich der Satz der

---

70 Welche Relevanz das Prinzip der durchgängigen Bestimmtheit insbesondere für das Problem der Materierealität bei Kant hat, wird in Kap. III.4.1. gezeigt. Es ist ein metaphysisches Prinzip, auf das wir im Gebrauch unseres Erkenntnisvermögens gleichwohl nicht verzichten können. In seinem für diesen Zusammenhang aufschlußreichen Aufsatz (Transcendental Realism, empirical Realism, and the Completeness Principle) zeigt Brittan, daß

vollständigen Bestimmtheit nicht *simpliciter* gilt und also nicht vorausgesetzt werden kann, daß die Welt unabhängig von unserer Erkenntnis in den Bereichen, die unsere Erfahrung entweder noch nicht zugänglich sind oder aber sie prinzipiell überschreiten, an sich bestimmt sei, sondern vielmehr angenommen werden muß, daß sie außerhalb des Fokus der uns derzeit möglichen Erfahrung unbestimmt, aber durchaus bestimmbar sei.

Dieser Problematik liegt die kritische Lehre zugrunde, daß zwischen Realität und Existenz ein Unterschied besteht. Die metaphysische Lehre, die das Gegenteil annimmt, besagt daß etwas als Individuum und d.h. zugleich als existierender Gegenstand erkannt wird, wenn er bezüglich aller Prädikate bestimmt ist.[71] Mit der Verbindung von Bestimmtheit, Realität und Existenz offenbart sich nach der Analyse der Antinomien ein weiteres Element der metaphysischen Erkenntnis: Dingen an sich kommt durchgängige Bestimmtheit zu, denn gemäß dem Satz der vollständigen Bestimmtheit gilt: Wenn etwas existiert, dann muß es als an sich selbst vollständig bestimmt gedacht werden. Die Teilungsantinomie zeigt, daß diese Annahme in der Kosmologie zu einem Widerspruch führt, der nur dann aufgehoben werden kann, wenn man jenen Grundsatz umdeutet. Er kann nicht als ein ontologisches, sondern lediglich als ein epistemisches und regulatives Prinzip gelten. Wir müssen davon ausgehen, daß die Gegenstände der Sinnlichkeit in ihren konstitutiven Bestandteilen, die uns nicht in der Erfahrung gegeben werden können, unbestimmt sind. Erscheinung ist nämlich etwas, das zwar wirklich ist und als Gegenstand von uns unabhängig existiert und durch Erfahrung erkannt wird, dessen Realität, also Sachbestimmtheit, aber nicht von uns unabhängig, zugleich aber objektiv ist.[72] Dies ist die Position des empirischen Realismus. Dies bedeutet, daß der Satz der Bestimmtheit im empirischen Realismus nicht außer Kraft gesetzt ist, d.h. es ist natürlich entscheidbar, ob einem be-

---

Kants Konzeption der völligen Relationalität der Eigenschaften der Dinge ihren Erscheinungscharakter ausmacht. Erscheinungen sind nicht vollständig bestimmt (S. 543). Dinge an sich sind dagegen solche Objekte, deren Eigenschaften nicht relationalen Charakter haben und vollständig bestimmt sind.

71 In ihrer stärksten Form wird eine solche Lehre von Leibniz in der Konzeption von der Substanz als *notio completa* vertreten. Durch vollständige Bestimmtheit ist die Substanz individuiert, zugleich existiert sie aber nur dann, wenn sie kompossibel ist mit der besten aller möglichen Welten (vgl. dazu: Jalabert, J.: Die Begriffe „Essenz" und „Existenz" in der Leibnizschen Philosophie. In: Leibniz' Logik und Metaphysik. Hrsg. v. A. Heinekamp und F. Schupp. Darmstadt 1988, S. 552-560). Da dies auch im vollständig bestimmten Begriff der Monade eingeschlossen ist, wird ihre Existenz durch jenen Begriff adäquat erkannt. Durch den vollständig bestimmten Begriff wird eine Monade als möglich, durch die Kompossibilität mit der besten möglichen Welt, die letztlich auch in ihrem Begriff liegt, als wirklich erkannt. Doch zu einer solchen Erkenntnis sind selbstverständlich nur solche Wesen in der Lage, die eine unendliche Erkenntnisfähigkeit besitzen. Aus diesem Grunde kann der ontologische Gottesbeweis nach Leibniz nicht voraussetzungslos als schlüssig gelten, da zunächst die Möglichkeit Gottes zu zeigen wäre, wie er gegen Descartes einwendet. Wenn Gott aber möglich ist, muß er auch wirklich sein (Discours de Métaphysique. GP IV, 449).

72 Vgl. R 3761; AA XVII, 286.

stimmten empirischen Gegenstand eine bestimmte Eigenschaft entweder zukommt oder nicht zukommt. Im Bereich möglicher Erfahrung setzen wir jenes Prinzip selbstverständlich an, wobei empirische oder reine Anschauung das Entscheidungskriterium ist und der Gegenstand relational auf uns bezogen ist. Die Frage ist nur, ob es auch für solche Bereiche gilt, in denen uns Anschauung nicht zur Verfügung steht, die aber mit unserer Anschauungswelt in Beziehung stehend gedacht werden, wie die Mikrostruktur der Materie. Hier zeigt es sich, daß die Bestimmtheitsprinzipien zu falschen Annahmen verleiten, wenn sie ontologisch-metaphysisch aufgefaßt werden. Daher gilt Kants Kritik insbesondere dem Satz der vollständigen Bestimmtheit. Die mathematischen Antinomien zeigen, daß die Bestimmtheit der empirischen Gegenstände erkenntnisrelativ ist. Die Bestimmtheitsprinzipien müssen also in ihrer Geltung umgedeutet werden, sie sollen nicht als ontologisch-metaphysische, sondern als logisch-epistemologische verstanden werden. Wie später zu zeigen ist, kann Kant sogar annehmen, daß wir den Satz der durchgängigen Bestimmtheit nicht als falsch betrachten dürfen, sondern ihn vielmehr als regulatives Prinzip beibehalten müssen.

In der *Transzendentalen Methodenlehre* bemerkt Kant, die Antithetik der reinen Vernunft sei lediglich eine scheinbare Antinomie, da sie auf einem Mißverständnis beruhe, das darin besteht, Erscheinungen für Dinge an sich zu halten (B 768 f.). Demnach ist der Begriff des Dinges an sich in empirischer Bedeutung in sich widersprüchlich und somit ist der so bezeichnete Gegenstand unmöglich und kann nicht existieren; aus dem Begriff folgt natürlicherweise alles, wodurch die Antinomie erklärt ist. Nach diesen Darlegungen sind Thesis und Antithesis der zweiten Antinomie den Gegenstand bestimmende, also positive Urteile, die voraussetzen, daß das Reale im Raum immer schon hinsichtlich seiner es konstituierenden Teile bestimmt ist, daß es also ein Eingeteiltes ist unabhängig davon, ob jene Teile von uns erkannt werden oder nicht, ja sogar, ob sie überhaupt erkennbar sind oder nicht. Es ist somit die Totalität immer schon wirklicher Teile, der erkennbaren wie der unerkannten und unerkennbaren. Daher muß aus Sicht des transzendentalen Realismus gelten: entweder die Materie besteht aus einfachen Teilen, die nicht wiederum Teile eines anderen sind, oder aber sie selbst ist eine solche Substanz, deren Teile ins Unendliche eingeteilt ist. Diese Annahme kann aufgehoben und die Position des empirischen Realismus angenommen werden, die besagt, daß das Reale jenseits unseres Erfahrungshorizontes ein Bestimmbares, allererst zu Bestimmendes ist. Diese Konzeption ist zugleich transzendentaler Idealismus, sie führt nämlich dazu, daß solche Erscheinungen von Kant gerade im Auflösungsteil der Antinomien, obwohl sie wirklich sind, als „bloße Vorstellungen" bezeichnet werden. Die Vereinbarkeit dieser wiederum widersprüchlich scheinenden Theoreme wird in Kapitel IV hinsichtlich der Materiekonstitution zu untersuchen sein.

Die Aufdeckung der gemeinsamen falschen Voraussetzung von Thesis und Antithesis mit logisch-semantischen Mitteln hat gezeigt, daß eine formallogische Auflösung nicht möglich ist, sondern bereits transzendentale, inhaltliche Gesichtspunkte fordert.

2.4. Die formale Auflösung in bedeutungstheoretischer Perspektive

Ein für Kant entscheidendes Argument dafür, daß transzendentale Ideen keine konstitutive Bedeutung für Erkenntnis haben können, ist bedeutungstheoretischer Art. Es besagt im Kern, daß Ideen solche Begriffe sind, bei welchen kein angebbares Verhältnis zwischen Begriffsinhalt und Begriffsumfang besteht. D.h. sie sind Begriffe von Gegenständen, die zwar über eine Intension verfügen, bei denen aber unklar ist, ob sie auch eine Extension haben sowie ob und wie die Existenz und Bestimmtheit dieser Entitäten erkannt werden kann. Bereits im zweiten Abschnitt der Antinomienlehre weist Kant auf die Problematik der Bedeutung kosmologischer Ideen hin (B 450). Es zeigt sich schließlich, daß sich diese Problematik letztlich nur bei den mathematischen Antinomien einstellt (B 535 f.): Es müsse in der Vernunfteinheit der Idee eine wechselseitige Übereinstimmung sowohl mit den Synthesisbedingungen der Vernunft als auch mit den Synthesisregeln des Verstandes bestehen. Doch diese Kongruenz kann prinzipiell nicht bestehen, da jene sich wechselseitig ausschließen: die kosmologischen Ideen seien zu groß für den Verstand und zu klein für die Vernunft. Dies sei die Ursache der Antinomie.[73]

In der *Skeptischen Vorstellung* wird diese Inkongruenz auf Thesis- und Antithesisseite verteilt (B 514 f.): die zweite kosmologische Idee sei der Thesis nach für den Vernunftbegriff zu klein, der Antithesis nach für den Verstandesbegriff, der die regressive Synthesis ausführen soll, zu groß. Daraus folgert Kant, daß die kosmologischen Ideen „ganz leer und ohne Bedeutung" sein müssen. In diesem Abschnitt unterscheidet Kant nicht mehr klar zwischen Verstandesbegriff und Vernunftbegriff, die Kongruenz zwischen Idee und Verstandesbegriff wird nur gefordert. Als Verstandesbegriff versteht er hier die regressive Synthesis, die auf Kategorien beruht; sie erzeugt den „empirischen Regreß". Für die Bewertung des Bedeutungsgehaltes der kosmologischen Ideen entscheidet Kant, daß der Verstandesbegriff das Richtmaß zur Beurteilung sein müsse, denn nur mögliche Erfahrung könne unseren Begriffen Realität, also Wahrheit und Beziehung auf einen Gegenstand geben. Ohne sie bliebe die kosmologische Idee ein bloßes Gedankending, d.h. ein *ens rationis*, ein Begriff, der auf keinen Gegenstand referiert (B 348). Die Thesis der zweiten Antinomie ist dem Vernunftprinzip nicht adäquat, wonach jedes in der Anschauung Gegebene als bedingt betrachtet werden soll, so daß ein Unbedingtes nicht gegeben werden kann; die Antithesis dagegen ist den Bedingungen der „empirischen Synthesis", die Kant an späterer Stelle dann als „sukzessive Synthesis" bezeichnet, nicht adäquat. Der Begriff des Einfachen im Sinne der Thesis als absolut Einfaches kann prinzipiell auf keinen Erfahrungsgegenstand angewendet werden, da jeder als ein weiter teilbarer gedacht werden muß; und auch der Begriff des aktual unendlich Eingeteilten ist von keinem möglichen Gegenstand der Erfahrung prädizierbar. Thesis und Antithesis konzipieren einen Gegenstand, der nach einigen impliziten Bestimmungen seines Begriffes ein

---

[73] Vgl. auch B 514 ff.; B 558; B 563.

möglicher Gegenstand der Erfahrung sein müßte, nach anderen Bestimmungen jedoch dies prinzipiell nicht sein kann; es liegt dabei zwar kein Widerspruch im Begriff des Gegenstandes vor, aber ein Widerspruch zwischen dem Begriff und den durch ihn implizierten Bedingungen der Möglichkeit seines Gegebenseins in der Erfahrung. Die Gegenstände, die Thesis und Antithesis konzipieren, sind transzendental betrachtet widersprüchlich, also transzendental unmöglich, nicht bloß nichtverifizierbar.[74] In diesem Sinne liegt den mathematischen Antinomien ein widersprüchlicher Begriff zugrunde.

3. Die inhaltliche Auflösung der zweiten kosmologischen Idee

Der Leser der Auflösung der Antinomie der Materieteilung (B 551-B 555) muß eigentlich enttäuscht sein: Hatte er sich von Kant in den Beweisgängen für bzw. gegen Thesis und Antithesis in das dialektische Vexierspiel verstricken lassen, so stellt er nun fest, daß der Lösungsweg der zweiten Antinomie mit diesen Beweisen nur bedingt verknüpft ist. Kant setzt seine Auflösung an einem anderen Punkt als den Beweisprämissen von Thesis und Antithesis an: an der Herleitung der Vernunftidee der ‚Totalität der Teilung eines gegebenen Ganzen in der Erscheinung'. Es ist eine häufig übersehene Tatsache, daß der Titel der Einzelauflösung der zweiten Antinomie sich gar nicht mehr auf die Antinomie zwischen Thesis und Antithesis bezieht, sondern auf die kosmologische Idee insgesamt. Die Formulierung des Titels dieser Idee stimmt nahezu wörtlich mit der Ideenformulierung in B 443 überein. Es ist in der Auflösung unklar, ob Kant überhaupt noch zwischen Thesis und Antithesis unterscheidet, obwohl beide Positionen jeweils angesprochen werden, und nicht allein ihre gemeinsame Voraussetzung, der transzendentale Realismus seiner Kernthese nach direkt durch den transzendentalen Idealismus widerlegt wird. Eine Reflexion aus der Entstehungszeit der ersten Auflage der *Kritik der reinen Vernunft* zeigt, daß Kant insbe-

74 In diesem Zusammenhang ist der transzendentale Idealismus gelegentlich als Verifikationismus ausgelegt worden, d.h. als eine Bedeutungstheorie, die nur solche Sätze für sinnvoll ansieht, für die sich Verifikationsbedingungen angeben lassen. Sätze, die keine Verifikation zulassen, werden dieser Theorie zufolge als bedeutungs- und sinnlos disqualifiziert. In dieser Weise hat Strawson den Schlüssel zur Auflösung der Antinomien verstanden. Die Kernthese des Verifikationismus formuliert Strawson als „principle of significance", welches für ihn die beste Interpretation des transzendentalen Idealismus ist (The Bounds of Sense. S. 16; S. 195). Posy interpretiert Kants transzendentalen Idealismus der Sache nach ähnlich, nennt diese Position aber Assertabilismus (Dancing to the Antinomy. S. 83 f.). Vgl. zu beiden die Kritik von Van Cleve (Problems from Kant. S. 68 ff.). Kants Verständnis des transzendentalen Idealismus ist jedoch weitaus differenzierter, denn wenngleich die kosmologischen Ideen den Bedingungen der Möglichkeit von Erfahrung widersprechen, so spricht ihnen Kant eine regulative Funktion zu, die ihnen sogar quasi-objektive Gültigkeit verleiht (B 693 f.). Demnach sind sie prinzipiell nichtverifizierbar, auch nicht konstitutiv, aber dennoch notwendig für Erkenntnis.

sondere die zweite Antinomie als einen eigenen, auf den Gehalt von Wahrnehmungen gerichteten Beweis des transzendentalen Idealismus versteht:

> „Die mathematische Eigenschaften der Materie, z.B. die Unendliche Theilbarkeit, beweiset, daß Raum und Zeit nicht zu den Eigenschaften der Dinge, sondern der Vorstellungen der Dinge in der sinnlichen Anschauung gehören; denn da das Wesentliche dieser Vorstellungen die Zusammensetzung ist, so bleibt, wenn ich die aufhebe, nichts (mithin auch nichts Einfaches) übrig." (R 5876; AA XVIII, 374)

Es ist also nicht unmittelbar die Teilbarkeit von Raum und Zeit, die in den Raum- und Zeitargumenten der *Transzendentalen Ästhetik* bereits behandelt wird, die die transzendentale Idealität der Erscheinung beweist, sondern der reale Gehalt der äußeren Anschauung selbst. Das Kernargument Kants ist dabei nicht einfachhin, daß die Materie mathematische Teilungseigenschaften besitzt, sondern weshalb sie sie notwendig besitzt, und zwar so, daß sie ihr wesentlich sind, in der Weise daß sie darin völlig mit Raum und Zeit kongruiert. Erst dadurch wird deutlich, daß empirische Gegenstände nicht unabhängig von Raum und Zeit als Dinge an sich betrachtet werden können. Dies muß eigens gezeigt werden, da Kant nicht selbstverständlich von der absoluten Kongruenz von Raum und Materie ausgehen kann:

> „Denn aus der Sphäre des Begriffs, der eine Gattung bezeichnet, ist eben so wenig wie aus dem Raume, den Materie einnehmen kann, zu ersehen, wie weit die Teilung derselben gehen könne." (B 683)[75]

Die Kongruenz von Raum und Materie gilt es also erst aufzuzeigen. Um diesen Nachweis geht es in der Einzelauflösung der zweiten Antinomie (B 551-B 555). Zentrale Bedeutung für die Auflösung hat der Begriff des Unendlichen. Aus dem Nachweis der Kongruenz von mathematischen Materieeigenschaften und Raumeigenschaften folgert Kant die These von der potentiellen Unendlichkeit der Materieteilbarkeit. Aus diesem ergibt sich der Erscheinungscharakter der Materie in kritischem Sinne.

3.1. Der Argumentationsgang der Auflösung

Die Auflösung der zweiten Antinomie führt unterschiedliche Argumentationsstücke zusammen, die von Kant eher angerissen, als wirklich ausgeführt werden.[76] Es lassen

---

75 Dieselbe Aussage trifft Kant auch in den *Metaphysischen Anfangsgründen der Naturwissenschaft*: „Durch den Beweis der unendlichen Theilbarkeit des Raums ist die der Materie lange noch nicht bewiesen, wenn nicht vorher dargethan worden: daß in jedem Theile des Raumes materielle Substanz sei, d.i. für sich bewegliche Theile anzutreffen sind." (AA IV, 504).

76 Textkommentare und Interpretationen dieses Abschnittes der *Kritik der reinen Vernunft* sind rar; zu nennen sind nur: Heimsoeth, H.: Transzendentale Dialektik. 2. Teil. S. 323-329; Schmucker, J.: Das Weltproblem. S. 281 f.; Bennett, J.: Kant's Dialectic. S. 177-183; Malzkorn, W.: Kants Kosmologie. S. 270-277; Grier, M.: Kant's doctrine of transcendental illusion. S. 212 f.; Van Cleve, J.: Problems from Kant. S. 70. Während Heimsoeth und

sich gleichwohl im wesentlichen zwei Argumentationen voneinander abheben: Die *erste* richtet sich gegen die Annahme des Realen im Raum als infinites *quantum discretum*, die *zweite* gegen die ontologisch-metaphysische Substanzauffassung. Eine zusätzliche Schwierigkeit ist, daß Kant ein in der *Kritik der reinen Vernunft* sonst nicht behandeltes Thema anschneidet, das er erst sehr viel später in der *Kritik der Urteilskraft* wieder aufgreift: den Organismus. Die Auflösung geht auf die Herleitung der zweiten kosmologischen Idee zurück, d.h. auf die Lehre der vollständigen Teilung des Realen bis zum Unbedingten. Sie besteht im wesentlichen darin, Thesis und Antithesis einen direkten Beweis ihrer Thesen abzuverlangen und zu zeigen, daß der direkte Nachweis sowohl des Einfachen als auch des unendlich Zusammengesetzten notwendig scheitern muß, weil er einen Widerspruch impliziert und insofern unmöglich ist. Dieser Widerspruch besteht in der Annahme, das Reale sei eine aktual unendliche Menge von Teilen. Kant zeigt nun, daß die Unendlichkeit beim Teilungsproblem widerspruchsfrei nur als ein potentiell Unendliches angenommen werden kann. Die definite Menge der Teile eines gegebenen Materieganzen kommt dabei allererst durch Teilung zustande, deren Fortgang unbegrenzt ist. Diese regressive Dekomposition eines Materieganzen ist dabei Produkt von Verstandes- und Vernunfttätigkeit und folglich gebunden an deren Bedingungen. Dies bedeutet: Fortschritt in der Erkenntnis der inneren Struktur der Materie gelangt nicht zu bereits zuvor gegeben Teilen, die unabhängig von solcher Erkenntnis als an sich Bestimmtes existieren, sondern erst durch Erkenntnisprozesse werden die Teile in ihrer Bestimmtheit gegeben. Das Reale im Raum geht demnach darin auf, Erscheinung zu sein. Darauf wird klargestellt, daß die fälschliche Annahme, das Ganze der Teile müsse immer schon vor jener Teilung gegeben sein, aus einer ontologischen Substanzauffassung herrührt. Legt man dagegen das kritische Substanzverständnis zugrunde, so muß das Materieganze nicht als Gesamtheit voraus gegebener Teile angenommen werden. Diese Andeutungen verweisen auf Kants kritische Alternative zur metaphysischen Lösung des Teilungsproblems der Materie, die in Kapitel 4 zu untersuchen ist.

Das *erste Argument* der inhaltlichen Auflösung deutet in einem ersten Schritt die Aussagen von Thesis und Antithesis arithmetisch-mengentheoretisch um, d.h. ihre Aussagen werden interpretiert als Aussagen über Mengen und die Anzahl ihrer Elemente. Auf diese Weise wird die zweite kosmologische Idee als Aussage begriffen, das Reale in Raum und Zeit bestehe aus einer unendlichen Menge von Teilen, d.h. sie sei eine Menge, die unendlich viele Elemente enthält; jede Materiemenge werde also im transzendentalen Realismus letztlich als ein *quantum discretum* mit unendlich vielen Elementen konzipiert. Diese Aussage folgt aus der ontologischen Voraussetzung des absoluten Gegebenseins von Materie als Ding an sich. Sie trifft also gleichermaßen auf Thesis als auch Antithesis zu. Doch – so wird man gegen Kant kritisch einwenden

---

Schmucker eine reine Textparaphrase bieten, wird die Auflösung bei Grier und Van Cleve nur kurz thematisiert. Eine Interpretation der Argumentation findet sich nur bei Malzkorn und bei Bennett.

müssen – wird die Thesisposition durch diese Umdeutung adäquat erfaßt, so gilt dies für die Antithesis nicht unmittelbar, denn die Diskretheit der Teile folgt nicht eindeutig aus ihr. Kants spezielle, implizite Kritik an der Antithesis besagt, daß sie auf dem Boden des transzendentalen Realismus nicht dazu in der Lage ist, ihre Annahme der Kongruenz von Raum und Materie aufrecht zu erhalten, aus der die Kontinuität der Materie folgt. Vielmehr zwingt die Annahme der an sich Bestimmtheit der Materie als „zusammengesetztem Ding" auch die Antithesis dazu, sie als ein Geteiltes unabhängig vom Erkennen anzunehmen und sie folglich als ein *quantum discretum* anzunehmen. Kant zeigt nun in einem zweiten Schritt in dieser umgedeuteten Position einen Widerspruch auf (B 554): Wenn man die Materie als Menge unendlich vieler Teile ansieht, dann betrachtet man die Teilung zugleich als „vollendet" und als „niemals zu vollendende" Reihe. Als „vollendet" wird die Teilung angesehen, insofern es ein real gegebenes Quantum Materie ist, das wir als solche zusammengesetzte Substanz und Menge von Teilen denken. Da wir eine solche Menge aber als infinit annehmen, müssen wir zugleich die Teilung als „niemals zu vollendende Reihe" denken. Beides kann aber, so Kants kritische Auffassung, nicht zugleich bestehen. Die Teilung könne – so Kant – nicht als *indefinit* bezeichnet werden, anders als die Unendlichkeit der Weltgröße, da schließlich die als teilbar vorgestellte Materie – jeder beliebige in der Anschauung gegebene Körper – als ein Ganzer bereits als gegeben vorgestellt wird. Die Annahme, jeder Teil der Materie sei potentiell wiederum teilbar, muß daher als Teilung *in infinitum* angenommen werden, d.h. als eine unbegrenzte mögliche Teilung.[77] Zugleich aber darf ein solches Ganzes von Teilen, welches einen materiellen Körper ausmacht, in transzendentaler Sicht nur als „unbestimmte Menge von Teilen" gedacht werden, wie Kant im vierten Abschnitt der Auflösung erklärt (B 554).[78] In diesem Zusammenhang wird zu untersuchen sein, ob die Thesis überhaupt die Unendlichkeit des Einfachen annimmt und also von diesem Argument betroffen ist.

Im *zweiten Argument* zeigt Kant die Substanzontologie als denjenigen – möglicherweise uneingestandenen – Lehrbestandteil des transzendentalen Realismus auf, der für die Entstehung der Antinomie die Hauptverantwortung trägt. Dieses Argument der Auflösung setzt am metaphysischen Substanzbegriff an und richtet sich insbesondere gegen die Thesisposition (B 553). Hierbei argumentiert Kant unter Voraussetzung der eigenen Raumlehre und des kritischen Substanzbegriffs. Die Unabhängigkeit der Teilungseigenschaften einer zusammengesetzten Substanz im Raum von den Teilungseigenschaften des Raumes selbst wird hier von Kant zurückgewiesen. Wenn demnach die Materie – Kant sagt „Körper", wohl um die Räumlichkeit der Materie ins Zentrum der Überlegung zu stellen – die Substanz im Raum ist, dann könnte man versucht sein, die Unabhängigkeit des Realen vom Raum vertreten zu

---

77 Diese Bestimmung des Unendlichen der Teilungsreihe eines Materiequantums gibt Kant bereits in B 513.

78 Vgl. B 539; B 546. Bei Erscheinungen kann beides gleichermaßen gelten: daß sie Ganze von gegebenen Teilen sind und daß sie unbegrenzt weiter teilbar sind.

wollen. Dies legt sich von einem bestimmten, insbesondere ontologischen Substanzverständnis her nahe, indem die Substanz als dasjenige verstanden wird, was unabhängig für sich selbst besteht. In diesem Sinne wäre sie ein „absolutes Subjekt" der Zusammensetzung. Kant geht nun auf dies Kernargument der Thesis ein:

> „[...] allein daß, wenn alle Zusammensetzung der Materie in Gedanken aufgehoben würde, gar nichts übrig bleiben solle, scheint sich nicht mit dem Begriffe einer Substanz vereinigen zu lassen, die eigentlich das Subjekt aller Zusammensetzung sein sollte, und in ihren Elementen übrig bleiben müßte, wenn gleich die Verknüpfung derselben im Raume, dadurch sie einen Körper ausmachen, aufgehoben wäre. Allein mit dem, was in der Erscheinung Substanz heißt, ist es nicht so bewandt, als man es wohl von einem Dinge an sich selbst durch reinen Verstandesbegriff denken würde." (B 553)

Die für den Thesisbeweis entscheidende Weichenstellung war die Ausgangsannahme, daß es unmöglich sei, daß bei Aufhebung aller Zusammensetzung nichts übrig bleibe, da dies dem Begriff der Substanz widerspreche (B 462). Nun zeigt Kant, daß dies eben nur für ein ontologisch-metaphysisches Substanzverständnis gilt, nicht aber für das kritische.

Kant leistet also zugleich durch diese inhaltliche Auflösung der Antinomie einen Nachweis des Erscheinungscharakters der Materie, der ein zusätzlicher Beweis neben demjenigen ist, den er speziell in der *Transzendentalen Ästhetik* führt.[79] Sein Beweis für den Erscheinungscharakter desjenigen, was im Raum gegeben wird, ist in der *Transzendentalen Ästhetik* seiner Argumentation nach eine Inklusion: da der Raum reine Anschauungsform *a priori* ist, eine Art unserer Rezeptivität, sind diejenigen Gegenstände, die in ihm vorgestellt werden, gleichermaßen Anschauungsgegebenes und damit Erscheinung. Nach der *Transzendentalen Ästhetik* hat es den Anschein, als übertrügen sich die Raumbestimmungen notwendig auf die Bestimmungen desjenigen, was Gegenstand im Raum ist. Doch daß die Materie nicht darüber hinaus völlig andere Teilungseigenschaften unabhängig von den Raumbestimmungen aufweist, muß erst gezeigt werden; insbesondere dann, wenn man gemäß dem empirischen Realismus durchaus von der unabhängigen Existenz äußerer Gegenstände ausgeht. In der Auflösung der zweiten Antinomie argumentiert Kant für den Erscheinungscharakter der Gegenstände im Raum aufgrund der Eigenschaften der Materie selbst: die Teilungseigenschaften der Materie zeigen von sich aus, daß Materie Erscheinungscharakter hat:

> „Die unendliche Theilbarkeit der Materie beweiset, daß sie blos Erscheinung sey. Denn nach Verstandesbegriffen kann ein Ganzes nicht den Grund der Moglichkeit der Thei-

---

[79] Es soll hiermit nicht die These vertreten werden, daß Kant in der Antinomie einen von der *Transzendentalen Ästhetik* völlig unabhängigen Beweis führt. Denn neben der potentiell unendlichen Teilbarkeit der Materie muß die Apriorität des Raumes angenommen werden, sonst ergibt sich möglicherweise eine aristotelische Position. Vielmehr ist es ein komplementärer Beweis.

le enthalten, sondern umgekehrt; der erste grund desselben kann also nur im Einfachen liegen." (R 6330; AA XVIII, 651; 1793/1794)

Die zweite Antinomie und ihre Auflösung belegt also nach Kant, daß die Materie selbst Erscheinung ist, ohne über diese Erscheinung hinaus auf etwas zurückgeführt werden zu müssen, das nicht Erscheinung ist, und aufgrund dessen mit den Teilungseigenschaften des Raumes notwendig kongruiert. Das Argument besagt: weil die Materie an sich selbst ihren Teilen nach als potentiell Unendliches gedacht werden muß, kann sie nur Erscheinung sein. Dieses Argument erscheint nicht besonders zwingend, da andere Konzeptionen, wie die Aristotelische oder Leibnizsche, die Materie ebenfalls als potentiell Unendliches annehmen können, ohne daß sie den spezifisch kritischen Erscheinungsbegriff daraus folgern. Seine argumentative Kraft bezieht es aus Kants Nachweis, daß die potentielle Unendlichkeit sich nur sinnvoll verstehen läßt, wenn Teilung als eine Erkenntnisleistung des Erkenntnissubjekts begriffen wird.

Die inhaltliche Auflösung der zweiten Antinomie besteht also in folgenden fünf Schritten, die Kant selbst nicht in dieser Form voneinander abhebt: Kant zeigt *erstens*, daß der transzendentale Realismus in der Frage nach der Teilbarkeit des Realen die Vorstellung impliziert, daß das Zusammengesetzte in seinen Teilen als eine aktual unendliche Menge begriffen wird, deren Teile an sich gegeben sind; diese Menge ist also an sich bestimmt, ihr kommt eine bestimmte Mächtigkeit zu, d.h. eine „Kardinalität". Dies ist die mengentheoretische Umdeutung von Thesis und Antithesis. In einem *zweiten* Schritt argumentiert Kant dafür, daß die Kardinalität einer Menge voraussetzt, daß sie ordinal bestimmt ist, d.h. daß jedem Element eine Ordnungszahl entspricht (Kap. 3.2.). Diese Umdeutung hat historische Vorbilder, die völlig divergierende Folgerungen für das Teilungsproblem daraus ziehen (Kap. 3.3.), auch in Kants eigener Position in *De mundi sensibilis* (Kap. 3.4.). Für Kant ergibt sich daraus jedoch, daß der grundlegende Begriff des Unendlichen in bezug auf das Reale im Raum der der potentiellen Unendlichkeit ist. Die Teilung eines Realen im Raum ist primär als potentiell Unendliches zu bestimmen. In diesem Gedankengang liegen zahlreiche Schwierigkeiten (Kap. 3.5.). Danach ist die Ordinalität einer Reihe nur prozessual aufzufassen, d.h. als potentielle Unendlichkeit. Diese potentielle Unendlichkeit hat ihren Grund darin, daß die Teilung – dies wäre der entscheidende *dritte* Schritt – nur denkbar ist bezogen auf die Handlung der synthetisierenden, d.h. spontan tätigen Subjektivität. Diese Handlung ist sukzessive Synthesis. Hierin liegt wiederum, daß auch die Elemente des realen Zusammengesetzten überhaupt erst durch Synthesis Elemente eines Zusammengesetzten sind. Mit diesem *vierten* und letzten Argumentationsschritt belegt Kant seine These, daß die Teile des Realen im Raum erst durch die transzendentale Teilung gegeben werden und als solche nicht an sich existieren (Kap. 3.6.). Daraus folgt *fünftens*, daß Materie Erscheinung ist, ohne in Dingen an sich zu gründen. Daraus ergibt sich dann, daß die teilbare Materie nichts als Erscheinung ist. Der vierte Argumentationsschritt ist für die Auflösung von entscheidender Bedeutung, weil Kant hier dafür argumentieren muß, weshalb die sukzessive Synthesis für das Gegebensein der Teile eines Realen konstitutiv ist und nicht angenommen werden kann, daß sie bloßer Nachvollzug eines an sich Eingeteilten ist, also gegenüber der Kardinalität sekundär ist, wie beispielsweise Leibniz meint. Kant muß zeigen können, daß die regressive „Dekomposition“ des Zusammengesetzten, die Teilung, eine Form sukzessiver Synthesis ist und damit von den objektkonstituierenden Leistungen des Erkenntnissubjekts abhängig ist. Aufgrund dessen ist das Zugrundeliegende dieser Teilung nichts als Erscheinung und nur in der Vorstellung gegeben.[80] Dieses Ergebnis der Auflösung wird dabei verglichen mit zwei weiteren Darstellungen der Lösung des Teilungsproblems, in den *Metaphysischen Anfangsgründen der Naturwissenschaft* und in der *Metaphysik-Pölitz* (Kap. 3.6.). Eine eigene Untersuchung erfordert der Begriff des Organismus an dieser Stelle (Kap. 3.8.).

3.2. Thesis und Antithesis und der Widerspruch im aktual Unendlichen

Kant unterscheidet in der arithmetisch-mengentheoretischen Umdeutung von Thesis und Antithesis, d.h. ihrer Umdeutung von Behauptungen über die Existenz des Einfachen zu Behauptungen über die Anzahl von Elementen einer Menge, nicht explizit zwischen beiden, vielmehr wird nur die Annahme diskutiert, das Reale im Raum sei eine unendliche Menge von Teilen. Daß Thesis und Antithesis Aussagen über Mengen implizieren, ergibt sich ihm zufolge notwendig aus dem transzendentalen Realismus. Da dieser von der unabhängigen Existenz und Bestimmtheit aller Teile eines jeden beliebigen Materieganzen ausgeht, betrachtet er jedes Materieganze als ein Eingeteiltes und folglich als reale Menge von an sich selbst existierenden Teilen. Daraus ergibt sich als eine zweite Folgerung die Annahme der Diskretheit der Teile. Auch die Antithesis ist zu dieser Annahme gezwungen, obwohl sie zunächst annimmt, daß die Materie wie der Raum ein Kontinuum ist. Die Auflösung bringt nun dies implizite Argument vor, daß sie aufgrund ihres transzendentalen Realismus nicht dazu in der Lage ist, Kontinuität als solche widerspruchsfrei zu konzipieren; denn sie negiert zwar das Einfache, aber unter Voraussetzung des transzendentalen Realismus nimmt sie an, die Teile des Zusammengesetzten seien an sich bestimmt und folglich bilden sie eine Menge diskreter Teile; dies geht aus dem ersten Absatz der Auflösung hervor (B 551 f.).[81] Hierbei nimmt sie anders als die Thesis an, daß jeder Teil dieser Menge ein

---

[80] B 520; B 522. Diese schon metaphysisch-idealistisch oder konstruktivistisch scheinende These prägt besonders auch die Darstellung der Auflösung der zweiten Antinomie in den *Prolegomena* (§ 52 c; AA IV, 342).

[81] Vgl. Hegel, G. W. F.: Wissenschaft der Logik. TWA 5, 216 ff. Hegel ordnet der Thesis die Position der Diskretheit zu, der Antithesis die der Kontinuität. Zu dieser Einschätzung kommt er wohl deshalb, weil er die mathematischen Antinomien in seiner eigenen Systematik reiner Kategorien nicht wie Kant der Qualität, sondern der Quantität zuordnet und das Problem der Realität des im Raum Gegebenen dabei vernachlässigt. Der Gegensatz, so meint Hegel, betreffe „die *Momente der Quantität*“ (S. 216). Hegel deutet Kants Auflösung empiristisch: „daß die Vernunft die sinnliche Wahrnehmung nicht überfliegen und die Erscheinung wie sie ist, nehmen solle“ (S. 227). Allein Aristoteles habe die potentielle Unend-

Zusammengesetztes sei. Sowohl Thesis als auch Antithesis müssen Materie als *quantum discretum* verstehen, die Thesis offen, die Antithesis verdeckt.

Für diesen Nachweis ist der Zusammenhang von Zahl und bestimmter Menge sowie von *quantum discretum* und *quantum continuum* relevant:

> „Ein Quantum, durch dessen Größe die Menge der Theile indeterminirt ist, heißt: *continuum*; es besteht aus so vielen Theilen, als ich ihm geben will; es besteht aber nicht aus einzelnen Theilen. Jedes Quantum hingegen, durch dessen Größe ich die Menge seiner Theile vorstellen will, ist *discretum*. Ein *Quantum discretum* muß unterschieden werden vom *quanto continuo*, welches als *discretum* vorgestellt wird. Ein Quantum, in welchem ich die Theile bestimme, ist *discretum*, nicht aber *per se*, an sich selbst. Ein *Quantum continuum per se* ist, in welchem die Zahl der Theile unbestimmt ist; ein *quantum discretum per se* ist, in welchem von uns die Zahl der Theile willkührlich bestimmt wird." (Metaphysik-Pölitz. S. 50)

Das Kontinuum besteht an sich nicht aus Teilen, sondern ist lediglich einteilbar, es ist folglich an sich auch keine Menge, sondern erst durch eine willkürliche Einteilung kann es als Menge betrachtet werden. Nach Kant zwingt aber der transzendentale Realismus auch die Antithesis dazu, die Materie als aus Teilen bestehende Menge zu denken und sie damit als *quantum discretum* zu konzipieren.

Unter einer Menge versteht Kant die Vielheit einer wohldefinierten Art von Elementen.[82] Im Zusammenhang der Kosmologie versteht er solche Mengen als konkrete Mengen realer Teile. Der deutsche Terminus ‚Menge' ist vage; so bezeichnet er sowohl eine abzählbare Vielheit (*multitudo*) als auch die unbestimmte Vielheit (*complures*) sowie die Vielheit als Einheit gedacht, also die Allheit (*totum*).[83] Größe (*quantitas*) ist der abstrakte Begriff für das Maß einer Menge; es ist die Eigenschaft des Größehabens oder Größeseins. Bei Kant ist *quantitas* letztlich die Kategoriengruppe der drei Quantitätskategorien Einheit, Vielheit, Allheit. Ihr Schema ist bekanntlich die Zahl (B 182). Quantum dagegen ist die bestimmte Größe einer bestimmten Menge. Wichtig ist für Kant, daß Mengenbegriffe in aggregative und kontinuierliche Größen zerfallen; so ist eine abzählbare Vielheit (*multitudo*) ein Aggregat, während ein Quantum bei Kant als ein bestimmtes Maß in einem kontinuierlichen Spektrum betrachtet wird, wie beispielsweise ein Geldquantum, welches in Kants Zeit einer bestimmten Masse einer Silberlegierung entspricht und damit eine bestimmte Größe in einem kontinu-

---

lichkeit der Teilung richtig verstanden. Bayles Aristoteles-Kritik im Artikel *Zeno* des *Dictionnaire*, die er mit Kants Antinomienauflösung verbindet, sei ebenso völlig verfehlt. Hegel scheint Kants spezielle Auflösung der Antinomien nicht zur Kenntnis genommen zu haben, zumindest entgeht ihm, daß Kant wie Aristoteles die potentielle Unendlichkeit des Teilungsregresses annimmt (vgl. dazu Düsing, K.: Antinomie und Dialektik).

82 Vgl. zum Folgenden: Metaphysik-Pölitz. S. 50-52.

83 Cantors Mengenbegriff dagegen ist auf das Totum eingeschränkt, danach ist die Menge „Inbegriff bestimmter Elemente, welcher durch ein Gesetz zu einem Ganzen verbunden werden kann." (Beiträge zur Begründung der transfiniten Mengenlehre. In: Gesammelte Abhandlungen. Berlin 1932, S. 282; vgl. auch ders.: Grundlagen einer allgemeinen Mannigfaltigkeitslehre. In: ebd. S. 204).

ierlichen Maß (B 212). Der transzendentale Realist betrachtet Materie also notwendig als Menge im Sinne des Aggregats, genauer als *multitudo*.

Der zweite Schritt im Nachweis der immanenten Widersprüchlichkeit der Idee der vollständigen Teilung besteht nun in der Annahme, daß die Menge eine unendliche Anzahl diskreter Teile enthält; dies ist die arithmetische Interpretation der Teilungsidee. Ist diese Annahme mit der Antithesisposition evidenterweise verbunden, folgt sie aus der Thesis nicht notwendig, vielmehr ist es denkbar, daß die Thesis von einer endlichen Menge des Einfachen ausgeht. In der Auflösung der zweiten Antinomie in der *Kritik der reinen Vernunft* kommt die mögliche Annahme einer endlichen Menge der Teile nicht vor. In der *Kritischen Entscheidung des kosmologischen Streits* dagegen unterscheidet Kant die Annahme einer endlichen und einer unendlichen Menge von Teilen (B 533). Auch die Auflösung der zweiten Antinomie in den *Prolegomena* nennt zwei Alternativen, die Annahme endlich vieler einfacher Teile und die Annahme unendlich vieler Teile.[84] In einer Reflexion der frühen 1780er Jahre setzt Kant ‚unendlich' und ‚bestimmt' einander gegenüber.[85] Welchen Unterschied Kant damit aber bezeichnen möchte, bleibt vage: ob denjenigen zwischen Thesis und Antithesis oder einen zwischen zwei Interpretationen der gemeinsamen Voraussetzung einer unendlichen Menge: das *infinitum* oder *indefinitum* gegenüber einem abzählbar Unendlichen. In der Darstellung der zweiten Antinomie in den *Metaphysischen Anfangsgründen der Naturwissenschaft* nennt Kant jedoch wie in der *Kritik der reinen Vernunft* nur die Annahme der unendlichen Menge von Teilen, deren innere Widersprüchlichkeit die Falschheit der Annahme offenbart, den Erscheinungen lägen Dinge an sich zugrunde.[86] In *Welche Fortschritte* ist die Begrenztheit der Teilungsreihe, die die Thesis annimmt, für Kant mit der Annahme der unendlichen Menge von Teilen vereinbar, ja er stellt sie sogar als eine notwendige Folgerung dar:

---

84 „[...] welches sich widerspricht, und mithin auch jede Auflösung der mißverstandnen Aufgabe, man mag darin behaupten, die Körper bestehen an sich aus unendlich viel Theilen, oder einer endlichen Zahl einfacher Theile." (AA IV, 342). Malzkorn meint, daß die Thesis neutral ist gegenüber der Annahme endlich oder unendlich vieler Teile des Materieganzen (Kants Kosmologie-Kritik. S. 273 Anm. 80). Dennoch favorisiert er Kants Auflösungsansatz der *Prolegomena*, da er meint, die Thesis gehe nicht notwendig von der Gegebenheit aller Teile des Materieganzen aus (S. 274). Oftmals wurde die Thesis als Position der Endlichkeit und die Position der Antithesis als die der Unendlichkeit dargestellt, oder aber Diskretion und Kontinuität wurden in ihr als einander opponiert betrachtet. Wäre dies der Fall, dann müßten in der Auflösung für Thesis und Antithesis unterschiedliche Argumente ins Feld geführt werden. Das Argument gegen die metaphysische Substanzontologie würde in diesem Falle allein zur direkten Widerlegung der Thesis ausreichen müssen, nur ist es deutlich schwächer als das andere (B 553). Die Thesis könnte damit inhaltlich nur unter Voraussetzung der kritischen Substanzlehre widerlegt werden. Die Antithesis dagegen könnte durch den Nachweis einer inneren Widersprüchlichkeit voraussetzungslos als unhaltbare Position erwiesen werden.

85 „Die Materie (an sich) besteht entweder aus unendlich viel Theilen oder aus einer bestimmten Menge von Theilen. Keines von beydem ist wahr, [...]." (R 5963; AA XVIII, 405).

86 Metaphysische Anfangsgründe der Naturwissenschaft. AA IV, 505.

> „Besteht jeder Körper, oder jede Zeit, in der Veränderung des Zustandes der Dinge, aus einfachen Theilen: so muß, weil Raum sowohl als Zeit ins Unendliche theilbar sind (welches die Mathematik beweiset), eine unendliche Menge gegeben sein, die doch ihrem Begriffe nach niemals ganz gegeben sein kann, welches sich gleichfalls widerspricht." (AA XX, 289)[87]

Folgende Überlegung mag diese Auffassung plausibilisieren.[88] Auch wenn die Thesis von der Begrenztheit des Teilungsregresses ausgeht, insofern als sie ein erstes Unteilbares als Unbedingtes der Bedingungsreihe des Realen auffaßt, so kann, ja sie muß gleichwohl von der Unendlichkeit der Teilungsschritte ausgehen, da sie dies Einfache als ein unendlich kleines Ausdehnungsloses konzipiert. Setzt man hierbei Teile des ersten Antithesisbeweises voraus, der aufzeigt, daß die Thesis nur sinnvoll als physische Monadologie begriffen werden kann, dann wird deutlich, daß auch der Raum, den die Kraftpunkte einnehmen, unendlich klein sein muß sowie, daß der Raum vollständig von diesen unendlich kleinen raumfüllenden Teilen erfüllt sein muß, da in ihr, wie zuvor gezeigt, der leere Raum unmöglich ist. Da dieser Raum, den eine jede physische Monade einnimmt, beliebig verkleinert gedacht werden kann, wächst mit der Verkleinerung des Raumes die Anzahl der Teile. Da die Verkleinerung des Raumes ins Unendliche geht, geht auch die Anzahl der Teile ins Unendliche.[89] Gegen die Annahme der Unendlichkeit einfacher Teile ist häufig das Argument vorgebracht worden, es sei paradox, daß eine unendliche Menge eine endliche Ausdehnung haben könne. Deshalb könnte man dazu gelangen, bei einem begrenzten Körper nur eine endliche Anzahl physischer Monaden anzunehmen. Für den Fall, daß die Thesis von der Endlichkeit der Menge der Materieteile ausgeht, könnte Kant gemäß seinem Argument gegen die physische Monadologie in den *Metaphysischen Anfangsgründen der Naturwissenschaft* zeigen, daß sich diese Annahme nicht mit der räumlichen Präsenz der physischen Monade vereinbaren läßt.[90]

Da Kant es in der Auflösung der *Kritik der reinen Vernunft* offenläßt, welche Position die Thesis hierbei einnimmt, kann man davon ausgehen, daß die arithmetisch-mengentheoretische Umdeutung sowohl Antithesis als auch Thesis betrifft, insofern sie ebenfalls die Unendlichkeit diskreter Teile annimmt. Die arithmetisch-mengentheoretische Umdeutung der zweiten kosmologischen Idee besteht also in folgender These:

- Das Ganze, das ins Unendliche teilbar ist, besteht aus unendlich vielen Teilen. (B 552)

---

87 Vgl. B 207.

88 Ähnliches hat Kant in R 4502 ausgeführt (AA XVII, 575 f.).

89 Vogel stellt heraus, daß Eulers Einschätzung, Leibniz sei von der Unendlichkeit der Monaden ausgegangen, Wolff dagegen von der Endlichkeit, nicht zutrifft (Kant und die Paradoxien der Vielheit. S. 107). Vielmehr lehrt auch Wolff, wie aus der *Deutschen Metaphysik* klar hervorgeht, die unendliche Geteiltheit der Materie (Deutsche Metaphysik, § 684. S. 424).

90 AA IV, 504 f.; vgl. Kap. II.3.1.

Der Begriff einer realen Menge unendlich vieler diskreter Teile impliziert nach Kant nun einen Widerspruch. Wenn etwas ein *quantum discretum* ist, dann ist es als Menge bestimmt, d.h. es ist nicht nur kardinale, sondern auch ordinale Menge. Die Größe der Menge ist nicht nur durch ein abstraktes Maß ihrer Mächtigkeit ausgezeichnet (Kardinalität), sondern weil Materie als zusammengesetzte Substanz ein konkretes Ganzes ist und nicht als abstrakte Klasse betrachtet werden kann, muß die Menge eine bestimmte Anzahl von Elementen enthalten, folglich muß sie auch eine abzählbare Größe besitzen (Ordinalität).[91] Die Behauptung einer bestimmten Anzahl von Elementen ist nur sinnvoll, wenn jedem Element eine Ordinalzahl zugeordnet ist. Doch, so Kants Argument, wäre jene Ordinalgröße nun unendlich, so müßte es eine Ordinalzahl ‚∞' geben, dies aber ist ein absurder Begriff.[92] Das Argument besagt also nicht, daß der Begriff des aktual Unendlichen unmöglich sei, sondern daß dieser Begriff nicht auf den Bereich des Realen im Raum anwendbar ist, da es ein konkret Gegebenes und insofern Definites ist und daher zu einer absurden Konsequenz führt.[93] Kants Argumentation ist an dieser Schlüsselstelle (B 555) leider verunklärt dadurch, daß sie zwei unterschiedliche Themen ineinanderschiebt: Die Teilung der Materie als solcher und die Zerlegung von Organismen. Aus anderen Zusammenhängen wird aber deutlich, daß es nicht spezifisch auf die Teilung von Organismen eingeschränkt verstanden werden muß, sondern daß Kant es allgemein auf die Materie als solche

---

91 Vgl. dazu Falkenburg, B.: Kants Kosmologie. S. 164-172. Falkenburg zeigt, daß Kants Unendlichkeitsbegriff dem ordinal Unendlichen entspricht, das aktual Unendliche aber dem kardinal Unendlichen. Malzkorn hält die Umdeutung für völlig verfehlt; unverständlich erscheint ihm Kants Ansicht, daß Thesis und Antithesis voraussetzen, die Menge der Teile habe eine bestimmte Größe (Kant über die Teilbarkeit der Materie. S. 402 f.).

92 Vgl. Welche Fortschritte. AA XX, 290. Daß es keine Zahl ‚unendlich' gibt, ist allgemein akzeptiert: Vgl. Wolff, Chr.: Ontologia, § 797. Zumeist wird dieses Argument verfehlt im Sinne eines Verifikationismus wiedergegeben, demnach meine Kant, daß die Behauptung der unendlichen an sich gegebenen Menge von Teilen empirisch nicht bewahrheitet werden könne, da jedes Abzählen an die Bedingungen der Zeit und die Endlichkeit des menschlichen Erkennens gebunden sei (Strawson, P. F.: The Bounds of Sense. S. 195; Guyer, P.: Kant and the Claims of Knowledge. S. 405 f.). Dies ist nicht Kants Argument. Noch in *De mundi sensibilis* vertritt Kant nämlich die diametral entgegengesetzte Meinung: er hält jenen Beweis der Selbstwidersprüchlichkeit des Unendlichen als Menge für ein falsches *ad hominem* Argument, er pariert es mit der Möglichkeit eines göttlichen Intellekts (AA II, 388). D.h. er ist sich des Problems eines solchen Arguments durchaus bewußt. Diese Überlegung spielt erst eine Rolle bei der Bestimmung des Charakters des potentiell Unendlichen.

93 Daß Kant das aktual Unendliche für unmöglich erklären will, glaubt Georg Cantor (Über die verschiedenen Standpunkte in bezug auf das aktual Unendliche. In: Ders.: Gesammelte Abhandlungen mathematischen und philosophischen Inhalts. Hrsg. v. E. Zermelo. Berlin 1932, S. 375). Er kritisiert Kant für diese vermeintliche Auffassung mit dem Hinweis auf seine Theorie des aktual Unendlichen in der Mathematik. Bereits sein Herausgeber Zermelo wendet gegen Cantors Kritik ein, sie beachte den kosmologischen Rahmen der Kantischen Antinomienlehre nicht (ebd. S. 377).

bezieht. In der Auflösung der Teilungsantinomie der *Metaphysischen Anfangsgründen der Naturwissenschaft* schließt Kant nun unmittelbar darauf, daß die Materie daher Erscheinung sein müsse:

> „Wenn nämlich die Materie ins Unendliche theilbar ist, so (schließt der dogmatische Metaphysiker) besteht sie aus einer unendlichen Menge von Theilen; denn ein Ganzes muß doch alle die Theile zum voraus insgesammt schon in sich enthalten, in die es getheilt werden kann. Der letztere Satz ist auch von einem jeden Ganzen als Dinge an sich selbst ungezweifelt gewiß, mithin, da man doch nicht einräumen kann, die Materie, ja gar selbst nicht einmal der Raum bestehe aus unendlich viel Theilen (weil es ein Widerspruch ist, eine unendliche Menge, deren Begriff es schon mit sich führt, daß sie niemals vollendet vorgestellt werden könne, sich als ganz vollendet zu denken), so müsse man sich zu einem entschließen, entweder dem Geometer zum Trotz zu sagen: der Raum ist nicht ins Unendliche theilbar, oder dem Metaphysiker zur Ärgerniß: der Raum ist keine Eigenschaft eines Dinges an sich selbst und also die Materie kein Ding an sich selbst, sondern bloße Erscheinung unserer äußeren Sinne überhaupt, so wie der Raum die wesentliche Form derselben." (AA IV, 506)

Es kommt also darauf an zu zeigen, daß der Raum wesentlich für die Materie ist. In der *Kritik der reinen Vernunft* dagegen wird demgegenüber zunächst daraus die These von der potentiellen Unendlichkeit des Teilungsregresses gezogen, wobei der Raum weniger im Vordergrund der Argumentation steht. Dies ist Kants inhaltliches Kernargument gegen den transzendentalen Realismus. Nach Kant kann nun aber die potentielle Unendlichkeit nur sinnvoll konzipiert werden, wenn die Teile überhaupt erst durch Teilung zustande kommen.[94]

Es ist hierbei für das Folgende nicht unwichtig, sich klar zu machen, daß beim Teilungsproblem zwei Reihen unterschieden werden können: Für den transzendentalen Realisten ist das Konstitutionsmodell der Materie maßgeblich, wonach das Reale durch seine Teile konstituiert wird. Er geht aus von den zuvor als gegeben angenommenen Teilen und betrachtet das Ganze als Aggregat der Gesamtheit von Teilen. In seiner Vorstellung beginnt er also bei den Teilen und endet beim Ganzen. Diese Reihe kann man Konstitutionsreihe nennen. Die zweite Reihe beginnt beim Ganzen und richtet sich auf die Teile, zu denen sie durch Teilung gelangt. Diese kann man Teilungsreihe nennen. Bei der Konstitutionsreihe ergibt sich bei der Thesis die Vor-

---

94 Malzkorn hält diese Annahme für das Widerlegungsargument der Auflösung. Doch handelte es sich in diesem Falle um eine bloße Gegenbehauptung, die nur begründet wäre, wenn der transzendentale Realismus bereits als widerlegt gelten könnte. Für ihn ist Kants arithmetisch-mengentheoretische Umdeutung von Thesis und Antithesis unzutreffend (Kants Kosmologie-Kritik. S. 273). Seine Meinung ist v.a. dadurch bedingt, daß er die Thesis als Position einer schwachen Atomistik versteht, so daß mit ihr die Existenz eines infinit Teilbaren vereinbar sei (ebd. u. S. 173). Dabei geht er davon aus, Kant meine, die Thesis lehre die endliche Anzahl einfacher Teile, die Antithesis die unendliche Anzahl von Teilen. Wenn es der Begriff eines aktual Unendlichen ist, der in sich widersprüchlich ist und beiden Behauptungen zugrunde liegt, wie hier dargelegt, dann ist diese Deutung nicht zutreffend. Diese Interpretation der Thesis ist bereits abgewiesen worden (vgl. Kap. II.2.2.).

stellung beim Einfachen zu beginnen und durch Hinzufügung weiterer einfacher Teile zu einem Ganzen der Materie zu gelangen. Geht sie von der unendlichen Kleinheit solcher einfacher Teile aus, so ist auch die Konstitutionsreihe unendlich, obwohl ihr Resultat ein gegebenes Ganzes sein soll, die Reihe also an beiden Enden begrenzt ist. In umgekehrter Richtung, vom Ganzen zu den Teilen, ist die Reihe dann ebenso unendlich. Ähnliches gilt von der Antithesis, obwohl sie einfache Teile negiert. Da Thesis und Antithesis von der Diskretheit der Teile ausgehen müssen, setzen sie die Konstitutionsreihe als primär an, gegenüber der Teilungsreihe, die sie als eine epistemische Reihe auffassen, welche zu den bereits zuvor bestehenden Teilen gelangt. Bei Kant wird sich dieses Verhältnis umkehren, die epistemische Teilungsreihe ist für die Konstitutionsreihe bestimmend.

3.3. Die mengentheoretische Umdeutung bei Bayle, Euler und Hume

Die mengentheoretische Umdeutung der Teilungsproblematik ist ein Topos innerhalb der Kritik an der scholastischen Philosophie; sie findet sich sowohl bei Pierre Bayle, der sie gegen Aristoteles vorbringt, als auch bei Leonhard Euler, der damit Leibniz und Wolff widerlegen zu können glaubt, aber auch bei David Hume. Bei Bayle wird das Argument, die Annahme einer unendlichen Menge von Materieteilen sei in sich widersprüchlich oder führe zu absurden Konsequenzen, gegen Aristoteles' Lösung der Zenonischen Paradoxien mit Hilfe der Konzeption einer potentiellen Unendlichkeit eingesetzt; Bayle zieht aus dem Argument rein skeptische Schlüsse. Euler hat es innerhalb seiner auf mathematischen Erwägungen aufbauenden Kritik an der Monadologie verwendet; in seiner Argumentation geht er dabei über Bayle hinaus, indem er positiv die unendliche Teilbarkeit der Materie aus ihm folgert. Aber auch bei Hume ist die Umdeutung der unendlichen Teilbarkeit zur unendlich gegebenen Menge von Teilen zu finden und der Nachweis seiner Unmöglichkeit; doch Hume zieht aus diesem Umstand die Konsequenz, von einer endlichen Menge unteilbarer Materieteile auszugehen.

Bayles bedeutsame Auseinandersetzung mit dem Problem der Teilung im Artikel *Zeno* seines *Dictionnaire Historique et Critique* wendet sich naheliegenderweise auch der Lösung durch den Begriff der potentiellen Unendlichkeit bei Aristoteles zu.[95] Nach Bayle besteht die Aristotelische potentielle Unendlichkeit „eines Fusses Materie darinnen [...], daß man ihn ohne Aufhoeren in viel kleinere Theile eintheilen kann, aber nicht darinnen, daß er diese Theilung wirklich leide." (ebd.). Bayle kritisiert, Aristoteles könne seine Lehre der potentiell unendlichen Teilbarkeit nicht aufrechterhalten, sondern müsse letztlich doch von einem „wirklichen Unendlichen" ausgehen (ebd.). Auch Bayle bringt hier das Argument der unendlich gegebenen Menge: „denn wenn

---

95 Vgl. Bayle, P.: Historisches und kritisches Wörterbuch. Übers. v. H. Gottsched. Bd. IV (Neudruck: Hildesheim / New York 1978), S. 548.

die Materie ins Unendliche theilbar ist, so enthaelt sie wirklich eine unendliche Anzahl von Theilen: also ist dies kein potentia Unendliches; es ist ein Unendliches welches wirklich und wesentlich besteht." (ebd.).[96] Insbesondere die Scholastiker werden von Bayle in ihrer Lehre von der unendlichen Teilbarkeit der Materie scharf attakkiert.

Die Umdeutung der Antithesis von der Negation einfacher Teile zur Annahme der unendlichen Teilbarkeit hin zur Behauptung der unendlichen Menge von Teilen hat wesentlich detaillierter und Kant näher kommend Leonhard Euler vorgeprägt. Euler interpretiert die Annahme einfacher Elemente oder Monaden in der Materie bei Leibniz und Wolff in der Weise, daß er Leibniz unterstellt, er habe gelehrt, die Materie sei unendlich eingeteilt, es gebe also unendlich viele einfache, unendlich kleine Teile in einem Körper. Wolff schreibt er die Ansicht zu, daß es eine endliche Anzahl Teile im Körper gebe. Gegen diese beiden Folgeannahmen der Monadologen wendet Euler nun ein: wenn es einfache Teile der Materie geben soll, und wenn deren Anzahl, wie Leibniz behauptet, unendlich sei, so stelle man sich den Körper als ein Ganzes aus Teilen vor, deren Anzahl unendlich sei. Damit entstünde das Paradoxon, daß eine unendliche Menge unendlich kleiner Teile ein endliches Ganzes ausmachen solle.[97] Hinsichtlich Wolff ergibt sich ein ähnliches Paradoxon, indem dieser behaupten müsse, eine endliche Anzahl unendlich kleiner Teile ergebe eine endliche Größe:[98] „Man sieht gemeiniglich diese zwei Sätze: *Ein jeder Körper ist in's Unendliche theilbar* und *Ein jeder Körper ist aus unendlich vielen Theilen zusammengesetzt* als gleichgültig an und beweist durch unumstössliche Gründe, dass der letztere unmöglich mit der Wahrheit bestehen könne".[99] Nun meint Euler aber zeigen zu können, daß das Argument zwar richtig sei, aber nicht die Wahrheit des ersten Satzes zugleich widerlege; d.h. nur in Leibniz' Monadologie läßt sich die mengentheoretische Umdeutung der unendlichen Teilbarkeit vornehmen; in seiner Lehre des unendlich teilbaren, absolut realen Raumes sei dies nicht der Fall.

Mag Euler auch die Theorie der Naturatome von Wolff und auch Kants physische Monaden damit treffen, Leibniz läßt sich durch dieses Argument nicht unmittelbar angreifen: nach Leibniz ist das potentiell Unendliche ein Kennzeichen der ab-

---

96 Schließlich erscheint Aristoteles bei Bayle noch im Zusammenhang des Problems apagogischer Beweise (S. 550). Er kritisiert die indirekten Beweise, die die Sache selbst nicht erklären, und schreibt es dem Aristotelismus zu, einen Finitismus gelehrt zu haben, nicht weil er selbst verstanden worden sei, sondern weil das Gegenteil – bei Bayle handelt es sich nicht um ein Dilemma, sondern ein Trilemma – unmöglich sei.

97 Vgl. Euler, L.: Gedancken von den Elementen der Cörper, § 63. Opera Euleri III/2, 362; Anleitung zur Naturlehre, § 12. Opera Euleri III/1, 25 f. Zu Eulers Teilungslehre vgl. Kap. II.3.2. Zu Eulers Kritik an der Monadologie vgl. Vogel, K.: Kant und die Paradoxien der Vielheit. S. 97-120; Höselbarth, F.: Raum und Körper in der zweiten Antinomie. S. 105-110.

98 Vgl. Euler, L.: Gedancken von den Elementen der Cörper, § 63. Opera Euleri III/2, 363.

99 Euler, L.: Anleitung zur Naturlehre. Opera Euleri III/1, S. 25.

strakten, nichtsubstantiellen Scheinwelt der Körper; gerade darin zeige sich, so Leibniz' metaphysische Ausdeutung der Transzendenz des potentiell Unendlichen, daß die Körperwelt lediglich Sinnenschein ist. Die aktuale Unendlichkeit kommt dagegen der substantiellen Welt zu und ist für uns nicht als sie selbst erkennbar. Eulers Argumentation liefe hinsichtlich dieser metaphysischen Argumentation also ins Leere.

Daß Euler zumindest Kants vorkritische Lehre trifft, belegt die *Monadologia Physica.* Die Abzählbarkeit der einfachen, monadischen Materieteile ist hier explizit Kants Lehre; im Corollarium zum Scholion des Theorema IV behauptet Kant:

> „Corpus igitur quodlibet definito constat elementorum simplicium numero."[100]

Für diese Behauptung führt Kant einen indirekten Beweis, der ausgesprochen undurchsichtig ist; im Kern besagt er folgendes: wenn man annimmt, daß ein substantiell Zusammengesetztes unendlich teilbar sei, so folgt daraus, daß

> „partem quamlibet corporis primitivam ita esse comparatam, ut nec mille aliis, nec myriadibus, nec millionum millionibus, uno verbo, non, quotcunque assignare libuerit, iuncta particulam quamlibet materiae constituat, quod certe haud obscure omnem substantialitatem compositi tollit, neque itaque in corpora naturae cadere potest."[101]

Die Unmöglichkeit der unendlichen Teilbarkeit eines substantiell Zusammengesetzten ist für Kant das Argument, die Eingeteiltheit des Zusammengesetzten anzunehmen und darüber hinaus die bestimmte Anzahl der Teile dogmatisch zu lehren. Dabei äußert sich Kant nicht dazu, ob er diese Anzahl zugleich auch als endlich begreift.

Das Problem der Abzählbarkeit der Teile des Ausgedehnten wird auch von Hume argumentativ verwendet; an seinem Beispiel sieht man, daß es an und für sich selbst kein eindeutiges Resultat herbeiführt, denn Hume setzt es als einen Beweis für die Existenz einfacher Teile ein. Im *Treatise of Human Nature* vertritt Hume die Ansicht, das Ausgedehnte bestehe aus kleinsten unteilbaren Teilen.[102] Diese These begründet Hume in einem von einer ganzen Reihe von Argumenten mit einem indirekten Beweis: die Annahme einer endlichen Ausdehnung, die dennoch eine unendliche Zahl von Teilen enthalte, sei ungereimt. Hume führt folgendes Gedankenexperiment an, welches sich auf den Weg ins Labyrinth des Kontinuums begibt: wenn in der Vorstellung ein Teil angenommen und dessen Verdoppelung unendlich fortgesetzt wird, so muß die Ausdehnung ebenfalls unendlich groß werden. Also kann, so schließt Hume, eine endliche Ausdehnung nicht aus einer unendlichen Anzahl von Teilen bestehen, also muß sie aus kleinsten unteilbaren Teilen zusammengesetzt sein. Vorausgesetzt wird hierbei von Hume wohl, daß die Annahme einfacher Teile impliziert, daß ihre Anzahl endlich sei. Aus der Unmöglichkeit, eine endliche Größe als aus einer unend-

---

100 Monadologia Physica. AA I, 479.

101 Monadologia Physica. AA I, 479.

102 Vgl. Hume, D.: Ein Traktat über die menschliche Natur. S. 44 ff. Vgl. dazu Jacquette, D.: Kant's second Antinomy and Hume's Theory of extensionless Indivisibles. In: Kant-Studien 84 (1993), S. 38-50.

lichen Menge von Teilen bestehend zu denken, kann auf die endliche Menge der Teile geschlossen werden.

Es dürfte hiermit deutlich geworden sein, daß Kant in seiner arithmetisch-mengentheoretischen Umdeutung und dem Argument der immanenten Widersprüchlichkeit des aktual Unendlichen auf zahlreiche Vorbilder zurückgreifen konnte, daß es an sich selbst jedoch noch nicht aussagekräftig ist, sondern der philosophischen Begründung bedarf.

3.4. Unendlichkeit und Materieteilung in *De mundi sensibilis*

In seiner Dissertation von 1770 schätzt Kant die Lösungsmöglichkeit des Teilungsproblems vollkommen anders ein als in der *Kritik der reinen Vernunft*. Ausschlaggebend für den Unterschied ist, daß Kant 1770 noch annimmt, der Schluß von der Unvorstellbarkeit in der Anschauung auf die Unmöglichkeit der Sache selbst sei falsch. Kant hält demnach das aktual Unendliche hier für einen möglichen Begriff nicht nur in der Mathematik, sondern auch in der Metaphysik. Kant bringt das Teilungsproblem und das Problem der Weltgröße hier in unmittelbaren Zusammenhang.[103] Die zwei Grenzen der Welt sind das Einfache, welches sich durch Zergliederung (*analysis*) zu erkennen gibt, und das Ganze, das sich durch die Totalität der Verbindung ergibt. Die Ansicht, es bestehe ein objektiver Widerspruch (*repugnantia obiectiva*) zwischen dem Einfachen und der Totalität des Zusammengesetzten, ist Kant zufolge lediglich subjektiv bedingt und irrtümlich, sie beruhe auf einer Subreption. Diese Subreption führt Kant in vier unterscheidbaren Schritten vor. Zur Ansicht, daß die Welt als zusammengesetzte Substanz aus Einfachem besteht, gelangt der Verstand, indem er alle Verbindung als aufgehoben denkt. Die zugrundeliegende Vorstellung ist dabei die, daß das Einfache real, die Zusammensetzung aber ein abstrakter Begriff sei; demgemäß wird die Zusammensetzung auch begrifflich aufgehoben (*tollendo*). In einem zweiten Schritt versucht nun das sinnlich verfaßte Erkenntnisvermögen, diese Aufhebung als ein *problema rationis* konkret auszuführen. Da nun das sinnliche Erkenntnisvermögen den Bedingungen der Zeit unterliegt und die Analysis absolut sein soll, so ist die Ausführung unmöglich, da sie nicht in endlicher Zeit zu vollenden ist. Da nun aber bei stetigen Größen die Vollendung der Teilung unmöglich ist, so kann das Einfache nicht zur konkreten Vorstellung in der Sinnlichkeit gebracht werden. Kant setzt voraus, daß das zu Teilende eine stetige Größe sei, offenbar in Vorblick auf seine These, daß Raum und Zeit stetige Größen sind (§§ 14 f.). Der Raum ist in der Dissertation dabei bereits als subjektive, sinnliche Anschauungsform und folglich das, was in ihm vorgestellt wird, aufgrund dieser Formbestimmtheit als Erscheinung gefaßt (§ 13). Wie Leibniz hält er es für möglich, daß es einen Verstand gibt, der eine unendliche Menge intuitiv erfaßt. Nur für den menschlichen Verstand gilt, daß er Größen allein durch

103 De mundi sensibilis, § 1. AA II, 387 ff.

sukzessives Addieren von Maßeinheiten begreifen kann, wobei das Messen ein Prozeß in der Zeit ist. Meßbarkeit (*mensurabilitas*) aber ist nur für einen endlichen Verstand an die Zeit gebunden, so Kant in der Dissertation.[104] Er hält also aufgrund der Annahme der möglichen Existenz eines intuitiv erkennenden Wesens das reale, kommensurable und aktuale Unendliche selbst auch für möglich. Es ist sogar, wie er in § 28 ausführt, ein erschlichenes Axiom, das durch Subreption entsteht, daß jede aktuale Menge einer Zahl gleich sein müsse. Die Erschleichung bestehe darin, daß der endliche Verstand seine Erkenntnisbedingungen auf diejenigen eines intuitiven, unbegrenzten Verstandes überträgt und – da er die unendliche Reihe von Verbindungen oder Teilungen nicht ausführen kann, weil er an die Zeit gebunden ist – annimmt, sie sei an sich unmöglich und das Unendliche damit selbst unmöglich. Nach dieser Einschätzung Kants besteht kein notwendiger Zusammenhang zwischen dem erkennenden endlichen Verstand und dem Universum in intellektuellem Sinne. Die Bedingungen der Erfahrung des endlichen Verstandes sind in der Dissertation nicht Bedingungen der Möglichkeit der Gegenstände der Erfahrung und somit ist das aktual Unendliche in der Metaphysik an sich möglich. Es zeigt sich, daß die Art und Weise der Annahme eines intuitiven Verstandes für die Teilungsfrage nicht ohne Bedeutung ist. Erst die kritische Kategorienlehre führt dazu, daß Kant die Möglichkeit der aktualen Unendlichkeit des Realen nicht mehr einräumt.

3.5. Potentielle Unendlichkeit und transzendentale Wende. Aristoteles – Leibniz – Locke – Kant

Ein wesentliches Argument der Auflösung der zweiten Antinomie bezieht Kant aus der Bestimmung der Art des Unendlichen. Ein reales Unendliches kann – so Kants entscheidende These – nur als potentielles widerspruchsfrei gedacht werden. Das potentiell Unendliche wiederum läßt sich nicht auf das Reale selbst, sondern nur auf die Erkenntnishandlungen des Subjekts beziehen, d.h. es muß als ein operational Unendliches aufgefaßt werden. Aus der Potentialität des Unendlichen in der Teilungsreihe folgert Kant schließlich inhaltlich den Erscheinungscharakter der Materie und dieser ist so zu qualifizieren, daß der Erscheinungsbegriff ohne metaphysische Fundierung in zugrundeliegenden Substanzen auskommen muß. Genau dies unterscheidet Kants Begriff der potentiellen Unendlichkeit von anderen Positionen, die auch mit diesem Begriff die Sinnenwelt belegen – wie etwa Aristoteles und Leibniz. Während Aristoteles, wie zu zeigen ist, das potentiell Unendliche unter Zugrundelegung einer Substanzontologie zu erklären versucht, stellt Leibniz das potentiell Unendliche als Charakteristikum der Erscheinungswelt gegenüber der aktualen Unendlichkeit der substanziellen Welt heraus. Bei Leibniz ist dieser Erscheinungsbegriff an eine Fundierung im Substanziellen gebunden. Locke hält das aktual Unendliche dagegen nicht für eine

104 Vgl. insbesondere De mundi sensibilis. AA II, 388 Anm.; und § 28, AA II, 415 f.

positive Idee und zeichnet demgegenüber das potentiell Unendliche als Charakteristikum bestimmter Akte der Reflexion aus. Kant nimmt insbesondere diese Theorie auf. Es sollen in diesem Kapitel die Arten des Unendlichen, die Kant unterscheidet, zunächst dargestellt und seine Lehre der potentiellen Unendlichkeit gegen Aristoteles, Leibniz und Locke abgegrenzt werden.

Aus heutiger Perspektive wird Kant oft vorgehalten, daß sich mit dem Nachweis Cantors, daß in der Mathematik das Operieren mit dem aktual Unendlichen möglich ist, die Diagnose, der transzendentale Realismus müsse scheitern, da er auf dem widersprüchlichen Begriff einer aktual unendlichen Menge aufbaue, als falsch erweise.[105] Diese Einschätzung ist zum einen zu einseitig, da es auch Theorien des Unendlichen gibt, die dem potentiell Unendlichen einen Vorrang einräumen,[106] zum anderen berücksichtigt sie nicht, daß es Kant in den Antinomien nicht um die Möglichkeit einer mathematischen Beherrschung des Unendlichen ging, sondern um kosmologische Probleme.[107]

---

105 Cantor bezeichnet die aktual unendliche Menge mit dem Symbol $\aleph$. Insbesondere Cantor selbst (Über die verschiedenen Standpunkte in bezug auf das aktual Unendliche. S. 375; Mitteilungen zur Lehre vom Transfiniten. in: Ebd. S. 391 f.), aber auch W. Wundt haben diesen Vorwurf an Kant gerichtet (Kants kosmologische Antinomien und das Problem der Unendlichkeit. In: Philosophische Studien. Hrsg. v. W. Wundt. Leipzig 1885. Bd. 2, S. 495-538). Auch Bennett sieht Kants Lösung der Antinomien mit Hilfe des Unendlichkeitsbegriffs als verfehlt an. Die Mathematik des 19. Jahrhunderts habe gezeigt, daß der Begriff der unendlichen Menge nicht widersprüchlich ist (Kant's Dialectic. S. 125-142). Damit müsse die Problematik der Antinomien insgesamt neu bewertet werden. Einen nützlichen Überblick über die unterschiedlichen Typen von Theorien des Unendlichen bei Cantor, Hilbert, Russell und Weyl gibt Wolf, S.: Das potentiell Unendliche. Die aristotelische Konzeption und ihre modernen Derivate. Frankfurt/M / Bern 1983. S. 212-255.

106 Dies belegen die sehr an Kants Theorie erinnernden Thesen H. Weyls (Die Stufen des Unendlichen. Jena 1931, bes. S. 18 f.): „3) das Unendliche ist dem Geiste, der Anschauung zugänglich in Form des ins Unendliche offenen Feldes von Möglichkeiten, nach Art der immer weiter fortsetzbaren Zahlenreihe; aber 4) das vollendet, das aktual Unendliche als ein geschlossenes Reich absoluter Existenz kann ihm nicht gegeben sein. 5) Doch wird der Geist durch die Forderung der Totalität und den metaphysischen Glauben an Realität unabweisbar dazu gedrängt, das Unendliche als geschlossenes Sein durch eine symbolische Konstruktion zu repräsentieren."

107 Dies wendet auch Ernst Zermelo in einer Anmerkung zur Verteidigung Kants gegen Cantor ein (In: Cantor, G.: Über die verschiedenen Standpunkte in bezug auf das aktual Unendliche. S. 377). Auch Krausser weist darauf hin, daß Kant nicht das mathematisch aktual Unendliche ablehnt, sondern daß er zeigen will, daß der mathematische Begriff eines aktual überabzählbar Unendlichen „could not possibly be examplified or realised by a concrete physical process advancing by way of step after finite nonoverlapping step!" (The First Antinomy of Rational Cosmology and Kant's three kinds of Infinities. In: Philosophia Naturalis 19 (1982), S. 83-93, S. 89). Man kann vielleicht darüber hinaus sagen, daß Kants Aussagen bezüglich des Unendlichen nicht als Aussagen über mathematische Kalküle des Unendlichen verstanden werden dürfen, sondern, daß sie die Anwendungsbedingungen mathematischer Kalküle auf das in der Anschauung Gegebene zum Thema haben (vgl. auch Falkenburg, B.: Kants Kosmologie. S. 165).

Kant unterscheidet im wesentlichen zwei Arten des Unendlichen: ein mathematisches, d.h. quantitatives und ein qualitatives Unendliches.[108] Das mathematisch Unendliche ist „die Menge (von gegebener Einheit), die größer ist als alle Zahl" (B 458 Anm.). Einen fehlerhaften Begriff des mathematisch Unendlichen nennt Kant die folgende Bestimmung: „eine Größe, über die keine größere (d.i. über die darin enthaltene Menge einer gegebenen Einheit) möglich ist" (B 458).[109] Das mathematisch Unendliche ist für Kant notwendig eine nicht meßbare, d.h. inkommensurable Größe.[110] Das Unendliche ist kein bestimmtes Maß, weder ein Größtes, denn dieser Begriff bestimmt nur eine quantitative Relation, noch ist es ein Ganzes, da dies wie zuvor gezeigt im Widerspruch zum Unendlichen steht: „Das Infinitum ist eine Größe, von der kein bestimmtes Maaß angegeben werden kann."[111] Die Messung eines gegebenen Quantums gibt einen bestimmten Begriff der Größe, ausgedrückt durch eine Zahl. Ein *infinitum* ist nun eine solche Größe, die sich nicht in einer Zahl ausdrücken läßt. Das qualitativ Unendliche ist der „reine Verstandesbegriff" des *illimitatum*, d.h. der uneingeschränkten Realität.[112] Von dem Begriff der mathematischen Unendlichkeit unterschieden ist auch der transzendentale Begriff des Unendlichen: „die sukzessive Synthesis der Einheit in Durchmessung eines Quantum [kann] niemals vollendet sein" (B 460). Dieser Begriff des Unendlichen bezieht sich nicht auf eine Größe selbst, sondern auf die Operationen der Größenbestimmung durch das Erkenntnissubjekt. Das mathematisch Unendliche kann als *infinitum* oder als *indefinitum* betrachtet werden. Das *infinitum* ist ein Grenzenloses, das *indefinitum* ist eine Größe, deren „Grenze wir unbestimmt lassen".[113] Kant unterscheidet in den Auflösungen der ersten und zweiten Antinomie der *Kritik der reinen Vernunft* auch beim potentiell unendlichen Rückgang zwischen *indefinitum* und *infinitum*. Ein Regreß *in indefinitum* liegt bei der ersten kosmologischen Idee vor, weil die Regionen des Kosmos, zu denen die

---

108 Metaphysik-Pölitz. S. 63-66. Bereits in den frühen 1770er Jahren unterscheidet Kant das mathematische vom metaphysisch Unendlichen: „Das mathematisch unendliche ist ohne Ende nach Gesetzen der sinnlichen schätzung, das metaphysisch unendliche ist ohne Ende überhaupt, d.i. ohne Schranken." R 4197; AA XVII, 452. Zu Kants Lehre vom Unendlichen ist instruktiv Röd, W.: Das Problem des Unendlichen bei Kant. In: Deutsche Zeitschrift für Philosophie 38 (1990), S. 497-505. Als wesentliches Moment der kritischen Unendlichkeitslehre stellt Röd die Zeit heraus.

109 Jacob Bernoulli beispielsweise definiert in seinem *Tractatus de seriebus infinitis earumque summa finita, et usu in quadraturis spatiorum et rectificationibus curvarum* (Basel 1713) das Unendliche auch als aktual Unendliches, was ihm erlaubt, das Unendliche als ein quasi-Endliches in der Summenberechnung von Reihen zu verwenden (Die Abhandlung befand sich nach Warda in Kants Besitz (Immanuel Kants Bücher)). Nach Bernoulli kann in einer abnehmenden geometrischen Progression, die ins Unendliche fortgesetzt wird, das letzte Glied = 0 gesetzt werden. Auf diese Weise entwickelt Bernoulli eine Methode zur Summenberechnung unendlicher Progressionen.

110 Metaphysik-Pölitz. S. 63 f.

111 Metaphysik-Pölitz. S. 64.

112 Vgl. R 6266; AA XVIII, 537.

113 R 5334; AA XVIII, 153.

Erkenntnis noch nicht gelangt ist, zu denen sie aber fortschreitet, für den Erkennenden nicht im Jetzt gegeben sind. In der zweiten kosmologischen Idee liegt ein Regreß *in infinitum* vor, weil die Teile, zu denen fortgeschritten wird, in bereits Gegebenem enthalten sind (B 541). Nach der Auflösung der ersten Antinomie könnte man annehmen, daß ein *infinitum* eine Größe im Objekt an sich selbst bestimme (B 548 f.), ein *indefinitum* dagegen die potentielle Unendlichkeit bedeute, so daß das *infinitum* das aktual Unendliche und die Position des transzendentalen Realismus kennzeichnet, das *indefinitum* aber das potentiell Unendliche und die Position des transzendentalen Idealismus. Die Unterscheidung von *infinitum* und *indefinitum* gibt dagegen eher zwei verschiedene Modi von Unendlichkeit an, die demgegenüber neutral sind.[114]

Für die Antinomienauflösung ist insbesondere die Unterscheidung eines aktual von einem potentiell Unendlichen entscheidend. Unter dem aktual Unendlichen versteht man eine unendliche Menge, wie beispielsweise die Menge aller natürlichen Zahlen. Das aktual Unendliche kann abstrakt oder konkret sein: ein abstrakt aktual Unendliches ist die Klasse der natürlichen Zahlen, während das konkret aktual Unendliche der Inbegriff einer unendlichen Menge ist.[115] Als potentiell Unendliches versteht man unbegrenzte, unabschließbare Reihen, wie beispielsweise die Reihe der positiven natürlichen Zahlen, die durch Addition von 1 erzeugt wird oder Reihen von rationalen Zahlen, wie diejenige, die durch eine unabgeschlossene Division durch 2 zustandekommt: 1 – 1/2 – 1/4 – 1/8 etc. Es muß aber beim potentiell Unendlichen unterschieden werden zwischen einem potentiell Unendlichen im modalen Sinne der Möglichkeit, die Reihe ins Unendlichkeit fortzusetzen, oder der unendlichen Menge eines Möglichen oder einer möglichen unendlichen Menge und dem potentiell Unendlichen im Sinne eines unendlichen, unbegrenzten Vermögens. Kant bezieht das potentiell Unendliche nicht auf die Reihe selbst, sondern primär auf die Handlungen des Erkenntnissubjekts in Erzeugung dieser Reihen. Dies ist ein operationaler Begriff von potentieller Unendlichkeit, der Kant schließlich zur kritischen Restriktion der metaphysischen Teilungsproblematik führt, indem er zeigt, daß nur die Lehre von der sukzessiven Synthesis als einer Leistung der transzendentalen Subjektivität eine ad-

114 Bennett sieht in der Bestimmung des Teilungsregresses der Materie als *infinitum* einen Widerspruch zu Aussagen Kants in der ersten Antinomie, wonach eine Erscheinung nur ein *indefinitum* sein könne (Kant's Dialectic. S. 177 f.). Kant unterscheide die infinite Anzahl, welche für ihn selbstwidersprüchlich ist, von der infiniten Menge. Er nehme als Lösung der Teilungsantinomie Materie als infinite Menge von Teilen an, obwohl er in der Auflösung der ersten Antinomie diesen Begriff für unanwendbar auf Erscheinungen erklärt habe. Nach seiner Interpretation unterscheidet Kant zwischen a) der Unterteilung einer Erscheinung als Raumerfüllung und b) dem „Teile-Haben" eines Dinges, welches ein *quantum discretum* bildet. Die Unterteilung der Erscheinung umfasse auch physische oder reale Teilbarkeit, das *quantum discretum* umfasse Fälle von qualitativer Unterschiedlichkeit der Teile oder der aktualen Separiertheit der Teile.

115 Vgl. dazu Cantor, G.: Über die verschiedenen Standpunkte in bezug auf das aktual Unendliche. S. 372 ff.

äquate Interpretation des Unendlichkeitsbegriffes in Beziehung auf das Reale im Raum ermöglicht.

Kant hat die Termini aktual und potentiell Unendliches noch nicht terminologisch fixiert, obwohl sie gelegentlich bei ihm vorkommen,[116] sondern verwendet statt dessen die Begriffe *infinitum datum* und *infinitum dabile.* In der *Metaphysik-Pölitz* legt Kant diese Unterscheidung ausführlicher dar.[117] Er konstatiert, daß ein Unterschied gemacht werden muß zwischen einem Unendlichen, das ein *datum*, ein Gegebenes ist, und einem Unendlichen, das lediglich *dabile* ist, ein „angebliches", d.h. ein Unendliches, das gegeben werden kann.[118] Dieses *infinitum dabile* kann man wohl als potentielle, das *infinitum datum* als aktuale Unendlichkeit verstehen. Der Begriff des Unendlichen in der *Metaphysik-Pölitz* läßt sich also in folgendem Diagramm darstellen:

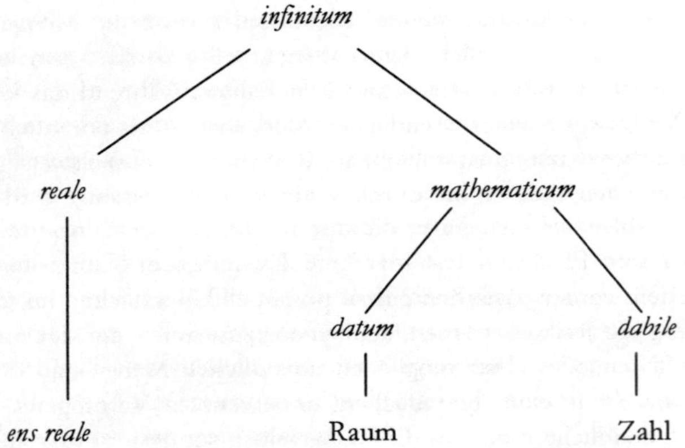

Ein gegebenes Unendliches ist die Totalität aller Größe; sie werde, so Kant, als Raum vorgestellt, könne aber niemals als ein Quantum gedacht werden. Als lediglich gebbares Unendliches dagegen werde die Zahl vorgestellt, zu jeder gegebenen Zahl kann

116 Beispielsweise R 4836; AA XVII, 741.

117 Vgl. zum Folgenden: Metaphysik-Pölitz. S. 63-66.

118 In seinen *Anfangsgründen der Analysis des Unendlichen* (Göttingen ²1770) bestimmt Abraham Gotthelf Kästner das Unendliche als eine Fluxionsgröße und kritisiert den Gebrauch des Begriffs einer unendlichen Größe: „4. Zus.: Eigentlich kann man nicht sagen: eine Groesse ist unendlich groß. Jede Groesse, die ist, laeßt sich angeben. Wenn man aber diesen Ausdruck braucht, so stellt man sich gleichsam eine Graenze vor, der sich die Groesse durch die bestaendige Vermehrung (1) immer naehert, und in einem Zustande, den man fuer ihren letzten ansieht, ob es gleich wiederum keinen solchen letzten giebt. [...] Wenn eine Groesse kleiner als jede Groesse, die sich angeben laeßt, werden kann, so nimmt sie unendlich ab, oder verschwindet (euanescit). Bildet man sich hier eine Graenze ihres Abnehmens ein, wie (4) so sagt man, sie werde unendlich klein." (S. 1) Kästners *Anfangsgründe der Mathematik*, von welchen dieser Band ein Teil ist, waren von Kant sehr geschätzt (vgl. De mundi sensibilis. AA II, 400; Versuch über den Begriff der negativen Größen. AA II, 170).

man eine weitere hinzuaddieren. Daher ist dieses Unendliche denkbar. Es wird als bloße Potentialität der Additionshandlung gedacht oder als die unbeschränkte Möglichkeit eines Fortganges, während das *infinitum datum* als eine gegebene unendliche Größe gedacht werden muß. Kritisch ist Kants Position in der *Metaphysik-Pölitz* bereits hinsichtlich der Unterscheidung von Erscheinung und Ding an sich. Für die mathematischen Antinomien ist es nun von Bedeutung, daß Kant folgendes Problem benennt: Fassen wir den Raum als realen Weltraum auf, dann müssen wir das Verhältnis vom Verstandesbegriff des Unendlichen (*infinitum reale*) und mathematischem Unendlichen bestimmen können, um einen positiven Begriff seiner unendlichen realen Größe haben zu können; dies sei aber unmöglich. Wären Raum und Zeit Eigenschaften der Dinge an sich, dann wäre dieses reale Unendliche unbegreiflich, weil es für uns unerkennbar ist. Da sie nun aber nicht Dinge an sich sind, so sei der Begriff einer unendlich gegebenen Welt nicht nur unbegreiflich, sondern sogar unmöglich.[119] Das mathematisch Unendliche kann jedoch nicht als Totalität gedacht werden, es kann nur als unbegrenzt fortlaufende „sukzessive Addition von Einem zu Einem" vorgestellt werden, ohne jemals absolut gegeben zu sein. Der Raum wird gleichwohl als *datum* gedacht, denn er ist das jeweils gegebene Totum. Anders als in der kritischen Lehre zieht Kant hier noch keine Verbindung zwischen Raum, Zahl und Zeit, die für die kritische Synthesislehre und damit für die Antinomienauflösung zentral ist.[120]

Mit seiner These, die Unmöglichkeit einer unendlich gegebenen Welt folge aus ihrer Unbegreiflichkeit, kehrt Kant sein Argument für einen Weltendualismus von 1770 um. Dort hatte er noch behauptet, daß von der Unbegreiflichkeit des Unendlichen nicht auf seine Unmöglichkeit geschlossen werden dürfe (AA II, 388). Die Schlußfolgerung in der *Metaphysik-Pölitz* von der Unbegreiflichkeit auf die Unmöglichkeit ist nun das, was Kants transzendentalen Ansatz hinsichtlich der mathematisch-kosmologischen Probleme wesentlich auszeichnet: Wenn das Unendliche eine Quan-

---

119 Metaphysik-Pölitz. S. 65 f. In der Anmerkung zu den mathematischen Antinomien in *Welche Fortschritte* schließt Kant ebenso, daß wenn man die Unendlichkeit der Welt so denke, daß sie größer sei als alle Zahl, so sei der Satz falsch, weil eine unendliche Zahl ein Widerspruch ist (AA XX, 290). Kant scheint sich hier selbst zu widersprechen, indem er den Ausdruck ‚größer als alle Zahl' gegen ‚unendliche Zahl' austauscht. Zugrunde liegt jedoch der Gedanke, die Unendlichkeit der Welt als reales *datum* zu denken; als ein reales *datum* muß die Unendlichkeit jedoch eine bestimmte Unendlichkeit sein, also einer Zahl gleich; der Begriff eines real gegebenen, aktual Unendlichen widerspricht sich nach Kant selbst.

120 Eine Reflexion, die auf 1769 datiert wird, gibt bereits Ansätze zu diesem Zusammenhang wieder R 4079: „Die Schwierigkeit, sich ein Quantum simultaneum als unendlich vorzustellen, beruhet auf der Natur des Menschlichen Verstandes, der ein totum seiner Moglichkeit nach nur synthetisch denken kan, d.i. successive addendo unum uni. Die synthesis aber, die ins unendliche gehen soll, ist niemals complet. Dagegen kan man ein infinitum successivum wohl dencken, eben darum, weil die synthesis keine terminos hat. Allein eben um deswillen ist es auch nach der Natur unseres Verstandes unmöglich, sich diese successive Reihe als gantz und vollendet in der idee eines Wesens zu gedenken." (AA XVII, 406).

tität ausdrücken soll, so kann eine solche Größe nur gegeben sein, wenn sie durch das Erkenntnissubjekt prinzipiell bestimmbar ist, da sie allererst durch es konstituiert wird. Eine Größe, die prinzipiell nicht quantifizierbar ist, impliziert dagegen einen transzendentalen Widerspruch und ist also in diesem Sinne unmöglich. Wenn man das reale Unendliche aber als potentiell auffaßt stellt, sich dieser Widerspruch nicht ein. In einer potentiell unendlichen Reihe ist einerseits jederzeit eine definite, endliche Anzahl von Elementen gegeben sowie andererseits der Progreß oder Regreß unabschließbar fortläuft und weitere Elemente bestimmt. Dabei ist der Gedanke notwendig, daß der Raum, in den der Progreß oder Regreß der unendlichen Reihe vorstößt, an sich gegeben sei. Doch dies ist nach Kant lediglich eine subjektive Voraussetzung.[121] Deshalb ist das Unendliche dabei niemals auf die gegebene Menge zu beziehen, auch nicht auf den Raum der Möglichkeiten, in den der Regreß oder Progreß ausgreift, denn damit würde bereits die an sich bestehende aktuale Unendlichkeit dieses Raumes als wirklich vorausgesetzt, sondern es ist primär die Eigenschaft der Operation, welche die Reihe generiert, d.h. sie bezeichnet die uneingeschränkte Anwendbarkeit einer Regel, beispielsweise der Addition oder Division. Dies hat Kant in der Auflösung der ersten Antinomie deutlich zum Ausdruck gebracht.[122] Die Regel, welche den Progreß oder Regreß bestimmt, sowie die Operation, die die Reihe generiert, können nun nach Kant bei den Problemen der Weltgröße oder der Materieteilung nur subjektive Bestimmungen des Erkenntnisvermögens sein. D.h. die potentielle Unendlichkeit kann nur auf Leistungen und Vermögen des Erkenntnissubjekts bezogen werden. Das potentiell Unendliche ist damit nicht primär eine modale Bestimmung, sondern bezeichnet das Vermögen, d.h. Potentialität. In einem sekundären Sinne bezieht sich das Potentielle auf die Possibilität des Unendlichen, auf den Raum unendlicher Möglichkeiten, in welche die Reihe der Erkenntnisoperationen vordringt. Die Regel des Vermögens ist dabei zwar uneingeschränkt, sie kommt aber nur sukzessive zur Anwendung, d.h. das Vermögen ist an Zeitbedingungen gebunden.

Daß Kant die Begriffe der aktualen und potentiellen Unendlichkeit geläufig waren, zeigen Reflexionen, die wohl aus den frühen 1770er Jahren stammen.[123] Als das Problem des Unendlichen sieht Kant schon hier, „die totalitaet mit der unmöglichkeit

---

121 Für diese Kantische These wird im Folgenden insbesondere § 26 der *Kritik der Urteilskraft* zu berücksichtigen sein, in welchem Kant die Inkommensurabilität des Unendlichen zu den Erkenntnisvermögen in Verhältnis setzt. Röd meint dem entgegen, daß Kants Position dabei von der *Kritik der reinen Vernunft* abweiche (Das Problem des Unendlichen bei Kant. S. 503 f.).

122 „Ich werde auch nicht sagen: der Regressus von einer gegebenen Wahrnehmung an zu allem dem, was diese im Raume sowohl als der vergangenen Zeit in einer Reihe begrenzt, geht ins Unendliche; denn dieses setzt die unendliche Weltgröße voraus [...]. Demnach werde ich nichts von dem ganzen Gegenstande der Erfahrung (der Sinnenwelt), sondern nur von der Regel, nach welcher Erfahrung ihrem Gegenstande angemessen angestellt und fortgesetzt werden soll, sagen können." (B 548).

123 R 4195; AA XVII, 452. Vgl. zu den Begriffen „aktuale" und „potentielle Unendlichkeit" auch R 4194; AA XVII, 452.

einer synthesis completae zu vereinbaren". Aus diesem Grund zeigt sich für Kant, daß dieses Problem nicht objektiv, sondern subjektiv ist. Daher sei ein potentiell Unendliches (*infinitum coordinationis potentialis*) sehr wohl begreiflich. Es bezieht die subjektive Bedingung der Konstruktion des Unendlichen ein. Ein aktual Unendliches abstrahiert dagegen von dieser Bedingung der konkreten Vorstellung.[124]

In der Herleitung der Antinomien in der *Kritik der reinen Vernunft* charakterisiert Kant die Entstehung der Antithesisposition wie folgt:

> „In dem ersteren Falle ist die Reihe a parte priori ohne Grenzen (ohne Anfang), d.i. unendlich, und gleichwohl ganz gegeben, der Regressus in ihr aber ist niemals vollendet, und kann nur potentialiter unendlich genannt werden." (B 445)

Mit dieser Darstellung trifft Kant die erkenntnistheoretische Position des transzendentalen Realismus, sofern er annimmt, die Größe des Gegenstandes sei absolut gegeben, die Größenbestimmung gleiche sich dieser Größe an, ohne sie aber jemals zu erreichen.

In einer Reflexion (ca. 1775-1779) formuliert Kant seinen transzendentalen Begriff des Unendlichen auch in bezug auf das Teilungsproblem:

> „Unendlichkeit ist die absolute unmoglichkeit einer Vollständigen Synthesis (nicht der Vollstandigkeit des obiekts) der composition oder decomposition eines Gegebenen Gegenstandes. Die Erscheinung ist unendlich, und die Theilung derselben geht ins unendliche. Diese Unendlichkeit trift so wohl die dynamische als Mathematische synthesis. Dagegen im intellectuellen ist die synthesis vollstandig, aber die Bedingung, diese Vollstandigkeit in concreto zu erkennen, ist sinnlich (ein erstes oder äußerstes). Die Vernunft also fordert unabhangigkeit vom Sinnlichen, aber die Bestimmung ihres Begrifs kan nur sinnlich seyn (antinomie)". (R 4780; AA XVII, 725)

Die transzendentale Wende in der Auflösung des Teilungsproblems besteht also darin, darauf hinzuweisen, daß die Frage, ob das Reale aus Einfachem besteht oder

---

124 Krausser hat versucht, die unterschiedlichen Typen von Unendlichkeit, die von Kant in der ersten Antinomie verwendet werden, den Positionen von Thesis, Antithesis und Kants Auflösung zuzuordnen (The First Antinomy of Rational Cosmology). Sein Ergebnis kann nicht unmittelbar auf die zweite Antinomie übertragen werden, denn Kant hält das Unendliche der ersten Antinomie für ein *indefinitum*, in der zweiten aber für ein *infinitum*. Krausser ist der Meinung, Kant unterscheide unterschwellig drei Typen von Unendlichkeit (S. 85). Er qualifiziere das aktual Unendliche zusätzlich als ein nichtabzählbar Unendliches (S. 86). Von diesem nichtabzählbar Unendlichen meint Krausser nun, es stehe in einer Affinitätsbeziehung zu Cantors Begriff des überabzählbar Unendlichen. Das *infinitum* und das *indefinitum* sind für Krausser zwei Typen potentieller Unendlichkeit. Nach Krausser besteht die Auflösung der ersten Antinomie darin, daß im Beweis der Thesis ein bestimmter Typus von Unendlichkeit als nicht anwendbar auf den Begriff des Weltganzen dem Raum und der Zeit nach erwiesen wird und letztlich ein Typus verbleibt, den Kant als den transzendentalphilosophisch angemessenen betrachtet. Die Thesis schließe den Begriff einer aktualen unabzählbaren Unendlichkeit vom Weltbegriff aus. Kant votiere dafür, die Welt dem Raume und der Zeit nach als eine potentielle, abzählbare, prinzipiell offene Unendlichkeit zu denken (S. 92).

nicht, zu keiner sinnvollen Antwort führt, wenn man nach den Eigenschaften des Realen an sich selbst fragt, vielmehr kann man nur zu einer Antwort gelangen, wenn man berücksichtigt, daß diese Eigenschaften Bedingungen des Erkenntnisvermögens unterstehen. Damit kann aber das Reale auch nur als Erscheinung betrachtet werden.

Kants Unterscheidung eines *infinitum* von einem *indefinitum* sowie die Unterscheidung eines aktualen und potentiellen Unendlichen selbst sind nicht originell und beanspruchen auch nicht, es zu sein. Die Debatte um die Realität des aktual Unendlichen ist eines der ältesten Themen der Philosophiegeschichte und ebenso die Ablehnung der Aktualität und Statuierung der Potentialität des Unendlichen. Bedeutend ist insbesondere Aristoteles' Unendlichkeitslehre. Bei Aristoteles stehen in seiner *Physik* die Überlegungen zum Unendlichen in der Teilung physikalischer Gegenstände im Zusammenhang der Zenonischen Bewegungsparadoxien, jedoch schränkt er die Thematik sehr bald auf zwei Problemfelder des Unendlichen ein, die er angeblich von Platon übernimmt, das Problem der Zusammensetzung und der Teilung. Für Aristoteles ergibt sich zunächst die Frage, ob es das Unendliche überhaupt gibt und wenn ja, was es ist (202 b 34 ff.).[125] Daß es das Unbegrenzte (*apeiron*) gibt, dafür sprechen nach Aristoteles mindestens fünf Argumente (203 b 15 ff.), insbesondere, daß es bei der Zahlenreihe kein Ende gibt. Wenn es aber das Unendliche gibt, so ergeben sich daraus Probleme: Wenn es wirklich sein soll, dann muß es entweder als Ding oder als Bestimmung an einem Ding existieren. Beides erweist sich als unhaltbar: das erste, weil dann das Unendliche ein Eines und in diesem Sinne unteilbar sein müßte, nun ist es aber eine Größe und diese ist teilbar – das Unendliche ist kein *tode ti* (206 a 30) –; das zweite, weil alle Bestimmungen an realen Dingen Begrenzungen auszeichnen (204 a 8 ff.). Da es nun aber wirklich sein muß, weil die Zahlenreihe unendlich ist, so bleibt nur anzunehmen, daß es das Unendliche in einer gewissen Hinsicht gibt, in einer anderen nicht. Dies ist nur denkbar, wenn das Unendliche „in der Weise der Möglichkeit vorkommt" (206 a 18). Aristoteles kommt auf diese Weise zu den beiden zentralen Bestimmungen des potentiell Unendlichen: Es ist *erstens* das, „wozu es immer ein Äußeres gibt" und *zweitens* „wovon man, wenn man es nach dem Gesichtspunkt des ‚wieviel' auffaßt, immer noch ein Weiters annehmen kann." (207 a 1 ff.). Für Aristoteles ist das Unendliche im Kosmos nur in den Teilen zu finden, nicht im Ganzen, denn das Unendliche kann kein Ganzes sein, da dies immer ein Begrenztes ist (207 a 26 f.).

In der Aristoteles-Forschung werden bezüglich des Unendlichen insbesondere zwei Aspekte des Begriffs „potentiell" diskutiert.[126] Für beide Interpretationsmög-

---

125 Aristoteles: Physik. Griechisch/deutsch. Hrsg. u. übers. v. G. Zekl. Hamburg 1987.

126 Vgl. Bostock, D.: Aristotle, Zeno and the Potential Infinite. In: Proceedings of the Aristotelian Society 73 (1972/1973), S. 37-51; Charlton, W.: Aristotle's Potential Infinities. In: Aristotle's Physics: A Collection of Essays. Hrsg. v. L. Judson. Oxford 1991, S. 129-149. Ein ähnliches Problem stellt sich für Kants Lösung der Teilungsproblematik letztlich auch. Zu Aristoteles' Unendlichkeitsbegriff äußert sich Kant nicht. Aber im Artikel *Zeno* des *Dictionnaire Historique et Critique* von Pierre Bayle wird Aristoteles' Position zum Unendlichen kriti-

lichkeiten finden sich Anhaltspunkte im *Corpus Aristotelicum*: Ist das potentiell Unendliche *erstens* ein Seiendes, das seiner Möglichkeit nach unendlich ist, beispielsweise unendlich teilbar,[127] oder ist es *zweitens* etwas, ein unendlich Teilbares oder Eingeteiltes, das kein Seiendes im eigentlichen Sinn ist, weil das Unendliche auch ein Unbestimmtes ist? Letzteres ist durch Aristoteles' Substanzontologie begründet, wonach nur das bestimmte Seiende ein Seiendes im eigentlichen Sinne ist. Das Unbestimmte hingegen besitzt als solches keinen Eigenständigkeitsstatus, es ist nicht Substanz. Es besteht nur, insofern es durch ein anderes bestimmt wird, wie beispielsweise bei Aristoteles die Materie an sich das gänzlich Unbestimmte ist, das insofern es unbestimmt ist, keine Ousia sein kann und nur existieren kann in einer sie bestimmenden Form. In gleicher Weise ist das Unendliche ein Unbestimmtes; es ist das Unbegrenzte, das also seinen Grenzen nach unbestimmt ist; insofern kommt ihm deshalb ein untergeordneter Seinsstatus zu, dies ist dann entweder der der Potentialität oder der Possibilität.[128] Das Problem des Unendlichen ist also das des Verhältnisses von Unendlichkeit zu Realität oder Existenz.[129]

Die erste Interpretationsmöglichkeit trägt einem Problem Rechnung, das sich aus der zweiten ergibt: was nämlich soll bedeuten, der Möglichkeit nach zu existieren? Ist

siert. Obwohl Kant sich wohl nirgends zu Bayles *Dictionnaire* direkt äußert, werden unterschiedliche Hinweise als Beleg gewertet, daß er es kannte. So wird Kants Darstellung Zenos in den Antinomien (B 530 f.) immer wieder auf Bayles *Dictionnaire* zurückgeführt (Tonelli, G.: Kant und die antiken Skeptiker. S. 100; Heimsoeth, H.: Atom, Seele, Monade. S. 363-367).

127 Insbesondere Stellen in der *Physik* legen diese Lesart nahe: Physik Γ5 (204 a 12 ff.) und Γ6 (206 a 9 ff.). Bayle glaubt, Aristoteles habe diese Bestimmung des potentiell Unendlichen nicht konsequent aufrechterhalten können.

128 Charlton weist darauf hin, daß der Begriff ‚potentielle Unendlichkeit' eigentlich eine verfehlte Übertragung des Aristotelischen Wortes ist, denn Aristoteles verwendet δυνάμει nur als Adjektiv zur Verbform von ὄν und bezieht es nicht auf ἄπειρον (Aristotle's Potential Infinities. S. 143). D.h. das Unendliche existiert in der Weise des bloß Möglichen. Aristoteles beschränkt sich in der *Physik* auch auf den Bereich der Sinnendinge, die also Synhola aus Stoff und Form sind, so daß er die potentielle Unendlichkeit nicht von demjenigen annehmen kann, was er als gänzlich Unbestimmtes denkt, nämlich die erste Materie. Aus metaphysischer Perspektive wäre es also möglich, erste Materie als ein possibel unendlich Teilbares zu denken. Dies scheint der entscheidende Unterschied zu sein, der die Kritik von Leibniz an Aristoteles auf den Plan ruft. Denn – so würde Leibniz Aristoteles entgegenhalten – etwas, das in sich selbst seiner Potenz nach unendlich ist, ist an sich selbst unendlich, die Unendlichkeit mag verwirklicht sein oder nicht. Dagegen ist etwas, das möglicherweise unendlich ist, bei dem also an sich selbst unentschieden ist, ob es endlich oder unendlich wird, nicht unendlich.

129 Hegel deutet Aristoteles' Lehre von der potentiellen Teilbarkeit der Materie hier so, daß sich die Potentialität auf die Teilung selbst beziehe: Materie ist ein Kontinuum, so daß ihre Teile lediglich mögliche Teile sind; die Vielheit der Teile sei nur Moment in der Kontinuität und nur als aufgehoben gesetzt (Wissenschaft der Logik. TWA 5, 227). Damit deutet Hegel die potentielle Unendlichkeit der Teile bei Aristoteles auch im Sinne der Possibilität von Teilen in einem wirklichen, absolut realen Kontinuum.

gemeint, daß das Unendliche nicht in der Gegenwart wirklich existiert, aber in Zukunft existieren kann? Nach Aristoteles wäre dies unmöglich, da es qua Unendlichkeit potentiell existiert; also bedeutet die Potentialität in diesem Falle nicht eine Möglichkeit des Wirklichwerdens, sondern die Unendlichkeit bedeutet eben die Unmöglichkeit der Vollendung und damit der Wirklichkeit des Unendlichen. Aber wie kann etwas, das niemals wirklich sein kann, auch nur möglich sein? Bei diesen Formulierungen wird dem Unendlichen Existenz als Unendliches zugeschrieben oder abgesprochen. Nach der zweiten Deutungsrichtung ist ein Quantum Materie nach Aristoteles insofern unendlich teilbar, als in jedem Teil, das als abgetrennt gedacht wird, weitere Teile weiter trennbar sind. Solches, das als *quantum continuum* existiert, kann nur in defizienter Weise existieren, da es zumindest seinen inneren Teilen nach niemals vollständig bestimmt ist. Nach der ersten Interpretation bedeutet die potentielle Unendlichkeit bei Aristoteles, daß jeweils einzelnen Teilen Existenz zukommt, wobei die Unendlichkeit der Teilung darin besteht, daß weitere Teile unterschieden werden können. Es existieren jeweils bestimmte Teile, an denen möglicherweise weitere Teile unterschieden werden können, deren Existenz eine mögliche Bestimmtheit in der Zukunft bedeutet.[130] Dies hieße also, daß Aristoteles von der Wirklichkeit des Ganzen ausgeht und nur den unbestimmten Teilen dieses Ganzen Potentialität oder Possibilität zuspricht.[131] In diesem Falle wäre das Ganze ein reales, bestimmtes und also endliches Ganzes, die möglichen Teile als Teile aber wären ideal, unbestimmt und unendlich.[132]

Doch in Aristoteles' Konzeption deutet sich hier ein Problem an: Indem Aristoteles Bestimmtheit und Unbestimmtheit als Kriterien für Wirklichkeit, also Existenz, und Möglichkeit, also nicht aktuale Existenz, ansieht, stellt sich die Frage, wie es denkbar ist, daß ein Ganzes als Ganzes von Teilen bestimmt ist und also existiert, seine Bestandteile aber nicht bestimmt sind, also nicht existieren. Naheliegend wäre die Lösung dieses Problems durch die Annahme, daß die Potentialität nur auf die Abgrenzung der Teile zu beziehen und von der Existenzfrage abzulösen ist, so daß es ein existierendes Ganzes gibt, dessen Einteilung lediglich potentiell ist, wobei die Existenz der Teile sich nicht der Einteilung verdankt, sondern der Teilhabe an dem Gan-

130 Vgl. hierzu Charlton, W.: Aristotle's Potential Infinities. S. 133 u. 141 f.

131 Dies ist die Lösung des Teilungsproblems materieller Dinge bei Aristoteles, die Charlton für die angemessene Interpretation hält (Aristotle's Potential Infinities. S. 141 f. u. 149).

132 Auch der von Kant geschätzte Lambert vertritt in der Teilungsfrage eine ähnliche Position, ohne aber wie Kant daraus auf den Erscheinungscharakter der Materie zu schließen (Anlage zur Architectonic, oder Theorie des Ersten und des Einfachen in der philosophischen und mathematischen Erkenntniß, §§ 531-548. Riga 1771 (Neudruck: Hildesheim 1965)). Lambert weist den Beweis für das Einfache zurück und lehrt die unendliche Teilbarkeit der Materie. Materie, von ihm „das Solide" genannt, ist wie Raum und Zeit ein Kontinuum (vgl. auch Lamberts Brief an Kant vom 3.2.1766 (AA X, 66)). Kant verweist gelegentlich kritisch auf diese Lehre (Metaphysische Anfangsgründe der Naturwissenschaft. AA IV, 497 ff.).

zen. Demnach wäre die Existenz eines Quantums Materie das primär Gegebene, die Teilung dagegen ist sekundär und possibel, also auch das Bestehen einer bestimmten Anzahl von Teilen, die jedoch als Teile des existierenden Ganzen selbst jeweils existieren, so daß die Teile als Teile potentiell bestehen, als Elemente des Ganzen aber existieren. In diese Richtung geht die Interpretation von Bostock. Nach Bostock muß die potentielle Unendlichkeit der Teilung als Prozeß aufgefaßt werden, in welchem die Teile als Teile erst zur aktualen Existenz der Materie gebracht werden.[133] Doch ein Problem, welches im Aristotelischen Ansatz ungelöst bleibt, ist, wodurch der Prozeß unterhalten wird, Aristoteles bezieht diese Prozessualität auf die Zeit. Doch bleibt dabei unklar, wie derart das Teilungsproblem gelöst werden könnte, insbesondere, in welchem Zusammenhang das Teilungsproblem überhaupt mit der Zeit steht. Prozeß impliziert Zeit. Doch weshalb ist die Frage, ob ein Quantum Materie aus einfachen Teilen besteht oder nicht, dadurch zu lösen, daß man davon ausgeht, der Prozeß der Einteilung dieses Körpers könne nicht vollendet werden? Nach Kant besteht die Lösung darin, das Geteilte nicht als schlechthin gegeben zu betrachten, sondern als Produkt der Verstandeshandlung eines erkennenden Subjekts, so daß das Eingeteilte in seinem Bestimmtsein von dieser Handlung abhängig ist, in welcher der Zeit eine konstitutive Rolle zukommt. In der *Metaphysik* gibt es bei Aristoteles den Ansatz zu einem solchen Gedanken: Bei einem lediglich ‚possibel Unendlichen' bestehen die Teile nur für die Erkenntnis (1048 b 15), d.h. die unendlich vielen Teile existieren nicht als für sich bestehende Dinge.[134] Sie sind in diesem Falle aber niemals wirkliche Teile im Sinne von echten Bestandteilen, sondern lediglich denkbare Teile, denen als Teilen keine eigene Existenz eignet. Der Teilungsregreß kann nach der *Metaphysik* niemals vollendet sein und das unendlich Viele also niemals wirklich sein. Dennoch bleibt hier der Zusammenhang zwischen dem Erkennenden, der Teilung als Prozeß und der Existenz der Teile ungeklärt. Dennoch würde Kant wohl an Aristoteles kritisieren, daß er über die Erkenntnisbegrenzung hinaus die Kontinuität der Materie unbegründet dogmatisch behauptet.

---

133 Vgl. Bostock, D.: Aristotle, Zeno and the Potential Infinite. S. 40. Bostock gelangt schließlich jedoch zu einem für Aristoteles negativen Ergebnis. Aristoteles habe mit seiner Lehre versucht, die Zenonischen Bewegungsparadoxien zu lösen, doch dies sei ihm nicht gelungen (S. 46). Ein Körper, der sich von einem Ort zu einem anderen bewegt, aktualisiert nicht die Punkte der Strecke, die er durchläuft. Zwar ist die Strecke unendlich einteilbar, dennoch bewegt sich der Körper über eine reale Strecke hinweg in einer endlichen Zeit, ohne daß dieser Prozeß unabschließbar wäre. Der Körper überwindet tatsächlich potentiell unendlich viele Streckenabschnitte. Das bedeutet, der Prozeß der Bewegung selbst aktualisiert nicht das potentiell Unendliche. Dies müßte Aristoteles aber annehmen, so Bostock.

134 Aristoteles führt diesen Gedanken nicht weiter aus. Wolf unterscheidet in Aristoteles' Lehre des Unendlichen in Anlehnung an H. Schmitz dieses Unendliche, das er als „prozessual" bezeichnet, vom potentiell Unendlichen (Das potentiell Unendliche. S. 26-32 u. 40 f.). Das potentiell Unendliche ist Wolf zufolge ein ontologisch begründeter Unendlichkeitsbegriff, der auf den Begriff des Möglichen zurückgeht. Das potentiell Unendliche sei „hylisch", insofern Aristoteles es der Materie analog bestimmt.

Auch die Unterscheidung des *infinitum* und *indefinitum* bei Kant ist traditionell vorgeprägt. Descartes unterscheidet das *infinitum* vom *indefinitum* und den formalen Grund des Unendlichen von einer unendlichen Sache.[135] Im eigentlichen Sinne unendlich ist das *infinitum* als absolut Grenzenloses das *illimitatum*, das nur Gott sein könne. Eine Grenzenlosigkeit in nur bestimmten Hinsichten nennt Descartes das *indefinitum*, worunter er die Ausdehnung des sinnlich vorstellbaren Raumes, die Menge der Zahlen, die Zerlegung der Quantität in Teile versteht. Zudem unterscheidet Descartes die Unendlichkeit selbst von der Unendlichkeit einer Sache. Unendlichkeit selbst ist ein positiver Begriff des Unbegrenzten. Die Unendlichkeit einer Sache ist zwar auch ein positiver Begriff, aber er kann nur auf negative Weise erkannt werden, d.h. wir erkennen keine Grenze und schließen insofern auf die Unendlichkeit; diese Erkenntnis des Unendlichen ist nicht adäquat.

Auch Leibniz geht von der potentiell unendlichen Teilbarkeit des geometrischen Raumes und der Körper im geometrischen Raum aus.[136] Aber anders als bei Aristoteles ist bei Leibniz das potentiell Unendliche dezidiert die inferiore Form der Unendlichkeit gegenüber dem aktual Unendlichen.[137] In seiner Metaphysik ist die Grundlage dieser Ansicht der monadologische Substanzbegriff. Da Substanzen absolut unteilbar sind, muß ein Unendliches solcher Substanzen aktuale Unendlichkeit sein. Leibniz lehrt folglich die aktuale Unendlichkeit der Teile eines Körpers, d.h. seine unendliche Eingeteiltheit.[138] Daß es unendlich viele Monaden geben muß, begründet Leibniz mit dem theologisch-metaphysischen *principium optimum*, wonach diejenige der möglichen Welten existieren muß, in der aus der geringst möglichen Anzahl von Prinzipien, die größte Anzahl von Folgen abgeleitet werden kann. Gleichwohl ist der geometrische Raum potentiell unendlich teilbar, wie auch die geometrischen Körper in ihm; da Raum und geometrische Körper nicht substantiell begründet sind, sind sie bloß ideal;

---

135 Descartes, R.: Meditationes de prima philosophia. In: Œuvre. AT VII, 148-150. Diese Darlegungen stehen im Zusammenhang der Diskussion des ontologischen Gottesbeweises.

136 Es ist sehr wahrscheinlich, daß Kant Leibniz' Lehre der aktual und potentiell unendlichen Teilbarkeit kannte, sicher aber ist es nicht (vgl. Vaihinger, H.: Commentar. Bd. II, 428 f.). Klar ist jedoch, daß Kant die Leibnizsche Raumlehre oft gegen falsche Parteigänger verteidigte, allerdings indem er sie als Präfiguration seiner eigenen interpretierte, ja die *Kritik der reinen Vernunft* als „Apologie für Leibniz selbst" bezeichnete (Über eine Entdeckung. AA VIII, 250).

137 Besonders prägnant wird dieser Aspekt der Monadologie in seinen Briefen an Des Bosses und an Foucher. Zu Leibniz Lehre vom Unendlichen vgl. Bosinelli, F. C. M.: Über Leibniz' Unendlichkeitstheorie. S. 152-156. Gueroult, M.: Raum, Zeit, Kontinuität und Principium Indiscernibilium. In: Leibniz' Logik und Metaphysik. Hrsg. v. A. Heinekamp und F. Schupp. Darmstadt 1988, S. 512-528.

138 Berühmt ist sein Bekenntnis zur aktualen Unendlichkeit in einem Brief an Foucher: „Je suis tellement pour l'infini actuel, qu'au lieu d'admettre que la nature l'abhorre, comme l'on dit vulgairement, je tiens qu'elle l'affecte partout, pour mieux marquer les perfections de son auteur. Ainsi je crois qu'il n'y a aucune partie de la matiere qui ne soit, je ne dis pas divisible, mais actuellement divisée, et par consequent, la moindre particelle doit estre considerée comme un monde plein d'une infinité de creatures differentes." (GP I, 416).

ihre potentiell unendliche Teilbarkeit zeichnet ihren Existenzstatus gerade als eingeschränkt, d.h. bloß „mental" oder ideal aus.[139] Auch der phänomenalen Körperwelt, wie sie endlichen Erkenntniswesen gegeben ist, kommt lediglich potentielle Unendlichkeit zu. Da endliche Erkenntniswesen die Monaden nicht als sie selbst erkennen, sondern sie nur abstrakt erfassen können, erkennen sie den Monadenkosmos konkret nur in verworrener Weise, dabei ist der Raum die Ordnung, in welcher jene verworren wahrgenommenen Substanzen angeschaut werden. Daher erscheint die Materie endlichen Erkenntnissubjekten als potentiell unendlich teilbar.[140] Nur Gott als uneingeschränkt perzeptionsfähige Monade ist in der Lage, das aktual Unendliche des Monadenkosmos adäquat zu erfassen. In den *Nouveaux Essais*, die Kant bekannt waren, setzt sich Leibniz kritisch mit dem Unendlichkeitsbegriff Lockes auseinander.

Locke entwickelt im Kapitel *On infinity* seines *Essay concerning human understanding* eine Theorie des Unendlichen, die der Kantischen Position recht nahe kommt:[141] Ähnlich wie Aristoteles hält er das potentiell Unendliche für den allein positiven Begriff des Unendlichen, jedoch geht er insofern über Aristoteles hinaus, als er das Unendliche nicht in einem nicht weiter bestimmten Prozeß befindlich betrachtet, son-

---

139 Leibniz, G. W.: Brief an de Volder vom 30.6.1704: „Quod primum attinet, eo ipso quod corpus mathematicum non potest resolvi in prima constitutiva, id utique non esse reale colligitur, sed mentale quiddam nec aliud designans quam possibilitatem partium, non aliquid actuale. Nempe linea mathematica se habet ut unitas arithmetica, et utrobique partes non sunt nisi possibiles et prorsus indefinitae; [...]. At in realibus, nempe corporibus, partes non sunt indefinitae (ut in spatio, re mentali), sed actu assignatae certo modo, prout natura divisiones et subdivisiones actu secundum motuum varietates instituit, et licet eae divisiones procedant in infinitum, non ideo tamen minus omnia resultant ex certis primis constitutivis seu unitatibus realibus, sed numero infinitis. Accurate autem loquendo materia non componitur ex unitatibus constitutivis, sed ex iis resultat, cum materia seu massa extensa non sit nisi phaenomenon fundatum in rebus, ut iris aut parhelion, realitasque omnis non sit nisi unitatum. Phaenomena igitur semper dividi possunt in phaenomena minora quae aliis subtilioribus animalibus apparere possent, nec unquam pervenietur ad minima phaenomena. Unitates vero substantiales non sunt partes, sed fundamenta phaenomenorum." (GP II, 268).

140 Auch Baumgarten geht von der phänomenalen Natur der Materie aus und bestimmt die Materieteilung als potentiell unendlich, für ihn ist sie der Teilbarkeit nach ein *indefinitum*, anders als für Kant. Nach Baumgarten ist die Materie an und für sich (*in et per se*) teilbar (Metaphysica, § 427. AA XVII, 115), so daß sich für ihn die Frage ergibt: Ist die Materie *in infinitum* oder *in indefinitum* teilbar? Wenn die Materie *in infinitum* teilbar genannt werde, und man verstehe dies absolut, so daß sie keine unteilbaren Teile enthalte, so sei dies falsch; verstehe man es aber relational (*respective*), so können in ihr für uns beobachtbare, phänomenale Teile nicht geteilt werden, sofern sie nicht dennoch abermals teilbar sind, und somit sei die Materie *in indefinitum* teilbar, was für Baumgarten „unendlichscheinend" bedeutet (§ 248); das *indefinitum* ist für Baumgarten das mathematisch Unendliche, ein Endliches, dessen Grenzen wir nicht bestimmen können oder wollen (*placet*), dies ist ein *infinitum imaginarium*. Doch auf die Frage, was diese potentielle Unendlichkeit besage, hat sich Baumgarten, wie alle Metaphysiker, nicht weiter eingelassen.

141 Locke, J.: An essay concerning human understanding. II, 17; S. 209-223.

dern in einer Regel des reflexiven Denkens verortet. Das Unendliche besteht ähnlich wie bei Kant letztlich in einer unbeschränkten Regel insbesondere der mathematischen Größenerzeugung, in der Regel der Addition und der Division beispielsweise, der Hinzufügung und der Teilung. Das Unendliche ist nach Locke eine „einfache Idee", sie ist ein Modus der Quantität, die der Geist bildet, indem er von endlichen Größen, Raum, Zeit oder Zahl ausgeht und bei der mathematischen Größenerzeugung durch Addition oder durch Division bemerkt, daß die Operationen selbst an keine Grenzen stoßen, sondern unbegrenzt ausgeführt werden können (§ 2): „the power of enlarging his *Idea* of Space by farther Additions, remaining still the same, he hence takes *the Idea of infinite Space*." (S. 211). Dabei kommt die Idee der Unendlichkeit des Raumes durch einen Analogieschluß zustande; weil der Geist in seiner Vorstellung des Raumes von Teil zu Teil fortschreiten kann, ohne eine Grenze zu finden, „and so must necessarily conclude it by the very Nature and *Idea* of each part of it, to be actually infinite." Doch diese Unendlichkeit ist keine aktuale Unendlichkeit, sondern „is nothing but a supposed endless Progression of the Mind, over what repeated *Ideas* of Space it pleases". Diese Idee ist die grundlegende Bestimmung des Unendlichen und ist zu unterscheiden von der Idee des unendlichen Raumes, d.h. seiner aktualen Unendlichkeit, in der Locke einen Widerspruch findet wie im Begriff der unendlichen Zahl: Die positive Vorstellung eines unendlichen Raumes setzt voraus, daß alle Räume in einer endlosen Reihe durchlaufen werden können, d.h. daß man im Durchlaufen aller Räume zu einem Ende gelangen kann, dies widerspricht aber dem Begriff des Unendlichen (§§ 7 f.). Daher kann man keine positive Vorstellung des Unendlichen entwickeln. In diesem Zusammenhang behauptet Locke auch die potentiell unendliche Teilbarkeit der Materie in Analogie zur Bildung von Divisionsreihen (§ 12). Entscheidender Punkt seiner Lehre vom potentiell Unendlichen für Kant ist, daß er das Unendliche letztlich im Erkenntnisvermögen erblickt:

> „[sc. Number] consisting of Additions of finite Unities one to another, suggests the *Idea* of Infinite, only by a Power, we find we have of still increasing the Sum, and adding, more of the same kind, without coming one jot nearer to the end of such Progression." (§ 13, S. 217)

Doch eine positive Idee des Unendlichen kann es nach Locke nicht geben. Locke betont abschließend, daß die Vorstellung des Unendlichen allein aus *sensation* und *reflection* entstanden sei.

Leibniz kritisiert in seinen *Nouveaux Essais* diesen Standpunkt, wobei er teils die Gedanken Lockes aufnimmt.[142] Auch Leibniz sieht in dem Begriff der unendlichen Zahl einen Widerspruch. Gleichwohl müsse das wahre Unendliche im Absoluten sein, das vor aller Zusammensetzung besteht, es könne kein Modus sein und nur als uneingeschränktes Attribut Gottes bestehen. Von Locke greift Leibniz nun den Gedanken auf, daß das Unendliche im Vermögen der mathematischen Reihenkonstruk-

142 Leibniz, G. W.: Nouveaux Essais. GP V, 143-146.

tion seinen Ursprung hat, doch kritisiert er an Locke zum einen die empiristische Genese der Vorstellung des Unendlichen, indem dieser von der Betrachtung des Endlichen ausging, vielmehr stamme der Begriff aus derselben Quelle wie die ewigen Wahrheiten. Daß wir in der Geometrie ein Unendliches konzipieren, hat Leibniz zufolge seinen Grund in der Identität der Konstruktionsregeln der Geometrie, die Einheit dieser Regeln erzeugt die Gleichförmigkeit aller Figuren im Raum. Da wir zur Konstruktion einer Linie beispielsweise einen bestimmten Fortgang ihrer Konstruktion zugrunde legen, sind alle Teile einer Linie, wie weit wir sie auch verlängern, absolut gleichförmig. Das wahre Unendliche findet sich nicht in den Figuren im Raum, auch nicht in den Regeln, sondern im Grund (*raison*) der Regeln des Fortganges. Der Ursprung des Grundes von Gleichförmigkeit ist die Unermeßlichkeit Gottes. Leibniz betont insbesondere im Briefwechsel mit Des Bosses, daß das aktual Unendliche keine Größe sei, sondern allein auf Vielheit gründe. Es sei zwar ein Aggregat, aber kein Ganzes, in Gott aber sei es eine Einheit.[143]

Für Kants Auflösung der zweiten Antinomie ergibt sich nun die Frage, inwiefern der Aufweis, daß der Rückgang vom Ganzen zu den konstituierenden Materieteilen potentiell unendlich sei, ein Nachweis für den transzendentalen Idealismus beinhalten muß, in Anbetracht der Tatsache, daß die Lehre als solche auch in philosophisch anderen Kontexten vertreten worden ist. Entscheidend für Kants Schlußfolgerung ist ein Gedanke, der sich hinter seinen stetigen Beteuerungen in der Antinomienauflösung verbirgt, wonach die Teile des Materieganzen nicht an sich gegeben seien, sondern allererst durch die Teilungshandlung, die er auch „dekomponierende Synthesis" nennt, gegeben und damit wirklich werden:

> „die Menge der Teile in einer gegebenen Erscheinung ist an sich weder endlich, noch unendlich, weil Erscheinung nichts an sich selbst Existierendes ist, und die Teile allererst durch den Regressus der dekomponierenden Synthesis und in demselben gegeben werden, welcher Regressus niemals schlechthin ganz, weder als endlich, noch als unendlich, gegeben ist." (B 533; vgl. auch B 528 f.)

Kants Auffassung besagt also, daß erst durch die gedankliche Teilungshandlung des Subjekts, die sich als eine komplexe subjektive Erkenntnisleistung herausstellen wird, die Teile des Realen im Raum gegeben und somit wirklich werden, unabhängig von solcher Erkenntnisleistung aber nicht an sich existieren, obwohl die Materie unabhängig von uns existiert. Die potentielle Unendlichkeit ergibt sich nun bei Kant im wesentlichen aus der Tatsache, daß die Erkenntnisleistung insbesondere auf sukzessiver Synthesis beruht und damit Zeitbedingungen unterliegt; das potentiell Unendliche ist also primär ein prozessuales, operationales Unendliches, woraus sich sekundär ableitet, daß es zu jedem Zeitpunkt der Teilung ein Ganzes von endlich vielen, abzählbaren wirklichen Teilen gibt und zugleich in jedem gegebenen Teil unbestimmt viele, und d.h. unendlich viele mögliche weitere Teile angenommen werden. Hintergrund

---

143 Leibniz, G. W.: Brief an Des Bosses vom 11.3.1706: GP II, 304 f.

dieses Gedankens ist wohl Kants Auffassung, daß man dem Leibnizschen Argument gegen Locke und implizit auch gegen Aristoteles[144] – wenn man vom potentiell Unendlichen ausgeht, man das aktual Unendliche dabei notwendig bereits voraussetzt – nur begegnen kann, wenn man den Lockeschen Gedanken, daß das Unendliche nicht auf den Erkenntnisgegenstand, sondern auf das Vermögen (*power*) der Reihenbildung bezogen werden muß, noch konsequenter fassen muß. Kants Argument, das er letztlich nicht klar ausführt, geht also vom Problem aus, das potentiell Unendliche so zu konzipieren, daß nicht implizit das aktual Unendliche doch vorausgesetzt werden muß. Zu diesem Zwecke knüpft er an Lockes Vermögensgedanken an und führt ihn konsequent aus, wobei er den empiristischen Grundansatz nicht mitvollzieht: Nur wenn man annimmt, daß die Teile des Realen im Raum erst durch Erkenntnisleistungen konstituiert werden, kann die potentielle Unendlichkeit ohne Voraussetzung der aktualen gedacht werden. Dabei wird die aktuale Unendlichkeit dann nicht vorausgesetzt, wenn angenommen wird, daß das Reale unabhängig von solcher Teilungshandlung zumindest bezüglich der Eigenschaft des Teilehabens, und d.h. letztlich bezüglich seiner Struktur, neutral und im strengen Sinne selbst unbestimmt ist. Die Materie ist so eine „schlechthin unbestimmte Menge von Teilen" (B 554). Nur wenn man dies annimmt, setzt man nicht voraus, daß der Erkenntnisregreß vom Ganzen zu den Teilen nicht die Seinsordnung einer an sich bestehenden Struktur der Materieeinteilung abschreitet, die unabhängig von diesem Prozesses bereits besteht. Daß bei der Vorstellung des unabschließbaren Prozesses im Rückgang vom Ganzen zu den Teilen vorausgesetzt werden muß, daß von Seiten des Gegenstandes kein Ende erreicht wird und also eine aktuale Unendlichkeit gedacht wird,[145] zeigt sich dabei als eine abstrakte, sekundäre, der ersten Bestimmung korrelativ angehängte Bestimmung. Also ist nicht das aktual Unendliche an sich ein selbstwidersprüchlicher Begriff, sondern wenn es als gegebenes Ganzes gedacht wird. Dies ist aber notwendig, wenn es auf kosmologische Gegenstände Anwendung finden soll.

Die „dekomponierende Synthesis" ist in Kants Sicht eine komplexe Erkenntnisleistung, die insbesondere an die subjektiven Bedingungen der Größenbestimmung von Erscheinungen gebunden ist.[146] D.h. nicht etwa weil die Erkenntnisfähigkeit des Menschen begrenzt ist, insofern sie an die Zeit seiner empirischen Existenz gebunden ist, ist es unmöglich, die Quantität der Materieteile zu bestimmen. Nicht also weil die Größe der Zahl von Teilen einer Menge die menschliche Erkenntnisfähigkeit überschreitet, ist die Anzahl der Teile eines Quantum Materie unbestimmbar, sondern

---

144 Charlton zeigt die Unterschiede zwischen Leibniz und Aristoteles auf und meint, daß die Leibnizsche Kritik an der Priorität des potentiell Unendlichen bei Aristoteles' Konzeption nicht stichhaltig sei (Aristotle's Potential Infinities. S. 131-135).

145 Vgl. R 5900: „*Quantum infinitum* an sich mag moglich seyn, aber nicht als *phaenomenon*, weil hier der *progressus in infinitum* als vollstandig gegeben gedacht wird. Also kein unendliches Gantze und keine Unendliche Menge Theile eines [gantze] gegebenen gantzen." (AA XVIII, 378).

146 Dies wird in Kap. III.4. näher erläutert.

weil die Größenbestimmung eines Realen im Raum den Bedingungen des Quantifizierens unterliegt, ist es unmöglich, daß die transzendentale Teilung des Realen zu einem Ende gelangt, weil eben jene Bedingungen eine Begrenzung nicht zulassen, sondern einen Fortgang zu möglichen weiteren Teilungen denkbar sein lassen, ihn sogar fordern.[147] Diese Bedingungen des Quantifizierens sind nach Kant, wie schließlich zu sehen sein wird, die der sukzessiven Synthesis. Das Prinzip der Sukzession – die Regel, daß jedes Element einer Reihe einen Nachfolger habe – schließt es aus, diskrete Teile als absolut real zu denken.

Diese Konzeption des potentiell Unendlichen der dekomponierenden Synthesis und der Unbestimmtheit der Materiestruktur wirkt sich nun insbesondere auf Kants Erscheinungsbegriff aus, indem er nämlich die phänomenale Materie anders als Leibniz nicht in zugrundeliegenden Substanzen fundiert, sondern ihren Erscheinungscharakter allein relativ zum Erkenntnissubjekt begründet. Das Reale im Raum ist nicht Erscheinung *von* etwas, sondern Erscheinung *in* etwas, nämlich in den subjektiven Anschauungsformen Raum und Zeit und dem zugrundeliegend wesentlich Erscheinung *für jemanden.* Aufgrund dieser Erkenntnisrelativität des Erscheinungsbegriffs kommt es im Zusammenhang der Antinomien bei Kant zu extrem idealistischen Formulierungen, die Erscheinungen als bloße Vorstellungen bestimmen, die außer unserem Erkenntnisvermögen nichts seien: „Denn euer Gegenstand ist bloß in eurem Gehirne und kann außer demselben gar nicht gegeben werden".[148] Von diesem Gedanken her muß man Kants Schlußfolgerung in der Antinomienauflösung auffassen, wonach die „unendliche Teilung nur die Erscheinung als *quantum continuum*" bezeichnet (B 555). Unabhängig vom Kontext könnte der Eindruck entstehen, als schließe Kant aus der dogmatisch-ontologischen Annahme der Kontinuität der Materie auf ihre potentiell unendliche Teilbarkeit. Doch die Argumentation läuft wie gezeigt anders herum.

3.6. Potentielle Unendlichkeit, Substanz und kritischer Erscheinungsbegriff

Aufgabe dieses Kapitels ist einerseits, Kants Erscheinungsbegriff näher zu charakterisieren, um zeigen zu können, inwiefern die potentielle Unendlichkeit des Teilungsregresses ein Beleg für den spezifisch kritischen Erscheinungsbegriff, bezogen auf Materie und also die Antinomie ein Beweis für die Gültigkeit des transzendentalen Idealismus sein kann. Andererseits soll erörtert werden, was die Auflösung der zweiten

---

147 Vgl. R 5893: „Der Fortgang in der construction einer Große ist entweder endlich oder unendlich. Beydes betrift nicht die Große des Dinges, sondern der Messung, und gilt nur von Erscheinungen. Das Unendliche ist niemals gegeben, sondern nur die Bedingung der Moglichkeit des progressus in infinitum oder indefinitum. (s infinitudo ist nicht die idee der omnitudo, auch nicht des maximi, auch nicht der totalitet.) Die Unendlichkeit der moglichen oder wirklichen Hinzuthuung." (AA XVIII, 377).

148 B 512. Vgl. auch B 535.

Antinomie für die nähere Charakterisierung des kritischen Erscheinungsbegriffes leistet.[149]

Der Begriff ‚Erscheinung' ist wesentlich relational.[150] Bei Kant finden sich zwei Bestimmungen der Relationalität des Erscheinungsbegriffs. *Erstens* bezeichnet der Begriff der Erscheinung bei Kant ganz allgemein die Gegenstände, die uns durch unsere Sinne gegeben werden. Die Vorstellung, in welcher ein solcher Gegenstand gegeben wird, ist die empirische Anschauung. Nach Kant ist unsere Anschauung durch Formen *a priori* ausgezeichnet, Raum und Zeit, so daß alle Gegenstände, die uns sinnlich gegeben werden durch subjektive Bedingungen ihrer Form nach bestimmt sind. Aufgrund dieser subjektiven Anschauungsformen sind empirische Gegenstände somit Erscheinung. Dieser Erscheinungsbegriff ist relational zum Subjekt bestimmt. *Zweitens* betont Kant, daß der Begriff der Erscheinung nur sinnvoll gedacht werden kann in der Relation zum Begriff des ‚Dinges an sich' als sein Gegenbegriff und Korrelat (B XXV f.). Dieser Erscheinungsbegriff ist relational auf ein Objekt bezogen. Dabei ist das Verhältnis zwischen Erscheinung und Ding an sich keine reale Relation, sondern eine bloß gedachte, vorausgesetzte. Worauf beruht es also, daß etwas Erscheinung ist, oder: was macht den Erscheinungscharakter eines Gegenstandes aus? Es stellt sich folglich die Frage, ob für den Erscheinungscharakter von Gegenständen eine der beiden Relationen primär ist.

In der *Transzendentalen Ästhetik* scheint Kant den Erscheinungscharakter des sinnlich Gegebenen unmittelbar aus der Erörterung von Raum und Zeit zu folgern. Aus den Raumargumenten zieht er den Schluß, daß alles, was im Raum vorgestellt wird, d.h. in räumlichen Verhältnissen gedacht wird, aufgrund der Subjektivität dieser Anschauungsform Erscheinung sei. Insofern dasjenige, was im Raum gegeben wird, in einer dem Anschauungsvermögen eigenen Form vorgestellt wird, ist es selbst Erscheinung. Als ein Argument hierfür führt Kant folgendes Gedankenexperiment an: Wenn man sich Raum und Zeit als aufgehoben denkt, so stellt man fest, daß notwendig zugleich die Gegenstände in ihnen aufgehoben sind; den Raum und die Zeit selbst aber könne man sich unabhängig von den Gegenständen vorstellen. Dies ist die Aussage des zweiten Raum- und Zeitargumentes (B 38 u. B 46). Daraus folgert Kant zum einen die Apriorität des Raumes und der Zeit und zum anderen den Erscheinungscharakter dessen, was in Raum und Zeit vorgestellt wird. Demnach scheint Kant den

149 Auch Patt meint, daß insbesondere die mathematischen Antinomien den Kantischen Erscheinungsbegriff begründen (Transzendentaler Idealismus. S. 22 ff.). Für ihn ist die wesentliche Bestimmung der Erscheinung bei Kant: „das, was dem bloßen Verstand unbegreiflich ist und folglich von ihm für unmöglich gehalten wird, dennoch aber in der sinnlichen Anschauung gegeben ist." (S. 24).

150 Ausführlicher dargelegt sind die unterschiedlichen Fundierungsmöglichkeiten des Erscheinungsbegriffs in meinem Aufsatz *Der Begriff der Erscheinung bei Leibniz und Kant.* S. 160-162). Zu Kants Erscheinungsbegriff vgl. S. 168-186. Heintel analysiert den Erscheinungsbegriff in ähnlicher Weise, bewertet ihn aber grundlegend anders (Der Begriff der Erscheinung bei Leibniz. S. 400 f.).

Erscheinungscharakter der Dinge in Raum und Zeit zunächst allein auf die subjektiven Formen der Sinnlichkeit zurückzuführen, in welcher sie gegeben werden.[151] Der Erscheinungscharakter der Gegenstände im Raum ist demzufolge eine Formbestimmung, und da die Form der äußeren Anschauung der Raum ist, ist es der Raum, der die Gegenstände im Raum dazu bestimmt, Erscheinungen zu sein. Das Argument für den Erscheinungscharakter der Gegenstände im Raum ist damit inklusiv: Da der Raum subjektive Form unserer sinnlichen Anschauung ist, ist alles dasjenige, was in ihm gegeben wird, durch subjektive Anschauungsformen bestimmt und somit Erscheinung. Kant hält diese Argumentation für ausreichend, um in der *Allgemeinen Anmerkung zur transzendentalen Ästhetik* den „empirischen Unterschied" von Erscheinung und Ding an sich auszuschließen, wonach den Bestimmungen der Gegenstände in unserer sinnlichen Anschauung, die durch unsere subjektiven Formen der Anschauung bestimmt sind, Gegenstände zugrunde liegen, die von diesen subjektiven Bedingungen unabhängig bestimmt sind und existieren (B 62). Kant meint nun, dieser empirische Unterschied müsse transzendental begriffen werden, sonst löse sich der Unterschied zwischen Erscheinung und Ding an sich wieder auf. Vielmehr müsse dasjenige, worauf wir die Erscheinungen zurückführen, selbst wiederum Erscheinung sein, so daß in den Erscheinungen nichts auf Dinge an sich bezug nehme; bei „tiefster Erforschung" der Gegenstände der Sinnenwelt haben wir es mit „nichts als Erscheinungen zu tun" (B 63). Doch damit ist nur gesagt, daß dasjenige, was im Raum angeschaut wird, Erscheinung sei, nicht gesagt ist jedoch, ob die Gegenstände, die in den sinnlichen Anschauungsformen gegeben werden, darin aufgehen, Erscheinungen zu sein, oder darüber hinaus bestimmt sind. Die Begründung dieser Auffassung kann erst die Kategorienlehre liefern, insbesondere die kritische Substanzlehre.

Die Teilungseigenschaften eines Realen im Raum können nicht allein mittels des Inklusionsverhältnisses zum Raum erschlossen werden. So kann zwar aus der unendlichen, idealen Einteilbarkeit des Raumes auf die ideal unendliche Teilbarkeit aller geometrischen Körper geschlossen werden, insofern sie Konstruktionen in der reinen Anschauung sind, dies gilt aber nicht für das Reale im Raum selbst. Darauf weist Kant ausdrücklich im Beweis der unendlichen Teilbarkeit der Materie in den *Metaphysischen Anfangsgründen der Naturwissenschaft* und auch in einer Nebenbemerkung in den Antinomien hin.[152] Das Reale im Raum könnte nämlich gleichwohl über unteilbare

---

151 „[...] so bald wir unsre subjektive Beschaffenheit wegnehmen, das vorgestellte Objekt mit den Eigenschaften, die ihm die sinnliche Anschauung beilegte, überall nirgend anzutreffen ist, noch angetroffen werden kann, indem eben diese subjektive Beschaffenheit die Form desselben als Erscheinung bestimmt." (B 62). Vgl zum Erscheinungsbegriff bei Kant auch Baum, M.: Erkennen und Machen in der *Kritik der reinen Vernunft*. In: Probleme der *Kritik der reinen Vernunft*. Hrsg. v. B. Tuschling. Berlin / New York 1984, S. 161-177.

152 Metaphysische Anfangsgründe der Naturwissenschaft. AA IV, 504; B 683. Kants Argument für die Konformität von Raumteilung und Materieteilung geht von anderen Prämissen aus als in der *Kritik der reinen Vernunft*; es geht in den *Metaphysischen Anfangsgründen der Naturwissenschaft* um die reale Teilung der Materie, in welcher ‚Abtrennbarkeit' die selbstän-

Teile verfügen, d.h. es könnte an sich selbst durchaus andere Bestimmungen haben, als es als Erscheinung hat.[153] Dies ist nun aber nach Kants kritischer Philosophie gleichwohl nicht möglich, da eine notwendige Konformität zwischen Raum und Materie besteht. Grundlage dieser Lehre in der *Transzendentalen Analytik* ist insbesondere die Kategorienlehre, aus der folgt, daß die Geometrie nicht nur in der reinen, sondern auch in der empirischen Anschauung notwendig gültig ist, weil die Synthesis des Anschauungsmannigfaltigen bei beiden auf denselben Synthesisregeln beruht (B 271 f.).

In der Auflösung der zweiten Antinomie will Kant von der Objektseite her argumentieren und zeigen, daß die Teilungseigenschaften der Materie notwendig von der Synthesishandlung des Verstandes abhängen.[154] Dies soll wohl der Nachweis der potentiellen Unendlichkeit leisten. Entscheidender Punkt hierbei ist Kants Lehre von der Unbestimmtheit der Erscheinung: „Der unbestimmte Gegenstand einer empirischen Anschauung, heißt Erscheinung." (B 34). In der formalen Auflösung der zweiten Antinomie hatte sich gezeigt, daß das Theorem des transzendentalen Realismus von der erkenntnisunabhängigen Bestimmtheit der Materie der tieferliegende formale Grund für die Antinomie war. Dies Theorem wird bei Kant aufgehoben und demgegenüber die Unbestimmtheit der Materie an sich angenommen. In der Herausstellung der potentiellen Unendlichkeit des Regresses in der inhaltlichen Auflösung der zweiten Antinomie erweist sich diese Annahme als bestätigt.[155] Das von der Erkenntnis und der Erfahrung unabhängige Ding ist für den transzendentalen Realisten Indivi-

---

dige Beweglichkeit der Teile bedeutet und also den empirischen Begriff der Bewegung voraussetzt.

153 Es sei hier nur daran erinnert, daß Kants gewundene Argumentation des ersten Antithesisbeweises den Grund hatte, einen Nachweis der numerischen Äquivalenz von Raum- und Materieteilen zu führen, der eben nur scheinbare Überzeugungskraft hatte.

154 In einem Brief an Beck vom 20. Januar 1792 kehrt Kant die Beweislage für den transzendentalen Idealismus geradezu um; nicht der *Transzendentalen Ästhetik* schreibt es Kant zu, gezeigt zu haben, daß die Gegenstände möglicher Erfahrung Erscheinungen sind und niemals Dinge an sich sein können, sondern den Antinomien: „[...] in der Dialektik der reinen Vernunft (der Aufstellung ihrer Antinomien) wollte ich zeigen, daß jene Gegenstände möglicher Erfahrung als Gegenstände der Sinne die Objecte nicht als Dinge an sich selbst, sondern nur als Erscheinungen zu erkennen geben und nun allererst die Deduction der Kategorien in Beziehung auf die sinnliche Formen von Raum und Zeit als Bedingungen der Verknüpfung derselben zu einer möglichen Erfahrung vorstellig machen, den Kategorien selbst aber als Begriffen Objecte überhaupt zu denken (die Anschauung mag von einer Form sein welche sie wolle) dann den auch über die Sinnengrenzen erweiterten Umfang, der aber kein Erkenntnis verschafft, ausmachen." (AA XI, 314).

155 Vgl. R 5639: „Weil der Begrif von Erscheinungen nicht vor der Synthesis, sondern nur durch sie gegeben ist, so ist die Synthesis an sich in Ansehung der Erscheinungen unbestimt, folglich [unendlich obgle] geht sie ins unendliche, obgleich darum die Erscheinung nicht als unendlich gegeben ist. Sie ist also iederzeit endlich, und alle gegebene Welt ist endlich vom puncte *a priori* an zu rechnen. Dagegen ist sie potentialiter [der Erscheinung] dem Scheine nach unendlich, wenn man namlich die Synthesis als durchs obiect gegeben betrachtet." (AA XVIII, 278).

duum, weil es Träger aller jener Eigenschaften ist, die es als solches bestimmen. Es ist insofern ein Objekt, als es die Totalität aller seiner Bestimmungen ist. Das Prinzip der durchgängigen Bestimmung ist ein wesentliches Moment des transzendentalen Realismus. Es präsupponiert, daß es einem Gegenstand an sich selbst entweder zukommen muß, aus einfachen Teilen zu bestehen oder nicht aus einfachen Teilen zu bestehen; daß einfache Teile existieren oder nicht existieren, und daß die Gegenstände, auf welche sich Erkenntnisurteile beziehen, entweder in der einen oder der anderen Weise konstituiert sind. Ein solches vollständig bestimmtes Objekt im Raum kann aber, sofern es eine Unendlichkeit von Teilen in sich faßt, nur als ein aktual Unendliches aufgefaßt werden. Dies ist nun aber, wie zuvor gesehen, nicht möglich, also muß es als potentiell Unendliches gedacht werden. Als ein potentiell Unendliches kann nun aber etwas gedacht werden, das diesem Grundsatz nicht untersteht, das also nicht bereits seinen Teilen nach in seiner ganzen Bestimmtheit gegeben *ist*, sondern allererst durch Bestimmung gegeben *wird*. Solches ist aber vorstellbar nur bei Erscheinungen, d.h. bei etwas, das ein selbst unbestimmter Gegenstand ist und erst durch Erkenntnisleistungen bestimmt wird.[156] Dies ist der Kerngedanke, auf den die Auflösung der Antinomie letztlich hinausläuft: allein durch die Lehre der sukzessiven, für Objekte bestimmungskonstitutiven Synthesis läßt sich klären, wie Materie als potentiell unendlich teilbar gedacht werden kann, ohne die aktuale Unendlichkeit ihrer Teile zuvor voraussetzen zu müssen.[157] Deshalb kann Materie Erscheinung sein, ohne in etwas an sich Bestimmtem, Dingen an sich, zu gründen. Der empirische Gegenstand Materie begegnet uns also nicht in seiner Struktur von Teil und Ganzem unabhängig von unseren Erkenntnisleistungen, vielmehr bestimmt erst das Erkenntnis-

---

[156] Mittelstaedt zeigt Parallelen zwischen dem Kantischen Objektbegriff und dem der Quantenphysik auf (Der Objektbegriff bei Kant und in der gegenwärtigen Physik. In: Warum Kant heute? Systematische Bedeutung und Rezeption seiner Philosophie in der Gegenwart. Hrsg. v. D. H. Heidemann und K. Engelhard. Berlin / New York 2004, S. 207-230). Er zeigt, daß sowohl die klassische wie auch die moderne Physik ähnliche Bedingungen für die Objektivität von Gegenständen annimmt, wie sie bereits Kant formuliert hat. Die Annahme der vollständigen Bestimmtheit der Objekte spielt dabei eine wichtige Rolle. Dabei kommt er zu dem Ergebnis, daß der Kantische Objektbegriff mit einigen wenigen Abstrichen auch in der Quantenphysik unentbehrlich ist; dies zeigt sich nun insbesondere in der notwendigen Annahme von Invarianzen bei Transformationsprozessen, wie in der Lorenztransformation u.ä. Einen wichtigen Unterschied sieht er darin, daß Kant von der durchgängigen Bestimmtheit der Objekte ausgehe, worin ihm die Quantenmechanik nicht folgen könne. Nach der hier vorgelegten Interpretation ist der Satz der vollständigen Bestimmtheit für Kant jedoch ein metaphysiches Prinzip mit lediglich regulativer Geltung; unter dieser Voraussetzung ergeben sich vielleicht weitere interessante Aspektefür einen solchen Vergleich.

[157] So auch Kants vorkritische Meinung in *Von der wahren Schätzung der lebendigen Kräfte*: „Weil ein jedwedes selbständige Wesen die vollständige Quelle aller seiner Bestimmungen in sich enthält, so ist nicht nothwendig zu seinem Dasein, daß es mit andern Dingen in Verbindung stehe. Daher können Substanzen existiren und dennoch gar keine äußerliche Relation gegen andere haben, oder in einer wirklichen Verbindung mit ihnen stehen." (AA I, 21 f.).

vermögen bestimmte Phänomene der Materie als konstitutive Teile. Unabhängig aber von solchen Erkenntnisleistungen, der „dekomponierenden Synthesis“, kann die Relation von Teil und Ganzem, von Einfachem und Zusammengesetztem gar nicht auf die Materie bezogen werden. Die dekomponierende Synthesis weist *erstens* eine iterative Struktur auf, da sie ideengeleitet ist; *zweitens* ist sie an die Bedingungen der Zeit gebunden und da diese unabschließbar in die Zukunft fortläuft, die noch nicht aktual gegeben ist, so ist auch die Teilung selbst eine sukzessive unabschließbare Operation, die vor sich ein unendlich offenes Feld des nicht Aktualen sondern nur Möglichen hat.[158]

Eine wesentliche Voraussetzung dafür, daß Erscheinungen das Unbestimmtheitstheorem erfüllen können, ist der kritische Substanzbegriff.[159] Ein Argument dafür, den metaphysischen Substanzbegriff aufzugeben, ist die zweite Antinomie: Wenn ein Materieganzes als zusammengesetzte Substanz nicht als aktual, sondern nur als potentiell Unendliches widerspruchsfrei gedacht werden kann und dies bezogen werden muß auf den epistemischen Teilungsregreß, dann kann die Materie nicht in an sich existierenden Substanzen gründen.[160] Der Erscheinungsbegriff kann also nicht primär objektrelativ bestimmt sein, sondern muß primär erkenntnisrelativ fundiert sein. Indem Kant die Substanz als Kategorie der Relation begreift, kann Materie als Substanz in der Erscheinung begriffen werden, ohne dabei zugrundeliegende, transzendente Entitäten postulieren zu müssen.[161] Der kritische Substanzbegriff faßt die Substanz

---

158 Erhellend ist Wolfs Interpretation der Auflösung und sein Vergleich mit Aristoteles' Unendlichkeitslehre (Das potentiell Unendliche. S. 182-191). Wolf ist der Auffassung, Kant konzipiere keinen echten Begriff potentieller Unendlichkeit, sondern nur einen prozessualen. Darin sieht er einen Mangel, denn der Begriff potentieller Unendlichkeit könne nur ontologisch begründet werden, so wie es Aristoteles durchführt. Kant habe die „ontologische Struktur des Kontinuums“ nicht erfaßt (S 190 f.). Denn es müsse dem, was unendlich teilbar sei, auf der Objektseite die Unendlichkeit des Dinges selbst entsprechen. Kant habe dies aber geleugnet und daher den Begriff der Unbestimmtheit eingeführt, den er aber nicht ausreichend klar gemacht habe. Daß Kant den Begriff der Unbestimmtheit auf den Erscheinungscharakter der Materie zurückführt, wird von Wolf nicht beachtet.

159 Schmauke plädiert daher dafür, die zweite Antinomie nicht wie üblich als „Teilungsantinomie“ zu bezeichnen, sondern als „Substanzantinomie“ (Wohlthätigste Verirrung. S. 70). In der zweiten Antinomie gehe es um die „Kompatibilität oder Inkompatibilität des Substanzbegriffes mit den Kriterien des kritischen Erkenntniskonzepts.“ (S. 68) Es darf darunter aber nicht verstanden werden, daß der Substanzbegriff selbst antinomisch ist. Zu Recht verfolgt Schmauke die Idee, die Antinomienlehre als positives Lehrstück der kritischen Philosophie zu interpretieren (S. 8), geht aber insofern zu undifferenziert vor, als er behauptet, bereits die Thesis argumentiere mit dem kritischen Substanzbegriff (S. 65). In diesem Falle dürfte nämlich keine Antinomie auftreten.

160 Vgl. auch eine Reflexion zur Physik: R 42; AA XIV, 186 f.

161 Interessant in diesem Zusammenhang ist Heintels Kritik am Kantischen Erscheinungsbegriff, die er vor dem Hintergrund der Leibnizschen substanzmetaphysischen Erscheinungslehre aufbaut (Der Begriff der Erscheinung bei Leibniz. S. 417). Seiner Meinung nach läßt sich ein Erscheinungsbegriff nicht ohne eine metaphysische Seinslehre begreifbar machen; doch unterstellt er Kant Auffassungen, die dieser gar nicht vertritt.

primär als das Beharrliche in der Erscheinung. Da sie relational gefaßt ist, werden Erscheinungen als Substanz bezeichnet, die relativ zu anderen Erscheinungen in der Zeit beharren. In der Substanz stellen wir uns vor die „die Identität des Substratum, als woran aller Wechsel allein durchgängige Einheit hat. Diese Beharrlichkeit ist indes doch weiter nichts, als die Art, uns das Dasein der Dinge (in der Erscheinung) vorzustellen.“ (B 229). Die Substanz in der Erscheinung ist nichts anderes als ein ideales Substrat relationaler Eigenschaften, welches als in der Zeit beharrend gedacht wird. Als empirisches Kriterium der Substanz läßt sich aber die Beharrlichkeit nicht handhaben (B 251), wie Kant später meint, daher müsse man von einer Kraft, welche definiert ist als „Kausalität der Substanz“ (B 676), auf die Substanz schließen.[162] Diese Lehre, daß wir die Substanz in der Erscheinung nur vermittels Kräften erkennen, gewinnt Kant aus den ersten beiden Analogien der Erfahrung und formuliert sie als das „empirische Kriterium einer Substanz“ (B 249). In der *Amphibolie der Reflexionsbegriffe* bezieht er diese Substanzlehre insbesondere auf die Materie:

> „Dagegen sind die innern Bestimmungen einer *substantia phaenomenon* im Raume nichts als Verhältnisse und sie selbst ganz und gar ein Inbegriff von lauter Relationen. Die Substanz im Raume kennen wir nur durch Kräfte, die in demselben wirksam sind, entweder andere dahin zu treiben (Anziehung), oder vom Eindringen in ihn abzuhalten (Zurückstoßung und Undurchdringlichkeit); andere Eigenschaften kennen wir nicht, die den Begriff von der Substanz, die im Raum erscheint, und die wir Materie nennen, ausmachen.“ (B 321)

Primär führt Kant als Argument für die absolute Relationalität der Substanz und hier speziell der Materie die Relation des materiellen Körpers zum Erkenntnissubjekt als wahrnehmendes Bewußtsein an. Die Substanz in der Erscheinung erschließen wir durch die Kraft, die sie auf uns ausübt.[163] Kraft ist nach Kant ein Prädikabil der Kausalitätskategorie und als solches eine reine Verstandesbestimmung (B 108). Dabei kommen der Materie grundsätzlich zwei Kräfte zu: Attraktiv- und Repulsivkraft.

Ein Objekt der empirischen Anschauung ist also nicht nur deshalb Erscheinung, weil es seiner Form nach im Raum vorgestellt wird, sondern auch weil sich seine inhärenten Eigenschaften, v.a. seine Teilungseigenschaften nur sinnvoll konzipieren lassen, wenn man sie als durch subjektive Erkenntnisleistungen konstituiert betrachtet. Die potentielle Unendlichkeit im Teilungsregreß setzt zunächst keine aktuale Unendlichkeit voraus, weil die Teile der Materie überhaupt erst durch Erkenntnisleistungen als solche bestimmt werden. Voraussetzung dieser Konzeption ist ein neuer, relationaler Substanzbegriff. Die Teile der Materie können wir nur als relative Substanzen bestimmen gemäß physikalischer Kräfte, die uns in der empirischen Anschauung ge-

---

[162] Kants Analyse des Körperbegriffs in § 1 gewinnt von hier her seine weitere Bedeutung: „So, wenn ich von der Vorstellung eines Körpers das, was der Verstand davon denkt, als Substanz, Kraft, Teilbarkeit etc., imgleichen was davon zur Empfindung gehört, als Undurchdringlichkeit, Härte, Farbe etc., absondere, so bleibt mir aus dieser empirischen Anschauung noch etwas übrig, nämlich Ausdehnung und Gestalt (B 34 f.).

[163] Vgl. B 249.

geben werden. Zugleich konzipieren wir das Ganze solcher Teile als im Raum anwesend und folglich als ausgedehnt. Daher sind uns jeweils wirkliche Teile von bestimmbarer Menge gegeben, wobei wir sie gleichwohl als unbegrenzt weiter teilbar denken, ohne daß die Teile aktual wirklich sind, vielmehr sind diese, rein begrifflich gedacht, unendlich viele mögliche Teile.[164] Bereits in der *Metaphysik-Pölitz* hat Kant die Relativität der Substantialität und ihre Bedeutung für das Teilungsproblem dargelegt:

> „Ein Ganzes der Materie hat keine *partes constitutivas absolute primas*. Die ersten einfachen Theile nennt man Elemente; die Materie hat also keine Elemente. Wir nennen zwar in der Materie in Ansehung der Theilung etwas vergleichungsweise ein Element; es ist dieses aber selbst noch eine wirkliche Materie; [...] Materie ist auch keine Substanz, sondern nur ein Phänomenon der Substanz. Das Bleibende in der Erscheinung, was dem Mannichfaltigen im Körper zum Grunde liegt nennen wir Substanz. Weil wir nun in den Körpern Substanzen finden, die wir nur *per analogiam* Substanzen nennen; so können wir nicht schließen, daß die Materie aus einfachen Theilen bestehe, weil sie nicht als Substanz, sondern nur als Phänomenon betrachtet wird. Ich erkenne keine andere Substanz und habe auch keinen andern Begriff von der Substanz, als durch die Anschauung. Also können in der Materie keine metaphysischen Elemente angenommen werden, sondern physische, die vergleichungsweise Elemente heißen, weil sie nicht mehr können getheilt werden."[165]

Kant scheint hier jedoch noch einen metaphysischen Gebrauch des Substanzbegriffs zuzulassen, in der *Kritik der reinen Vernunft* ist die Materie selbst eine Substanz in der Erscheinung und die Substanz nichts anderes als ein „Inbegriff von lauter Relationen" (s.o.). Auch in seiner Streitschrift gegen Eberhard betont Kant, daß die Teilungsantinomie den kritischen Erscheinungsbegriff zum Ergebnis hat.[166] Auf diese Weise ist es verständlich zu machen, wie Kant zu der zunächst kontraintuitiven, konstruktivistisch anmutenden These gelangen kann, daß die Teile des Materieganzen erst durch „dekomponierende Synthesis" wirklich werden (B 541 f.; B 552; B 554). Ab-

---

164 Vgl. R 5902: „Ein Ding an sich selbst hangt nicht von unseren Vorstellungen ab, kan also viel Großer seyn, als unsere Vorstellungen reichen. Aber Erscheinungen sind selbst nur vorstellungen, und die Große derselben, d.i. die Idee ihrer Erzeugung durch den *progressus*, kan nicht großer seyn als dieser *progressus*; und da dieser niemals als unendlich gegeben ist, sondern nur ins unendliche moglich ist, so ist die Große der Welt als Erscheinung auch nicht unendlich, sondern der *progressus* in ihr geht ins Unendliche." (AA XVIII, 379). Vgl. auch R 5903; ebd.

165 Metaphysik-Pölitz. S. 104 f. Vgl. auch R 42: „Von der Unendlichen Theilbarkeit der Materie, die einen Raum ganz erfüllt. Materie wird nicht als substantz im metaphysischen Verstande (*g* als das subiect im strikten Verstande) angesehen; denn es ist nichts als eine beharrliche Erscheinung; folglich, da die Erscheinung nicht aus absolut Einfachem besteht, so besteht auch die Materie nicht daraus. Der Raum bestimmt die moglichkeit der Erscheinung, und dieser besteht nicht aus einfachen Theilen." (AA XIV, 186).

166 „Nach der Kritik ist also alles in einer Erscheinung selbst wiederum Erscheinung, so weit der Verstand sie immer in ihre Theile auflösen und die Wirklichkeit der Theile, zu deren klarer Wahrnehmung die Sinne nicht mehr zulangen, beweisen mag" (AA VIII, 210).

strahiert man von diesen Erkenntnisleistungen, so ist der Gegenstand in der Sinnlichkeit seinen Teilen nach selbst unbestimmt und ist folglich Erscheinung ohne ontologisch substantielle Grundlage.[167]

Bündiger als in der *Kritik der reinen Vernunft* erklärt Kant die Lösung der Teilungsantinomie durch die Potentialität des Teilungsregresses in den *Metaphysischen Anfangsgründen der Naturwissenschaft*.[168] In der *Anmerkung 2* zum vierten Lehrsatz der Dynamik, dem Beweis der unendlichen Teilbarkeit der Materie, geht er auf die kosmologische Problematik erneut ein. Kant unterscheidet drei Gegenstandshinsichten, das Ding, die Vorstellung des Dinges und das Objekt. Die Vorstellung des Dinges ist die Bezeichnung für den Anschauungsgegenstand, das Objekt ist der kategorial bestimmte Gegenstand in der Anschauung und das Ding ist das Ding an sich, welches als dem Objekt zugrundeliegend gedacht wird. Die Teilung geschieht nur in der Vorstellung des Dinges als Objekt, nicht im Ding selbst betont Kant. Die Teile sind in der Vorstellung bestimmt, so daß sie nur in Verhältnis zu dieser Erscheinung existieren können. D.h. ein Ding ist nur durch Teile konstituiert, wenn es Erscheinung ist, da die Teile eben nur in der Vorstellung gegeben sind. Wirklich sind die Teile, zu denen der Teilungsregreß gelangt, wenn sie im Zusammenhang der Erfahrung stehen. Als Erscheinung ist das Objekt der Einteilung ein Eingeteiltes, dessen Teile wirkliche Teile sind. Diese Teile gehören aber zur „Existenz einer Erscheinung". Klarer als in der *Kritik der reinen Vernunft* bringt Kant den Auflösungsgedanken auf den Punkt: Wenn aber die Teile erst durch Erkenntnisleistungen wirklich werden, dann sind auch nur so viele Teile aktual gegeben, wie durch jene gegeben werden. Insofern können nur solche Teile wirklich sein, die durch die dekomponierende Synthesis konstituiert werden.[169] Darüber hinaus kann es in der Materie so viele weitere Teile geben, wie der Erkenntnisfortschritt reichen kann. Da dieser nun seinem Vermögen nach unbegrenzt ist und also unendlich fortgesetzt werden kann, ist die Materie potentiell unendlich teilbar.

Klar wird dies auch in der für das Teilungsproblem nicht unwichtigen Streitschrift gegen Eberhard *Über eine Entdeckung*, der Kant zufolge die Auffassung vertritt, daß man im Rückgang vom Ganzen zu den einfachen Teilen der Materie gleichsam vom Sinnlichen zum Übersinnlichen aufsteige.[170] Verwischt habe Eberhard diese offen-

---

167 Wie im einzelnen nach Kant diese Teilung oder „dekomponierende Synthesis" verstanden werden muß, soll in Kapitel III.4. untersucht werden.

168 Vgl. zum Folgenden: Metaphysische Anfangsgründe der Naturwissenschaft. AA IV, 505 ff.

169 „Denn was nur dadurch wirklich ist, daß es in der Vorstellung gegeben ist, davon ist auch nicht mehr gegeben, als so viel in der Vorstellung angetroffen wird, d.i. so weit der Progressus der Vorstellungen reicht. Also von Erscheinungen, deren Theilung ins Unendliche geht, kann man nur sagen, daß der Theile der Erscheinung so viel sind, als wir deren nur geben, d.i. so weit wir nur immer theilen mögen. Denn die Theile, als zur Existenz einer Erscheinung gehörig, existiren nur in Gedanken, nämlich in der Theilung selbst. Nun geht zwar die Theilung ins Unendliche, aber sie ist doch niemals als unendlich gegeben:" (AA IV, 506 f.).

170 Über eine Entdeckung AA VIII, 208 ff.; 212.

sichtlich absurde Theorie, die einen kontinuierlichen Übergang vom Sinnlichen zum Übersinnlichen voraussetzt, dadurch, daß er das Einfache als Grund der Erscheinungen bezeichnet und so den kontinuierlichen Übergang wie einen qualitativen Sprung erscheinen läßt. Dagegen stellt Kant klar – ganz wie der zweite Antithesisbeweis –, daß das Einfache unmöglich in der Erfahrung gegeben werden könne, zieht aber anders als die Antithesis den Schluß, daß die zusammengesetzten Substanzen in der Welt nichts als Erscheinungen seien, und auch alle ihre Teile nur Erscheinungen sein könnten.[171]

3.7. Die Teilbarkeit des Organischen

In der Auflösung der zweiten Antinomie macht Kant einen Unterschied zwischen der „transzendentalen Teilung" der Materie und der Zerlegung organisierter Ganzer oder „gegliederter Körper" in ihre Bestandteile (B 554 f.). Die Begriffe ‚gegliedertes (organisiertes) Ganzes' und ‚organisierter Körper' erläutert Kant hier nur durch folgende zwei Bestimmungen: „Menge der auf gewisse Weise in dem gegebenen Ganzen schon abgesonderten Teile, dadurch diese ein quantum discretum ausmachen" (B 554) und ‚ein Ganzes, das „durch diesen Begriff schon als eingeteilt vorgestellt" wird' (ebd.). Nach der *Kritik der Urteilskraft* ist der Organismus etwas, das in sich selbst hervorbringende Kraft besitzt im Unterschied zur bloß mechanischen, bewegenden Kraft, die dem Körper äußerlich ist.[172] Es stellt sich also nach diesen allgemeineren Bestimmungen die Frage, ob Kant in der zweiten Antinomie im engeren Sinne belebte Körper meint, oder ob ein erweiterter Begriff des Organisierten anzunehmen ist, der auch strukturierte, aber unbelebte Materie beinhaltet. So nennt Kant in der *Ersten Einleitung* der *Kritik der Urteilskraft* Kristalle als Beispiel für die technische Zweckmäßigkeit der

---

171 Ebd.: „Nun aber zeigt die Kritik (um nur ein einziges Beispiel unter vielen anzuführen), daß es in der Körperwelt, als dem Inbegriffe aller Gegenstände äußerer Sinne, zwar allerwärts zusammengesetzte Dinge gebe, das Einfache aber in ihr gar nicht angetroffen werde. Zugleich aber beweiset sie, daß die Vernunft, wenn sie sich ein Zusammengesetztes aus Substanzen, als Ding an sich (ohne es auf die besondere Beschaffenheit unserer Sinne zu beziehen), denkt, es schlechterdings als aus einfachen Substanzen bestehend denken müsse. [...] da alsdann kein Ausweg übrig bleibt, als zu gestehen: daß die Körper gar nicht Dinge an sich selbst und ihre Sinnenvorstellung, die wir mit dem Namen der körperlichen Dinge belegen, nichts als die Erscheinung von irgend etwas sei, was als Ding an sich selbst allein das Einfache enthalten kann, für uns aber gänzlich unerkennbar bleibt, [...] Nach der Kritik ist also alles in einer Erscheinung selbst wiederum Erscheinung, so weit der Verstand sie immer in ihre Theile auflösen und die Wirklichkeit der Theile, zu deren klarer Wahrnehmung die Sinne nicht mehr zulangen, beweisen mag; nach Herrn Eberhard aber hören sie alsdann sofort auf Erscheinungen zu sein und sind die Sache selbst."

172 Kritik der Urteilskraft, § 65. AA V, 374 f. Kant unterscheidet dabei mehrere organische hervorbringende Kräfte. Zur Theorie des Organischen bei Kant vgl. auch Düsing, K.: Die Teleologie in Kants Weltbegriff. S. 86-99.

Natur (AA XX, 217). Nach Kants hier verwendeter Minimalbestimmung von ‚gegliedertem Körper' ist ein Ganzes gemeint, dessen Teile, die Kant daher auch „Kunstteile" nennt (B 554), durch ein Ganzes hervorgebracht worden sind.[173] Bei einem mechanischen Ganzen sind die Teile für das Ganze konstitutiv; im Organismus bilden sich die Teile gemäß dem Ganzen.

Das Problem der Teilung solcher organisierter Körper beinhaltet, ohne daß Kant hierauf zu sprechen käme, eine ganze Reihe von sachlichen Fragestellungen, wie die nach der Grenze zwischen Organischem und Anorganischen, d.h. an welcher Stelle in der Teilung eines Organismus in seine Bestandteile man zu Teilen gelangt, die selbst nicht mehr organisch sind; oder wie es denkbar ist, daß aus anorganischer organische Materie entstanden ist. Kant stellt in der Antinomienauflösung bezüglich organisierter Körper zwei Thesen auf. Anders als bei Materie überhaupt könne die Teilbarkeit eines Organismus, so meint Kant in einer ersten These, nicht als unendlich gedacht werden (B 553 f.); der Begriff eines unendlich gegliederten organischen Körpers, der eine „unendliche Einwickelung" bedeutet, widerspreche sich (B 554).[174] Damit unterscheidet sich das Auflösungsergebnis für Materie überhaupt, das in der potentiellen Unendlichkeit des Teilungsregresses besteht, von der Beantwortung des Teilungsproblems bei organisierten Körpern. Diese Aussage scheint im Widerspruch zur *Kritik der Urteilskraft* zu stehen. Dort meint Kant, bei organischer Materie müsse alles in diesem Körper als organisiert betrachtet werden, d.h. jeder Teil eines Organismus müsse selbst als organisch betrachtet werden.[175] Damit kann kein Teil eines organisierten Körpers als unorganisch betrachtet werden, d.h. alle Teile müssen selbst als organisch angesehen werden. Problemreich ist auch Kants zweite These: Die Frage, wie weit die Eingeteiltheit organischer Körper gehe, sei empirisch, die transzendentale Teilung der Materie überhaupt sei dagegen nicht empirisch (B 555). Daraus ergibt sich scheinbar

---

173 Erst 1790 in der *Kritik der teleologischen Urteilskraft* hat Kant das Organische näher in den Blick genommen. Vorüberlegungen dazu finden sich in dem Aufsatz *Über den Gebrauch teleologischer Prinzipien in der Philosophie* von 1788.

174 In den Ausgaben der *Kritik der reinen Vernunft*, die Raymund Schmidt folgen, findet sich an dieser Stelle eine nichtvermerkte Konjektur: Schmidt ersetzt „Einwickelung" durch „Entwicklung". Dadurch wird der Bezugspunkt der Kantischen Ausführungen verdeckt.

175 Kritik der Urteilskraft, § 66. AA V, 377: „Es mag immer sein, daß z.B. in einem thierischen Körper manche Theile als Concretionen nach bloß mechanischen Gesetzen begriffen werden könnten (als Häute, Knochen, Haare). Doch muß die Ursache, welche die dazu schickliche Materie herbeischafft, diese so modificirt, formt und an ihren gehörigen Stellen absetzt, immer teleologisch beurtheilt werden, so daß alles in ihm als organisirt betrachtet werden muß, und alles auch in gewisser Beziehung auf das Ding selbst wiederum Organ ist." Auch in einer Vorarbeit zu *Über den Gebrauch teleologischer Prinzipien* findet sich dieser Gedanke (AA XXIII, 76). Heimsoeth bemerkt zwischen diesen Aussagen keinen Widerspruch, vielmehr meint er, Kant vertrete in der Auflösung der zweiten Antinomie dieselbe Auffassung wie in der *Kritik der Urteilskraft* und gehe auch hier von der unendlichen Gliederung der Organismen aus, und zwar als potentieller Unendlichkeit gemäß der regulativen Idee der Teilbarkeit (Transzendentale Dialektik. Bd. 2, S. 328 f.).

ein Problem für Kants Anspruch, daß das Teilungsproblem eine klare, apriorische Antwort hat. Es wird sich zeigen, daß dem Aspekt der Lebendigkeit eines Organismus für Kants Argument gegen die unendliche Organisiertheit keine spezielle Bedeutung zukommt.

Man kann den Hinweis auf das Organische in der Auflösung der zweiten Antinomie zunächst auf Kants Erläuterung der Bedeutung der Unterscheidung des *infinitum* vom *indefinitum* durch die „Reihe von Voreltern" eines Menschen beziehen (B 540 f.; B 550). Kant kontrastiert den infiniten Regreß, für den ihm die Teilung der Materie ein Beispiel ist, mit dem indefiniten, wofür ihm die Reihe der Voreltern eines lebenden Menschen als Beispiel dient (B 540 f.). Beim lebenden Menschen werden die Voreltern als Bedingungen des lebenden Menschen nicht als in ihm enthalten gedacht, deshalb könne der Regreß der Voreltemreihe als *indefinit* gedacht werden. Die Teile der Materie jedoch seien in ihr enthalten, deshalb müsse der Regreß als *infinit* gedacht werden. Daß Kant in der Auflösung der ersten Antinomie auch auf die Reihe der Voreltern eingeht, könnte als Parallelstelle zum Hinweis auf organische Körper in der zweiten Antinomie aufgefaßt werden. Doch wird dadurch überhaupt nicht klar, weshalb Kant in der zweiten Antinomie die Unendlichkeit der Reihe gerade beim Organischen für unmöglich hält.

Der Terminus „Einwickelung" gibt einen klaren Hinweis auf eine bestimmte Theorie, die Kant in der zweiten Antinomie widerlegen will; doch sind seine Auslassungen allgemein genug, daß diese wohl nur als exemplarisch für alle analogen Theorien verstanden werden sollte. Angesprochen ist eine bestimmte Variante des sogenannten Prästabilismus, eine Theorie, welche von der inneren Vorherbestimmtheit der Entwicklung der organischen Natur ausgeht.[176] In dieser Theorie unterscheidet Kant zwei Varianten: Die eine Variante, das System der Epigenesis oder der „generischen Präformation", sieht eine formale, überindividuelle Präformation in der Natur am Werk, so daß die Wesen der Natur jeweils Produkte einer ihnen innewohnenden bildenden Kraft sind, die sich durch Fortpflanzung über das Leben der einzelnen Individuen hinaus erhält. Die andere Variante, diejenige, die Kant in der Auflösung der zweiten Antinomie anspricht, ist die „Involutionstheorie", die Kant auch „Evolutionstheorie" nennt, obwohl er den ersten Begriff vorzieht. Gemeint ist eine Theorie, die davon ausgeht, daß die organischen Wesen als Individuen präformiert sind in dem Sinne, daß sie alle in einem singulären Schöpfungsakt geschaffen wurden und sich während ihrer Existenz, die also mit der Existenzdauer des Kosmos insgesamt identisch ist, lediglich entwickeln und verändern. Die gesamte Anzahl aller Individuen existiert dieser Lehre zufolge in Form von Keimen seit Beginn der Schöpfung und macht somit die Gesamtheit der organischen Natur aus. Die konkrete Vorstellung der

176 Vgl. zum Folgenden: Kritik der Urteilskraft, § 81. AA V, 422 ff. Einer der Gründer der Präformationstheorie ist Leibniz, doch hat er sie letztlich in einem eher metaphysischen Sinne vertreten, als seine naturwissenschaftlich orientierten Nachfolger (vgl. Principes de la Nature et de la Grace. GP VI, 601.

Involutionstheorie ist, daß jedes organische Wesen die vollständig differenzierten, aber noch nicht ausgewachsenen Individuen als Keime aller seiner Nachkommen in sich, d.h. seinen Keimdrüsen enthält, so daß jeder Keim selbst wiederum eine Kette weiterer Keime in sich enthält; die Vorstellung ist die einer unendlich iterierenden ‚russischen Puppe'. Diese Theorie geht also von der „Einschachtelung" aller organischen Wesen aus.[177] Die Individuen seien nicht Produkte, sondern „Edukte", d.h. sich aus sich selbst entwickelnde Wesen. In der Auflösung der zweiten Antinomie verwendet Kant den Terminus „Einwickelung" aber wohl eher abstrakt für jede Theorie, die von der unendlichen Einschachtelung organisierter Materie ausgeht – bezogen auf das Teil-Ganzes-Verhältnis unabhängig von der organischen Reproduktion – [178], die also meint, jedes organische Wesen bestehe aus organisierten Teilen, die ins Unendliche wieder aus organisierten Teilen bestehen. Durch diese Differenzierung wird deutlich, daß die Behauptung der unendlichen Organisiertheit in § 66 der *Kritik der Urteilskraft* einen völlig anderen Sinn hat als in der Auflösung der zweiten Antinomie: in der Antinomie geht es um die Teilung in immer kleinere Bestandteile, in der *Kritik der Urteilskraft* um die Elemente in Kausalketten, die entweder als mechanische Kausalität oder aber als teleologische Kausalität gedacht werden können. Bei Organismen muß alle Kausalität auf das transzendentale Prinzip des Naturzwecks bezogen werden, in welchem alle Organe eines Körpers als durch teleologische Kausalität produziert betrachtet werden müssen.[179] So könnten Haut, Haare und Knochen eines Tieres, so Kants Beispiel, zwar in gewisser Hinsicht als lediglich mechanischen Gesetzen unterworfen begriffen werden, da sie selbst – zumindest nach Kants Kenntnisstand – nicht belebt sind, dennoch müsse die Bildung dieser Materie, weil sie Teile eines Organismus sind, als durch einen organischen Prozeß verursacht, also teleologisch gedacht werden. Daher kann auch in der Naturgeschichte des Lebendigen kein absolut erstes organisches Wesen angenommen werden, das nicht durch teleologische Kausalität zustande gekommen ist. Für Kant ist die Vorstellung der heutigen

---

177 Vgl. Kritik der Urteilskraft. AA V, 423 f. Eine solche Theorie hat beispielsweise Leibniz vertreten (vgl. Monadologie, §§ 73-77. GP VI, 619 f.); auch er spricht von „Envellopemens". Diese Vorstellung wurde begünstigt durch die Leeuwenhoeksche Entdeckung der sog. „Samenmännchen", auf die sich auch Leibniz in der *Monadologie* bezieht (GP VI, 620). Kant kennt diese Lehren, v.a. den Gegenspieler der Involutionstheorie, die Epigensislehre, durch Friedrich Blumenbach (Über den Bildungstrieb und das Zeugungsgeschäfte. Göttingen 1781; Nachdruck: Stuttgart 1971) und wohl auch andere Biologen seiner Zeit, wie Caspar Friedrich Wolff (Theorie der Generation. Halle 1764 (Neudruck: Hildesheim 1966)).

178 Daß Kant Theoriebezeichnungen wie ‚Evolutionstheorie' auch im übertragenen Sinne verwendet, belegt § 27 der Kategoriendeduktion der *Kritik der reinen Vernunft* (B 167).

179 Die Antinomie der teleologischen Urteilskraft, die zwischen den beiden Sätzen: ‚alle Erzeugung materieller Dinge sei nach bloß mechanischen Gesetzen möglich' und ‚einige Produkte der materiellen Natur sind nicht nach bloß nach mechanischen Gesetzen möglich', besteht, bezieht sich auf das Kausalverhältnis der Erzeugung von Materie, weniger auf das Konstitutionsverhältnis der Bestandteile zum Ganzen organischer Materie (Kritik der Urteilskraft. AA V, 386 ff.).

Evolutionstheorie, welche hypothetisch davon ausgeht, daß die organische Materie aus anorganischer Materie entstanden sei, scheinbar noch kein sinnvoller Gedanke; selbst die Evolution der Arten ist für Kant ein „gewagtes Abenteuer der Vernunft“, das er dennoch für möglich hält.[180] Die Zweckgerichtetheit dieser organischen Prozesse ist dabei aber nicht ein inhärentes Prinzip der Organismen selbst, sondern der Gedanke der systematischen Einheit der Natur, der nach der *Kritik der Urteilskraft* ein rein subjektives Prinzip der reflektierenden Urteilskraft ist.[181] Doch solche Betrachtung der Natur ist in der Naturwissenschaft zur Erklärung der Bildungen der Materie nicht ausreichend, vielmehr muß sie das Zustandekommen der Körper durch „mechanische Erzeugung“ erklären (AA V, 409).

Die Gegenthese zu Kants erster These in der Auflösung, d.h. die Behauptung der unendlichen Organisiertheit des Kosmos, ist für die Schulphilosophie prägend von Leibniz vertreten worden. Es ist des öfteren darauf hingewiesen worden, daß Kants Begriff des Organischen speziell in der Tradition Leibniz’ steht.[182] Leibniz’ Substanzenpluralismus führt zu einer Art universellem Vitalismus. Leibniz faßt alle Substanzen wesentlich als Individuen auf, die durch eine ihnen eigentümliche Entelechie beseelt sind. Aufgrund eines notwendigen, ihnen innewohnenden Strebens nach Verwirklichung aller individueller Bestimmungen eignet den Leibnizschen Monaden ein inneres Prinzip von Veränderung und damit Leben.[183] Diese Entelechie ist notwendig, da die individuellen Substanzen von Gott unterschieden bloß endliche, eingeschränkte Wesen sind: Ihre Endlichkeit besteht darin, daß Essenz und Existenz unterschieden sind, so daß ihre Essenz erst in einem fortschreitenden, letztlich unendlichen Prozeß zur Existenz gelangen kann. Der Organismus ist bei Leibniz häufig Metapher für das rein metaphysische Verhältnis der Monaden zueinander, nämlich der Organisiertheit durch universelle Harmonie. Bei Leibniz ist der Kosmos letztlich insgesamt ein Organismus, dessen Zentralmonade Gott selbst ist; dennoch wird dieses organisierte Ganze von Gott nicht als Körper repräsentiert, da er zu adäquater intuitiver Erkenntnis in der Lage ist. Damit ist Gott nicht die Seele der Welt, so Leibniz’ antispinozistische Behauptung. Gott erfaßt die Substanzen adäquat als perzipierende, je individuelle Wesen, als Totalität aller ihrer Prädikate, ohne sie in einem Raum vorzustellen. Die universelle Harmonie aller existierenden Substanzen wird von Gott in einer intellektuellen Anschauung begriffen als Totalität vollständig bestimmter Begrif-

---

180 Kritik der Urteilskraft, § 80. AA V, 419 Anm.

181 Diese Konzeption unterscheidet sich von der *Kritik der reinen Vernunft*, in welcher zwar der Begriff des Zweckes in der Lehre von den Ideen als regulative Prinzipien eingeführt wird (z.B. B 714), aber den Unterschied von bestimmender und reflektierender Urteilskraft sowie v.a. daß Zweckmäßigkeit ein Grundprinzip und d.h. das transzendentale Grundprinzip der reflektierenden Urteilskraft sei, hat Kant erst nach 1788 entdeckt.

182 Vgl. Heimsoeth, H.: Transzendentale Dialektik. S. 327; Düsing, K.: Die Teleologie in Kants Weltbegriff. S. 147 f.; S. 259-267.

183 Berühmt hierzu sind die ersten Paragraphen der *Principes de la Nature et de la Grace*: „La Substance est un Etre capable d’Action.“ (GP VI, 598).

fe. Das Universum der Substanzen bildet aus der Perspektive der unbeschränkten göttlichen Monade einen intellektuellen Organismus, insofern er die Ordnung kompossibler Wesen nach dem Prinzip des Besten ist, welches die Einfachheit der Prinzipien bei gleichzeitiger größter Variabilität fordert.[184] Da nun aber alle Körper nach Leibniz unendlich eingeteilt sind und ihnen Monaden zugrunde liegen, lehrt Leibniz die unendliche Einschachtelung organischer Wesen, die er auch in einer Form von Involutionstheorie konzipiert, wobei er von Präformation spricht.[185]

Die Bemerkung Kants zu organisierten Wesen in der Auflösung der zweiten Antinomie nimmt indirekt auf die kritische Lehre des Zweckes als Idee der reinen Vernunft Bezug, deren systematische Bedeutung erst in der *Kritik der Urteilskraft* als Prinzip der reflektierenden Urteilskraft ausgeführt ist.[186] Der Begriff des Zwecks wird von Kant in der *Kritik der reinen Vernunft* bereits in Grundrissen bestimmt, jedoch ist es Aufgabe der ersten Kritik, den Status dieses Begriffs als lediglich regulatives und nicht konstitutives Prinzip der Natur, praktischer und theoretischer Vernunft aufzuweisen. Als transzendentales Prinzip der reflektierenden Urteilskraft wird Zweckmäßigkeit erst in der dritten Kritik deduziert. In der *Kritik der Urteilskraft* geht Kant auf die Frage des Einfachen als Element in organisierten Wesen nicht erneut ein. Vielmehr ist das Einfache hier nur die Idee der Zweckmäßigkeit.[187] Ein organisiertes Ganzes von Teilen wird gemäß der Idee seines Zweckes als Einheit betrachtet, wohingegen eine materialistische Sicht ein bloß zufälliges Aggregat von Teilen zu erkennen gibt.[188] Diese Einheit ist aber nichts anderes als die Vorstellung einer bestimmenden Ursache der Hervorbringung des Organismus. Der Zweck bestimmt die Teile als unselbständige Elemente in Hinblick auf die Funktion des Ganzen, dabei sind die Teile Mittel zum Zweck des Ganzen. Die belebte Natur ist für Kant ein Beispiel für innere Zweckmäßigkeit, da die einzelnen Teile, die Organe des belebten Körpers, Mittel zur Erhaltung des ganzen Körpers sind und sich wechselseitig hervorbringen. Dies unterscheidet den Naturzweck von einem Kunstprodukt, dessen Zweck eine dem Ding äußerliche, in der Vorstellung des Erzeugenden liegende Idee ist. Bei einem Kunstprodukt sind zwar die Teile, die Kunstteile, auch nur Mittel zum Zweck

---

184 Diese Lehre ist Kant in Grundzügen bekannt; in seinen Metaphysik-Vorlesungen der 1770er Jahre, in der *Metaphysik-Pölitz*, reflektiert er dieses System (S. 109 ff.).

185 Leibniz, G.W.: Principes de la Nature et de la Grace. GP VI, 601.

186 Vgl. zur Natureinheit B 697-732; zur Einheit der praktischen Vernunft B 832-847; zur Einheit der theoretischen Vernunft überhaupt B 860-879. Zum Verhältnis der Zweck-Lehre nach der *Kritik der reinen Vernunft* und der *Kritik der Urteilskraft* vgl. Düsing, K.: Die Teleologie in Kants Weltbegriff. S. 51-65.

187 Vgl. dazu Düsing, K.: Die Teleologie in Kants Weltbegriff. S. 147 f.

188 Kritik der Urteilskraft, § 66: „Weil diese aber eine absolute Einheit der Vorstellung ist, statt daß die Materie eine Vielheit der Dinge ist, die für sich keine bestimmte Einheit der Zusammensetzung an die Hand geben kann: so muß, wenn jene Einheit der Idee sogar als Bestimmungsgrund *a priori* eines Naturgesetzes der Causalität einer solchen Form des Zusammengesetzten dienen soll, der Zweck der Natur auf Alles, was in ihrem Producte liegt, erstreckt werden." (AA V, 377).

des Ganzen, aber sie erhalten und erzeugen sich nicht wechselseitig.[189] Nach Kant sind die mechanische und die teleologische Betrachtungsweise der Natur zwei einander unverträglich gegenüberstehende, aber teilweise komplementäre Sichtweisen, zwischen denen es keinen Übergang gibt.[190] Auch im *Opus postumum* ist das Einfache in der Materie nur noch als der selbst immaterielle Zweck der Bildung eines Organismus denkbar, es ist nicht Konstituens der Materie, sondern hervorbringende Ursache von Organismen.[191]

Kants Argument gegen eine unendliche Organisiertheit der Materie ist in der Antinomienauflösung dasselbe wie gegen den transzendentalen Realismus überhaupt: die Unmöglichkeit eines Realen als aktual Unendlichen (B 555). Aber auch die potentielle Unendlichkeit sei nicht möglich, denn das Ganze werde dabei als *quantum discretum* angenommen, das daher eine definite Zahl von Teilen enthält. Aufgrund dessen kann nur die Endlichkeit der organischen Teile angenommen werden. Wie weit die empirische Geteiltheit der organisierten Materie reicht, sei, so Kants zweite These, eine Frage, die nur durch Erfahrung entschieden werden könne. Als erstes wird man aus diesen Andeutungen schließen, daß Kant davon ausgeht, daß die empirische Materie eine vom Erkenntnisvermögen unabhängig bestehende, wenngleich ihm durchaus erschließbare Struktur aufweist. Kant verwendet in bezug auf die Materie im wesentlichen drei Begriffe, die die innere Zusammensetzung der Teile der Materie näher bestimmen sollen: Mixtur, Textur und Struktur.[192] Lebendige Organismen sind dabei solche Materie, der eine Textur von einer bestimmten Struktur zukommt. Demgegenüber verfügen beispielsweise Metalle Kant zufolge über Textur, nicht aber Struktur, da sie zwar eine bestimmte Zusammensetzung haben, aber kein einheitliches Ganzes sind, wie ein Organismus. Ausgehend von diesen Überlegungen stellt sich nun also die das nächste Kapitel beschäftigende Frage, in welchem Verhältnis die empirisch gegebene Textur, modern gesprochen die Struktur der Materie – der organischen, wie der anorganischen – sich zum Konstruktivismus der „transzendentalen Teilung" verhält, wonach die Teilung nicht im Objekt vorfindlich ist, sondern allererst durch dekomponierende Synthesis zustandekommt und potentiell unendlich ist. Kant geht also davon aus, daß empirische Materie, organische wie anorganische, eine von Beobachtung unabhängige Struktur besitzt, die gleichwohl nicht unabhängig von Erfahrung bestimmt werden kann. Aus welcher Art und aus wie vielen dieser Bestandteile beispielsweise ein Stück Metall besteht, läßt sich nur durch Erfahrung bestimmen. Daß wir aber das Stück Metall als konstituiert aus Teilstrukturen, z.B.

---

189 Vgl. Kritik der Urteilskraft, § 65. AA V, 374 f.

190 Auf die Teleologie braucht hier im einzelnen nicht eingegangen zu werden. Vgl. dazu Düsing, K.: Die Teleologie in Kants Weltbegriff. S. 51-101.

191 Vgl. Kap. III.4.3.

192 Insbesondere in seinen Vorlesungen und Reflexionen zur Physik und Chemie ist dies zu finden: R 45; AA XIV, 366 f.; R 4432; AA XVII, 544; vgl. auch: Kritik der Urteilskraft. AA V, 348.

Molekülen und Atomen betrachten, und diese je selbst als eine Art von Teilen oder Ganzheiten konstruieren, beruht auf bestimmten Leistungen des Erkenntnissubjekts.

4. Die regulative Funktion der zweiten kosmologischen Idee

Die Erörterungen haben nun den Punkt erreicht, an dem der für die Transzendentalphilosophie positive Teil der Antinomienlehre an die Herleitung der kosmologischen Ideen anknüpft. Die Untersuchungen zur Auflösung der zweiten Antinomie haben Grundzüge einer spezifisch transzendentalen Theorie der Materie und ihrer Struktur ergeben, die abhängig ist von Leistungen des Erkenntnissubjekts. Diese Leistungen sind Hauptthema dieses Kapitels. Die Materie ist Erscheinung, insofern sie selbst ihrer Struktur nach unbestimmt ist und ihre Teile erst durch „dekomponierende Synthesis" gegeben werden. Die Teilung ist damit Kant zufolge nicht etwas unabhängig vom Erkennen Gegebenes, auch ist sie keine beliebige oder zufällige Erkenntnis, sondern sie ist aufgegeben. Sie ist ein notwendiges Problem, das sich der menschlichen Erkenntnis aus reiner Vernunft stellt. Eine entscheidende Rolle spielt hierbei Kants transzendentale Umdeutung der kosmologischen Ideen, wonach sie nicht – wie der transzendentale Realist annimmt – eine konstitutive Bedeutung, sondern bloß für Erkenntnis regulative Funktion haben. Die regulative Funktion der mathematisch-kosmologischen Ideen ist dabei bisher in der Forschung noch nicht hinreichend bestimmt worden. Zunächst wird es also darum gehen, die komplexe Synthesisleistung, die Kant unter der Bezeichnung „dekomponierende Synthesis" faßt, näher zu analysieren. Aus dieser Konzeption ergibt sich eine Verknüpfung von Verstandes- und Vernunftfunktionen, die apriorische und empirische Elemente einer Materietheorie ineinanderfügt und zu einer komplex strukturierten Materielehre führt. Diese gilt es, ausgehend von der Lehre regulativer Vernunftideen in der *Kritik der reinen Vernunft* in den Metaphysischen *Anfangsgründen der Naturwissenschaft* und im *Opus postumum* hinsichtlich des Teilungsproblems zu untersuchen.

Kants unvollendetes Spätwerk, das sog. *Opus postumum*, hat bei vielen Interpreten Erstaunen hervorgerufen, scheint Kant doch eine Naturphilosophie zu entwerfen, die mit der kritischen Philosophie nicht unmittelbar in Einklang zu bringen ist. Selbstverständlich längst überholte Theorien der Physik und der Chemie seiner Zeit scheint Kant in eine reine Physik, eine apriorische Theorie der Materie gießen zu wollen. Sein Unternehmen, über die *Metaphysischen Anfangsgründe der Naturwissenschaft* hinaus einen Übergang von der Transzendentalphilosophie zur Physik zu bewerkstelligen, ein Problem, das – wie wir gesehen haben – sich bereits Wolff stellte, erscheint vielen heute als den Naturwissenschaften fremd. Spekulative Anklänge und die Konzeption einer einzigen Substanz der Welt werden dabei gelegentlich als Indiz für eine späte Einsicht Kants in das Scheitern seiner Transzendentalphilosophie oder sogar als Ausdruck einer bedauerlichen Senilität des greisen Philosophen gewertet; seine Überlegungen und Reflexionen scheinen allenfalls Wissenschaftshistoriker zu interessieren. Hierbei ist es insbesondere die zentrale Bedeutung, die Kant der Ätherhypothese zuschreibt, die seine Konzeption als hoffnungslos veraltet erscheinen läßt, wurde doch die Äthertheorie, die bereits in der Antike, in der Neuzeit aber von Descartes, aber insbesondere auch von Newton vertreten und noch im 19. Jh. angenommen wurde, durch Einsteins Relativitätstheorie abgeschafft. Insbesondere Anklänge an den – in kritischer Zeit mit so großem Aufwand in den Antinomien widerlegten – transzendentalen Realismus in seiner Theorie des Äthers gilt als Rückfall hinter die kritische Lehre und als Hinwendung zur Metaphysik, als spekulativer Idealismus, ja gar als Spinozismus.[193]

Die Untersuchungen dieses Kapitels laufen u.a. auf die These hinaus, daß sich eine größere Übereinstimmung zwischen Kants erster *Kritik* und dem *Opus postumum* zumindest bezüglich des Teilungsproblems und der Theorie der Materie ausmachen läßt als vielfach angenommen, wenn man die Lehre von der regulativen Bedeutung der Teilungsidee ins *Opus postumum* integriert. Dies ermöglicht es, den Status der Lehren des *Opus postumum* zu relativieren und damit den konsistenten Zusammenhang beider Ansätze zu erweisen. Die Existenzannahme des Äthers im *Opus postumum* stellt sich aus dieser Sicht als wesentlich durch die kosmologischen Ideen induziert und folglich als transzendental-hypothetische Setzung dar.[194]

In den anschließenden zwei Abschnitten (4.1. und 4.2.) soll also zunächst Kants Lehre von den subjektiven Leistungen der „dekomponierenden Synthesis" untersucht werden, um sodann die Konsequenzen aus der zweiten Antinomie in den Zusammenhang der Kantischen Materielehre zu stellen. Im ersten Abschnitt wird die Verstandestätigkeit in der „dekomponierenden Synthesis" sowie ihre Funktion, die Teile der Materie zu geben und hierbei insbesondere ihre Abhängigkeit von der Zeit näher betrachtet. Kants Behauptung, die Teile der Materie würden durch sukzessive Syn-

---

193 Insbesondere B. Tuschling hat die These entwickelt, Kant habe sich in seiner Spätphilosophie von der kritischen Philosophie abgewandt, eine Metaphysik der Natur, einen spekulativen Idealismus entwickelt und mit dem Spinozismus sympathisiert (Die Idee des transzendentalen Idealismus im späten *Opus postumum*. In: Übergang. Untersuchungen zum Spätwerk Immanuel Kants. Hrsg. v. S. Blasche. Frankfurt/M. 1991, S. 104-145. Auch erneut in: Übergang. Von der Revision zu Revolutionierung und Selbst-Aufhebung des Systems. In: Architektonik und System in der Philosophie Kants. Hrsg. v. H. F. Fulda und J. Stolzenberg. Hamburg 2001 (System der Vernunft. Kant und der deutsche Idealismus Bd. 1), S. 128-170). Diese These wird neuerdings anhand intensiver Studien von G. Edwards relativiert, wenngleich nicht völlig aufgegeben (Substance, Force and the Possibility of Knowledge. S. 163-166). Mathieu dagegen interpretiert das *Opus postumum* als ein konsequentes, aber über die *Kritik der reinen Vernunft* hinausführendes Werk (Kants Opus postumum. Hrsg. v. G. Held. Frankfurt/M. 1989). Alle diese Interpretationen vergleichen die Lehre des *Opus postumum* allein mit den transzendentalen Grundsätzen in der Analytik der *Kritik der reinen Vernunft*. Auch Guyer ist dieser Auffassung, die er bezüglich des Systembegriffs und der Gottesidee untersucht (The Unity of Nature and Freedom: Kant's System of the System of Philosophy. In: The Reception of Kant's critical Philosophy. Fichte, Schelling, Hegel. Hrsg. v. S. Sedgwick. Cambridge 2000, S 19-53).

194 Ob sich jedoch eine konsistente Interpretation des *Opus postumum* insgesamt unter der Voraussetzung dieses Interpretationsvorschlags bewerkstelligen läßt, kann hier nicht geprüft werden.

thesis allererst gegeben, wird hier rekonstruiert anhand des Theorems der Exposition der Erscheinung. Im zweiten Abschnitt wird die Vernunftfunktion in der dekomponierenden Synthesis interpretiert. Zentraler Punkt ist dabei die Lehre von der regulativen Funktion der transzendentalen Ideen für das Teilungsproblem der Materie. Dabei soll die wissenschaftstheoretische Relevanz dieser Lehre aufgezeigt werden. Die zweite mathematisch-kosmologische Idee wird dabei interpretiert durch den Modellbegriff in den Naturwissenschaften. Im Hinblick auf die Gesamtanlage der zweiten Antinomie wird sich dabei zeigen, daß Thesis und Antithesis bei Kant in gewisser Weise eine neue Funktion erhalten und daß zugleich der transzendentale Realismus in depotenzierter Form in Geltung bleiben muß. Dies Ergebnis wird dann mit den Metaphysischen *Anfangsgründen der Naturwissenschaft* und dem *Opus postumum* verglichen (4.3.).

4.1. Die „dekomponierende Synthesis" der Materie

In diesem Kapitel soll gezeigt werden, wie Kant das Problem der Teilung der „Realität im Raum" (B 440) auf Bedingungen der Erkenntnis zurückführt. Kant begründet die Möglichkeit des potentiell Unendlichen durch Eigenschaften subjektiver Synthesisleistungen; die bekannte Konsequenz für den Status der Materie besagt, daß sie nur Erscheinung ist, ohne in ontologisch zugrundeliegenden Substanzen zu wurzeln. Es ist die spezifische Weise der Interaktion von Verstand und Vernunft bei der Synthesis des Anschauungsmannigfaltigen, welche den Gegenstand, der durch Synthesis überhaupt erst Objekt der Erkenntnis wird, einerseits vor dem Verstand als wirkliches, bestimmtes, in der Anschauung gegebenes Ganzes gibt, ihn andererseits durch Vernunft jedoch als ein potentiell weiter bestimmbares, ja durchgängig bestimmtes Ganzes vorstellt. Es ist in diesem Kapitel auch die konstruktivistische These Kants, daß die Gegenstände der Sinnenwelt nicht an sich selbst die Totalität all ihrer konstitutiven Teile seien, sondern daß ihre Teile allererst durch Teilung gegeben werden, obwohl angenommen werden muß, daß die empirische Materie durchaus unabhängig von unserem Erkennen eine Struktur aufweist, näher zu untersuchen. Dabei wird sich zeigen, weshalb Kant die potentielle Unendlichkeit der Teilung primär auf die Zeit und nicht auf den Raum zurückführt, der in der Antinomie bisher die entscheidende Rolle gespielt hat (B 534). Dies zeigt sich bereits in Kants Analyse der Ursache für den kosmologischen Paralogismus; demnach enthält der Obersatz, das Prinzip der reinen Vernunft, keine Zeitbedingungen, während der Untersatz unter Zeitbedingungen steht (B 528), dadurch wird der Mittelbegriff in zweierlei fundamental verschiedener Bedeutung genommen und der Schluß somit ungültig.[195] Aber auch in der Auflösung der zweiten Antinomie wird die Zeit angesprochen in der Bestimmung der regressiven Synthesis als „sukzessiv unendlich" (B 552).

---

[195] Vgl. Kap. III.2.2.

Kants Kernthese in der Auflösung der zweiten Antinomie ist durch die Wendung vom Erkenntnisobjekt auf das Erkenntnissubjekt gekennzeichnet:

> „Denn die Unendlichkeit der Teilung einer gegebenen Erscheinung im Raume gründet sich allein darauf, daß durch diese bloß die Teilbarkeit, d.i. eine an sich schlechthin unbestimmte Menge von Teilen gegeben ist, die Teile selbst aber nur durch die Subdivision gegeben und bestimmt werden, kurz, daß das Ganze nicht an sich selbst schon eingeteilt ist. Daher die Teilung eine Menge in demselben bestimmen kann, die so weit geht, als man im Regressus der Teilung fortschreiten will." (B 554)

Die Kantische These besagt demzufolge: das Gegebensein der Teile der Materie ist keine absolute Gegebenheit der Teile selbst, sondern es ist abhängig von den subjektiven Leistungen des erkennenden Subjekts. Kant behauptet also, als daß wir nicht vermittels unserer Erkenntnis die bereits gegebenen Teile eines Materieganzen sukzessive auffinden und sie sukzessive bestimmen, sondern daß die Teile durch sukzessive Synthesishandlungen überhaupt erst gegeben werden.[196]

Kant muß also zeigen, daß Anschauungsgegenstände nicht nur ihrer Form nach, sondern in bestimmter Hinsicht auch ihrem Gegebensein nach von Synthesis abhängig sind. Diese Aussage scheint nun dem Rezeptivitätsmodell der sinnlichen Anschauung bei Kant zu widersprechen, wonach das Gegebensein des empirischen Anschauungsmannigfaltigen gerade nicht auf verstandesmäßiger Synthesis beruht, sondern auf dem sinnlichen Vermögen bloßer Aufnahmefähigkeit. Noch folgenreicher: Sie scheint seinem empirischen Realismus zu widersprechen, wonach die Gegenstände der äußeren Erfahrung unabhängig von uns existieren. Wir hatten gesehen, daß der transzendentale Realist voraussetzt, daß der Gegenstand der Sinnlichkeit an sich vollständig bestimmt sei. Für die Auflösung der Antinomie und zugleich für die kritische Erscheinungslehre ist nun grundlegend, daß Kant die Gegenthese vertritt: die Gegenstände sind isoliert von unseren Erkenntnisbedingungen, insbesondere von unseren Spontanvermögen Verstand und Vernunft, selbst unbestimmt. Zu dieser These gehört eine Lehre Kants, die einen Zusammenhang schafft zwischen dem „Gegebensein" bzw. dem „Gegebenwerden" und dem „Bestimmtsein" bzw. „Bestimmtwerden": die Lehre von der „Exposition der Erscheinungen", ein Terminus, mit dem Kant insbesondere in den Antinomien seine Synthesislehre benennt. Sie rekonstruiert Erfahrung so, daß zwar das Anschauungsmannigfaltige rezeptiv nur durch Sinnlichkeit gegeben wird und unabhängig von unserer Erfahrung existiert, daß aber die Erscheinung, als der Gegenstand der Erfahrung, und das bedeutet als Objekt der Erkenntnis, durch Synthesis zustandekommt und in diesem Sinne „gegeben" wird.

---

196 Vgl. auch B 533: „Daher werde ich auch sagen müssen: die Menge der Teile in einer gegebenen Erscheinung ist an sich weder endlich, noch unendlich, weil Erscheinung nichts an sich selbst Existierendes ist, und die Teile allererst durch den Regressus der dekomponierenden Synthesis und in demselben gegeben werden, welcher Regressus niemals schlechthin ganz, weder als endlich, noch als unendlich, gegeben ist." Vgl. beispielsweise auch R 5639; AA XVIII, 276 f.

Die subjektiven Leistungen, die bei der Konstitution der Materiestruktur beteiligt sind, faßt Kant unter die Bezeichnungen „Dekomposition“ oder „fortgehende Dekomposition“, „Subdivision“, „Teilung“ sowie die Kurzformen „regressive Synthesis“ (B 527) oder „Regressus“ und schließlich: „dekomponierende Synthesis“ (B 533). Kant erläutert diese Synthesisform nicht näher, aber man wird davon ausgehen müssen, daß sie nicht eine einfache Synthesisleistung der Vernunft gemäß einer Idee ist, sondern eine komplexe Synthesishandlung, die mehrere Synthesisformen verknüpft. Zunächst geht der Terminus sicherlich zurück auf die Formulierung der zweiten kosmologischen Idee: „Die absolute Vollständigkeit der **Teilung** eines gegebenen Ganzen in der Erscheinung“ (B 443; Herv. Kant). Faßt man die Idee der „**Teilung**“ unter der Voraussetzung des transzendentalen Realismus auf, dann versteht man sie ontologisch als das Gegebensein der Geteiltheit der Erscheinungen. Da sich nun aber die Falschheit dieser Position erwiesen hat, muß man unter Rückgriff auf ihre Herleitung die zweite kosmologische Idee als Synthesisform begreifen. Kants These, daß durch solche Teilungssynthesis die Teile der Materie erst gegeben werden, kann nur sinnvoll verstanden werden, wenn man bestimmte Synthesisweisen des Verstandes mit der zweiten kosmologischen Idee verbindet. Bereits die Herleitung hatte ja gezeigt, daß Kant dabei auf den zweiten Grundsatz Bezug nimmt.[197] Doch beinhaltet die dekomponierende Synthesis nicht nur den Aspekt der Vorstellung, daß die intensive Größe im Raum, die Kraft, welche wir auf die Materie als Substanz in der Erscheinung zurückführen, durch Teilung zu bestimmen ist, sondern sie muß auch den Aspekt des Bestimmens und damit des Gebens der empirischen Teile enthalten, was die Idee nicht zu leisten imstande ist. Die Funktion der Idee der Teilung hierbei ist, über die gegebenen Teile hinaus die Vorstellung einer vollständigen Bestimmtheit der Materiestruktur zu liefern.

Die dekomponierende Synthesis besteht also wohl im wesentlichen aus zwei Elementen: den verstandesgeleiteten Bestimmungsleistungen, die ein empirisch gegebenes Mannigfaltiges gemäß den Kategorien synthetisieren, und den vernunftgeleiteten Leistungen, die das empirisch Gegebene und Bestimmte in einen bereits durch Kategorien und Ideen vorstrukturierten Horizont weiterer möglicher Bestimmtheit stellen. Die Vernunftfunktionen leiten das Erkenntnisvermögen dazu an, systematisch neue Erfahrung aufzusuchen sowie die aufgefundene Struktur auf einen einheitlichen empirischen Gegenstand zu beziehen, der als Ganzes aller Teile – sowohl der zusammengesetzten Teile als auch der Teile, die keine erkennbaren Teile zu enthalten scheinen, welche man aber als weiter geteilt vorstellen muß – zu beziehen erlaubt. Gegenstand dieses Kapitels sind die Verstandesleistungen innerhalb der „dekomponierenden Synthesis“. Sie beinhalten v.a. wohl die Relationskategorien, die es ermöglichen, das empirische Anschauungsmannigfaltige gemäß der Substanzkategorie als selbständige Teile, gemäß der Kategorie der Wechselwirkung die Materie als substantiell Zusammengesetztes und die so bestimmten Teile gemäß der Quantitätskategori-

[197] Vgl. Kap. I.2.2.

en als numerisch Abzählbares oder sonst Quantifizierbares zu konzipieren. Doch als erstes soll die These vom Geben der Teile durch Teilung interpretiert werden.

Um Kants These vom Geben der Materieteile durch epistemische Teilung zu verdeutlichen, muß auf Grundgedanken der transzendentalen Kategoriendeduktion zurückgegangen werden. Deren Konsequenz besteht bekanntlich darin, daß die Kategorien Funktionen sind, das Mannigfaltige der Anschauung auf einen Gegenstand zu beziehen, indem sie die Grundbestimmungen des Gegenstandes überhaupt darstellen. Diese Funktion der Kategorien, das Anschauungsmannigfaltige auf einen Gegenstand zu beziehen, bezeichnet Kant zugespitzt auch als das Geben des Gegenstandes in der Erfahrung:

> „Wenn eine Erkenntnis objektive Realität haben, d.i. sich auf einen Gegenstand beziehen, und in demselben Bedeutung und Sinn haben soll, so muß der Gegenstand auf irgend eine Art gegeben werden können. Ohne das sind die Begriffe leer, und man hat dadurch zwar gedacht, in der Tat aber durch dieses Denken nichts erkannt, sondern bloß mit Vorstellungen gespielt. Einen Gegenstand geben, wenn dieses nicht wiederum nur mittelbar gemeint sein soll, sondern unmittelbar in der Anschauung darstellen, ist nichts anders, als dessen Vorstellung auf Erfahrung (es sei wirkliche oder doch mögliche) beziehen." (B 194 f.)

Dies bedeutet: Kant zufolge wird zwar nach dem Rezeptivitätsmodell der Stoff empirischer Erkenntnis, den er auch ihre Materie nennt,[198] durch die Sinnlichkeit unabhängig vom Verstand gegeben, aber die Erscheinung als Gegenstand der Erkenntnis, das Objekt der Erfahrung, wird durch Verstandessynthesis als solcher gegeben. Bestimmen und Geben des Erkenntnisobjekts sind also zwei Seiten derselben Medaille. Diesen Vorgang nennt Kant auch die „Exposition der Erscheinung".[199] Hintergrund ist die Synthesislehre. Die Bedingung dafür, daß das Mannigfaltige überhaupt zu Bewußtsein gelangt, ist, daß es unter die ursprünglich synthetische Einheit der Apperzeption gebracht wird (B 129 ff./A 99 ff.). Als jeweils Einzelnes wird etwas durch bloße Rezeptivität in der Anschauung gegeben, aber ein Mannigfaltiges kann als ein vielfältig Unterschiedenes nur als einheitliches Objekt zur Vorstellung gelangen, wenn es als solches bestimmt, d.h. unterschieden und zugleich verbunden wird.

---

198 Es sei an dieser Stelle daran erinnert, daß sich diese Bedeutung von der sonst in dieser Abhandlung verwendeten Bedeutung unterscheidet (vgl. Kap. I.2.3.).

199 Ausführungen zur Lehre der Exposition der Erscheinungen sind insbesondere im Duisburgschen Nachlaß zu finden (R 4674; AA XVII, 643 f.). Vgl. dazu Schulthess, P.: Relation und Funktion. S. 251-254; Koriako, D.: Kants Philosophie der Mathematik. Grundlagen, Voraussetzungen, Probleme. Hamburg 1999 (Kant-Forschungen Bd. 11), S. 178-210. Koriako kritisiert Kants Ablehnung der axiomatisch-deduktiven Auffassung von Mathematik und seine Hinwendung zum Konstruktionsbegriff, der der reinen Anschauung entscheidendes Gewicht gibt (S. 295-307). Man wird dieser Lehre Kants aber wohl nur gerecht, wenn man berücksichtigt, daß Kant keine reine Mathematik betrieben hat. Vielmehr stehen seine Aussagen zur Mathematik immer im Kontext metaphysischer, transzendentaler oder naturphilosophischer Fragestellungen. Zentral ist hierbei immer die Frage, was dazu berechtigt, die Mathematik auf die Natur anzuwenden.

Das bedeutet nach Kant, daß nicht nur die Einheit der Vorstellung in der Anschauung durch Synthesis selbst zur Vorstellung gelangt, sondern auch daß das Mannigfaltige der Anschauung überhaupt erst durch Synthesis als eine Vielheit von bestimmtem Einzelnen gegeben wird. Diese Funktion wird ausgeführt durch die transzendentale Synthesis der Einbildungskraft, welche die Anschauungen im inneren Sinn zur Einheit gemäß der ursprünglich synthetischen Einheit der Apperzeption sowohl verbindet, als auch unterscheidet.

Durch seine Lehre von der Exposition der Erscheinung zeigt Kant den notwendigen Zusammenhang der transzendentalen Bestimmungen der Verstandessynthesis als Handlung des spontan tätigen Erkenntnissubjekts mit den Bestimmungen des Anschauungsgegebenen als objektiv auf. Daß er in der Antinomienlehre speziell an diese Lehre anknüpft, zeigt sich bereits im Hinweis nach Aufstellung der Tafel der vier kosmologischen Ideen: „Zuerst ist hiebei anzumerken: daß die Idee der absoluten Totalität nichts andres, als die Exposition der Erscheinungen, betreffe".[200] Diese Lehre bündelt den Gedanken Kants, daß Erscheinung nicht selbst nur das Gegebene der empirischen Anschauung sei, welches sich durch Rezeptivität in unserem passiven Vermögen der Sinnlichkeit darstellt, sondern daß Erscheinung in bestimmter Hinsicht bereits ein Produkt synthetisierender Verstandesfunktion ist. Durch Synthesis also wird das Mannigfaltige der Anschauung auf einen Gegenstand bezogen und damit die Erscheinung exponiert.[201] Etwas wird durch Synthesis gegeben, indem es in die Anschauung gemäß den Grundsätzen des reinen Verstandes gesetzt wird. Dieses Setzen in den inneren bzw. äußeren Sinn ist die Exposition der Erscheinung. Sie wird von Kant als analog zu der mathematischen Konstruktion in der reinen Anschauung dargestellt.[202] Im transzendentalen Sinne kontrastiert Kant die Exposition solcher Begriffe, die aufgrund von Erfahrung „gemacht" sind, mit der Konstruktion mathematischer Begriffe, die „willkürlich" gemacht sind.[203] Ein mathematischer Begriff wird in der reinen Anschauung konstruiert, ein empirischer Begriff wird in der Erscheinung

---

200 B 443; vgl. auch B 510; B 536. Auch in R 4757 (AA XVII, 704) erklärt Kant das Auftreten der Antinomie mit der Unvereinbarkeit der immanenten Grundsätze des empirischen Verstandesgebrauchs, der „principien der exposition der Erscheinungen", mit den Prinzipien der reinen Vernunft.

201 Den Ausdruck „setzen" verwendet Kant im Laufe der Entwicklung seiner kritischen Philosophie mit zunehmender Häufigkeit. Bedeutet er zunächst logisch das Zusprechen eines Prädikates zu einem Subjekt, so ist seine kategoriale Bedeutung die Annahme einer Realität, eines Sachgehaltes. Durch das Schema der Qualität gewinnt ‚Position' dann die Bedeutung von „Sein (in die Zeit)" (B 182), beachtet man dabei die Synthesisleistung des Verstandes, so liegt ihm zugrunde ein Setzen in die objektive Zeit. Insbesondere die Lehre von der Selbstaffektion bedient sich dieses Ausdrucks (vgl. B 67 f.; B 157 Anm.; B 179; Prolegomena. AA IV, 306; aber auch bereits *Metaphysik-Pölitz*. S. 40 f.). Er hat dabei eine andere Bedeutung als bei Fichte, durch den dieser Begriff besondere philosophische Relevanz erlangt hat.

202 Vgl. Logik-Jäsche. AA IX, 141.

203 Logik-Jäsche. AA IX, 141.

exponiert. Die Grundlinien der Kantischen Lehre von der Exposition der Erscheinungen sind bereits klar in der *Metaphysik-Pölitz* vorzufinden. Durch sie versucht Kant zu klären, inwiefern durch Verstandessynthesis der reale Zusammenhang des Anschauungsmannigfaltigen geleistet wird. Insbesondere das Problem der Teilung der Materie erfährt hierbei eine Neubewertung:

> „Jede Vorstellung ist so beschaffen, daß das Gemüth sie in der Zeit durchgehet; das heißt, das Gemüth exponirt die Erscheinung; also jede Vorstellung ist exponibel. Z.E. wenn das Gemüth eine Vorstellung von der Linie hat; so geht es alle Theile der Linie durch, und exponirt die Erscheinung. Den Körper stellen wir uns nicht anders vor, als durch das Durchgehen aller Theile desselben, und das ist die Exposition der Erscheinung. Wir können uns also des Gegenstandes nicht anders bewußt seyn, als durch das Exponiren des Gegenstandes. Die Ursache ist, weil alle unsere gegebene Vorstellungen in der Zeit geschehen. Alle Gegenstände der Sinne sind exponibel in unserer Vorstellungskraft; das heißt: wir können in der Zeit nach und nach unser Gemüth bestimmen; das nennt man auch das Durchgehen der Erscheinung, wo man successive von einem Theile zum andern geht. Hieraus folgt, daß keine Erscheinung und kein Theil einer gegebenen Erscheinung ist, der nicht ins Unendliche könnte getheilt werden; also giebt es nichts Einfaches in der Erscheinung, weder in der folgenden Erscheinung, noch wo das Mannichfaltige der Erscheinung ist; denn das Gegenwärtige kann nur in so fern gesetzt werden, wenn es das Gemüth durchgehet und die Erscheinung exponirt."[204]

Die Zeitlichkeit und Diskursivität des Verstandes wird hier von Kant für die spezifisch kritische Lösung des Teilungsproblems verantwortlich gemacht. Die Diskursivität eignet nicht nur dem Verstandesdenken, sondern auch dem Vernunftdenken. Die dekomponierende Synthesis kann also nur dann auf distinkte Teile der Materie stoßen, wenn sie bereits synthetisch erzeugt wurden.

Auf welche Weise wird nun empirisches Anschauungsmannigfaltiges durch den Verstand seinen Teilen nach bestimmt und damit in eins gegeben? Was dekomponiert werden kann, muß zuvor komponiert worden sein. Die Komposition der Materieteile, d.h. der Teile als Teile und die Komposition der Teile untereinander, ist Verstandesprodukt. Materie ist nach Kant die Substanz im Raum. Was uns durch die Sinnlichkeit gegeben wird, ist dabei nicht dasjenige, was wir mit dem Substanzbegriff be-

---

204 Metaphysik-Pölitz. S. 93. Diese Darlegungen zur Expositionslehre finden sich im Kapitel über das *principium continuitatis*. Kant deutet mit seiner Lehre diesen Leibnizschen Grundsatz um und gibt dazu auch eine transzendentale Ausdeutung der Infinitesimalrechnung; die obige Überlegung wird eingeleitet mit der Bemerkung, das *principium continuitatis* sei von Leibniz als erstem vorgeschlagen worden, es sei aber im wesentlichen unverstanden geblieben. Es ist höchst bemerkenswert, daß Kant sich auch in diesem Punkt wohl als Fortführer Leibnizscher Gedanken sieht. In Newtons Bezeichnung seiner Methode zur Lösung desselben Problems, der Berechnung von durch Kurven oder Kreisen begrenzten Flächeninhalten oder Körpern, „Fluxionenrechnung", wird deutlicher, wie Kant schließlich auf die Idee kommen konnte, die Kontinuität der Materieteilung mit der Kontinuität der Zeit in Verbindung zu bringen; Kant bestimmt Kontinua allgemein, d.h. den Raum und insbesondere die Zeit, als „fließende Größen" (B 211 f.). Kant war die Fluxionenmethode Newtons sicher durch dessen *Philosophiae naturalis principia mathematica* (1687) bekannt.

zeichnen, sondern zunächst ist es etwas, dem wir eine Kausalität u.a. in Verhältnis auf unseren Wahrnehmungsapparat zuschreiben, nämlich Kraft. Die Wahrnehmungseigenschaft von Materie ist ihre relative Undurchdringlichkeit, d.h. ihre Dichte. Das Phänomen relativer Undurchdringlichkeit führen wir auf die Wirkung einer Kraft zurück.[205] Diese Kraft bestimmen wir gemäß den Grundsätzen als Wirksamkeit einer Substanz oder vieler Substanzen. Da diese Kraft nun eine intensive Größe ist, konzipieren wir sie als einteilbare Größe, deren Ursache eine oder das Zusammenwirken vieler Substanzen sein kann.[206] Kants kritischer Substanzbegriff ist, wie bereits gezeigt, wesentlich relational. Dies betrifft zum einen ihre Subjektrelativität, zum anderen aber auch in objektiver Hinsicht, daß Substanzen als untereinander in Wechselwirkung stehend gedacht werden. Da diese Substanzen im Raum vorgestellt und folglich als ideal teilbar gedacht werden, denken wir sie als zusammengesetzte Substanzen gemäß der dritten Analogie, die die „Komposition" betrifft (B 262). Die Materie ist uns also empirisch als intensive Größe einer oder vieler Kräfte gegeben, die wir auf Substanzen beziehen. Diese Substanzen sind im Raum und werden damit als ihre Teile konzipiert. Die Teile der Materie sind also Substanzen im Raum. Auch nach dem kritischen Kant denken wir die Materie als ein dynamisches Wechselverhältnis von Substanzen im Raum. Es wird sich aber zeigen, daß Kant die These von der Relativität der Substanz in der Weise konsequent ausdeutet, daß er die Substantialität letztlich in den dynamischen Verhältnissen der Kräfte völlig aufgehen läßt. Die Substanz ist letztlich nichts anderes als Kraft. Aus dieser Annahme ergibt sich dann die These, der Raum müsse als vollständig von Materie erfüllt betrachtet werden.

Diese Form der Materie ist durch die Analogien der Erfahrung bereits *a priori* vorgegeben. Gemäß den Kategorien wird also Anschauungsmannigfaltiges, das wir unter dem Begriff der Materie denken, auf regelhafte Weise so verbunden, daß in ihm Substanzen und deren Wechselverhältnis bestimmt und damit als Objekt der Erkenntnis gegeben werden.[207] Was uns nur durch Erfahrung gegeben werden kann, ohne antizipierbar zu sein, ist die Art und Weise der intensiven Größe, die wir dann auf eine bestimmte Art empirischer Materie beziehen, d.h. auf Substanzen bestimmter Art. Wenn wir die Substanzen quantitativ bestimmen, betrachten wir sie als numerisch verschiedene Teile. Nur bezüglich empirisch gegebener materieller Körper kann dabei nach der Anzahl von Teilen gefragt werden, denn sie macht nur Sinn bezüglich Teilen einer bestimmten Art. Die apriorischen Bestimmungen der Erscheinungen

---

205 Kant nimmt dabei zwei Grundkräfte an, um diese phänomenale Eigenschaft der Materie zu erklären: eine Kraft, welche die räumliche Ausdehnung der Dichte erklärt, diese nennt er Repulsivkraft, und eine, welche den Zusammenhalt der Substanzen erklären soll, diese nennt er Attraktivkraft. Es wird später darauf zurückzukommen sein, ob Kant damit empirische Kräfte meint oder auch nicht.

206 B 321. Vgl. auch R 5650; AA XVIII, 298 f.

207 Es sei an dieser Stelle erneut darauf hingewiesen, daß Kants Objektbegriff nicht nur etwa raum-zeitliche Gegenstände meint, sondern allgemein ein gesetzmäßig in eine Einheit Verbundendes.

sind allgemein und damit quantitativ unbestimmt. Auch kann es nach Kants Erkenntnistheorie nur von solchem empirisch Gegebenen Erkenntnis geben. Die kategoriale Form, die Gegenständen überhaupt eignet, bietet dagegen keine erweiternde Erkenntnis, sondern gehört zum eigentümlichen Bereich der transzendentalphilosophischen Erkenntnis. Die Funktion der Vernunft in der dekomponierenden Synthesis besteht nun darin, über das empirisch Gegebene hinaus die Struktur der Materie zu entwerfen.

Zur Verstandesfunktion gehört auch die Zeitlichkeit der Dekomposition. Kant führt die potentielle Unendlichkeit im Regreß vom Ganzen zu den Teilen der Materie auf die Zeitlichkeit des Regresses zurück. Die dekomponierende Synthesis bleibt nicht bei den empirisch bestimmbaren, in der Erfahrung bereits vorkommenden Teilen der Materie stehen, vielmehr zeichnet sie sich gerade dadurch aus, daß sie als Idee einen imaginären Fluchtpunkt aller systematisch aufsuchbaren Erfahrung verkörpert. Sie ist regressive Synthesis, ihre leitende Regel ist das Prinzip der Vernunft: „wenn das Bedingte gegeben ist, so ist auch die ganze Summe der Bedingungen, mithin das schlechthin Unbedingte gegeben, wodurch jenes allein möglich war." (B 436). Nun zeigt Kant in der Auflösung der Antinomien, daß für die regressive Synthesis dasselbe gilt wie für die Synthesis des Mannigfaltigen durch den Verstand, daß sie nämlich unter der Bedingung des inneren Sinnes steht, weil sie sich nur auf Erscheinungen beziehen kann. Bei der zweiten kosmologischen Idee besteht die regressive Synthesis in dem Fortgang zu den inneren Bedingungen der Realität der Materie. Solcher epistemische Rückgang ist, da er unterschiedliche Synthesisformen verknüpft, wie diese an die Zeit gebunden und damit ein Fortgang in der Zeit. Auch die regressive Synthesis ist also sukzessive Synthesis.[208]

Da die primäre Bedingung für die Verbundenheit des Anschauungsmannigfaltigen die Möglichkeit seines Vorgestelltwerdens ist, ist es die Anschauungsform Zeit, welche für jede Erscheinung essentiell bestimmend ist.[209] Die Zeit ist Form des inneren Sinnes, denn in ihr werden solche Vorstellungen gegeben, die der Vorstellende nicht von sich als Vorstellendem unterscheidet – wie dies beim Raum der Fall ist –, sondern welche er sich selbst zuschreibt (B 37). In der Sukzession besteht die primäre Zeitform; auch sie kommt allererst durch Synthesis zustande, denn die Apprehension selbst „erfüllt nur einen Augenblick" (B 209), ja die Zeit selbst werde, so Kant im *Schematismuskapitel*, erst durch „sukzessive Apprehension eines Gegenstandes" erzeugt, (B 184). Geschieht dies gemäß Quantitätskategorien, so wird dadurch „die bestimmte Zeitgröße erzeugt" (B 203). Die Sukzession macht damit den inneren Sinn

---

208 Vgl. R 5961; AA XVIII, 401 (1780er Jahre): „Allein, wenn alles blos phaenomena, d.i. Vorstellungen sind, die jeder Zeit nur unter Zeitbedingungen etwas setzen können, so ist: weder die Welt noch etwas in der Welt an sich gegeben, sondern alles nur so weit gegeben, als der progressus reicht, und man wiederspricht sich, wenn man ein totum [also], welches an sich gegeben seyn soll, denkt und doch es in Raum und Zeit setzt."

209 Zur Theorie der Zeit bei Kant vgl. Düsing, K.: Objektive und subjektive Zeit.

wesentlich aus.[210] Da die Kategorien das Mannigfaltige der Anschauung in eine objektive Zeitordnung bringen, die sich nicht notwendig mit der subjektiven Wahrnehmungsfolge deckt, so konzipiert Kant die Funktion der Kategorien besonders in der zweiten Auflage als Selbstaffektion, insofern als durch die Kategorien das Anschauungsmannigfaltige in den inneren Sinn gesetzt wird und dieser damit durch den Verstand sich mit sich selbst affiziert. Da die Setzung des Anschauungsmannigfaltigen in den inneren Sinn einerseits gemäß der Anschauungsform der Zeit geschieht, andererseits nach den regelnden Einheiten der Kategorien, so ist die Synthesis des Anschauungsmannigfaltigen selbst sukzessiv; Kant spricht daher von „sukzessiver Synthesis" (B 154 f.). Dabei ist der reine spontane Akt des Setzens, d.h. die reine Synthesis des Verstandes, nicht zeitlich. Aufgrund dessen kann Kant vor dem Hintergrund seiner Synthesislehre behaupten, daß die Teile der Materie in Abhängigkeit von der Zeit, die der epistemische Regreß der Dekomposition beansprucht, gegeben werden.

4.2. Die regulative Funktion der Idee der Teilung

Die sukzessive regressiv-dekomponierende Synthesis beinhaltet ein dynamisches Moment, das es verbietet, bei dem Bestimmten stehenzubleiben, und fordert, das Unbestimmte der Erscheinung weiter fortzubestimmen. Die Dynamik des Regresses wird durch die Idee des Unbedingten in Gang gesetzt, die Grundprinzip aller transzendentalen Ideen ist, zu denen auch die kosmologischen Ideen gehören. Sie beinhaltet eine transzendental-realistische Setzung: die Vorstellung eines gegebenen schlechthin Unbedingten. Die Darstellung der Irrtümer der speziellen Metaphysik, die auf dieser Grundlage beruhen, führte dazu, daß Kant diese Setzung umdeutet von einem Gegebensein des Unbedingten zu einem Aufgegebensein, d.h. zu einer Aufgabe, zu einem *problema* oder zu einem Gebot (B 525 ff.). Diese Deutung des Vernunftprinzips hatte sich bereits in seiner Herleitung gezeigt in seiner Formulierung als bloß logische Maxime der reinen Vernunft.[211] Das ontologische Vernunftprinzip wird somit umgedeutet zu einer epistemischen Maxime. Diese, wie Kant sie nennt, „logische Maxime" weist den Ideen keine konstitutive Bedeutung für Objekte der Erkenntnis, sondern eine regulative Funktion für die Erfahrung zu.

Kants Lehre von den regulativen Vernunftideen spricht Ideen die epistemische Funktion zu, der mannigfaltig verstreuten Erfahrung systematische Einheit zu verlei-

---

210 Dies wird von Kant weniger in der Deduktion der ersten, als vielmehr in der zweiten Auflage hervorgehoben (vgl. A 98 ff. und B 154 f.). Vgl. dazu meinen Aufsatz: Zeitmodi und Naturzeit in Kants *Kritik der reinen Vernunft*. S. 152 ff. Grundmodus der Zeit ist die Beharrlichkeit, wie Düsing herausstellt (Objektive und subjektive Zeit. S. 6), primäre Zeitform ist gleichwohl die Sukzession, sie ist die grundlegende Zeitreihe (B 182).

211 B 364; vgl. Kap. I.1.1. In R 5553 nennt Kant die logische Maxime der reinen Vernunft auch „Postulat" (AA XVIII, 222 f.).

hen und sie damit zur Wissenschaft zu erheben (B 860). Ein System von Erkenntnissen, Wissenschaft, ist „die Einheit der mannigfaltigen Erkenntnisse unter einer Idee" (ebd.). Kant hat die Theorie der regulativen Funktion der Vernunftideen im weiteren Verlauf der *Kritik der reinen Vernunft* nicht explizit auf das Problem der Teilbarkeit der Materie im einzelnen bezogen. Vielmehr hat er diese Lehre allgemein für das Naturganze und die Bedingungsreihen, die durch die Vernunft notwendig konzipiert werden, ausgeführt. Hierbei erweist es sich sogar, daß die nach Ideen gedachte, systematische Einheit der Natur wahrheitsrelevant ist: Wir könnten kein „zureichendes Merkmal empirischer Wahrheit" haben, wenn wir nicht den vernunftgemäßen Zusammenhang der Verstandeserkenntnis als objektiv gültig voraussetzten (B 679). Doch für die Gültigkeit dieser Voraussetzung kann es keine Rechtfertigung im engeren Sinne geben; vielmehr ist es ein rein epistemisches Erfordernis. Gleichwohl besteht hierin das Argument für die Deduktion der Vernunftideen als regulative Prinzipien mit einer spezifischen objektiven Gültigkeit.[212] Kants Wahrheitstheorie zeigt sich von hierher als deutlich komplexer, als zumeist angenommen wird, insofern die Kohärenztheorie der Wahrheit in der empirischen Erkenntnis eine zentrale Rolle zu spielen scheint und an Ideen gebunden ist.

In der *Transzendentalen Dialektik* geht Kant nicht ausführlich auf diese aus heutiger Sicht erkenntnistheoretisch und wissenschaftstheoretisch wichtige Thematik ein, sondern behandelt sie eher allgemein.[213] Zudem sind seine Ausführungen teilweise unklar. So sagt Kant zwar, daß den transzendentalen Ideen oder auch den kosmologischen Ideen jene Funktion zukomme, aber in einem zentralen Kapitel *Von dem regulativen Gebrauch der Ideen der reinen Vernunft* entwickelt Kant diese Lehre anhand drei anderer, eindeutig epistemischer Begriffe, ohne daß er deren Verhältnis zu den drei transzendentalen oder den vier kosmologischen Ideen näher erläuterte. Die systematische Einheit der Naturerkenntnis wird nun zurückgeführt auf die drei Begriffe: Homogenität, Spezifikation und Kontinuität (B 685).[214] Sie ermöglichen es, die sy-

---

212 Die Argumentation muß hier nicht im einzelnen analysiert werden. Vgl. dazu Caimi, M.: Über eine wenig beachtete Deduktion der regulativen Ideen. In: Kant-Studien 86 (1995), S. 308-320; Pilot, H.: Die Vernunftideen als Analoga von Schemata der Sinnlichkeit. In: Das Recht der Vernunft. Kant und Hegel über Denken, Erkennen und Handeln. Hrsg. v. C. Fricke, P. König und T. Petersen. Stuttgart-Bad Cannstatt 1995, S. 155-192; Zocher, R.: Zu Kants transzendentaler Deduktion der Ideen der reinen Vernunft. In: Zeitschrift für philosophische Forschung 12 (1958), S. 43-58.

213 Die *Kritik der Urteilskraft* setzt an dieser Lehre an, doch auch hier wird sie bezüglich der Wissenschaften der unbelebten Natur letztlich nur in den beiden Einleitungen ansatzweise behandelt, da die Kritik der teleologischen Urteilskraft auf die objektive Zweckmäßigkeit in Naturwesen beschränkt ist. Kants Perspektive ist auf eine andere Fragestellung ausgerichtet, nämlich das von ihm neu aufgefundene dritte Grundprinzip unserer Erkenntnis, die Zweckmäßigkeit, auszuführen.

214 Zocher sieht in diesen drei Begriffen selbst Ideen und somit Korrelate der drei transzendentalen Ideen; dadurch ergibt sich ihm zufolge ein „Doppelsinn der Kantischen Ideenlehre", insofern als er die regulative Funktion einmal den transzendentalen Ideen selbst, aber

stematische Einheit der Natur im Begriffsverhältnis von Gattung und Art zu denken (B 679 ff.). Nach dieser Konzeption haben Ideen rein instrumentelle Bedeutung, doch zahlreiche andere Lehrbestandteile der regulativen Vernunftideen zeigen, daß die Ideenkonzeption Kants nicht auf diese Konsequenz zusammenschrumpft.

In diesem Kapitel soll *erstens* allgemein untersucht werden, worin die regulative Funktion von Ideen besteht (4.2.1.), um dann *zweitens* zu zeigen, daß der zweiten kosmologischen Idee auch eine solche regulative Funktion zugesprochen werden muß sowie in welcher Weise konkret die Teilungsidee diese Funktion erfüllt (4.2.2.). Entscheidender Punkt dieser Untersuchung ist dabei folgendes Problem: Die regulative Funktion der Ideen, d.h. die regelhafte Anleitung zur Auffindung von Erfahrungserkenntnis besteht nicht nur in der Anwendung der drei epistemischen Regulative, Homogenität, Spezifikation und Kontinuität, sondern in der hypothetischen Annahme der objektiven Realität von Ideen. Dies kann sich nur auf Ideen beziehen, die ein vermeintes Objekt bezeichnen, also die transzendentalen und insbesondere auch kosmologischen Ideen in metaphysischer Bedeutung, da sie in besonderer Weise auf Erfahrung bezogen sind. Diese Lehre faßt Kant in die Metapher, Ideen seien *focus imaginarius* der Erkenntnis (B 672). Dadurch entstehe zwar, so räumt Kant ein,

> „die Täuschung, als wenn diese Richtungslinien von einem Gegenstande selbst, der außer dem Felde empirisch möglicher Erkenntnis läge, ausgeschossen wären [...]; allein diese Illusion (welche man doch hindern kann, daß sie nicht betrügt) ist gleichwohl unentbehrlich notwendig, wenn wir außer den Gegenständen, die uns vor Augen sind, auch diejenigen zugleich sehen wollen, die weit davon uns im Rücken liegen, d.i. wenn wir in unserem Falle den Verstand über jede gegebene Erfahrung (den Teil der gesamten möglichen Erfahrung) hinaus, mithin auch zur größtmöglichen und äußersten Erweiterung abrichten wollen." (B 672)

Die Voraussetzung, daß es einen Gegenstand der Idee unabhängig von subjektiven Bestimmungsleistungen gebe, ist aber die Annahme des transzendentalen Realismus. Der transzendentale Realismus wird also zwar durch die Antinomien als metaphysische Theorie widerlegt, er behält aber, so eine These dieses Kapitels, innerhalb der Transzendentalphilosophie eine auf den „hypothetischen Vernunftgebrauch" eingeschränkte Geltung. Bei den beiden mathematisch-kosmologischen Ideen ergibt sich aufgrund der antinomischen Struktur der Idee dabei zusätzlich das Problem, daß der Gegenstand in zwei sich wechselseitig ausschließenden Bestimmungen gedacht werden muß, nämlich die Materie wird betrachtet einerseits als aus Einfachem bestehend und andererseits als nicht aus Einfachem bestehend, sondern als Kontinuum.[215] Auch die Bestimmung des Status der Voraussetzung der Gegenstände, die Ideen bezeich-

---

auch jenen drei epistemischen Begriffen zuspricht (Der Doppelsinn der Kantischen Ideenlehre. Eine Problemstellung. In: Zeitschrift für philosophische Forschung 20 (1966), S. 222-226).

215 Daß die Antithesis unter Voraussetzung des transzendentalen Realismus die Kontinuitätsthese nicht widerspruchsfrei verteidigen konnte, wurde zuvor gezeigt, doch ihrem Anspruch nach, um den es hier geht, war dies ihre Meinung.

nen, wird sich als äußerst schwierig herausstellen. Es ergibt sich also in neuer Weise die Frage, welches Schicksal der transzendentale Realismus in Kants Transzendentalphilosophie nimmt, nachdem es so schien, als verschwände er durch die transzendentale Revision und werde ganz und gar durch den empirischen Realismus ersetzt.

4.2.1. Die regulative Funktion der Vernunftideen: Die Lehre der regulativen Funktion von Ideen entwickelt Kant zuerst in der Antinomienlehre im Kapitel *Regulatives Prinzip der reinen Vernunft in Ansehung der kosmologischen Ideen* (B 536-B 543). Kant bezeichnet hier die Vollständigkeit der kosmologischen Reihen und das Unbedingte in ihnen als „Problem für den Verstand" (B 536). Problematisch ist etwas, das möglich ist, d.h. keinen Widerspruch einschließt, dessen Wahrheitswert dabei aber unbestimmt ist. Bereits in der Erläuterung der Urteilstafel weist Kant auf die Anwendung des problematischen Urteils in der Kosmologie, d.h. in der vierten Antinomie hin (B 99 ff.). Auch wenn problematische Urteile dieser Art falsch seien, so sagt Kant bereits hier, könnten sie gleichwohl „Bedingungen der Erkenntnis der Wahrheit sein", womit sowohl auf die quasi-Objektivität der Ideen als auch auf den oben erwähnten kohärentistischen Wahrheitsbegriff hingewiesen wird (ebd.). ‚Regulativ' bestimmt Kant durch seine Funktion, wobei sich fünf unterschiedliche Aspekte unterscheiden lassen: Eine regulative Idee hat *erstens* iterative Funktion, d.h. sie gebietet, vom Bedingten zu den Bedingungen zurückzugehen, ohne bei einem Glied der Reihe stehen zu bleiben, und erzeugt auf diese Weise den potentiell unendlichen Regreß. Ihr kommt *zweitens* im engeren Sinne regulative Funktion zu, indem sie dem iterativen Regreß Regelhaftigkeit verleiht (B 536). Eine *dritte* Funktion ist die Approximation an eine vollständige Naturerkenntnis (B 691; B 705; B 729 f.), sowie *viertens*, in Abhängigkeit von den drei vorigen, ihre systembildende Funktion, d.h. daß sie mannigfaltig verschiedene empirische Erkenntnis in einen systematischen Begründungszusammenhang stellt. Ihre *fünfte* Funktion kann man als modellbildende bezeichnen, womit gemeint ist, daß Ideen es der Einbildungskraft ermöglichen, schemaanalog solche Objekte zu entwerfen, die als mögliche Erklärungen für Naturphänomene dienen können. Nach der Metaphysikkritik steht jedoch fest, daß Ideen auf den empirischen Gebrauch restringiert sind. Erst nach dem Kapitel *Das Ideal der reinen Vernunft* im *Anhang zur Transzendentalen Dialektik* greift Kant die Thematik des regulativen Vernunftgebrauchs wieder auf, um ihn genauer zu bestimmen (B 670-732). Hier meint Kant, die regulative Funktion der Ideen bestehe darin, den Verstand auf ein Ziel auszurichten und faßt dies in die Metapher des *focus imaginarius*, des imaginären Brennpunktes (B 672). Die Metapher entstammt der Optik und bezieht sich an dieser Stelle auf Spiegelprojektionen.[216] Demnach

[216] Man kann sich Spiegelprojektionen zunutze machen, um Gegenstände sehen zu können, die außerhalb des natürlichen Sichtfeldes liegen. Dabei muß man allerdings die Trugdarstellung in Kauf nehmen. Der Brennpunkt ist dabei der Punkt, in dem die Sichtlinien zusammenlaufen. Eine Darstellung mit Erklärung der Metapher an dieser Stelle findet sich in: Büchel, G.: Geometrie und Philosophie. Zum Verhältnis beider Vernunftwissenschaften

scheint im Spiegel ein Gegenstand, der sich hinter dem Rücken des Betrachters der Spiegelfläche befindet, vor ihm zu sein in einer Distanz, die der Entfernung von der Spiegelfläche entspricht. Der Gegenstand scheint also an einem Ort zu sein, an dem er sich tatsächlich nicht befindet, gleichwohl aber ist der tatsächliche Gegenstand an einem gesetzmäßig von diesem Trugbild abzuleitenden Ort, so daß man seine Entfernung objektiv bestimmen kann, wenn man den Trug durchschaut und die optischen Gesetze kennt.

Den regulativen Gebrauch der Vernunft nennt Kant im *Anhang zur transzendentalen Dialektik* auch den „hypothetischen Gebrauch der Vernunft" (B 675), gemeint ist der Gebrauch der Ideen als Hypothesen oder der hypothetischen Annahme der objektiven Realität der Ideen.[217] Mit dem Terminus ‚Hypothese' ist bei Kant mehreres verbunden, was bei den Ideen zu beachten ist. Zum einen ist damit ein bestimmter, noch näher zu untersuchender modaler Modus der Ideen gemeint, zum anderen eine bestimmte epistemische Geltung und zum dritten ein epistemologischer oder wissenschaftstheoretischer Begriff der Beweistheorie. Als Hypothese in einem Beweis fungiert eine Annahme, die als Erklärung unterschiedlicher Sachverhalte angenommen

im Fortgang von der *Kritik der reinen Vernunft* zum *Opus postumum*. Berlin / New York 1987 (Kantstudien Ergänzungshefte 121), S. 107 f. Allerdings versteht Kant den Begriff des *focus imaginarius* allgemeiner, indem er an zeitgenössische Theorien des Sehens allgemein anknüpft und bezieht ihn nicht nur auf Spiegelbilder, wie aus den *Träumen eines Geistersehers* hervorgeht (AA II, 344 ff.). Demnach befinden sich die Gegenstände der Außenwelt in gewisser Weise auch in einem imaginären Brennpunkt, da die Linse des Auges auf der Netzhaut ein Bild projeziert, wobei von diesem Bild auf den Ort des Gegenstandes geschlossen wird durch den imaginären Brennpunkt jenseits der Linse, obwohl eigentlich nur das Bild auf der Netzhaut im Gehirn repräsentiert ist. Grier weist auf eine starke Ähnlichkeit zwischen Kants Metapher des *focus imaginarius* und Newtons Theorie der Spiegelprojektionen in den *Opticks* hin (Kant's doctrine of transcendental illusion. S. 37 f.).

217 Erst in der *Kritik der Urteilskraft* unterscheidet Kant die bestimmende von der reflektierenden Urteilskraft und weist allein der reflektierenden Urteilskraft die Fähigkeit zu, für empirisch Gegebenes, für das kein Begriff zur Verfügung steht, oder allgemeiner: für das keine Regel bekannt ist, einen Begriff oder ein Gesetz neu zu konzipieren (Erste Einleitung. AA, XX, 211 ff.; Kritik der Urteilskraft. AA V, 179 ff.). Die bestimmende Urteilskraft ist nur dazu in der Lage, das Gegebene unter bereits gegebene Begriffe zu subsumieren. Vgl. zur Lehre der regulativen Ideen auch die klaren und gegenüber der ersten Auflage des Werkes völlig neuen Darlegungen von Allison, H.: Kant's transcendental idealism (2004). S. 424 ff. Allison deutet sie als transzendentalphilosophische Antwort auf Humes Induktionslehre, deren Alternativlösung sich in der Konzeption der reflektierenden Urteilskraft der dritten *Kritik* finde (S. 436 f.). Allison meint, die Kantische „Induktionslehre" und der transzendentale Idealismus stünden in einer derart engen Verbindung, daß die Ablehnung der einen Theorie, die der anderen notwendig nach sich zöge (S. 447 f.). Allison konzentriert seine Untersuchung dabei jedoch auf die drei rein methodologischen Begriffe Homogenität, Spezifikation und Kontinuität. Dadurch aber wird nicht klar, wie er zugleich die Unvermeidlichkeitsthese, der er große Bedeutung zumißt – bei der er sich Grier anschließt – vertreten kann; denn welche Illusion sollte sich aus der Anwendung dieser drei bloß operativen Begriffe ergeben?

wird, deren Wahrheit nicht erwiesen ist, deren notwendige Folgen aber mit der Erfahrung zusammenhängen und durch diese in ihrer Wahrheit zwar nicht bestätigt, aber doch in ihrer Wahrscheinlichkeit gesteigert werden können.[218] Hypothesen kommt zentrale Bedeutung in der Genese von Naturerklärungen zu.[219] Sie können, da sie allgemeingültig sind, nicht unmittelbar durch Erfahrung bestätigt werden. Die Bestätigung erfolgt vielmehr dadurch, daß aus einer Hypothese auf notwendige Folgen geschlossen wird, die sich durch Erfahrung als wahr oder falsch erweisen können.[220] Für Eignung und Wert wissenschaftlicher Hypothesen gibt es diverse Regeln, v.a. größtmögliche Einfachheit und Allgemeinheit.[221] Ideen dienen bei Kant der Hypothesenbildung vermittels ihrer systembildenden Funktion. Die Idee ermöglicht es, einen Sachverhalt oder einen Gegenstand als Erklärungsgrund von Phänomenen zu konzipieren, dessen Realität es allererst zu erweisen gilt.[222] Nach Kant erlaubt es allein eine Idee, über das in der Anschauung unmittelbar Gegebene hinauszugehen und durch die Einbildungskraft Gegenstände vorzustellen, die nicht der sinnlichen Erfahrung entstammen, um die Erfahrung in ein einheitliches Bild zusammenzuschließen, d.h. unterschiedliche Phänomene auf einen Sachverhalt zurückzuführen, der als objektives Wissen fungieren kann. Ideen dürfen aber nicht selbst für eine Naturerklärung gehalten werden, dies wäre ihr zu vermeidender konstitutiver Gebrauch (B 798).

---

218 Vgl. besonders Logik-Pölitz. AA IX, 84 ff.; Logik-Busolt. AA XXIV, 647; Wiener Logik. AA XXIV, 886-889. Majer zieht zwischen Kants Lehre regulativer Vernunftideen und David Hilberts mathematischer Methode der Idealen Elemente Vergleiche; bemerkenswert ist dieser Versuch deshalb, weil Kants Ansätze zu einer Mathematik-Theorie im allgemeinen eher als mit dem Intuitionismus, nicht aber als mit dem Formalismus, den Hilbert vertritt, vereinbar gelten (Hilberts Methode der Idealen Elemente und Kants regulativer Gebrauch der Ideen. In: Kant-Studien 84 (1993), S. 51-77).

219 Empirische Naturgesetze können Kant zufolge nicht als bloße Naturbeschreibung gelten, da durch eine Beschreibung nichts als notwendig wahr erkannt wird, sondern sie müssen in Gesetzen *a priori* gründen, d.h. wohl: in einem systematischen Zusammenhang mit den Grundsätzen des reinen Verstandes und den Ideen stehen (Metaphysische Anfangsgründe der Naturwissenschaft. AA IV, 467 f.). Die Frage, welchen Status Naturgesetze haben, ob Naturerklärung oder –beschreibung, wird auch heute noch breit diskutiert.

220 Vgl. auch R 5553; AA XVIII, 227.

221 Kants Positivbeispiel einer guten kosmologischen Hypothese ist Kopernikus' Elipsenbahnenhypothese, weil sie ohne Hilfshypothesen annehmen zu müssen, eine große Zahl von Phänomenen erklärte; Negativbeispiel ist die Kreisbahnhypothese des Tycho Brahe, weil sie zu viele Hilfshypothesen nötig hatte (Logik-Pölitz. AA IX, 85 f.).

222 Hypothetische Gegenstände dieser Art werden in der Wissenschaftstheorie als theoretische Entitäten bezeichnet, wie beispielsweise Gluonen, die für die sog. starke Kernkraft verantwortlich sind. Sie wurden zunächst theoretisch angenommen, bis sie 1978 nachgewiesen werden konnten. Heute sind beispielsweise *strings* theoretische Entitäten, deren Existenz aus theoretischen Gründen, nämlich der Vereinheitlichung der vier Grundkräfte und der Reduktion der zahlreichen Elementarteilchen auf eine gemeinsame Grundlage, von einigen Physikern vorausgesetzt wird, aber derzeit nicht nachweisbar ist, ja vielleicht sogar unmöglich nachgewiesen werden kann.

Der Gebrauch der Bedingungen der Möglichkeit der Erfahrung als Bedingung der Möglichkeit der Sachen durch die Vernunft dient also der Leitung der Erfahrung nach Regeln.[223] Bezieht man diese Lehre auf wissenschaftstheoretischen Sprachgebrauch, so kann man sie auch wie folgt auffassen: Ideen erlauben es, Hypothesen über allgemeinere Naturgesetzmäßigkeiten aufzustellen, die empirisch allererst verifiziert werden müssen. Die Ideen selbst sind jedoch nicht identisch mit solchen empirischen Hypothesen, sondern sind selbst nicht verifizierbar, sie sind aber Bedingungen der Möglichkeit, verifizierbare Hypothesen aufstellen zu können. Empirische Hypothesen müssen spezifischer bestimmt sein als Ideen, um in der Erfahrung verifiziert werden zu können. Dabei markieren die Ideen gleichwohl die Zielpunkte größter Einheitlichkeit, auf die hin die Approximation des Wissens sich ausrichten soll. Regulative Ideen ermöglichen es, unterschiedliche empirische Fakten oder allgemeiner verschiedene Naturgesetze in den systematischen Zusammenhang einer komplexen Theorie zu bringen, aus der heraus sie überhaupt erst ihren Sinn als Naturerklärungen und nicht bloß -beschreibungen erhalten. Die kosmologischen Ideen können also als Prinzipien der Hypothesenbildung und als Zielpunkte maximaler Vereinheitlichung der Naturerklärung angesehen werden.[224] Kant schreibt Ideen aufgrund dieser erfahrungsleitenden Funktion quasi-Objektivität sowie Wahrheitsrelevanz zu.

Was aber bedeutet die hypothetische Geltung und der modale Modus der Ideen? Die Gegenstände der Ideen sollen schließlich nicht nur als möglich angenommen, sondern als existierend vorausgesetzt werden. Wie aber ist das zu verstehen, insbesondere da sich kosmologische Ideen doch als äußerst problematische Konzepte erwiesen haben? Bereits in der *Kritik der reinen Vernunft* faßt Kant die Art der hypothetischen Geltung der Ideen durch die Redeweise des „als ob" (B 544; B 700 f.; B 713; B 854). In der *Kritik der Urteilskraft* spielt sie eine größere Rolle. Zumeist bezieht er sie auf die systematische Einheit der Natur insgesamt, die wir so denken müssen, „als ob" ein Welturheber den Kosmos in der Weise zweckmäßig eingerichtet hat, daß er eine unserer Urteilskraft gemäße Regelhaftigkeit aufweist. Aber er wendet diese Redeweise auch auf die kosmologischen Ideen selbst an.[225] Die Voraussetzung eines Sachverhaltes als wahr geht über die Annahme seiner bloßen Möglichkeit hinaus: Die Behauptung bloßer Möglichkeit bezieht sich entweder auf die logische Möglichkeit,

---

[223] Die berühmte Formulierung in A 111, die Kant hier wieder aufgreift, ist damit durchaus komplexer zu verstehen, als dies gemeinhin geschieht, denn sie nimmt vorgreifend auf seine Ideenlehre Bezug; wohl aus diesem Grund bringt Kant diese so eingängige Formulierung, welche die objektive Gültigkeit der Kategorien bündig zusammenzufassen scheint, in der Kategoriendeduktion der zweiten Auflage nicht erneut vor.

[224] Zu diesen Ausführungen vgl. B 797 ff. Vgl. Krausser, P.: On the Antinomies and the Appendix to the Dialectic in Kant's Critique and Philosophy of Science. In: Synthese 77 (1988), S. 375-401; S. 392 ff.

[225] B 700. In der *Kritik der Urteilskraft* bezieht sich das „als ob" zumeist auf das Prinzip der reflektierenden Urteilskraft: die Zweckmäßigkeit (vgl. Kritik der Urteilskraft. AA V, 180 f.; 383; 401 ff.).

d.h. Widerspruchsfreiheit des Begriffs oder seine reale Möglichkeit, d.h. seine mögliche empirische Wirklichkeit. Die Voraussetzung regulativer Ideen als objektiv real beinhaltet dagegen jedoch eine Existenzvoraussetzung. Solchen transzendentalen Hypothesen, die *a priori* notwendig sind, wird man einen eigentümlichen Status zuschreiben müssen, denn zwar gelten sie bloß hypothetisch, aber ihre Voraussetzung ist *a priori* notwendig und ebenso notwendig müssen die den Ideen gemäß entworfenen Hypothesen, hinsichtlich ihrer apriorischen Inhalte, in gewisser Weise bestätigt werden, da – wie gezeigt – die Erfahrung den Ideen gemäß bestimmt wird, so wie die Geteiltheit der Materie durch die Idee der Teilung erzeugt wird und dasjenige in der Natur, das wir Materie nennen, nicht anders als unendlich teilbar sein kann.[226]

Kant macht zwischen dem Modalmodus der bloßen Möglichkeit und der Existenzvoraussetzung keinen expliziten Unterschied; implizit weisen seine vielfältigen Versuche einer Bestimmung der regulativen Vernunftideen aber darauf hin, daß er sich dennoch einer Differenz bewußt ist, so spricht er bei der Geltung der Idee auch von „heuristische[n] Fiktionen" (B 799). In gleicher Weise macht er den Unterschied zwischen einer notwendig vorauszusetzenden Objektivität oder Existenz und der Notwendigkeit, die Objektivität oder Existenz vorauszusetzen nicht klar. Die spezifische Geltung der Ideen wird deutlicher in Kants weiterer Bestimmung der Ideen als quasi-Schemata. Aufgrund der Annahme des „als ob" werden die Ideen wie Schemata verwendet.[227] Diese Schematisierung der Ideen wird von Kant aber nur als „Analogon zu einem Schema der Sinnlichkeit" bezeichnet (B 693). Die Ideen sind Begriffe von Gegenständen, die in keiner Erfahrung gegeben werden können; aufgrund ihrer vorausgesetzten Realität und objektiven Gültigkeit konzipiert die Vernunft gleichwohl anschauliche Vorstellungen zu ihren reinen Vernunftbegriffen, d.h. Schemata. In der *Kritik der Urteilskraft* bezeichnet Kant die Art der intuitiven Vorstellung von Ver-

---

226 Auch Blackburn kritisiert an Kant – allerdings ohne eingehendere Untersuchung des Textes -, daß er den modalen Status des Regulativen nicht ausreichend geklärt habe; sieht aber ebenfalls in dieser Theorie beträchtliches wissenschaftstheoretisches Potential (Truth, Realism, and the Regulation of Theory. S. 18, 27, 33). Rescher meint in seinem sehr aufschlußreichen Aufsatz zum Thema, daß Kant in den regulativen Ideen ein Konzept virtueller Realität entworfen habe, ja daß sich bei Kant eine dualistische Ontologie fände, wonach es zum einen die empirische Realität gebe und zum anderen eine virtuelle Realität (Kant on the Limits and Prospects of Philosophy – Kant, Pragmatism, and the Metaphysics of Virtual Reality. In: Kant-Studien 91 (2000), S. 283-328; S. 238 f.). In der virtuellen Realität werden „Quasi-Gegenstände" durch Ideen konstruiert. Rescher sieht die Hauptfunktion der Ideen als Idealisierung an (S. 290). Ideen seien theoretische Konstrukte wie der Äquator oder der Nordpol. Sie ermöglichen es gleichsam, die empirische Realität in ein Koordinatensystem zu bringen. Rescher geht jedoch nicht auf das Problem ein, wie und als was solche Ideen auf die empirische Realität bezogen werden können – als bloß operative Begriffe, oder – wie sein Beispiel nahe legt – idealisierte Objekte.

227 Ein solches „Schema" wird explizit der Seele als Idee zugesprochen: vgl. B 711 f.

nunftbegriffen, denen keine Anschauung adäquat sein kann, als symbolisch.[228] Symbol und Schema sind „Hypotyposen", d.h. Darstellungen von Begriffen in der Anschauung, die in ihrer Bedeutung auf nichts Sinnliches Bezug nehmen. Die symbolische Erkenntnis hat die Funktion, in der intellektuellen Erkenntnis das Fehlen eines unmittelbaren Bezuges auf Anschauung auszugleichen.[229] Das Symbol wird *per analogiam* auf die Anschauung angewendet. Schemaanalog ist beim Symbol das Verfahren der Urteilskraft, dem „Begriff sein Bild zu verschaffen" (B 179); dem Inhalt nach aber unterscheiden sich beide Vorstellungsarten, da der Gegenstandsbezug des Schemas direkt, der des Symbols nur indirekt ist. Es besteht bei der symbolischen Anschauung eine Ähnlichkeit zwischen dem Symbol und dem Gegenstand, auf den sich das Symbol beziehen soll, die es erlaubt über beide Gegenstände zu reflektieren. Daraus folgend nimmt Kant an, daß auch den kosmologischen Ideen, obwohl sie in keiner empirischen Anschauung gegeben werden können, ein quasi-Schema zugeordnet wird. Aufgrund dieses Schemas können unterschiedliche Erscheinungen so konfiguriert werden, daß sich ein zusammenhängendes einheitliches Bild ergibt.

Diese Schemakonzeption der Ideen als Schema-Analoga, denen keine konstitutive wohl aber regulative Bedeutung zukommt, entspricht in etwa dem heutigen Modellbegriff in den Naturwissenschaften.[230] Ein wissenschaftliches Modell ist allgemein gesprochen die vermittelnde Instanz zwischen Theorie und Phänomenen, es ist zumeist

---

228 Kritik der Urteilskraft. AA V, 351 ff. Kants Lehre der symbolischen Erkenntnis ist wohl durch Crusius beeinflußt, der sie von Leibniz aufnahm und umdeutete (vgl. Heimsoeth, H.: Metaphysik und Kritik bei Chr. A. Crusius. S. 140 ff.).

229 Vgl. Metaphysik-Pölitz. S. 153 f.

230 Rescher sieht ihre Bedeutung eher instrumentell, daher sind sie für ihn Idealisierungen – ein wichtiger Aspekt der Theoriebildung in den Wissenschaften (Kant on the Limits and Prospects of Philosophy. S. 291). Bereits Vaihinger interpretiert die Schemata der Ideen bei Kant durch den modernen Modellbegriff (Philosophie des Als Ob. Leipzig [9]1927 (Nachdruck: Aalen 1986), u.a. S. 429 ff.; 433 ff.); vgl. dazu auch Kaulbach, F.: Schema, Bild und Modell nach den Voraussetzungen des Kantischen Denkens. In: Studium Generale 18 (1965), S. 464-475. Kaulbach bezieht eher allgemein den Kantischen Schemabegriff auf den heutigen Modellbegriff und vergleicht ihn mit den transzendentalen Schemata. Die kosmologischen Ideen scheinen aber diesem Begriff viel stärker analog zu sein. Vgl. auch Jammer, M.: Die Entwicklung des Modell-Begriffs in den physischen Wissenschaften. In: Studium Generale 18 (1965), S. 154-166. Jammer stellt heraus, daß der Modellbegriff in der heutigen Physik immer größere Bedeutung gewonnen hat, als „Kriterium der logischen Konsistenz" physikalischer Theorien (S. 172). Gerade die Unanschaulichkeit heutiger physikalischer Phänomene erfordert das Modell als „unentbehrliche[n] Bestandteil der modernen wissenschaftlichen Methodologie" (ebd.). Daß der Modellbegriff noch immer breit diskutiert wird, zeigen die Debatten in der Wissenschaftstheorie um diesen Begriff, vgl. dazu beispielsweise E. Scheibe: On Limitations of Physical Knowledge. In Philosophia Naturalis 35 (1998), S. 41-57. Ein klassischer Aufsatz zum Thema ist Redhead, M.: Models in Physics. In: Britisch Journal of the Philosophy of Science 31 (1980), S. 145-163. Zur Einschätzung der Bedeutung von Modellen in den Naturwissenschaften vgl. Morrison, M.: Modelling Nature: Between Physics and the physical World. In: Philosophia Naturalis 35 (1998), S. 65-85.

eine idealisierende Darstellung von Phänomenen durch die Vorgaben einer Theorie. In der Wissenschaftstheorie wird die Funktion von Modellen sehr unterschiedlich bewertet. Drei Hauptdeutungen zeichnen sich ab: *Erstens*: Modelle haben eine bloß illustrative, heuristische Funktion der Veranschaulichung von Theorien. *Zweitens*: Modelle dienen darüber hinaus der Theoriebildung – u.a. indem sie Kohärenztests ermöglichen – oder der einfacheren Handhabung von komplexen Theorien.[231] *Drittens*: Modelle haben eine semantische Funktion, indem sie es überhaupt erst erlauben, mathematische Theorien auf die physikalische Realität zu beziehen.[232] Kants Position bei den regulativen Vernunftideen entspricht zweifellos der zweiten Position, es ist allerdings fraglich, ob sie nicht über diese hinausgeht und die dritte Position seiner Ideenkonzeption vergleichbar ist. Ein entscheidender Unterschied zwischen Kants regulativen Vernunftideen und dem heutigen Modellbegriff ist, daß ein wissenschaftliches Modell eine auf empirischen Begriffen beruhende symbolische Darstellung von Entitäten oder Gesetzen ist, die jeweils der konsistenten Beschreibung einer durch Meßdaten empirisch belegten Theorie dient. Kants regulative Idee wird dagegen *a priori* als „*focus imaginarius*" durch die Vernunft notwendig gedacht und auf die Natur bezogen; sie ist daher auch durch keine empirischen Daten erfüllbar, d.h. auch nicht verifizierbar. Die regulativen kosmologischen Ideen, speziell die mathematischen, sind vielmehr allgemeiner Grundmodelle von Modellen, d.h. Vernunftformen, die der Modellbildung notwendig zugrunde liegen, wobei die Natur dem Modell notwendig entsprechen muß.[233]

---

231 Diese Position wird beispielsweise von Falkenburg vertreten (Sprache und Anschauung in der modernen Physik. In: Sprache und Sprachen in den Wissenschaften. Hrsg. v. H.E. Wiegand. Berlin / New York 1999, S. 89-118).

232 Beispielsweise vertritt Cartwright diese letzte, stärkste These (How the Laws of Physics lie. Oxford ²1999, S. 156 ff.).

233 Posy bezeichnet die Weltidee eher unspezifisch als meta-theoretischen Begriff (Dancing to the Antinomy. S. 90 f.). Zuvor bereits Krausser, P.: On the Antinomies S. 392 ff. Präzise herausgearbeitet wird der wissenschaftstheoretische Aspekt der Antinomienthematik bezüglich der ersten Antinomie in Mittelstaedt, P. / Strohmeyer, I.: Die kosmologischen Antinomien in der *Kritik der reinen Vernunft*. Falkenburg meint, Kants mathematische Antinomien beruhen auf einer veralteten Sicht auf den Status wissenschaftlicher Theorien und sieht in der modernen Modellsicht der Wissenschaften eine Überwindung der Antinomien (Kants Naturalismus-Kritik. In: Warum Kant heute? Systematische Bedeutung und Rezeption seiner Philosophie in der Gegenwart. Hrsg. v. D.H. Heidemann und K. Engelhard. Berlin / New York 2004, S. 177-206, S. 200 ff. Ihr zufolge löst sich die Antinomie von selbst, wenn, wie in der heutigen Physik, beide Seiten der Antinomie als bloße Alternativen betrachtet werden. Dabei weist sie darauf hin, daß das Antinomienproblem in gewisser Weise beim Versuch einer vereinheitlichten kosmologischen Theorie doch erneut wirksam werden könnte. Ihr zufolge zeigt Kant ein erkenntnistheoretisches Problem der Idealisierung in wissenschaftlichen Theorien auf (S. 203 f.). Die wissenschaftstheoretische Relevanz der Antinomienlehre wird auch von E. Wind untersucht (Das Experiment und die Metaphysik. Hrsg. v. B. Buschendorf. Frankfurt/M. 2001). Er bezeichnet die regulativen Ideen in den Antinomien als „indifferente Hypothesen", glaubt aber, daß Kants These ihrer em-

Aus diesen Überlegungen ergibt sich die Frage nach dem Referenten regulativer Vernunftideen: sind regulative Ideen bloß epistemologisch-methodologische Begriffe, wie Homogenität, Spezifikation und Kontinuität? Bei der zweiten kosmologischen Idee würde das bedeuten, daß nur der Begriff der Teilung als leitende Idee der dekomponierenden Synthesis zugelassen wäre; die ontologische Bedeutung der Idee, d.h. die Vorstellung des Einfachen oder einer Materie, die nicht aus dem Einfachen besteht, dagegen wäre verworfen.[234] Oder aber müssen regulative Ideen in metaphysisch-ontologischer Bedeutung genommen werden, um ihre Funktion erfüllen zu können? Es können also zwei Standpunkte eingenommen werden: Aus der ersten Annahme ergibt sich, daß regulative Vernunftideen allein instrumentelle Bedeutung für die Erkenntnis haben und daß sich die Antinomienproblematik sowie der transzendentale Realismus gänzlich vermeiden lassen. Die zweite Interpretationsrichtung dagegen meint, daß die metaphysisch-ontologische Bedeutung der Ideen unvermeidbar ist, wenn die regulative Funktion erfüllt werden soll, was zur Konsequenz hat, daß auch der transzendentale Realismus als notwendige Hypothese auf die Natur bezogen werden muß. Hier soll die zweite These vertreten werden. Die fünf Funktionen regulativer Ideen – Iteration, Regulation, Approximation, Systematisierung und Modellbildung – können nicht durch einen bloß methodologischen Idee-Begriff begründet werden, sie können, so die These, nur erfüllt werden, wenn die Ideen im on-

---

pirischen Nichtüberprüfbarkeit nicht haltbar sei und daß vielmehr die Fragen der Antinomien durch das naturwissenschaftliche Experiment entscheidbar seien (S. 115-121). Die zweite Antinomie interpretiert Wind in seiner Schrift von 1934 vor dem Hintergrund der Quantentheorie (S. 160-166). Auch in ihr glaubt Wind, daß die Physik zu einer Lösung des Problems gelangt, indem sie den Anwendungsbereich der Teilung auf bestimmte Regionen des Mikrokosmos festlegt. Doch Kant geht es ja gerade darum, aufzuzeigen, daß eine solche Festlegung von Anwendungsbereichen immer willkürliche Ausschnitte definiert und vorläufig bleibt; wobei die Frage nach den absoluten Bedingungen der Materierealität sich für das Denken letztlich nicht abweisen läßt.

234 Bezüglich des eher allgemeineren Problems der Referenz von Regulativen überhaupt werden in der Forschung im wesentlichen zwei Standpunkte vertreten. *Erstens* wird der regulative Sinn der Ideen rein instrumentalistisch aufgefaßt: Ideen sind kritisch restringiert lediglich methodische Hilfsmittel der Organisation von Erkenntnissen, diese Deutung von „regulativ" bezüglich Ideen in der theoretischen Philosophie vertritt beispielsweise Zöller (Theoretische Gegenstandsbeziehung bei Kant. Berlin / New York 1983, S. 268-271). *Zweitens* wird angenommen, daß die methodologische Funktion der Ideen nur um den Preis einer transzendenten Setzung zu haben ist, so daß ein Referent in bestimmter, gleichwohl kritisch restringierter Weise für Ideen vorausgesetzt werden muß. Diese These vertreten Bondeli (Zu Kants Behauptung der Unentbehrlichkeit der Vernunftideen. S. 172), G. Buchdahl (Zum Verhältnis von allgemeiner Metaphysik der Natur und besonderer metaphysischer Naturwissenschaft bei Kant. In: Probleme der *Kritik der reinen Vernunft*. Hrsg. v. B. Tuschling. Berlin / New York 1984, S. 97-142; S. 109 f.) und M. Caimi (Über eine wenig beachtete Deduktion der regulativen Ideen. In: Kant-Studien 86 (1995), S. 308-320; S. 315 f.) sowie Grier (Kant's doctrine of transcedental illusion. 263-301) und Allison (Kant's transcedental idealism. S. 438).

tologischen Sinne vorausgesetzt werden.[235] Das Problem der ersten Deutung ist, daß die Ideen nur zu höherstufigen Prinzipien führen würden, die auf die heuristische Vereinfachung empirischer Erkenntnisse abzielen würden und die sich, je allgemeiner sie werden, immer weniger auf die Natur selbst beziehen könnten, sondern, wie Kant sagt, ein bloß „ökonomischer Handgriff der Vernunft" für unser Erkenntnisvermögen wären.[236] Kant schreibt den Ideen aber dezidiert eine über die Ökonomie des Wissens hinausreichende quasi-objektive Bedeutung zu. Ideen müssen also als Sachverhalte vorgestellt werden, die unabhängig von uns in der Natur bestehen, so daß sich unsere Erkenntnis durch Regeln geleitet an die Erkenntnis jener Sachverhalte annähert. Diese Sachverhalte werden die Erfahrung antizipierend konzipiert, so daß das Erkenntnisvermögen weiß, wonach es in der Natur als je allgemeinere Naturerklärung suchen soll. Für den vorausgesetzten Gegenstand bedeutet dies nach Kant, daß wir ihn als existierend voraussetzen müssen. Durch diese Setzung ist es möglich, einen Gegenstand der Erfahrung „gleichsam von dem eingebildeten Gegenstande dieser Idee als seinem Grunde oder Ursache ab[zu]leite[n]".[237] Vorstellungsinhalt, der der Modellbildung zugrunde liegt, ist also beispielsweise die Welt oder spezifischer die kosmologischen Ideen als Vorstellung hinsichtlich grundlegender Eigenschaften an sich durchgängig bestimmter Gegenstände. Kant rechtfertigt diese Setzung mit ihrer Alternativlosigkeit; es bliebe der Vernunft nichts anderes übrig, als bezüglich der absoluten Totalität der Bedingungsreihe in der Natur anzunehmen, „als ob die Reihe an sich unendlich wäre" (B 713). Womit zugleich vorausgesetzt ist, daß die Natur an sich bestimmt ist. Diese „als-ob"-Setzung macht den Charakter eines solchen Grundsatzes aus, den Kant zugleich ein subjektives, aber gleichwohl unbestimmt objektives Prinzip (*principium vagum*) nennt (B 708 f.). Regulative Prinzipien können nur unter Voraussetzung ihrer Objektivität wirksam sein, d.h. ihres Bezogenseins auf Gegenstände: „Die Vernunft kann aber diese systematische Einheit nicht anders denken, als daß sie ihrer Idee zugleich einen Gegenstand gibt, der aber durch keine Erfahrung gegeben werden kann" (ebd.). Die regulative Funktion kann also nur von der Idee in

---

[235] Vgl. die hierfür zentrale Stelle B 705: „Denn wenn dem größtmöglichen empirischen Gebrauche meiner Vernunft eine Idee [...] zum Grunde liegt, die an sich selbst niemals adäquat in der Erfahrung kann dargestellt werden, ob sie gleich, um die empirische Einheit dem höchstmöglichen Grade zu nähern, unumgänglich notwendig ist: so werde ich nicht allein befugt, sondern auch genötigt sein, diese Idee zu realisieren, d.i. ihr einen wirklichen Gegenstand zu setzen, aber nur als ein Etwas überhaupt, das ich an sich selbst gar nicht kenne, und dem ich nur als einem Grunde jener systematischen Einheit in Beziehung auf diese letztere solche Eigenschaften gebe, als den Verstandesbegriffen im empirischen Gebrauche analogisch sind."

[236] B 678; B 681. Pilot spricht von einer rein „archivarischen Tätigkeit", die man so der Vernunft zuspricht (Die Vernunftideen als Analoga von Schemata. S. 174).

[237] B 698. Für das Teilungsproblem heißt das, daß wir denken, daß die uns phänomenal zugänglichen Eigenschaften der Teile der Materie aus ihnen zugrundeliegenden Elementen resultieren, und sie folglich auf jene zurückgeführt werden müssen.

ontologisch-metaphysicher Bedeutung erfüllt werden.[238] Gleichwohl – dies ist entscheidend für die kritische Lehre – dürfen die Ideen nicht ontologisch-dogmatisch angenommen werden, die Gegenstände, die sie bezeichnen, dürfen aus philosophischer Perspektive nicht als Dinge an sich betrachtet werden, die *a priori* erkannt werden, vielmehr sind sie nur regulative Bestimmungen *a priori* von Erscheinungen. Betrachten wir Erscheinungen aber unabhängig von unseren Bestimmungsleistungen, so zeigen sie sich als an sich unbestimmte Gegenstände. Losgelöst von jeder Erfahrung sind Ideen bloßer Schein.

Faßt man die Lehre der regulativen, kosmologischen Ideen, in dieser Weise auf, dann folgt daraus, daß für denjenigen, der sich dieser Prinzipien bedient – für den Physiker beispielsweise – der transzendentale Realismus eine notwendige Hypothese ist, um seine theoretischen Konstruktionen in einem spezifischen Modell der Natur, beispielsweise bezüglich Materie, überhaupt als sinnvolle Erklärung empirischer Phänomene verstehen zu können: Obwohl die Meßdaten notwendigerweise das Modell nur unvollständig erfüllen, versteht der Physiker es dennoch als eine mögliche idealisierende Darstellung der Realität, die unabhängig von uns bestimmt ist, selbst wenn sie nicht unabhängig vom Meßvorgang beschreibbar ist, wie die Quantentheorie zeigt.[239] Der Physiker wird nicht davon ausgehen, daß die Materie beispielsweise hinsichtlich ihrer Teilungseigenschaften an sich unbestimmt ist, vielmehr wird er annehmen, daß sie an sich Eigenschaften aufweist, selbst wenn er nur zu denjenigen einen Zugang hat, die sich in der Interaktion mit Meßgeräten und Experimentalanordnungen zeigen. Jeder Naturwissenschaftler wird eingestehen, daß seine Hypothesen keine absolute Geltung beanspruchen können, daß Hypothesen falsifiziert und durch andere abgelöst werden; er wird aber dennoch davon ausgehen, daß er mit seinen Hypothesen auf etwas rekurriert, das an sich Bestimmtheiten aufweist, welche auch immer es sein mögen. Allein diese Voraussetzung bewegt ihn zum Fortschritt seiner Wissensbildung.[240] Sofern er Quantenphysiker ist, wird er annehmen, daß die experimen-

---

238 „Das regulative Prinzip verlangt, die systematische Einheit als Natureinheit, welche nicht bloß empirisch erkannt, sondern *a priori*, obzwar noch unbestimmt, vorausgesetzt wird, schlechterdings, mithin als aus dem Wesen der Dinge folgend vorauszusetzen." (B 721).

239 Naturwissenschaftler sind zumeist wissenschaftliche Realisten, d.h. sie gehen davon aus, daß sich ihre Theorien oder die Entitäten, die in der Theorie vorkommen, wie Elektronen oder Quarks, auf eine ihrer Existenz nach und ihrer Bestimmtheit nach unabhängig von begrifflich-erkenntnismäßigen Leistungen existierenden Wirklichkeit beziehen, wenn sie auch nur annäherungsweise solche Wirklichkeit erfassen (zum wissenschaftlichen Realismus vgl. Psillos, S.: Scientific Realism. How Science tracks Truth. London / New York 1999). Sie müssen dabei keine Theorienrealisten sein, die glauben, ihre Theorien bildeten jene Realität ab.

240 Vgl. Boyd, R.: Realism, approximate Truth and philosophical Method. In: The Philosophy of Science. Hrsg. v. D. Papineau. Oxford 1999 (Oxford Readings in Philosophy), S. 215-255. Boyd diskutiert Probleme des wissenschaftlichen Realismus in der Begründung eines approximativen Wissensfortschritts in Auseinandersetzung mit empiristischen Modellen, wie sie van Fraassen vertritt, bei denen die Frage nach einer Approximation an eine unab-

tell nachweisbare Beschaffenheit kleinster Teilchen sich aus einer Interaktion mit unseren Meßapparaturen ergibt, so daß die Eigenschaften von Quantenentitäten nicht an sich erkennbar sind;[241] dennoch aber wird er – gleich welche Form von Realismus er auch vertritt – annehmen, daß Entitäten existieren, denen eine Bestimmtheit an sich zukommt. Diese mag unauflöslich in die Meßsituation einfließen und derart kausal mit ihr verwoben sein, daß nicht von der Meßsituation abstrahiert werden kann; dennoch aber gilt sie als Spur derjenigen Bestimmungen, die der Materie an sich selbst, d.h. unabhängig von unserer Beobachtung, zukommen.[242]

Doch die Annahme der durchgängigen Bestimmtheit ist die Annahme des transzendentalen Realismus.[243] Diese notwendige, aber lediglich subjektive Hypothese

---

hängige Realität keinen Sinn macht, weil Theorien nur auf Phänomene Bezug nehmen können, nicht auf eine ihnen zugrundeliegende Realität, diese ist uns unzugänglich. Der wissenschaftliche Realismus meint demgegenüber, naturwissenschaftliches Wissen bezieht sich auf eine dreigliedrige Relation mit den Elementen: Theorie, Phänomen und Realität. Dennoch wird auch der Empirist in gewisser Weise von einer Approximation des Wissens ausgehen, wobei sie für ihn zwischen Phänomen und Theorie stattfindet.

241 Dieses Phänomen tritt bei allen Prozessen auf, deren Wirkungsquantum sich einem bestimmten Wert annähern, dem „Planckschen Wirkungsquantum". Die Physik des 20. Jahrhunderts, deren Erkenntnisse Kant natürlich nicht vorausahnte, ist durch diese Phänomene von sich aus auf erhebliche erkenntnistheoretische Probleme aufmerksam geworden und in eine intensive wissenschaftstheoretische Diskussion gekommen. Hier wird insbesondere der Realitätsstatus ihrer Theorien und Entitäten diskutiert. Kantisch tritt dabei die sog. „Kopenhagener Deutung" der Quantenmechanik von Bohr auf.

242 Vgl. insb. Falkenburg, B.: Kants Naturbegriff und die Begründung der modernen Physik. In Philosophia Naturalis 37 (2000), S. 409-438. Falkenburg untersucht Unterschiede und Äquivalenzen zwischen Kants Naturgesetzbegriff und Bohrs Deutung der Quantenphysik im Hinblick auf die Antinomien (S. 414 ff.). Sie sieht Kants Substanzerhaltungsprinzip in der *Kritik der reinen Vernunft* als ein metaphysisches, weil apriorisches und notwendiges Prinzip an; daher hält sie Kants Theorie der Physik-Begründung letztlich nicht für geeignet, Produktives zur Problemlösung der modernen Physik beizusteuern. Das zentrale Problem, das sie aufzeigt, ist, wie die begrenzte Laborsicht, in welcher Theorien entwickelt werden, auf die kosmologische Gesamtsicht der Natur bezogen werden könne. Nach der hier gegebenen Interpretation der regulativen Vernunftfunktion könnte ein Ansatz in dieser Kantischen Lehre gesehen werden, die sich von der Substanzmetaphysik gelöst hat. Mittelstaedt zeigt auf, daß die Quantenmechanik Elemente enthält, die einer empirischen Überprüfung enthoben sind und einen apriorischen Status haben sowie zugleich objektiv-empirisch gültig sind (Apriorische Strukturen der Quantenmechanik. In: Philosophia Naturalis 37 (2000), S. 455-473). Lyre zeigt Schwächen des „hypothetischen Realismus" Popperscher Prägung auf, bezüglich des Problems, wie der Status physikalischer Grundaxiome, wie der Energieerhaltungssatz, zu fassen ist, und inauguriert einen Apriorismus dieser Prinzipien in Anlehnung an Kant (Kann Physik *a priori* begründbar sein? In: Philosophia Naturalis 37 (2000), S. 439-454). Auch hier wird weniger die Lehre der regulativen Vernunftideen beachtet als vielmehr die Grundsätze des reinen Verstandes, obwohl ersteres vielleicht angemessener ist.

243 Dies Prinzip gilt in der Quantentheorie im subatomaren Bereich als ungültig, da in ihr kein strenger Determinismus bei der Vorhersagbarkeit von Ereignissen gilt, sondern nur Wahrscheinlichkeit herrscht. Doch ist damit wohl etwas anderes gemeint.

muß jedoch nach Kant durch die transzendentale Reflexion immer als solche bewußt gemacht werden, da andernfalls der konstitutive Gebrauch die Vernunft erneut verwirrt, d.h. wohl auch zu antinomischen Annahmen führt (B 721). Als *focus imaginarius* können die Ideen nur wirksam sein, wenn sie transzendental real verstanden werden. Diese „Illusion" sei, so Kant,

> „unentbehrlich notwendig, wenn wir außer den Gegenständen, die uns vor Augen sind, auch diejenigen zugleich sehen wollen, die weit davon uns im Rücken liegen, d.i. wenn wir in unserem Falle den Verstand über jede gegebene Erfahrung (den Teil der gesamten möglichen Erfahrung) hinaus, mithin auch zur größtmöglichen und äußersten Erweiterung abrichten wollen." (B 672 f.)

Diese „verunreinigte Luft" der Metaphysik gilt es einzuatmen, weil wir keine bessere haben.[244] Um unseren Erfahrungshorizont auf neue Erfahrung hin überschreiten zu können, benötigen wir die Ideen als Zielpunkte der Erkenntnisausrichtung. Der transzendentale Realismus ist eine metaphysische Position; doch Kant zufolge ist die Metaphysik unvermeidbar, sie ist Naturanlage des Menschen; diese Einsicht muß man wohl auch auf die transzendental-realistische Voraussetzung beziehen, welche die Dynamik im Fortgang der empirischen Wissenschaft ermöglicht:

> „[...] da die absolute Totalität der Reihen der Bedingungen in der Sinnenwelt sich lediglich auf einen transzendentalen Gebrauch der Vernunft fußet, welche diese unbedingte Vollständigkeit von demjenigen fordert, was sie als Ding an sich selbst voraussetzt; da die Sinnenwelt aber dergleichen nicht enthält, so kann die Rede niemals mehr von der absoluten Größe der Reihen in derselben sein, ob sie begrenzt, oder an sich unbegrenzt sein mögen, sondern nur, wie weit wir im empirischen Regressus bei Zurückführung der Erfahrung auf ihre Bedingungen zurückgehen sollen, um nach der Regel der Vernunft bei keiner andern, als dem Gegenstande angemessenen Beantwortung der Fragen derselben stehen zu bleiben." (B 543 f.)

Der transzendentale Realismus erhält damit einerseits eine Rechtfertigung durch den transzendentalen Idealismus, andererseits zeigt er sich als eine Theorie begrenzter Geltung, die nur in den Naturwissenschaften sinnvoll ist und dort auch nur spezifisch regulative Geltung beanspruchen kann. Als philosophische Theorie aber läßt er sich nicht halten.

Ist die Voraussetzung des transzendentalen Realismus innerhalb des empirischen Realismus nicht überflüssig? Es scheint Kants Meinung zu sein, daß die Dynamik des Fortganges in den regressiven Synthesen, die nicht bei den wirklichen, empirisch gegebenen Strukturen der Materie stehenbleibt, sondern auf den *a priori* völlig unbestimmten Raum möglicher Teile der Materie ausgreift, nicht allein aus der transzendentalen Annahme bloßer Potentialität erwachsen kann, sondern sich aus der Hypo-

---

[244] Kant findet für die Naturanlage des Menschen einen wenig schmeichelhaften Vergleich: „Daß der Geist des Menschen metaphysische Untersuchungen einmal gänzlich aufgeben werde, ist eben so wenig zu erwarten, als daß wir, um nicht immer unreine Luft zu schöpfen, das Athemholen einmal lieber ganz und gar einstellen würden." (AA IV, 367).

these durchgängiger Bestimmtheit und d.h. eines transzendentalen Realismus speist. Wenn wir nämlich das Einfache und die unendliche Eingeteiltheit der Materie als regulatives Prinzip der systematischen Einheit der Naturerklärung ansetzen, hat es keinen Sinn, zugleich davon auszugehen, daß der untersuchte empirische Gegenstand im Unterschied dazu selbst beliebig viele Teile habe, so daß es allein vom erkennenden Subjekt abhinge, welche und wie viele Teile in ihm empirisch gegeben sind. Die Forderung der Vernunft, bei jeder wirklichen gegebenen Anschauung, also auch bei jedem empirisch gegebenen Kompositum von Teilen eines Materiequantums zu untersuchen, ob dieser Teil nicht seinerseits aus konstitutiven Teilen bestehe, kann sich nur aus der Vorstellung speisen, daß der empirische Gegenstand der Anschauung an sich selbst entweder solche Teile enthalte oder nicht enthalte. Die kritische Restriktion des transzendentalen Realismus besteht also darin, daß er dazu verpflichtet wird, die Erfahrung zu befragen, und daß er nicht dogmatisch-metaphysisch aus bloßen Vernunftgründen über die Gegenstände der Erfahrung urteilt.[245]

4.2.2. Die regulative Funktion der zweiten kosmologischen Idee: Die allgemeinen Erörterungen zur Lehre regulativer Vernunftideen sollen nun auf die zweite kosmologische Idee bezogen werden. Zuerst ist zu untersuchen, ob Kant die zweite kosmologische Idee überhaupt als eine regulative Idee versteht und wenn ja in welcher Gestalt. In der *Kritik der reinen Vernunft* schreibt Kant allen Vernunftideen regulative Funktion zu, wobei man von einer hierarchischen Ordnung der Ideen ausgehen muß je nach ihrem Allgemeinheitsgrad. Den kosmologischen Ideen, insbesondere den mathematischen, wird man sicher auch eine bedeutende Rolle zuerkennen müssen, da Kant die Anwendung regulativer Vernunftideen auf die Erfahrung einschränkt, und da die Sinnenwelt Domäne gerade jener Ideen ist, werden sie bei der Systematisierung empirischen Wissens daher wohl zentrale Bedeutung haben.[246] Alle kosmologischen Ideen sind letztlich nichts anderes als „regulative Prinzipien" der empirischen Naturerkenntnis:

> „Also bleibt uns für die reine Vernunft nichts übrig, als Natur überhaupt und die Vollständigkeit der Bedingungen in derselben nach irgend einem Prinzip. Die absolute Totalität der Reihen dieser Bedingungen in der Ableitung ihrer Glieder ist eine Idee, die

---

245 Diesen Zusammenhang entfaltet Kant in einer Reflexion, die in die Entstehungszeit der ersten Auflage der ersten *Kritik* fällt (R 5553; AA XVIII, 227). Der Schein der transzendentalen Ideen sei nicht zu vermeiden, „weil wir ein obiect unbedingt denken müssen und keine andere Art es zu denken haben als nur die, welche die besondere Beschaffenheit unseres Subiects mit sich bringt." Dasjenige, was dabei vorausgesetzt wird, ist das „a priori durchgangig Bestimmte"; dies wird dazu benötigt, um sich die durchgängige Bestimmtheit alles Möglichen vorstellen zu können.

246 Es sei hier nur daran erinnert, daß selbstverständlich auch die Idee der Seele von Kant als regulative Idee begriffen wird (B 648 f.; B 709 ff.). Dieser Theorie kommt sicherlich große Bedeutung für die Frage zu, wie bei Kant die Einheit aller subjektiven Vermögen gedacht wird (vgl. dazu Kap. II.4.).

> zwar im empirischen Gebrauche der Vernunft niemals völlig zustande kommen kann, aber doch zur Regel dient, wie wir in Ansehung derselben verfahren sollen, nämlich in der Erklärung gegebener Erscheinungen (im Zurückgehen oder Aufsteigen) so, als ob die Reihe an sich unendlich wäre, d.i. *in indefinitum*; [...] welches alles beweiset, daß die kosmologischen Ideen nichts als regulative Prinzipien und weit davon entfernt sind, gleichsam konstitutiv eine wirkliche Totalität solcher Reihen zu setzen." (B 712)

Die Annahme des „als ob" bezieht sich darauf, daß die unendliche Teilbarkeit gerade nicht der uns in der Vorstellung gegebenen Erscheinung allein zuzuschreiben ist, sondern dem Gegenstand selbst, d.h. dem uns affizierenden Gegenstand; damit wird dem transzendentalen Realismus eine Funktion zugewiesen: die hypothetische Annahme, Ideen auf Gegenstände der Erfahrung zu beziehen. Sie erlaubt es, Aussagen über Erfahrungsgegenstände zu machen, die jedoch der Vernunft entstammen. Gleichwohl ist er als metaphysische Position in seinem Anspruch auf objektive Gültigkeit widerlegt.

Im Kontext der Kritik an der rationalen Theologie bezeichnet Kant die Materie selbst – zwar letztlich herabstimmend, aber dennoch – als regulatives Prinzip, das hinsichtlich der Natur Idee sei (B 645 f.). Hierbei geht es um die Frage, welches regulative Prinzip als notwendigerweise existierend gedacht werden muß und insofern „höchstes Wesen" ist. Die Materie könne nicht absolute Idee sein, da sie nach der kritischen Lehre nicht als durch sich selbst notwendig und damit als absolut notwendiges Wesen gedacht werden darf. Wir müssen zwar, nach der *Widerlegung des Idealismus*, notwendig das Dasein der Materie voraussetzen, um die Bestimmung unseres eigenen Daseins als empirisches Selbstbewußtsein für möglich halten zu können, doch das bedeutet nicht, daß die Materie notwendig existiere, denn schließlich existiert das empirische Ich auch nicht logisch notwendig. Gleichwohl ist sie innerhalb des Empirischen das apriorische Prinzip der Einheit der Erfahrung:

> „In der Tat ist auch Ausdehnung und Undurchdringlichkeit (die zusammen den Begriff von Materie ausmachen) das oberste empirische Prinzipium der Einheit der Erscheinungen und hat, so fern als es empirisch unbedingt ist, eine Eigenschaft des regulativen Prinzips an sich." (B 646)

Daß Kant ihr nur „eine Eigenschaft des regulativen Prinzips" zuspricht, bezieht sich möglicherweise darauf, daß die zweite kosmologische Idee ja nicht den Begriff der Materie selbst betrifft, sondern sich auf ihre Teilung, genauer auf die „Teilung der Realität" bezieht. Die Idee bringt in metaphysischer Bedeutung eine abstrakte Materiestruktur zur Vorstellung, die aus Einfachem besteht oder nicht besteht. Dabei geht es nicht um die Existenz der Materie überhaupt, sondern des Einfachen.

Im Zusammenhang der Lehre des schemaanalogen Gebrauchs von Ideen wird man auch Kants Darstellung des Materiebegriffes in der Auflösung der zweiten Antinomie zu verstehen haben, wonach die Substanz in der Erscheinung nur als „beharrliches Bild der Sinnlichkeit" gelten kann und „nichts als Anschauung" ist; sie orientiert sich jedoch eher am Schema der Substanz (B 553 f.). Die Lehre von der Materie als Idee entwickelt Kant in dem Abschnitt *Von dem regulativen Gebrauch der Ideen der reinen Vernunft* (B 678 f.). Diese Idee ist die Vorstellung einer Grundkraft, die allen einzelnen Kräften zugrunde liegen müsse. Die kritische Lehre von der Grundkraft ist ein wesentliches Resultat der *Transzendentalen Dialektik*. Sie stammt ursprünglich aus der Schulphilosophie[247] und findet dann ihre Fortsetzung im *Opus postumum* in der Lehre von der einen Substanz als Materie. Kant entwickelt sie in der *Dialektik* in zwei Varianten: als hypothetisch-regulative Voraussetzung einer Grundkraft der Seele und der Grundkraft aller im Raum wirkenden Kräfte. Wie bereits zuvor entwickelt, ist die Materie nicht nur die Realität im Raum, sondern vielmehr auch die Substanz in der Erscheinung, wobei wir die Substanz in der Erscheinung nur durch die Kräfte erkennen können, die sie wirkt. Die Vernunftideen erlauben es, die mannigfaltigen Kräfte in der Erscheinung auf wenige grundlegende Kräfte, relative Grundkräfte, zurückzuführen. Dabei stellen wir uns letztlich die eine, alle anderen begründende Grundkraft vor (B 676 ff.). Kant entwickelt den Gedanken zunächst am Beispiel der mannigfaltigen subjektiven Vermögen, deren Einheit in der Idee der Seele projektiv auf eine systematische Einheit hin gedacht wird, und überträgt dies dann auf die Grundkraft des Realen im Raum:

> „Es zeigt sich aber, wenn man auf den transzendentalen Gebrauch des Verstandes Acht hat, daß diese Idee einer Grundkraft überhaupt, nicht bloß als Problem zum hypothetischen Gebrauche bestimmt sei, sondern objektive Realität vorgebe, dadurch die systematische Einheit der mancherlei Kräfte einer Substanz postulieret und ein apodiktisches Vernunftprinzip errichtet wird. Denn, ohne daß wir einmal die Einhelligkeit der mancherlei Kräfte versucht haben, ja selbst wenn es uns nach allen Versuchen mißlingt, sie zu entdecken, setzen wir doch voraus: es werde eine solche anzutreffen sein, und dieses nicht allein, wie in dem angeführten Falle, wegen der Einheit der Substanz, sondern wo sogar viele, obzwar in gewissem Grade gleichartige, angetroffen werden, wie an der Materie überhaupt, setzt die Vernunft systematische Einheit mannigfaltiger Kräfte voraus, da besondere Naturgesetze unter allgemeineren stehen, und die Ersparung der Prinzipien nicht bloß ein ökonomischer Grundsatz der Vernunft, sondern inneres Gesetz der Natur wird." (B 678) [248]

---

[247] Sie geht auf Leibniz' metaphysische Begründung der Dynamik und ihrer Unterscheidung zweier substanzieller Grundkräfte (*vires primitivae*) gegenüber zweier abgeleiteter Kräfte (*vires derivativae*) zurück (Brief an De Volder vom 21.1.1704. GP II, 262). Die Lehre von der Grundkraft hat bereits Crusius, in dogmatisch metaphysischen Zusammenhängen, entwikkelt (vgl. Heimsoeth, H.: Metaphysik und Kritik bei Chr. A. Crusius. Ein Beitrag zur ontologischen Vorgeschichte der „Kritik der reinen Vernunft" im 18. Jahrhundert. In: Heimsoeth, H.: Studien zur Philosophie Immanuel Kants I. Metaphysische und ontologische Grundlagen. Bonn ²1971 (Kantstudien Ergänzungshefte 71), S. 143 ff.). Beim kritischen Kant erscheint sie dann als Duplizität von Attraktiv- und Repulsivkraft (Metaphysische Anfangsgründe der Naturwissenschaft. AA IV, 513). Wie sich diese Lehre zur Vorstellung der einen Grundkraft der Materie verhalten soll, ist unklar.

[248] Kant geht hier wie in der ersten Analogie offensichtlich von vielen Substanzen aus. Vgl. auch R 4958: „Wir können metaphysische Hypothesen machen, wenn wir sie an den Erscheinungen probiren können. *e.g.* Von verschiedenheit der materien, die ursprünglich ist; aber nicht transscendentale hypothesen." (AA XVIII, 41).

Kants physikalisches Beispiel einer relativen Grundkraft ist die Gravitation, die die systematische Einheit aller Bewegungsgesetze sei (B 689 ff.).[249] Die Idee der Teilung scheint damit bezogen zu sein auf die Auffindung derjenigen Materieteile, numerisch viele Substanzen, deren Wirkung jene Grundkraft ist und die daher als eine Materie oder als qualitativ eine Substanz betrachtet werden kann.[250] Das „als ob" bezüglich der unendlichen Teilung der Materie ist das Analogon eines sinnlichen Schemas, das als solches zwar nicht ein sinnliches Schema repräsentiert, weil kein konkreter Gegenstand es erfüllen kann, wie Kant in der Auflösung der Antinomie gezeigt hat, das aber gleichwohl als heuristisches Prinzip bezogen auf die Operationen des Verstandes in Beziehung auf Sinnliches dienen kann.

Nun fragt sich jedoch, in welcher Form die zweite kosmologische Idee als das Analogon eines Schemas angenommen werden soll. Kant selbst gibt auf diese Frage keine spezifische, sondern nur eine auf alle kosmologischen Antinomien bezogene Antwort: Wir müßten uns die Reihen in der Kosmologie so vorstellen, als ob sie an sich unendlich seien (B 713). Worin besteht also die bildliche Vorstellung bei der Teilung der Materie? Da das Schema nur auf formale Bestimmungen der Materie bezogen sein kann, muß die Materie in einer zwar abstrakten, aber doch in gewisser Weise bestimmten Struktur vorgestellt werden. Als solche können jedoch nur die zwei Seiten der Antinomie dienen, die ja gerade aus dem Versuch einer konkreten Bestimmung der Ideen entstehen. Sich vorstellen, als ob die Reihe an sich unendlich wäre, bedeutet demnach bezüglich der dekomponierenden Synthesis, sich vorstellen, daß alle Teile der Materie an sich gegeben wären und sie also aus einfachen Teilen besteht oder, daß sie nicht aus einfachen Teilen besteht, bzw. unendlich teilbar ist. Da sich die Wissensansprüche von Thesis und Antithesis als falsch erwiesen haben, wird der Anspruch zurückgenommen und verbleibt in zwei abstrakten Strukturvorstellungen

---

249 Die gegenwärtige Physik ist von der Frage geprägt, ob es eine Theorie gibt, die die bis dato bekannten vier Grundkräfte – Gravitation, elektromagnetische Kraft, starke und schwache Wechselwirkung – zu vereinen erlaubt. Zwei Hypothesen treten dabei hervor: die sog. Superstring-Theorie postuliert eine Art masselose Entitäten, Strings (ihre Länge soll 10^{-33} cm betragen), auf deren Schwingungen in unterschiedlichen Modi und Interaktionen sich jene Kräfte zurückführen lassen. Sie beruht auf einem Teilchenmodell. Derzeit größere Hoffnungen setzt man jedoch auf die sog. einheitliche Feldtheorie, wonach alle bekannten Grundkräfte unterschiedliche Aspekte eines einheitliches Feldes darstellen. Diese Vorstellung geht von einem Kontinuummodell aus.

250 Das Problem, den metaphysischen Substanzbegriff in der Physik auf Quantenobjekte anzuwenden, zeigt Falkenburg am Beispiel der Interpretation der Quantentheorie Cassirers auf (Substanzbegriff und Quantentheorie. In: Philosophia Naturalis 30 (1993), S. 229-246). Sie stellt gegen Cassirer heraus, daß die Quantentheorie ein ontologisches Problem aufstellt und weniger ein epistemologisches, nämlich dasjenige des Realitätsstatus der in der Theorie beschriebenen Entitäten. Auch ihr scheint es aber unumgänglich zu sein, von „Trägern dynamischer Eigenschaften wie Masse, Ladung und Spin" auszugehen, obwohl sie prinzipiell nicht individuierbar sind. In eine ähnliche Richtung zielt der Vergleich des Kantischen mit dem Objektbegriff der modernen Physik bei Mittelstaedt: Der Objektbegriff bei Kant. S. 207-230.

von Materie. Das Bild, welches die Vernunft verstandesanalog entwirft, kann also nur in der schematischen Vorstellung der Materie entweder als ein *quantum discretum* oder als ein *quantum continuum* bestehen. Die Thesisposition läßt sich demnach umdeuten zu einem unspezifischen Teilchenmodell der Materie, die Antithesis zu einem unspezifischen Kontinuummodell. Beide Modelle stehen in Kontrast zu Kants kritischer Materielehre, wonach Raum und Materie potentiell unendlich teilbar sind, so daß die Teile der Materie überhaupt erst durch subjektive Bestimmungsleistungen konstituiert werden. Ein Widerspruch besteht aber nicht, denn als Modelle implizieren beide Vorstellungen keinen unmittelbaren Anspruch auf Wahrheit. Vielmehr sind sie, wie bereits gezeigt, ein methodisches Hilfsmittel, Kriterien empirischer Wahrheit mittels Kohärenz zu formulieren (B 680). Beide Vorstellungen schließen einander aus, aber sie erfüllen eine regulative Funktion zur „Eröffnung neuer Wege, die der Verstand nicht kennt" (B 708).[251] Für diese Deutung sprechen zwei Theoreme der *Metaphysischen Anfangsgründen der Naturwissenschaften*, sowie zentrale Lehrbestandteile des *Opus postumum*.

4.3. Kants Lehre von der Teilbarkeit der Materie in den *Metaphysischen Anfangsgründen der Naturwissenschaft* und im *Opus postumum*

Die Problematik regulativer Vernunftideen bei Kant besteht darin, daß er ihre spezifische Geltung – einerseits lediglich methodisch-heuristische Funktion zu haben, andererseits aber zugleich quasi-objektiv zu sein – letztlich nicht mit voller Klarheit dargelegt hat, weder in der *Kritik der reinen Vernunft*, noch in der *Kritik der Urteilskraft*, noch im *Opus postumum*. Dies führt insbesondere im *Opus postumum* zu einer zumindest mißverständlichen, wenn nicht gar problematischen Konzeption einer apriorischen Begründung empirischer Entitäten und Gesetze. Das Problem des Übergangs von der Transzendentalphilosophie zur empirischen Wissenschaft ist jedoch ein unumgängliches Problem, wenn man die Idee einer apriorischen Grundlegung der Erfahrungserkenntnis verfolgt. Kants Problem ist also nicht als überflüssig abzutun. In diesem Kapitel soll untersucht werden, ob die zweite kosmologische Idee als regulatives Prinzip der Materieteilung einen Niederschlag in den *Metaphysischen Anfangsgründen der Naturwissenschaft* und im *Opus postumum* gefunden hat.[252]

---

251 Wie man sich die Vereinigung all dieser Aspekte in Kants Materielehre vorstellen kann, soll in Kapitel IV. dargestellt werden. Zuvor jedoch gilt es, die oben formulierte These zu stützen.

252 Zum Verhältnis der *Metaphysischen Anfangsgründe der Naturwissenschaft* zur *Kritik der reinen Vernunft* vgl. Vuillemin, J.: Physique et métaphysique Kantiennes. Paris 1955; auch Friedman, M.: Matter and Motion in the *Metaphysical Foundations* and the *Critique*: The empirical Concept of Matter and the Categories. In: Architektonik und System in der Philosophie Kants. Hrsg. v. H. F. Fulda und J. Stolzenberg. Hamburg 2001 (System der Vernunft. Kant

Kants Materietheorie in den *Metaphysischen Anfangsgründen der Naturwissenschaft* enthält zwei Lehrstücke, die sich im Rahmen des transzendentalen Idealismus zunächst als Fortführung kritischer Lehren ausnehmen: die Lehre von der unendlichen Teilbarkeit der Materie (AA IV, 503 f.) und den Lehrsatz von der Konstanz der Substanzquantität (AA IV, 541 ff.). Beide Sätze gehen auf transzendentale Grundsätze oder Theoreme der kritischen Philosophie zurück, die dort als Bedingungen der Möglichkeit von Erfahrung Prinzipien *a priori* sind und konstitutive Bedeutung haben. Erstaunlich ist jedoch, daß Sie auf eine Ebene versetzt werden, auf welcher sie nun objektiv-empirische Geltung beanspruchen. Versteht man sie aber als Behauptungen der Teilungseigenschaften der empirischen Materie selbst, so können beide Sätze nicht zugleich wahr sein, da sie sich wechselseitig ausschließen, indem aus dem ersten die Kontinuität der Materie folgt, aus dem zweiten aber – unter Voraussetzung ihrer empirischen Gültigkeit – die Diskretheit aller ihrer Teile.

Im zweiten Abschnitt der *Metaphysischen Anfangsgründe*, der Dynamik, geht es Kant wesentlich um eine dynamische, d.h. durch Kraft bestimmte Erklärung der Materie als realer Raumerfüllung.[253] Lehrsatz 4 der Dynamik beweist, daß Materie ein *quantum continuum* ist:

> „Die Materie ist ins Unendliche theilbar und zwar in Theile, deren jeder wiederum Materie ist." (AA IV, 503)

Mit dieser These wird das Einfache als mögliches Resultat einer Teilung ausgeschlossen, soweit ist diese These mit Kants Kritik an der Thesis der zweiten Antinomie völlig übereinstimmend. Kants Beweis dieses Lehrsatzes verbindet die in der *Kritik der reinen Vernunft* gerechtfertigte Parallelität der Teilungseigenschaften von Raum und Materie mit der Erklärung der wesentlichen Materieeigenschaft „Undurchdringlichkeit". Die Materie erfüllt den Raum als Kraft. Kant führt die Undurchdringlichkeit der Materie auf zwei Grundkräfte zurück: Repulsiv- und Attraktivkraft. Die eine hält bei einem Teil der Materie andere Teile der Materie von sich ab; die andere gewähr-

---

und der deutsche Idealismus Bd. 1), S. 328-345. Friedman meint, daß die Apriorität der Materieerkenntnis in den *Metaphysischen Anfangsgründen der Naturwissenschaft* von der Konstruktion des Begriffs der Materie in der reinen Anschauung herrühre. Die Konstruktion in der reinen Anschauung ist für Kant eigentlich Signum der mathematischen Erkenntnis. In der *Vorrede* zeigt sich, daß die Konstruktion nur ein Teil der Erkenntnis *a priori* von Materie ist, und zwar derjenige, der zur Physik gehört (AA IV, 473 ff.). Wichtiger scheinen Kant die „Principien der Construction dieser Begriffe" zu sein, die eine „metaphysische Konstruktion" erlauben (ebd.).

253 Zur dynamischen Materietheorie Kants vgl. Carrier, M.: Kants Theorie der Materie und ihre Wirkung auf die zeitgenössische Chemie. Carriers Ansatz geht davon aus, daß Kants Materietheorie „als gewöhnliche physikalische Theorie zu behandeln" sei (S. 171). Dies ist sicherlich problematisch, führt aber auch zu einer interessanten wissenschaftsgeschichtlichen Darstellung. Carrier zeigt gegen Friedman, daß entscheidende Unterschiede zwischen der Kantischen und der Newtonschen Materiekonzeption bestehen (Kraft und Wirklichkeit. S. 224-227).

leistet, daß die unterschiedlichen, je für sich undurchdringlichen Teile zusammenhalten und einen Körper bestimmter Dichte ausmachen. Da nun, so sein Beweis für die unendliche Teilbarkeit der Materie, in einem materieerfüllten Raum jeder Teil des materiellen Raumes eine Repulsivkraft aufweist, die andere Teile von sich ausschließt, so müssen diese Teile je für sich beweglich, d.h. real abtrennbar sein. Da die Materie nun notwendig mit dem Raum in ihren Teilungseigenschaften parallel ist, muß die physische Teilbarkeit wie die mathematische als unendlich angenommen werden. Diese Teilbarkeit bezeichnet eine „mögliche physische Teilung".[254]

Hierbei ist der Raum aber gleichwohl idealiter unabhängig von Materie vorstellbar, dies ist die Idee des absoluten Raumes, die als ein Regulativ notwendig zur relationalen Bewegungsbestimmung dient und nach Kant notwendig gedacht werden muß.[255] In der *Kritik der reinen Vernunft* beschränkt sich die Annahme der Komplementarität von Raum und Materie, wie bereits gesehen, bei Kant nicht auf räumlich begrenzte Materie, also Körper, sondern gilt absolut: der empirische Raum muß insgesamt von Materie erfüllt sein. Nach Kant muß notwendig vorausgesetzt werden, daß der empirische Raum von Materie vollständig und folglich auch kontinuierlich erfüllt ist. In der dritten Analogie begründet Kant diese These mit einem Argument, das deshalb problematisch ist, weil er es durch naturwissenschaftliche Hypothesen seiner Zeit erläutert. Demnach müssen wir im empirischen Raum zu allen Gegenständen prinzipiell in einer kausalen Beziehung stehen können, damit sie für uns Gegenstände

---

254 Ebd. Eine Quelle für Kants Materielehre dürfte Johann Heinrich Lambert sein. Lambert lehrt, daß der gesamte Raum von „dem Soliden", d.h. der relativ undurchdringlichen Materie erfüllt sei (Anlage zur Architectonic oder Theorie des Ersten und Einfachen in der philosophischen und mathematischen Erkenntniß, §§ 536-544. Riga 1771 (Neudruck: Hrsg. v. H.-W. Arndt. Hildesheim 1965), Bd. 2, S. 154-161). Wie der Raum ist das Solide ein Kontinuum. Diese relative Undurchdringlichkeit nennt Lambert Elastizität. Lambert zeigt, daß die unendliche Teilung des Soliden sich wie $1/\infty$ verhält, d.h. wie die Reihe 1, 1/2, 1/4, 1/8, etc., nicht wie $a - a = 0$, d.h. daß bei Teilung der Teile immer etwas Solides zurückbleibt und das Solide somit nicht vernichtet wird. Das Solide besteht dabei nicht aus Teilen, sondern es erfüllt den Raum durch ein Kraft, deren Ursache wir nicht kennen. Bei solcher „idealer Teilung", die nur in Gedanken geschieht, stoßen wir auf relativ einfache Teile, die also aktual keine weiteren Teile enthalten, die gleichwohl aber ideal weiter teilbar sind. Die Elastizität des Soliden stellen wir uns vor, als beruhe sie auf den Kräften solcher Teile, die prinzipiell weiter teilbar sind. Dabei liegen die Teilchen absolut dicht beieinander. Lambert vertritt eine Form der Atomistik, indem er es zuläßt, daß es empirisch Unteilbares geben mag, das ideal gleichwohl weiter teilbar ist. Zugleich akzeptiert er die ontologische Einteilung aller Dinge in Einfaches und Zusammengesetztes und weist darauf hin, daß die Materie „schlechthin zusammengesetzt" sei (S. 160 f.). Absolut Einfaches möge es in der Geisterwelt geben und auch sei es denkbar, daß die relativen Einheiten der Körperwelt durch Kraftwirkung jener absoluter Einheiten zusammengehalten werden. Lamberts Theorie gleitet also schließlich doch ins Spekulative über und sie erklärt in keiner Weise, wie das Verhältnis von idealer Teilung und realer Konstitution des Soliden bestimmt ist.

255 Metaphysische Anfangsgründe der Naturwissenschaft. AA IV, 558 ff. Als Anmerkung dieses Lehrsatzes erscheint die bereits interpretierte Darstellung der zweiten Antinomie.

der Wahrnehmung sein und wir ihr Zugleichsein erkennen können. Diese kausale Beziehung zwischen unserer Wahrnehmung und den empirischen Gegenständen muß an Reales gebunden sein. Für Kant ist das Reale im Raum in seiner allgemeinsten Bestimmung Materie. Dies bedeutet, die kausale Beziehung zwischen Wahrnehmung und empirischen Gegenständen muß auf Materie beruhen. Diese kausale Beziehung erläutert Kant mit Hilfe der Ätherhypothesen seiner Zeit, wonach Licht eine Wirkung des Äthers, des Stoffes, der den empirischen Raum erfüllen soll, ist. Der Äther garantiert dabei eine unmittelbare kausale Beziehung zwischen Weltkörpern und unserer Wahrnehmung. Nähme man diese Erläuterung für das Argument selbst, so wäre es sicher kaum überzeugend, denn offensichtlich gibt es Theorien des Weltraumes, die ohne Ätherhypothese auskommen und also den leeren empirischen Raum annehmen. Zudem müßte man davon ausgehen, Kant wollte *a priori* die Existenz von etwas Empirischem beweisen; ein Unterfangen, daß er sonst für ungültig hält.

Es läßt sich aber, so eine These, eine durchaus sinnvolle, mit der kritischen Philosophie vereinbare Interpretation dieses für Kants *Opus postumum* wichtigen Theorems geben: Der Raum selbst ist nicht empfindbar; wenn der empirische Raum aber ein Raum sein soll, so muß er homogen sein. Er kann aber nur gleichförmig sein, wenn vorausgesetzt wird, daß in jedem Raumpunkt etwas Reales gegeben sein kann, das prinzipiell empfindbar ist. Gingen wir im gegenteiligen Falle davon aus, daß es Teile im empirischen Raum gebe, die prinzipiell nichts Empfindbares enthalten können, so wären diese Raumteile gleichsam Einschlüsse von geometrischem Raum im empirischen Raum. Damit wäre jedoch das Kausalitätsprinzip in der Natur außer Kraft gesetzt, denn ein materieller empirischer Körper, dessen Bewegungsbahn durch diesen Raumteil verliefe, könnte nicht in ihn eintreten oder er müßte sich vollkommen entmaterialisieren und beim Austritt wieder materialisieren. Doch dies können wir uns nicht im Einklang mit dem Kausalitätsprinzip vorstellen. Dies Theorem ist für Kant also notwendig, um einerseits die Einheit der Erfahrung, andererseits die Einheit des empirischen Raumes zu garantieren (B 258 ff.). Nun scheint es, daß dieses Argument nur zu der Annahme der potentiellen Erfüllung des Raumes mit Materie berechtigt, nicht aber zur Annahme seiner vollständigen Erfüllung. Kants Position in den *Metaphysischen Anfangsgründen der Naturwissenschaft* zu diesem Problem trägt diesem Einwand Rechnung und zeigt hierbei mehrere Ebenen auf, die es zu unterscheiden gilt (AA IV, 523 ff.). Die Theorie der dynamischen Raumerfüllung der Materie erlaubt es, so Kant, die Atomistik und somit die problematische Annahme leerer Räume zur Erklärung der unterschiedlichen Dichte von Körpern aufheben zu können. Dadurch verliere sie ihre Notwendigkeit und könne als bloße Hypothese betrachtet werden. Absolut widerlegt werden aber kann sie nicht. Kant weist auf gravierende Probleme dieser Hypothese hin, wie daß sie eine rein mechanische Erklärung der Materieeigenschaften nach sich zieht, sowie daß sie auf der unbeweisbaren Annahme absoluter Unteilbarkeit von Atomen beruht.[256] Was den leeren Raum zwischen Weltkörpern anbelangt, so meint Kant, daß wir von diesem nur eine komparative Leere behaupten können, ob er aber absolut frei von aller Materie ist, läßt sich empirisch nicht erkennen, denn es muß immer davon ausgegangen werden, daß er von einer Materie erfüllt ist, deren intensive Größe so gering ist, daß wir von ihr keine Wahrnehmung haben (AA IV, 534 f.). Die Annahme des leeren Raumes ist eine unbeweisbare Hypothese, gegen die mit eben solchem Recht angenommen werden könne, daß der unserer Erfahrung nach leere Raum gleichwohl von einer Materie erfüllt ist, deren Dichte, d.h. repulsive Kraft, so gering ist, daß sie von uns nicht wahrgenommen wird, obwohl sie möglicherweise wahrnehmbar wäre, beispielsweise durch neue Nachweisverfahren. Kant scheint also hier den Plenismus als die bessere Hypothese zu verstehen und schreibt ihm nicht unmittelbar empirische Geltung zu.

Neben dem Theorem der unendlichen Teilbarkeit der Materie lehrt Kant im folgenden Abschnitt der *Metaphysischen Anfangsgründe der Naturwissenschaft*, der Mechanik, die Konstanz der Quantität der Materiesubstanzen. Demnach bleibt die Quantität der Materie bei allen Veränderungen im Ganzen immer dieselbe. Die Mechanik beruht auf der Dynamik, da sie von begrenzter Materie, d.h. Körpern ausgeht. Aufgabe der Dynamik ist es demgegenüber, die Möglichkeit der Körper selbst, d.h. wie sie den Raum erfüllen, zu erklären. Die Mechanik hat die Bewegungsgesetze jener Körper zum Gegenstand. Diese begrenzten, je für sich beweglichen Körper sind die Substanzen. Kant erläutert den Satz der Materieerhaltung oder Substanzerhaltung unter Zuhilfenahme der ersten Analogie der Erfahrung (B 224 ff.).[257] Er ist damit die Anwendung der ersten Analogie auf das Reale im Raum. Der „Substanzerhaltungssatz" in dieser Form zeigt, daß für Kant der Gedanke der Materie als der Totalität aller Materieteile weiterhin erhalten bleibt:

> „In jeder Materie ist das Bewegliche im Raume das letzte Subject aller der Materie inhärirenden Accidenzen und die Menge dieses Beweglichen außerhalb einander die Quantität der Substanz. Also ist die Größe der Materie der Substanz nach nichts anders, als die Menge der Substanzen, daraus sie besteht. Nun entsteht und vergeht bei allem Wechsel der Materie die Substanz niemals; also wird auch die Quantität der Materie dadurch weder vermehrt, noch vermindert, sondern bleibt immer dieselbe und zwar im Ganzen, d.i. so, daß sie irgend in der Welt in derselben Quantität fortdauert, obgleich diese oder jene Materie durch Hinzukunft oder Absonderung der Theile vermehrt oder vermindert werden kann." (AA IV, 541 f.)

---

[256] Zudem hat diese Erklärung der Dichte der Materie den Nachteil, zirkulär zu sein, da sie von der absoluten Dichte der Atome ausgeht und nur die relative Dichte der Stoffe erklären kann (vgl. R 44; AA XIV, 342 f.).

[257] Es sollte darauf hingewiesen werden, daß Kant in der zweiten Auflage der *Kritik der reinen Vernunft* eine entscheidende Umformulierung der ersten Analogie vornimmt: Erst in der zweiten Auflage, d.h. nach den *Metaphysischen Anfangsgründen*, fügt Kant die quantitative Bestimmung der Substanz in den Grundsatz und seinen Beweis ein.

Die je für sich beweglichen Körper werden von Kant als die Teile der Materie betrachtet, deren Anzahl das Quantum der Materie ausmacht. Kant versteht hier die Materie als eine zusammengesetzte Substanz, deren Quantität er als eine „Menge von Substanzen" begreift. Die Aussage, dieses Quantum sei unveränderlich, ist wohl gleichbedeutend damit, die Diskretion der Materieteile zu behaupten, d.h. ihre Eingeteiltheit. Aber eine unveränderliche Menge von Substanzen als Teile in einem Totum der Materie überhaupt anzunehmen, dies ist die von Kant zurückgewiesene transzendental-realistische Position der Kosmologie, welche Materie als aktuale Unendlichkeit von substantiellen Teilen, als ein *quantum discretum* versteht. In diesem Lehrsatz geht Kant erneut auf das Teilungsproblem des Realen im Raum im Unterschied zur Teilung des Realen in der Zeit, dem Bewußtsein, ein.[258] Hierbei referiert er wiederum auf das Kernargument der Thesis, daß das Verschwinden aller Materie durch Teilung unmöglich sei, sofern sie als real angenommen werden soll. Insofern ist wie in Lehrsatz 4 der Dynamik auch hier die Thematik der zweiten Antinomie von Kant angesprochen.[259]

Beide Lehrsätze haben jeweils andere Aspekte der Erscheinung zu erklären: Geht es der Dynamik um eine Erklärung der Dichte als Grundeigenschaft der Materie, wobei Kant zufolge der Dynamismus vor dem Mechanismus, der Atomistik, große Vorteile, aber auch Nachteile hat, so ist Thema der Mechanik die Eigenschaft begrenzter Körper, die als zusammengesetzte Substanzen betrachtet werden müssen. Aber selbst wenn man die unterschiedliche Erklärungsfunktion der beiden Lehrsätze in Rechnung stellt, muß man dennoch feststellen, daß sie jeweils einander ausschließende Erklärungen sind, wobei sich die Frage erhebt, wie sie miteinander verträglich sein können.[260] Legt man das Resultat der zweiten kosmologischen Antinomie

258 „Es ist daher kein Wunder, wenn von der letzteren [sc. der Materie] die Beharrlichkeit der Substanz bewiesen werden kann, von der ersteren [sc. der Seele] aber nicht, weil bei der Materie schon aus ihrem Begriffe, nämlich daß sie das Bewegliche sei, das nur im Raume möglich ist, fließt, daß das, was in ihr Größe hat, eine Vielheit des Realen außer einander, mithin der Substanzen enthalte, und folglich die Quantität derselben nur durch Zertheilung, welche kein Verschwinden ist, vermindert werden könne, und das letztere in ihr nach dem Gesetze der Stetigkeit auch unmöglich sein würde. Der Gedanke Ich ist dagegen gar kein Begriff, sondern nur innere Wahrnehmung, aus ihm kann also auch gar nichts (außer der gänzliche Unterschied eines Gegenstandes des inneren Sinnes von dem, was blos als Gegenstand äußerer Sinne gedacht wird), folglich auch nicht die Beharrlichkeit der Seele als Substanz gefolgert werden." (AA IV, 543).

259 Zieht man Kants Theorie der phänomenalen Substanz hinzu, wonach sie letztlich nichts anderes als Kraft ist, so wäre die konsequente Ausdeutung des Substanzerhaltungssatzes bei Kant eigentlich ein Energieerhaltungssatz, doch der wurde erst ein halbes Jahrhundert später von J.R. Mayer formuliert (vgl. dazu Tetens, H.: Experimentelle Erfahrung. Hamburg 1987 (paradeigmata 8), S. 75-81).

260 In seinem Kommentar zu den *Metaphysischen Anfangsgründen der Naturwissenschaft* interpretiert Pollock diesen Satz als „Theorem des Atomismus" (Kants „Metaphysische Anfangsgründe der Naturwissenschaft". Ein kritischer Kommentar. Hamburg 2001 (Kant-Forschungen Bd. 13), S. 408), er werde aus „kategorial-architektonischen Gründen" angeführt. Eine ge-

zugrunde, so wird klar, daß beide Lehrsätze als regulative Prinzipien verstanden werden könnten, wobei sie zwei unterschiedliche Modelle der Materiestruktur zum Einsatz bringen. Doch Kant verfolgt diese Konzeption in den *Metaphysischen Anfangsgründen der Naturwissenschaften* nicht weiter, außer daß er den absoluten, leeren Raum als regulative Idee auffaßt (AA IV, 559). Dies wäre gleichwohl möglich, weil Materie nichts als Erscheinung ist und darin aufgeht, als Kraft im Raum wirksam zu sein. Daher kann sie nach je unterschiedlichen Modellen konzipiert werden, ohne daß ein Widerspruch auftritt. Wir können die Kräfte, die im Raum wirksam sind, und die wir als Äußerungen der Materie verstehen müssen, in unterschiedlichen Modellen konzipieren, oder „metaphysisch konstruieren". Dafür stehen uns jedoch nur zwei Grundmodelle zur Verfügung, die sich wechselseitig ausschließen, ein Teilchenmodell, das die Struktur der Materie so konzipiert, daß sie ein aus Teilen konstituiertes Ganzes ist und ein dynamisches Kontinuummodell, wonach sie den Raum kontinuierlich erfüllt. Beide Modelle sind jedoch nicht vollkommen gleichrangig; für Kant hat das Kontinuummodell einen Vorrang vor dem Teilchenmodell, dies zeigt sich noch deutlicher im *Opus postumum*.

Wie Kant die Materiestruktur und die Frage der Teilung beim Problem des Übergangs von der Transzendentalphilosophie zur Physik im Ausgang von dieser Konzeption weiter zu bestimmen versucht, läßt sich dem *Opus postumum* entnehmen.[261] Im *Opus postumum* finden sich zahlreiche Stellen, an denen Kant den Zusammenhang dieser Lehrstücke, die Lehren von der unendlichen Teilbarkeit und von der Diskretheit, darzulegen versucht hat. Die Konzeption regulativer Ideen wird aber nicht eigens ausgeführt, allenfalls gelegentlich erwähnt und auf die Konzeption des Überganges bezogen (AA XXII, 178; 182), gleichwohl ist sie implizit allgegenwärtig. Grund hierfür mag sein, daß der quasi-objektive Status regulativer Ideen, der sie in gewisser Form zu Konstitutiva macht, ein für Kant unlösbares Problem blieb (vgl. AA XXII, 240 f.; 263; 311) oder aber, daß er im Felde der reinen Naturwissenschaft nicht selbst thematisierbar ist, sondern Ideen als objektiv vorauszusetzen sind, wie bereits ausgeführt.

---

wisse Widersprüchlichkeit zum Lehrsatz 4 der Dynamik sieht er nicht. Auch Friedman spielt diesen Punkt herunter und differenziert lediglich diese Form der Atomistik gegen den Monadismus (Matter and Material in Kants Philosophy of Nature. The Problem of infinite Divisibility. In: Proceedings of the Eighth International Kant Congress Memphis 1995. Bd. I/2. Milwaukee 1995, S. 595-610). In seiner Erwiderung auf Friedman hebt dagegen Brittan den regulativen Charakter der Stetigkeitsannahme hervor (The Continuity of Matter. Notes on Friedman. In: Proceedings of the Eighth International Kant Congress Memphis 1995. Bd. I/2. Milwaukee 1995, S. 611-618).

261 Die Darstellung des Teilungsproblems im *Opus postumum* kann hier nur den Anspruch erheben, einen Ausblick auf das weitere Schicksal der zweiten Antinomie bei Kant zu geben, da die Interpretation dieser Sammlung unterschiedlicher Texte vor zahlreichen Schwierigkeiten steht, die sich allein aus der Textgestalt ergeben.

Zentral für das Kontinuitätsmodell der Materie ist hierbei Kants Annahme einer den gesamten empirischen Raum erfüllenden Materie, die er meist unter Vorbehalt Äther nennt.[262] Die Ätherlehre gilt als veraltete physikalische Annahme, die durch Einstein endgültig widerlegt ist. Doch wird der Begriff des Feldes, der in der gegenwärtigen Physik eine große Rolle spielt, durchaus als den Ätherlehren ähnlich betrachtet, insofern er ein den Raum erfüllendes Kontinuum annimmt.[263] Auch die sog. „dunkle Energie" wird von Physikern als Wiederaufnahme ätherähnlicher Hypothesen bezeichnet, obwohl es große Unterschiede zwischen diesen beiden Konzeptionen gibt. Als höchst problematisch gilt die Äther-Annahme innerhalb der kritischen Philosophie, weil sie zu beanspruchen scheint, die Existenz eines empirischen Stoffes aus Gründen *a priori* zu beweisen. Ein solches Verfahren lehnt Kant in allen anderen Fällen strikt ab. Aus unseren Untersuchungen bisher dürfte jedoch deutlich geworden sein, daß nach kritischer Lehre zwar nicht die Existenz der Materie, aber durchaus eine apriorische Theorie über die Struktur der Materie angenommen werden kann. Die Strukturmerkmale der Materie, wie sie in den beiden unterschiedlichen Grundmodellen *a priori* entworfen wird, muß, wenn sie überhaupt regulativ auf die Erfahrung angewendet werden können soll, als real vorausgesetzt werden. Doch folgt daraus nur die Möglichkeit, die empirisch gegebenen Kräfte den Modellen entsprechend zu konzipieren, nicht aber, so könnte man annehmen, die Existenz eines spezifischen empirischen Stoffes. Der Übergang von der Möglichkeit zur Wirklichkeit des Grundstoffes ist für Kant gerechtfertigt dadurch, daß nur sie die

262 In der nicht sehr ausgedehnten Forschung zum *Opus postumum* wird die Annahme der einen Grundmaterie zumeist mit dem Äther identifiziert, doch dies scheint mir problematisch; Kant ist mit der Gleichsetzung meist eher vorsichtig, seine Formulierung ist häufig der Art: ‚man mag diesen Stoff Äther nennen' (vgl. AA XXI, 192, 218, 226, 236, 255 f., 268; AA XXII, 311 f.; 324 ff.). Kant ging davon aus, daß der hypothetisch angenommene empirische Weltstoff Äther diejenige Funktion erfülle, die er von dem *a priori* vorauszusetzenden einen Grundstoff fordert. Er glaubte also im Äther dasjenige gefunden zu haben, was seiner apriorischen Theorie entspricht. Diese Annahme ist sicherlich problematisch. Zur Äthertheorie Kants vgl. Hoppe, H.: Kants Theorie der Physik. Eine Untersuchung über das *Opus postumum* von Kant. Frankfurt/M. 1969, S. 97-114. Hoppe ist der Auffassung, daß die Ätherannahme nicht wesentlich über die *Kritik der reinen Vernunft* hinausgehe und auch nicht den von Kant im *Opus postumum* anvisierten Übergang zu leisten vermag. Dies habe Kant erkannt und daher in den späteren Konvoluten auf die Ätherdeduktionen verzichtet und vielmehr das einheitliche System aller bewegenden Kräfte zum Thema gemacht, diese seien die subjektive Bedingung der Einheit der Erfahrung und würden in die Erfahrung hineingelegt (S. 107 ff; 111). Mathieu ist gegenteiliger Auffassung; er meint, Kant habe konstant den Äther als existierend beweisen und damit die Einheit der Erfahrung herstellen wollen (Kants Opus postumum. S. 111-127). Aber auch er geht von der grundsätzlichen Kontinuität des Kantischen Ansatzes aus.

263 Im Unterschied zum Äther ist das Feld kein Stoff, sondern die Gesamtheit der Werte einer physikalischen Größe, die allen Raumpunkten zugeordnet werden. Für den Feldbegriff wesentlich ist, entgegen klassischer Ätherlehren, daß die Feldgröße eines Raumpunktes nicht einem Trägerstoff zugeschrieben wird. Materielle Körper sind in Feldtheorien Besonderungen des Feldes. Ein Feld muß jedoch nicht ein Kontinuum sein, es kann auch Quantenstruktur haben.

Einheit der Erfahrung ermögliche.[264] Doch läßt das *Opus postumum* letztlich offen, welchen Status dieser Existenzbeweis hat. Etwas klarer wird diese problematische Annahme in einem Vorgriff, wenn man Bemerkungen zum Äther aus anderen Kontexten hinzuzieht:[265] Danach ist der Äther einerseits bloß eine gut begründete Hypothese, die zahlreiche physikalische Phänomene erklären kann. Andererseits aber gibt es Gründe *a priori*, ihn als existierend anzunehmen. Bei Kant kommen dem Äther zwei Grundmerkmale zu, die zu unterscheiden sind: *Erstens* gemäß der Plenismusthese die Annahme, daß der Äther den gesamten empirischen Weltraum erfülle, – diese Annahme deckt sich mit den historischen Äthervorstellungen seiner Zeit – und *zweitens* die These, der Äther sei ein Grundstoff, auf den alle anderen Stoffe als seine Modifikationen zurückführbar sein müssen –[266] diese These kommt nicht mit üblichen Ätherlehren überein, wonach der Äther ein spezifischer Stoff, der Wärme- und Lichtstoff, neben anderen ist. Dieses zweite Merkmal aber scheint für die Bestimmung des Status der Ätherannahme als *a priori* notwendig entscheidend, bedenkt man Kants Reflexionen über die regulative Vernunftidee der Teilbarkeit, in deren Kontext seine Überlegungen zur *a priori* notwendigen Annahme einer Grundkraft stehen. Es scheint also einen Unterschied zu geben, zwischen diesen beiden Begründungen des Äthers und dieser deutet auf zwei unterschiedliche Ätherbegriffe hin. Denn die eine Grundmaterie wird bei Kant aus anderen Gründen angenommen als der Äther in klassischen Äthertheorien. Es ist die von Kant aufgezeigte notwendige Parallelität von Raum und Materie, sowie die Annahme, daß der Raum als Anschauungsform nicht der empirische Raum sein kann, denn dieser muß ein Gegenstand der Sinnlichkeit sein, die ihn zu dieser Annahme führen. Der empirische Raum muß „perzeptibel" sein, doch perzeptibel ist nur ein Reales im Raum. Die sog. Ätherdeduktionen beruhen alle auf diesem Beweisgrund, den Kant, wie bereits ausgeführt, bereits in der *Kritik der reinen Vernunft* andeutet (B 260 f.), sie bestimmen den Existenzstatus des Äthers aber begrifflich sehr unterschiedlich. Kant nennt den Äther daher auch „hypostatisch gedachten Raum[]".[267] Der Äther wird dabei als die Grundkraft angenommen, die alle anderen im Raum gegenwärtigen Kräfte in eine systematischen Einheit begreift. Im *Opus postumum* führt er aus, es müsse *erstens* eine einzige Grundmaterie angenommen

264 „Der Schritt aber von der Möglichkeit zur Wirklichkeit geschieht mit Zuverläßigkeit dadurch daß er der Gegenstand Einer möglichen Erfahrung und wegen der Totalität der Bestimmungen die zum Begriffe eines Individuum gehören ein Erfahrungsgegenstand ist welches identisch eben so viel sagt als seine Behauptung ist ein Erfahrungssatz." (AA XXI, 604 f.)

265 Logik-Philippi. AA XXIV, 440. In der *Kritik der Urteilskraft* bezeichnet Kant den Äther der „neuern Physiker" als bloße Meinungssache, deren Gegenteil ebenso wahr sein könnte (AA V, 467; ebenso *Logik-Pölitz*. AA IX, 67).

266 Vgl. auch R 44; AA XIV, 336: „[...] und so ist aether nicht eine besondere Art Materie, [sondern (so fern die] was die [expansibilitaet betrift] undurchdringlichkeit betrift, sondern alle Materien bestehen aus aether, der [auf] in verschiedenen Graden angezogen wird."

267 AA XXI, 221. Die klarste Ätherdeduktion findet sich in AA XXI, 235 f. Vgl. dazu Hoppe: Kants Theorie der Physik. S. 97-114; Mathieu: Kants Opus postumum S. 120-123.

werden (AA XXII, 346 ff.) und *zweitens* mannigfaltig verschiedene Materien oder Stoffe („*bases*"), welche in ein System gebracht werden, so daß sie als „indirekte", d.h. abgeleitete Phänomene der einen Grundmaterie betrachtet werden; doch diese unteilbaren, im Sinne von chemisch nicht weiter zusammengesetzten Elementen, oder „Urstoffe[n] (στοιχεια)" – Kants Beispiele sind Wasserstoff oder Kohlenstoff –, sind nur relative Basen (AA XXII, 533 f.). Die mannigfaltigen Stoffe werden als Substanzen in der Erscheinung vorgestellt. Sie werden in ein System von Gattungen und Arten eingeteilt (AA XXII, 337); es richtet sich nach den phänomenal erfahrbaren unterschiedlichen Wirkungen, d.h. unterschiedlichen Kräften, wie beispielsweise elektromagnetische Kraft und Gravitationskraft. Diese Einteilung führt dazu, daß wir „primitive Stoffe" annehmen, die anderen Stoffen zugrunde liegen. Diese primitiven Stoffe sind, wie Kant betont, nur „Gedankendinge", *entia rationis* (AA XXII, 352). Solche Stoffe seien „bloße Principien der Verbindung der bewegenden Kräfte, welche dahin wirkt, Einheit der Erfahrung zum Behuf der Physik zu bewerkstelligen [...]" (ebd.). Daher muß auch vorausgesetzt werden, daß alle Stoffe letztlich in einem Grundstoff ihr Fundament haben. Der Verstand entwerfe *a priori* ein Elementarsystem der Kräfte. Die Kräfte sind dasjenige, was wir als Wirkungen auf unsere Sinnlichkeit begreifen. Die Vorstellung einer Kraft wird an Ursachen gebunden, die wir als Substanzen im Raum ansehen. Unterschiedliche Kräfte werden unterschiedlichen Substanzen zugeordnet (AA XXII, 324). In diesem System der Substanzen wird nach Kant notwendig vorausgesetzt, daß es einen Grundstoff gebe, den er behelfsweise Äther nennt. Kant versucht immer wieder, diesen Begriff von zeitgenössischen Vorstellungen abzugrenzen: so soll er weder die Eigenschaft der Wärme haben noch andere, unmittelbar meßbare Wirkungen, er soll unwägbar, nicht undurchdringlich und unzusammenhängend sein und ist deshalb nicht erfahrbar (AA XXI, 231 f.); er ist lediglich das, „wodurch der Raum überhaupt ein Gegenstand möglicher Erfahrung (des Messens, der Richtung rc.) wird" (AA XXI, 229). Diese Annahme habe den Status eines Postulats (AA XXI, 560-566). Zwei Erklärungsfunktionen soll die Ätherhypothese erfüllen: Sie soll die Entstehung der Materie erklären wie auch ihre anfängliche Bewegung (AA XXI, 218 f.). Der Äther ist „die Basis der Verknüpfung *a priori* aller bewegenden Kräfte der Materie ohne welche keine Einheit in dem Verhältnisse des Mannigfaltigen derselben in einem Ganzen der Materie gedacht werden könnte" (AA XXI, 229). Die Einheit der Erfahrung führt Kant auch im *Opus postumum* auf das Prinzip der durchgängigen Bestimmtheit zurück, das sich in unserer Untersuchung als Grund des transzendentalen Realismus erwiesen hatte.[268] Auch im *Opus postumum* reflektiert Kant auf den Status der empirischen Gegenstände, so nennt Kant den *a priori* postulierten Grundstoff oder die subjektiv konzipierten Gründe der Erscheinungen in der

---

268 Vgl. Kap. III.2.3. Vgl. dazu Rohs: Kants Prinzip der durchgängigen Bestimmung alles Seienden. S. 177-179.

Sinnenwelt auch einen „indirekten Gegenstand“ oder eine „Erscheinung der Erscheinung“.[269]

Zieht man die vorangegangenen Untersuchungen mit in Betracht, so beruht die Materielehre im *Opus postumum* nicht unmaßgeblich auf Konsequenzen aus der Auflösung der zweiten Antinomie und der Lehre einer regulativen Idee der Teilbarkeit und setzt sie in transzendental-realer Weise als objektiv voraus: *Erstens* in der Ätherannahme, in der hypothetischen, zugleich aber auch quasi-objektiven Annahme *a priori* eines kontinuierlich den Raum erfüllenden Stoffes, der Grundprinzip aller einzelnen Stoffe ist. Dieser Stoff geht letztlich darin auf, Kraft zu sein, die wir gemäß unserer Kategorien einer Substanz oder aber, wenn sie unterschiedlichen Körpern zugeschrieben wird, auch Substanzen beilegen. Äquivalent zur Auflösung der zweiten Antinomie nimmt er an, daß die Materie als eine *a priori* konzipierte Bedingung der Möglichkeit von Erfahrung, die dem Raum notwendig parallel ist, angesetzt werden müsse, so daß sie als unendlich teilbar gedacht wird: als ein *quantum continuum*. *Zweitens* nimmt Kant an, daß die Materie in Teile eingeteilt ist, ohne daß es einfache Teile gäbe. Die Annahme von abtrennbaren beweglichen Teilen ist unverzichtbar, um Bewegung und Veränderung denken zu können. Diese Teile sind physische Teile der Materie, sie erfüllen als Kraft einen Raum, so daß eine gewisse Kraft benötigt wird, einen Körper zu teilen. Nun sind physisch einfache Körper nach Kant hypothetisch denkbar; dies sind solche Teile der Materie, die durch keine empirische Kraft zerteilt werden können, weil sie eine unendliche Widerstandskraft besitzen. Zugleich sind sie dennoch mathematisch unendlich einteilbar (AA XXI, 207). Aber absolut einfache Teile der Materie kann es nicht geben, „sondern blos Stellen für Theile der Materie welche man sich so klein vorstellen kann wie man will ohne zu hoffen vermittelst der Theilung zum Absolut Kleinesten zu gelangen.“ (ebd.). Ob es allerdings empirische Teile der Materie gebe, die empirisch unteilbar sind, kann *a priori* nicht entschieden werden. Phänomenal gegeben ist uns lediglich eine meßbare Kraftwirkung, die wir dann einem Teil des Realen zuschreiben. Das Formale in der Verknüpfung der Kräfte zu einem System geschieht nicht nach empirischen Gesetzen, sondern nach dem „regulative[n] Princip der Naturforschung“ (AA XXII, 310 f.).

Kant operiert im *Opus postumum*, ohne daß er dies klar hervorhöbe, implizit mit zwei verschiedenen Ätherbegriffen. Das eine Ätherkonzept beruht sowohl auf dem Grundmodell der Materie als Kontinuum, die *a priori* durch die Natur des Raumes unterstützt wird, wie auch auf den Überlegungen zur notwendigen Voraussetzung einer Grundkraft im Raum, die durch die systematische Einheit der Vernunft gefordert wird. Dies Konzept argumentiert auf der Basis der Bedingungen möglicher Erfahrung nun verstanden als *eine* Erfahrung. Das andere Ätherkonzept ist die physikalische Ätherhypothese als spezifischer Stoff, als Wärme- und Lichtstoff. Als Lichtstoff ist er eine Hypothese, die das Zustandekommen der optischen Wahrnehmung erklärt.

---

269 AA XXII, 328; 339 f.; 363. Vgl. hierzu insbesondere Mathieu: Kants Opus postumum. S. 144-148.

Als Wärmestoff erklärt er die Ursache der Körperbewegungen im Raum. Kant scheint anzunehmen, daß das zweite Konzept das erste erfüllt oder mit ihm kongruiere, daß also die empirische Äthertheorie mit der *a priori* antizipierten Materiestruktur übereinkomme, so daß er den Äther als jenen notwendig vorauszusetzenden Stoff annimmt. Aus kritischer Sicht ist das zweite Ätherkonzept höchst problematisch sowie Kants Annahme einer Übereinkunft beider. Das erste ließe sich dagegen durchaus als Weiterführung der regulativen Idee der Teilung begreifen.

Das Grundmodell diskreter Teile der Materie, wie es sich in der Mechanik der *Metaphysischen Anfangsgründe der Naturwissenschaft* findet, ist teils auch noch im *Opus postumum* gegenwärtig, insbesondere in mechanischen Zusammenhängen der Bewegungslehre von materiellen Körpern. Ohne daß Kant darauf einginge, ist aber die Annahme der Konstanz der Quantität, d.h. der Menge der Substanzen dabei nicht mehr vorhanden. Die Quantität der Materie wird zwar noch immer als Menge begriffen, aber nicht der Substanzen:

> „§ 1 Materie ist die Menge des beweglichen Gleichartigen sofern sie zur möglichen Bewegung vereinigt ein Ganzes ausmacht. – Ein Qvantum der Materie ist das Gantze einer Menge beweglicher Dinge im Raum Die Qvantität der Materie ist die Bestimmung dieser Menge als eines gleichartigen Gantzen. – Ein jeder Theil der Materie ist ein Quantum d.i. die Materie besteht nicht aus metaphysisch einfachen Theilen und der Ausdruck des De la Place von materiellen Puncten (welche als Theile der Materie angesehen werden sollten) buchstäblich verstanden würde einen Wiederspruch enthalten und soll nur eine Stelle aus welcher ein Theil der Materie einen Andern außer ihr abstößt oder anzieht bedeuten" (AA XXII, 205).

Kant geht dennoch von der Annahme aus, daß die Materie den Raum durch die zwei ursprünglichen Kräfte erfülle, Attraktiv- und Repulsivkraft, doch versucht er sie nicht mehr an Punkte des Raumes als Substanzen zu binden, sondern sieht sie als solche im Raum vorhanden (ebd.). Zwar besteht nach wie vor die Annahme der *a priori* gedachten Unvergänglichkeit der Substanz, doch verbindet sie Kant eher mit der einen Grundkraft der Materie, die als kontinuierlich konzipiert wird und keine Teile hat, also auch keine Menge bildet und – da sie in keiner realen Relation zu einem anderen Stoff steht – überhaupt als unwägbar gelten muß.[270] Alle ihre Modifikationen, die einzelnen Stoffe und ihre Teile, sind aber in Relation zu ihr veränderlich. Daher spricht Kant wohl dennoch an einigen Stellen auch weiterhin von Substanzen im Plural, gemeint sind die je für sich beweglichen Körper, die als relative Substanzen in Relation zum Grundstoff betrachtet werden (AA XXI, 347; AA XXII, 531). Das Einfache aber wird von Kant nun allein als Bildungsprinzip der Organismen angenommen.[271]

---

270 Wägbarkeit ist nach Kant abhängig von der realen Relation eines Körpers zu anderen Körpern; er denkt dabei an die Gravitation. Vgl. hierzu AA XXI, 350; AA XXII, 163; 205 f.

271 AA XXII, 271: „Ein organischer Korper [...] ist ein Korper dessen einfachster Theil eine absolute Einheit des Princips der Existenz und der Form aller übrigen Theile des Ganzen ist. Hier wird der Begrif des Zwecks nicht vorausgesetzt sondern zur Erklärung der Möglichkeit eines organischen Körpers gebraucht. (*principium existentiae est causa*) *Ortus phaenome-*

Es kann nicht Teil der Materie sein, da es als Punkt nur Grenze des Raumes, nicht aber Teil des Raumes wäre (AAII, 163); sondern es ist das immaterielle Zweckprinzip im organischen Körper.

In bezug auf das Teilungsproblem und die Materietheorie stellt sich das *Opus postumum* damit als konsequente Weiterführung kritischer Lehren dar, doch unabhängig davon ging Kant aus heutiger Sicht in seinem Versuch, die apriorischen Grundlagen der Physik aufzufinden, sicher zu weit, insbesondere in seinen spezifischen Bestimmungen des Systems der Kräfte, und auch darin zu glauben, die physikalische Ätherhypothese entspreche dem postulierten Grundstoff. Die Ursache für diesen Ansatz könnte sein, daß Kant die Konzeption regulativer Vernunftideen nicht weiter verfolgt und deren problematischen, modalen Status weiter geklärt hat. So ist er in gewisser Hinsicht schließlich selbst ein Opfer der trügerischen Illusion der Antinomie der Teilung geworden, indem er sich schließlich einseitig für das eine Horn des Dilemmas, das Kontinuitätsmodell, entschied. Grund hierfür war seine durchaus innovative Idee, die Materietheorie auf einem transzendental begründeten Kraftbegriff zu errichten, womit er weit über zeitgenössische Ätherlehren hinausging: „Es ist aber immer räthlicher statt der Stoffe Kräfte zu nennen." (AA XXII, 534). Daß unsere Systematik der Einteilung dessen, was wir als Kräfte ansehen und bestimmten Elementarteilchen zuschreiben, nach Gattungen und Arten erfolgt, daß diese Kräfte in einem systematischen Zusammenhang stehen, daß wir die Kräfte nur dann als grundlegend erklärt betrachten, wenn wir eine Grundkraft hinter den mannigfaltigen Kräften als gegeben voraussetzen sowie hierin wesentlich eine apriorische komplexe, konzeptionelle Leistung des Erkenntnissubjektes aufgedeckt zu haben, dies ist möglicherweise nicht überholt.

---

non est initium quo orditur series existentium". Vgl. auch AA XXII, 295; AA XXI, 596 f.: „Ein organischer Naturkorper wird also als Maschine (ein seiner Form nach absichtlich gebildeter Körper) gedacht. Da nun Absicht zu haben nimmermehr ein Vermögen der Materie seyn kann; weil es die absolute Einheit eines Subjects ist welches das Mannigfaltige der Vorstellung in Einem Bewustseyn verknüpft so kann ein solcher Körper seine Organisation nicht blos von den bewegenden Kräften der Materie her haben. Es muß ein einfaches, mithin immaterielles Wesen ob als Theil der Sinnenwelt oder ein von ihr unterschiedener Beweger ausser ihr angenommen werden (denn die Materie kann sich nicht selbst organisiren und nach Zwecken wirken) ob dieses Wesen (gleichsam als Weltseele) Verstand oder blos ein den Wirkungen nach dem Verstande analogisches Vermögen besitze: hierüber liegt das Urtheil außer den Grenzen unserer Einsicht. Indessen gehört doch der Titel organisirter Körper zur Classification der Begriffe die *a priori* im Ubergange von den metaph. Anf. Gr. der NW. zur Physik nicht ausbleiben können der Gegenstand mag uns begreiflich seyn oder nicht." Vgl. Kap. III.3.7.

IV. Schlußbetrachtung

Einfaches, Substanz und Materie in der kritischen Philosophie

In diesem letzten Teil der Untersuchung sollen zusammenfassend die leitenden Grundmotive und die Konsequenzen der zweiten Antinomie dargestellt werden. Kants Anspruch, die Antinomien ergäben sich aus der natürlichen Ausübung der reinen Vernunft und seien ein unvermeidliches Problem, bezieht sich insbesondere auf die Genese der reinen Vernunftbegriffe, die er in der metaphysischen Deduktion zunächst der drei transzendentalen, aber auch darauf aufbauend der vier kosmologischen Ideen entwickelt. Für Kant sind die transzendentalen Ideen diejenigen Begriffe, die allem begründenden Schließen zugrunde liegen. Hierbei zeigte sich zum einen, daß die Weltidee ursprünglich in einer Spannung zwischen apriorischer reiner Vernunfterkenntnis und Erfahrungserkenntnis steht, die bereits in der Schulphilosophie das sog. Übergangsproblem auftreten läßt, das Kant prominent im *Opus postumum* zu lösen versucht. Zum anderen wurde deutlich, daß Kant die zweite kosmologische Idee aus der Qualität, letztlich aber aus dem Grundsatz der Antizipationen der Wahrnehmung entwickelt. Sie ist die Vorstellung der „absolute[n] Vollständigkeit der Teilung eines gegebenen Ganzen in der Erscheinung" (B 443). Das Problem der zweiten Antinomie ist demzufolge: Was ist die letzte Bedingung für das Gegebensein eines Realen im Raum? Oberbegriff alles Realen im Raum ist die Materie. Dabei schränkt Kant die Problematik der Teilung implizit auf das Reale im Raum ein und verfolgt die Möglichkeit der Teilung des Realen in der Zeit kaum weiter, vielmehr werden die skizzenartigen Bemerkungen zum Einfachen im inneren Sinn lediglich aus der Argumentation des zweiten Antithesisbeweises heraus entwickelt. Primäre Eigenschaft der Materie ist ihre relative Undurchdringlichkeit, ihre Dichte. Sie unterscheidet den realen materiellen vom idealen geometrischen Körper. Diese Eigenschaft ist eine intensive Größe, die wir in der reinen Anschauung mittels Einteilung bestimmen können. Aufgrund dessen begründen wir die Dichte materieller Körper durch ihre Teilungseigenschaften. Nach Kant müssen wir notwendig die unbedingten Gründe für diese basale Eigenschaft der Materie erfragen. Bei solchem Fragen nach den unbedingten Gründen in der Reihe von Bedingung und Bedingtem kommt es nun jedoch zum Antinomienproblem: Da es zwei einander ausschließende Möglichkeiten des Unbedingten in der Reihe der Teilung gibt, nämlich erste unbedingte, d.h. nicht weiter teilbare Teile anzunehmen oder aber nur alle Teile insgesamt als unbedingt, jeden einzelnen aber als bedingt durch weitere Teile anzusetzen – woraus die unbegrenzte Teilung folgt – ergibt sich eine Antinomie. Die Thesis behauptet die Existenz des Einfachen, die Antithesis negiert dies. Um eine Antinomie handelt es sich, weil für beide Annahmen nach Kants Ansicht gleich gute Beweise sprechen. Schlüssig ist die ganze Antinomie und sind die Beweise für Thesis und Antithesis allerdings nur, wie Kant in der Auflösung zeigt, sofern der transzendentale Realismus vorausgesetzt wird. In der Thesis-Position führt Kant seine eigene vorkritische Lehre von der physischen Monadologie vor. Das Beweisgeflecht der zweiten Antinomie spiegelt den Streit um die Monadologie Mitte des 18. Jahrhunderts und die Auseinandersetzungen um den Raumbegriff. Es konnte dabei gezeigt werden, daß Kant die physische Monadologie für die konsequente Ausführung der Monadologie hält, daß er aber die Monadologie des Leibnizschen Typs nicht unmittelbar auf die Antinomie bezieht, da sie die Monaden als immaterielle intellektuelle Einfachheiten betrachtet. Auch die Atomistik, die von absolut dichten Materieteilen einerseits und absolut leerem Raum andererseits ausgeht, ist ihm zufolge ein zu schwacher Kandidat für die Thesis. Dennoch stellen beide Theorien alternative Lösungsmöglichkeiten des Problems der Materierealität dar; sie werden von Kant mit anderen argumentativen Mitteln als der Vernunftantinomie kritisiert. Für Kant ist es dabei wesentlich, in den Beweisen von Thesis und Antithesis zu zeigen, daß eine Versöhnung beider Standpunkte nicht möglich ist, wenn sie auf dem Boden des transzendentalen Realismus eine gehaltvolle Lösung des Ausgangsproblems darstellen soll, nämlich zu erklären, worauf die Realität, d.h. die Dichte der Materie beruht. Aus diesem Bestreben sind die teils komplexen Beweise für beide Positionen erklärbar. Geht man nämlich davon aus, daß die Materie hinsichtlich ihrer Teile unabhängig von unserem Erkennen bestimmt ist, dann ist es unmöglich, daß beide Aussagen zugleich wahr und auch, daß sie zugleich falsch sind, daß also die Materie aus dem Einfachen besteht und daß sie nicht aus dem Einfachen besteht. Eines von beidem muß wahr sein und wenn das eine wahr ist, muß das andere falsch sein, selbst dann, wenn wir es nicht erkennen können. Entscheidender Punkt der Kantischen Auflösung der mathematischen Antinomien ist, daß er diese Annahme als unbegründet und metaphysisch bloßlegt. Nicht aus logischen Gründen sind wir zu einer solchen Annahme berechtigt, sondern Hintergrund ist vielmehr das metaphysische Prinzip der vollständigen Bestimmtheit. Doch dies Prinzip kann nur gültig sein für Dinge an sich, nicht für Erscheinungen. Denn es ist auch denkbar, daß die Gegenstände durch keines von beidem ausgezeichnet ist, dann nämlich, wenn sie unabhängig von uns und unseren Bestimmungsleistungen gedacht werden. Dasjenige aber, was unabhängig von unseren subjektiven Bestimmungsleistungen unbestimmt ist, ist Erscheinung. Voraussetzung der zweiten Antinomie ist also der transzendentale Realismus, der bloße Erscheinungen zu Dingen an sich macht. Die Konsequenz dieser Analysen ist, daß der kritische Erscheinungsbegriff nicht von der Bestimmtheit der empirischen Gegenstände ausgeht, sondern von ihrer Unbestimmtheit für sich selbst, gleichwohl aber ihrer Bestimmbarkeit durch uns. Von dieser Grundlage aus konnten Kants stark idealistisch oder konstruktivistisch anmutenden Behauptungen in der Auflösung der Teilungsantinomie plausibilisiert werden. Kant stellt den Positionen von Thesis und Antithesis die kritische Position in der Teilungsfrage entgegen, wonach die Teile des Realen nicht einfachhin gegeben, sondern aufgegeben sind, indem sie durch Teilung überhaupt erst gegeben werden. Diese Teilung nennt Kant u.a. „dekomponierende Synthesis", womit er komplexe Verstandes- und Vernunftfunktionen zusammenfaßt. Demnach ist die Struktur der Materie, ihre Teile, sowie auch die Zusammensetzung der Teile, abhängig von subjektiven Bestimmungsleistungen. Sein anderes Argument gegen den transzendentalen Realismus bezieht sich auf die vorausgesetzte Unendlichkeit der Menge der Materieteile, die er annimmt. Kant zeigt, daß der transzendentale Realist in letzter Konsequenz, da er die Materie unabhängig von uns als bereits eingeteilt betrachtet und da er sich nicht gegen die unendliche Teilbarkeit des Raumes sperren kann, behaupten muß, daß die Anzahl der Materieteile unendlich sei. Doch solcher Begriff des realen aktual Unendlichen sei in sich widersprüchlich, da er zugleich die Definitheit, qua gegebener Menge, und die Indefinitheit, qua unendlicher Anzahl, behaupten muß. Demgegenüber stellt Kant die potentielle Unendlichkeit der unbegrenzt fortschreitenden Bestimmungsleistung, die es ermöglicht, die unbestimmte Materie nicht als Menge zu betrachten, sondern nur das bereits Bestimmte und folglich auch Erkennbare. Unendlichkeit kommt dabei primär dem unbegrenzten subjektiven Vermögen der Fortbestimmung des Realen im Raum zu. Die historischen Wurzeln dieses Gedankens konnten insbesondere bei Locke ausgemacht werden. Gegen diese Widerlegung wurde von Kant-Kritikern das Argument aus der modernen, Cantorschen Mathematik vorgebracht, daß das aktual Unendliche eine durchaus konzipierbare Größe sei. Doch muß hiergegen eingewendet werden, daß es Kant nicht um Mengen im Cantorschen Sinne geht, sondern um empirisch reale Mengen aus bestimmten Gegenständen, nämlich den Teilen der Materie. Das Antinomienkapitel ist insofern Widerlegung des transzendentalen Realismus und Schärfung des eigenen transzendentalen Idealismus sowie empirischen Realismus. Denn ein Ergebnis, das der *Analytik* nicht mit dieser Klarheit zu entnehmen ist, wenngleich es konsequent aus ihm folgt, ist, daß der kritische Erscheinungsbegriff nicht auf der Grundlage des Satzes der vollständigen Bestimmtheit, heute auch Bivalenzprinzip genannt, steht, sondern ein unabhängig von unseren Erkenntnisleistungen unbestimmtes, wohl aber Bestimmbares ist. Die Vorstellung seiner Bestimmtheit denken wir gleichwohl der Erscheinung an, weil ihre empirischen Bestimmungen nicht antizipierbar sind. Insofern Erscheinungen nämlich empirisch real sind, denken wir sie uns als unabhängig von uns existierend und folglich auch als durchgängig bestimmt; für Kant ist dies jedoch eine unbeweisbare metaphysische, letztlich nur als Regulativ zu rechtfertigende Voraussetzung.

In erkenntnistheoretischer Hinsicht folgt daraus für Kant, daß die kosmologischen Ideen regulative Funktion für die Erkenntnis haben, d.h. sie systematisieren und leiten die Erfahrungserkenntnis an, nach welcher Art Objekte neuen Wissens sie suchen soll. Aufgrund dessen kommt ihnen auch objektive Gültigkeit zu. Sie sind ein unverzichtbarer Bestandteil der Erkenntnis, wenn Erkenntnis nicht nur Bestimmung des Bekannten sein, sondern Entdeckung neuen Wissens einschließen soll. Dennoch ist es von großer Bedeutung, die Verstandes- und Vernunftelemente voneinander zu unterscheiden, da sonst ausweisbare Erfahrungserkenntnis mit unbeweisbaren metaphysischen Annahmen vermischt und verwechselt werden könnte. Kants Ausführungen bleiben in der *Kritik der reinen Vernunft* jedoch leider unklar und auch in der *Kritik der Urteilskraft* wird der Status der regulativen Ideen oder der als-ob-Annahmen nicht wesentlich deutlicher. Dies Problem betrifft drei Punkte: *Erstens* kommt den regulativen Ideen wohl ein spezifischer modaler Charakter zu, denn sie sind etwas, das nicht bloß möglich, sondern dessen Wirklichkeit a priori notwendig vorausgesetzt wird, aber weder erkannt noch gültig erschlossen werden kann. *Zweitens* führt Kant nicht aus, welche Ideen genau Regulative sind. Im Anhang zur *Transzendentalen Dialektik* führt er drei rein methodische Begriffe, Homogenität, Spezifikation und Kontinuität, ein, die jene Funktion erfüllen sollen. Doch bleibt deren Verhältnis zu den drei transzendentalen und den vier kosmologischen Ideen ungeklärt, denen er zuvor aber auch jene Funktion zuschrieb. Hier wurde die These vertreten, daß Kant konsequenterweise alle kosmologischen Ideen in ihren antinomischen Annahmen als Regulative betrachten muß. Es wurde diesbezüglich eine Parallele zwischen dem Kantischen Konzept regulativer kosmologischer Ideen und einem transzendental begründeten wissenschaftstheoretischen Modellbegriff aufgezeigt. Dabei können die beiden Seiten der Antinomie in veränderter Form als apriorische Grundmodelle der Materiestruktur verstanden werden. In der Unklarheit der Kantischen Konzeption regulativer Vernunftideen liegt die Ursache vieler mißverständlicher Theoreme, insbesondere in seiner Naturphilosophie, in welche das Teilungsproblem der Materie weiter einwirkt.

Das Einfache kann demnach nicht als Konstituens der Materie angesehen werden. Auch die Seele können wir nicht als einfache Substanz erkennen; doch Kant nimmt in der *Kritik der reinen Vernunft* die Seele und mithin auch ihre Einfachheit als regulative Idee an. Darüber hinaus hat das Einfache beim kritischen Kant nur noch zwei Residua; einerseits in einem sehr eingeschränkten Sinne in der Apperzeption, die in einem logischen Sinne unteilbar ist, auf den es der zweiten Antinomie jedoch nicht ankam, andererseits in der Zweckmäßigkeit der Organismen, d.h. in der Ursache ihrer Organisiertheit, wie Kant noch im *Opus postumum* hervorhebt.[1] Das Konstitutionsmodell, wonach die Materie als zusammengesetzte Substanz aus dem Einfachen bestehen muß, weil andernfalls ihre Realität nicht erklärt werden könnte, wurde durch die Auflösung der Antinomie zur Vorstellung diskreter Teile als Konstituentien eines Ganzen, die nur den Status eines Regulativs haben kann, das in der Mechanik zur Erklärung der Körperbewegungen notwendig ist.

Systematisch aber auch entwicklungsgeschichtlich konnte aufgewiesen werden, daß der letzte Ausschlag in der Neubewertung des Teilungsproblems bei Kant durch die völlige Neubestimmung der *termini ontologici* als Kategorien, insbesondere des Substanzbegriffs verursacht wird. Diese Neubewertung ist verantwortlich für die Durchbrechung der logisch-ontologischen Äquivalenz, von der die metaphysischen Konzeptionen ausgehen, und also für die Unwirksamkeit der *termini ontologici* als Bestimmungen der Dinge an sich selbst; vielmehr sind sie bloße Bestimmungen der Dinge überhaupt, wie wir sie denken müssen, damit sie für uns Objekte der Erkenntnis sein können.[2] Hierbei ist es

1 Vgl. Düsing, K.: Die Teleologie in Kants Weltbegriff. S. 147 f.

2 Eine differenzierende Einschätzung der widersprüchlich scheinenden Aussagen Kants zur Identifikation von Ontologie und Transzendentalphilosophie und der Bedeutung der Kategoriendeduktion für die Möglichkeit einer Ontologie nach Kant gibt Baum, M.: Dedukti-

insbesondere die Substanzkategorie, die für das Teilungsproblem von Belang ist, da die Materie wesentlich als zusammengesetzte Substanz verstanden wird. Die Substanz kann nach Kants kritischer Philosophie nicht ontologisch erkannt werden, sondern ist eine nach einer Regel gesetzte Anschauungsverbindung. Kants kritisches Verständnis der Substanz beruht darauf, Substanz als bloßen Verstandesbegriff zu betrachten, dessen Funktion darin besteht, ein Begriff zu sein, der eine Regel abgibt für eine spezifische Synthesisform von Vorstellungsmannigfaltigem. Die Restriktion der Substanzkategorie auf ihren Gebrauch als Synthesisfunktion des Vorstellungsmannigfaltigen unserer sinnlichen Anschauung bedeutet, daß die Substanz schematisiert werden muß, so daß sie Zeitbedingungen einschließt; ihr Schema ist die Beharrlichkeit des Realen in der Zeit (B 183).[3] Sie ist dabei diejenige Synthesis, die ein in der Anschauung gegebenes Beharrliches in eine bestimmte Relation zu dem setzt, was ihm gegenüber wechselt. Da Kant die Zeit nun als wesentlich sinnlich-formal auffaßt, weist er in der Auflösung der zweiten Antinomie darauf hin, der Begriff der Substanz im Begriff der zusammengesetzten Substanz solle nicht, wie im Beweis der Thesis, als etwas absolut Existierendes verstanden werden, so wie es im reinen Begriff der Substanz gedacht wird; vielmehr sei die Substanz in der Erscheinung nichts anderes als das „beharrliche Bild der Sinnlichkeit und nichts als Anschauung, in der nichts Unbedingtes angetroffen wird" (B 553). Die Substanz ist bei Kant ein reiner Relationsausdruck. Dies führt dazu, daß Substanzen nicht absolut aufgefaßt werden können, d.h. daß wir nicht berechtigt, schon gar nicht genötigt sind, eine Substanzentität anzunehmen, der Eigenschaften unabhängig von ihrer Relationalität zukommen. Die Substanz kann überhaupt nur in einer Relation als Substanz Objekt der Erkenntnis sein.[4] Die Substanz in der Erscheinung ist für Kant lediglich ein „Inbegriff von lauter Relationen" (B 321). Die Materie ist eine solche Substanz in der Erscheinung oder *substantia phaenomenon* (B 333). Die inneren Bedingungen der Materie

---

on und Beweis in Kants Transzendentalphilosophie. S. 181-190; Ameriks meint dagegen, Kant habe sich nicht völlig von der überkommenen Ontologie zu lösen vermocht (The critique of metaphysics: Kant and traditional ontology. In: The Cambridge Companion to Kant. Hrsg. v. P. Guyer. Cambridge 1992, S. 249-279).

3 Bereits Wolff hatte die Substanz auf die Zeit bezogen und als eines ihrer Merkmale die *perduratio* verstanden. Dabei denkt Wolff die Zeit aber nicht als Element der Sinnlichkeit, sondern geht aus von der metaphysischen Lehre des Grundmodus der Zeit als Ewigkeit. Die *perduratio* der Substanz meint demnach die Ewigkeit ihrer Existenz, also ihre der empirischen Zeit enthobene Existenz und Unvergänglichkeit (Philosophia prima sive Ontologia, § 768 ff. S. 574 ff.). Vgl. Düsing, K.: Die Teleologie in Kants Weltbegriff. S. 261. Baumgarten nennt Substanzen in der Erscheinung auch Scheinsubstanzen, also etwas, das nur „für sich zu bestehen scheint" (Metaphysica, § 193. AA XVII, 67).

4 Dies ist ein Argument gegen die Deutung Langtons, die der Auffassung ist, Kant habe in seiner Lehre vom Ding an sich eine Art metaphysischer Substanzontologie ähnlich der Leibnizschen entworfen (Kantian Humility. S. 74 ff.). Wenn die Substanz unabhängig von Sinnlichkeit gedacht wird, denken wir sie nach Kant zwar als Ding an sich, aber dies führt zu den Fehlschlüssen der Metaphysik, wie die *Dialektik* zeigt, und Kant sieht darin eine Fehlanwendung der Kategorien.

sind nach dem substanzontologischen Konstitutionsmodell ihre Teile. Die Teilung der Materie ist jedoch gebunden an die zweite kosmologische Idee. Daß wir das „Innere der Dinge" der Sinnenwelt nicht einsehen (B 333), hat seine Ursache nicht darin, daß wir unvermögend wären, es zu erkennen, sondern weil wir es selbst in der Weise konzipieren, daß wir keinen Gegenstand ihm adäquat machen, d.h. exponieren können. Solchen Konstrukten kommt eine erkenntnisleitende Funktion zu, weshalb sie objektiv gültig sind. Daß die modere Physik die Materie nicht in substanzontologischer Weise nach dem Konstitutionsmodell konzipiert, nachdem sie die Atomistik des 19. Jahrhunderts hinter sich gelassen hat, daß sie aber dennoch Teilchen als Entitäten bestimmter Eigenschaften annimmt, aber nicht notwendig daran gebunden ist, könnte man als Bestätigung Kantischer Grundgedanken betrachten, gleichwohl hat sie auch eine andere Richtung eingeschlagen.

Kant zeigt, daß der Gedanke der ontologischen Fundierung von Materie in Substanzen zu antinomischen Annahmen führt und daher überwunden werden muß.[5] Seine Bemühungen zur Materietheorie in seiner kritischen Naturphilosophie sind von dieser Motivation geprägt. Die Überwindung der Substanzontologie in der Materietheorie besteht bei Kant darin, einen apriorisch begründeten Dynamismus zu entwickeln. Diese Tendenz zeigte sich bereits in den *Metaphysischen Anfangsgründen der Naturwissenschaft*, in denen Kant in der *Mechanik* noch wie gezeigt im Satz der Konstanz der Substanzquantität am Diskretionsmodell in der Weise festhält, daß von einer finiten Substanzenmenge auszugehen sei; daraus hatte sich eine gewisse Spannung zum Kontinuitätssatz ergeben, den Kant in der *Dynamik* annimmt. Im *Opus postumum* ist der Satz der Konstanz der Substanzquantität dagegen nicht mehr gegenwärtig. Ohnehin wird die Substanz letztlich auf ihre Wirkung, die Kraft, reduziert, und sie ist dann als „physische Substanz" nichts als Erscheinung; die Substanz selbst ist nur noch ein metaphysisch Gedachtes (AA XXII, 328). Die Quantität der Materie soll nun rein dynamisch bestimmt werden. Konstanz der Quantität kommt gleichwohl der einen rein gedachten Grundmaterie als Substanz zu (AA XXI, 316), doch da sie unwägbar ist, ist sie unbestimmbar und wohl ebenfalls ein unbeweisbares Regulativ, ähnlich dem modernen Energieerhaltungssatz in der Physik. Die Antinomie der Teilung der Materie zeigt somit, daß es keine letzten konstitutiven Bestandteile der Materie im ontologischen Sinne geben kann und daß wir Materie als ein hochkomplexes Konzept zu begreifen haben, das wir auch insofern mißverstehen, wenn wir es als Antipoden des Geistes begreifen, da wir sie unabhängig von unseren konzeptuellen Leistungen nicht erfassen können.

---

5 Vgl. R 5400; AA XVIII, 172. In dieser Reflexion wehrt Kant zudem die Frage nach der unabhängigen Existenz der Dinge außer uns ab, sie sei unsinnig gestellt. Es sei selbstverständlich, daß den Vorstellungen von Gegenständen, den *phaenomena*, Gegenstände korrespondieren, dies bedeute aber nicht ihre absolute Existenz. Dasjenige sei ein Gegenstand der Erfahrung, welches einem *phaenomenon* korrespondiert, welches nach Regeln des Verstandes erkannt werden kann.

Literaturverzeichnis

Primärtexte

Aristoteles: Kategorien. Übers. v. E. Rolfes. Hamburg 1974.

– : Lehre vom Beweis oder Zweite Analytik (Organon IV). Hrsg. und übers. v. E. Rolfes. Hamburg 1995.

– : Metaphysik. Hrsg. v. U. Wolf, übers. v. H. Bonitz. Reinbek bei Hamburg 1994.

– : Physik. Hrsg. und übers. v. H. G. Zekl. Hamburg 1987.

Baumeister, Friedrich Christian: Institutiones metaphysicae. Wittenberg / Zerbst 1738 (Neudruck: Hildesheim 1988).

Baumgarten, Alexander Gottlieb: Metaphysica. Halle ³1757 (In: AA XVII).

Bayle, Pierre: Historisches und kritisches Wörterbuch. Übers. v. Chr. Gottsched. Leipzig 1741. Bd. 4 (Neudruck: Hildesheim / New York 1978).

Berkeley, George: A Treatise Concerning the Principles of Human Knowledge. In: Ders.: A New Theory of Vision and other Writings. Hrsg. v. E. Rhys. London / New York 1934.

– : Theory of Vision, or Visual Language. In: Versuch über eine neue Theorie des Sehens (engl./dt.). Hrsg. und übers. v. W. Breidert. Hamburg 1987.

Bernoulli, Jacob: Tractatus de seriebus infinitis earumque summa finita, et usu in quadraturis spatiorum et rectificationibus curvarum. Basel 1713.

Blumenbach, Friedrich: Über den Bildungstrieb und das Zeugungsgeschäfte. Göttingen 1781 (Neudruck: Stuttgart 1971).

Cantor, Georg: Gesammelte Abhandlungen mathematischen und philosophischen Inhalts. Hrsg. v. E. Zermelo. Berlin 1932.

Cohen, Hermann: Das Prinzip der Infinitesimalmethode und seine Geschichte. Werke Bd. 5. Hrsg. v. Hermann-Cohen-Archiv am Philosophischen Seminar der Universität Zürich / H. Holzhey. Hildesheim / Zürich / New York ⁴1984.

Crousaz, Jean Pierre de: Prüfung der Secte, die an allem zweifelt (Examen du Pirrhonisme). Übers. v. A. von Haller. Göttingen 1751.

Crusius, Christian August: Entwurf der nothwendigen Vernunft-Wahrheiten. 1745 (Neudruck: Die philosophischen Hauptwerke. Hrsg. v. G. Tonelli. Hildesheim 1964 ff.).

– : Anleitung über die natuerliche Begebenheiten ordentlich und vorsichtig nachzudenken. Leipzig 1749 (Neudruck: Die philosophischen Hauptwerke. Hrsg. v. G. Tonelli. Hildesheim 1964 ff.).

Descartes, René: Œuvres. Hrsg. v. C. Adam und P. Tannery. Paris 1964.

– : Meditationes de prima philosophia. Hrsg. v. L. Gäbe. Hamburg 1959.

– : Meditationen über die Grundlagen der Philosophie mit sämtlichen Einwänden und Erwiderungen. Hrsg. v. A. Buchenau. Hamburg 1994.

– : Regulae ad Directionem Ingenii. Hrsg. v. H. Springmeyer, L. Gäbe und H. G. Zekl. Hamburg 1973.

Euklid: Die Elemente. Buch I-XIII. Nach Heibergs Text aus dem Griech. übers. und hrsg. v. C. Thaer. Darmstadt [8]1991.

Euler, Leonhard: Opera Omnia (Opera Euleri). Hrsg. v. E. Hoppe, K. Malter und J. J. Burckhardt. Leipzig / Berlin 1942.

– : Briefe an eine deutsche Prinzessin. Übers. v. A. Speiser. Leipzig 1769 (Neudruck: Braunschweig / Wiesbaden 1986).

Fichte, Johann Gottlieb: Versuch einer neuen Darstellung der Wissenschaftslehre. Hrsg. v. P. Baumanns. Hamburg 1984.

Gottsched, Johann Christoph: Erste Gründe der gesamten Weltweisheit. Leipzig 1733.

Hegel, Georg Wilhelm Friedrich, Theorie-Werkausgabe. Hrsg. v. E. Moldenhauer und K. M. Michel. Frankfurt/M. 1970 ff.

– : Die Wissenschaft der Logik. Hrsg. v. H.-J. Gawoll (Nachdruck der kritischen Ausgabe: Hegel, G. W. F.: Gesammelte Werke. Bd. 21. Hrsg. v. F. Hogemann und W. Jaeschke) Hamburg 1990.

Heisenberg, Werner: Gesammelte Werke. Hrsg. v. W. Blum, H.-P. Dürr und H. Reichenberg. München / Zürich 1985, Bd. C. III: Physik und Erkenntnis.

Hume, David: A Treatise of Human Nature. Hrsg. v. L. A. Selby-Bigge. Oxford 1955.

– : An Inquiry Concerning Human Understanding. Hrsg. v. L. A. Selby-Bigge. Oxford 1975.

Husserl, Edmund: Logische Untersuchungen. Zweiter Band. I. Teil. Hrsg. v. E. Ströker. Hamburg 1984.

Kant, Immanuel: Kritik der reinen Vernunft. Hrsg. v. J. Timmermann. Hamburg 1998.

– : Gesammelte Werke. Hrsg. v. der (Königlichen) Preußischen (später Deutschen) Akademie der Wissenschaften. Berlin 1900ff.

– : Metaphysik-Pölitz. Erfurt 1821 (Neudruck: Darmstadt 1964).

– : Reflexionen Kants zur kritischen Philosophie. Hrsg. v. B. Erdmann. Leipzig 1882/84 (Neudruck: Hrsg. v. N. Hinske. Stuttgart-Bad Cannstatt 1992).

Kästner, Abraham Gotthelf: Anfangsgründe der Analysis des Unendlichen. Göttingen [2]1770.

Lambert, Johann Heinrich: Anlage zur Architectonic, oder Theorie des Ersten und des Einfachen in der philosophischen und mathematischen Erkenntniß. Riga 1771 (Neudruck: Hrsg. v. H.-W. Arndt. Hildesheim 1965).

La Mettrie, Julien Offray: L'homme machine. Hrsg. und übersetzt v. C. Becker. Hamburg 1990.

Leibniz, Gottfried Wilhelm, Die philosophischen Schriften. Hrsg. v. C. J. Gerhardt. Berlin 1875 (Neudruck: Hildesheim 1960).

– : Philosophische Schriften. Hrsg. v. W. Wiater. Darmstadt 1989.

– : Principia Philosophiae, more geometrico demonstrata. Hrsg. und ergänzt von M. G. Hansch. Frankfurt / Leipzig 1728.

Locke, John: An Essay Concerning Human Understanding. Hrsg. v. P. H. Nidditch. Oxford [8]1991.

Meier, Georg Friedrich: Auszug aus der Vernunftlehre. Halle 1752 (In: AA XVI).

Newton, Isaac: Philosophiae naturalis principia mathematica. In: Opera quae exstant omnia. Hrsg. v. S. Horsley. London 1779-1785. Bd. II (Neudruck: Stuttgart-Bad Cannstatt 1964).

– : Opticks. In: Opera quae exstant omnia. Hrsg. v. S. Horsley. London 1779-1785. Bd. VI (Neudruck: Stuttgart-Bad Cannstatt 1964).

Platon: Timaios. In: Sämtliche Dialoge. Übers. v. O. Apelt. Bd. 4. Hamburg [2]1988.

Plouquet, Gottfried: Fundamenta Philosophiae Speculativae. Tübingen 1759.

Reusch, Johann Peter: Systema Metaphysicum. Jena 1735 (Neudruck: Hildesheim 1990).

Russell, Bertrand: The Principles of Mathematics. London [2]1937.

Sextus Empiricus: Grundriß der pyrrhonischen Skepsis. Eingel. und übers. v. M. Hossenfelder. Frankfurt/M. [3]1999.

– : Gegen die Dogmatiker (Adversus mathematicos). Übers. v. H. Flückiger. Sankt Augustin 1998 (Texte zur Philosophie Bd. 10).

Die Vorsokratiker. Hrsg. v. W. Capelle. Stuttgart 1963.

Wittgenstein, Ludwig: Philosophische Untersuchungen. Schriften Bd. 1. Frankfurt/M. 1969.

Wolff, Caspar Friedrich: Theorie der Generation. Halle 1764 (Neudruck: Hildesheim 1966).

Wolff, Christian: Cosmologia Generalis. Frankfurt / Leipzig [2]1737 (Neudruck: Gesammelte Werke. II. Abt. Bd. 4. Hrsg. v. J. École. Hildesheim 1964).

– : Philosophia Prima sive Ontologia. Frankfurt / Leipzig [2]1736 (Neudruck: Gesammelte Werke. II. Abt. Bd. 3. Hrsg. v. J. École. Hildesheim 1962).

– : Philosophia Rationalis sive Logica Methodo Scientifica. Frankfurt / Leipzig [3]1740 (1728) (Neudruck: Gesammelte Werke. II. Abt. Bd. 4. Hrsg. v. J. École. Hildesheim 1983).

– : Allerhand nuetzliche Versuche, dadurch zu genauer Erkaentnis der Natur und Kunst der Weg gebähnet wird (Deutsche Experimental-Physik). Halle 1727. Band I, 2. (Neudruck: Gesammelte Werke. I. Abt. Bd. 20.1. Hrsg. v. J. École, H. W. Arndt, Ch. A. Corr, J. E. Hofmann und M. Thomann. Hildesheim / New York 1982).

Sekundärliteratur

Abela, Paul: Kant's Empirical Realism. Oxford 2002.

Adams, Robert M.: Form und Materie bei Leibniz: die mittleren Jahre. In: Studia Leibnitiana XXV/2 (1993), S. 132-152.

– : Leibniz. Determinist, Theist, Idealist. New York / Oxford 1994.

Adickes, Erich: Die bewegenden Kräfte in Kants philosophischer Entwicklung und die beiden Pole seines Systems. In: Kant-Studien 1 (1897), S. 9-59, 161-196, 352-415.

Al-Azm, Sadik: The Origins of Kant's Arguments in the Antinomies. Oxford 1972.

Allison, Henry E.: The Kant-Eberhard Controversy. Baltimore / London 1973.

– : Kant's Refutation of Realism. In: Dialectica 30 (1976), S. 223-252.

– : Kant's Transcendental Idealism. An Interpretation and Defense. New Haven / London 1983.

– : Kant's Transcendental Idealism. An Interpretation and Defense. Revised and enlarged Edition. New Haven / London 2004.

Ameriks, Karl: The Critique of Metaphysics: Kant and Traditional Ontology. In: The Cambridge Companion to Kant. Hrsg. v. P. Guyer. Cambridge 1992, S. 249-279.

– : Kant's Theory of Mind. Oxford ²2000.

Baum, Manfred: Erkennen und Machen in der *Kritik der reinen Vernunft*. In: Probleme der *Kritik der reinen Vernunft*. Hrsg. v. B. Tuschling. Berlin / New York 1984, S. 161-177.

– : Deduktion und Beweis in Kants Transzendentalphilosophie. Untersuchungen zur „Kritik der reinen Vernunft". Königstein/Ts. 1986.

– : Kants kritischer Rationalismus. Zur Entwicklung des Vernunftbegriffs nach 1770. In: Vernunftbegriffe in der Moderne. Stuttgarter Hegel-Kongreß 1993. Hrsg. v. H. F. Fulda und R.-P. Horstmann (Veröffentlichungen der Internationalen Hegel-Vereinigung Bd. 20). Stuttgart 1994, S. 184-198.

– : Kants Raumargumente und die Begründung des transzendentalen Idealismus. In: Kant. Analyse – Probleme – Kritik. Bd. II. Hrsg. v. H. Oberer. Würzburg 1996, S. 41-63.

– : Logisches und personales Ich bei Kant. In: Probleme der Subjektivität in Geschichte und Gegenwart. Hrsg. v. D. H. Heidemann. Stuttgart-Bad Cannstatt 2002 (Problemata 146), S. 107-123.

Baumanns, Peter: Kants mathematische Antinomien. In: Allgemeine Zeitschrift für Philosophie 12 (1987), S. 23-40.

– : Kants Philosophie der Erkenntnis. Durchgehender Kommentar zu den Hauptkapiteln der *Kritik der reinen Vernunft*. Würzburg 1997.

Bennett, Jonathan: Kant's Dialectic. Cambridge 1974.

Blackburn, Simon: Truth, Realism, and the Regulation of Theory. In: Ders.: Essays in Quasi-Realism. New York / Oxford 1993, S. 15-34.

Böhle, Rüdiger: Der Begriff des Individuums bei Leibniz. Meisenheim/G. 1978 (Monographien zur philosophischen Forschung. Bd. 161).

Böhme, Gernot: Über Kants Unterscheidung von extensiven und intensiven Größen. In: Kant-Studien 65 (1974), S. 239-258.

– : Quantifizierung als Kategorie der Gegenstandskonstitution. Zur Rekonstruktion der Kantischen Erkenntnistheorie. In: Kant-Studien 70 (1979), S. 1-16.

Bondeli, Martin: Zu Kants Behauptung der Unentbehrlichkeit der Vernunftideen. In: Kant-Studien 87 (1996), S. 166-183.

Bosinelli, Fabio C. M.: Über Leibniz' Unendlichkeitstheorie. In: Studia Leibnitiana XXIII (1991), S. 151-169.

Bostock, David: Aristotle, Zeno and the Potential Infinite. In: Proceedings of the Aristotelian Society 73 (1972/1973), S. 37-51.

Boyd, Richard: Realism, approximate Truth and philosophical Method. In: The Philosophy of Science. Hrsg. v. D. Papineau. Oxford 1999 (Oxford Readings in Philosophy), S. 215-255.

Brittan, Gordon: Kant's Theory of Science. Princeton 1978.

– : Kant and the Objects of Theory. In: New Essays on Kant. Hrsg. v. B. den Ouden und M. Moen. New York / Bern / Frankfurt/M. / Paris 1987, S. 7-27.

– : Kant and the Quantum Theory. In: Kant and Contemporary Epistemology. Hrsg. v. P. Parrini. Dordrecht 1994, S. 131-155.

– : The Continuity of Matter. Notes on Friedman. In: Proceedings of the Eighth International Kant Congress Memphis 1995. Bd. I/2. Milwaukee 1995, S. 611-618.

– : Transcendental Idealism, Empirical Realism, and the Completeness Principle. In: Kant und die Berliner Aufklärung. Akten des IX. Internationalen Kant-Kongresses. Hrsg. v. V. Gerhardt, R.-P. Horstmann und R. Schumacher. Bd. 2. Berlin / New York 2001, S. 541-548.

Broad, Charlie D.: Kant's Mathematical Antinomies. In: Proceedings of the Aristotelian Society (1955), S. 1-22.

Büchel, Gregor: Geometrie und Philosophie. Zum Verhältnis beider Vernunftwissenschaften im Fortgang von der *Kritik der reinen Vernunft* zum *Opus postumum*. Berlin / New York 1987 (Kantstudien Ergänzungshefte 121).

Buchdahl, Gerd: Zum Verhältnis von allgemeiner Metaphysik der Natur und besonderer metaphysischer Naturwissenschaft bei Kant. In: Probleme der *Kritik der reinen Vernunft*. Hrsg. v. B. Tuschling. Berlin / New York 1984, S. 97-142.

Caimi, Mario: Über eine wenig beachtete Deduktion der regulativen Ideen. In: Kant-Studien 86 (1995), S. 308-320.

– : Selbstbewußtsein und Selbsterkenntnis in Kants transzendentaler Deduktion. In: Probleme der Subjektivität in Geschichte und Gegenwart. Hrsg. v. D. H. Heidemann. Stuttgart-Bad Cannstatt 2002 (Problemata 146), S. 85-106.

Carrier, Martin: Kants Theorie der Materie und ihre Wirkung auf die zeitgenössische Chemie. In: Kant-Studien 81 (1990), S. 171-210.

– : Kraft und Wirklichkeit. Kants späte Theorie der Materie. In: Übergang. Untersuchungen zum Spätwerk Immanuel Kants. Frankfurt/M. 1991, S. 208-230.

Cartwright, Nancy: How the Laws of Physics lie. Oxford [2]1999.

Charlton, William: Aristotle's Potential Infinities. In: Aristotle's Physics: A Collection of Essays. Hrsg. v. L. Judson. Oxford 1991, S. 129-149.

Cramer, Konrad: Nicht-reine synthetische Urteile a priori. Ein Problem der Transzendentalphilosophie Immanuel Kants. Heidelberg 1985 (Heidelberger Forschungen 25), S. 129-161.

Düsing, Klaus: Objektive und subjektive Zeit. Untersuchungen zu Kants Zeittheorie und zu ihrer modernen kritischen Rezeption. In: Kant-Studien 71 (1980), S. 1-34.

– : Ontologie bei Plato und Hegel. In: Hegel-Studien 15 (1980), S. 95-150.

– : Constitution and Structure of Self-Identity: Kant's Theory of Apperception and Hegel's Criticism. In: Midwest Studies in Philosophy 8 (1983), S. 409-431.

– : Ästhetische Einbildungskraft und intuitiver Verstand. Kants Lehre und Hegels spekulativ-idealistische Umdeutung. In: Hegel-Studien 21 (1986), S. 87-128.

– : Die Teleologie in Kants Weltbegriff. Bonn ^{2}1986.

– : Cogito ergo sum? Untersuchungen zu Descartes und Kant. In: Wiener Jahrbuch für Philosophie 19 (1987), S. 95-106.

– : Naturteleologie und Metaphysik bei Kant und Hegel. In: Hegel und die *Kritik der Urteilskraft*. Hrsg. v. H. F. Fulda und R.-P. Horstmann. Stuttgart 1990, S. 139-157.

– : Selbstbewußtseinsmodelle. Moderne Kritiken und systematische Entwürfe zur konkreten Subjektivität. München 1997.

– : Dialektikmodelle. Platons *Sophistes* sowie Hegels und Heideggers Umdeutungen. In: Das Problem der Dialektik. Hrsg. v. D. Wandschneider. Bonn 1997, S. 4-18.

– : Gibt es einen Zirkel des Selbstbewußtseins? Ein Aufriß von paradigmatischen Positionen und Selbstbewußtseinsmodellen von Kant bis Heidegger. In: Ders.: Subjektivität und Freiheit. Untersuchungen zum Idealismus von Kant bis Hegel. Stuttgart-Bad Cannstatt 2002 (Spekulation und Erfahrung II, 47), S. 111-140.

– : Spontane, diskursive Synthesis. Kants neue Theorie des Denkens in der kritischen Philosophie. In: Aufklärung und Kritik. Festschrift für M. Baum zum 65. Geburtstag. Hrsg. v. S. Doyé, M. Heinz und U. Rameil. Berlin / New York 2004, S. 83-107.

– : Antinomie und Dialektik. Endlichkeit und Unendlichkeit in Hegels Auseinandersetzung mit Kants Antinomienlehre. In: Das Endliche und Unendliche in Hegels Denken. Hrsg. v. F. Menegoni und L. Illetterati. Stuttgart 2004 (Veröffentlichungen der Internationalen Hegel-Vereinigung), S. 35-57.

Edwards, Jeffrey: Substance, Force, and the Possibility of Knowledge. Berkeley / Los Angeles / London 2000.

Effertz, Dirk: Kants Metaphysik: Welt und Freiheit: zur Transformation des Systems der Ideen in der Kritik der Urteilskraft. Freiburg/Br. / München 1994 (Symposion 99).

Engelhard, Kristina: Zeitmodi und Naturzeit in Kants *Kritik der reinen Vernunft*. In: Kant und die Berliner Aufklärung. Akten des IX. Internationalen Kant-Kongresses. Hrsg. v. V. Gerhardt, R.-P. Horstmann und R. Schumacher. Bd. 2. Berlin / New York 2001, S. 146-157.

– : Rationalistischer Monismus und Leibniz' Theorie der Materie. In: Aufklärungen. Festschrift für Klaus Düsing zum 60. Geburtstag. Hrsg. v. K. Engelhard. Berlin 2002 (Philosophische Schriften 47), S. 39-62.

– : Der Begriff der Erscheinung bei Leibniz und Kant. In: Aufklärung und Kritik. Festschrift für Manfred Baum zum 65. Geburtstag. Hrsg. v. D. Hüning, K. Michel und A. Thomas. Berlin 2004 (Philosophische Schriften 56), S. 157-188.

Erdmann, Benno: Die Entwicklungsperioden von Kants theoretischer Philosophie. In: Reflexionen Kants zur kritischen Philosophie. Hrsg. v. B. Erdmann. Leipzig 1882/84 (Neudruck: Hrsg. v. N. Hinske. Stuttgart-Bad Cannstatt 1992), S. 265-312.

Falkenburg, Brigitte: Die Form der Materie. Zur Metaphysik der Natur bei Kant und Hegel. Frankfurt/M. 1987 (Monographien zur philosophischen Forschung Bd. 238).

– : Substanzbegriff und Quantentheorie. In: Philosophia Naturalis 30 (1993), S. 229-246.

– : Kants zweite Antinomie und die Physik. In: Kant-Studien 86 (1995) S. 4-25.

– : Sprache und Anschauung in der modernen Physik. In: Sprache und Sprachen in den Wissenschaften. Hrsg. v. H. E. Wiegand. Berlin / New York 1999, S. 89-118.

– : Kants Kosmologie. Frankfurt/M. 2000 (Philosophische Abhandlungen Bd. 77).

– : Kants Naturbegriff und die Begründung der modernen Physik. In: Philosophia Naturalis 37 (2000), S. 409-438.

– : Kants Naturalismus-Kritik. In: Warum Kant heute? Systematische Bedeutung und Rezeption seiner Philosophie in der Gegenwart. Hrsg. v. D. H. Heidemann und K. Engelhard. Berlin / New York 2004, S. 177-206.

Feist, Hans: Der Antinomiengedanke bei Kant und seine Entwicklung in den vorkritischen Schriften. Borna-Leipzig 1932.

Finster, Reinhard: Zur Kritik von Christian August Crusius an der Theorie der einfachen Substanzen bei Leibniz und Wolff. In: Studia Leibnitiana XVIII/1 (1986), S. 72-82.

Fonfara, Dirk: Die Ousia-Lehren des Aristoteles. Berlin / New York 2003 (Quellen und Studien zur Philosophie 61).

Forrester, James Wm.: „If, in thought, all composition be removed ... “. In: Kant-Studien 71 (1980), S. 406-417.

Friedman, Michael: Kant and the Exact Sciences. Cambridge/Mass. / London 1992.

– : Matter and Material in Kants Philosophy of Nature. The Problem of infinite Divisibility. In: Proceedings of the Eighth International Kant Congress Memphis 1995. Bd. I/2. Milwaukee 1995, S. 595-610.

– : Matter and Motion in the *Metaphysical Foundations* and the *Critique*: The empirical Concept of Matter and the Categories. In: Architektonik und System in der Philosophie Kants. Hrsg. v. H. F. Fulda und J. Stolzenberg. Hamburg 2001 (System der Vernunft. Kant und der deutsche Idealismus Bd. 1), S. 328-345.

Furley, David: Cosmology. In: The Cambridge History of Hellenistic Philosophy. Hrsg. v. K. Algra, J. Barnes, J. Mansfield und M. Schofield. Cambridge 1999, S. 412-451.

Gawlick, Günter und Kreimendahl, Lothar: Hume in der deutschen Aufklärung. Umrisse einer Rezeptionsgeschichte. Stuttgart-Bad Cannstatt 1987 (Forschungen und Materialien zur deutschen Aufklärung Bd. 4).

Geissler, Kurt: Kants Antinomien und das Wesen des Unendlichen. In: Kant-Studien 15 (1910), S. 194-232.

Glouberman, Mark: Rewriting Kant's Antinomies: A meta-interpretative Discussion. In: The Philosophical Forum XXV/1 (1993), S. 1-18.

Gloy, Karen: Studien zur theoretischen Philosophie Kants. Würzburg 1990.

Grier, Michelle: Transcendental Illusion and Transcendental Realism in Kant's second Antinomy. In: British Journal for the History of Philosophy 6,1 (1998), S. 47-70.

– : Kant's Doctrine of Transcendental Illusion. Cambridge 2001.

Gueroult, Martial: Hegels Urteil über die Antithetik der reinen Vernunft. In: Seminar: Dialektik in der Philosophie Hegels. Hrsg. v. R.-P. Horstmann. Frankfurt/M. 1978, S. 261-291.

– : Raum, Zeit, Kontinuität und Principium Indiscernibilium. In: Leibniz' Logik und Metaphysik. Hrsg. v. A. Heinekamp und F. Schupp. Darmstadt 1988, S. 512-528.

Gurwitsch, Aron: Leibniz – Philosophie des Panlogismus. Berlin / New York 1974.

Guyer, Paul: Kant and the Claims of Knowledge. Cambridge 1987.

– : The Unity of Nature and Freedom: Kant's System of the System of Philosophy. In: The Reception of Kant's critical Philosophy. Fichte, Schelling, Hegel. Hrsg. v. S. Sedgwick. Cambridge 2000, S 19-53.

Halfwassen, Jens: Der Aufstieg zum Einen. Stuttgart 1992 (Beiträge zur Altertumskunde 9).

Happ, Heinz: Hyle. Studien zum aristotelischen Materiebegriff. Berlin 1971.

Hartz, Glenn A.: Leibniz' Phenomenalisms. In: The Philosophical Review 101/3 (1992), S. 511-549.

Heidemann, Dietmar H.: Kant und das Problem des metaphysischen Idealismus. Berlin / New York 1998 (Kantstudien Ergänzungshefte 131).

– : Innerer und äußerer Sinn. Kants Konstitutionstheorie empirischen Selbstbewußtseins. In: Kant und die Berliner Aufklärung. Akten des IX. Internationalen Kant-Kongresses. Hrsg. v. V. Gerhardt, R.-P. Horstmann und R. Schumacher. Bd. 2. Berlin / New York 2001, S. 305-313.

– : Anschauung und Begriff. Ein Begründungsversuch des Stämme-Dualismus in Kants Erkenntnistheorie. In: Aufklärungen. Fstschrift für Klaus Düsing zum 60. Geburtstag. Hrsg. v. K. Engelhard. Berlin 2002 (Philosophische Schriften 47), S. 65-90.

Heimsoeth, Heinz: Vernunftantinomie und transzendentale Dialektik in der geschichtlichen Situation des Kantischen Lebenswerkes. In: Kant-Studien 51 (1959/60), S 131-141.

– : Atom, Seele, Monade. Historische Ursprünge und Hintergründe von Kants Antinomie der Teilung. In: Abhandlungen der Geistes- und Sozialwissenschaftlichen Klasse. Jg. 1960. Nr. 3. Hrsg. v. der Akademie der Wissenschaften und der Literatur in Mainz. Wiesbaden 1960, S. 259-398.

– : Kant und Plato. In: Kant-Studien 56 (1965), S. 349-372.

– : Transzendentale Dialektik. Berlin / New York 1967.

Heintel, Erich: Der Begriff der Erscheinung bei Leibniz. In: Zeitschrift für philosophische Forschung 20 (1966), S. 398-420.

Henrich, Dieter: Kants Denken 1762/63. Über den Ursprung der Unterscheidung analytischer und synthetischer Urteile. In: Studien zu Kants philosophischer Entwicklung. Hildesheim 1967 (Studien und Materialien zur Geschichte der Philosophie 6), S. 9-38.

– : Die Beweisstruktur von Kants transzendentaler Deduktion. In: Kant. Zur Deutung seiner Theorie von Erkennen und Handeln. Hrsg. v. G. Prauss. Köln 1973, S. 90-104.

Hinske, Norbert: Kants Begriff der Antinomie und die Etappen seiner Ausarbeitung. In: Kant-Studien 56 (1965), S. 485-496.

– : Artikel ‚Antinomie'. In: Historisches Wörterbuch der Philosophie. Bd. 1. Sp. 393. Basel 1971.

– : Kants Begriff der Antithetik und seine Herkunft aus der protestantischen Kontroverstheologie des 17. und 18. Jahrhunderts. In: Archiv für Begriffsgeschichte XVI (1972), S. 48-59.

Höselbarth, Frank: Raum und Körper in der zweiten Antinomie der *Kritik der reinen Vernunft* Kants. Frankfurt/M. 1983.

Hoffmann, Paul: The Being of Leibnizian Phenomena. In: Studia Leibnitiana XXVIII (1996), S. 108-118.

Hofmann, Franz: Kants erste Antinomie und ihre Stellung als indirekter Beweis des transzendentalen Idealismus. Diss. Mainz 1961.

Hoppe, Hansgeorg: Kants Theorie der Physik. Eine Untersuchung über das *Opus postumum* von Kant. Frankfurt/M 1969.

Ishikawa, Fumiyasu: Kants Denken von einem Dritten. Das Gerichtshof-Modell und das unendliche Urteil in der Antinomienlehre. Frankfurt/M. / Bern / New York / Paris 1990.

Jacquette, Dale: Kant's second Antinomy and Hume's Theory of extensionless Indivisibles. In: Kant-Studien 84 (1993), S. 38-50.

Jalabert, Jacques: Die Begriffe ‚Essenz' und ‚Existenz' in der Leibnizschen Philosophie. In: Leibniz' Logik und Metaphysik. Hrsg. v. A. Heinekamp und F. Schupp. Darmstadt 1988, S. 552-560.

Jammer, Max: Die Entwicklung des Modell-Begriffs in den physischen Wissenschaften. In: Studium Generale 18 (1965), S. 154-166.

Kaehler, Klaus Erich: Leibniz – Der methodische Zwiespalt der Metaphysik der Substanz, Hamburg 1979.

– : Kants transzendentale Reformulierung der substantiellen Einheit des leibnizschen Subjekts. In: Leibniz und die Frage nach der Subjektivität. Hrsg. v. R. Cristin. Stuttgart 1994, S. 160-170.

– : Das Bewußtsein und seine Phänomene. Leibniz, Kant und Husserl. In: Phänomenologie und Leibniz. Hrsg. v. R. Cristin und K. Sakai. München 2000, S. 42-74.

Kaulbach, Friedrich: Schema, Bild und Modell nach den Voraussetzungen des Kantischen Denkens. In: Studium Generale 18 (1965), S. 464-475.

Keller, Pierre: Kant and the Demands of Self-Consciousness. Cambridge 1998.

Kitcher, Patricia: Kant's Transcendental Psychology. Oxford 1990.

Klemme, Heiner F.: Kants Philosophie des Subjekts. Systematische und historische Untersuchungen zum Verhältnis von Selbstbewußtsein und Selbsterkenntnis. Hamburg 1996 (Kant-Forschungen Bd. 7).

Koriako, Darius: Kants Philosophie der Mathematik. Grundlagen, Voraussetzungen, Probleme. Hamburg 1999 (Kant-Forschungen Bd. 11).

Kowalewski, Arnold: Über die Antinomienlehre als Begründung des Transzendentalen Idealismus. In: Abhandlungen der Friesschen Schule. Neue Folge. Bd. 4. Hft. 4. Göttingen 1918, S. 693-764.

Krausser, Peter: On the Antinomies and the Appendix to the Dialectic in Kant's Critique and Philosophy of Science. In: Synthese 77 (1988), S. 375-401.

–: The First Antinomy of Rational Cosmology and Kant's three kinds of Infinities. In: Philosophia Naturalis 19 (1982), S. 83-93.

Kreimendahl, Lothar: Der Durchbruch von 1769. Köln 1990.

–: Die Antinomie der reinen Vernunft. 1. und 2. Abschnitt. In: Klassiker auslegen: Kritik der reinen Vernunft. Hrsg. v. G. Mohr und M. Willaschek. Berlin 1998, S. 413-446.

Kutschera, Franz v.: Artikel ‚Antinomie' in: Historisches Wörterbuch der Philosophie. Bd. 1. Sp. 396-405. Basel 1971.

Langton, Rae: Kantian Humility. Our Ignorance of Things in Themselves. Oxford 1998.

Lasswitz, Kurt: Geschichte der Atomistik vom Mittelalter bis Newton. 2 Bde. Hamburg / Leipzig 1890 (Neudruck: Darmstadt 1963).

Llewelyn, John E.: Dialectical and Analytical Opposites. In: Kant-Studien 55 (1964), S.171-174.

Long, Antony A. und Sedley, David N.: Die hellenistischen Philosophen. Texte und Kommentare. Stuttgart / Weimar 2000, S. 44-66.

Longuenesse, Béatrice: Kant and the Capacity to Judge: Sensibility and Discursivity in the Transcendental Analytic of the *Critique of pure Reason*. Übers. v. Ch. T. Wolfe. Princeton 1998.

Lyre, Holger: Kann Physik a priori begründbar sein? In: Philosophia Naturalis 37 (2000), S. 439-454.

Maier, Anneliese: Kants Qualitätskategorien. Berlin 1930 (Kantstudien Ergänzungshefte 65).

–: Zwei Grundprobleme der scholastischen Naturphilosophie. Das Problem der intensiven Größe. Die Impetustheorie. Rom 1951.

Majer, Ulrich: Hilberts Methode der idealen Elemente und Kants regulativer Gebrauch der Ideen. In: Kant-Studien 84 (1993), S. 51-77.

Malter, Rudolf: Der Ursprung der Metaphysik in der reinen Vernunft. Systematische Überlegungen zu Kants Ideenlehre. In: 200 Jahre *Kritik der reinen Vernunft*. Hrsg. v. J. Kopper und W. Marx. Hildesheim 1981, S. 169-210.

–: Reflexionsbegriffe. Gedanken zu einer schwierigen Begriffsgattung und zu einem unausgeführten Lehrstück der *Kritik der reinen Vernunft*. In: Philosophia Naturalis 19 (1982), S. 125-150.

Malzkorn, Wolfgang: Analytical and Dialectical Oppositions Reconsidered. In: Kant und die Berliner Aufklärung. Akten des IX. Internationalen Kant-Kongresses. Hrsg. v. V. Gerhardt, R.-P. Horstmann und R. Schumacher. Bd. 5. Berlin / New York 2001, S. 37-44.

– : Kant über die Teilbarkeit der Materie. In: Kant-Studien 89 (1998), S. 385-409.

– : Kants Kosmologie-Kritik. Eine formale Analyse der Antinomienlehre. Berlin / New York 1999 (Kantstudien Ergänzungshefte 134).

Martin, Gottfried: Immanuel Kant. Ontologie und Wissenschaftstheorie. Berlin 1969.

Mason, Stephen F.: Geschichte der Naturwissenschaft in der Entwicklung ihrer Denkweisen. Hrsg. und übers. v. B. Sticker und K. M. Meyer-Abich. Stuttgart 1961.

Mathieu, Vittorio: Kants *Opus postumum*. Frankfurt/M. 1989.

Menne, Albert: Das unendliche Urteil Kants. In: Philosophia Naturalis 19 (1982), S. 151-162.

Miller, George: Kant and Berkeley. The alternative Theories. In: Kant-Studien 64 (1973), S. 315-335.

Mittelstaedt, Peter und Strohmeyer, Ingeborg: Die kosmologischen Antinomien in der *Kritik der reinen Vernunft* und die moderne physikalische Kosmologie. In: Kant-Studien 81 (1990), S. 145-169.

Mittelstaedt, Peter: Apriorische Strukturen der Quantenmechanik. In: Philosophia Naturalis 37 (2000), S. 455-473.

– : Der Objektbegriff bei Kant und in der gegenwärtigen Physik. In: Warum Kant heute? Systematische Bedeutung und Rezeption seiner Philosophie in der Gegenwart. Hrsg. v. D. H. Heidemann und K. Engelhard. Berlin / New York 2004, S. 207-230.

Mohr, Georg: Das sinnliche Ich. Innerer Sinn und Bewußtsein bei Kant. Würzburg 1991 (Epistemata Bd. 81).

Morrison, M.: Modelling Nature: Between Physics and the physical World. In: Philosophia Naturalis 35 (1998), S. 65-85.

Natterer, Paul: Systematischer Kommentar zur *Kritik der reinen Vernunft*. Berlin / New York 2003 (Kantstudien Ergänzungshefte 141).

Paton, Herbert James: Kant's Metaphysic of Experience. A Commentary of the first half of the *Kritik der reinen Vernunft*. London 41965.

Patt, Walter: Transzendentaler Idealismus. Kants Lehre von der Subjektivität der Anschauung in der Dissertation von 1770 und in der *Kritik der reinen Vernunft*. Berlin / New York 1987 (Kantstudien Ergänzungshefte 120).

Pieper, Annemarie: Kant und die Methode der Analogie. In: Kant in der Diskussion der Moderne. Hrsg. v. G. Schönrich und Y. Kato. Frankfurt/M. 1996, S. 92-112.

Pilot, Harald: Die Vernunftideen als Analoga von Schemata der Sinnlichkeit. In: Das Recht der Vernunft. Kant und Hegel über Denken, Erkennen und Handeln. Hrsg. v. C. Fricke, P. König und T. Petersen. Stuttgart-Bad Cannstatt 1995, S. 155-192.

Plaass, Peter: Kants Theorie der Naturwissenschaft. Eine Untersuchung zur Vorrede von Kants „Metaphysischen Anfangsgründen der Naturwissenschaft". Göttingen 1965.

Pollock, Konstantin: Kants „Metaphysische Anfangsgründe der Naturwissenschaft". Ein kritischer Kommentar. Hamburg 2001 (Kant-Forschungen Bd. 13).

Polonoff, Irving I.: Force, Cosmos, Monads and other Themes of Kant's early Thought. Bonn 1973 (Kantstudien Ergänzungshefte 107).

Poser, Hans: Zum Begriff der Monade bei Leibniz und Wolff. In: Akten des II. Internationalen Leibniz-Kongresses. Wiesbaden 1975 (Studia Leibnitiana Suppl. XIV), Bd. III, S. 383-395.

Posy, Carl: Dancing to the Antinomy. A Proposal for Transcendental Idealism. In: American Philosophical Quarterly 20/1 (1983), S. 81-94.

Powell, Thomas C.: Kant's Theory of Self-Consciousness. Oxford 1990.

Prauss, Gerold: Kant und das Problem der Dinge an sich. Bonn ^{2}1977.

– : Zum Wahrheitsproblem bei Kant. In: Kant-Studien 60 (1969), S. 166-182.

Psillos, Stathis: Scientific Realism. How Science tracks Truth. London / New York 1999.

Putnam, Hilary: Reason, Truth and History. Cambridge 1981.

Quine, Willard Van Orman: On what there is. In: Ders.: From a Logical Point of View. Cambridge/Mass. / London 1980, S. 1-19.

– : Two Dogmas of Empiricism. In: Ders.: From a Logical Point of View. Cambridge/Mass. / London 1980, S. 20-46.

Radner, Michael: Unlocking the second Antinomy. Kant and Wolff. In: Journal of the History of Philosophy 36 (1998), S. 413-441.

Redhead, Michael: Models in Physics. In: Britisch Journal of the Philosophy of Science 31 (1980), S. 145-163.

Reich, Klaus: Einleitung zu: Kant, I.: Über die Form und die Prinzipien der Sinnen- und Geisteswelt. Hamburg 1958, S. VII-XVI.

– : Die Vollständigkeit der Kantischen Urteilstafel. Hamburg ^{3}1986.

Reisinger, Marion: Schlußlogik und Metaphysik bei Kant. Diss. Köln 1988.

Rescher, Nicholas: Kant on the Limits and Prospects of Philosophy – Kant, Pragmatism, and the Metaphysics of Virtual Reality. In: Kant-Studien 91 (2000), S. 283-328.

Reuter, Peter: Kants Theorie der Reflexionsbegriffe. Eine Untersuchung zum Amphibolienkapitel der *Kritik der reinen Vernunft*. Würzburg 1989.

Rohs, Peter: Kants Prinzip der durchgängigen Bestimmung alles Seienden. In: Kant-Studien 69 (1978), S. 170-180.

Rompe, Elisabeth M.: Die Trennung von Ontologie und Metaphysik. Der Ablösungsprozeß und seine Motivierung bei Benedictus Pererius und anderen Denkern des 16. und 17. Jh. Bonn 1968.

Rosas, Alejandro: Kants idealistische Reduktion. Das Mentale und das Materielle im transzendentalen Idealismus. Würzburg 1996 (Epistemata 185).

Röd, Wolfgang: Das Problem des Unendlichen bei Kant. In: Deutsche Zeitschrift für Philosophie 38 (1990), S. 497-505.

Rutherford, Donald: Leibniz and the Rational Order of Nature. Cambridge 1995.

– : Leibniz on the Reality of Body. Berkeley/Calif. 1988.

Sans, Georg: Ist Kants Ontologie naturalistisch? Die *Analogien der Erfahrung* in der *Kritik der reinen Vernunft*. Stuttgart 2000 (Münchener philosophische Studien NF Bd. 17).

Schäfer, Lothar: Kants Metaphysik der Natur. Berlin 1966 (Quellen und Studien zur Geschichte der Philosophie 9).

Scheibe, Erhard: On Limitations of Physical Knowledge. In: Philosophia Naturalis 35 (1998), S. 41-57.

Schmauke, Stephan: „Wohlthätigste Verirrung". Kants kosmologische Antinomien. Würzburg 2002.

Schmucker, Josef: Das Weltproblem in Kants *Kritik der reinen Vernunft*. Kommentar und Strukturanalyse des ersten Buches und des zweiten Hauptstückes des zweiten Buches der transzendentalen Dialektik. Bonn 1990.

Schulthess, Peter: Relation und Funktion. Eine systematische und entwicklungsgeschichtliche Untersuchung zur theoretischen Philosophie Kants. Berlin / New York 1981 (Kantstudien Ergänzungshefte 113).

Sedgwick, Sally: Hegel on Kant's Antinomies and Distinction between General and Transcendental Logic. In: Monist 73,3 (1991), S. 403-420.

Seifert, Josef: Das Antinomienproblem als ein Grundproblem aller Metaphysik: Kritik der *Kritik der reinen Vernunft*. In: Prima Philosophia 2, 2 (1989), S. 143-168.

Sellars, Wilfrid: Science and Metaphysics. Atascadero ²1992.

Siegel, Carl: Kants Antinomienlehre im Lichte der Inaugural-Dissertation. In: Kant-Studien 30 (1925), S. 67-86.

Smith, Norman Kemp: A Commentary to Kant's *Critique of Pure Reason*. Atlantic Highlands, NJ ⁴1996.

Strawson, Peter F.: The Bounds of Sense. An Essay on Kant's *Critique of Pure Reason*. London 1966.

Strobach, Niko: Qualifizierte Negation als Schlüssel zum Verständnis der Auflösung der ersten Antinomie in Kants *Kritik der reinen Vernunft*. In: Kant und die Berliner Aufklärung. Akten des IX. Internationalen Kant-Kongresses. Bd. 5. Hrsg. v. V. Gerhardt, R.-P. Horstmann und R. Schumacher. Berlin / New York 2001, S. 94-105.

Sturma, Dieter: Kant über Selbstbewußtsein. Hildesheim / Zürich / New York 1985.

Tetens, Holm: Experimentelle Erfahrung. Hamburg 1987 (paradeigmata 8).

Tonelli, Giorgio: Der historische Ursprung der Kantischen Termini ‚Analytik' und ‚Dialektik'. In: Archiv für Begriffsgeschichte 7 (1962), S. 120-139.

– : Die Voraussetzung zur Kantischen Urteilstafel in der Logik des 18. Jahrhunderts. In: Kritik und Metaphysik. H. Heimsoeth. zum achtzigsten Geburtstag. Hrsg. v. F. Kaulbach und J. Ritter. Berlin 1966, S. 134-158.

– : Kant und die antiken Skeptiker. In: Studien zu Kants philosophischer Entwicklung. Hrsg. v. H. Heimsoeth, D. Henrich und G. Tonelli. Hildesheim 1967 (Studien und Materialien zur Geschichte der Philosophie Bd. 6), S. 93-123.

Torretti, Roberto: Kosmologie als Zweig der Physik. In: Moderne Naturphilosophie. Hrsg. v. B. Kanitscheider. Würzburg 1984, S. 183-200.

Tugendhat, Ernst: Vorlesungen zur Einführung in die sprachanalytische Philosophie. Frankfurt/M. 1976.

– : Selbstbewußtsein und Selbstbestimmung. Frankfurt/M. [5]1993.

Tuschling, Burkhard: Die Idee des transzendentalen Idealismus im späten *Opus postumum*. In: Übergang. Untersuchungen zum Spätwerk Immanuel Kants. Hrsg. v. S. Blasche. Frankfurt/M. 1991, S. 104-145.

– : Übergang: Von der Revision zur Revolutionierung und Selbst-Aufhebung des Systems des transzendentalen Idealismus in Kants *Opus postumum*. In: Architektonik und System in der Philosophie Kants. Hrsg. v. H. F. Fulda und J. Stolzenberg. Hamburg 2001 (System der Vernunft. Kant und der deutsche Idealismus Bd. 1), S. 128-170.

– : Begriffe, Dimensionen, Funktionen der Subjektivität: Leibniz versus Locke. In: Probleme der Subjektivität in Geschichte und Gegenwart. Hrsg. v. D. H. Heidemann. Stuttgart-Bad Cannstatt 2002 (Problemata 146), S. 57-84.

Vaihinger, Hans: Commentar zu Kants *Kritik der reinen Vernunft*. Bd. 2. Stuttgart / Berlin / Leipzig 1892.

– : Die Philosophie des Als Ob. Leipzig [9]1927 (Neudruck: Aalen 1986).

Van Cleve, James: Problems from Kant. Oxford / New York 1999.

De Vleeschauwer, H. J.: Les Antinomies Kantiennes et la Clavis Universalis d' Àrthur Collier. In: Mind 47 (1938), S. 303-320.

Vogel, Karl: Kant und die Paradoxien der Vielheit. Frankfurt/M. [2]1986.

Vollrath, Ernst: Die Gliederung der Metaphysik in eine Metaphysica generalis und eine Metaphysica specialis. In: Zeitschrift für philosophische Forschung 16 (1962), S. 258-284.

Vuillemin, Jules: Physique et métaphysique Kantiennes. Paris 1955.

Wagner, Hans: Die kosmologische Antithetik und ihre Auflösung in der Kr. d. r. V. In: Kant. Analysen – Probleme – Kritik. Hrsg. v. H. Oberer. Würzburg 1996, S. 239-259.

Wansing, Heinrich: Negation. In: The Blackwell Guide to Philosophical Logic. Hrsg. v. L. Goble. Oxford 2001, S. 437-460.

Warda, Arthur: Immanuel Kants Bücher. Berlin 1922.

Weber, Ludwig: Das Distinktionsverfahren im mittelalterlichen Denken und Kants skeptische Methode. Meisenheim/G. 1976 (Monographien zur philosophischen Forschung 147).

Weizsäcker, Carl Friedrich von: Zum Weltbild der Physik. Stuttgart 1970.

Wike, Victoria S.: Kant's Antinomies of Reason. Their Origin and their Resolution. Washington 1982.

Willaschek, Marcus: Die Mehrdeutigkeit der kantischen Unterscheidung zwischen Dingen an sich und Erscheinungen. Zur Debatte um Zwei-Aspekte- und Zwei-Welten-Interpretationen des transzendentalen Idealismus. In: Kant und die Berliner Aufklärung.

Akten des IX. Internationalen Kant-Kongresses. Bd. 2. Hrsg. v. V. Gerhardt, R.-P. Horstmann und R. Schumacher. Berlin / New York 2001, S. 679-690.

– : Der mentale Zugang zur Welt. Frankfurt/M. 2003.

Wilson, Catherin: Leibniz's Metaphysics. A Historical and Comparative Study. Manchester 1989.

– : The Reception of Leibniz in the Eighteenth Century. In: The Cambridge Companion to Leibniz. Hrsg. v. N. Jolley. Cambridge 1995, S. 442-474.

Wind, Edgar: Das Experiment und die Metaphysik. Hrsg. v. B. Buschendorf. Frankfurt/M. 2001.

Wolf, Sebastian: Das potentiell Unendliche. Die aristotelische Konzeption und ihre modernen Derivate. Frankfurt/M. / Bern 1983.

Wolff, Michael: Der Begriff des Widerspruchs in der *Kritik der reinen Vernunft*. Zum Verhältnis von formaler und transzendentaler Logik. In: Probleme der Kritik der reinen Vernunft. Kant-Tagung Marburg 1981. Hrsg. von B. Tuschling. Berlin / New York 1984, S. 178-202.

– : Die Vollständigkeit der Kantischen Urteilstafel. Mit einem Essay über Freges Begriffsschrift. Frankfurt/M. 1995.

Wolff-Metternich, Brigitte-Sofie von: Die Überwindung des mathematischen Erkenntnisideals. Kants Grenzbestimmung von Mathematik und Philosophie. Berlin / New York 1995.

Wood, Allen W.: Kant's Dialectic. In: Canadian Journal of Philosophy 5 (1975), S. 595-614.

Wunderlich, Falk: Das Paradoxe des inneren Sinnes. Kants Auseinandersetzung mit zeitgenössischen Einwänden gegen seine Theorie desselben. In: Kant und die Berliner Aufklärung. Akten des IX. Internationalen Kant-Kongresses. Bd. 2. Hrsg. v. V. Gerhardt, R.-P. Horstmann und R. Schumacher. Berlin / New York 2001, S. 257-263.

Wundt, Wilhelm: Kants kosmologische Antinomien und das Problem der Unendlichkeit. In: Philosophische Studien. Bd. 2. Hrsg. v. W. Wundt. Leipzig 1885, S. 495-538.

Zocher, Rudolf: Zu Kants transzendentaler Deduktion der Ideen der reinen Vernunft. In: Zeitschrift für philosophische Forschung 12 (1958), S. 43-58.

– : Der Doppelsinn der Kantischen Ideenlehre. In: Zeitschrift für philosophische Forschung 20 (1966), S. 222-226.

Zöller, Günter: Theoretische Gegenstandsbeziehung bei Kant. Berlin / New York 1984 (Kantstudien Ergänzungshefte 117).

Personenregister

Adickes, E. 11, 96, 105, 137, 278 ff., 290, 294
Abela, P. 310
Adams, R.M. 186, 188
Al-Azm, S. 11, 185
Algazel 185
Allison, H.E. 13, 16, 39, 67 f., 83, 85, 308, 312 f., 316 f., 399, 405
Ameriks, K. 237, 274, 431
Aristoteles 3 f., 28, 46, 87, 99 f., 127 f., 130, 168 ff., 173, 250, 307, 324, 342, 348 f., 352, 360 f., 362-365, 368, 374
Avicenna 185

Baum, M. 187, 209, 246 ff., 251, 288, 371, 430 f.
Baumanns, P. 12, 53, 72, 105, 223, 241
Baumeister, F. Chr. 63, 193
Baumgarten, A.G. 16, 55, 63 ff., 87 f., 92, 97, 99, 118, 130, 151, 155, 172 f., 182, 192, 194, 198, 200, 208 f., 219, 263, 278 f., 282, 296, 365, 431
Bayle, P. 121, 134, 136, 181, 343, 348 f., 360 f.
Beck, J.S. 52, 372
Bennett, J. 72, 83, 236, 277, 337, 353, 355
Berkeley, G. 110, 230 ff., 317
Bernoulli, J. 354
Blackburn, S. 322, 402
Blumenbach, F. 381
Böhle, R. 175
Böhme, G. 94
Bohr, N. 408
Bondeli, M. 28, 405
Bosinelli, F.C.M. 364
Bostock, D. 360, 363
Boyd, R. 407 f.
Boyle, R. 90
Brahe, T. 400
Brittan, G. 128, 329 f., 332, 420
Broad, C.D. 157, 171
Brucker, J. 47, 140
Buchdahl, G. 405
Büchel, G. 398

Caimi, M. 251, 396, 405
Cantor, G. 14, 343, 346, 353, 355, 359
Carrier, M. 89, 195, 415
Cartwright, N. 404
Cassirer, E. 413
Cavalieri, B.F. 177, 207
Charlton, W. 360, 361, 362, 368
Clarke, S. 11, 89, 185, 215 f.
Cohen, H. 88 f., 94
Cordemoy, G. de 181
Cramer, K. 102
Crousaz, J.P. de 136
Crusius, Chr.A. 64 f., 192, 201, 263, 324, 403, 412

De Vleeschauwer, H.J. 317
Demokrit 182, 184 f., 243, 312
Descartes, R. 3, 56, 59 f., 104, 138 f., 169, 173, 181, 184
Descartes, R. 222, 229 f., 234, 244, 254, 270, 324, 333, 364, 386
Dummett, M. 322
Düsing, K. 8, 12, 48, 53, 58, 71, 107, 130, 162, 173 f., 235, 245, 251, 254, 257, 261, 268 f., 343, 378, 382 ff., 394 f., 430 f.

Eberhard, J.A. 39, 119, 143, 191, 200, 314, 317, 376, 377, 378
Edwards, J. 103, 386

Effertz, D. 44, 53
Engelhard, K. 26, 58, 78, 104, 107, 186, 188, 234, 395, 404
Epikur 158, 182, 184
Erdmann, B. 11, 165, 276
Euklid 119, 150
Euler, L. 10, 185, 200, 221 f., 325, 345, 348 ff.

Falkenburg, B. 10 f., 14, 52, 59, 67, 72, 87, 105, 114, 117, 120, 122, 126, 133, 135, 163, 174, 178, 185 f., 195, 208, 211, 213, 223, 225, 228, 276 f., 283, 290 f., 300, 308, 346, 353, 404, 408, 413
Feist, H. 11
Fichte, J.G. 241, 249, 386, 391
Finster, R. 201
Fonfara, D. 169
Forrester, J.W. 160, 164
Friedman, M. 105, 414 f., 420
Furley, D. 182

Garve, Chr. 7, 276
Gassendi, P. 3, 181, 184
Gawlick, G. 250
Geissler, K 13
Glouberman, M. 309
Gloy, K. 107
Gottsched, J.Chr. 63, 121, 193, 348
Grier, M. 10, 14, 16, 68, 128, 163, 223, 337, 338, 399, 405
Gueroult, M. 12, 241, 364
Gurwitsch, A. 186, 248
Guyer, P. 13, 153, 308, 310, 346, 386, 431

Halfwassen, J. 173
Hansch, M.G. 187
Happ, H. 100
Hartz, G.A. 188
Hartz, G.A. 315
Hegel, G.W.F. 12, 21, 24, 48, 102, 130, 138, 144, 160-163, 173, 183, 235, 261, 288, 342, 361, 386
Heidegger, M. 130, 257, 261
Heidemann, D.H. 107, 230, 232, 254, 267, 373
Heimsoeth, H. 7, 9, 11, 32, 47, 72, 85, 134, 136, 165, 173, 184 ff., 201, 208, 223, 228, 236, 238, 308, 317, 324, 337, 361, 379, 382, 403, 412
Heintel, E. 188, 370, 374
Heisenberg, W. 4
Henrich, D. 136, 214, 246
Herz, M. 7, 308
Hilbert, D. 353, 400
Hinske, N. 11, 122 f., 134
Hinske, N. 276, 277, 278
Hoffmann, P. 186
Hofmann, F. 62, 308
Hoppe, H. 221, 421 f.
Höselbarth, F. 9, 88, 210 f., 221, 349
Hume, D. 11, 21, 158, 229, 242, 250, 276, 284, 312, 348, 350, 399
Husserl, E. 117, 242

Ishikawa, F. 324, 330

Jacquette, D. 11, 350
Jalabert, J. 333
Jammer, M. 403

Kaehler, K.-E. 242
Kästner, A.G. 25, 35, 356
Kaulbach, F. 32, 324, 403
Keill, J. 184, 196
Keller, P. 257
Kepler, J. 57, 121
Kitcher, P. 25
Klemme, H.F. 235, 247, 251, 254 f.
Kopernikus, N. 400
Koriako, D. 390
Kowalewski, A. 308
Krausser, P. 14, 353, 359, 401, 404
Kreimendahl, L. 11 f., 250, 276
Kutschera, F. v. 121

La Mettrie, J.O. 21
Lakydes 137
Lambert, J.H. 10, 53, 92, 209 f., 263, 362, 416
Langton, R. 106, 170, 431
Lasswitz, K. 90, 180, 181, 184
Lavoisier, A.-L. 90, 183
Leibniz, G.W. 3, 7, 9, 11, 58, 64 f., 74, 78, 89, 92, 104 f., 117, 139 f., 144, 160, 166, 168-171, 173, 175, 177, 179, 185-194, 196-202, 208, 212, 215 f., 219 f., 228 f., 231, 234, 237 f., 240 ff., 248, 280, 283, 286 ff., 290, 295, 300, 307, 312, 314 ff., 333, 342, 345, 348 f., 351 f., 361, 364-370, 374, 380-383, 392, 403, 412
Leukipp 182, 184 f., 243
Llewelyn, J.E. 321
Locke, J. 21, 62, 242, 248, 310, 314, 352, 365 f., 368, 429
Long, A.A. 182
Longuenesse, B. 93, 94, 134
Lukrez 182, 184
Lyre, H. 408

Maier, A. 88
Majer, U. 400
Malter, R. 23, 100, 221
Malzkorn, W. 10, 13, 31, 36 f., 39, 46, 72, 77 f., 83, 114, 120, 126, 135, 143, 146, 153 f., 157, 160, 162 f., 171, 185, 195, 210 f., 214, 223, 225, 236, 326 f., 344, 346, 347
Martin, G. 223
Mason, S.F. 90, 183
Mathieu, V. 103, 386, 421 f., 424
Mayer, J.R. 419
Meier, G.F. 32, 41, 87, 324, 325
Mendelssohn, M. 244, 263, 270
Menne, A. 324 f.
Miller, G. 232
Mittelstaedt, P. 14, 151, 373, 404, 408, 413
Mohr, G. 12, 267
Morrison, M 403

Natorp, P. 88
Natterer, P. 23, 185
Newton, I. 51, 90, 94, 177, 181 f., 184, 195, 232, 312, 386, 392, 399

Parmenides 4, 165
Patt, W. 87, 316, 370
Pherecydes 137
Pieper, A. 30
Pilot, H. 396, 406
Plaass, P. 103
Platon 3 f., 21, 28, 46 ff., 51, 130, 134, 140, 158, 173, 183, 229, 244, 270, 360
Pollock, K. 419
Polonoff, I.I. 196, 200
Poser, H. 58, 193
Posy, C. 13, 336, 404
Powell, Th.C. 251, 255, 265, 273
Prauss, G. 120, 246, 316
Psillos, S. 407
Putnam, H. 308, 322
Pyrrho 137

Quine, W.V.O. 8, 308

Radner, M. 10, 163, 193
Redhead, M. 403
Reich, K. 11, 36, 47, 208, 220, 276, 353
Reinhold, C.L. 191
Reisinger, M. 33
Rescher, N. 402, 403
Reusch, J.P. 63, 193
Reuter, P. 101
Richter, J.B. 90
Röd, W. 354, 358
Rohault, J. 196
Rohs, P. 329, 331, 423
Rompe, E.M. 56
Rosas, A. 269
Russell, B. 163, 207, 277, 353
Rutherford, D. 186, 242
Ryle, G. 327

Sans, G. 7
Scheibe, E. 403
Schelling, F.W.J. 386
Schmauke, S. 12, 374
Schmitz, H. 363
Schmucker, J. 12, 35, 37, 44, 77, 85, 206, 210 f., 223, 236 f., 338
Schönrich 30
Schulthess, P. 25, 35, 46, 53, 134, 390
Schulz, J. 263
Sedgwick, S. 12, 386
Sedley, D.N. 182
Seifert, J. 277
Sellars, W. 308
Sextus Empiricus 4 f.
Siegel, C. 11
Smith, N.K. 72, 77, 83, 105, 153, 163 f., 207, 224
Schmitz, H. 363
Sokrates 153
Spinoza, B. de 21
Strawson, P.F. 25, 153, 163, 211, 252, 308, 336, 346
Strobach, N. 14, 324
Strohmeyer, I. 151, 404
Sturma, D. 252

Tetens, H. 419
Thomas von Aquin 99, 185
Tonelli, G. 32, 127 f., 133, 136, 140, 294, 324, 361
Torretti, R. 19
Tugendhat, E. 113, 264 f., 326
Tuschling, B. 103, 121, 242, 386

Ulrich, J.A.H. 263

Vaihinger, H. 263, 364, 403
Van Cleve, J. 13, 170, 308, 310, 336, 337 f.
van Fraassen, B. 407
Vogel, K. 9, 134, 145, 160, 164, 171, 175, 195, 200, 214, 221, 223, 345, 349
Vollrath, E. 56 f.
Vuillemin, J. 414

Wansing, H. 324
Warda, A. 90, 354
Weber, L. 141
Weizsäcker, C.F.v. 3
Weyl, H. 353
Whitehead, A.N. 277
Wike, V.S. 12, 122, 146
Willaschek, M. 12, 322
Wilson, C. 186, 190, 193
Wind, E. 404
Wittgenstein, L. 4
Wolf, S. 353, 363, 374
Wolff, Chr. 10, 16, 21, 46, 55-58, 60-65, 74, 86 f., 92 f., 115, 120 f., 144, 151 f., 160, 173 f., 187, 189, 192 f., 194 f., 197-201, 209, 219, 224, 247, 263, 271, 290, 300, 345, 346, 348 f., 385, 431
Wolff, M. 26, 326
Wolff, C.F. 281
Wood, A.W. 117
Wunderlich, F. 263
Wundt, W. 7, 13, 14, 353

Zenon 4, 121, 134, 121, 134, 136, 343, 348, 360, 363
Zermelo, E. 14, 346, 353
Zocher, R. 30, 396
Zöller, G. 67, 405

Sachregister

Aggregat 43, 93 ff., 116, 166, 175, 186 f., 189, 194, 196, 198, 211, 231, 242, 255, 265 f., 273, 297 f., 343, 347, 367, 383
Agnostizismus 114, 138
Analogie der Erfahrung 7, 45, 105, 107, 375, 393, 418
Anschauung 7, 23 f., 26, 33 f., 49 ff., 70, 79, 83, 87, 94 ff., 99, 107 f., 110, 115, 128, 136, 139, 148, 156, 176, 204 f., 220, 224, 227 f., 234, 238, 240 f., 246, 251, 254, 256, 258-268, 274, 292 f., 295, 305, 311 f., 314, 316 ff., 327, 334 f., 337, 339, 351, 353, 370 ff., 375 ff., 387 f., 390 f., 395, 400, 403 f., 410, 412, 415, 427, 431
  intellektuelle 50, 77, 190, 383
Antinomie *passim*
  dritte 153, 158, 207, 220, 280, 282, 287
  dynamische 86, 116, 157
  erste 12, 14, 17, 50 f., 71, 82 f., 112, 115, 120, 135, 149, 153, 185, 215, 226, 239, 308, 315, 324, 355, 358 f., 380, 404
  Herleitung der 8, 21, 70, 98, 124, 213, 238, 280, 359
  Herleitung der zweiten 120, 125
  kosmologische 12 ff., 22, 40, 52, 54, 69, 87, 99, 124 ff., 145, 150 ff.
  mathematische 7, 12 ff., 45, 51, 53, 64, 66 f., 69, 74, 95, 115, 117, 133, 136, 138, 142, 150, 153, 155, 158, 200, 239, 257, 282 f., 294, 309, 327, 329, 331, 334 ff., 342, 357, 370, 404, 428
  vierte 74, 115, 145, 153, 239, 276, 280, 291, 398
  zweite *passim*
Antinomien *passim*
  Herleitung der 21, 70, 280, 359
Antithetik 12, 49, 53, 68, 81, 113, 120-125, 133, 143 f., 237, 291, 304, 334
Apperzeption 27, 44, 85, 242, 245, 247, 249 ff., 253 ff., 257 f., 261 f., 268 f., 297, 299 f., 430
Atom 4, 9, 90, 134, 173 f., 176, 179-182, 184 ff., 201, 223, 236 ff., 308, 361, 418
Atomistik 1, 3, 11, 86, 88, 90, 116, 158, 175, 178-185, 192, 195, 200, 223, 347, 416 f., 419 f., 428, 432
atomus naturae 192, 194
Auflösung
  der Antinomie 10-15, 22 f., 45 f., 53, 95, 112, 120, 132, 135, 140, 142, 235 f., 274 ff., 303 ff., 309 ff., 316, 318, 321, 323 f, 326 f., 336, 340, 343, 355, 357, 367, 369, 373, 379, 384, 388, 394, 413
  der zweiten Antinomie 3, 6, 15, 17, 94 ff., 98, 103, 112, 114, 126, 222, 243, 254, 269, 291, 303 f., 307, 309, 316, 324, 337, 340 ff., 344, 352, 367, 370, 372, 378 ff., 383, 385, 388, 412, 424, 431
Äther 90, 386, 417, 421 f., 425

Beweis
  apagogischer 7, 145-152, 154, 160, 162 ff., 211 f., 218, 221, 255, 296, 305, 308 ff., 313 f., 317, 349 f.
Bewußtsein 10, 17, 21, 34, 100, 227 ff., 233 ff., 241 f., 246-250, 253, 256, 258, 265, 267 f., 297, 311, 375, 390, 419
Bewußtseinsstrom 17, 242, 245, 250
Begriff
  vollständig bestimmter 168, 170, 173, 333, 383
Bivalenzprinzip 321 f., 328 f., 331 f., 429

Chemie 3, 183, 195, 313, 384 f., 415
compositum 60, 63, 93, 160, 173, 176, 278 f., 282, 285, 297

Dialektik 9, 12, 15, 20-24, 30, 32, 37, 41, 43-46, 48, 54, 66, 72, 75-78, 80 f., 83, 85, 109, 120 f., 124, 127-135, 138, 140, 144, 150, 162, 165, 208, 223 f., 228, 236 ff., 246, 252, 274, 300 f., 313, 317, 337, 343, 372, 379, 382, 396, 398, 412, 430 f.
Dichte 90 f., 94, 102, 200, 393, 416-419, 427
Ding an sich 7, 43, 49, 53, 66, 78, 98 f., 109, 151, 170, 219, 228 ff., 233 f., 269, 271, 273 f., 307, 309 f., 312-318, 320, 323, 327, 331, 333 f., 337 f., 340, 344, 347, 357, 370 ff., 376 ff., 407, 409, 428, 430 f.
Dogmatiker 5 f., 140, 305 f.
Dogmatismus 69, 114, 126, 136, 139-142, 157, 203, 218, 225 f., 233, 307
Dynamik 85, 91, 187, 192, 217, 377, 395, 409, 412, 415, 418 ff., 432
Dynamismus 184, 192, 195, 201, 432, 419

Einbildungskraft 48, 80, 246, 391, 398, 400
Einfachheit 10, 17, 20, 85, 119, 156, 173 f., 185, 195, 197, 201, 206, 216 f., 227 f., 233, 235 f., 244 f., 254 ff., 258, 262, 266, 268-271, 273, 278, 383, 400, 430
Elementarteilchen 3 f., 284, 400, 426
Empirismus 78, 114, 141, 157, 193, 242, 308
Energieerhaltungssatz 102, 408, 419, 432
Erkenntnistheorie 15, 20, 94, 245, 279, 314, 322, 394

Freiheit 22, 44, 51, 153, 191, 220, 261, 280, 286
focus imaginarius 397, 398 f., 404, 409

Gegenstand überhaupt 19, 27, 44, 76, 109, 247, 390
Geist 6, 9, 17, 47, 60, 115, 138, 230 f., 237, 241, 244, 269-274, 353, 366, 409, 432
Geometrie 10, 177, 195, 202, 210, 212, 367, 372, 399
Gott 20 f., 30, 43 ff., 53, 55 f., 60, 62, 75, 77, 80, 82, 85, 137, 169, 173, 181, 189, 237, 266, 269, 273, 276, 286, 314, 333, 364 ff., 382
Gravitation 413, 425
Größe
  extensive 79, 83, 87, 94, 199
  intensive 79, 86-96, 389, 393, 418, 427

Ich 17, 27, 107, 139, 234, 235, 236, 237, 238, 239, 240, 241, 242, 243, 244-271, 274 f., 293, 419
  empirisches 236 f., 242 f., 245, 250, 254, 259-262, 411
  reines 237, 242, 261
Ich denke 27, 139, 239 f., 243, 246, 248-251, 254, 256 f., 260, 262, 265
Idealismus 12, 17, 26, 59, 87, 103, 107, 110 f., 157, 187, 192, 229-233, 247, 252, 254, 261, 266, 268 f., 275, 308 f., 310 ff., 314-317, 329, 336 f., 369 f., 386, 411, 415
  dogmatischer 230 f., 317
  empirischer 17, 109, 222, 229 f., 233, 314, 317, 322
  transzendentaler 2, 7, 11 ff., 45, 47, 67 f., 82, 96, 99, 102 f., 110, 131, 137, 157, 191, 209, 234, 237, 253, 269, 277, 304 f., 307-311, 313-317, 319, 321, 323, 329, 334, 336, 355, 367, 369, 372, 386, 399, 409, 415, 429
Idee *passim*
  regulative 67, 107, 252, 379, 396, 398 f., 402, 404 f., 410, 420, 424 f., 429 f.
Ideen *passim*
  regulative Funktion der 14 f., 23, 30, 45 f., 50, 68 f., 126, 133, 268, 304, 307, 320, 329, 336, 385, 387, 395-398, 405, 410, 414, 429
Illusion 10, 14, 16, 68, 95, 98, 128 f., 163, 223, 242, 397, 399, 409, 426

Individuum 168, 170, 174 ff., 208, 238, 333, 373, 380, 382, 422
Indivisibilien 11, 177
Infinitesimalrechnung 94, 177, 392
Involutionstheorie 380 f., 383

Kardinalität 341, 346
Kategorie 15, 23-26, 28-40, 43-49, 55, 71, 73-82, 85 f., 88, 91-94, 101, 116, 134, 167, 173, 201, 245 ff., 250, 252, 257, 276, 286, 325, 335, 342, 372, 374, 389 f., 393, 395, 401, 424, 430 f.
Kausalität 44, 51, 62, 106, 153, 257, 280, 375, 381, 393
Kettenschluß 31 f., 35 f., 39, 205, 225, 270
Konstitutionsmodell der Materie 1, 3 f., 84, 172, 347
Kontinuität 5 f., 16, 88, 112 f., 156, 210, 212, 218, 220, 339, 342, 344, 361, 363 f., 369, 392, 397, 399, 405, 415, 421, 430
Kontinuum 1, 3, 57, 112 f., 160, 218 f., 283, 287, 342 f., 361 f., 398, 416, 421, 424
Kontradiktion 149, 153 f., 205, 306, 331 f.
Kontrarietät 147, 306, 324, 332
Körper 6, 9, 17, 26, 57 ff., 61, 82, 86, 88, f., 91, 94, 103 f., 106, 108, 115, 156, 165 f., 180 f., 183, 186 f., 188 ff., 193, 195-199, 202, 210, 212 f., 219, 221 f., 231, 243 f., 255, 257, 269-273, 283, 285 ff., 290, 296, 298, 315 f., 326 f., 339 f., 344 f., 349 f., 363 f., 375 f., 378 f., 381 ff., 392, 394, 416-419, 421, 424-427
  geometrischer 5, 104, 222, 364, 371, 427
  organischer 243, 378 ff., 426
Korpuskularphilosophie 179-182
Kosmologie *passim*
Kosmos 3, 19, 51, 61, 66, 112, 181 f., 184, 199, 208 f., 237, 354, 360, 380, 382, 401
Kraft 11, 57 f., 87, 89, 91 f., 96, 99, 102, 105 f., 144, 180, 182 ff., 189, 194, 196 f., 199 f., 209, 211, 213 f., 216 f., 219, 232, 254, 269, 282, 288, 297, 301, 333, 341, 373, 375, 378, 380, 389, 393, 412 f., 415 ff., 419 ff., 424 ff., 432

Logik 21, 26, 28, 32-36, 41 f., 56, 73, 75, 82, 102, 121, 126-134, 136, 140 f., 148 f., 151, 153, 160-163, 183, 205, 241, 246, 312, 319, 321 f., 324, 326, 328, 331, 333, 342, 361, 364, 391 f., 400, 422
  formale 24 ff., 32, 120 f., 127, 131 f., 325
  transzendentale 35, 42, 121, 127, 153, 246, 324

Materialismus 6, 241, 243, 269, 271, 274
Materie *passim*
  erste 104, 361
  organische 379, 381 f.
  Theorie der 18, 58, 88-91, 104, 106, 109 f., 183, 186 f., 190, 192 f., 195, 197, 200 f., 210, 212, 238, 274, 283, 385 f., 415, 426, 432
  zweite 104, 195, 219
Mathematik 10, 13, 25, 46, 92 f., 118 f., 124, 126, 139, 150, 163, 179, 184, 200 f., 210 f., 221, 317, 345 f., 351, 353, 356, 390, 400, 429
metaphysica specialis 16, 20 f., 55 ff., 136
Mechanik 430, 432, 418 f., 425
Metaphysik *passim*
Minimum 82, 89, 95, 115, 118, 156, 185
Modell 198, 214, 216, 240, 314, 324, 403, 407, 414, 420
Molekül 1, 4, 181, 273, 284 f.
Monade 9, 58 f., 74, 104, 134, 145, 166, 168 f., 173, 175, 179, 184-201, 208, 215-223, 236 ff., 240 f., 248, 279, 287, 289 f., 296, 308, 315, 333, 345, 349, 361, 364, 382, 428
  physische 17, 59, 74, 177 f., 192, 195 ff., 199 f., 211 f., 215 f., 218 f., 271, 288 ff., 296, 300, 345, 349
Monadologie 3, 9, 58, 74, 117, 139, 171, 175, 178 f., 185 f., 188-192, 195, 198,

210, 212, 219 ff., 223, 239 ff., 280, 288, 345, 348 f., 364, 381, 428
physische 58, 179, 197, 201, 207, 210 ff., 224, 345, 428
mundus intelligibilis 50, 65 f., 288, 300
mundus sensibilis 50, 65 f., 86, 117, 190, 301

Natur 1 f., 15, 22, 29, 44, 48, 51, 53 f., 57, 59, 67 ff., 78, 80, 87, 90, 103, 108, 111, 117, 125, 139, 167, 180, 184, 201, 205, 211, 220, 223 f., 226 f., 232, 234, 238, 244, 270, 312, 350, 357, 365, 379 ff., 383, 386, 390, 396 f., 401, 404 f., 407 f., 411, 413, 417, 424
Naturatom 59, 74, 189, 192 ff., 198, 219, 349
Naturkausalität 153
Naturphilosophie 14, 19, 55, 87, 106, 183, 185, 195, 385, 430, 432
Negation 32, 85, 92 ff., 113, 118, 120, 122, 141, 146, 148, 151-155, 160, 163, 290, 292, 294, 310, 312, 321, 324 ff., 327, 330, 349
Noumenon 46, 49, 54, 100, 140, 175, 233, 269, 312

Ontologie 7 f., 20, 51, 55-58, 60-63, 65, 101, 127, 130, 144, 173, 199, 223, 257, 269, 274, 297, 307, 402, 430
Opposition
analytische 321, 326 f.
dialektische 319, 321, 323, 326 ff., 331 f.
Ordinalität 341, 346
Organismus 243, 338, 342, 378 f., 381-384

Paradoxie 4, 9, 121, 134, 145, 160, 164, 171, 175, 195, 200, 214, 221, 223, 251, 345, 348 f.
Paralogismen der reinen Seelenlehre 17, 20, 45, 71 f., 75, 115, 132, 149, 208, 228, 235, 237 ff., 243, 249, 252, 254 f., 258 f., 269, 274, 280, 293, 319 f.
Paralogismus 17, 21, 85, 110, 132, 150, 227, 230-233, 236, 244 f., 252, 254-259, 262, 265, 269 f., 273 f., 317, 319, 387
Person 237, 242, 252, 264 ff., 268
Phänomen 4, 128, 166, 181, 183, 211, 220, 242, 252, 263, 272 f., 283, 285 ff., 289, 300, 312, 314 ff., 318, 374, 393, 400, 403 f., 407 f., 422
Phänomenalismus 13, 58, 137, 140, 287, 301, 314 f.
phaenomenon 50, 54, 78, 88, 105 f., 108, 110, 173, 176, 189, 196, 198, 202, 219, 273, 279, 286 f., 289, 298, 365, 368, 375, 426, 431 f.
Physik 3, 10, 14, 16, 19, 55-58, 60-63, 65, 70, 103, 120, 127, 174, 179, 181, 184, 186, 210, 223, 288, 360 f., 373 f., 384 f., 403 f., 408, 413, 415, 420 f., 423, 426, 432
Possibilität 358, 361 f.
Potentialität 352, 357 f., 360 ff., 377, 410
Prinzip
regulatives 68, 131, 269, 333 f., 382, 396, 407, 410 f., 414, 420
Prosyllogismus 31, 37
Psychologie 6, 20 f., 57, 63, 127, 130, 235, 243 f., 249, 253-258, 261, 263, 265, 269, 273, 305, 319 f.
Punkt
mathematischer 119, 158, 179, 212
physischer 119, 179 f., 194, 211-214, 296

Quarks 4, 303, 407

Raum 5, 9 f., 16 f., 19, 26, 44, 54, 57, 61 f., 71, 74 ff., 78, ff., 82 ff., 86-91, 94-99, 101-106, 110, 112, 116 f., 119, 126, 144, 153, 155 f., 162 f., 165 f., 168, 170 f., 175-178, 181, 185, 187, 189-225, 234-237, 239 f., 246 f., 263, 265 f., 272, 275 f., 278, 282-288, 290, 296, 298, 303, 306 f., 311 f., 317-320, 327, 334, 337-342, 345 ff., 349, 351, 356, 358 f., 362, 364,

366 f., 369-373, 375, f., 382, 387, 389, 392f., 394, 412, 414, 416-421, 424 f., 427
leerer 48, 88, 89, 181, 200, 216, 345, 418, 420
Realismus 2, 7, 11 ff., 17, 66, 68 f., 109, 157, 167, 226, 230, 303 f., 306, 308-316, 321 ff., 329, 333, 339, 342, 373, 397, 405, 407 f., 410, 428
empirischer 2, 157, 226, 304, 308, 311 f., 317, 322, 329, 333 f., 340, 388, 398, 409, 429
transzendentaler 2, 6, 11 ff., 16, 37, 51, 66 f., 69, 73, 78, 95, 98, 109 f., 112 f., 126, 137, 157, 165, 167, 171, 206, 211, 213, 218, 226, 229 f., 233, 299, 234, 303 f., 306, 308-316, 318-323, 329-332, 334, 336, 338 f., 341 ff., 347, 353, 355, 359, 372, 384, 386 f., 389, 397 f., 405, 407, 409, 411, 423, 428
Reduktionismus 269, 271 f., 274
Regulativ 22 f., 27, 39, 46, 67, 69, 322, 397 f., 401 f., 405 f., 416, 429 f., 432
Reihe 16, 25, 32, 35 f., 39 f., 42 ff., 52, 62, 64 f., 70, 72, 75, 78-81, 85 f., 111 f., 115, 117 f., 124 f., 148, 151, 158, 164, 172, 192, 202, 213, 235, 240, 279, 281, 283, 292, 311, 319 f., 328, 331, 339, 341, 347, 350, 352, 354 f., 357 ff., 366, 369, 379 f., 398, 406, 409, 411, 413, 416, 427

Satz der Bestimmtheit 322, 333
Satz der vollständigen (bzw. durchgängigen) Bestimmtheit 322 f., 329-334, 373, 429
Schein 6, 12, 16, 28, 54, 58, 67 f., 73, 81, 120, 127-132, 134, f., 140, 151, 174, 189 f., 220, 275, 299, 301, 303 f., 314, 321, 326, 330, 332, 407, 410
metaphysischer 78, 260
transzendentaler 15, 21, 69, 120, 127 f., 143, 151
Schema 23, 29, 79 f., 82, 86 f., 92, 94, 109 f., 115, 136 f., 145, 152 ff., 240, 282, 343, 391, 396, 402 f., 406, 412 f., 431
Analogon eines 23, 396, 406, 413
Schulphilosophie 9 f., 16, 22, 55 f., 60, 63, 74, 87, 93, 127, 173, 179, 192 f., 219, 221, 382, 412, 427
Seele 6, 9, 17, 20 f., 30, 43 ff., 47, 52-56, 62, 71, 75, 77, 80, 82, 85, 87, 115, 134, 137, 173, 184, 186, 201, 223-240, 242-245, 254 ff., 259, 262 f., 268-275, 286, 308, 325, 331, 361, 382, 402, 410, 412, 419, 430
Seelenlehre 17, 238, 269, 274
Selbstbewußtsein 58, 82, 116, 179, 187, 190, 198, 235-238, 242, 245 ff., 249, 251, 254 ff., 258-261, 264-268, 411
Selbsterkenntnis 8, 138, 235, 246, 251, 268
Sinn
äußerer 99, 102, 104 ff., 209, 226, 229, 231, 239, 245, 265 ff., 271, 274 f., 289, 347, 378, 391, 419
innerer 79, 87, 105, 107 f., 234 ff., 239, 240 f., 245, 250, 259, 262 f., 265 ff., 271, 275, 298, 391, 394, 419, 427
Skeptiker 136, 140 f., 294, 361
Skeptische Methode 12, 120, 122, 136, 140, 141, 142, 276, 278, 291
Skeptizismus 114, 136 f., 139 f., 142, 230, 294
sophisma figurae dictionis 101, 132, 305, 307, 319
sphaera activitatis 197, 199, 211, 215 f.
Spiritualismus 269, 272, 274
Spontaneität 17, 26, 251, 291
Standardmodell der Quantentheorie 3
Stoff 90 f., 99, 102, 168, 183 f., 188, 200, 267, 273, 313, 361, 390, 418, 421 f., 424 ff.
Subjekt 33, 38, 41-44, 53, 71, 75, 77, 82, 99, 109, 112, 123, 136, 153, 173, 175, 197, 208 f., 235 f., 242, 244, 246 f., 249, 251 f., 254 ff., 258, 260-265, 267, 269 f., 275,

280, 298, 321, 325, 327, 340, 352, 363, 367, 370, 388, 391, 410
Subjektivität 6, 8, 10, 17 f., 87, 236, 242, 245, 246, 247, 250, 251, 252, 255, 257, 261, 264, 307, 341, 355, 370
substantia phaenomenon 105, 106, 108, 110, 375, 431
Substanz 20 f., 43 f., 52, 56, 58, 60, 65, 71, 86, 91, 97, 99, 101, 103-111, 116, 144, 152 f., 159 f., 162 f., 165-180, 186-199, 201, 203, 206-209, 211-219 f., 223, 236 ff., 241, 244, 253, 255-259, 261, 268, 270-273, 275, 278, 280-283, 286 f., 289, 297, 298, 303, 315, 326, 328, 331, 333 f., 337, 339 f., 352, 361, 364, 369, 373-376, 378, 382, 385, 387, 389, 393, 412 f., 418 f., 423 ff., 427, 430, 431, 432
  individuelle 173, 188 f., 199, 208, 220, 237, 382
  zusammengesetzte 2, 10, 46, 85, 96, 98, 104, 108, 111, 113, 152, 159 f., 162-169, 171 f., 175 f., 193 f., 210, 255, 266, 271, 297, 306, 314, 326, 328, 332, 339, 346, 351, 374, 378, 393, 419, 430 f.
  in der Erscheinung 105, 268, 298, 374 ff., 389, 412, 431
Substanzontologie 48, 106, 109, 297 f., 300, 332, 339, 344, 352, 361, 431 f.
Sukzession 62, 92, 369, 394 f.
Synthesis 23-28, 31, 33-40, 42 ff., 50, 70 ff., 74, 76, 79 ff., 138, 235, 241, 246, 249 f., 257, 261, 282, 284, 290-295, 307, 320, 335, 341, 359, 367, 372 f., 385-389, 391, 394, 431
  dekomponierende 367 ff., 374, 376 f., 384-389, 392, 394 f., 405, 414, 428
  regressive 80 f., 83, 86, 164, 297, 335, 388 f., 394
  sukzessive 17 f., 81, 92, 307, 335, 341, 354 f., 369, 387 f., 394

Teilung *passim*
  ideale 98, 199
  mathematische 98, 172, 337
  metaphysische 95, 189, 355
  physische 298, 416
  transzendentale 95, 307, 341, 369, 378, 380, 384
Teleologie 53, 174, 378, 382, 383, 384, 430, 431
Theologie 20 f., 57, 60, 63, 122, 127, 130, 411
Totalität 16, 20, 32, 34 f., 37-40, 44, 46, 50, 53 f., 57, 63 ff., 69 ff., 74 f., 78-83, 86, 96, 99, 111 f., 118, 124 f., 138, 148, 168, 187, 202, 282, 284, 292, 305, 334, 336, 351, 353, 356, 373, 382, 387, 391, 406, 409, 411, 418, 422
Transzendentalphilosophie 7 f., 18, 20, 41, 73, 102, 139, 144, 195, 236, 245, 246, 251 f., 258, 261, 274, 385, 397, 414, 420, 430

Unbedingte, das 25, 28, 31 f., 34-41, 43, 45 f., 49 f., 53 f., 70, 72 ff., 77 f., 80 f., 84, 86, 111 f., 202, 279, 286, 292 f., 313, 320, 328, 338, 394 f., 398, 427
Undurchdringlichkeit 59, 89, 91, 99, 102 f., 180, 194, 196, 213 f., 272, 298, 375, 393, 411, 416, 427
unendlich
  aktual 217, 219, 289, 306, 335, 338, 341, 353
  potentiell 104, 112, 283, 340, 348, 354, 358, 363-367, 369, 373, 377, 384, 398, 414
Unendliche, das 6, 9, 12 ff., 138, 217, 221 f., 239, 280, 283 f., 291-295, 303, 307, 324, 331, 334, 337, 339, 341, 344-349, 351-369, 373 f., 376 f., 381, 392, 415, 429
Unendliches
  aktual 14, 104, 126, 342, 346 f., 351, 353 ff., 357, 359 f., 364, 373, 384, 429

potentiell 284, 307, 338, 341, 346, 350, 353, 355 f., 359 ff., 363, 366, 368 f., 373 f., 387
Unendlichkeit 12 f., 15, 113, 117 f., 151, 203, 222, 283, 291 f., 294 f., 307, 338 f., 341, 343 ff., 347 f., 351-355, 357, 359, 361 f., 364, 366, 368 f., 372, 374, 379 f., 388, 429
aktuale 112, 203, 207, 213, 283 f., 350, 352, 356, 358, 364, 366, 368, 373, 375, 419
potentielle 283 f., 307, 337, 341, 343, 347 f., 352, 355, 358, 361 ff., 365, 367, 369, 372, 375, 379, 384, 387, 394, 429
Universum 19, 57, 60, 62, 67, 175, 181, 185, 187, 208, 242, 296, 315, 352, 383
Urteil
unendliches 323-326, 328, 330, 332
Urteilsformen 26, 42, 71
Urteilskraft
reflektierende 100, 382 f., 399, 402

Vernunft *passim*
Einheit der 28, 125, 424
Maxime der reinen 31, 38 ff., 43, 395
Prinzip der reinen 31 f., 39 f., 47, 83 f., 125, 140, 240, 387, 398
Vernunftbegriff 22-25, 27 f., 30 f., 33-38, 41, 43-46, 49-54, 67, 70, 74-77, 82, 87, 133 f., 283, 288, 299 f., 335, 403, 427
Vernunftschluß 25, 28, 31-36, 41 f., 62, 80, 83 f., 132, 151, 232 f., 305, 307, 319 ff., 325, 329 f.
Vernunftprinzip 7, 17, 53, 78-81, 83, 125 f., 140, 280, 319 f., 329, 335, 395, 412

Welt 1, 2, 16 f., 19-23, 30, 40 f., 43-47, 49-68, 70 f., 73 ff., 77-80, 82 f., 85 f., 111, 113, 118, 123, 126, 138, 144, 150-155, 159, 161, 165 ff., 169, 181, 190, 194, 199, 202-205, 216, 219 f., 226, 230, 234, 236, 238 ff., 252, 268, 272, 275 f., 282 f., 286, 289, 293, 315, 317, 322, 327 f., 331, 333, 350 ff., 357, 359, 372, 376, 378, 382, 385, 394, 406, 418
Weltidee 20, 22, 34 f., 38, 40, 44 ff., 49 f., 52 ff., 62, 65, 67, 69-81, 83, 125 f., 149, 234, 282, 404, 427
Widerspruch 2, 4, 35, 50, 52, 54, 66 ff., 78, 81, 111, 113, 121 ff., 125, 136 f., 140, 144 f., 149, 151, 153-157, 161, 171 f., 186, 189, 210 f., 213, 222, 277, 281, 283, 285, 288, 300 f., 311, 313, 321, 323, 325-328, 332 f., 336, 338 f., 342, 346 f., 351, 354 f., 357 f., 366, 379, 398, 414, 420
dialektischer 326
kontradiktorischer 148, 152, 321, 323, 326, 331
konträrer 304, 321, 323
Widerstreit 45, 54, 113, 125 f., 130, 132, 167, 277, 292, 313, 326, 328
Wissenschaftstheorie 18, 106, 223, 400, 403 f.

Zahl 36, 52, 63, 97, 217, 282, 325, 327, 343 f., 346, 350, 352, 354-357, 364, 366, 368, 384, 400
Zeit 16 f., 21, 23, 26, 33, 44, 46, 54, 57, 61 f., 71, 75, 78 ff., 82 f., 86 f., 92-95, 97, 101, 105, 107 ff., 116 f., 144, 153, 169, 176, 183, 201, 211, 235 f., 238-242, 246 f., 251, 261, 263, 266, 268, 276, 278 f., 283, 285, 287 f., 292, 297-301, 311 f., 317 f., 320, 327, 337 f., 343, 345 f., 351, 354, 357 ff., 362 f., 366-370, 372, 374 f., 386 f., 391 f., 394 f., 419, 427, 431
Zusammensetzung 60, 79, 86, 109, 116 f., 159-162, 164 ff., 171, 174 ff., 185, 194 ff., 203, 206, 208, 212, 231, 241, 255, 262, 264, 278, 282, 284-287, 290 f., 294, 296, 313, 337, 340, 351, 360, 366, 383 f., 429
Zweckmäßigkeit 48 f., 379, 382 f., 396, 402, 430